Pierre Lepape

DENIS DIDEROT

Eine Biographie

Aus dem Französischen von Gabriele Krüger-Wirrer

Campus Verlag
Frankfurt/New York

Die französische Originalausgabe »Diderot« erschien 1991 bei Flammarion, Paris.
Copyright © 1991 Flammarion

Veröffentlicht mit Unterstützung des französischen Kultusministeriums.

Redaktion: Julia Baumgart, Freiburg

Die Deutsche Bibliothek – CIP-Einheitsaufnahme

Lepape, Pierre:
Diderot : eine Biographie / Pierre Lepape. Aus dem Franz.
von Renate Krüger-Wirrer. – Frankfurt/Main ; New York :
Campus Verlag, 1994
Einheitssacht.: Diderot <dt.>
ISBN 3-593-35150-1

Umschlaggestaltung: Atelier Warminski, Büdingen
Umschlagmotiv: Fragonard, »Diderot«, Paris, Musée du Louvre.
Photo: Réunion des musées nationaux.
Satz: Fotosatz Huhn, Maintal
Druck und Bindung: Druckhaus Pustet, Regensburg
Gedruckt auf säurefreiem und chlorfrei gebleichtem Papier.
Printed in Germany

INHALT

KAPITEL

I

Am 22. Juli 1749 forderte der Graf d'Argenson, Siegelbewahrer Ludwigs XV., den Generalleutnant der Polizei, Berryer, auf, »Befehl zu erteilen, daß Monsieur Didrot [sic], Verfasser des Buches über die Blinden, nach Vincennes gebracht werde«.[1]

Schon seit einiger Zeit tauchte dieser »Didrot« immer häufiger in Polizeiberichten auf, die sich auf Informationen von Spitzeln oder die Denunziationen des Pfarrers von Saint-Médard, Pierre Hardy de Levaré, stützten. Hardy de Levaré ließ eines seiner Pfarrkinder schreiben, es handle sich um »einen sehr gefährlichen Menschen, der die heiligen Mysterien unserer Religion verächtlich macht und die Sitten verdirbt«.[2] In einem Brief an Berryer präzisierte der eifrige Priester seine Anklagen und beteuerte, der »Elende« habe »zugegeben, der Verfasser einer der beiden Schriften zu sein, die vor etwa zwei Jahren durch Gerichtsbeschluß dem Feuer überantwortet wurden. Man hat mir versichert, daß er seit über einem Jahr an einem Werk gegen die Religion arbeitet, das noch weit gefährlicher ist.«[3]

Berryer als pflichtbewußter Polizeibeamter studierte seine Akten. Wie jede gut organisierte Ordnungsmacht achtete die königliche Polizei nicht auf die Wechselfälle des politischen Lebens; Dossiers waren immer nützlich. Heute konnte man sie gegen die Jansenisten verwenden, morgen vielleicht gegen Jesuiten, Aufklärer oder Pornographen. Berryer war für alle Fälle gerüstet.

So hatte er in einer handschriftlichen Notiz im Jahre 1747 befohlen: »Herausbekommen, wer dieser Didrot ist. Stand, Beruf, Familie.« Kurz, die Polizei überwachte Diderot ebenso wie die übrige literarische Szene in Paris. Die exakte Schreibweise seines Namens wußte man nicht, dazu war er ein zu kleiner Fisch, doch die Akten informierten Berryer genau darüber, welche handgeschriebenen oder gedruckten Werke aus der Feder dieses üblen Subjekts stammten. Es waren ausschließlich aufrührerische Schriften. Die *Principes de la philosophie morale* (Prinzipien der Moralphilosophie), frei übersetzt nach Shaftesbury und angeblich 1745 in Amsterdam veröffentlicht; die *Philosophischen Gedanken*, die ein Jahr später in Den Haag erschienen waren; der *Spaziergang des Skeptikers; L'oiseau blanc, conte bleu* (Der weiße Vogel, ein blaues Märchen), eine hinterlistig-verzwickte Chinoiserie, von der einige Abschriften unterderhand kursierten; die *Indiskreten Kleinode* von 1748, eine philosophische Erzählung voller Schlüpfrigkeiten in orientalischer Verkleidung, deren heimlicher Erfolg stärker auf den anstößigen Stellen als auf ihrem intellektuellen Gehalt beruhte; und schließlich der *Brief über die Blinden*, der seinem Autor nun die zweifelhafte Ehre eines königlichen Haftbefehls *(lettre de cachet)* eingebracht hatte.

Am Donnerstag, dem 24. Juli, morgens um halb acht, erschienen also zwei Polizeibeamte bei Diderot in der Rue de l'Estrapade und begannen, die Wohnung nach Manuskripten zu durchsuchen, die »gegen die Religion, den Staat und die guten Sitten gerichtet« waren. Außer den Notizen über die *Cyclopaedia* von Ephraim Chambers, die Diderot bearbeitete, fanden die Polizisten jedoch nur zwei Exemplare des *Briefs über die Blinden* – als hätte Diderot vorsorglich die verfänglichsten Schriften beiseite geschafft. Dennoch wurde er verhaftet. In einer Kutsche brachte man den Delinquenten in das Gefängnis von Vincennes, eine ehemalige mittelalterliche Festung, und übergab ihn dem dortigen Kommandanten, François-Bernard du Châtelet, der ihn in den finsteren Burgfried bringen ließ. Die abgeschiedene Zelle war klein, aber hell. Jetzt im Sommer konnte man es darin aushalten. Aber wenn der Winter käme... Wer weiß, wieviele Herbst- und Wintermonate er hier würde verbringen müssen? Eine *lettre de cachet* war ein unbefristeter Haftbefehl; der Häftling konnte mit niemandem in Verbindung treten, und die Aussicht, für unbestimmte Zeit in einem Loch zu schmachten, war so erschreckend, daß die *lettres de cachet* als eines der unmenschlichsten Symbole königlicher Willkür galten. Diderot hatte Angst.

8

Zweifellos rechnete Berryer damit, sich diese Angst zunutze zu machen. Sein Häftling war dafür wegen seines psychologischen Profils ein ideales Opfer. Er gehörte zum Bodensatz der Literatenzirkel, zur »Kanaille der Literatur«, wie Voltaire sich ausdrückte. Einige hundert zumeist angeheiterte Seminaristen, zynische Schreiberlinge, mittellose Provinzler, die vom Glanz der Hauptstadt geblendet waren, mager bezahlte Erpresser, abtrünnige Priester und käufliche Pornographen – sie alle spitzten ihre Federn in den Spelunken und Gossen von Paris, immer auf einen Glücksfall hoffend, durch den sie die unsichtbare, aber sehr reale Mauer überwinden könnten, die sie von der wahren Welt der Literatur und des Geistes trennte: der Welt der vornehmen Gesellschaft und deren nach Parfüm duftenden Salons; der Welt akademischer Ehren und königlicher Renten. Diese jungen Leute brannten darauf, die Klassenschranken zu überwinden und waren voller Zorn darüber, daß sie ihr Talent für kleinliche Kabalen und Intrigen vergeuden mußten. Um den Ruch des Gemeinen abzustreifen, waren sie zu fast allem bereit – und daher als Polizeispitzel bestens geeignet.

Aber wem konnten diese jungen Stutzer nachspionieren? Ihren Mitaufrührern, die wie sie von Intrigen und bezahlten Verleumdungen lebten. Die Staatsmacht war über diesen Sumpf, aus dem Schmähschriften, gedruckte Gerüchte, unflätige Geschichten und schlüpfrige Anekdoten an die Pariser Oberfläche stiegen und auch die geschützten Gestade Versailles' nicht verschonten, verärgert, wenn auch noch nicht ernsthaft beunruhigt. Sie erkannte noch nicht, daß die Symbole, die dem Idealbild – und damit der Realität – der absoluten Monarchie zugrunde lagen, langsam verfaulten; die Reaktionen der Macht waren eher dem Zorn des Aristokraten vergleichbar, der pikiert feststellt, daß sein besticktes Wams voller Schmutzspritzer ist. Es mußte ein Ende nehmen mit dieser verdächtigen Produktion. Selbstverständlich – und aus gutem Grunde – wußten alle Persönlichkeiten in der Stadt und bei Hofe, daß die Schreiberlinge lediglich Auftraggebern gehorchten, die ihre ausgetüftelten Machenschaften in Spitzen gekleidet und unter gepuderten Perücken trieben. Wie der Fisch fängt auch die Macht am Kopf zu stinken an. Aber daß diese schreibenden Hungerleider nun daran beteiligt waren, wenn die

9

Elite untereinander ihre Rechnungen beglich, war empörend, ja fast obszön. Daher erwartete man von Berryer und seiner Gendarmerie, daß sie die Schreiber, Verleger und Buchhändler dieses Jahrmarkts der Skandale überwachten und kontrollierten.

In Diderot hoffte der Polizeichef – als Gegenleistung für seine Freilassung und dafür, daß im Hinblick auf seine aufrührerischen Schriften beide Augen zugedrückt würden – einen guten Spitzel zu finden, wie er so viele beschäftigte. Aber Diderot war es wert, daß man ihm ein wenig mehr Angst einjagte. Eine *lettre de cachet* für Vincennes war Ausdruck einer gewissen Wertschätzung. Dieser üble Bursche konnte mehr berichten als ein gewöhnlicher Zuträger. Sicher, noch war er ein Nichts, aber er war offensichtlich bemerkenswert intelligent, ein glänzender Kopf, der rasch Freundschaften schloß; er war neugierig und unternehmend. Ein kleiner Ganove, aber einer von der besseren Art: ein Intellektueller. Ein »Philosoph«, wie man damals sagte. Mehr noch als die bezahlten Verleumder oder die Pornographen erweckten die Philosophen Berryers polizeilichen Argwohn. Seit einiger Zeit waren die Angriffe gegen Religion, Kirche und die geheiligte französische Monarchie häufiger, drängender und vor allem geistreicher geworden. Der immer noch heftige und unerbittliche Streit zwischen Jansenisten und Jesuiten bot allen Gegnern des wahren Glaubens, den Deisten, Skeptikern und Atheisten, Gelegenheit zu einem taktischen Manöver: Unter dem Vorwand, die Thesen der einen oder anderen Seite anzugreifen, untergruben sie das Fundament des Gebäudes selbst. Die Affäre um die Konvulsionäre von Saint-Médard zwischen 1728 und 1732* hatte gezeigt, daß die Jansenisten ebenso fanatisch, fortschrittsfeindlich und hysterisch sein konnten wie ihre Gegner, und in aufgeschlossenen Kreisen war so ein Gefühl von Furcht und Abscheu entstanden. Das nützte die Gruppe

---

* Das Grab des jansenistischen Diakons François Pâris († 1727) auf dem Pariser Friedhof Saint-Médard war in diesen Jahren zu einer jansenistischen Wallfahrtsstätte geworden, es sollen dort reihenweise Wunder geschehen sein. Die Besucher gerieten häufig in ekstatische Konvulsionen (daher der Name). 1731 verbot der Pariser Erzbischof dieses Treiben, 1732 wurde der Friedhof auf königlichen Befehl geschlossen, 1733 untersagte der König öffentliche Zusammenkünfte der »Konvulsionäre«. (A.d.Ü.)

der Glaubensgegner natürlich aus. Berryer, der auch zuständig für allgemeine Informationen war, wollte mehr wissen über diesen diffusen Haufen gelehrter Rebellen, über dessen Hintermänner, Mittelspersonen, Zulieferer, Drucker, Buchhändler und Verteilernetze.

Denis Diderot stand offensichtlich in Verbindung mit diesem Klüngel. Er hatte viel gelernt und viel gelesen. Er übersetzte aus dem Englischen, lehrte aber auch Mathematik. Seine Bücher zeigten, daß er in Theologie sehr beschlagen war, sich aber auch für Medizin interessierte. Mit diesem geistigen Hintergrund mußte sich Diderot, der sich nicht gerade durch Schüchternheit und Zurückhaltung auszeichnete, bei diesen unruhestiftenden Denkern einen gewissen Platz erobert haben. Aber um sich dieses Häftlings bedienen zu können, mußte man ihn zuerst noch gehörig »weichkochen«.

Das Verhör fand am 31. Juli statt, eine Woche nach der Verhaftung. Ganz offensichtlich war das Opfer noch nicht reif – Berryer hatte keinerlei Erfolg. Diderot stritt alles ab. Er habe nichts von dem geschrieben und folglich auch nichts von dem veröffentlicht, wofür man ihn verantwortlich mache. Nichts außer dem *Spaziergang des Skeptikers*, dessen Urheberschaft er wohl oder übel nicht verleugnen konnte; doch versprach er, ihn zu vernichten.

Berryer schickte seinen »Kunden« daher wieder in den Kerker zurück, überzeugt, daß er gelogen hatte. Schließlich hatte Durand, einer von Diderots Verlegern, der am 1. August vor den Polizeichef zitiert worden war, zugegeben, daß der Häftling ihm die Manuskripte der *Philosophischen Gedanken*, der *Indiskreten Kleinode* und des *Briefs über die Blinden* zum Druck übergeben habe. Berryer verfügte zudem über die Waffe schlechthin: die Zeit. Das war die wirksamste aller Foltern. Vor allem bei einem Menschen wie Diderot, der aufgrund seiner extrem geselligen und überschwenglichen Natur weniger als jeder andere Einsamkeit und Haft ertragen konnte.

Wirklich machte sich Diderot bereits nach zehn Tagen des Schweigens und Wartens Luft. Dieser phantasievolle Mensch, beeindruckt vom beklemmenden Anblick der Festung, dieser Übersensible und Empfindsame, konfrontiert mit der Aussicht auf eine unbestimmte Haftdauer, bewegte sich zwischen tiefster Niedergeschlagenheit und höchster Erregung, fiel von einem Extrem ins andere. Er war dem Wahnsinn nahe. Am 10. August schrieb er zwei Briefe, einen an Kanzler d'Aguesseau, den Justizminister, den anderen an Berryer. Er gab nichts zu, aber er flehte und erklärte, Fehler zu bereuen, die er zwar leugnete, begangen zu haben, aber nie wieder zu begehen versprach. Beiläufig gestand er, daß er ohne Wissen seines Vaters geheiratet hatte, erging sich in schönen und bis zu einem gewissen Grade durchaus ernst gemeinten Worten über den Selbstmord – »Ich fühle, daß Verzweiflung bald vollenden wird, was meine körperlichen Qualen bereits weit vorangetrieben haben« – und versprach, d'Aguesseau den *Dictionnaire universel des sciences et des arts* (Universallexikon der Wissenschaften und der Künste), die Bearbeitung von Chambers' *Cyclopaedia,* eine Vorstufe zur späteren *Enzyklopädie,* zu widmen, mit der er bei seiner Verhaftung beschäftigt war und die zweifellos ein Denkmal »zum Ruhme Frankreichs und zur Schande Englands« sein würde.

Weiter führte Diderot die Namen einiger seiner Fürsprecher und Fürsprecherinnen aus der »großen Welt« der Philosophie an: Madame du Deffand, Monsieur de Bombarde, Monsieur Helvétius, die Marquise du Châtelet – verwandt mit seinem Kerkermeister in Vincennes –, Monsieur Duclos, Monsieur de Buffon, Monsieur de Voltaire, die Herren de Fontenelle, Clairaut, d'Alembert und Daubenton. Und da Diderot, ob er nun flehte oder bissig war, lobte oder tadelte, des Guten immer ein wenig zuviel tat, setzte er, an den Polizeiobersten gewandt, noch hinzu: »Wen könnte ich Ihnen hier nicht unter meinen Fürsprechern aufzählen?« Selbst am Rande des Abgrunds, in der tiefsten Verzweiflung, ließ Diderot nicht von seiner frechen Kühnheit ab.

Berryer ließ sich weder vom Jammern noch von den Bluffversuchen seines Häftlings beeindrucken. Und er hatte richtig kalkuliert: Am 13. August gab Diderot nach. Er schrieb: »Die *Philosophischen Gedanken,* die *Indiskreten Kleinode,* der *Brief über die Blinden* stellen geistige Vermessenheiten dar, die meiner Feder entschlüpft sind. Aber ich kann Ihnen bei meiner Ehre versichern (und ich besitze Ehre), daß es die letzten sein werden und daß es die einzigen sind. [...] Was jene betrifft, die an der Verbreitung dieser Werke beteiligt waren, so soll Ihnen nichts verborgen bleiben. Ich werde Ihnen mündlich sowohl die Namen der Verleger wie der Drucker anvertrauen. Darüber hinaus will ich mich, sofern Sie es verlangen, verpflichten, diesen Leuten mitzuteilen, daß Ihnen ihre Namen bekannt sind, auf daß sie sich künftig ebenso klug verhalten, wie ich es zu tun entschlossen bin.«

Erstaunlich ist, daß Diderot sich nach einer derart bedingungslosen Kapitulation weigerte zu bekennen, daß *L'oiseau blanc, conte bleu* – ein eher schwülstiger als gefährlicher Text – von ihm war, und weiter hartnäckig behauptete, »er stammt von einer Dame, die ich nennen könnte, da sie selbst die Autorschaft nicht leugnet«.

Wie André Billy betont, muß die Zuchthausstrafe den armen Diderot in panische Angst versetzt haben, so daß er nicht nur alles zugab – und dabei in großherziger Naivität sogar vorschlug, die Buchhändler, die er verraten hatte, selbst zu informieren –, sondern auch seine Geliebte, Madame de Puiseux, durch Lügen denunzierte. Kleinliche Rache eines Liebhabers, der mit gutem Grund den Verdacht hatte, daß rasch Ersatz für ihn gefunden worden war? Vielleicht. In den *Mémoires pour servir à l'histoire de la vie et des ouvrages de Diderot* (Erinnerungen im Dienste der Geschichte des Lebens und der Werke Diderots), in denen Madame de Vandeul, die Tochter des Schriftstellers, auf ihre Weise die wenigen Erinnerungen wiedergibt, die ihr Vater ihr erzählt hatte, schreibt sie, daß »er ein wenig eifersüchtig auf einen Winkeladvokaten war, der sie häufig besuchte«.[4]

Doch Eifersucht entschuldigt nicht. Wir werden uns an diese taktlose Feigheit noch erinnern müssen: Der großzügige, der mutige, der herzensgute Diderot, er konnte in Augenblicken der Krise und Erschütterung durchaus Schläge unter die Gürtellinie austeilen.

Im Augenblick war er zugleich gedemütigt und froh. Die erste Runde im Kampf mit Berryer hatte er verloren. Er hatte seine literarischen Missetaten eingestanden, öffentlich Abbitte geleistet und angeboten, alles zu sagen, was er wußte. Als Gegenleistung für diese Geständnisse erhielt er zwar nicht die Freiheit – dafür verlangte Berryer mehr, dafür wollte er Mitarbeit –, aber spürbare Hafterleichterungen. Er konnte nun im Garten spazierengehen, Besuche von seinen Freunden und seiner Familie empfangen, und man stellte ihm Schreibtisch und Schreibzeug zur Verfügung.

In der Tat war er nun ein prominenter Häftling, der vom Festungskommandanten bei Tisch empfangen wurde und seine Zelle in ein Studierzimmer verwandelt hatte, in dem seine Verleger und seine Mitarbeiter ein- und ausgingen. Als man Diderot nach Vincennes gebracht hatte, war er fast unbekannt gewesen; nun saß er dort als Philosoph ein, als Symbol für die Verfolgung, der die Denker der Aufklärung ausgesetzt waren. Das hatte Berryer, ein guter Psychologe, aber ein schlechter Soziologe, nicht vorhergesehen: Durch Diderots Verhaftung, die ihn zum Märtyrer machte, hatte die Obrigkeit ihm, was seine gesellschaftliche Bedeutung betraf, zu einem gewaltigen Sprung nach oben verholfen. Der freie Diderot war, trotz seines enormen Talentes, seiner gewagten Gedanken und seiner vulkanischen Begeisterungsfähigkeit, trotz seiner unersättlichen Neugier und übersprudelnden Phantasie nur eine durchschnittliche Charge im Heer der Philosophen gewesen, dessen Kommandopositionen den Spitzen der Gesellschaft vorbehalten blieben. Eingesperrt, ein Opfer der Willkür, verfolgt wegen seiner Gedanken und Schriften, wurde er zum Held und Herold, zur Symbolfigur für den Kampf des Lichts gegen die Finsternis. Er war prominent geworden, und man würde ihn genial finden *müssen*. Ein glücklicher Zufall wollte, daß er in der Tat genial *war*.

1749 war Voltaire fünfundfünfzig Jahre alt und auf dem Gipfel seiner Macht. Er war Historiograph des Königs, Mitglied der Académie française, ein Adliger bei Hofe, und der Preußenkönig Friedrich II. drängte ihn, nach Berlin zu kommen. So glaubte er, seinem strategischen Ziel nahe zu sein: in die führenden Kreise der Macht einzudringen, um den philosophischen Kampf von innen her zu führen. Doch als guter Politiker mit einem Sinn für Kräfteverhältnisse mußte er auch den Zustand seiner Truppen genau kennen und ihre Manöver aus nächster Nähe überwachen. Hier galt es zu ermutigen, dort, eine Meuterei im Keim zu ersticken, anderswo, einen allzu unternehmungslustigen Rivalen vorsichtshalber mit Blumen und Komplimenten zu überschütten. Voltaire, der eine außergewöhnliche Intuition für die Stärken und Schwächen seiner Verbündeten und seiner Gegner besaß, wachte eifersüchtig über seine Herde.

Als Diderot im Juni ein Exemplar seines *Briefs über die Blinden* an Voltaire schickte, antwortete dieser ihm unverzüglich und sehr liebenswürdig und lud ihn ein, ihn zu besuchen. Er fand Diderots Buch »geistreich« – mit anderen Worten, er schätzte wohl die Form, aber kaum die inhaltliche Richtung. In der Tat fand Voltaire die Thesen dieses ungestümen Polemikers, der drauf und dran war, die Existenz Gottes zu leugnen, sehr kühn und gefährlich. Er hätte ihn gerne kennengelernt, um ihn etwas besser einschätzen zu können. Doch das gemeinsame »philosophische Essen«, zu dem Voltaire seinen Briefpartner einlud, fand nicht statt. Obwohl Diderot seine ergebenste und größte Hochachtung für den berühmtesten Schriftsteller des Jahrhunderts äußerte, blieb er gleichwohl vorsichtig und zurückhaltend. Er legte Wert auf seine Unabhängigkeit und achtete darauf, sich nicht für Interessen einspannen zu lassen, die nicht die seinen waren. Unter dem Deckmantel beflissenster Höflichkeit erlaubte er sich in seiner Antwort an Voltaire sogar, die Argumente des Philosophen für die Existenz Gottes ungeniert zu kritisieren: »Ich glaube an Gott, obschon ich mit den Atheisten sehr gut auskomme. [...] Es ist also sehr wichtig, Schierlingsgift nicht für Petersilie zu halten, aber nicht im geringsten wichtig, ob jemand an Gott glaubt oder nicht.« Diese Art von Frechheit war sehr dazu angetan, dem Schriftsteller Voltaire zu gefallen, aber sie mißfiel dem »Parteiführer« Voltaire. Die beiden Männer trafen sich nicht.

Doch Diderots Verhaftung verlieh ihm eine symbolische Größe, die es Voltaire nicht mehr erlaubte, ihn mit jenem ingrimmigen und herablassenden Wohlwollen zu behandeln, das er sonst vielleicht gern zur Grundlage ihrer Beziehung gemacht hätte. Diderot war nicht mehr nur Diderot, sondern eine Art Sokrates. Dieser Beiname blieb ihm wie ein Wahrzeichen. Voltaire schrieb an Abbé Raynal, der Priester und trotzdem Philosoph war: »Madame du Châtelet hat den Festungskommandanten von Vincennes in einem Brief gebeten, den Gefängnisaufenthalt Sokrates-Diderots zu lindern, soweit es ihm nur möglich sei. Es ist eine Schande, daß Diderot im Gefängnis sitzt, während der Dichter Roy eine Pension erhält. Solche Gegensätze lassen einem das Herz bluten.«[5]

Nun war also Denis Diderot, der besessene Schriftsteller, herausgetreten aus der fast völligen Anonymität jener Pariser literarischen

Bohème, die er später in seinem *Rameaus Neffe* so anschaulich beschreiben sollte. Seine Verleger bemühten sich um seine Freilassung, Voltaire war empört, die Marquise du Châtelet mischte sich ein. Doch wer war dieser Mensch, der nun in allen Pariser Salons und Cafés Gesprächsthema war? Woher kam er? Was machte er? Wie lebte er?

KAPITEL

2

Er war nicht mehr ganz jung. 1713, sechsunddreißig Jahre vor seiner Einkerkerung in Vincennes, war er in Langres geboren worden. In dieser Zeit glaubte man nicht mehr bzw. noch nicht an Wunderkinder oder jugendliche Genies. Vor Diderots Zeit war es der Glaube an die Macht des Blutes, der die Entdeckung frühreifer Begabungen bestimmte; später brachte der romantische Glaube an den göttlichen Funken Genies hervor wie Orchideen ohne Wurzeln. Diderot dagegen war das Kind eines Jahrhunderts und einer Klasse, wo man nur erreichte, was man sich hart eroberte und erkämpfte. Sein Vater war Messerschmied, ein Handwerker, der auf allen Märkten im Osten Frankreichs für seine scharfen Klingen und exakt schneidenden Skalpelle berühmt war. Ein fleißiger und disziplinierter Arbeiter, stolz auf seinen Ruf und seine Stellung in der sozialen Hierarchie und stets darauf bedacht, die Seinen auf dem Weg der Ehrbarkeit, der Tugend und des ehrlich erworbenen Wohlstands zu halten.

Diderot war der älteste Sohn der Familie. Das hätte ihm einige Vorteile einbringen können, wenn er die biedere Provinzlaufbahn eingeschlagen hätte, die ihm vorbestimmt war. Tatsächlich aber bekam er nur die negativen Seiten seines Erstgeburtsrechts zu spüren: Auf ihn zählte sein Vater Didier, er sollte einmal die Verantwortung für Familie und Betrieb übernehmen. Als offenkundig wurde, daß Denis Diderot sich dieser Verantwortung entzog, belastete das die Beziehung der beiden Männer stark.

Didier Diderot, jüngster Sohn einer Familie mit acht Kindern, hatte 1712 – er war damals siebenundzwanzig – die um acht Jahre ältere Angélique Vigneron geheiratet, zehntes von elf Kindern eines

Gerbers. Das Paar bekam sieben Kinder. Das erste, 1712 geboren, starb wenige Monate nach seiner Geburt; dann kamen 1713 Denis und 1715 Denise. Drei weitere Töchter folgten: Catherine, 1716 geboren und 1718 gestorben, eine zweite Catherine, 1719 geboren und vermutlich sieben oder acht Jahre später gestorben, und 1720 Angélique, die den Ursulinerinnen beitrat und mit achtundzwanzig Jahren starb, verbraucht von der harten Arbeit im Kloster, wie Madame de Vandeul in den Erinnerungen an ihren Vater berichtet. Angéliques trauriges Schicksal spielte sicher für die Entstehung von *Die Nonne* eine wesentliche Rolle. Am 21. März 1722 – Denis Diderot war bereits neun Jahre und besuchte das Jesuitengymnasium von Langres – wurde schließlich das letzte Kind von Didier und Angélique Diderot geboren: ein zweiter Junge, Didier Pierre, der spätere Priester und Domkapitular von Langres und unerbittliche, unbarmherzige Feind seines älteren Bruders, dessen Gottlosigkeit ihm als gräßlicher Fluch erschien.

Soweit die bekannten Eckdaten der Kindheit. Von Diderot selbst erfahren wir kaum mehr. Er hatte zeitlebens viel zu viel in der Welt zu lernen und zu entdecken, um sich ausführlich über sich selbst auszulassen. Und wenn er sich einmal selbst zum Objekt seines Erkenntnisdranges machte, so schien ihm das einstige Kind nicht von Bedeutung, im Vergleich zur Intelligenz des Mannes, der er geworden war. Die damalige überschwengliche Art des Psychologisierens verlangte, daß man weit mehr behauptete, als durch Texte und Zeugen zu belegen war. Unkenntnis und Schweigen prägen die Kulisse und die Dramaturgie von Biographien, die um so mehr auf Rührung und menschliche Tragik setzen, als sie sicherlich auf phantasievollen Hypothesen beruhen, die sich nur auf ihre eigenen Voraussetzungen und ihr eigenes, sehr unsicheres Wissen stützen.

Begnügen wir uns für den Augenblick mit dem, was erwiesen ist: Diderot hat seine Kindheit nie als bedeutsame Phase seines Lebens gesehen. Dahinter steckte weder Ablehnung noch Bedauern, weder Haß noch Verbitterung. Er empfand lediglich einen nicht zu kittenden Bruch, sowohl geographisch wie geistig, zwischen der ehemaligen Raupe in Langres und dem Pariser Schmetterling, als der er sich entpuppt hatte.

Seine Mutter hat er nie oder fast nie erwähnt, es sei denn, um mitzuteilen, daß sie gut war und seine »kalten Füße in [ihren] Händen« wärmte. Ein vager Eindruck von Ehrbarkeit und Sanftmut, der nie wirklich plastisch wird. In Diderots weiblicher Mythologie nimmt die Frau als Tochter, als Geliebte, als Schwester, als Gefährtin und Partnerin einen bedeutsamen Platz ein; die Frau als Mutter aber spielt nur eine ganz untergeordnete Rolle.

Mit dem Vater verhielt es sich anders. Didier Diderot war für seinen Sohn genau genommen kein Mensch aus Fleisch und Blut, sondern eine Gestalt: ein Archetyp von beispielhaftem Format, unablässig zu neuen Auseinandersetzungen herausfordernd. Diderot sprach nie von dem Kind, das er einst gewesen war, aber sein Leben als Erwachsener – und vor allem als Vater – sah er stets mit den Augen und mit den sozialen und moralischen Wertvorstellungen seines eigenen Vaters.

Die beiden hätten gegensätzlicher nicht sein können. Tiefe Frömmigkeit und ruhiger, bedächtiger Provinzialismus bei dem einen, fröhlicher Atheismus und Vorliebe für die hektische Betriebsamkeit von Paris bei dem anderen; Wahrung der Tradition beim Vater, bilderstürmerische Kreativität beim Sohn; hier Autoritätskult, dort Kult der eigenen Erfahrung; hier Neigung zur Vergangenheit, da Lust auf die Zukunft. Und das alles handfest zugespitzt in den Reibereien des täglichen Lebens. Doch trotz dieser Gegensätze wurde Diderot von seinem Vater nicht nur tief, sondern auch positiv geprägt.

Versuchen wir einmal auszumachen, inwiefern Diderot die Einstellungen seiner Epoche teilte. Gegen Ende des Ancien Régime setzte sich das Modell der bürgerlichen Familie – von Diderot ebensosehr verkörpert wie gefördert – nicht ohne Widersprüche durch. Um Zusammenhalt und Einheit der Ehegemeinschaft zu sichern, mußte deren ganze Kraft in der Modellfunktion des Vaters konzentriert werden. Ebenso notwendig war jedoch, daß die Autorität des Vaters nicht mehr wie früher metaphysischer Natur war – Gott verleiht seine Macht dem König, und dieser wiederum delegiert einen Teil der Macht an die Väter –, sondern auf natürlichen Begründungen beruhte. Das Bild des verehrungswürdigen, beherrschenden, dennoch durch und durch guten Vaters war ebenso wie die oft tränenreichen

Ergüsse, die die Vater-Sohn-Beziehung prägten, dazu bestimmt, die nicht mehr religiös legitimierte väterliche Autorität als natürliche und auf Gefühlen basierende neu zu stabilisieren.

Diderot versäumte es nicht, das Seine zu dieser Konstruktion und zur Idealisierung der Familie beizutragen. *Der Hausvater,* die *Unterredung eines Vaters mit seinen Kindern* und seine erbaulichsten Theaterstücke zeugen von dem kämpferischen Willen, die Kernfamilie mit dem Vater als Oberhaupt zum Gleichnis des idealen Staats zu machen, der sich auf Tugend, Respekt und Liebe gründete. Doch die Präsenz Didier Diderots im Leben Denis Diderots erschöpfte sich nicht in rhetorischen Posen und politischen Konzepten.

Deutlich wird sie vor allem daran, daß Diderot konstant und nachdrücklich den Adel der Arbeit beteuerte. Die *Encyclopédie des sciences, des arts et des métiers* (Enzyklopädie der Wissenschaften, der Kunst und des Handwerks) entsprang der subversiven Überzeugung, daß es keine naturgegebene Hierarchie menschlicher Tätigkeiten gebe und die Arbeit von Marmorschleifern oder Druckern ebenso vortrefflich sein könne wie die sogenannten edlen Künste des Kriegshandwerks, der Rhetorik oder des Regierens. Diderots Leidenschaft für alles Handwerkliche, seine unstillbare Neugier auf die verschiedenen Verfahren und Methoden verdankten sich ohne Zweifel dem Beispiel seines Vaters.

Didier Diderot war der letzte Sproß einer Familie von Messerschmieden in Langres. Seine Lanzetten, Skalpelle und Seziermesser, gekennzeichnet durch sein Gütesiegel – eine Perle –, genossen bei den besten Chirurgen der Epoche einen hervorragenden Ruf. Man schätzte seine exakte Arbeit, aber auch seinen Sinn für Perfektion und Neuerungen. Diderot selbst bekannte immer wieder, wie sehr der gute Ruf, den sein Vater in Langres genoß, ihn beeindruckte: »Zu den Dingen, die mir am meisten Freude gemacht haben, gehört die Standpauke, die ich ein paar Jahre nach dem Tode meines Vaters von einem Provinzler zu hören bekam. Ich ging in meiner Heimatstadt gerade über eine Straße, als er mich am Arm festhielt und sagte: ›Monsieur Diderot, Sie sind gut; aber wenn Sie glauben, daß Sie so gut sind wie Ihr Vater, dann täuschen Sie sich.‹« Als Diderot das schrieb, war er siebenundfünfzig und berühmt, hofiert von der russischen Zarin, umworben vom preußischen König; er aber bedauerte immer noch, nicht wie sein Vater zu sein, an dem die braven Provinzler mit solcher Inbrunst hingen. Das war nicht die sehnsüchtige Nostalgie des Parisers, sondern das Gefühl, eine grundlegende Form des Glücks versäumt zu haben. Denn jene Beständigkeit, die Diderot in der Trauer um alles Versäumte beschwor, war die Kehrseite des Dranges zu Bruch und Neuanfang, der sein Leben stets beherrschte. Wir müssen uns darüber im klaren sein: Diderot wollte alles vom Leben. Das Einfache und das Komplizierte, das Vernünftige und das Verrückte, die Annehmlichkeit der Sicherheit und den Taumel des Ungewissen. Er war wie alle anderen, er war wie seine Zeit – die unsicher und schwankend war wie alle Zeiten –, aber im Gegensatz zu Buridans Esel, der verhungerte, weil er sich nicht entscheiden konnte, welchen von den schmackhaften Heuhaufen er wählen sollte, nährte er sich von den gegensätzlichen Begierden, die er in sich spürte.

Aber zunächst einmal mußte er den Bruch suchen, das heißt, gegen den Lebensweg, den seine Familie ihm vorgezeichnet hatte, seinen eigenen wählen. Glaubt man dem einzigen Zeugnis, das wir haben, nämlich dem Diderots selbst, wie seine Tochter es – wahrheitsgetreu? – niedergeschrieben hat, begann das schon sehr früh. Er war ein aufgeschlossener und bereits widerspenstiger kleiner Junge, der mit seinen glänzenden schulischen Leistungen, seinem Lerneifer und der Lust an Büchern – die ihm eindeutig lieber waren als der Schleifstein – die Jesuiten bald davon überzeugte, daß er ein nützliches neues Mitglied sein könnte. Es fiel diesen Jesuiten nicht schwer, den dreizehnjährigen Diderot zu überreden, einer der Ihren zu werden.

Natürlich weiß man nichts über die wahren religiösen Überzeugungen des jungen Diderot. Man weiß jedoch, daß ihm das Schulleben in seinem kleinen Jesuitenkolleg in Langres gut gefiel, mit seiner Mischung aus humanistischen Studien und körperlicher Bewegung, aus Grammatiklernen und derben Raufereien, in die adlige Kinder ebenso verwickelt waren wie die Sprößlinge von Händlern und Handwerkern. »So war zu meiner Zeit die Erziehung in der Provinz. Zweihundert Kinder teilten sich in zwei Armeen. Nicht selten kam es vor, daß manche ernsthaft verletzt zu ihren Eltern zurückgebracht wurden. [...] Du schreckst zurück vor dem Anblick ihrer zerzausten Haare und zerrissenen Kleider. So war ich als Junge.« Und da bei Diderot das Bild, das er zeigen, die Vorstellung, die er vermitteln will, nie von dem zu trennen ist, was er am intensivsten erlebte, fügt er noch hinzu: »Und so gefiel ich auch, sogar den Frauen und Mädchen in meiner Provinz. Sie mochten lieber mich, schlampig, ohne Hut, manchmal ohne Schuhe, nur mit einer Jacke und barfuß, mich, den Sohn eines Schmieds, als diesen kleinen, gutgekleideten, immer schön gepuderten, frisierten und wie aus dem Ei gepellten Monsieur, den Sohn der Frau Amtmännin. [...] An meinen Knopflöchern sahen sie, wie weit ich mit meinen Studien gediehen war, und ein Junge, der sein Gemüt in einem offenen, geradlinigen Wort offenbarte und besser einen Faustschlag versetzen als eine Reverenz machen konnte, gefiel ihnen besser als ein dummer, feiger, falscher und verweichlichter kleiner Kriecher.« Ein kluger Kopf und ein ehrlicher Faustschlag: Die Art der Erziehung, wie sie die Jesuiten erlaubten, gefiel Diderot, der die Damen interessierte. Warum sich nicht verführen lassen, um selbst zu verführen?

Zahlreiche und abwechslungsreiche Studien, Latein, Griechisch, dazwischen einige kräftige Raufereien, das war für Denis Diderot das Leben, das er sich erträumt hatte, und es war viel interessanter als die Messer und Skalpelle seines Vaters und die monotone Nüchternheit des Familienlebens. Die Lehrer verziehen dem glänzenden Schüler seine Eskapaden, und da der junge Diderot virtuos mit Zitaten von Vergil, Cicero oder Tacitus jonglierte, sahen sie leicht über seine Jungenstreiche und Frechheiten hinweg. Die Jesuiten besaßen die Fähigkeit, schon von den unteren Klassen an die besten Schüler zu erkennen und sie in die Bahnen zu lenken, in denen sie ihnen am meisten nützen konnten. Es fiel ihnen leicht, den jungen Provinzler, der sich so rasch die Grundkenntnisse angeeignet hatte, von den Reizen einer höheren Bildung zu überzeugen.

Mit dreizehn Jahren erklärte Diderot daher seine Absicht, Priester zu werden, und am 22. August 1726 bekam er vom Bischof von Langres die Tonsur. Nun war er also Abbé, was ihn weder berechtigte, die Soutane zu tragen, noch die Sakramente zu spenden; aber es verhalf ihm zu einer schwarzen Hose, einem kurzen schwarzen Mantel und einer weißen Halskrause mit Beffchen, die wunderbar geistlich wirkte. Vor allem aber konnte Abbé Diderot von nun an die Wohltaten der kirchlichen Einrichtungen in Anspruch nehmen.

Genauer gesagt hatte er einen alten Onkel, den Kanonikus Vigneron, der am Dom von Saint-Mammès eine ansehnliche Pfründe hatte, und dieser Onkel war nur zu geneigt, seinen Neffen als Nachfolger zu akzeptieren. Sicher erklärt dieser Umstand die Hast, mit der Diderot die Tonsur nahm, weit eher als die jugendliche Faszination durch den Orden. Aber der Zufall wollte es, daß Pater Vigneron starb, bevor seine Nachfolge vom Heiligen Stuhl offiziell bestätigt war. Diderot wurde nicht Kanonikus. Er mußte einen anderen Weg einschlagen, um seine Laufbahn zu beginnen.

Im Rückblick, mit unserem Wissen über die antiklerikalen und antireligiösen Überzeugungen Diderots, ist man versucht, über seine ersten Kontakte zum geistlichen Leben zu lachen. Diderot selbst, der Chef-Agnostiker, neigte später dazu, diesen Versuch, in einen Orden einzutreten, ebenso wie die noch folgenden, als guten Witz hinzustellen. Aber für den mittellosen jungen Burschen aus Langres waren der soziale Aufstieg, den der Klerus bot, die Unterstützungen oder die Stipendien und Zuschüsse zu einem Studium am Priesterseminar, die man erhalten konnte, auf jeden Fall große Verlockungen.

Aber auch wenn man damals eine kirchliche Laufbahn einschlug, so wie man heute in den Staatsdienst geht oder einer politischen Partei beitritt – nämlich in der Hoffnung, Karriere zu machen –, heißt das nicht, daß bei diesem Kalkül nicht auch ein schwer bestimmbarer Teil Aufrichtigkeit mitspielte. Julien Sorel* konnte nach der Revolution und der Restauration, die die Kirche durch ihre politische Karikatur ersetzt hatten, vollkommen zynisch sein; nicht aber Diderot im Jahre 1726, und noch weniger seine fromme, ehrbare Handwerkerfamilie. Der Kirche zu dienen war ein Beruf, den man mit einem gewissen Enthusiasmus ausüben konnte. Dazu mußte man weder Fatalist noch Mystiker sein. Da Diderot sich von seiner Rolle in jeder Lage,

---

* Julien Sorel ist die Hauptfigur des Romans *Rot und Schwarz. Eine Chronik des 19. Jahrhunderts* von Stendhal. (A.d.Ü.)

in die er geriet, mitreißen ließ und sie – als Selbstdarstellung vor sich selbst – mit größter Aufrichtigkeit spielte, ist es nicht überraschend, daß er auf seine Weise eine Phase durchlitt, die gemeinhin »religiöse Krise« genannt wird, so seltsam dieser Ausdruck auch sein mag, der die göttliche Offenbarung mit einem Krankheitsanfall in Verbindung bringt.

Madame de Vandeul berichtet: »Vier oder fünf Monate lang war er fromm; als er lernte und bei den Jesuiten eintreten wollte, fastete er, trug ein Büßerhemd und schlief auf Stroh. Diese Laune überkam ihn eines Morgens und verschwand mit derselben Schnelligkeit, wie sie gekommen war.«

Eine »Laune«, legt uns Diderots Sprachrohr nahe. Nicht mehr? In einem Brief an Sophie Volland aus dem Jahre 1765 gesteht Diderot: »Ich schwöre Ihnen: Hätte der Prior der Kartäuser mich beim Wort genommen, als ich im Alter von achtzehn oder neunzehn Jahren ihn bat, mich als Novizen aufzunehmen, er hätte mir keinen allzu schlechten Streich gespielt. Ich hätte einen Teil meiner Zeit darauf verwendet, Besenstiele zu schwingen, meinen kleinen Garten umzugraben, mein Barometer zu beobachten, über das beklagenswerte Los derjenigen nachzudenken, die durch die Straßen streifen, gute Weine trinken und hübsche Frauen liebkosen; und den andern Teil darauf, die zärtlichsten und glühendsten Gebete an Gott zu richten, ihn von ganzem Herzen zu lieben, so wie ich Sie liebe, mich an den schmeichelhaftesten Hoffnungen zu berauschen, so wie ich's Ihnen gegenüber tue, und ganz und gar aufrichtig jene Verrückten zu beklagen, welche die armen Freuden des Augenblicks, kleine vergängliche Genüsse der Süßigkeit einer ewigen Ekstase vorziehen, an der mir kaum etwas liegt.« In diesen Worten liegt eine alte Sehnsucht nach dem Klosterleben, nach kontemplativer Weisheit und elementarem Glück – ohne alle Metaphysik –, die in Diderots Innerem stets im Kampf lag mit der grenzenlosen Neugier, dem Hunger nach ständiger Veränderung und der inneren Notwendigkeit, etwas zu schaffen und zu schreiben. Er wollte alles – daher auch das Gegenteil davon, das ebenfalls alles ist. Priester? Warum nicht?

Außerdem war Diderot damals ein Jugendlicher, und da er mit sechzig Jahren noch so sprühend war, kann man sich nur schwer vorstellen, daß er sich den Anstürmen der Unreife passiv überließ. In *Jacques der Fatalist* finden wir die wunderbar formulierten Sätze über die Erregungszustände und Überspanntheiten der Jugend: »Es kommt eine Zeit, da fast alle jungen Mädchen und Jünglinge in Melancholie verfallen; sie werden von einer unbestimmten Unruhe gequält, die alles ergreift und doch nichts findet, was sie stillen könnte. Sie suchen die Einsamkeit; sie weinen; die Stille der Klöster rührt sie an; das Bild des Friedens, der über den geheiligten Mauern zu liegen scheint, verführt sie. Sie halten die ersten Anzeichen eines sich entwickelnden Temperaments für die Stimme Gottes, die sie zu ihm ruft; und eben dann, wenn die Natur mächtig zu ihnen zu sprechen beginnt, erwählen sie eine Lebensweise, die dem Gebot der Natur zuwiderläuft.«

Daß der junge Diderot, feinfühlig und begeisterungsfähig wie er war, für das Schauspiel der Religion schwärmte und einige Monate seines Lebens von einem Gefühl tiefer Religiösität durchdrungen war, scheint sicher. Aber man muß die spezielle Natur dieses Gefühls begreifen. Diderot glaubte, was er fühlte, und er fühlte, was ihm sinnlich gegenwärtig war. Um ihn zu fesseln, mußten Abstraktionen Gestalt annehmen und anschaulich werden: »Man spricht mit uns zu früh über Gott; und ein weiterer Fehler: Man beharrt nicht fest genug auf seiner Gegenwart [...]. Wenn ich ein Kind großzuziehen hätte, würde ich ihm die Gottheit als so realen Begleiter darstellen, daß es ihm vielleicht leichter fallen würde, Atheist zu werden, als sich von diesem Begleiter abzuwenden [...]. Junge Leute wollen über die Sinne angesprochen werden. Daher würde ich in ihrer Umgebung dafür sorgen, daß eine Vielzahl von Zeichen auf die göttliche Gegenwart hinweist. Wenn etwa ein Studienkreis bei mir zusammenkäme, würde ich einen Platz für Gott bestimmen und die Schüler daran gewöhnen zu sagen: ›Wir waren zu viert: Gott, mein Freund, mein Lehrer und ich.‹«

Eben diese Empfänglichkeit für die anschauliche Darstellung der Frömmigkeit und für religiöse Zeremonien ließ den engagierten Atheisten in seinem *Salon* von 1765, als die Rede auf das Fronleichnamsfest kam, gestehen: »Diese lange Prozession von Priestern in feierlichem Gewand, diese jungen Chorknaben in ihren weißen Hemden und breiten blauen Schärpen, die vor dem Allerheiligsten Blumen streuen; die Menschenmenge, die in frommem Schweigen vor und hinter ihnen geht; so viele knieende Männer, die die Stirn zur Erde neigen; der würdevolle, ergreifende Gesang der Priester, gefühlvoll erwidert von den Stimmen unzähliger Männer, Frauen, junger Mädchen und Kinder – niemals habe ich das gesehen und gehört, ohne zutiefst im Inneren ergriffen gewesen zu sein und Tränen in den Augen gespürt zu haben.«

Es ist also gar nicht nötig, an gemeine Berechnung zu denken, wenn man Diderots Entschluß, ins Kloster zu gehen, begreifen will; es wäre aber auch übertrieben, von einer religiösen »Krise« zu sprechen, deren loderndes Feuer Denis für das Priestertum entflammt hätte. Diderot wollte vor allem weiterstudieren und aus dem schläfrigen Langres wegkommen. Das übrige würde sich finden.

Dem Bruch mit der Familie ging ein anderer voraus, der ohne Erklärung geblieben ist: Diderot hat sich vermutlich mit seinen gutmütigen Jesuitenlehrern zerstritten. Als sich Vater und Sohn Diderot im Herbst 1728 nach Paris aufmachten, schrieb Didier Diderot seinen Sohn im Collège d'Harcourt ein, einer Schule jansenistischer Tradition. Als wäre er noch nicht ganz überzeugt von der Entschlossenheit seines Sohnes, blieb der Messerschmied aus Langres noch weitere vierzehn Tage in der Hauptstadt. Als der Leiter des Collège ihn schließlich über das schulische Betragen seines Sprößlings beruhigte und er sowohl die materielle Versorgung als auch die moralische Umgebung gesichert wußte, willigte der Vater schließlich ein, wieder nach Langres zurückzukehren.

Denis Diderot war sechzehn. Er war nun Pariser – und sollte es sein Leben lang bleiben. Seine Familie war sieben Tagesreisen entfernt, seine Lehrer verlangten nur, daß er ihre Lektionen wiederholte – kurzum, er war frei. Ohne bedeutende Unterstützung, ohne Vermögen, ohne vornehme Abstammung fand er sich nun allein im Strudel dieser bewegten Hauptstadt wieder, die den Privilegierten bereits ein so angenehmes Leben bot und für die Niemande so hart war. Nun mußte er lernen, von seiner Freiheit Gebrauch zu machen.

Seit Diderots Denken und seine Schriften die Biographen interessieren, die das utopische Projekt verfolgen, eine Erklärung für dieses Gedankengut – ja, sogar seinen Ursprung – in Diderots Leben zu suchen, gilt die Zeitspanne zwischen seinem Eintritt ins Collège d'Harcourt und der Veröffentlichung seiner ersten Texte im Jahre 1742 als unerträglicher weißer Fleck, als Leerstelle in unserer Kenntnis über den Entwicklungsprozeß. Diese Lücke von dreizehn Jahren wird um so schmerzlicher empfunden, als nach herrschender Ideologie Kindheit und Jugend bei der Herausbildung der Persönlichkeit und ihrer Denkweise eine wesentliche, wenn nicht gar die entscheidende Rolle spielen.

Man muß kein Anhänger dieser Theorien sein, um zu bedauern, daß uns im Abenteuer dieser Existenz die Jahre zwischen dem sechzehnten und dem neunundzwanzigsten Lebensjahr, sagen wir ein Fünftel des Romans, fehlen wie herausgerissene Seiten. Aber Diderot ist selbst der Hauptverantwortliche für diese Lücken; denn er hat über diese Zeitspanne (abgesehen von den Wechselfällen seines Ehelebens) nie ein Wort verlauten lassen wollen. Dieses beharrliche Schweigen hat gewiß etwas zu bedeuten.

Diderot schämte sich ein wenig dieser gehaltlosen Jahre. Nicht so sehr einiger Gaunereien oder suspekter Arbeiten wegen, die ihm von der Not diktiert wurden, auch nicht so sehr aufgrund eventueller Ausschweifungen des Bohèmelebens. An all dem gibt es sicherlich nicht viel auszusetzen; und Diderot war nachsichtig genug gegenüber den Schwächen der Natur und den Wechselfällen des gesellschaftlichen Lebens, um sich nötigenfalls genügend mildernde Umstände zuzugestehen.

Peinlicher berührte ihn, daß er während all dieser Jahre hinter die Kulissen verbannt war. Um sich ganz als er selbst zu fühlen, brauchte Diderot die Bühne und eine Vielzahl von Rollen. Bis zum Alter von fast dreißig Jahren hatte er sehr wahrscheinlich hundert Kostüme ausprobiert, tausend Stichworte wiederholt und sich ein umfangreiches Repertoire angeeignet; aber im Rampenlicht hatte er nie gestanden. Er hatte sich sozusagen als junge Raupe unter dem Blick seiner Eltern und seiner Lehrer sehen können; später sollte er sich als strahlender Schmetterling unter dem freundschaftlichen oder mißgünstigen Blick des geistigen Europa sehen, doch die Zeit der Metamorphose war der blinde Fleck in seinem Leben, die Nacht der Schmetterlingspuppe. Diese Unfähigkeit, sich selbst darzustellen, diese innere Blindheit, verstärkte die gesellschaftliche Blindheit: Zwischen 1729 und 1742 war Denis Diderot ganz einfach nichts.

Die besten Spürhunde unter den Biographen haben seine Fährte aufgenommen. Man hat zeitgenössische Memoiren zerpflückt, Korrespondenzen durchforstet und gesucht, wer unter den zahllosen Berichterstattern, Tagebuchschreibern, Journalisten und Memoirenschreibern im Paris der dreißiger Jahre des 18. Jahrhunderts, wo so viele ungeduldige, weitschweifige Federn übers Papier kratzten, etwas von diesem Halbseminaristen gehört haben mochte. Im Guten oder im Schlechten. In einer Akademie oder einer Spelunke. Als Schönredner oder als kleiner Dieb. Nichts: Monsieur Diderot gehörte zu keinem »Stand«, also existierte Monsieur Diderot nicht.

Dreizehn Jahre lang seinen Ärger hinunterschlucken als obskurer Schriftsteller, der irgendwo seine Fingerübungen macht; sich mit niedrigen Arbeiten abschuften, um zu überleben; immer wieder die Höhe der Mauer ermessen, die einen von den Männern mit Stil und den hochgestellten Persönlichkeiten trennte – das erforderte ein geduldiges Naturell. Viele andere – die vielleicht nicht Diderots Genie besaßen, vor allem aber nicht so hartnäckig waren wie er – bestanden diese Belastungsprobe nicht und gaben auf – verbittert, grimmig und außer sich vor Haß auf die etablierte Literaturszene.

Diderot gab niemals auf. Ungestüm und leicht aufbrausend, sprang er unablässig von einer Idee zur anderen, von einer neugierigen Erkundung zu einer neuen Leidenschaft, von einer Hypothese zu ihrer Gegenthese. Dabei war er in seinen selbstgesteckten Zielen so hartnäckig und eigensinnig, wie er in den Mitteln, mit denen er sie erreichen wollte, geschmeidig und einfallsreich war. Das sollte sich bei der *Enzyklopädie* zeigen, wird aber bereits bei der Geschichte seiner Heirat deutlich.

1741 lernte Diderot Anne-Antoinette Champion kennen. Toinette Champion, damals einunddreißig Jahre alt, lebte mit ihrer Mutter in der Rue Boutebrie, wo die beiden Frauen in Heimarbeit als Weißnäherinnen und Spitzenklöpplerinnen tätig waren. Diderot, der damals häufig die Wohnung wechselte, zog in ein kleines Zimmer in demselben Haus wie die beiden Damen Champion. »Die Wirtin«, berichtet Madame de Vandeul, »erklärte ihm, daß diese beiden Frauen höchst zurückgezogen lebten und kaum einen Mann seines Aussehens und seines Alters empfangen würden. Je schwieriger es war, desto lebhafter wurde sein Wunsch. Er stattete ihnen einen nachbarschaftlichen Besuch ab und bat um die Erlaubnis, manchmal wiederkommen zu dürfen [...]. Da er meine Mutter nicht ohne Grund so häufig und beharrlich besuchen konnte, sagte er den beiden Frauen, er sei für den geistlichen Stand bestimmt und werde bald ins Priesterseminar von Saint-Nicolas eintreten; er brauche daher einen gewissen Wäschevorrat und bitte sie, diese Arbeit zu übernehmen. Diese wenigen Angaben genügten für zwei Menschen, die sich liebten, ohne ein Wort zu sagen.«

Madame de Vandeul hat eine provozierende Art, das Verhalten ihres Vaters zu beschönigen und zu rechtfertigen, aber sie vermittelt hier viel über die Lage alleinstehender Frauen im ersten Drittel des 18. Jahrhunderts. Madame Champion war, wie man so sagt, »ins Unglück geraten«. Sie war die Tochter eines Adeligen, 1676 geboren als Marie de Malleville, einziges Kind eines Berufssoldaten, der sich im Dienst ruiniert hatte. Sie hatte einen gewissen Ambroise Champion, ebenfalls aus dem Departement Sarthe, geheiratet, von dem sie sechs Kinder hatte, darunter als jüngstes Toinette. Auch Champion hatte sich bei unglücklichen Spekulationen ruiniert und war 1713 im Krankenhaus von La Ferté-Bernard gestorben. Marie und ihre Tochter waren daraufhin nach Paris gezogen. Toinette war in ein Pensionat gekommen, wo sie eine einfache Erziehung erhielt; als das Mädchen alt genug war, um arbeiten zu können, hatte Marie es wieder zu sich geholt, damit es ihr beim Waschen und Sticken half. Ohne eindeutigen und öffentlich anerkannten Grund regelmäßig oder häufig Männerbesuch zu empfangen, hätte für diese beiden Frauen (fünfundsechzig und einunddreißig Jahre alt) bedeutet, jeden Anspruch auf Ehrbarkeit aufzugeben. Je stärker die Armut ihre Opfer mit dem Abstieg bedrohte, desto strikter mußte die Moral beachtet werden. Alleinstehende, mittellose Frauen mußten entweder Muster an Tugend oder Huren sein. Die beiden Damen Champion hatten sich für

Einsamkeit und Ehrbarkeit entschieden. Als Toinette mit 19 Jahren aus der Klosterschule zurückkam, war sie »groß, schön, fromm und sittsam«. Ihre enorme Zurückhaltung – und zweifellos auch ihr materielles und geistiges Mittelmaß – hatten einige mögliche Bewerber, Handwerker oder kleine Kaufleute, davon abgeschreckt, ihre Heiratspläne weiterzuverfolgen. Es schien ihr bestimmt zu sein, das Ende ihrer jungen Jahre bei ihrer Mutter zu verbringen, bis deren Tod ihr einmal ein angenehmeres Leben erlauben würde. Die Tür zu ihrer Wohnung ein wenig zu weit zu öffnen hätte das Risiko mit sich gebracht, vom Mittelmaß in die Schande abzugleiten. Es war also nicht zu erwarten, daß Toinettes Eroberung eine leichte Sache sein würde.

Diderot mußte zu einer List greifen, um sich dauerhaft in den kleinen Haushalt der Damen Champion einzuführen. So kam er auf den Trick mit dem Seminaristen: eine Rolle, die er kannte und in die er fast spontan hineinschlüpfte, wenn er jemanden für sich einnehmen und einen guten Eindruck machen wollte. Ein- oder zweimal hatte er diese List sogar benutzt, um sich Geld zu leihen, indem er seinen geistlichen Gläubigern vorspiegelte, er wolle Mönch in ihrem Kloster werden. Wenn sie ihm schließlich nichts mehr borgen wollten, lachte er ihnen ins Gesicht und bat sie, seinem Vater zu schreiben, der ihnen das Geld zurückzahlen sollte.

Denn Vater Diderot in Langres wetterte zwar gegen diesen Sohn, der sich nicht entschließen konnte, einen Beruf zu ergreifen, der einmal Theologie studieren und dann wieder Priester werden wollte, der schließlich zustimmte, es mit der Juristerei oder mit der Medizin zu versuchen, nur um dann nichts von all dem zu tun – doch trotzdem bezahlte der rechtschaffene Messerschmied weiterhin die Schulden dieses Taugenichts. Und wenn er sich weigerte und Diderot keinen anderen Ausweg wußte, als verzweifelte Briefe nach Langres zu schreiben, ließ ihm seine Mutter, die »weichherziger und schwächer« war, wie Madame de Vandeul sagt, einige Louisdor zukommen. Nicht per Post, nicht durch Freunde, sondern durch eine Dienerin, die sechzig Meilen zu Fuß ging, um ihm eine kleine Summe von seiner Mutter zu überbringen, und die ohne ein Wort noch die gesamten eigenen Ersparnisse dazulegte, um dann wieder sechzig Meilen nach Hause zu gehen. »Dreimal hat dieses Mädchen einen solchen

Auftrag erledigt.« Diderot konnte ebensogut Mitleid erregen wie seinen Charme spielen lassen.

Toinette widerstand diesem Charme nicht lange, ebensowenig ihre Mutter. Als Diderot ihr gestanden hatte, daß die Sache mit dem Priesterseminar nur erfunden war und er ihre Tochter heiraten wollte, erklärte Madame Champion, es sei »sehr unvernünftig, sich mit einem so lebhaften Geist zu verheiraten, mit einem Mann, der nichts tut und dessen ganzes Verdienst darin besteht, daß er [...] meiner Tochter mit Engelszungen den Kopf verdreht hat«. Doch diese Engelszungen überschütteten die potentielle Schwiegermutter bald mit einer solchen Flut von Worten, daß ein Vorbehalt nach dem anderen in sich zusammenfiel. Diderot versprach alles, was man wollte: Er würde eine Stelle bei einem Staatsanwalt annehmen, um selbst Anwalt zu werden; er würde seine schlechten Gewohnheiten aufgeben – die ausgedehnten spätabendlichen Kaffee- und Theaterbesuche und den Umgang mit den ruhelosen, zweifelhaften Gesellen, die man dort traf –, mit einem Wort: Er würde solide werden.

Wahrscheinlich meinte es Diderot ganz ernst – wie immer, wenn er etwas sagte. Mit neunundzwanzig Jahren, nachdem er den Gedanken an ein ruhiges, strebsames Leben als Geistlicher endgültig aufgegeben hatte – »es ist den Universitätslehrern nie gelungen, meine Verachtung für die Nichtigkeiten der Scholastik zu besiegen« –, sehnte er sich danach, das Bohèmeleben aufzugeben und solide zu werden. Jahre später, in seinem *Salon* von 1767, schilderte er in einem etwas lockeren Ton diesen Abschied vom sorglosen Leben: »Ich komme nach Paris, will mir die Magistratenrobe anlegen und meinen Platz unter den Doktoren der Sorbonne einnehmen. Eine Frau, schön wie ein Engel, läuft mir über den Weg; ich will mit ihr schlafen, ich schlafe mit ihr; vier Kinder kommen; und so mußte ich die Mathematik aufgeben, die ich liebte; Homer und Vergil, die ich stets in meiner Tasche trug; das Theater, an dem ich Gefallen fand; und war nur zu glücklich, die *Enzyklopädie* in Angriff zu nehmen, der ich fünfundzwanzig Jahre meines Lebens opfern sollte.«

Daß er mit Anne-Toinette schlafen wollte, sie sich ihm aber ohne Eheschließung verweigerte, paßt vollkommen zum tugendhaften Charakter dieser nicht mehr ganz jungen Frau; daß er sich in den

Kopf setzte zu bekommen, was er wollte, entspricht seinem ganzen weiteren Leben. Aber auch der Wunsch, ein Heim zu haben, sich niederzulassen, ein ruhiges und geordnetes Leben zu führen, anstatt weiter seine Energie in einem ziellosen Taumel zu vergeuden, fiel schwer in die Waagschale – oder was bei Diderots Entscheidungen als Waagschale diente: eine brodelnde Mischung aus Begeisterung, Gefühl, Tugenschwärmerei und sinnlicher Erregung. Er wollte Toinette, sie wollte die Heirat – also wünschte er von ganzem Herzen die Heirat.

Diderot malte sich sein künftiges Leben in den schönsten Farben aus: Als Gatte und möglicher Vater, verliebt in seine Frau, würde er friedlich an einigen Abhandlungen über Mathematik arbeiten oder als Lohnschreiber Predigten verfassen (das war ihm nicht neu), während seine zärtliche Ehegattin Hemdkragen stärkte und flickte. In seiner persönlichen Ökonomie des Glücks war das die bescheidene, minimalistische, realistische Phase. So gefiel er sich in der Rolle, die ihm von der Gesellschaft zugewiesen wurde: ein kleiner Advokat, der sich über seinen Beruf hinaus für tausend Dinge interessierte, der nach langen Plädoyers im Gerichtssaal am Abend bei Kerzenschein einige schöne lateinische Verse, englische Geschichtswerke oder Mathematikbücher übersetzte. Diderot hat seinen Platz im sozialen Gefüge nie einfach als schicksalhaft angenommen, sondern ihn als ganz persönlichen Teil seines Lebens beansprucht; ohne Auflehnung und ohne Bitterkeit; mit dem Gefühl, diesen Platz beispielhaft ausfüllen zu können.

Zugleich aber wußte er bereits, daß diese Ehe nur die Hälfte seiner Ansprüche erfüllte. Sie war daher zum Scheitern verurteilt. Toinette war zwar hübsch, aber prüde und streng; Diderot war ein gutgebauter junger Mann, der an ein freizügiges, wenn nicht gar ausschweifendes Leben gewöhnt war. Toinette hatte den größten Teil ihres Lebens im Kloster für mittellose Töchter oder bei ihrer Mutter verbracht, doppelt bestärkt also in ihrer Bitterkeit über die Leichtfertigkeit und die Untreue der Männer. Diderot, was auch immer er selbst darüber dachte, stammte aus der aufsteigenden, wagemutigen Klasse von Provinzhandwerkern, die ihre Kinder zur Eroberung der Hauptstadt ausschickten. Aber die gravierendste Dissonanz zwischen den beiden jungen Menschen ergab sich aus ihren unterschiedlichen Ansprüchen an das Leben. Toinette, als ruinierte kleine Adlige aufgrund ihres sozialen Abstiegs mit allen hausfraulichen Fähigkeiten ausgestattet, war intellektuell eine völlige Null und hatte nicht den geringsten Wunsch, sich über ihren Stand zu erheben, um einer lasterhaften und lüsternen Welt die Stirn zu bieten. Diderot dagegen war ebenso gierig nach Wissen, nach Neuheiten, nach Sensationen, er war so offen für die Vielfalt verschiedener Welten, wie seine Frau hausbacken war. Die Lebenswege der beiden kreuzten sich, als der pfeilschnell dahinschießende Diderot gerade in einer Kurve bremste. Bei der ersten Beschleunigung mußte der Abstand wieder größer werden.

So kam es auch gleich, und zwar wegen der Heirat selbst. Diderot, Feuer und Flamme für seinen Plan, beschloß, sich alle Trümpfe zu sichern. Er schrieb seinem Vater einen Brief, in dem er sich als reuevoller, braver Sohn zeigte, seine Heiratspläne aber verschwieg und dafür sowohl seinen Besuch wie auch seine ausgezeichneten Vorsätze ankündigte. Dann schrieb er an Toinette: »Ich habe gerade einen Brief von Papa bekommen. Nach einer Strafpredigt, die um zwei Ellen länger war als gewöhnlich, schließlich die absolute Freiheit, zu tun, was immer ich möchte, vorausgesetzt ich tue irgend etwas. Ob ich bei meinem Entschluß, bei einem Anwalt einzutreten, bliebe? In diesem Falle habe ich Anweisung, mir einen guten zu suchen und das erste Viertel unverzüglich zu bezahlen.«

Nach dieser Vorsichtsmaßnahme reiste er ab nach Langres; es war Anfang Dezember 1742. Stets besorgt, einen guten Eindruck auf seinen Vater zu machen, hatte er veranlaßt, daß ihm die Satzfahnen seiner Übersetzung der *History of Greece* (Geschichte Griechenlands) von Temple Stanyan, die er im Frühjahr fertiggestellt hatte, in seinen Heimatort nachgeschickt wurden – der Beweis, daß er ein solider Mensch geworden war. Außerdem konnte er so seinen Aufenthalt abkürzen, indem er vorgab, dringende wissenschaftliche Arbeiten hinderten ihn daran, sich zu lange und zu weit von der Hauptstadt fernzuhalten.

Zunächst verlief das Wiedersehen sehr erfreulich. Man umarmte sich, machte sich Komplimente, erkundigte sich nach der Gesundheit; immerhin hatte Diderot seine Eltern dreizehn Jahre lang nicht mehr gesehen. Er erfuhr, daß sein jüngerer Bruder vor kurzem ins Priesterseminar eingetreten war, was ihm als gutes Omen für sein eigenes Anliegen erschien: *Ein* Priester in der Familie genügte, und Vater Diderot würde die Heirat seines älteren Sohnes leichter akzeptieren, wenn die anderen Aussichten auf einen männlichen Nachkommen dahin waren.

Diderots Plan war im Prinzip einfach: Er erhoffte sich eine kleine Pension von seinem Vater, und wenn ihm das zugesagt war, wollte er seine Heiratspläne ankündigen. In der Praxis war die Sache aber schwieriger, wie Diderot sehr wohl spürte. Die Eltern waren hocherfeut, ihren Sohn wiederzusehen, und stolz darauf, ihn ihren Freunden vorzuführen, sein gutes Aussehen zur Schau zu stellen, ihn von seiner Arbeit in Paris erzählen zu lassen – kurz, die Gerüchte zum Schweigen zu bringen, der Älteste des Messerschmieds sei in den Elendsvierteln der Hauptstadt gestrandet. Aber je häufiger man das Loblied seines Pariser Erfolges sang, desto klarer wurde Denis Diderot, wie schwierig es sein würde, eine geplante Heirat einzugestehen, die ihn in der sozialen Hierarchie herabstufte.

Er zögerte, versuchte Zeit zu gewinnen – die er dafür aber bei seiner Verlobten und seiner künftigen Schwiegermutter verlor. Am 2. Januar 1743 – fast einen Monat, nachdem er aufgebrochen war – antwortete er Antoinette, die ihre Ungeduld in heftigen Worten deutlich gemacht hatte: »Sie haben mir einen sehr harten und ungerechten Brief geschrieben. Sie wissen, wie empfindsam ich bin. Urteilen Sie selbst, in welchen Zustand Sie mich versetzt haben. [...] Ich weiß, was ich geschworen und was ich zu tun habe, und einzig Ihre Treulosigkeit könnte mir meine Freiheit wiedergeben. Zeigen Sie sich also so, wie Sie sind – Sie brauchen sich nicht mehr vor den Tränen zu fürchten, die Sie so oft gerührt haben.«

Man spürt es deutlich: Hätte die liebe Toinette Diderot von seinem Versprechen entbunden, so wäre er mit einem Weinkrampf und einigen Tagen Gejammer über die Wankelmütigkeit der Frauen davongekommen und im Grunde nur zu erleichtert gewesen, die Konfrontation mit der Familie, die er vor allem fürchtete, zu vermeiden.

Aber er wollte nicht derjenige sein, der den Bruch verursachte, denn das hätte dem Bild widersprochen, das er sich von sich selbst machte. Er hatte sich verlobt und würde seine Absicht nicht verleugnen, auch wenn er diese Ehe gar nicht mehr wünschte. Unter all den zahllosen Schauspielen des Lebens, die dieser unersättliche Voyeur in sich aufsog, war eines, das – er wußte es – allen übrigen Farbe gab: Diderot in der Rolle des Diderot. Es war von größter Wichtigkeit, daß dieses Selbstbild seiner Vorstellung von einer natürlichen Moral des Individuums, von einer guten Natur des Menschen entsprach. Vielleicht – wie er es in späteren Jahren mehr oder weniger zugab – hatte er Antoinette die Heirat nur versprochen, weil er mit ihr schlafen wollte; aber er wäre sich wie der letzte Schuft vorgekommen, wenn er sein Wort nicht gehalten hätte.

Da Toinette Champion beharrlich blieb und zwar zornig wurde, aber die Beziehung nicht beendete, legte Diderot an Tempo zu. Von nun an diente jeder Widerstand nur dazu, ihn noch hartnäckiger zu machen.

Am 14. Januar schrieb er an Antoinette: »Doch Deine Ungeduld – die ich nur loben kann, weil sie mir ja Deine Liebe beweist – hat meine Erklärung beschleunigt. Ich wünsche noch hundertmal mehr als Du, nicht zu drastischen Maßnahmen gezwungen zu sein. [...] Trotzdem bin ich zu allem entschlossen. Da Du mich anfangen hießest, bitte ich Dich nur um die Erlaubnis weiterzumachen.«

Die Szene mit den Eltern muß wohl schlimm gewesen sein. Geschrei, Tränen, verletzende Worte, Bannflüche und Verwünschungen, alte Vorwürfe, die wieder ausgegraben wurden – all das, was sich später in Diderots bürgerlichen Trauerspielen wiederfindet. Gefühl, Geld, Ehre, guter Ruf und Erbe; darum ging es. Das Gute und die Güter.

Denn ein königlicher Erlaß von 1677 enterbte Söhne (bis zu dreißig Jahren) und Töchter (nur bis zu fünfundzwanzig Jahren), die sich ohne elterliche Erlaubnis verheirateten. Diderot, der in einigen Monaten die Ehemündigkeit erreichen würde, verlangte in der Hitze der Debatte sein Erbteil und drohte seinem Vater sogar mit dem Gerichtsvollzieher, sollte er der Aufforderung nicht nachkommen. Der Messerschmied seinerseits wollte nichts wissen von einer Heirat seines Sohnes, »der keinen Stand hat und vielleicht nie einen haben wird«, mit einer Frau, die – wie er an Madame Champion schrieb –

»von der Natur mehr begünstigt war als vom Reichtum«. Um dem Skandal ein Ende zu setzen, griff Didier Diderot auf den damals allgemein üblichen Notbehelf ehrbarer Leute zurück, die sich durch eine untreue Gattin, eine ausgelassene Tochter oder einen rebellischen Sohn in eine peinliche Situation gebracht sahen: Er ließ seinen Sohn einsperren und Antoinettes Mutter mitteilen, daß Denis erst wieder auf freien Fuß gesetzt würde, wenn ihre Tochter ausdrücklich auf diese Heirat verzichtet hätte.

Mit fast dreißig Jahren wurde Denis Diderot also im Verlies irgendeines Klosters eingesperrt (welches es war, sollte man nie erfahren), weil er eine junge Frau heiraten wollte, die seinem Vater nicht genehm war. Zur damaligen Zeit war das möglich. Auf diese Weise verlieh der König, Vater seiner Untertanen, den Familienvätern, die Schwierigkeiten mit ihren Nachkommen hatten, die Autorität des Staates. Für den König die Kerker von Vincennes oder der Bastille; für die Väter die Verliese eines Klosters oder einer Abtei. In beiden Fällen endete die Haft nur, wenn derjenige, der sie beantragt hatte, seine Einwilligung gab und wenn der Häftling sich besserte. Die Gestalt des Vaters verkörperte Willkür und brutale Autorität. Und sicher ist es kein Zufall, wenn das späte 18. Jahrhundert die beiden männlichen Symbolfiguren des Ancien Régime – Gott und den König – durch zwei andere Gestalten mit großherzig-weiblichen Attributen ersetzte: die Natur und die Freiheit.

Wie lange blieb Diderot in seiner Zelle gefangen? Sicher weniger als einen Monat, denn Ende Februar 1743 schrieb er an Antoinette Champion, um ihr von seiner Flucht zu berichten: »Nachdem ich unsagbare Qualen erlitten habe, bin ich nun frei. Mein Vater ist in seiner Härte so weit gegangen, mich bei Mönchen einsperren zu lassen, die mich mit ausgeklügelter Bosheit behandelt haben. Ich bin in der Nacht vom Sonntag zum Montag aus dem Fenster gesprungen. Bis jetzt, da ich die Kutsche von Troyes erreicht habe, die mich nach Paris bringen soll, bin ich auf den Beinen gewesen. Ich habe keine Wäsche. Ich bin dreißig Meilen bei einem abscheulichen Wetter zu Fuß gegangen. [...] Zum Glück besitze ich etwas Geld, mit dem ich mich vorsorglich ausgestattet hatte, bevor ich meine Absichten kundtat. Ich habe es vor dem Zugriff meiner Kerkermeister sichern

36

können, indem ich es in einem Hemdzipfel versteckte. Wenn du mir schlechten Dank weißt für den geringen Erfolg meiner Reise und es mir auch noch sagst, dann habe ich solchen Kummer zu tragen, so viel gelitten und noch soviel Schmerz zu erwarten, daß meine Entscheidung feststeht: Ich mache allem ein Ende. Mein Leben oder mein Tod hängt davon ab, wie Du mich empfängst. [...] Ich umarme dich von ganzem Herzen, sowie auch Madame Champion. Welch ein Kummer für sie wird diese Nachricht sein! Verschweige ihr einen Teil davon; vielleicht gibt es für alles noch eine Lösung. Aufgeschoben ist nicht aufgehoben.«

Mit diesem letzten Motto haben wir den Kernpunkt von Diderots Lebensstrategie getroffen: Er war ein Dickkopf, der beharrlich warten konnte, bereit zu allen Listen und Verstellungskünsten, um zu bekommen, was man ihm verweigerte. Andere verbissen sich in das Hindernis, erschöpften sich bei verzweifelten Attacken, während er niemals den Unterschied zwischen Leidenschaft und Überstürzung vergaß. Die Zeit war seine Verbündete; er gab nie auf, aber er schob auf, überzeugt davon, daß die Umstände seine Pläne eines Tages begünstigen würden. Dieses beharrliche Abwartenkönnen sollte ihm später die Kraft geben, die Erstellung der *Enzyklopädie* allen Widerständen zum Trotz weiterzuverfolgen; es befähigte Diderot auch, den Hauptteil seines Werkes zu schreiben, ohne es dem Urteil seiner Zeitgenossen zu unterbreiten. Er konnte auf die Anerkennung und das Urteil aller künftigen Jahrhunderte warten.

Eine Hälfte des Kopfes kahlgeschoren – diese Vorsichtsmaßnahme hatte man ergriffen, damit er schon aus Eitelkeit nicht floh –, ohne Wäsche, fast mittellos und (was in seinen Augen noch schlimmer war) ohne Bücher kehrte Diderot erschöpft und gehetzt heimlich nach Paris zurück.

Er war auf der ganzen Linie gescheitert. Nicht nur war er nun der verfluchte Sohn, sondern zugleich auch eine Art Delinquent, den seine vermeintliche Verlobte schicklicherweise nicht mehr besuchen konnte, war sie doch die Ursache des Familienkonflikts. Toinette teilte Diderot übrigens deutlich mit, daß sie in keine Familie einheiraten würde, »in der sie nicht gern gesehen« sei, und laut Madame de

Vandeul »bat sie ihn, sich von ihr fernzuhalten, und hörte trotz all seiner Nachstellungen auf, ihn zu empfangen«.

Man kann sich leicht vorstellen, welcher Art diese »Nachstellungen« waren. Diderot spielte die gesamte Skala der Weinerlichkeit aus. Er drohte, flehte, bedrängte, wehklagte, beteuerte die verhängnisvollsten Absichten; er brachte seine Braut zum Lächeln, zum Weinen, machte ihr Angst und erregte ihr Mitleid. Er schickte Liebeserklärungen an die Tochter und verzweifelte Briefe an die Mutter – oder umgekehrt, so wichtig war ihm das nicht. Weniger hätte bedeutet, lauwarm zu sein und daher rasch vergessen zu werden. Als Höhepunkt dieses Rituals aus Verführung und Mitleid wurde er krank, wie es sich gehörte: »Es war ganz natürlich, daß nach all diesen Erregungen der Seele auch der Körper in Mitleidenschaft gezogen wurde.«

Seine Aufrichtigkeit ist nicht zu bezweifeln; aber unter all den Ausdrucksmöglichkeiten, die sich dem anboten, der damals das Ausmaß und die Tiefe seiner Verzweiflung kundtun wollte, war die Sprache der Krankheit die geeignetste, weil sie die Empfindsamkeit der Zeit, und vor allem der Frauen, am meisten rührte. Kranksein bedeutete, daß der Mann auf seine Waffen und Vorrechte verzichtete und sich den Frauen annäherte, indem er sich als schwach gab, wieder zum Kind wurde. Nicht nur griffen die Qualen der Seele den Körper an, die Macht des Gefühls verschob auch die festgesetzten Grenzen zwischen den Geschlechtern und Altersstufen.

Toinette gab ein wenig nach, aber nicht zu weit. Sie erkundigte sich nach dem Zustand des Kranken. »Man teilte ihr mit«, schreibt Madame de Vandeul, »daß sein Zimmer ein wahrer Stall war; daß er weder heiße Suppe noch Pflege hatte und abgemagert und traurig war.« Sie vergoß ein paar Tränen. Ihre Mutter bestärkte sie zweifellos in ihrer Weigerung, einen enterbten Mann zu heiraten. Sie standen kurz vor dem endgültigen Bruch. In einem Brief an Antoinette Champion vom Sommer 1743 hat Diderot das »Du« der Verlobten aufgegeben und ist zu einem melancholischen, distanzierten »Sie« übergegangen: »In Wahrheit, Mademoiselle Champion, haben Sie mich geliebt. [...] Das Glück zweier Ehegatten besteht in ihrer gegenseitigen Zärtlichkeit. Ich empfinde mehr denn je für Sie, aber ich habe

Grund zu glauben, daß Sie für mich nichts mehr empfinden. [...] Ich bin immer noch derselbe; aber wie verändert finde ich Sie.«

Aber wer hätte der Beredsamkeit von Diderots Engelszungen widerstehen können, dem tränenüberströmten Diderot, halbtot vor Liebe und Verzweiflung? Er hatte nichts in die Ehe einzubringen als sich selbst, arm, unbekannt, im geheimen lebend – aber hatte er sich nicht durch die Macht der Liebe in einen »ehrbaren Menschen« verwandelt?

Madame Champion willigte ein, die Bewachung ein wenig zu lockern und zu verhandeln. Immerhin war ihre Tochter nicht mehr die Jüngste und ohne Vermögen; und dieser Schönredner schien wirklich arbeiten zu wollen – bei Brisson in der Rue Saint-Jacques war soeben seine Übersetzung der *History of Greece* erschienen. Außerdem war seine Familie nicht unvermögend. Man mußte ihr diese Heirat, der sie sich widersetzte, nur verheimlichen.

Diese taktische Lüge gefiel Diderot. Die Wahrheit würde später zu ihrem Recht kommen. Es ist nicht bekannt, ob Diderot an seinen Vater schrieb, daß er auf die Heirat verzichten wolle, oder ob Madame Champion diese beschwichtigende Erklärung übernahm. Auf jeden Fall wußte Diderots Familie mehr als sechs Jahre lang nichts von dieser Heirat, und erst im August 1752 machte sich Antoinette Diderot auf den Weg nach Langres, um dort ihren Schwiegereltern und der übrigen Familie vorgestellt zu werden.

Die Trauung fand also ganz im geheimen statt. Am 6. November 1743, um Mitternacht, wie es sich gehörte, in der Kirche Saint-Pierre-aux-Boeufs (die auf heimliche Eheschließungen spezialisiert gewesen zu sein scheint), heiratete »Denis Diderot, Bürger von Paris«, Anne-Toinette Champion in Gegenwart von vier Trauzeugen. Das Paar sollte in der Rue Saint-Victor wohnen, in der Nähe der Place Maubert.

Diderot war ein schlechter Ehemann. Er hatte den Kampf um die endgültige Eroberung Antoinettes gewonnen, wußte mit seinem Sieg aber nichts anzufangen. Seine Gattin erweckte bei ihm nicht länger Träume oder Gefühle, weil sie nun eben seine Gattin war. Er versuchte, den Eifersüchtigen zu markieren, sie den Blicken anderer Männer zu entziehen, ihr einige wütende Szenen zu machen, aber die unglückliche Toinon war zu still und zu tugendhaft, um auf dieses Spiel einzugehen. Ihr Weg lag vorgezeichnet vor ihr; sie hatte eine Mutter, sie hatte einen Mann, sie würde Kinder haben. Diderot dagegen brachte diese Ruhe zur Raserei. Für ihn war es ein Bedürfnis zu reden, seine Gedanken an denen anderer zu reiben, unter Menschen zu kommen, sich selbst herauszufordern, sich unter diese große Bewegung der Vernunft und des Gefühls zu mischen, die, wie er spürte, in der Luft lag. In seinem eigenen Haushalt würde er sicher nicht die Anregungen finden, die ihn erschüttern sollten. Er hatte das Bohèmeleben hinter sich lassen wollen und fand sich nun gefangen in einer unharmonischen Ehe, zu der er sich nicht einmal offen bekennen durfte und die ihm Belastungen auferlegte, ohne ihm zu der Respektabilität zu verhelfen, die er sich gewünscht hatte.

Sofort zog er sich aus dieser gescheiterten Aufführung zurück. Zunächst diente ihm die heimlich geschlossene Ehe als Vorwand, um von seiner Frau zu verlangen, weiterhin ihren Mädchennamen zu tragen. Für Antoinette Champion würde das um so schwerer zu ertragen sein, wenn Kinder kämen und sie bei den Nachbarn als ledige Mutter gelten würde. Für Diderot war das armselige Loch in der Rue Saint-Victor im Grunde nicht mehr als ein Abstellplatz für seine Frau, während er sein Leben anderswo lebte. Niemals nahm Antoinette am gesellschaftlichen Leben ihres Mannes teil, geschweige denn an seinem intellektuellen Leben. Madame de Vandeul, hin- und hergerissen zwischen Bewunderung für ihren Vater und Zärtlichkeit für ihre Mutter, mit der sie vieles geteilt hatte, fällt es schwer, Diderot nicht allzusehr anzuklagen: »Mein Vater war in seiner Art zu eifersüchtig, um meine Mutter ein Geschäft weiterführen zu lassen, bei dem sie Fremde empfangen und mit ihnen verhandeln mußte. Er beschwor sie, damit aufzuhören. Es fiel ihr sehr schwer, seinem Wunsch zuzustimmen; nicht für sich selbst fürchtete sie die Not, aber ihre Mutter war alt, womöglich würde sie sie bald verlieren, und der Gedanke, sie nicht mit allem Notwendigen versorgen zu können, war eine Marter für sie. Dennoch willigte sie schließlich ein, da sie sich einredete, dieses Opfer würde ihren Mann glücklich machen. Ihre geringen Ersparnisse und der Erlös einiger verkaufter Möbel genügten den Bedürfnissen der beiden für eine Weile. Eine Hausdienerin kam jeden Tag, um die kleine Wohnung zu fegen und die Vorräte für den Tag zu bringen; den Rest besorgte meine Mutter. Wenn mein Vater in der Stadt aß, begnügte sie sich mittags und abends mit Brot und erfreute sich an dem Gedanken, daß sie am nächsten Tag seine geringe Portion verdoppeln könnte. Kaffee war für einen Haushalt dieser Art ein zu großer Luxus, aber sie wollte nicht, daß er darauf verzichten mußte, und gab ihm jeden Tag sechs Sous, damit er im Café de la Régence seine Tasse Kaffee trinken und beim Schachspiel zusehen konnte.«

Angélique de Vandeul wollte natürlich ein erbauliches Bild ihrer Mutter zeichnen. Die wenigen verfügbaren Zeugnisse über die ersten Ehejahre der Diderots differenzieren stärker: Anne-Toinette war zweifellos eine rechtschaffene Frau, die ihren Mann aufrichtig liebte und seinem Geplauder und seinem Charme nicht lange widerstehen konnte. Aber sie ertrug es nur schwer, eine versteckte Ehefrau zu sein, ein schmähliches Anhängsel, und noch weniger ertrug sie es, daß ihr Mann die Heimlichkeit ihrer Ehe dazu ausnützte, weiterhin ein Junggesellenleben zu führen. Das teilte sie ihm auch mit, oftmals sehr heftig, und da das Ehepaar seine Streitigkeiten nicht unbedingt diskret verbarg, wurden die Nachbarn Zeugen einiger Szenen.

Diderots Verhalten als Ehemann unterschied sich in keiner Weise von dem seiner Zeitgenossen: Die Frau führte den Haushalt, kümmerte sich um die Wäsche und das Essen, wärmte das Bett und zog die Kinder auf, die der Mann ihr gemacht hatte. Aber im Unterschied zu den meisten Männern seiner Zeit erhob Diderot dieses Verhalten nicht zur Moral. Er hatte ganz ehrlich geglaubt, wie er sagte, daß ihre »körperlichen, seelischen und geistigen Vorzüge« – vor allem die ersteren – ihn fesseln und »sittsam machen« würden. Er hatte sich getäuscht oder war getäuscht worden, wie auch immer, und daraus war das ganze Drama entstanden.

Diderot wollte leben, wie es ihm paßte. Nicht so sehr, weil er Gefallen an Ausschweifungen und Erfolgen bei Frauen fand, sondern aus Angst vor allem, was seinen enormen Tatendrang bremsen konnte. Die fromme, traditionalistische Toinette war nicht dazu geschaffen, Diderot auf seinem Weg und bei seinen Kühnheiten zu begleiten. Sie war nicht »vorzeigbar«; so zumindest sahen es Diderots beste

Freunde. Für diese Generation junger Männer, die zum Sturmangriff auf die »vornehme Gesellschaft« ansetzten – wie Diderot, Rousseau, d'Alembert oder Grimm –, zählten nur geistreiche Frauen – die Frauen, die sie in die Salons begleiteten und ihnen manchmal erst den Zugang dazu verschafften. Gewiß, Diderot liebte später leidenschaftlich, aber eine ferne, unerreichbare Frau, die er nur zeitweilig sah. Nicht das Sexuelle bedeutete wahre Lust für diese Libertins; sie wollten die Geheimnisse der Liebe ergründen und erproben, wie weit sie in der Liebe über sich selbst hinauswachsen konnten.

Antoinette als Ehefrau bot kein Geheimnis mehr und konnte bei der Eroberung verbotener Gebiete nur eine unnütze Belastung sein. Jean-Jacques Rousseau, den Diderot 1742 kennenlernte, brachte die Meinung des Philosophenzirkels über Diderots Gattin – und über seine eigene Gefährtin – in den *Bekenntnissen* auf den Punkt: »Er hatte eine Nanette, gleich wie ich eine Thérèse besaß, und dies stellte zwischen uns eine neue Gemeinschaft her; der Unterschied bestand nur darin, daß meine Thérèse, die ebenso hübsch wie seine Nanette war, ein sanftes Gemüt und einen freundlichen Charakter besaß, der einen rechtschaffenen Mann wohl an sie fesseln konnte, während seine Nanette ein keifendes Schandmaul war und in den Augen anderer ihre schlechte Erziehung durch nichts auszugleichen vermochte. Dennoch heiratete er sie. Wenn er es ihr versprochen hatte, so war das recht getan. Ich aber, der ich dergleichen niemals in Aussicht gestellt, ich beeilte mich durchaus nicht, es ihm nachzutun.«[1]

Die verstreichenden Jahre, Toinettes Einsamkeit, die häuslichen Schwierigkeiten und Kümmernisse machten die Dinge nicht besser. Nanette, beiseite geschoben, isoliert und betrogen, wurde noch verbitterter, während der soziale Abstand, der sie von ihrem Mann trennte, größer wurde. Im Leben ihres Mannes – den sie dennoch bis zum Tod begleitete – kam sie fast nur noch vor, wenn er ihre Szenen und Ausbrüche erwähnte. Diderot beklagte sich unablässig über »häusliche Gewitterstürme« und seufzte: »Sagen Sie mir doch, welchen Nutzen diese Frau davon hat, wenn sie erreicht, daß ein Blutgefäß in meiner Brust platzt oder die Nerven in meinem Gehirn zerrüttet sind? [...] Wahrhaftig, diese Frau hat ein grausames Gemüt.«

KAPITEL

3

Dennoch wäre es falsch, in dieser Ehe nur das Ergebnis eines Irrtums oder Fehlverhaltens zu sehen. Sie erlegte Diderot Zwänge und Verantwortlichkeiten auf, die er zweifellos gewünscht hatte. Er wußte, wie leichtsinnig und sprunghaft er war, wie neugierig auf die verschiedensten Dinge. Er gefiel sich in der Rolle des ewigen Studenten, wußte aber sehr gut, daß er bei seiner unersättlichen Lust zu lernen, Neuem zu begegnen, sich auszutauschen und mit Gedanken und Worten zu jonglieren, nichts weiter werden konnte als ein brillanter Dilettant – und im Laufe der Jahre ein gealterter Jüngling mit zerstreutem Geist und leeren Händen. Die Ehe nötigte ihn, eine Familie zu ernähren, ihr ein Dach über dem Kopf und ein akzeptables Leben zu sichern; daher mußte er auch endlich produktiv werden – er konnte nicht länger nur Anlauf nehmen, sondern mußte endlich springen. Sich zum Geldverdienen zu zwingen bedeutete, sich zum Schreiben zu zwingen; seinen Gedankenentwürfen, die sich in Kaffeehausdiskussionen und Gesprächen auf der Straße verflüchtigen, mußte Diderot nun materielle Substanz verleihen. Wie häufig in seinem Leben, hatte er sich selbst unters Joch begeben, um sich auf den Weg zu zwingen, den er gehen mußte.

Gewiß, 1743 hatte Diderot bereits einiges veröffentlicht: Anonyme – und nicht identifizierbare – Beiträge in den *Observations sur les écrits modernes*, einem Magazin für Literatur und Ideen, herausgegeben vom Abbé Desfontaines, dem es weder an Geschmack noch an Urteilsvermögen mangelte – was immer auch Voltaire, mit dem der Abbé zerstritten war, über ihn gesagt haben mag. 1742 (mit erstmaliger, allerdings fehlerhafter Nennung seines Namens) ein kurzer und wenig ruhmreicher Beitrag in *Le Perroquet ou Mélange de diverses pièces intéressantes pour l'esprit et pour le cœur* (Der Papagei oder Sammlung verschiedener interessanter Stücke für Geist und Herz), veröffentlicht in Frankfurt am Main: eine Versepistel, die den Ruhm eines gewissen »M.B.« besang und nur darum von Interesse ist, weil sie Diderots – zu seiner Zeit weit verbreitetes – Geschick bewies, schmeichelhafte Verse zu drechseln. »M.B.« war Baculard d'Arnaud, ein ziemlich rührseliger Schriftsteller, aber auch ein Lebemann, der, wie Diderot witzelt, die Wahrheit doppelt sah, wenn ihm der Wein zu Kopf stieg.

Aber solche Verseschmiedereien waren nicht dazu angetan, Diderot zu Ruhm oder zu einem Vermögen zu verhelfen. Tatsächlich träumte Diderot 1742 weder von dem einen noch von dem anderen. Für eine literarische Laufbahn war sein Ehrgeiz gleichzeitig zu groß und zu gering. Er wußte, daß er ohne Vermögen, ohne vornehme Herkunft, ohne Reputation so gut wie keine Chance hatte, veröffentlicht zu werden. Es sei denn, er lernte einen Gönner kennen; es sei denn, er gewänne eine hochgestellte Persönlichkeit, eine Frau oder eine Partei für sich, deren Einfluß es ihm ermöglichen würde, einen Verleger zu finden, eine Druckerlaubnis zu erhalten und ein wohlgesonnenes Publikum auf sich aufmerksam zu machen.

Zweifellos hätte er einen vermögenden oder hochgeborenen Fürsprecher finden können; gegen Barzahlung und gesellschaftliche Rückendeckung hätte er von Zeit zu Zeit dessen Ruhm besingen, dessen Intrigen unterstützen und einige Pamphlete gegen dessen Feinde richten können. Die »Großen« und Reichen entdeckten gerade die Macht der Öffentlichkeit und hielten sich gerne ihre Hausschriftsteller, die sie mit Gagen und Ehren entlohnten. Aber diese Art von sozialem Aufstieg suchte Diderot nicht. Er wußte vielleicht noch nicht genau, was er zu sagen hatte, aber er weigerte sich bereits, seine Freiheit an eine wie auch immer geartete Macht zu verkaufen. Er war noch nicht Schriftsteller, aber er ahnte, daß ein Schriftsteller in Zukunft leidenschaftlich seine Unabhängigkeit verteidigen mußte, wenn er irgendwie zählen wollte.

Wie konnte er an den geistigen Abenteuern seiner Zeit teilhaben, wie ein wenig Geld und Berühmtheit erwerben und doch frei bleiben von jeder knechtischen Bindung? Diderot als praktisch veranlagter Handwerkersohn fand einen bescheidenen, mühseligen, wenig spektakulären Weg, der ihm aber reichlich Gelegenheit zur geistigen Hinterlist und zu versteckten Zweideutigkeiten bot: er begann zu übersetzen.

Man darf sich nicht vorstellen, daß Übersetzen 1742 dasselbe bedeutete wie heute – auf der einen Seite der fremdsprachige Schriftsteller, absoluter Herr über seinen Text und sein geistiges Eigentum; auf der anderen der Übersetzer, der sich von größtmöglicher Treue zum Wortlaut und Geist des Textes leiten läßt, dem er dienen will. Ein Text war damals ein Erzeugnis, das man nach Belieben bearbeiten, kürzen, verlängern, kommentieren, verändern und auf jede nur denkbare Art plündern durfte, ohne daß der arme Autor etwas anderes hätte tun können, als gegen die Verwendung seines Textes zu protestieren. Um so mehr galt das für eine Übersetzung. Ein Autor verlor praktisch schon die Kontrolle über seinen Text, sobald er dem Drucker ein Exemplar ausgehändigt hatte, auf jeden Fall aber, sobald das Buch veröffentlicht war. Wenn es dann auch noch eine Grenze passierte oder ein Meer überquerte...

Diderot ging vorsichtig zu Werke, als er seine Übersetzertätigkeit begann. Als erstes übertrug er die *History of Greece* – ein Werk aus dem Englischen, wie es sich gehörte. England war damals in der französischen Geisteswelt in Mode. Montesquieu war von 1729 bis 1732 in England gewesen; die erste Lesung aus seinem *Über den Geist der Gesetze** fand 1745 in Bordeaux statt. Voltaires *Briefe über die englische Nation* waren 1734 erschienen und hatten neben Newtons Physik auch die Gedanken Lockes und die vom Liberalismus und von religiöser Toleranz geprägte englische Sozialphilosophie in Frankreich bekannt gemacht. Die erste französische Übersetzung von Swifts *Gullivers Reisen* war 1727 erschienen. Defoe, Richardson und Fielding beschäftigten die Gedankenwelt und die Empfindungen. Der Wind der Freiheit wehte von der anderen Seite des Ärmelkanals herüber.

---

* Montesquieu lehnte darin die absolutistische Staatsform ab und sprach sich für eine konstitutionelle Monarchie nach englischem Vorbild aus. (A.d.Ü.)

Diderot hatte Englisch gelernt; wo und wie ist nicht recht klar. Vermutlich so, wie er sich den größten Teil seines beeindruckenden Wissens angeeignet hatte: allein, mit Hilfe von Wörterbüchern und lateinischen Übersetzungen. Das Erlernen von Fremdsprachen war eine Möglichkeit, sich vom Lateinischen zu emanzipieren, den Erwerb von Kenntnissen und Wissenschaften zu säkularisieren. Aber diese direkte Aneignung der englischen Sprache, bei »Intellektuellen« der damaligen Zeit sehr selten, sollte dem subversiven Denker auch eine vortreffliche Deckung bieten: er machte andere zu seinem Sprachrohr.

Als kluger Taktiker begann Diderot ganz bescheiden. Seine Übersetzung von Stanyans Werk war genau, gewandt und wortgetreu; kein Zensor hatte daran etwas auszusetzen. Ganz anders verhielt es sich mit Shaftesburys *Versuch über Verdienst und Tugend*, den Diderot in den ersten Wochen nach seiner Heirat zu übersetzen begonnen hatte. Er hielt dieses Unternehmen für so gewagt, daß seine 1745 veröffentlichte Shaftesbury-Übertragung anonym blieb. Sie kam in Amsterdam heraus, unter dem Titel *Grundzüge der Moral oder Versuch des Herrn S. über Verdienst und Tugend*, ohne den Namen des Autors oder des Übersetzers. Denn hier begann das Spiel mit dem Feuer. Shaftesbury war für die französischen Aufklärer kein völlig Unbekannter. Anfang des Jahrhunderts war einiges von ihm übersetzt worden, Voltaire hatte ihn in seinen *Briefen über die englische Nation* zitiert. Aber bevor Diderot beschlossen hatte, Shaftesbury als Speerspitze seiner eigenen Attacke einzusetzen, war er nur eine entfernte Randerscheinung gewesen.

Diderots »Übersetzung« war in sich bereits ein Musterbeispiel für das, was sein ästhetisches Markenzeichen und seine politische Strategie werden sollte – beides ist bei Diderot stets eng miteinander verbunden. Bei Shaftesbury wie später bei der *Enzyklopädie* wollte Diderot »einen echten Diderot schaffen«, ohne dabei Verrat an dem Vorbild zu begehen, auf das er sich stützte. Er benutzte Shaftesburys Text, zerlegte ihn, entlehnte Passagen und wertete ihn aus; aber zugleich gab er ihm Gesicht, Richtung, Stoßkraft.

Als der *Versuch über Verdienst und Tugend* 1745 erschien, wurde der Name des vermuteten Übersetzers Diderot und nicht der Name des Autors Shaftesbury vorgeschoben; die verlegerische Strategie war im Grunde ebenso offenkundig wie sie an der Oberfläche tarnend wirkte. Die Autorität – und die wesentlichen Repressionsorgane – des monarchischen Systems stützten sich darauf, daß in vielen Punkten der Schein gewahrt wurde: Der König war absolut verantwortlich für seine Untertanen und ebenso für alles, was auf dem Gebiet des Königreichs veröffentlicht wurde. Das Buch wurde daher offiziell in Amsterdam gedruckt. Diderot war lediglich Übersetzer eines fremdsprachigen Werkes, dessen Autor selbst nur durch die Initialen seines Namens angedeutet wurde. Dieses Manöver täuschte überhaupt niemanden, sondern war Teil eines Versteckspiels, das der Staat mit sich selbst und der Opposition spielte, die er zu dieser Zeit noch zu kontrollieren verstand. Die Fiktion des Absolutismus, die Phantasiegestalt des allmächtigen Königs waren keine leeren Masken, sondern treibende Kräfte eines Systems, das totalitär war, indem es weltliche und geistliche Macht im Ritual verschmolz.

Natürlich hätte der königliche Machtapparat versuchen können, Druck, Herausgabe und Verbreitung jeder Veröffentlichung, die seiner Meinung nach gegen die Interessen der Monarchie und der römisch-katholischen Religion gerichtet war, schlicht und einfach zu verbieten. Wenn bei Hofe die »Hardliner«, die »Extremisten«, gerade stärker in der Gunst des Königs standen als die »Liberalen« und Gemäßigten, gab es dazu auch Ansätze. Aber solche Versuche zur Gleichschaltung prallten immer wieder ab an einer materiellen und intellektuellen Realität, gegen die der monarchische Staat – vielleicht im Unterschied zu den totalitären Staaten des 20. Jahrhunderts – nicht ankam: am Umlauf der Güter und der Ideen.

Die Monarchie hatte einen unersättlichen Geldbedarf. Um ihre Legitimität zu garantieren, hätte sie sich mit treuen Untertanen begnügen müssen, doch sie brauchte Steuerzahler. Damit die Steuern ohne allzu große Unruhen oder Bauernaufstände eingetrieben werden konnten, mußte die Wirtschaft des Landes florieren. Dieser Wohlstand wiederum erforderte gewisse ideologische Zugeständnisse. Die Aufhebung des Edikts von Nantes unter Ludwig XIV. 1685 hatte mit der Vertreibung der Hugenotten auch eine enorme Flucht von Kapital und Fachkräften ausgelöst, unter der die Entwicklung des Landes sehr gelitten hatte. Der Regent Philipp von Orléans, Ludwig XV. und Ludwig XVI. waren – kurze Perioden bei Ludwig XV. ausgenommen – realistischer oder weniger standfest in ihren Überzeugungen. Sie riskierten es nicht, den französischen Buchdruck zu ruinieren, indem sie ausländischen Unternehmen das Monopol an der Herausgabe von Werken sicherten, für die sich das französische Publikum begeisterte.

In einem Staat, in dem der äußere Schein ebenso wichtig war wie die eigentliche Realität, spielte selbstverständlich auch das Prestige eine Rolle. Richelieu, der Begründer der Académie française, hatte als erster begriffen, wie sehr einige gute Schriftsteller oder brillante Geister innerhalb und außerhalb der Landesgrenzen zum Glanz und Ruhm des Monarchen beitragen konnten. Die rebellischen Schriftsteller ihrerseits hatten verstanden, wie sehr ihr Ruf im Ausland sie schützen konnte. Der Handlungsspielraum der »Aufklärer« war durch diesen doppelten Schutz gesichert – durch die Interessen der Buchhändler und den Ruhm der Literatur und der Philosophie.

Diderot scheint die Spielregeln von Anfang an begriffen zu haben; das heißt, er mogelte, so gut es ging, und versuchte, die vorhandenen Widersprüche zu seinem Vorteil auszunützen. Der *Versuch über Verdienst und Tugend* bildete ein Gewebe aus verschiedenen Textpartien, bei dem die versiertesten Zensoren größte Mühe hatten zu entscheiden, was vom einen stammte und was dem anderen anzulasten war. Rechtlich gesehen stammten nur der *Discours préliminaire* (Vorrede) und die *Lettre à mon frère l'abbé* (Brief an meinen Bruder, den Abbé) von Diderot. Doch am Ende des *Discours* erklärte er in der doppeldeutigen Sprache, die das System erzwang, ganz unverfroren, der eigentliche Autor dieser angeblichen Übersetzung zu sein: »Ich habe mich von seinem Geist durchtränken lassen; und ich habe sein Buch sozusagen ›zugeklappt‹, als ich die Feder ergriffen habe. Noch nie hat man sich das Gedankengut anderer mit größerer Freiheit zunutze gemacht [...], und die Bemerkungen, die diesem Text hinzugefügt wurden, sind so häufig, daß der *Essay von M.S****, der eigentlich nur eine metaphysische Beweisführung war, nun in bemerkenswertem Maße Grundbegriffe der Moral erörtert. Das einzige, was ich peinlich genau eingehalten habe, war die Reihenfolge, die ich unmöglich aufgeben konnte.«

Man könnte sich auch vorstellen, daß Diderot, der Waghalsige, der mitreißende Plauderer, der eloquent und unerschöpflich ideenreich mit Paradoxen jonglierte, von der Angst des Anfängers gepackt wurde, als es darum ging, einen ersten Entwurf seiner Moralauffassung wirklich in einem Buch darzulegen. Nur zu reden war leicht. Ein Gedanke jagte den anderen und verflog wieder; mit einem weiteren korrigierte man, was an den beiden ersten nur ungenau oder annähernd gewesen war; mit einem Exkurs konnte man einem lästigen Einwand ausweichen, und im lebhaften Gespräch wurden Schwächen in der Argumentation leicht fortgewischt. Anders beim Schreiben; hier mußte man sich mehr Selbstzwang auferlegen, hier war mehr gefordert als brillante Improvisation, rasche Auffassung und überströmende Erfindungsgabe. Diderot kannte seine Begabung und war seiner intellektuellen Phantasie sicher, befürchtete aber vielleicht, sein ungestümes und spontanes Temperament vertrage sich nicht so recht mit den Erfordernissen einer philosophischen Abhandlung. Eine Bearbeitung von Shaftesbury bedeutete für ihn, sich einen schützenden Rahmen, ein festes Schema vorzugeben und so den Plauderer zur Disziplin zu zwingen.

Auf jeden Fall war der *Versuch über Verdienst und Tugend* tatsächlich das erste eigenständige Werk Diderots, die erste Zusammenfassung seiner Philosophie, die erste Darlegung seiner Moralauffassung. Diderot fügte Shaftesburys Texte in einem Aufbau zusammen, dessen Bedeutung und Dynamik ganz seiner Feder entstammte. Mit diesem literarischen Verfahren erzielte er später – etwa in *Jacques der Fatalist und sein Herr* – die erstaunlichsten Effekte; auf intellektueller Ebene definierte er sich so als Handwerker, der auch das Wissen und Denken anderer zu nutzen verstand.

Bei diesem *Versuch über Verdienst und Tugend* gibt es zwei verschiedene Lesarten. An der Oberfläche scheint der Text den hergebrachten Vorstellungen – mit Hilfe zahlreicher Zitate zur Geltung gebracht – treu zu sein. Doch dann gibt es noch eine tieferliegende, subversive Ebene, für die man nur sehr schwer handgreifliche Beweise findet, weil sie sich in keinem einzigen konkreten Satz manifestiert, sondern nur in der Verknüpfung der Argumente, in einer ganz feinen Verschiebung der Begriffe und in der übertriebenen Art, in der immer wieder feierlich die Übereinstimmung mit den Normen beschworen wird.

Ein Beispiel für die Aussage an der Oberfläche ist zunächst die Widmung des Übersetzers: »Für meinen Bruder«. Voller Zuneigung und Respekt wendet sich Diderot hier an seinen Bruder Didier, der in Paris Theologie studierte und ein paar Monate später zum Priester geweiht werden sollte. Der fromme Didier konnte den gottlosen Denis nicht ausstehen und bekämpfte ihn sein Leben lang, ohne die geringsten brüderlichen Gefühle zu zeigen. Dennoch schlug Denis Diderot ihm der Form halber eine Art Bündnis vor: »Religion und Moral haben eine zu enge Verbindung zueinander, als daß man ihre Grundprinzipien gegeneinander stellen könnte. Keine Tugend ohne Religion; kein Glück ohne Tugend: diese beiden Wahrheiten werden Sie in diesen Überlegungen, die ich zu unser *beider Nutzen* niedergeschrieben habe, vertieft finden.«

Und in seinem Vorwort erklärt Shaftesburys Übersetzer: Der Philosoph führte den Leser durch seine moralischen Überlegungen »an die Kirchentür. Der Missionar muß ihn jetzt nur noch an den Altar locken: das ist seine Aufgabe. Der Philosoph hat die seine erfüllt.« Um noch größerer Vorsicht willen versicherte Diderot sogar, »Theist« zu sein. Doch Achtung, betonte er: »Theist« sei nicht gleich »Deist«. Darauf folgt eine lange, geschraubte Erklärung, aus der schließlich hervorgeht: »Es ist zwar richtig, daß nicht jeder *Theist* auch ein Christ ist; nicht weniger richtig ist aber, daß man, um *Christ* zu werden, zuerst *Theist* sein muß. Grundlage jeglicher Religion ist der *Theismus.*«

Shaftesbury war unbestreitbar Deist, doch Diderot wußte nicht so recht, was er selbst war, und diese Frage beschäftigte ihn auch kaum. In Wahrheit brauchte er keinen Gott und keine Religion mehr, um das einzige zu tun, was ihm Interesse zu verdienen schien: zu versuchen, eine Moral des freien Menschen zu begründen, der von der Vernunft geleitet wird. Tugend, Glück, die Gesetze der Natur und die der Gesellschaft – das waren die vier Eckpfeiler, an denen er sich als Philosoph sein Leben lang orientierte. Alle metaphysischen Spekulationen, jede wissenschaftliche Betätigung, alle Errungenschaften des Wissens, alle Betrachtungen zur Kunst und zur Schönheit waren nichts wert, wenn sie nicht zu einem Fortschritt in der Frage der Moral führten, die untrennbar mit dem Glück des Menschen verbunden war. Die Bedeutung der Philosophie bemaß sich an ihrem gesellschaftlichen Nutzen. Diese Funktion der Philosophie war selbstverständlich – im weitesten Sinne – eminent politisch; sie inspirierte das gesamte Denken der Aufklärung und war an allen Umbrüchen einer wahrhaften Kulturrevolution beteiligt.

Diderot mochte der Form halber noch so sehr seine guten Absichten beteuern – als Philosoph mit dem festen Vorsatz, als Vordenker des menschlichen Glücks und des idealen Staates aufzutreten, begann er einen erbarmungslosen Konkurrenzkampf mit den Theologen und der Religion. Voltaire, der von den Auswirkungen der katholischen Gegenreformation und den bigotten letzten Jahren des Zeitalters unter Ludwig XIV. geprägt war, hatte diesen Kampf mit der Verbissenheit und dem Haß des Herausforderers aufgenommen. Er hatte – oft durch eigenen Schaden – gelernt, überall Jesuiten, Beichtväter, Jansenisten oder Prediger zu wittern. Er verabscheute die Kirche – wenn er auch bereit war, ihre Widersprüche für sich auszunützen –; es blieb sein Traum, die Priester von den Zentren der Macht zu vertreiben, um statt dessen eine aufgeklärte, wohlgeordnete Regierung einzusetzen, in der Gott und die Vernunft – unter der Ägide der Aufklärer – als Ordnungsprinzipien der weltlichen wie auch der geistlichen Macht dienen sollten. Denn nach Voltaires Auffassung konnte es ohne spirituelle Grundlage keine Moral geben. Daher kämpfte er so verbissen darum, die »Pfaffen« von seinem Terrain zu vertreiben.

Der fast zwanzig Jahre jüngere Diderot, aufgewachsen unter der Regentschaft Philipps von Orléans, konnte weitaus entspannter an die Sache herangehen. Statt einen verbissenen Kampf zu führen, steckte er in großartiger Unbekümmertheit von Anfang an höchst ungleiche Grenzen ab: Die Philosophen sollten sich um die Menschen kümmern, die Religion um Gott. Vorausgesetzt natürlich, daß diese beiden Gebiete vollkommen unabhängig voneinander waren.

Im *Versuch über Verdienst und Tugend* verschwand die Religion daher ganz rasch vom Feld der Untersuchung. Um eine individuelle und allgemeine Moral zu begründen, brauchte Diderot kein »höchstes Wesen« mehr, keine ewige Belohnung oder Strafe – im übrigen waren die weisen Heiden Menschen von Wert gewesen, ohne an eine Transzendenz glauben zu müssen. Es genügte, mit Hilfe der Vernunft zu begreifen, daß Glück nur einem tugendhaften Leben entspringen konnte.

Tatsächlich ging Diderot in seinen Überlegungen bereits viel weiter, wenn auch alles erst im Entwurf vorhanden war. Gott war also aus der Debatte ausgeschieden – daher standen nun auf der einen Seite der einzelne Mensch, sein egoistisches Streben nach Freiheit und Genuß, und auf der anderen Seite die Gesellschaft, das Menschengeschlecht als Teil und Antriebskraft der Natur, dessen Fortbestand und Harmonie im großen Weltkonzert es zu sichern galt.

Diese alte Antinomie zwischen individuellem Genuß und dem Wohl des Ganzen sollten die Menschen laut Diderot (und nach Shaftesbury) nicht mit den Schemata des akademischen Verstandes oder der Scholastik lösen, sondern indem sie den inneren Gesetzen ihrer Persönlichkeit, ihrer tiefen »Natur« folgten. Denn ethische Werte ließen sich eher in der konkreten, lebenden, vertrauten Erfahrung finden als in gelehrten Beweisführungen, die von einer abstrakten Logik hergeleitet wurden. Seinem englischen Vorbild getreu folgend, arbeitet Diderot zwar daraufhin in einer moralischen Abhandlung heraus, daß alles der Gesellschaftsordnung unterworfen sein und das individuelle Glück mit der Tugend verschmelzen müsse, doch diese streng-konservative, stoische Ethik ist weniger wichtig als die Bewegung, die sie durchdringt: Wie Franco Venturi bemerkt hat, suchte Diderot bei Shaftesbury weniger einen Gedankengang, der mit dem seinen übereinstimmte, als eine bestimmte Art der philosophischen Reflexion und der Wahrheitssuche, die seinem Temperament entsprach.[1] Bei Shaftesbury entdeckte er eine Denkweise, die wie angegossen zu ihm paßte: den Enthusiasmus. Den unendlichen Reichtum der Welt, ihre Widersprüche und Veränderungen erfaßt man nicht allein mit der abstrakten Vernunft. Die Natur, bewegt, regellos und konfus, kann ihre tiefsten Geheimnisse nur einem Verstand offenbaren, der selbst begeistert und inspiriert ist. Die Anspannung der Vernunft und ihre abstrakte Objektivität können die Wahrheit nur dann sinnvoll erfassen, wenn sie dialektisch verbunden sind mit der losgelösten Hingabe an den tiefinneren Teil von uns selbst, an die »Kraft der Natur«, die es uns ermöglicht, sie nicht nur zu messen, sondern zu begreifen.

Diderot fühlte sich vom cartesianischen Rationalismus eingeengt. Er wollte gleichzeitig eine Sache und ihr Gegenteil denken können, solange er sie nicht vollständig eingekreist, sie nicht unter allen Gesichtspunkten betrachtet und auf jede Weise ergründet hatte. Sein Genie als Schriftsteller zeigt sich vor allem in der Vitalität, dem Erfindungsreichtum, dem unablässigen Schlagabtausch in seinen Dialogen. Denn Diderot bereicherte diese klassische Form der philosophischen Erörterung mit leidenschaftlichen, gefühlsbetonten, literarischen und ästhetischen Elementen, die aus der Gegenüberstellung traditioneller Ideen vielschichtige, lebendige Diskussionen machten, deren Ausgang nicht im voraus feststand.

Das cartesianische »Ich denke, also bin ich« erschien Diderot zugleich als zu weites wie zu engmaschiges Netz, um einen Fisch zu fangen, der nicht nur reine Spekulation wäre, also niemanden satt machen würde. »Ich denke, ich fühle, ich empfinde, ich handle, ich erfinde, ich sterbe, also bin ich« – so schien ihm die innere Wahrheit des Menschen, der Produkt der Natur und Bewußtsein dieser Natur zugleich ist, weit umfassender ausgedrückt. Was man später das »Jahrhundert der Aufklärung« nannte, wirkt auch deshalb so vieldeutig, weil man unter dem Begriff »Aufklärung« nicht immer ganz dasselbe versteht. Für die einen – Voltaire, Turgot, Condorcet und später für das französische Bürgertum – bedeutete Aufklärung eine Art Sonne der Vernunft, deren Licht die Schattenzonen vertrieb, die den Menschen umgeben und bedrohen; den Menschen, der im Mittelpunkt des Universums steht und dazu bestimmt ist, es durch die immaterielle Macht seines Geistes zu beherrschen. Für die anderen, für Diderot, Rousseau, aber auch etwa zwanzig Jahre zuvor für Montesquieu, sollte die Aufklärung es dem Menschen ermöglichen, transparent für sich selbst zu sein, nicht nur was seinen Geist betraf, sondern auch sein körperliches Sein, seine Leidenschaften, sein Verlangen, seine Gefühlsregungen, seine natürlichen Bedürfnisse – darunter auch die Notwendigkeit, in Gesellschaft zu leben und sich fortzupflanzen. Für Voltaire etwa war das Theater schmückendes

Beiwerk, eine Weise, den ewigen Konflikt zwischen Vernunft und Leidenschaft zu zelebrieren; für Diderot wird es zum idealen Schauplatz der Aufklärung: Ort der Transparenz, an dem jeder Mensch sich dem kritischen Blick der Gesellschaft stellt – nicht nur mit seinen Worten, sondern auch seiner Mimik, seinen Gesten, seinem Tonfall, der Färbung seines Teints, kurz, mit der gesamten Körpersprache, die man von der Sprache des Geistes nicht trennen durfte.

Das Theater durchzog Diderots gesamtes Leben und Werk wie ein roter Faden. Er selbst war ein theatralischer Mensch, der gerne gestikulierte und posierte; der ungezwungen seine volltönende Stimme, die Bewegungen seines massigen Bauernkörpers, seine Tränen, sein schallendes Lachen oder seine Seufzer spielen ließ. Er gab gewissermaßen stets eine Vorstellung, denn dieses Schauspiel seiner selbst schien ihm die beste Gewähr für Wahrheit und Tugend – man wußte nicht recht, was man war, aber die anderen sahen die Realität des Scheins. Vielleicht gab es keinen anderen Lohn der Tugend – die für das Glück der Gemeinschaft unbedingt notwendig war – als diese Anerkennung und Billigung des Publikums, dem man so sein Leben als Inszenierung darbot.

Diderots »Übersetzung« stieß auf solche Zustimmung, daß man ihm das umfangreiche dreibändige *Medical Dictionary* (Wörterbuch der Medizin) von Robert James, das zwischen 1743 und 1746 in London erschienen war, zur Übertragung ins Französische anvertraute. Drei Jahre lang arbeitete er an dieser Übersetzung, die ihn mit Physiologie, Anatomie, Medizin, Chemie und Botanik vertraut machte; Gegenstände, für die er auch später stets großes Interesse bewahrte.

Am 13. August 1744 wurde Angélique, das erste Kind des Ehepaars Diderot, geboren. Kaum zwei Monate später starb sie. Jacques François Denis, das zweite Kind, kam im Mai 1746 zur Welt und starb 1750. Denis und Toinette Diderot, deren Ehe bereits sehr schlecht war – Diderot unterhielt seit 1745 ein Verhältnis mit Madame de Puiseux – zogen von der Rue Saint-Victor in die schäbige Rue Mouffetard am linken Seine-Ufer um. In einem Zimmer dieser armseligen Wohnung schloß sich Diderot mit seinem medizinischen Wörterbuch ein; er beschäftigte mittlerweile zwei arme Hungerleider, Toussaint und Eidous, als Mitarbeiter – eher aus Großzügigkeit denn aus Notwendigkeit. Im selben Zimmer verfaßte er auch sehr zügig (angeblich zwischen Karfreitag und Ostermontag 1746, wie Madame de Vandeul behauptet) die *Philosophischen Gedanken,* die der Buchhändler Durand kaufte, ein späterer Teilhaber der *Enzyklopädie.* Ein kurzes, bissiges Werk, das Diderots Namen dank des Pariser Gerichtshofes, des *Parlement,* zum ersten Mal beim gebildeten Publikum breiter bekannt machte.

Am 7. Juli 1746 verurteilten die ehrwürdigen Richter das Buch, das – ohne Autorennamen und angeblich in Den Haag erschienen – unterderhand verkauft wurde, als »skandalös und gegen die Religion und die guten Sitten verstoßend«; es sollte vernichtet und verbrannt werden. Die Urteilsbegründung erklärte, das Werk biete »unruhigen und vermessenen Gemütern das Gift der frevlerischsten und widersinnigsten Meinungen, zu deren Verderbtheit der menschliche Verstand fähig ist; mit vorgetäuschter Unentschiedenheit werden alle Religionen auf dieselbe Stufe gestellt, so daß schließlich keinerlei Religion anerkannt wird«.[2]

Weshalb diese wütende Attacke gegen ein Buch, das eher deistisch als atheistisch und in seinen Gedankengängen kaum kühner war als eine ganze Reihe früher erschienener Schriften, die ebenfalls die christliche Religion angegriffen hatten? Ohne Zweifel waren die Richter des Pariser *Parlement* scharfsinnige Leser, die das Talent und die mögliche Wirkung ihres Gegners abschätzen konnten. Die schwerfälligen und langweiligen Texte der Skeptiker, spitzfindige und pedantische Erörterungen, reizten nicht gerade zum Lesen. Doch in diesen zweiundsechzig lebendigen, ironischen Abschnitten, diesen spritzigen Aphorismen, aufgebaut als Dialog, in dem sich ein Atheist, ein Christ, ein Skeptiker und ein Deist die Argumente wie Bälle zuwarfen, konnte das Gift wirken – je ansprechender die Form, desto gefährlicher war der Inhalt.

Wir lernen hier zum ersten Mal den Schriftsteller Diderot kennen – seinen Rhythmus, seine Art, verschiedene Motive zu verbinden, die scheinbare Ungeordnetheit seiner leidenschaftlichen Darstellungsweise, seine Heiterkeit. Er hatte eine außergewöhnliche Fähigkeit, gegensätzliche Standpunkte gleichermaßen mitreißend zu vertreten, um so die geistige Auseinandersetzung zu schüren und lebendig zu halten; er inszenierte sie so geschickt, daß der Leser ganz selbstverständlich zu den Schlußfolgerungen kam, die der Autor selbst sich wohlweislich versagte.

Was man bei Diderot oft als Niederschlag seines ungezügelten Temperaments, als Zögern oder als Ausdruck von Gewissensbissen, als Widersprüchlichkeiten seiner Gedanken gewertet hat, entspringt wohl eher seiner spezifischen Auffassung von Wahrheit, die für ihn nur ein Moment innerhalb einer beständigen Bewegung war und immer wieder neu überdacht werden mußte. Aber dieser eingefleischte Antidogmatismus, diese Weigerung, endgültige Schlußfolgerungen zu ziehen oder an die Stelle des Dialogs einen Monolog philosophischer Gewißheiten zu setzen, ging einher mit einer versteckten Pädagogik, die um so subtiler war, als sie auf Formen der Freiheit, des Zweifels, manchmal sogar der scheinbaren Konfusion zurückgriff.

Dem Autor der *Philosophischen Gedanken* ging es in der Tat nicht darum, die gegensätzlichen Meinungen der Christen und ihrer verschiedenen Gegner zu versöhnen. Er wollte – indem er sich äußerlich an die Form der *Gedanken* von Pascal anlehnte – in ganz kämpferischem Sinne die Herausforderung annehmen, die Pascal im Namen des Glaubens an die Vernunft gerichtet hatte, und dabei den aufklärerischen Gegenstandpunkt vertreten. Der berühmten Pascalschen »Wette«* setzte er die Wahrscheinlichkeitsrechnung entgegen, damals »Zufallsanalyse« genannt. Nach den Gesetzen dieser Analyse »brauche ich gar nicht überrascht zu sein, daß etwas eintritt, wenn es möglich ist, und daß die Seltenheit des Ereignisses durch die Häufigkeit des Wurfes aufgewogen wird. Es gibt eine bestimmte Anzahl von Würfen, bei der ich getrost darauf wetten kann, mit hunderttausend Würfeln gleichzeitig hunderttausendmal die Sechs zu würfeln.« Da die Zeit unendlich ist, ist die Welt einfach auf den Zufall, die Materie und ihre Bewegung zurückzuführen. Ein Schöpfer war dabei

---

* Wenn der Mensch in der Entscheidung, ob Gott existiert oder nicht, auf Gott setze – so hatte Pascal formuliert –, setze er Endliches, nämlich seine Existenz, ein, um Unendliches (die Seligkeit) zu gewinnen. (A.d.Ü.)

nicht mehr nötig. Diese berühmte These von den »ausreichenden Wahrscheinlichkeiten«, oder kurz gesagt von Zufall und Notwendigkeit, führte Diderot in seinen *Philosophischen Gedanken* nicht vollständig aus. Er streifte sie; behielt sie noch im Hintergrund. So, als sei die Zeit noch nicht gekommen, um atheistisch und materialistisch zu sein. Einstweilen genügte es, den Zweifel einzuführen und die Gewißheit ins Wanken zu bringen.

Es ist der gleiche Zweifel, der im letzten Teil der *Philosophischen Gedanken* eingesetzt wird, in dem es – angeblich um die Jansenisten anzugreifen – um Wunder geht. Diderot stimmt der offiziellen katholischen Religion zu, daß die angeblichen jansenistischen Wunder des Diakons Pâris und seiner Schwärmer vom Friedhof Saint-Médard (die immer noch die Gemüter bewegten und Kontroversen schürten) nur vom Aberglauben inspirierte Täuschungen waren. Aber waren die übrigen christlichen Wunder diesen Manifestationen der Scharlatanerie nicht seltsam ähnlich? Hätte die Strategie eines Mao Tse-tung damals schon existiert, könnte man sagen, daß Diderot ihre Prinzipien befolgte: Den Hauptfeind, also den Deismus, isolieren, indem man sich mit ihm gegen den Gegner verbündete, der ihm am nächsten stand und ihm auch den besten Schutz bot – gegen das Christentum. Dabei nützte Diderot zugleich die internen Widersprüche im christlichen Lager aus; zwischen Jesuiten und Jansenisten, zwischen Ultramontanen und Gallikanern, zwischen den Bigotten und den eher weltlich Gesinnten. In einem vorläufigen Übereinkommen neigte Diderot also zum Deismus, der ihm die beste Art schien, den Zusammenhalt der Gesellschaft durch die Vernunft aufrechtzuerhalten, bevor er die metaphysische, abstrakte Wahrheit des Atheismus beweisen würde. Alles zu seiner Zeit. Diderot, der Verfechter des Enthusiasmus, verwechselte nie die Leidenschaft – ohne die nichts Großes entsteht – mit der Überstürzung – die verhindert, daß ein leidenschaftlich verfolgtes Ziel auf Dauer erreicht wird. Wenn man Diderot liest und wenn man beobachtet, wie seine Kämpfe abliefen, wie er sich seine Verbündeten suchte, wann er mit manchen Mitkämpfern brach, darf man nie vergessen, daß seine Taktik ebenso flexibel war wie seine Strategie entschlossen. Sein Werk, sein Wirken, das war eine Erfindung, die er immer wieder abstimmte auf die politischen, wissenschaftlichen und ideologischen Schwankungen seiner Umwelt. Er dachte niemals, daß er, der Mensch Diderot, gegen die Gesellschaft seiner Zeit recht behalten könnte, sondern behielt die Botschaft seiner metaphysischen Überzeugung, die seine eigenen Zeitgenossen nur konsternierte, künftigen Zeiten vor.

»Der Skeptizismus«, schreibt Diderot, »ist also der erste Schritt zur Wahrheit« (*Philosophische Gedanken* XXXI). Allen, die sich für Diderots Gedankenwelt und seine Entwicklung interessieren, könnte es wichtig scheinen, ob er zur Zeit seiner ersten Schriften an Gott glaubte oder nicht; und wenn ja, in welche Kategorie des Deismus er einzuordnen wäre. Theologie und Metaphysik faszinierten ihn auch wirklich genug, um das Risiko einzugehen, seine *Philosophischen Gedanken* zu veröffentlichen. Aber seine eigentliche Kühnheit lag darin, daß er die Frage nach der Existenz Gottes beiseite schob. Seine Einwände gegen Pascal – und damit gegen die Jansenisten insgesamt – richteten sich nicht gegen die Entscheidung, die Pascal bei seiner berühmten Wette traf, sondern gegen die Wette selbst, die Diderot dumm erschien: Ob man an Gott glaubte oder nicht, war für ihn im Grunde sekundär. Die Philosophie hatte wichtigere Aufgaben. Vor allem mußte sie – zusammen mit Gläubigen wie mit Nichtgläubigen – Aberglauben, Angst und Leichtgläubigkeit überwinden, die den Menschen unterjochten und davon abbrachten, Moral und Wahrheit in sich selbst und seiner Umgebung, der Natur, zu suchen.

In diesen doppelten Kampf stürzte sich Diderot mit seiner ganzen Leidenschaft und seinem ganzen Verstand. Dabei verhehlte er sich nicht die Widersprüche, die durch die Form des Dialogs ja erst in Szene gesetzt und lebendig gemacht wurden. In erster Linie natürlich der Widerspruch zwischen Leidenschaft und Vernunft, aber auch zwischen individuellem Glück und gesellschaftlichem Zusammenhalt, zwischen abstrakter Wahrheit und praktischer Moral, zwischen greifbarer Realität und schöpferischer Einbildungskraft, zwischen dem Glauben an das Licht der Aufklärung und der Faszination an den dunklen Schattenzonen, die ebenfalls zur Wahrheit des Menschseins gehörten. Der Nutzen der Philosophie lag für ihn darin, den Anstoß für diese dialektische Betrachtungsweise zu geben und diese Widersprüche zu erörtern und zu erhellen: »Man soll von mir verlangen, daß ich die Wahrheit suche, aber nicht, daß ich sie finde.« Dieser neunundzwanzigste »philosophische Gedanke« könnte dem gesamten Werk Diderots als Motto voranstehen.

Der *Spaziergang des Skeptikers*, zwischen 1746 und 1747 geschrieben, beschließt den ersten »philosophischen Zyklus« Diderots, seinen Entwicklungsgang auf den Spuren der klassischen Metaphysik. Literarisch gesehen war dieses Buch keine Glanzleistung. Um die Kühnheit seiner Gedanken möglichst geschickt zu verschleiern, gleichzeitig aber für scharfsinnige Leser erkennbar zu machen, nützte Diderot die traditionelle Form der Allegorie, die er selbst als »gewöhnliches Hilfsmittel unschöpferischer Geister« bezeichnete. Ein Christ, ein Atheist, ein Idealist, ein Pyrrhoniker (ein radikaler Skeptiker), ein Deist und ein Spinozist spazieren in einem Garten herum, in dem es drei Alleen gibt. Die Dornenallee – sinnbildlich für die Religion –, die Kastanienallee – sinnbildlich für die Philosophie – und die Blumenallee – sinnbildlich für die Welt. Obwohl eingezwängt in dieses rhetorische Korsett, das zu seinem Temperament so schlecht paßte, schoß Diderot doch einige tödliche Pfeile gegen Intoleranz und Christentum ab. Im Laufe der lebendigen, geschickt gelenkten und schließlich recht einvernehmlichen Diskussionen, die er seine Verfechter der verschiedenen Doktrinen führen läßt, scheidet er nach und nach das Unwesentliche aus – ganz wie ein Läufer, der die erschöpften Tempomacher am Rand der Rennbahn zurückläßt. Auf der Strecke bleiben nacheinander der Christ und der Idealist, der Skeptiker und der Spinozist; nur noch der Atheist und der Deist sind im Rennen, bis der wiedererstandene Spinozist dem Deisten in einem letzten Streitgespräch unerwartet ein Bein stellt, indem er das alte deistische Argument vom »Uhrmachergott« – das Voltaire so oft ins Feld geführt hatte – als finalistisch und irrational entlarvt.

Hier erkennt man eines der bevorzugten taktischen Verfahren Diderots: Er bediente sich der besten Waffe eines bereits besiegten Gegners, um den gefährlichsten seiner Gegner straucheln zu lassen. Aber diese Feinheiten im ideologischen Schlagabtausch dürfen nicht die Hauptsache verdecken. Der *Spaziergang des Skeptikers* bringt bei Diderot nicht den Ursprung einer philosophischen »Lehre« zum Ausdruck – die im Widerspruch zur Beweglichkeit seines Denkens gestanden hätte –, sondern die Geburt einer philosophischen Anschauungsweise, der er stets treu bleiben sollte, einer Mischung aus poetischer Wahrnehmung, wissenschaftlicher Vision und physikalischer ebenso wie sozialer Überzeugungen: Die Philosophie muß sich mit dem Menschen beschäftigen; der Mensch ist integrierender Bestandteil der Natur, die als solche existiert und deren Entstehungs- und Organisationsprinzipien durch die Wissenschaften nachgewiesen werden. Erste Aufgabe des Philosophen, dem nun der Biologe und der Mediziner, der Physiker und der Naturforscher, der Chemiker und der Geometriker zur Seite stehen, ist eine Bestandsaufnahme der Welt. Nicht nach der Schöpfung Gottes gilt es zu suchen, sondern nach dem Platz, den der Mensch in dieser Welt einnimmt.

Der *Spaziergang des Skeptikers* wurde zu Diderots Lebzeiten nicht veröffentlicht. Im Vorwort zu diesem Text gibt sich Diderot als alter Soldat aus, der bei der Schlacht von Fontenoy verwundet wurde und während seiner Genesungszeit Muße zum Schreiben hatte. Seinen Gesprächspartner (wieder war es ein Dialog, der ihm spontan aus der Feder floß) läßt er sagen, es sei ja recht und schön, die Menschen aufklären zu wollen – obwohl diese eigentlich gar nicht den Wunsch danach hätten –, doch gäbe es zwei außerordentlich gefährliche Themen, über die man tunlichst nichts veröffentlichen sollte: die Religion und die Regierung. Das sind die beiden einzigen Themen, die mir der Aufmerksamkeit wert zu sein scheinen, plädiert Diderot-Ariste. In diesem Falle, antwortet Cléobule, sein besonnener Partner, »wäre das sicherste Mittel, um Ihrer Neigung zu folgen, ohne jemanden dabei zu verärgern, eine lange historische, dogmatische und kritische Abhandlung zu schreiben, die niemand liest, so daß die Abergläubischen es sich sparen können, darauf zu antworten. [...] Es ist besser, ein schlechter Autor zu sein und seine Ruhe zu haben, als ein guter Autor, der verfolgt wird. [...] Ich warne Sie, die Frömmler verstehen keinen Spaß. Sie nehmen alles ernst und würden Ihnen eher hundert Beweisführungen verzeihen als ein Bonmot.«

Am Schluß taucht unvermutet ein junger Skeptiker auf und schlägt vor, daß das Manuskript des Soldaten-Philosophen, da es bereits unterderhand kursiere, ebensogut gedruckt werden könne, »aber ich rate Ihnen [...], sich hier und da an den Philosophenfürst zu wenden, den Sie manchmal, die Stirn mit Lorbeer umkränzt, in unseren Alleen wandeln sehen [...] Übersiedeln Sie mit Ihrem Werk in seine Länder und lassen Sie die Bigotten schreien.«

Diese Anspielung auf ein mögliches Exil beim Preußenkönig Friedrich, dem Respekt einflößenden Freund Voltaires, läßt ermessen, wie beunruhigt sich Diderot seit einiger Zeit fühlte. Zwar hatte die Verurteilung seiner *Philosophischen Gedanken* durch den Gerichtshof keine unangenehmen praktischen Folgen gehabt, da niemand sich wirklich die Mühe machte, den Autor dieses verbrannten Werks zu suchen. Wie Diderot wußte, verdiente man sich seine Sporen als Philosoph nur mit spitzfindiger List gegen die Zensur – man verschleierte seine Argumente und ließ sie doch klar durchscheinen; man beteuerte seinen rechtschaffenen Glauben, brachte aber Gedanken vor, die die offizielle Religion untergruben. So wurde er von der Zensur gezwungen, geistreich zu sein, aber ihm war auch klar, daß dieses Spiel – so nett es in der Praxis sein mochte – äußerst gefährlich war.

Gefährlich war es natürlich für alle, die ähnliche Anschauungen hatten. Aber Diderot wurde weder durch seinen Ruf noch durch seine Herkunft, noch durch Freunde im Umkreis der Macht und des Hofes geschützt. Er war nichts als ein Handwerkersohn aus der Provinz, von seinem Vater mehr oder weniger verleugnet, der in einer armseligen Pariser Behausung mit einer Frau zusammenlebte, zu der er sich nicht einmal offiziell zu bekennen wagte. Ein ziemlich unbedeutendes Subjekt von vierunddreißig Jahren, das sich kaum einen Namen gemacht hatte – ein Fingerschnipsen der Polizei genügte, und er lag wieder in der Gosse. Und er ahnte, daß er überwacht wurde. Der Priester seiner Gemeinde hatte ihn als Gotteslästerer denunziert; ein Nachbar namens Perrault hatte der Polizei geschrieben, er sei »ein sehr gefährlicher Mensch, der mit Verachtung von den heiligen Mysterien unserer Religion spricht«. Der Pfarrer von Saint-Médard teilte der Polizei zwei Tage später weitere Details mit – die Denunziation war also abgesprochen: »Monsieur Diderot ist ein junger Mann, der seine frühe Jugend in Ausschweifungen verbracht hat. Später hat er sich an ein mittelloses, dem Stand nach aber wohl ebenbürtiges Mädchen gebunden, das er ohne Wissen seines Vaters geheiratet hat. [...] Diderots Äußerungen, die manchmal im Hause zu hören sind, genügen, um ihn zu entlarven, zumindest als Deisten. Gegen Jesus Christus und die heilige Jungfrau bringt er Lästerungen vor, die ich gar nicht aufzuschreiben wage. [...] Zwar stimmt es, daß ich nie mit diesem jungen Mann gesprochen habe und ihn nicht persönlich kenne, aber man hat mir gesagt, daß er sehr geistreich ist und höchst amüsant zu unterhalten weiß. In einem seiner Gespräche hat er zugegeben, Autor eines der beiden Werke zu sein, die vor etwa zwei Jahren vom Pariser Gerichtshof verurteilt und verbrannt worden sind. Wie mir versichert wurde, arbeitet er seit über einem Jahr an einem neuen Werk gegen die Religion, das noch weit gefährlicher ist.«[3]

Die Polizei war also informiert, und Spitzel gab es überall – auch im engeren Umkreis des Schriftstellers, in dem seine wagemutigsten Pläne bekannt waren. Die Anschuldigungen waren so präzise und so nachdrücklich, daß die Polizei eine Haussuchung in der Rue Mouffetard ansetzte. Aller Wahrscheinlichkeit nach durchsuchte der Verlagsinspektor Joseph d'Hémery die Wohnung, entdeckte das Manuskript vom *Spaziergang des Skeptikers* und nahm es mit. Als Diderot dreißig Jahre später eine Herausgabe seiner Werke vorbereitete, versuchte er vergebens, dieses Manuskript wieder in die Hand zu bekommen; es erschien erst 1830. Möglicherweise hat dieser Übereifer der Polizei es Diderot sogar erspart, die Verliese von Vincennes schon vor 1747 kennenzulernen. Er hatte es nie ernsthaft ins Auge gefaßt, sich zu verstecken oder aus Paris in ein gastlicheres Land zu fliehen.

Wenn Diderot auch gefährlich lebte und Armut und sogar Not leiden mußte, war Paris dennoch die Stadt, die ihm unentbehrlich war. Das Alltagsleben mochte mühsam sein, aber er fand dort die muntere, lebhafte und betriebsame Atmosphäre, die seinem ungestümen und vitalen Temperament entsprach. Die ganze Beharrlichkeit Katharinas II. war vonnöten, um ihn – und auch erst im Jahre 1773 – von dem Leben der Hauptstadt mit ihren Cafés, Salons und ihrem Wirbel von Neuigkeiten und Auseinandersetzungen loszureißen.

In Paris fand er Freunde wie zum Beispiel Jean-Jacques Rousseau. Die beiden Männer lernten sich im August 1742 kennen. Rousseau, erst kurz zuvor in Paris angekommen, wurde Diderot von Daniel

Roguin, einem Schweizer Freund, vorgestellt. »Diderot«, schreibt Rousseau in seinen *Bekenntnissen*, »war [...] ungefähr eines Alters mit mir. Er liebte die Musik, beherrschte ihre Theorie; wir unterhielten uns oft darüber, und er sprach mir auch von seinen Arbeitsplänen. Das führte bald eine innigere Verbindung zwischen uns herbei, die fünfzehn Jahre lang gedauert hat [...].«[4] Als Rousseau seine Begegnung mit Diderot beschrieb, waren die beiden Männer seit dreizehn Jahren tödlich verfeindet, und der Autor der *Bekenntnisse*, in seinen Herzensergüssen äußerst freizügig, will hier wohl herunterspielen, wie eng diese Freundschaft war, die sich später in erbitterte Feindschaft verwandelte. In Wirklichkeit war es mehr als nur Sympathie, was diese beiden Männer verband: Zehn Jahre lang lebten sie in einer Art »Philosophen-Ehe«, die durch treue Zuneigung zusammengeschweißt war.

Ihre Charaktere hätten allerdings kaum unterschiedlicher sein können. Diderot war ein überschwenglicher großer Kerl, der seine Schüchternheit mit Frechheit und Angeberei übertünchte; er sprach laut und viel und gestenreich, war draufgängerisch und feurig bis hin zur Taktlosigkeit, hatte eine offene Hand und ein offenes Herz. Rousseau war bereits eine innerlich zerrissene Persönlichkeit, jemand, der sich in seiner Haut nicht wohlfühlte. Er war wenig selbstsicher und über diesen Mangel an Selbstbewußtsein wütend; er war erpicht auf Bekanntschaften und Beziehungen, die ihm den Zugang zur Gesellschaft erlaubten, und zugleich darauf bedacht, seine Unabhängigkeit zu bewahren. Er wollte, daß man ihn gern hatte, ohne daß er sich zu sehr preisgab; er wollte gefallen, sich dabei aber das Recht bewahren zu streiten; er wollte glänzen und sich dabei doch bedeckt halten.

Aber was Diderot und Rousseau zunächst verband, war wichtiger als die Gegensätzlichkeit ihrer Temperamente. Sie begannen gemeinsam einen regelrechten intellektuellen und sozialen Eroberungskrieg, den sie beide mit gleicher Leidenschaft führten. Der Sohn des Messerschmieds aus Langres und der Sohn des Uhrmachers aus Genf unterstützten sich, um eine immobile Gesellschaft ins Wanken zu bringen und eine neue Art zu denken, zu verstehen, zu fühlen und zu leben zu entwickeln.

Als Rousseau Diderot kennenlernte, war er gesellschaftlich und im Hinblick auf seinen intellektuellen Ruf auf einer noch niedrigeren Stufe als sein Freund. Er war dreißig Jahre alt und hatte noch nichts vorzuweisen, außer daß es ihm durch seinen Charme gelungen war, an der Seite der Madame de Warens eine Existenz halb als Sohn, halb als Liebhaber zu führen. Zwischendurch floh er immer wieder vor ihr, las sehr viel über verschiedenste Themen, versuchte sich an Kompositionen und eigenen Schriften, die den Autodidakten verrieten: *Versuch über bedeutsame Ereignisse, deren Ursache Frauen waren; Gesamtchronologie oder allgemeine Geschichte von der Schöpfung der Welt bis heute; Narziß oder die Liebe zu sich selbst.*

1740, zwischen zwei Zerwürfnissen mit Madame de Warens und zwei Aufenthalten in Les Charmettes, war Rousseau in Lyon in die Dienste Monsieur de Mablys getreten, der ihm die Erziehung zweier Kinder, der jungen Herren de Condillac und de Sainte-Marie, anvertraut hatte. Man philosophierte gern im Hause Mably, aber als dieser Grünschnabel von Hauslehrer – der wie üblich in die Hausherrin verliebt war – seine pädagogischen Vorstellungen anwenden wollte, denen zufolge man bei Kindern vor allem die Qualitäten des Herzens und des Gefühls fördern müsse, schickte man den Lehrerlakaien rasch wieder zu seinen geliebten Studien zurück. Und doch kündigte sich hier bereits der *Emile* an.

Rousseau ließ sich nicht entmutigen. Da die Elite von Lyon ihn verachtete, machte er sich auf, Paris zu erobern. Als einziges Gepäck hatte er eine von ihm entwickelte neue Notenschrift in der Tasche, bei der die Noten durch Ziffern ersetzt waren, um »das Gedächtnis der Schüler zu entlasten«. Er hatte einige Empfehlungen, deren er sich mit jener unvergleichlichen Mischung aus linkischem Benehmen und Kühnheit bediente, die ihm die Türen zu den besten Häusern öffnete. Innerhalb weniger Wochen besuchte dieser unbekannte Lümmel Réaumur, Marivaux und Fontenelle, aber auch Madame Dupin, die Tochter des schwerreichen Bankiers Samuel Bernard, bei der Rousseau schließlich dreimal in der Woche zum Abendessen eingeladen war und der er natürlich eine leidenschaftliche Liebeserklärung schrieb.

Mit Hilfe seiner Beziehungen gelang es Rousseau, seine Notenschrift der Akademie vorzulegen, doch nur um sich dort sagen zu lassen, daß sie weder neu noch praktisch sei; der berühmte Rameau machte ihm deutlich, daß seine numerierten Zeichen »eine Geistestätigkeit erfordern, die sich nicht immer der Schnelligkeit der Ausführung anzubequemen vermag«.[5] Rousseau steckte den Mißerfolg ein, ohne mit der Wimper zu zucken. Er machte weiterhin Besuche, trieb sich in Cafés herum, wo er Schach spielte (übrigens sehr gut), ging häufig ins Theater, dinierte bei reichen Leuten und gab hier und da ein paar Unterrichtsstunden, um existieren zu können, bis sein häufiger Umgang mit der guten Gesellschaft ihm zu einer Stellung verhelfen würde. Im September 1742 wurde seine Hartnäckigkeit belohnt. Der Graf de Montaigu, der zum französischen Botschafter in Venedig ernannt worden war, machte ihn zu seinem Sekretär. Dort blieb Rousseau ein Jahr lang, bis er sich schließlich mit seinem Arbeitgeber überwarf und nach Paris in sein schäbiges Hotelzimmer in der Rue des Cordiers zurückkehrte, wo er das um zehn Jahre jüngere Dienstmädchen Thérèse Levasseur kennenlernte, mit der er sein weiteres Leben verbrachte. Dort sah er auch Diderot wieder, der ihn beriet, antrieb – für den empfindlichen Jean-Jacques manchmal etwas zu heftig – und ermahnte, zu schreiben, sein Temperament sprechen zu lassen und keine Angst vor seinen übermäßig heftigen Gemütsbewegungen zu haben: »Es ist klar zu erkennen, daß ein Schriftsteller in seiner Gattung um so mehr geschätzt wird, je besser er es versteht, seinen Leser durch plötzliche Umschwünge und jähe Übergänge von einem Extrem ins andere zu überraschen.« Eine Lektion in Stilfragen, die Rousseau nicht vergessen sollte.

Einstweilen aber brannten Diderot und Rousseau vor Begeisterung für die neuen Ideen, deren Licht durch die Wolken zu brechen versuchte. Zugleich waren sie erfüllt vom Zorn gegen diese alte Welt der Besitzenden, die auf sie mit Verachtung, Herablassung und Bestürzung herabsah, und von einem kämpferischen Willen zur Eroberung. Beide waren über dreißig Jahre alt; sie kannten ihre Intelligenz und ihr Talent, wußten aber auch, daß selbst die etablierten Berühmtheiten in ihrem eigenen »Lager« – in erster Linie Voltaire – nichts für sie tun würden, es sei denn, sie hin und wieder als subalterne Hilfsschreiber für Ziele einzusetzen, die nur der Festigung der eigenen Macht dienten.

65

Zwei weitere Männer derselben Generation teilten dieses Gefühl: der Abbé de Condillac und Jean d'Alembert.

Condillac gehörte zu einer adligen, reichen und christlichen Lyoner Familie, den Mablys, die Rousseau eine Zeitlang als Hauslehrer beschäftigt hatten. Er hätte alle Möglichkeiten zu einer ehrenwerten Laufbahn als Jurist oder auch Geistlicher gehabt, wenn seine Augen nicht derartig schlecht gewesen wären, daß er angeblich erst mit etwa zwölf Jahren lesen lernte. Dieses Gebrechen bewirkte zumindest zwei Dinge: Es brachte ihn von dem ruhigen Weg ab, den seine Herkunft ihm eröffnet hätte, und half ihm, gesteigerte sensorische Fähigkeiten zu entwickeln, die wohl sicher zur Schärfe seiner sensualistischen Philosophie beitrugen. Dank der Familie Mably hatte Condillac Rousseau kennengelernt. Sein erstes Werk war der *Essai über den Ursprung der menschlichen Erkenntnisse,* der im wesentlichen bereits seine Erkenntnistheorie enthielt, die an John Locke anknüpfte und dessen Gedanken radikalisierte: Alles, was wir wissen und denken, wird uns nur durch die Erfahrungen unserer Sinne vermittelt.

»Die Pariser Buchhändler«, schreibt Rousseau, »sind gegen jeden Anfänger anmaßend und hart, und die Metaphysik, die damals kaum Mode war, bildete keinen sehr anziehenden Gegenstand. Ich sprach mit Diderot von Condillac und seinem Werke und vermittelte ihre Bekanntschaft. Sie waren wie geschaffen, einander zu gefallen, und so gefielen sie sich denn auch. Diderot wußte den Buchhändler Durand zur Annahme des Manuskriptes zu bewegen, und der große Metaphysiker erhielt für sein erstes Buch und beinahe nur aus Gnade hundert Taler, die ihm ohne mein Zutun vielleicht niemals zuteil geworden wären.« Diderot war zu diesem Zeitpunkt bereits der rettende Engel für Schriftsteller, die auf der Suche nach einem Herausgeber waren; ein uneigennütziger Vermittler von Talenten. Hätte er – wie eifrige Intellektuelle unserer Tage – einen »Karriereplan« gehabt, könnte man sagen, daß er sich eine Mannschaft, eine Art Netzwerk aufbaute, das ihn später bei seinen Unternehmen unterstützen sollte. Diderot jedoch nützte Condillac nie für seine Zwecke aus, höchstens in einem rein intellektuellen Sinne. Der Abbé distanzierte sich stets von dem gottlosen Werk der *Enzyklopädie* und achtete darauf, daß sein Name nie in diesem Zusammenhang genannt oder kompromittiert wurde. Man muß daher zugeben, daß Diderot, als er Condillac zu Hilfe kam, wirklich nichts anderes im Sinn hatte, als einer Bewegung zu dienen, der er sich verpflichtet fühlte – nicht als maßgeblicher Wortführer, der wichtige Bündnisse knüpfte, sondern lediglich als leidenschaftlicher und aktiver Propagandist. Condillac wollte mit anpacken, also mußte Condillac unterstützt werden.

Auch der Vierte in der Runde war von Geburt an ein Deklassierter. Jean le Rond d'Alembert war 1747 gerade dreißig Jahre alt. Er war der illegitime Sohn des Chevalier Destouches und der Marquise de Tencin, die sich als Stiftsdame und Schwester des Kardinals und Erzbischofs von Lyon, der zudem Staatsminister war, nicht zu ihrem Kind bekennen konnte. Die berühmte Marquise – die auch die Geliebte des Regenten, des Kardinals Dubois und verschiedener anderer hochgestellter Persönlichkeiten war – führte einen vielbesuchten Salon. Montesquieu und Fontenelle waren regelmäßig zu Gast; Marivaux verdankte ihr seine Wahl in die Académie française. D'Alembert wurde auf den Stufen der Kirche Saint-Jean-le-Rond (daher sein Vorname) ausgesetzt; seine Mutter beschränkte sich darauf, der Glasersfrau, die den Säugling angenommen hatte, auf diskretem Weg monatlich eine Unterhaltszahlung zukommen zu lassen. Auch er war also ein Außenseiter, der auf ganz tugendhafte Weise ein Doppelleben führte. Ein hochbegabter und frühreifer Intellektueller, geistreich, witzig und munter; trotz seiner Kleinheit und seiner Fistelstimme äußerst verführerisch – das war auf der Sonnenseite zu vermerken. Mit seinen physikalischen und mathematischen Arbeiten machte er sich sehr rasch einen Namen und wurde als Dreiundzwanzigjähriger in die Akademie der Wissenschaften aufgenommen. Doch er war an allem interessiert, und ganz besonders an der Musik, wie alle seine Freunde. Die Schattenseite: Ein bescheidener, unauffälliger junger Mann, der jeden Abend in das armselige Haus seiner Amme zurückkehrte.

Bei den Treffen im Gasthof »Du Panier-Fleuri«, in der Nähe des Palais Royal, wo die vier Kameraden zwei- oder dreimal pro Woche gemeinsam aßen, wurde viel über Musik gesprochen. Rousseau komponierte, suchte immer noch nach Anerkennung für seine neue Notenschrift, und seit seinem Aufenthalt in Venedig träumte er vom

Belcanto und von Ovationen in der Oper. Der Abbé de Condillac, der von Locke beeinflußte Sensualist, begeisterte sich für die Art und Weise, wie aus der einfachen Wahrnehmung von Klängen die elaborierte Sprache der Musik entstand. D'Alembert, der 1754 seine *Reflexions sur la musique en général et sur la musique française en particulier* (Gedanken über die Musik im allgemeinen und die französische Musik im besonderen) veröffentlichte, suchte nach dem Band, das Schönheit, Harmonie, Anmut der Sitten und mathematische Regelmäßigkeit verknüpfte. Diderot, »kaum schamhafter und kaum weniger neugierig als ein Kind«, war musikbegeistert, so wie er von allem begeistert war: niemals nur als Dilettant, niemals nur als Amateur. Wenn ihm ein Gedanke kam, wenn sich ihm ein Untersuchungsgegenstand bot, behandelte er ihn gründlich, bis in die kleinsten praktischen Details. So veröffentlichte er etwa im Oktober 1747 in der Zeitschrift *Mercure de France* ohne Namensnennung einen Artikel über den »Plan einer neuen Orgel, auf der man jedes Musikstück für zwei, drei, vier oder mehr Stimmen spielen kann; ein Instrument sowohl für jemanden, der genug von Musik versteht, um zu komponieren, als auch für jemanden, der gar nichts davon versteht«. In diesem Artikel, den er im darauffolgenden Jahr in seine *Mémoires sur differents sujets de mathématiques* (Abhandlung über verschiedene mathematische Gegenstände; veröffentlicht in Paris bei Durand) übernahm, schlug er vor, die kleine mechanische Orgel aus Deutschland, die immer dieselben Melodien spielte, zu einem richtigen Musikinstrument umzubauen. Doch damit nicht genug; er regte an, wie man diesen Umbau in der Praxis bewerkstelligen könnte, wechselte mit leichter Feder von der Musiktheorie zur Fertigungstechnik und erfand dabei noch einen »Chronometer, um den Takt zu zählen«, der bereits nach dem gleichen Prinzip funktionierte wie unsere modernen Metronomen. Abschließend zählte er die Nachteile seiner Orgel auf: »1. Der Vorschlag kommt von einem musikalischen Laien. 2. Es wäre Organisten nicht mehr gestattet, mittelmäßig zu sein. 3. Man hätte keine Verwendung mehr für Musiklehrer, die uns unklare Regeln vorschreiben, deren Anwendung man nur nach langer Übung sicher beherrscht. 4. Gesangslehrer würden ihre Schüler nur halb so lange behalten. [...] 7. Viele Menschen, die Freude an einem Instrument haben, würden nicht länger Cembalo, Baßgambe oder Violine spielen, sondern auf die Ehre verzichten, etwas im Zeitraum von fünf oder sechs Jahren schlecht zu lernen, was sie innerhalb von zehn Tagen beherrschen könnten. [...] 9. [...] Vielleicht würden wir dazu kommen, unsere vorgefaßte Meinung für bestimmte Dinge abzulegen, deren einziger Vorzug in ihrer Schwierigkeit liegt. Ich bin mir über die Bedeutung dieser Nachteile ganz im klaren. Das trifft mich schwer, und ich weiß jetzt schon, daß viele Leute noch eine ganze Menge weiterer Argumente von der gleichen Schlagkraft finden und mich und meine Orgel als unverschämt bezeichnen werden. Aber der Wunsch, dem Fortschritt der schönen Künste zu dienen, insoweit es mir möglich ist, ohne den Interessen der Künstler – die ich wahrlich ebenso achte – zu schaden, tröstet mich über die Schimpfnamen hinweg, die ich zu gewärtigen habe.«

Die Frechheit und Leichtigkeit des Tonfalls sollten jedoch nicht täuschen. Diderot und seine Freunde räumten der Musik deshalb einen solchen Stellenwert ein, weil diese Kunst damals, in der Mitte des 18. Jahrhunderts, an einer Wegkreuzung angelangt war, an der die meisten Fragen und Auseinandersetzungen dieser jungen Männer zusammenliefen. Musik bedeutete zugleich die Lust und die Schärfe des Denkens, Phantasie und Ordnung, Wissenschaft und Empfindsamkeit, Theorie und Praxis. Und sie war Gegenstand metaphysischer, ästhetischer, moralischer, soziologischer, pädagogischer und sogar politischer Überlegungen: Wollte man Musikinstrumente oder die Notenschrift reformieren, damit möglichst viele Menschen Anteil haben konnten an der Freude, Musik zu hören und selbst zu musizieren, so arbeitete man mit bei einem Prozeß, den wir heute »Demokratisierung der Kultur« nennen würden.

Diese vier jungen Männer mit ihren vielfältigen Talenten, diese vier Philosophen, waren vier Niemande, die darauf brannten, die Welt wissen zu lassen, daß es sie gab. Zu diesem Zweck eine Zeitung zu gründen, war in der damaligen Zeit eine recht originelle Idee; Rousseau brachte sie vor: »Bei diesen Zusammenkünften entstand in mir der Plan zu einer Zeitschrift mit dem Titel *Le Persifleur* (Der Spötter), die ich und Diderot abwechselnd schreiben sollten. [...] Unvorhergesehene Ereignisse durchkreuzten unseren Plan, und so wurde er nicht umgesetzt.«

KAPITEL

4

Diese »unvorhergesehenen Ereignisse«, damit war ganz einfach die *Enzyklopädie* gemeint. Der Beginn dieses Unternehmens läßt sich bis in das Jahr 1745 zurückverfolgen. Ein Deutscher aus Danzig namens Sellius bot damals dem Verleger Le Breton an, ein höchst bemerkenswertes englisches Werk ins Französische zu übersetzen: die *Cyclopaedia, or an Universal Dictionary of Arts and Sciences* von Ephraïm Chambers, die 1728 in zwei Bänden in London erschienen war. Der »Chambers« war ein Versuch, die Kenntnisse der Zeit und ihre historische Verknüpfung in alphabetischer und gekürzter Form darzustellen.

Der beachtliche Erfolg, den ein solches Lexikon in England erzielte, zeigt bereits das neue Interesse dieser Zeit an den praktischen Bereichen des Wissens. Es gab ein ausgewähltes Publikum, das genau wissen wollte, was sich hinter den Fachbegriffen der Medizin, Arithmetik, Algebra, Navigation, Topographie, Pharmazie oder Heraldik verbarg. Seit einiger Zeit waren immer mehr neue Wörter zu den noch nicht eindeutig definierten Wissensgebieten in Gebrauch gekommen. Die *Cyclopaedia* der Künste und der Wissenschaften kam diesem wachsenden Bedürfnis nach sicheren Orientierungspunkten entgegen.

Le Breton beantragte daher eine königliche Druckerlaubnis – jenes berühmte Privileg, ohne das im Königreich nichts legal gedruckt oder verkauft werden konnte – für eine Übersetzung der *Cyclopaedia* und erhielt sie auch ohne Schwierigkeiten. Er schloß einen Vertrag mit Sellius und John Mills, einem Engländer, dessen Reichtum laut Sellius die finanzielle Garantie dieses kostspieligen Unternehmens war. Der Vertrag legte fest, daß die französische Ausgabe der *Enzyklopädie* vier Bände und einen Band mit Bildtafeln umfassen sollte. Ein Subskriptionsprospekt wurde veröffentlicht und fand solchen Anklang, daß das konformistische *Journal de Trévoux* im Mai 1745 schrieb: »Es gibt nichts, das nützlicher, ertragreicher, besser analysiert, logischer verknüpft – kurz, das perfekter oder schöner sein könnte als dieses ›Dictionnaire‹; ein solches Geschenk macht Monsieur Mills seiner Wahlheimat Frankreich; er macht damit seinem eigentlichen Vaterland England alle Ehre.«[1] Aber zwischen einem französischen Druckereibesitzer, einem deutschen Übersetzer und einem britischen Geldgeber, der kein Wort Französisch sprach, kam das Projekt nicht befriedigend voran. Le Breton, ein fleißiger und findiger Handwerker – wie viele der Verleger in Paris oder Lyon, die den Schriften dieses Jahrhunderts zu einer bisher nie dagewesenen Verbreitung verhalfen – machte sich bald Sorgen über Unstimmigkeiten bei seinen Partnern. Als Mills im August 1745 eine bedeutende Vorauszahlung von ihm verlangte, ließ der Verleger diskrete Erkundigungen in England einziehen. Dabei stellte sich heraus, daß der angeblich reiche Erbe in Wirklichkeit nur bescheidener Angestellter bei der Pariser Filiale einer Londoner Bank war. Le Breton hatte das Gefühl, von zwei Betrügern hereingelegt worden zu sein.

Die Auseinandersetzung zwischen Mills und dem Verleger war stürmisch. Mills beschuldigte Le Breton – der ein recht skrupelloser Geschäftsmann war, wie sich in der Folgezeit herausstellen sollte –, er wolle ihn von dem Unternehmen ausschließen, indem er das Geld aus den Subskriptionen behalte und sich zum einzigen Träger der ganzen Sache mache. Le Breton antwortete mit einigen vernünftigen Argumenten, einigen Faustschlägen und schließlich noch zwei Stockhieben auf den Kopf seines Verhandlungspartners. Mills zog vor Gericht; Le Breton verteidigte sich, er habe »diesen arroganten Engländer gelehrt, daß ein beleidigter Franzose, wenn auch mit ungleichen Waffen, auf der Stelle Rache nehme für diese Beleidigung, so gut er nur könne«.[2] Das größte geistige Unternehmen der Aufklärung begann also ziemlich kleinkariert.

Beinahe wäre es dabei auch geblieben. Tatsächlich aber beschloß der siebenundsiebzigjährige Henri François d'Aguesseau, unabsetzbarer Kanzler Frankreichs und seit 1717 Justizminister, sich selbst mit diesem Vorgang zu befassen. Sicherlich gehörten Buchwesen und Zensur zum Zuständigkeitsbereich des Kanzlers, aber der Konflikt hätte vor Gericht geregelt werden müssen. Es kam jedoch nicht zu einem zivil- oder handelsrechtlichen Urteil. Auf Empfehlung d'Aguesseaus annullierte der Staatsrat ganz einfach sowohl den Vertrag als auch das königliche Druckprivileg, das man Le Breton für die Veröffentlichung seines Lexikons gewährt hatte. Dabei wurde zu verstehen gegeben, daß man einem ähnlichen Projekt möglicherweise ein neues Privileg ausstellen würde, vorausgesetzt, es sei ernsthaft abgesichert.

Die direkte Intervention des berühmten und mächtigen alten Staatsmannes zeigt, daß der Gedanke, eine enzyklopädische Zusammenstellung aller zeitgenössischen Kenntnisse und Wissenschaften herauszugeben, bei den informierten Kreisen der Mächtigen auf beträchtliches Interesse stieß. Le Bretons Subskriptionsprospekt hatte Erwartungen geweckt oder zum Ausdruck gebracht. Ein Jahrhundert nach Descartes' *Abhandlung über die Methode*, sechzig Jahre nach Newtons Schrift *Mathematische Grundlagen der Naturphilosophie* und Lockes *Versuch über den menschlichen Verstand*, nach so vielen Umwälzungen im Denken, soviel Zank, Uneinigkeit und so tiefgreifenden Veränderungen in der Art, die Welt und die Stellung des Menschen in ihr zu betrachten, hatte die gebildete Gesellschaft das Bedürfnis nach einer Bestandsaufnahme.

Das Streben nach Prestige kann sich unter bestimmten Umständen mit ökonomischen Interessen verbünden. Der Hofadel, der es sich zur Gewohnheit gemacht hatte, seine Fehden und Karrieren mit gedruckten Spottschriften, Satiren, Huldigungen und Porträts zu unterstützen, war empfänglich für die Beschwerden der Buchhändler. Diese klagten, sie würden nicht von wichtigen Werken profitieren, die man in Den Haag, Amsterdam, London oder Neufchâtel druckte, bevor man sie schließlich mehr oder weniger heimlich in großen Mengen nach Frankreich schleuste. Zudem war der Ruhm der Krone nie von dem Glanz zu trennen, den Künstler, Dichter und Wissenschaftler ihr verliehen. Europa sprach Französisch. Friedrich von Preußen verbot, daß an seinem Hofe eine andere Sprache gesprochen würde. »Das Deutsche ist nur für die Soldaten und die Pferde.« Der Staat unterstützte eine Reihe von Gelehrten und wunderlichen Geistern, ob sie nun schöpferisch waren oder nur Nachahmer, mit Sinekuren und Pfründen, Pensionen und Ämtern. Der König war der größte Mäzen, und es gehörte zum guten Ton, sein Beispiel – den eigenen Mitteln oder dem eigenen Geltungsdrang entsprechend – nachzuahmen.

Es herrschte also reges Interesse an der Idee eines »großen Lexikons« und seiner Herausgabe in Frankreich. Le Breton wurde ermutigt, sein Projekt nicht aufzugeben. Er selbst witterte, daß dieses Abenteuer gewinnträchtig war. Im Oktober 1745 schloß er sich mit drei weiteren Verlegern – Briasson, David dem Älteren und Laurent Durand – zu einem Neubeginn zusammen. Im Dezember erhielt die geplante Übersetzung von Chambers *Cyclopaedia* ein neues Druckprivileg. Die Sache hatte sich nicht lange hingezogen.

Bei Briasson war die Übersetzung der *History of Greece* erschienen; alle drei neuen Partner Le Bretons hatten zusammen James' *Medical Dictionary* als Übersetzung herausgegeben. Es war daher ganz natürlich, daß sie von Anfang an Diderot als Übersetzer für Chambers Artikel ins Auge faßten. Um zu übersetzen, nicht um die Herausgabe zu leiten. Als Herausgeber wandten sie sich an eine befremdende Erscheinung, den Abbé Jean-Paul Gua de Malves – einen der vielen pittoresken Käuze, die, geblendet vom Licht der Aufklärung, hin- und herkreuzten auf den Gewässern der Wissenschaft wie der Erleuchtung, der Religion wie der Schwärmerei.

Malves war der Chef des Projekts. Er bekam, laut Vertrag vom Juni 1746, das Geld von den Unternehmern, mit der Verpflichtung, seine Mitarbeiter, also Denis Diderot und seinen Feund d'Alembert (der vor allem die mathematischen Artikel durchsehen sollte), zu honorieren. Von den achtzehntausend Livres, die Malves angewiesen wurden, bekamen die beiden Freunde jeweils eintausendzweihundert Livres.

Gua de Malves war ein wirklicher Gelehrter. Als Mitglied der Académie des Sciences, der Royal Society und Dozent am Collège de France war er Fachmann auf dem Gebiet der Wissenschaften wie auf dem der Philosophie. Condorcet, der ihn gut kannte, schrieb nach

Malves' Tod 1786 eine Lobrede, die sicher nicht nur seiner Freundschaft zu verdanken ist. Aber er war auch ein gestörter Charakter, wie man heute wohl sagen würde, unfähig, mit anderen zusammenzuarbeiten, verfolgt von fixen Ideen und völlig vom realen Leben abgeschnitten.

Der schulmeisterliche, starre und eigensinnige Gua de Malves stieß beim geringsten Anlaß mit den Verlegern zusammen, die sich mehr um die Rentabilität als um wissenschaftliche Erfordernisse sorgten. Nach dreizehn Monaten Streit gab er das Unternehmen auf. Im August 1747 trennte man sich in gegenseitigem Einvernehmen. Bestimmt holten Le Breton und seine Partner von Diderot und d'Alembert Zusicherungen ein, bevor sie diesen Rücktritt entgegennahmen. Jedenfalls wurde am 16. Oktober ein neuer Vertrag unterzeichnet, in dem die beiden Gefährten zu Mitherausgebern ernannt wurden. Bei Veröffentlichung des ersten Bandes sollten beide je 1 200 Livres erhalten, für das gesamte Unternehmen 6 000 Livres, zahlbar in Raten von 144 Livres pro Monat. Um uns eine Vorstellung von den finanziellen Bedingungen dieses Vertrags machen zu können, sind wir angewiesen auf – durchaus anfechtbare und umstrittene – Schätzungen über die Kaufkraft des Livre, die Lohnstruktur und den Konsum im Ancien Régime, der sich von dem unseren ja beträchtlich unterscheidet. 1735 verdiente ein Hilfsarbeiter in Paris zwölf Sous pro Tag, etwa fünfzehn Livres im Monat. Diderot bekam als Monatsrate also fast das Zehnfache eines Hilfsarbeiters; sein Anteil am ersten Band entspricht etwa achtzig Monatslöhnen. Es war keine Goldgrube, bedeutete aber die Sicherheit, daß er seine Familie sehr passabel versorgen konnte, ohne seine Unabhängigkeit bei Auftragsarbeiten aufs Spiel setzen zu müssen.

Aber daß Diderot finanziell beruhigt sein konnte, genügte nicht; er mußte sich auch vergewissern, daß er politisch in Ruhe gelassen wurde. Hatte er bereits den Plan, seine »Übersetzung« von Chambers beträchtlich zu erweitern, so daß ein neues königliches Druckprivileg nötig werden würde? Wie bereits erwähnt, war die Obrigkeit am Prestigezuwachs wie am finanziellen Gewinn interessiert, der aus dieser Veröffentlichung erwachsen konnte, zugleich aber mißtrauisch gegenüber dem geistigen Feuer, das sie legen könnte, und gegenüber den Verantwortlichen dieses Projekts. Ende 1747 oder Anfang 1748 packte Diderot den Stier bei den Hörnern: Er ersuchte um eine Audienz beim mächtigen Kanzler d'Aguesseau und bekam sie gewährt. Da es keinen Zeugenbericht gibt, können wir uns diese Unterredung nur vorstellen. Auf der einen Seite ein alter Mann, vertraut mit allen Schlichen bei Hofe, mit strengem Blick und strengem Charakter, ein gebildeter, aber unnachgiebiger Konservativer, der als Leiter der Zensurbehörde niemals die geringste Liberalität an den Tag gelegt hatte. Auf der anderen Seite Diderot mit seinem massigen Körper, ständig in Bewegung und ständig am Reden. Kaum ein paar Minuten lang konnte er seine Eloqenz zügeln; eindringlich, begeistert, gefühlvoll und voller Phantasie brachte er seine Argumente vor – aber an die Höflichkeitsrituale der »großen Welt« des Adels und der Macht war er wenig gewöhnt.

Das Ergebnis kennen wir jedoch. Jahre später äußert sich Diderot selbst dazu: »Ich versichere, das Unterfangen der *Enzyklopädie* war nicht meine freie Entscheidung; ein Ehrenwort, sehr geschickt von mir gefordert und sehr unvorsichtig gegeben, hat mich wehrlos an diese immense Aufgabe und alle damit verbundenen Mühen gefesselt.« Noch eingehender informiert uns Malesherbes, der 1758 über die *Enzyklopädie* notierte: »Der Kanzler kannte dieses Projekt; er hatte es nicht nur genehmigt, sondern korrigierte und veränderte es und bestimmte Monsieur Diderot als maßgeblichen Herausgeber.«

Offensichtlich hatte Diderot den unangreifbaren Kanzler also vollkommen für sich eingenommen – denselben Kanzler, den Voltaire als Tyrannen bezeichnete, der entschlossen sei, die Aufklärer zu vernichten. Doch täuschen wir uns nicht: Wie Malesherbes mitteilt, war d'Aguesseau vermutlich »bezaubert von dem Geniefunken, der in der Unterhaltung aufblitzte«; wenn Diderot sich begeisterte, war er unwiderstehlich, und der Kanzler war alles andere als ein Dummkopf. Aber alles, was man sonst über den Justizminister weiß, legt nahe, daß seine Bewunderung für die intellektuellen Qualitäten und den Elan des Philosophen nicht ganz frei von Hintergedanken war. Diderot wurde vom allmächtigen Kontrolleur der Zensurbehörde als Leiter der *Enzyklopädie ausgewählt,* also von dem Kontrahenten, der gegen die neuen Ideen am besten gewappnet war.

Es gibt verschiedene Hypothesen über diese seltsame Wahl; die folgende scheint am überzeugendsten: D'Aguesseau, ein Mann aus der obersten Gesellschaft, kannte die gravierenden intellektuellen und sozialen Schwächen der Versailler Monarchie, die sich krampfhaft an das Leben am Hofe klammerte. Er glaubte wohl, Diderot, diesen begeisterungsfähigen Denker ohne adelige Herkunft, in der Hand zu haben, wenn er ihm zu Ruhm verhalf. Sollte dieser übersprudelnde, unruhige Geist eines Tages die erlaubten Grenzen überschreiten, konnte man ihn leicht fallenlassen und andere mit der Aufgabe betrauen. Zumindest zum damaligen Zeitpunkt gehörte Diderot – und mit gutem Grunde – zu keiner der Cliquen, die sich in Vorzimmern, Kabinetten, Gerichtshöfen, Akademien und bischöflichen Gremien befehdeten. Ob d'Aguesseau zu Beginn des Jahres 1748 die Polizeiberichte kannte, die bereits über den Monsieur Diderot kursierten, wird man wohl nie mehr erfahren.

Diesen Berichten hätte man hinzufügen können, daß der Pariser Bürger Diderot nicht nur seit über zwei Jahren seine halboffizielle Familie vernachlässigte, um Schach zu spielen und abendelang mit Leuten wie Rousseau, Condillac und d'Alembert zu disputieren. Nun hatte er auch noch eine Geliebte, Madame de Puiseux, von der er sehr eingenommen war. Diderots Liebe konnte in ihrem Ausdruck nie lauwarm sein: »Sie ist eine heftige Leidenschaft, die mich fast vollständig in Anspruch nimmt«, schrieb er 1749 an Voltaire. Wir kommen noch auf Diderots seltsame Beziehung zur Liebe zurück, auf die Widersprüche in seinem amourösen Gefühlshaushalt, die man heute Hysterie nennen würde und die vielleicht nur eine Krise im Verhältnis zwischen Gefühl, Körper und Geist ausdrückten – eine Krise, durch die die Revolution der Empfindungen im 18. Jahrhundert in Gang kam. Diderot war unsterblich verliebt, und das bedeutet auch, daß er diese Rolle mit größter Leidenschaft spielte.

Madeleine d'Arsant de Puiseux war eine Kokotte, die gerne als Schöngeist gelten wollte. Sie war sieben Jahre jünger als ihr Geliebter und verheiratet mit Philippe Florent de Puiseux, einem Anwalt ohne Fälle. Diderot lernte sie vermutlich 1746 kennen. Was man über sie weiß, vermittelt kein sehr bestechendes Bild. Sie war selbstgefällig, eitel, affektiert und schließlich auch noch untreu, schmeichelte aber möglicherweise Diderots pädagogischer Ader. Die Dame brannte nämlich darauf zu schreiben, und die Zeitgenossen erkannten in ihren ersten beiden Büchern die Handschrift des Philosophen – was Madame de Puiseux sehr erboste. Im Vorwort zu den *Conseils à une amie* (Ratschläge an eine Freundin) achtete sie darauf zu betonen, daß »Monsieur D*** nichts mit der Abfassung oder Korrektur« ihres Werks zu tun hatte. Und als sie 1751, zwei Jahre, nachdem ihre Liaison mit dem Philosophen auf recht groteske Art zu Ende gegangen war, von ihrem zweiten Buch sprach, beteuerte sie bissig: »Als *Les Caractères* (Die Charaktere) im letzten Jahr erschien, wollten viele die Augen verschließen [...], um das Buch einem Gelehrten zuzuschreiben, der sich, fern von der Welt, rühmt, ihre Maximen nicht zu kennen. [...] Wenn der Herausgeber der *Enzyklopädie* fähig ist, ein so großes Werk würdig zu vollenden, wäre es ihm wohl nicht möglich, so oberflächliche wie die meinen zu verfassen.«[3] Sicher ist auf jeden Fall, daß die Bücher, die Madame Puiseux *nach* ihrer Liaison mit Diderot schrieb, recht dürftig sind.

Man könnte meinen, daß Diderot zu Beginn des Jahres 1749 in die gute Gesellschaft seiner Zeit integriert war. D'Aguesseau unterstützte ihn mit seiner Macht und Autorität; der Vertrag über die *Enzyklopädie* befreite ihn für einige Jahre von materiellen Sorgen; er prahlte mit einer Geliebten, die ein wenig in den Hintergrund treten ließ, wie mittelmäßig seine Ehefrau war. Noch eine kleine Kraftanstrengung, und man würde ihm einige Pensionen und akademische Auszeichnungen zuerkennen, so daß er ein vollwertiges Mitglied der Gesellschaft der Gelehrten sein würde.

Aber Diderot hatte einen Dämon in sich, der die Verwirklichung seiner Karrierepläne zu zerstören suchte. Während er seine Übersetzung des imposanten *Medicinal Dictionary* von James fertigstellte, die ersten Vorarbeiten zur *Enzyklopädie* erledigte, häufig mit seinen Freunden zusammensaß, seine Eskapaden mit Madame de Puiseux genoß und mit Le Breton verhandelte, fand er noch die Zeit, zwei eigene Werke zu schreiben: *Die indiskreten Kleinode* und den *Brief über die Blinden*, zwei Bücher, die sich in Ton und Stil beträchtlich unterscheiden. Als ersten Effekt aber beseitigten sie jegliche Gefahr, daß Diderot von den Mächtigen des Ancien Régime vereinnahmt werden könnte.

Die indiskreten Kleinode sind ein Buch mit schlechtem Ruf. Fast möchte man es für eine momentane Verirrung halten, für einen Verrat an Intelligenz und Literatur, auf jeden Fall aber für einen Verstoß gegen den guten Geschmack und einen Beweis dafür, daß Diderot mit fünfunddreißig Jahren die ausschweifende Leichtfertigkeit seiner Jugend noch nicht ganz abgelegt hatte.

Madame de Vandeul, besorgt um das respektable Bild ihres Vaters, versichert, der Roman sei aufgrund einer Wette entstanden: Diderot hätte Madame de Puiseux davon überzeugen wollen, daß man ein Werk dieser Art ganz mühelos direkt zu Papier bringen könne, und hätte es innerhalb von zwei Wochen hingeschludert.

Auf jeden Fall aber verkauften sich schlüpfrige Romane, wenn auch unterderhand und anonym, äußerst gut. Und das Publikum war versessen auf solche pseudo-orientalischen Geschichten – die Handlung der *Kleinode* spielt in einem Phantasie-Kongo –, die unter dem Deckmantel der Exotik recht deutliche Anspielungen auf das Leben am Versailler Hof, den König, seine Mätressen und seine Hofschranzen brachten. Nach dem Erfolg des *Sopha* von Crébillon dem Jüngeren, 1740 erschienen, waren weitere Geschichten derselben Art veröffentlicht worden, und Diderot stürzte sich mit Genuß auf diese Mode.

Er amüsierte also das Publikum mit der Geschichte vom Sultan Mangogul, der mit Hilfe eines Zauberrings das »Kleinod« der Frauen zum Sprechen bringt und so dreißigmal beweist, daß die Sittsamkeit und Tugend der Frauen nichts als trügerischer Schein und heuchlerisches Getue sind. Wollte Diderot damit nur leichtes Geld verdienen? Wohl kaum. Zunächst einmal wollte er seine literarische Palette erweitern, indem er einen Roman schrieb und Geschichten erzählte. Aus Vergnügen am Schreiben natürlich, um die zahlreichen Facetten seines Talents zu zeigen, aber auch, um das Publikum für den Gedanken zu gewinnen, daß die »Philosophen« nicht so schwerverständlich und langweilig waren, wie man befürchten konnte. Sie waren zwar Fachleute, und ihre philosophische Kompetenz gab ihnen das Recht, sich ins öffentliche Leben einzumischen, aber sie mußten auch etwas berücksichtigen, das weit mehr war als nur eine ästhetische Sorge, nämlich den Anspruch der Gesellschaft auf eine Verbindung von Geist und Gefühl: Sie mußten gefallen.

Eine besonders gefällige literarische Form ist der Roman. Ein Philosoph konnte sie vorteilhaft nutzen, um einige ernste oder kühne Gedanken zu vermitteln. Genau das hatte Montesquieu 1721 in den *Persischen Briefen* getan; Voltaire wandte später dasselbe Verfahren in *Zadig* und *Candide* an, Rousseau in der *Neuen Héloïse*. Diderot, zum damaligen Zeitpunkt bereits Meister in der Kunst der Abschweifung, spickte seine *Indiskreten Kleinode* und die intimen Erkundigungen Sultan Mangoguls mit kleinen philosophischen Juwelen. Hier vergleicht er die Wissenschaft Newtons mit der von Descartes; dort läßt er sich auf eine geistreiche Betrachtung über die Natur der Träume ein; an anderer Stelle deutet er auf einige der Themen hin, die später seine Ästhetik und seine Ethik des Theaters bilden würden; in einem ganzen Kapitel – gestaltet in der Form eines Traumes – verteidigt er die wissenschaftliche Methode gegen dogmatische Ignoranz. Kurz, es ist ein vergnügliches und ein wenig schlüpfriges Buch, das auch ein Licht auf Diderots ganz und gar vom Verstand geprägte Auffassung von Erotik wirft. Zugleich ist es aber auch ein lebendiger, schwungvoller und fröhlicher Text, mit kleinen Bosheiten gespickt und wesentlich reizvoller als all die erotischen Schriften des 18. Jahrhunderts, für deren triste Obszönität unsere Zeit sich so begeistert.

Jedenfalls war sich Diderot bewußt, daß er einen taktischen Fehler begangen hatte, als er diese etwas anstößige Phantasieerzählung veröffentlichen ließ. Wenn er schon einen Roman schreiben wollte, hätte er nicht gerade mit diesen geschwätzigen Geschichten der *Kleinode* beginnen sollen. »Er hat mir oft versichert«, sagte dazu Naigeon, sein Vertrauter und Memoirenschreiber, »wenn es möglich wäre, diesen Fehler durch den Verlust eines Fingers wiedergutzumachen, so würde er dieses Opfer bringen, ohne zu zögern, wenn nur diese Tollheit seiner Phantasie dadurch völlig ausgelöscht würde.«[4] Es war weniger die Tollheit, die Diderot bedauerte, als vielmehr die unerfreulichen Folgen seiner Veröffentlichung. Das Buch hatte tatsächlich so großen Erfolg, daß es nicht lange dauerte, bis alle den Namen des Autors kannten. Und Durand, der die *Kleinode* gedruckt hatte, aber auch die Übersetzungen von James' *Medical Dictionary* herausgab, fragte sich, ob die Gewinne, die er mit dem einen Buch erzielte, die Verluste wettmachen würden, die ihm aus der Unterbrechung des anderen Projekts entstanden. Nüchtern betrachtet war die Sache also nicht der Mühe wert gewesen, und Diderot hatte mit dieser frivolen Eskapade viel riskiert. Aber sein Temperament, das Feuer eines Augenblicks, das Bedürfnis, seine Freiheit zu spüren und seinen Witz sprühen zu lassen, siegten bei ihm oft über die kühle Vernunft. Wie er später zur Genüge bewies, war er imstande, sich strategisch äußerst unbeirrbar und standhaft zu verhalten; er brachte es fertig, auch den kühnsten und gefährlichsten politischen Kurs zu halten; er konnte sehr genau abwägen, was möglich und was nicht möglich war. Er umging Verbote, spielte Verstecken mit den Zensoren, ging zwei Schritte vor und einen zurück, nützte Gegensätze für sich aus und lavierte zwischen den feindlichen Parteien hin und her. Er war ein gerissener Taktiker. Aber er brachte es auch fertig, seine kunstvollsten Konstruktionen einstürzen zu lassen, um einem Freund zu Hilfe zu eilen, sich für eine originelle Idee zu begeistern, einen Streit zu unterstützen, eine Leidenschaft zu erhören, ein Gefühl zu teilen, ein Vergnügen zu entdecken. Und da er alles in sich aufnahm, was in diesem gärenden Jahrhundert gesagt, gedacht, gefühlt, erfunden, phantasiert und berechnet wurde, muß man sich mehr über die innere Einheit seines Lebensentwurfs als über die Verzettelung seiner Kräfte wundern.

Ein Psychologe würde vielleicht sagen, daß Diderot in den Jahren 1747 und 1748 zögerte, zu einem Entschluß zu kommen und sich auf das Unternehmen der *Enzyklopädie* einzulassen, von dem er ahnte, daß es ihn für lange Zeit binden, in Anspruch nehmen und unter Druck setzen, ihn aber gleichzeitig von einem glänzenden, unbekannten Studiosus in den Leiter eines beachtlichen intellektuellen Unternehmens verwandeln würde. Diderot mußte wählen zwischen den Verheißungen der Jugend, seinen Träumen von einem Leben als ewiger Student, und den Lasten des Erwachsenendaseins. *Die indiskreten Kleinode* waren ein Weg, die fällige Entscheidung hinauszuschieben, und sind zugleich ein unbewußtes Dokument der Scheu vor Verantwortung. *L'oiseau blanc, conte bleu,* eine schwerfällige Nachahmung von Tausendundeinernacht, fällt in das gleiche Ressort. Auch der *Brief an die Blinden* wäre so betrachtet, wenn auch auf ganz anderer Ebene, eine unbewußte Botschaft – diesmal an die politische Obrigkeit –, die vermitteln sollte, daß Diderot nur ein Unruhestifter und nicht der geeignete Mann war, um das große Wörterbuch der Sprache dieses Jahrhunderts herauszugeben.

Gehen wir rasch über den *L'oiseau blanc, conte bleu* hinweg; man hätte gar nicht gewagt, ihn Diderot zuzuschreiben, wenn Naigeon – der immer ganz genau war – ihn nicht auf seine Werkliste gesetzt hätte. Diderot schämte sich dieser Erzählung so sehr, daß er – wie erwähnt – ein galantes Märchen erfand, um sich zu entlasten: »Er stammt von einer Dame, die ich nennen könnte, da sie selbst die Autorschaft nicht leugnet. Wenn ich irgendeinen Anteil an diesem Werk habe, so lediglich den, daß ich seine Orthographie verbessert habe, gegen die selbst die geistreichsten Frauen immer wieder verstoßen.«

Das Gerücht, in diesem unbedeutenden Werk fänden sich einige Anspielungen auf die Beziehung zwischen Ludwig XV. und Madame de Pompadour, genügte jedoch für die Polizei, um sich auf die Suche nach dem offenbar geheimgehaltenen Autor zu machen. Man könnte wirklich sagen, daß Diderot alles tat, um sich Ärger einzuhandeln und seinen gerade entstehenden Ruf zu beflecken – und sogar, um zu beweisen, daß er kein Talent besaß; für ihn fast eine Heldentat.

Während Diderot so Hindernis um Hindernis gegen seine endgültige Anerkennung auftürmte, empfand er dennoch den lebhaften Wunsch zu zeigen, daß er durchaus zum Kollegium der Gelehrten gehörte. Zusammen mit Rameau, dem bedeutendsten französischen Musiker dieses Jahrhunderts, arbeitete er an der *Démonstration du principe de l'harmonie;* etwas später veröffentlichte er seine *Mémoires sur différents sujets de mathématiques,* die in der Gelehrtenwelt ebenso großen Anklang fanden wie bei den Jesuiten des *Journal de Trévoux,* das empfahl, dem Beispiel »eines so fähigen und geistreichen Mannes, wie es Monsieur Diderot zu sein scheint« zu folgen. »Sein Stil ist ebenso elegant, geschliffen und ungekünstelt, wie er lebhaft und geistreich ist.«[5]

Ein Mann, der mit nichts angefangen hatte, begann sich nun in der Welt der Wissenschaften einen Namen zu machen – als ausgezeichneter Anglist, erfindungsreicher Mathematiker, kühner und gelehrter

Philosoph, vielbeachteter Stilist und Kenner der Medizin. Aber er machte sich auch einen – ganz anders gearteten – Namen in den Kreisen der Polizei und der Justiz. Mit dem *Brief über die Blinden* wuchs seine Reputation noch weiter – in beiden Bereichen.

KAPITEL

5

Der *Brief über die Blinden zum Gebrauch für die Sehenden* wurde am 9. Juni 1749 heimlich in Paris veröffentlicht. Anlaß dieser Schrift war eine wissenschaftliche »Premiere«: Der Physiker und Biologe Réaumur sollte an einem blind geborenen Mädchen eine Staroperation durchführen. Nicht nur bei Ärzten, sondern auch bei Metaphysikern und allen, die sich mit der menschlichen Wahrnehmung befaßten, stieß diese Operation auf leidenschaftliches Interesse: Wie stellte sich ein Mensch, dem einer seiner Sinne fehlte, die Welt vor, wie entwickelte er seine Vorstellungen, wie veränderten sich diese Vorstellungen bei der ersten Konfrontation mit seiner Umwelt? Réaumurs Patientin bot nun die Gelegenheit, auf experimentellem Wege zu beweisen, welche der Ansichten, über die sich Moralphilosophen aller Couleur stritten, richtig oder falsch waren.

Diderot bat Réaumur daher, dabeisein zu dürfen, wenn man dem jungen Mädchen die Bandage abnahm und es zum ersten Mal sehen konnte. Réaumur lehnte ab. Diderot warf ihm vor, er habe »den Schleier nur vor einigen unbedeutenden Augen fallen lassen« wollen. Zu diesen »unbedeutenden Augen« zählte laut Madame de Vandeul auch Madame Dupré de Saint-Maur, die sehr befreundet war mit dem Grafen d'Argenson, Kriegsminister und Leiter des Buch- und Verlagswesens. Sie empörte sich sehr darüber, von dem Philosophen auf diese Weise unter »ferner liefen« eingeordnet zu werden. Ihre und Réaumurs Intervention habe – so Madame de Vandeul – bewirkt, daß Diderot ins Gefängnis geworfen wurde.

Dafür gibt es keinen Beweis. Doch nichts im *Brief über die Blinden* rechtfertigte es, Diderot auf so handfeste Weise zur Verantwortung zu ziehen. Die Aussage dieses Buches war sicher nicht harmlos, aber in Ton und Form war es ein wissenschaftliches und psychologisches Werk und keinesfalls ein Pamphlet.

Im Gegenteil, wenn man Diderots Betrachtungen über die Blinden liest, ist man überrascht und beeindruckt von seinen umfassenden und präzisen Kenntnissen. Er scheint alles über Optik, über die Physiologie des Sehens und die Psychologie des Erkennens gelesen zu haben. Seine Abhandlung strotzt von scharfen Beobachtungen, fruchtbaren pädagogischen Eingebungen – die später in der Ausbildung Blinder gute Dienste leisten sollten – und kühnen psychologischen Ansätzen. Er hatte Condillacs *Essai über den Ursprung der menschlichen Erkenntnisse* gelesen und verstanden, aber er bereicherte ihn noch um die Wachheit seines Blicks, die Üppigkeit seiner Phantasie und die Originalität seines methodischen Herangehens an die Probleme.

Um zu begreifen, wie ein ganz normales Phänomen wirklich funktioniert, untersucht Diderot das Anormale, die Abweichung, das Krankhafte, die Funktionsstörung. Auf den Wegen und Umwegen seines Gedankengangs bringt er den Leser dazu, sich folgendes Problem zu stellen: Sind unsere Ideen über Gott, über das Gute und das Böse absolut, oder sind sie abhängig von unseren Sinnen – also nur ganz relative Wahrheiten? Wenn der beste Gottesbeweis – wie die im 18. Jahrhundert vorherrschende natürliche Theologie erklärte – in der Schönheit und Harmonie der Schöpfung lag: Was bedeutete dieses Schauspiel für einen Blinden? Und was war das für ein Gott, der manche seiner unschuldigen Kreaturen um die Möglichkeit brachte, an seine Existenz zu glauben?

Von Beobachtungen zu Fragen, von Beschreibungen zu Erörterungen, von algebraischen Exkursen zu medizinischen Diskursen springt Diderot im Laufe dieses lebhaften und weitschweifigen Parcours, der den Leser ebenso fesselt, wie er ihm den Atem verschlägt. Und dabei gerät Diderot ganz unmerklich in gefährliches Fahrwasser. Er hatte in seiner geistigen Entwicklung eine weitere Schwelle überschritten: noch Deist bei den *Philosophischen Gedanken,* war er Freidenker beim *Spaziergang des Skeptikers;* nun, mit dem *Brief über die Blinden,* versuchte er sich zum ersten Mal als Materialist. Sicher war es nicht er, der ausrief: »Wenn Sie wollen, daß ich an Gott glaube, dann lassen Sie mich ihn anfassen!«, aber er legte diese Antwort dem blind geborenen Mathematiker Saunderson als letztes Wort auf dem Sterbebett in den Mund.

Diderot zog rigoros die Konsequenzen aus dem Sensualismus John Lockes. Unser Verstand, erklärt der englische Philosoph in seinem *Versuch über den menschlichen Verstand,* kann nichts erkennen, was nicht auf dem Zeugnis unserer Sinne gründet. Die Wahrheit ist nur durch Erfahrung zugänglich. Was bei Locke wohlweislich auf die Erkenntnistheorie beschränkt geblieben war, dehnte Diderot in seinem *Brief über die Blinden* – der in dieser Hinsicht die subversive Lehre der *Enzyklopädie* vorwegnimmt – auf die Bereiche der Moral und der Metaphysik aus. Wenn es keine angeborenen Ideen mehr gibt, existiert auch keine geoffenbarte Wahrheit mehr und auch kein politisches System, das sich auf Tradition oder auf göttliches Recht stützen könnte. Das gesamte Gebäude des Wissens, der Macht und der Werte mußte auf dieser radikal neuen Basis neu überdacht und aufgebaut werden. Noch vor d'Alemberts berühmter Einleitung zur *Enzyklopädie* war der *Brief über die Blinden* – zwar noch unzusammenhängend, verwirrend und nur andeutungsweise – das erste Manifest jener Revolution im Denken, die durch die Enzyklopädisten ausgelöst wurde. Freilich ein Manifest ohne dröhnende Grundsatzerklärung. Diderot war nicht zu einer neuen Philosophie konvertiert; er hatte ebensowenig das Bedürfnis, seinen neuen Glauben zu verkünden, wie er es der Mühe wert fand, den Bannfluch gegen seine Widersacher zu schleudern. Diderot *glaubte* nicht an den Sensualismus, an die wissenschaftliche Notwendigkeit der Erfahrung oder des Materialismus. Seine Ideen waren einfach das Ergebnis seiner eigenen geistigen Erfahrung; einer Entwicklung, die nicht durch großartige Offenbarungen vonstatten gegangen war, sondern durch das langsame Reifen seines Verstandes, durch die Beobachtung der Natur und durch den Gebrauch der wissenschaftlichen Erkenntnisse. So wie sein Vater Didier Diderot mit Geduld, Erfahrung und Geschick die Schneide eines Skalpells bearbeitete, hatte sich Denis Diderot nach und nach, durch Versuch und Irrtum, Studium und Reflexion, die begrifflichen Werkzeuge geschmiedet, die ihm am geeignetsten erschienen für seine Aufgabe: die Suche nach der Wahrheit. Daß diese Werkzeuge so scharf waren, daß sie die etablierte geistige Ordnung exakt spalteten, kümmerte Diderot ausschließlich als Herausgeber. Er fragte nicht danach, ob die wissenschaftlichen und kritischen Waffen in seiner Hand rechtmäßig waren, sondern danach, wie er sie am besten einsetzen konnte – je nach dem Zustand der Gesellschaft. Auch hier war es die Erfahrung, die ihm Antworten gab – verschiedene Antworten, je nach Zeitpunkt und nach Lage der Dinge.

Daß kaum zwei Monate nach Erscheinen des Werks ein königlicher Haftbefehl gegen den Autor des *Briefs über die Blinden* ausgestellt wurde, hat viel mit den Zeitumständen und wenig mit dem Buch selbst zu tun. Diderot, der zum Zeitpunkt seiner Verhaftung ruhig in Paris seinen Geschäften nachging, hatte nicht gedacht, daß man ihn wegen einer solchen Schrift einsperren könnte. Doch die unteren Polizeichargen waren eifrig. Eine Rolle spielten vielleicht auch Réaumurs Beziehungen zum Ministerium; zweifellos aber bewirkte die Destabilisierung der königlichen Macht – die dazu führte, daß man energischer als zuvor gegen die »philosophischen Umtriebe« vorging –, daß aus dem *Brief über die Blinden* ein symbolisches Werk wurde, das diese Auszeichnung verdiente.

Es scheint, als läge eine Art besonderer Betonung auf diesem Jahr 1749, das im Bereich der Ideen ebenso entscheidend war, wie es das Jahr 1789 im Bereich der Politik werden sollte.

Innerhalb von kaum zwölf Monaten wurden einige der bedeutendsten Werke dieses Jahrhunderts veröffentlicht oder den Lesern vorgestellt. Ende 1748 erschien in Genf Montesquieus *Über den Geist der Gesetze*. Die *Enzyklopädie* wurde trotz Diderots Verhaftung in den wesentlichen Grundzügen konzipiert und in Angriff genommen. Buffon, Verwalter der königlichen Gärten, veröffentlichte seine umfassende *Histoire naturelle* (Naturgeschichte), die das Fundament für eine neue, von religiösen Dogmen befreite Wissenschaft von der Natur und vom Leben legte. Auf dem Weg nach Vincennes, wo er Diderot besuchen wollte, hatte Jean-Jacques Rousseau die grundlegende Eingebung für seine Philosophie, die er im folgenden Jahr in seinem *Discours sur les sciences et les arts* (Abhandlung über die Wissenschaften und Künste) darlegte. D'Alembert veröffentlichte seine *Recherches sur la préces-*

sion des équinoxes (Untersuchungen über die Präzession der Tagund-nachtgleiche), die ihn als einen der größten Mathematiker seiner Zeit auswiesen. Condillac ließ seinen *Traité des systèmes* (Abhandlung über die Systeme) drucken. Maupertuis, zurückgekehrt vom Polarkreis, wo er Gradmessungen längs des Meridians vorgenommen hatte, veröffentlichte seinen *Essai de philosophie morale* (Versuch über Moralphilosophie), einen Versuch, die Grundlagen der Mathematik auf die Untersuchung von Gefühlen anzuwenden.

Zugleich war die Mitte des 18. Jahrhunderts der Zeitpunkt, zu dem spürbar wurde, wie tief die Vertrauenskrise zwischen Herrscher und Volk geworden war. Nicht ohne Emphase datiert Michelet diesen Umschwung der »öffentlichen Meinung« über den König – der, als er 1744 krank war, noch vergöttert wurde – auf 1750: »Der König, dieser Gott, dieses Idol, wird zu einem Gegenstand des Abscheus. Das Dogma vom König als der Inkarnation Gottes geht unwiederbringlich dahin.«[1] Michelets radikale Ansicht muß man sicher differenzieren. Gewiß gab es Jahre, in denen die Nachlässigkeit Ludwigs XV., seine Gleichgültigkeit gegenüber den Leiden des Volkes, sein übler Lebenswandel und die Rolle, die seine Mätressen bei Staatsgeschäften spielten, das »böse Gerede« lauter werden ließen. Aber im wesentlichen hielt man sich immer noch an Ludwigs Gefolge, das beschuldigt wurde, eine Wand zwischen dem König und seinem Volk zu errichten und den Herrscher zu einer verhängnisvollen Politik zu verleiten.

Um 1749 und 1750 änderte sich der Ton. Die jansenistische Krise zerstörte die Einheit des Klerus und gab Anlaß zu Reden von unerhörter Heftigkeit, die häufig von Priestern kleiner Pariser Pfarrgemeinden geführt wurden. Auf diese Pfarrer hörten das Volk und die Bürger, wie etwa auf den Stadtviertelpropheten, der von der Kanzel herabrief: »Schamloser König, deine Tage sind gezählt. Unter deinem Zepter wirst du zugrunde gehen; ein tragischer Tod wird dich und deine Kurtisane ereilen.« Und d'Argenson notierte zu diesem Zeitpunkt in seinem Tagebuch: »Vor kurzem hat man einige jansenistische Schwärmer, *secouristes* genannt, verhört. Mehrere von ihnen behaupteten, dem König ans Leben zu wollen, was erzittern läßt.«[2]

Zahlreiche Polizeiberichte, die Aussagen von Spitzeln verarbeiteten, betonten dieses, gelinde gesagt, feindliche Gefühl, das Paris für seinen König hegte. Im November 1748 wurde Ludwig XV. in seiner Hauptstadt mit der größten Gleichgültigkeit empfangen: »Die Pariser haben nicht das Ausmaß von Freude gezeigt, das man hätte erwarten können. Lediglich aus Karossen schrie man: ›Es lebe der König‹ [...] Auf den Straßen lungerten nachts nur einige Trunkenbolde herum, die vom Wein angelockt wurden.«

Als man 1750 die Polizei verdächtigte, Kinder von der Straße aufzulesen und zu entführen, um sie zur Zwangsarbeit in die amerikanischen Kolonien zu schicken, kam es zu Tumulten, die schonungslos niedergeschlagen wurden; Dutzende von Menschen wurden verhaftet, drei aufgehängt. Der Graben zwischen dem Versailler König und Paris war noch tiefer geworden: »Alles verschärfte sich, eine tiefe Kluft entstand«, schreibt Michelet. Es war ein politisches und kulturelles Ereignis von beträchtlicher Wirkung.

In dieses krisengeschüttelte Klima fiel Diderots Verhaftung. Der Autor des *Briefs über die Blinden* war nicht der einzige, der 1749 von dieser königlichen Machtanwandlung getroffen wurde. Zahlreiche Jansenisten, die die offizielle Kirche, die verdorbenen Sitten oder die irrsinnigen Ausgaben des Königs und seines Hofes kritisierten, wurden entweder ins Gefängnis geworfen oder zur Auswanderung gezwungen. Menschen aus dem Volk, Kaufleute und sogar einige kleine Adlige, die öffentlich gegen die Steuern oder den Aachener Frieden* protestiert hatten, folgten den Jansenisten in die Verliese. Auch Schriftsteller wurden eingesperrt, so etwa Le Bret, der wegen einiger satirischer Porträts am 12. Mai festgenommen wurde. Dupré de Richemond kam auf reinen Verdacht hin in die Bastille, weil man »diese sogenannten Autoren in die Schranken weisen und der Zügellosigkeit dieser anonymen Propagandaschriften, die Paris überschwemmen, ein Ende setzen« wollte. Verhaftet wurde am 17. Juni der »Rekollektenbruder«** Jacques Le Blanc, weil er ein deistisches

---

* Mit dem Aachener Frieden endete 1748 der Österreichische Erbfolgekrieg, der 1740 begonnen hatte und in den Frankreich als Gegner Österreichs verwickelt war. (A.d.Ü.)
** Die Rekollekten bildeten eine besonders in Frankreich stark vertretene klösterliche Reformbewegung, in der Armut, Askese und Kontemplation betont wurden. (A.d.Ü.)

Werk, *Le Tombeau des préjugés* (Grab der Vorurteile), veröffentlicht hatte; oder am 27. Juni der junge Pidansat de Mairobert, lediglich weil er sich im Café Procope ein wenig zu laut gegen die letzte Militärreform geäußert hatte – er blieb über ein Jahr lang in Einzelhaft.

In allen Fällen ging es darum, die öffentliche Meinung einzuschüchtern und ein Exempel zu statuieren. Der Vorwand war beliebig. Es war eine Kraftprobe zwischen den Anhängern der alten Ordnung und allem, was sich im Königreich rührte und regte oder gar protestierte. In keinem der beiden Lager herrschte Einigkeit; die Taktiken, die zum Sieg führen sollten, differierten; persönliche Querelen untergruben natürliche politische Allianzen; diverse moralische, philosophische und religiöse Alternativen trennten die Machthaber ebenso wie ihre Kontrahenten, die neue Gesellschaftsentwürfe entwickeln wollten. Zwischen diesen beiden »Parteien« gab es einige Menschen, die es zwar vielleicht nicht zu einem wirklichen Dialog brachten, aber zumindest verhinderten, daß die Konfrontation in Krieg ausartete – je nach den politischen Wechselfällen mit mehr oder weniger Erfolg. Das Königreich brauchte Schriftsteller und Wissenschaftler; und diese erklärten, ihre Tätigkeit nicht ausüben zu können, wenn man ihnen nicht ihre geistige Unabhängigkeit und die Freiheit der Rede gewährte. Aber diese Freiheit wurde als bedrohlich empfunden, sie gefährdete die Stabilität und Einheit der Zentralgewalt, also das Prinzip der königlichen Legitimität selbst, die sowohl eine politische wie eine religiöse war. Diderot ins Gefängnis zu werfen bedeutete, daß man zumindest ein Element des Widerspruchs ausschaltete. Man konnte wohl den Autor der *Indiskreten Kleinode* gefahrlos hinter Schloß und Riegel bringen, aber konnte man den Spiritus rector der *Enzyklopädie* lange in Vincennes gefangenhalten?

Diderot war im Gefängnis sehr unglücklich; aber im Gefängnis begann er auch, an seiner Legende zu weben. Er war der Erfinder und der Darsteller seines eigenen Lebens, der sich bisweilen überrascht selbst beim Spiel zusah. Und nun hatte er endlich eine dramatische Rolle. Er war auf pikante Nebenrollen beschränkt gewesen, auf die Straßenkomödien von Paris. Er hatte Vergnügen daran gefunden, als Sohn eines respektablen Messerschmieds aus Langres den hochbegabten Studenten zu spielen, den vergammelten Intellektuellen, den Kaffeehausschwadronierer, der die alte Philosophie reformieren wollte. Und nun sah er sich dank Monsieur d'Argenson in die vortreffliche Rolle des verfolgten Sokrates katapultiert.

Man darf keinerlei Falschheit hinter der Art vermuten, wie Diderot sein persönliches Abenteuer erlebte. Im Grunde war er ganz frei von Berechnung; er war zugleich Regisseur und sein eigener Zuschauer. Diese Theatralisierung läßt ermessen, welcher Abstand zwischen dem sozialen und kulturellen Umfeld seiner Kindheit und Jugend und dem Status als »Gelehrter« lag, den er sich zusammen mit den anderen Wissenschaftlern seiner Generation eroberte. Die Kluft war enorm und in so extrem kurzer Zeit, so blitzschnell und schlagartig entstanden, daß man sie sich vergegenwärtigen muß, um sie sich bewußt zu machen und zu ermessen. »Mein Leben ist ein Roman«, sagten später die Romantiker, die Geschichte und Zeit als treibende Kraft ihres Schicksals ansahen. Mein Leben ist ein Theaterstück, eine Pantomime, beteuerte Diderot, der stets aufmerksam auf Posen achtete, auf die Wirkung des Dialogs, die Emotionen des Publikums, die Klangfülle der Stimme, auf Körpersprache und Gestik.

Er war nicht der einzige. Die Theatralik, die dieses Jahrhundert kennzeichnet, war Ausdruck für den Wunsch nach Transparenz; jeder sollte unter den Augen aller agieren, und zwar nicht nur mit Worten, die trügerisch sein konnten, sondern mit seiner ganzen Person. Zugleich zeigt sich hier aber ein Mißverhältnis zwischen dem »wahren Ich« und dem »sozialen Ich«, das eingezwängt war in die Konventionen von äußerem Schein, Geburt und Beruf. Man denke an Marivaux' Figuren, die Rollen, Kleidung und Sprache tauschen, um endlich als sie selbst geliebt zu werden, und die so aus der Täuschung die Geburtshelferin der Wahrheit machen.

Der eingesperrte Diderot sah sich plötzlich in einer erhabenen Rolle: er wurde zum Symbol des in Ketten gelegten Verstandes. Wir haben bereits gesehen, daß er schon früher den – ruhmlosen – Versuch unternommen hatte, gegen Berryers Willen Hafterleichterungen zu erreichen. Am 21. August war es soweit. Der Generalleutnant der Polizei erlaubte dem Häftling, den Turm zu verlassen und sich von nun an frei auf dem Festungsgelände zu bewegen: »In Anbe-

90

tracht der verlegerischen Arbeit, mit der er betraut ist, gestattet Ihre Majestät zudem gnädig, daß er frei und unter den üblichen Vorsichtsmaßregeln, brieflich oder mündlich, in der Festung mit Personen, die ihn besuchen, in Kontakt treten kann...« Im Gegenzug verpflichtete Diderot sich schriftlich, »während der ganzen Zeit, die Ihre Majestät geruht, mich als Häftling hier zu behalten«, die Umfriedung der Festung und der Gärten nicht zu verlassen; »im Falle des Ungehorsams meinerseits [...] werde ich der lebenslänglichen Haft im Festungsturm unterworfen, den ich nun dank der Milde des Königs verlassen darf«.

Er konnte arbeiten und seine Freunde und Verleger empfangen. Er speiste mit seinem Kerkermeister, dem Marquis du Châtelet. Einige Wochen lang wohnte sogar Antoinette Diderot in einem benachbarten Zimmer. Für einen Häftling führte er ein eher angenehmes Leben, aber die Legende tat das Ihre: Eine Zeitung wußte zu berichten, daß der Gefangene einen Zahnstocher als Schreibfeder benutze, daß er sich Tinte aus einer Mischung von Wein und zerkleinertem Schiefer hergestellt habe und auf die Seitenränder einer Platon-Ausgabe schreibe, die sein ungebildeter Wächter ihm zu behalten erlaubt habe.

Sicher ist, daß er geschrieben hat und daß man ihm Lektüre erlaubte; denn am Ende seiner Haftzeit bat er Berryer – übrigens vergebens –, ihm die Notizen über Buffons *Histoire naturelle,* die ganze Hefte füllten, zurückzugeben.

Sicher ist auch, daß sein Temperament sich nicht abgekühlt hatte. Er war immer noch zu den gefährlichsten Verrücktheiten imstande. Madame de Puiseux hatte ihn in Vincennes besucht. Vermutlich hatte Diderot nach diesem Gespräch einige Zweifel an der Treue seiner Geliebten. Das ging so weit, daß er, wie Madame de Vandeul erzählt, »über die Mauern des Festungsparks kletterte, nach Champigny ging, seine Geliebte dort mit einem neuen Liebhaber antraf, zurückkehrte und im Park schlief. Am nächsten Morgen ließ er Monsieur du Châtelet von seinem Abenteuer in Kenntnis setzen; und dieses kleine Vorkommnis beschleunigte den Bruch mit Madame de Puiseux.« Hatte Monsieur du Châtelet ein Auge zugedrückt? Beschwerte er sich bei Berryer, verharmloste dabei aber die Eskapade seines

Häftlings? Diderots Wortbruch hatte auf jeden Fall keine allzu mißlichen Konsequenzen – außer daß er sich von seinem Unglück überzeugt hatte.

In Paris, in der feinen literarischen Gesellschaft, setzte man sich in der Tat für »Sokrates« ein. Diderot genoß zwar keine wirklich mächtige Protektion, aber unter seinen Verteidigern waren immerhin bereits einige literarische und wissenschaftliche Berühmtheiten. Außer d'Alembert kannte er sie nicht persönlich; er gehörte nicht zu ihren Kreisen und Salons, aber er war nun so bekannt, daß sie sich für ihn interessierten.

Im Gegensatz dazu verhielt sich Didier Diderot ausgesprochen eisig und hart. Sein Sohn hatte ihm brieflich seine mißliche Lage geschildert und ihn gebeten, ihn zu besuchen, um in Kummer und Mitleid die Familienbande neu zu knüpfen. Didier Diderots Antwort zeigt, wie tief der kulturelle Graben zwischen dem traditionsbewußten Kleinbürger aus der Provinz und dem intellektuellen Pariser Rebellen war:

»*Mein Sohn,*
ich habe Ihre beiden Briefe erhalten, in denen Sie mir Ihre Verhaftung und den Anlaß dafür mitteilen, aber ich kann nicht umhin, Ihnen zu sagen, daß es gewiß noch andere Gründe geben muß als jene, die Sie angeben, um Sie hinter Gefängnismauern zu bringen. Alles, was von unserem Herrscher kommt, ist verehrenswert, und man muß ihm in jedem Falle gehorchen. [...]

Da nichts ohne die Billigung Gottes geschieht, weiß ich nicht, was Ihrer Besserung dienlicher ist: daß Ihr Aufenthalt in diesem Steinkasten bald beendet werde, oder daß man ihn besser noch um einige Monate verlängere, damit Sie einmal in die Lage versetzt sind, ernsthaft über sich selbst nachdenken zu können.

Wenn der Herr Ihnen Talent verliehen hat, so nicht, damit Sie es dazu gebrauchen, die Lehren unserer heiligen Religion zu entkräften, die Sie offensichtlich angegriffen haben, da eine Reihe von Geistlichen sich gegen einige Ihrer Werke zu empören scheint, zumindest gegen diejenigen, die man ihnen zuschreibt.

Bisher habe ich Sie als meinen Sohn betrachtet, und wenn ich Ihnen auf angemessene Weise meine Zuneigung bezeugt habe, indem ich Ihnen Bildung zuteil werden ließ, so in der Hoffnung, daß Sie guten Gebrauch davon machen würden. Ich habe nicht erwartet, daß die Folgen dieser Erziehung mich so wie jetzt, da ich von Ihrem Unglück erfahre, in brennenden Kummer und Schmerz stürzen, sondern habe im Gegenteil geglaubt, daß sie nur dazu dienen würden, mir Dankbarkeit zu erweisen, weil ich es an nichts fehlen ließ, um sie Ihnen zu ermöglichen.

Wie dem auch sei, möge das Beispiel der Vergangenheit wie der Gegenwart Sie, meinen Sohn, zu einer nützlichen Umkehr bewegen und Sie die Anschläge derer, die zu Ihrem Unheil beigetragen haben, vergessen lassen. Verzeihen Sie, und ich verzeihe Ihnen. Ich weiß, mein Sohn, daß niemand gegen Verleumdungen gefeit ist und daß man Sie für Werke verantwortlich machen kann, an denen Sie keinerlei Anteil haben; aber um den angesehenen Persönlichkeiten, die Sie kennen, das Gegenteil zu beweisen, schenken Sie der Öffentlichkeit ein christliches Werk von Ihrer Hand, so daß diese Feder von allem Gegenteiligen entlastet wird, das man Ihnen oder Ihrer Art zu denken zuschreiben kann.

Dieses Werk wird den Segen des Himmels ernten, und ich werde Sie in meiner Gunst behalten, obwohl ich Ihnen mitteilen muß, daß ich sie Ihnen niemals bezeugen werde, bevor Sie mir nicht wahrheitsgemäß und unmißverständlich erklärt haben, ob Sie verheiratet sind, wie man mir aus Paris geschrieben hat, und zwei Kinder haben. Wenn diese Ehe legitim ist und die Sache sich so verhält, nun, dann bin ich zufrieden. Ich zähle darauf, daß Sie Ihrer Schwester nicht die Freude versagen wollen, sie zu erziehen, und mir nicht die Freude, sie vor Augen zu haben.

Sie bitten mich um Geld.

Was! Ein Mann wie Sie, der an ungeheuren Werken arbeitet, braucht Geld? Achtundzwanzig Tage haben Sie nun an einem Ort verbracht, der Sie nichts kostet; zudem weiß ich, daß Seine Majestät in Ihrer Güte den Personen, die in Folge Ihrer Befehle dorthin verbracht werden, wo Sie nun sind, ein sehr anständiges Auskommen gewährt. Sie haben mich um Papier, Tinte und Federn gebeten. Ich fordere Sie auf, davon einen besseren Gebrauch zu machen als in der Vergangenheit.

Und erinnern Sie sich an Ihre arme Mutter, die Ihnen bei ihren Ermahnungen mehrmals gesagt hat, daß Sie ein Blinder sind. Beweisen Sie mir das Gegenteil. Und noch einmal, halten Sie treu Ihre Versprechungen, sowohl an dem Ort, an dem Sie jetzt sind, wie anderswo. Sie finden in diesem Brief einen Wechsel über hundertundfünfzig Livres, einzulösen bei Monsieur Foucou, die Sie verwenden mögen, wie es Ihnen richtig scheint.

Ich erwarte ungeduldig den glücklichen Tag, der all unsere Ängste beruhigen wird, indem wir erfahren, daß man Ihnen die volle Freiheit zurückgegeben hat. Ich werde meine Freiheit nutzen, um dem Herrn zu danken, sobald man mir das mitteilt.

Einstweilen bin ich, mein Sohn, mit aller Zuneigung, die ich Ihnen schulde, Ihr liebender Vater.«

Man kann sich nur schwer vorstellen, wie ein solcher Brief auf einen Mann wirkte, der – auch wenn er sechsunddreißig Jahre alt war und seit langem von seiner Familie entfernt lebte – im Kult um die väterliche Autorität und Liebe aufgewachsen war. Die hundertfünfzig Livres waren eine willkommene Gabe für Diderots Familie, da seine Verleger die monatlichen Zahlungen seit seiner Verhaftung eingestellt hatten. Aber die Zurechtweisung war so schneidend, daß Diderot eine Art Verwirrung oder Schwindel verspürte – wie der verlorene Sohn, der nicht einmal von der eigenen Familie erkannt wird, und sich, als er wieder geht, nach seiner wahren Identität fragt. Spuren dieser Haltlosigkeit und dieser Unruhe sind bis in die Schreibweise Diderots spürbar, für die typisch blieb, daß die Gedanken sich nicht um einen orientierenden Mittelpunkt herum gruppierten. Wenn Diderot schließlich doch einige Gewißheiten erlangte, so fand er sie nicht in sich selbst, sondern in der Welt, die er studierte.

Jean-Jacques Rousseau hingegen hatte seinen Weg gefunden; man hat oft gesagt, daß er auf der Straße nach Vincennes, wo er seinen Freund oft besuchte, sein Damaskus erlebte. Rousseau selbst hat diese eindrucksvolle, jähe Wandlung in den *Bekenntnissen* beschrieben: »Dieses Jahr 1749 brachte eine ungewöhnliche Hitze. Für den Weg von Paris nach Vincennes brauchte man zwei Stunden. Da ich nicht in der Lage war, mir einen Wagen zu nehmen, brach ich, wenn ich ihn allein besuchte, um zwei Uhr des Nachmittags zu Fuß auf und ging äußerst rasch, um früher anzukommen. Die Bäume des Weges waren der Landessitte gemäß beschnitten, so daß sie fast gar keinen Schatten gaben; oft mußte ich mich, von Hitze und Müdigkeit ermattet, auf den Boden strecken, weil ich nicht mehr weiterkonnte. Um meine Schritte zur Langsamkeit zu zwingen, kam ich auf den Gedanken, im Gehen zu lesen. Eines Tages hatte ich den ›Mercure de France‹ bei mir, und während ich ihn nun so im Gehen durchblätterte, fielen meine Augen auf die von der Akademie zu Dijon für das nächste Jahr aufgestellte Preisfrage: ›Hat der Fortschritt der Wissenschaften und Künste zum Verderb oder zur Veredelung der Sitten beigetragen?‹

Sobald ich diese Zeile gelesen, sah ich rings um mich eine andere Welt und ward ein anderer Mensch. [...] Ganz deutlich erinnere ich mich jedoch, daß ich in Vincennes in einer Erregung anlangte, die an Wahnsinn grenzte. Diderot bemerkte es, ich nannte ihm daraufhin den Grund und las ihm die Prosopöie des Fabricius vor, die ich mit Bleistift unter einer Eiche entworfen hatte. Er spornte mich an, meinen Gedanken freien Lauf zu lassen und mich um den Preis zu bewerben. Ich tat es, und von diesem Augenblick an war ich verloren. Der ganze Rest meines Lebens und all mein Leiden war die unvermeidliche Wirkung dieses Augenblicks der Verirrung.«[3]

Doch lassen wir diese Dramatisierung der Szene auf sich beruhen; nur zu leicht könnte sie dazu verleiten, in Rousseau einen Schwärmer zu sehen, der Opfer eines Sonnenstichs wurde. Die Episode hatte sich im Oktober abgespielt, so gefährlich dürfte die Sonne also nicht mehr gewesen sein. Offenbar war Rousseau auch nicht so fiebrig erregt, daß er nicht Diderot um Rat gefragt hätte. In dessen *Fortlaufender Widerlegung von Helvétius' Werk »Vom Menschen«* findet sich eine wesentlich nüchternere Version dieser Episode: »Die Preisfrage der Akademie von Dijon lautete: *Ob die Wissenschaften für die Gesellschaft eher schädlich als nützlich seien.* Ich war damals in der Festung Vincennes. Rousseau besuchte mich dort und fragte mich gelegentlich um Rat über seine Entscheidung in dieser Frage. ›Da gibt es kein Zaudern‹, sagte ich ihm, ›Sie werden sich für eine Antwort entscheiden, die sonst niemand geben wird.‹ – ›Sie haben recht‹, erwiderte er; und dementsprechend arbeitete er.«

Zwanzig Jahre nach dem Vorfall geschrieben – als Diderot und Rousseau bereits erbitterte Feinde geworden waren –, korrigiert Diderots Erklärung Rousseaus »Bekenntnis« nur auf emotionaler Ebene; und diese detaillierten Erörterungen über den anekdotischen Ursprung von Rousseaus Vorliebe für die »edlen Wilden« wären nicht von besonderem Interesse, wenn sie nicht auch einen Wendepunkt in der Tonart markieren würden, in der bestimmte Ideen ausgedrückt wurden.

Rousseau erfand innerhalb der intellektuellen Rhetorik eine Tonart des Irrationalen, der Verklärung und der Emotion (oder er belebte diese Tonart zumindest neu), die um 1750 eigentlich das Erbteil der Mystiker, der Schwärmer und der Anhänger diverser Prophezeiungen war. Rousseau erlitt eine Krise; er hatte eine plötzliche Offenbarung. Seine »Ehrlichkeit« ist hier kaum von Belang: Seine Krise – eine persönliche, soziale, psychologische, ideologische und kulturelle Krise – war real, und er drückte sie mit Begriffen aus, die einem literarischen Klima entsprangen, das durchtränkt war von Sentimentalität und eine neue Sprache der Überzeugung und des Bekennertums einführte. Montesquieu, Voltaire, Diderot, d'Alembert, die »Enzyklopädisten«, fochten auf einer neuen wissenschaftlichen, moralischen und geistigen Basis den Kampf auf *ihrem* Gelände aus – der rational abwägenden Gegenüberstellung von verschiedenen Ideen, von Fühlen und Denken, von Realem und Imaginärem, von Ideal und Möglichkeit. 1749 hing Rousseau zwar noch mit allen Fasern seines Herzens an der »Partei« der Philosophen, aber durch den Rückgriff auf die nervöse Sprache der Religiosität hatte er sich – gleichgültig ob bewußt oder unbewußt – für den Messianismus entschieden. Es war vielleicht weniger der Inhalt seiner Gedanken, was ihn einige Jahre später zum »Hausphilosophen« der revolutionären Bürger – und dann der romantischen Bürger – werden ließ, als vielmehr der Gestus und der Tonfall eines Propheten der neuen Religion. Von der alten Religion übernahm er die emotionale, affektgeladene und ein wenig exaltierte Basis, die die Empfindsamkeit des Volkes immer noch prägte. Stärker noch als die *Bekenntnisse* vermittelt ein Brief an Malesherbes vom 12. Januar 1762 den visionären, krisenhaften

Ton dieser Bekehrung von Vincennes, die den Übergang von der Philosophie der Aufklärung zur Philosophie der Erleuchtung markiert: »Hat jemals etwas einer blitzartigen Eingebung geglichen, so war es die Bewegung, welche in mir vorging, als ich diese Frage las. Auf einmal fühle ich, daß mein Geist von tausend Lichtern geblendet wird, ganze Massen lebhafter Gedanken stellen sich ihm mit einer Gewalt und in einer Unordnung dar, die mich in eine unaussprechliche Verwirrung versetzt; meinen Kopf ergreift ein Schwindel, welcher der Trunkenheit gleicht. Ein heftiges Herzklopfen beklemmt mich, hebt meine Brust empor; da ich gehend nicht mehr atmen kann, lasse ich mich am Fuß eines Baumes am Wege hinsinken und bringe eine halbe Stunde dort in einer Bewegung zu, daß ich beim Aufstehen den ganzen Vorderteil meiner Weste mit Tränen benetzt finde, ohne gefühlt zu haben, daß ich welche vergoß.«[4]

Nachdem Rousseau vergebens versucht hatte, sich einen Platz in der Gesellschaft der Mächtigen zu erobern, hatte er nun seinen Weg gefunden. Da diese Welt nichts von ihm, seinen Geistesgaben und seiner Musik wissen wollte, wandte er sich der anderen Seite zu, seiner kargen, einfachen Kindheit in Genf, dem Mythos von der absoluten Reinheit der Ursprünge. Der Bruch mit den »Enzyklopädisten« vollzog sich erst später, war aber in der Erleuchtung von Vincennes strategisch und geistig schon vorgezeichnet.

Denn Diderot gab auch im Gefängnis das Gelände nicht preis, auf dem zu kämpfen er entschlossen war – er wollte zu einer Erkenntnis von Dingen und Menschen gelangen, die geeignet war, die Finsternis zurückzudrängen, in der die Menschen wie Blinde umhertappten. Rousseaus Entscheidung, gegen den Fortschritt von Wissenschaft und Kunst zu argumentieren, gefiel Diderot und interessierte ihn, weil sie sich gegen die gängige Meinung und gegen seine eigenen Überzeugungen wandte. Das Paradox war eine Art des Denkens, die Diderot reizte; das mäeutische Verfahren des Sokrates, durch Fragen zur richtigen Erkenntnis zu gelangen, fand er besonders fruchtbar. Gegen sich selbst zu denken war für Diderot mehr als nur eine Methode: Es war ein philosophisches Erfordernis und eine Garantie gegen den Dogmatismus. Auch wenn er damit

Gefahr lief, sich zu verzetteln, in Krisen zu geraten und auf nichts eine Antwort zu wissen, wich er von dieser Forderung nie ab. Wenn der glänzende, eloquente Rousseau den Gegenpart übernahm zu Diderots eigenem optimistischen Bekenntnis zur Macht des Wissens, so mochte das Überlegungen auslösen, die zu neuen Erleuchtungen führten, meinte er. Im Augenblick kam es jedoch vor allem darauf an, aus der Haft entlassen zu werden und ernsthaft an der *Enzyklopädie* arbeiten zu können.

Er sollte das Versprechen geben, besonnener zu sein? Diderot gab es. Er versprach, »in Zukunft nichts zu tun, was auch nur im geringsten gegen die Religion und gegen die guten Sitten verstoßen könnte«. Das war an Berryer und d'Argenson gerichtet. Aber es galt auch für Diderot selbst: Er versprach sich, nie mehr um der Veröffentlichung seiner Schriften willen seine Freiheit zu riskieren. Er war nicht Voltaire, den ein Clan von Mächtigen umhegte und beschützte. Eine einzige Torheit konnte ihn auf unbestimmte Zeit wieder hinter Gitter und endgültig zum Schweigen bringen. Als nun dieser Mann des geistigen Austauschs, der geradezu methodisch gegen das gesellschaftlich und politisch Erlaubte verstieß – Rücksichtnahme und Takt behielt er sich für wenige vor –, wählen mußte, ob er seine Ideen verschweigen oder seine Freiheit verlieren sollte, wählte er eine editorische Strategie, die zu ihm paßte: eine zugleich realistische und heroische. Diderot versuchte, die Obrigkeiten zu überlisten; wie viele Schriftsteller seiner Zeit spielte er ein sprachliches und philosophisches Versteckspiel mit den Zensoren und jonglierte mit Anspielungen, Allegorien und Parodien. Sah es so aus, als ließe die Überwachung etwas nach, legte er an Kühnheit ein klein wenig zu; zogen Sturmwolken auf, wich er wieder zurück. Er nützte Widersprüche zwischen seinen Gegnern aus, versteckte sich hinter unangreifbaren Personen, schmeichelte anderen in ihrer Eitelkeit und versuchte, dem Neid zu begegnen, um sich am äußersten Rand der Legalität zu halten oder zumindest keiner Verfolgung ausgesetzt zu sein – soweit zur realistischen Seite. Aber so geschickt Diderot bei diesen erfindungsreichen und tollkühnen Balanceakten auch sein mochte, wußte er doch, daß die Dinge, die er zu sagen hatte, weit über das Maß des Erlaubten und Erträglichen hinausgingen. Er ging daher eine noch riskantere Wette ein und wagte den Sprung in das Vakuum zwischen den Zeiten: Er beschloß, die Werke, die nach Form und Inhalt für die Gesellschaft seiner Epoche nicht akzeptabel waren, nicht zu veröffentlichen. Im Vertrauen auf sein Genie wie auf die Weiterentwicklung von Geist, Sitten und Regierungen schrieb er für die Nachwelt und bewahrte einige seiner bedeutendsten Schriften in der Schublade auf. Er setzte auf die Zukunft und die Geschichte jenseits der eigenen Existenz gegen den unmittelbaren Ruhm und die Anerkennung durch seinesgleichen. Eine großartige Geste des Stolzes, bei der es natürlich nicht ohne Blessuren abging.

Am 21. Oktober 1749 fiel die Entscheidung, Diderot freizulassen – zweifellos beschleunigt durch die Vorstöße seiner Verleger, die mit den ersten Arbeiten an der *Enzyklopädie* in der Klemme waren. Am 3. November verließ er den Kerker. Hundertdrei Tage hatte der Philosoph im Gefängnis zugebracht.

Aus dem einen Kerker kam er frei, um gleich in den nächsten zu geraten, in dem er zwanzig Jahre lang eingeschlossen sein sollte. Die *Enzyklopädie* ist in der Tat nicht nur ein intellektuelles Denkmal, bei dessen Errichtung Diderot die Arbeit koordiniert und die Mitarbeiter angeleitet hat; sie ist sein ganz konkretes, fast mit eigener Hand hergestelltes Werk. Diderot entwarf die Editionspläne, legte die Artikel fest, suchte die Autoren aus, erteilte die Aufträge, las Manuskripte, korrigierte die Fahnen, diskutierte über Veränderungen, schrieb selbst eine Reihe von Beiträgen, prüfte Informationen nach und leitete die Drucker an. Häufig ging er auch vor Ort, um die Arbeit von Künstlern und Handwerkern, ihre Fachbegriffe und Verbesserungsmethoden bis ins kleinste Detail kennenzulernen. Er machte sich eine Unzahl von Notizen, die ihm helfen sollten, wenn er den Graveuren und Zeichnern der Bildtafeln Anweisungen gab. Er war zugleich Wissenschaftler, Journalist, Schriftsteller und Projektleiter und kam seinen Aufgaben mit unglaublicher Energie nach. Er verbrachte damit Tag und Nacht, zu Beginn sicher begeistert, später – je mehr diese Arbeit ihn verzehrte und erschöpfte, ohne ihm die erwartete Befriedigung zu bringen – mit einem immer stärkeren Gefühl der Belastung. Als schließlich alle Schwierigkeiten überwunden und die *En-*

zyklopädie vollendet war, sah Diderot nur noch die Mängel eines Werks, das er wohl von der ersten bis zur letzten Zeile umgearbeitet hätte, wäre da nicht die Erinnerung an zwanzig Jahre Zwangsarbeit gewesen, die ihn davon abhielt.

KAPITEL

6

Es war in der Tat ein weiter Weg von dem globalen, universellen, eines Prometheus würdigen Projekt, das sich Diderot vorgenommen hatte, bis zu dem schließlich vollendeten Werk, wie wir es heute vor uns sehen können. Dazwischen liegen zwei Jahrzehnte Geschichte – und dazu Kämpfe, Unterbrechungen, Zwistigkeiten, Schwierigkeiten bei der Zusammenarbeit. Oft mußte man hastig arbeiten, oft gab es Grund zur Beunruhigung; man mußte den Druckern Satzvorlagen liefern, in aller Eile Artikel verfassen und andere hinauswerfen, die nicht zufriedenstellend ausgefallen waren. Unter diesem Zangenangriff von Zeitdruck und Sachzwängen zerbrach die Einheit des Projekts. Die *Enzyklopädie* erscheint heute wie eine Großstadt, deren Bauplan durch den Wildwuchs ungenehmigter Gebäude umgestoßen und verdorben worden ist. Man findet großartige Monumente, kühne Konstruktionen, originelle Häuser und prachtvolle Alleen. Sehenswürdigkeiten gibt es im Überfluß, der Geist glänzt mit all seinen Lichtern; die Aufklärung erstrahlt in ihrer ganzen Begeisterung, ihrer Ironie und Phantasie, in ihrem Drang nach Kritik und neuen Erkenntnissen. Aber diese achtundzwanzig Folianten sind weniger ein Gesamtwerk als eine uneinheitliche, zersplitterte Zusammenstellung von Artikeln, die durchaus historisch interessant sind. Anders formuliert: Sie sagen uns heute kaum noch etwas; sie verraten nicht mehr den großen Traum, der zu ihrem Erscheinen geführt hatte.

Aber gerade dieser Traum ist wichtig, denn er wurde vom Geist und von der Leidenschaft einer ganzen Epoche geteilt – und vielleicht ist es der einzige Traum, den wir nach so vielen Alpträumen heute noch träumen können. Diderot formulierte ihn im Subskriptionsprospekt der *Enzyklopädie,* der im November 1750 in achttausend Exemplaren in Umlauf gebracht wurde; gemessen an den üblichen Auflagen im Ancien Régime ein einzigartiger Fall.

Zunächst einmal präsentierte sich die *Enzyklopädie* als unverzichtbares Informationswerk über den Wissensstand der Zeit. Das Jahrhundert war in Bewegung geraten, so daß die alten Nachschlagewerke überholt waren. »Wie viele Wahrheiten, die man damals nicht ahnte, sind heute entdeckt! Die wahre Philosophie lag damals noch in der Wiege; die Geometrie des Unendlichen existierte noch nicht; die experimentelle Physik zeigte sich kaum; es gab keine Dialektik; die Gesetze der vernünftigen Kritik waren völlig unbekannt. Männer wie Descartes, Boyle, Huygens, Newton, Leibniz, die Brüder Bernoulli, Locke, Bayle, Pascal, Corneille, Racine, Bourdaloue, Bossuet usw. lebten noch nicht oder hatten noch nicht geschrieben. Es fehlte der Geist der Forschung und des Wettbewerbs, um die Gelehrten anzuregen. Ein anderer Geist, vielleicht weniger fruchtbar, aber auch seltener, nämlich der Geist der Folgerichtigkeit und der Methodik hatte sich noch nicht die verschiedenen Teile der Literatur unterworfen.«

Aber der Leser brauchte nicht eine Bestandsaufnahme der Wissenschaften und Künste, er mußte dieses Wissen auch beherrschen, die Systematik und die historischen Verbindungen erkennen, »durch die man von den Grundprinzipien einer Wissenschaft oder Kunst ohne Unterbrechung bis zu den letzten Konsequenzen vorgehen und von diesen letzten Konsequenzen bis zu ihren Grundprinzipien zurückgehen, von dieser Wissenschaft oder Kunst unmerklich zu einer anderen übergehen und, wenn wir uns so ausdrücken dürfen, eine literarische Reise um die Welt machen kann, ohne sich zu verirren«.

Hat die *Enzyklopädie* ihr Ziel, diese Systematik und diese Verbindungen darzustellen, erreicht? Weit gefehlt, selbst wenn das so vorgezeichnete Programm schon sehr umfangreich war, und selbst wenn viele Subskribenten sich mit solch einem Lexikon begnügten.

Diderot packte entschlossen drei Bereiche an. Der erste war gesellschaftlicher Natur. Die *Enzyklopädie* umfaßte neben den Wissenschaften und den sogenannten »freien Künsten« auch die »mechanischen Künste«, also Kenntnisse und Techniken des Handwerks. In der Welt der traditionellen Denkweise war das nicht nur eine Neuerung, sondern ein Gewaltstreich. Die Tätigkeit von Handwerkern und Arbeitern hatte bisher immer als rein mechanisch, monoton und völlig geistlos gegolten und war so aus dem Bereich des Wissens ausgeblendet worden – Diderot bezog sie ein. Es gab keine »vornehmen« Beschäftigungen mehr, die den sogenannten »banalen« Tätigkeiten gegenüberstanden, sondern da waren Menschen, die auf verschiedenen, nicht hierarchisch gegliederten Posten dazu beitrugen, die Naturgesetze zu erkennen und sie zum Wohl der Menschen anzuwenden.

Juristisch erfolgte die Abschaffung der Stände erst vierzig Jahre später; Diderot untergrub seit 1750 die Mauer, die beim Aufbau der Welt Theoretiker und Praktiker voneinander schied: »Alles zusammen hat uns also veranlaßt, auf die Handwerker zurückzugreifen. Wir wandten uns an die tüchtigsten Handwerker in Paris und unserem Königreich. Wir machten uns die Mühe, sie in ihren Werkstätten aufzusuchen, sie auszufragen, nach ihrem Diktat Aufzeichnungen zu machen, ihre Gedanken nachzuvollziehen, aus diesen Gedanken die jeweils eigentümlichen Fachausdrücke zutage zu fördern, Verzeichnisse derselben anzufertigen und sie zu erklären; ferner mit den Handwerkern zu sprechen, von denen wir Denkschriften erhalten hatten, und (eine fast unerläßliche Vorsicht) im Verlauf von langen, häufigen Gesprächen mit anderen Handwerkern das zu verbessern, was ihre Kollegen unvollständig, unklar und manchmal auch falsch auseinandergesetzt hatten.«

Die Handwerker beherrschten ihre Terminologie nicht völlig sicher und korrekt. Manchmal verwechselten oder vertauschten sie verwandte Wörter und Begriffe. Daher waren lange Gespräche nötig, um herauszufinden, ob dasselbe Wort, das hier und dort gebraucht wurde, auch dieselbe Sache bezeichnete; oder ob zwei verschiedene Begriffe schließlich nicht doch denselben Gegenstand meinten. Aber diese Ungenauigkeiten oder falsch gebrauchten Begriffe waren nicht nur bei Handwerkern oder wenig gebildeten Menschen ein Problem. Philosophen, Wissenschaftler, Politiker und Priester stritten sich unablässig, weil sie unter identischen Begriffen verschiedene Realitäten verstanden oder verschiedene Begriffe gebrauchten, um letztendlich ganz ähnliche Gedanken auszudrücken. Die *Enzyklopädie* fiel in die Zeit einer allgemeinen Sprachkrise. Das 18. Jahrhundert glaubte nicht mehr daran, daß Worte und Dinge einander entsprachen. »Man entdeckt laufend, daß die Ausdrücke, die man am wenigsten versteht, zugleich die Ausdrücke sind, die man am häufigsten gebraucht«, schreibt Diderot. Anstatt weiterhin eine abgewertete Währung zu verwenden, ohne Rücksicht auf die Realität und ohne den Willen zur Wahrheit, war es daher besser, alles auf solider Basis neu aufzubauen. Das setzte nicht nur eine Sprachtheorie voraus, wie sie Diderot in seinem *Brief über die Taubstummen* – verfaßt während der Vorbereitungen für die ersten Bände der *Enzyklopädie* und in gewisser Weise ein theoretischer Anhang – entwickelte, sondern erforderte vor allem ein Lexikon, das eine Bestandsaufnahme aller Dinge lieferte und dabei jedem eine genaue Bezeichnung zuordnete. Das ganze Unternehmen war zugleich wissenschaftlich, polemisch und politisch. Das wissenschaftliche Interesse ist offensichtlich. Alle, die über die Naturerscheinungen Bescheid wissen wollten – sei es, um zu theoretisieren oder um auf sie einzuwirken –, mußten die Möglichkeit haben, dieselben Dinge beim selben Namen zu nennen. Negativ gesehen war diese Umgestaltung aber nur möglich durch eine radikale Kritik an der »alten Sprache«, der »Geheimsprache« der Scholastik, die dem Wort einen göttlichen Ursprung zuerkannte. Eine gemeinsame Sprache für alle bedeutete zudem, daß soziale Kluften, markiert durch unterschiedlichen Sprachgebrauch, überbrückt wurden. Verfolgt man diese Logik der *Enzyklopädie* bis zum Ende, gelangt man schließlich zur Utopie einer Universalsprache für die gesamte neue Welt: »Ein gemeinsames Idiom wäre das einzige Mittel, eine Übereinstimmung zwischen allen Gliedern der Menschheit herzustellen: eine Übereinstimmung, die sie zum Kampf gegen die Natur zusammenschließen könnte, die wir doch unablässig bezwingen müssen, sowohl im Physischen wie im Moralischen. Angenommen, dieses Idiom sei anerkannt und festgelegt: dann werden die Begriffe sofort beständig, dann verschwinden die Zeitunterschiede, berühren sich die Orte, entstehen Verbindungen zwischen allen bewohnten Orten in Raum und Zeit, verständigen sich alle lebenden und denkenden Wesen.«

Diese enthusiastische Formulierung vermittelt uns, worin das allgemeine Anliegen der »Enzyklopädisten«, die mitreißende Dimension des Abenteuers Aufklärung lag. Du Marsais, der Grammatiker der *Enzyklopädie*, war ebenfalls überzeugt, daß die Arbeit an der Sprache eine zivilisatorische Rolle spielte, auch wenn er sich nüchterner ausdrückte: »Die Kenntnis der Sprache ist die Grundlage all dieser großen Hoffnungen. [...] Ohne die doppelte Übereinkunft, Gedanken an vernehmbare Stimmen und diese Stimmen an Schriftzeichen zu knüpfen, würde alles im Innern des Menschen bleiben und dort verlöschen: ohne die Grammatiker und die Wörterbücher – die universalen Dolmetscher zwischen den Völkern – bliebe alles auf eine einzige Nation beschränkt und würde mit ihr untergehen. Diese Werke haben die Fähigkeiten der Menschen einander angenähert und miteinander verbunden [...]. Jede Erfindung, wie bewundernswert sie auch immer sein möge, hätte lediglich die Leistung eines einsamen Genies oder einer bestimmten Gesellschaft, niemals jedoch die Leistungsfähigkeit der ganzen Gattung gezeigt.«[1]

Das Ancien Régime war eine Ständegesellschaft, in der jeder Stand zum Wohl der Gemeinschaft eine bestimmte Funktion innehatte. Der Priester predige, der Adlige verteidigte das Land, die übrigen produzierten. Diese Gesellschaft befand sich nun in einer religiösen, intellektuellen, finanziellen und institutionellen – kurz gesagt, in einer politischen Krise. Die traditionelle Abkapselung zwischen den Ständen erstickte die Energie dieser Gesellschaft und machte sie unfähig, die Gesamtheit ihrer geistigen Kräfte zu mobilisieren: Von Fall zu Fall kompromißbereit, reservierte die Obrigkeit verschiedene Sprachen für die verschiedenen Gruppen. Eine Sprache für die Kirche, eine für den Adel, eine für jede der Zünfte, die auf dem Gebiet der Produktion miteinander rivalisierten.

Und hier meldeten sich nun Leute zu Wort, die sich im Namen ihrer Kompetenz und ihres Fachwissens als Sprachspezialisten das Recht und die Pflicht anmaßten, Begriffe zu definieren, allgemeine Sprachregeln festzulegen und »alles ohne Ausnahme und schonungslos zu untersuchen und in Bewegung zu bringen« (Diderot), um

»dem Rest der Nation in Dingen des Geschmacks und der Philosophie eine Richtschnur zu geben« (d'Alembert). Im Klartext: Sie wollten die Richtlinien der politischen Debatte bestimmen.

Sicher, es war nicht das erste Mal, daß Schriftsteller sich einmischten, um ihre Meinung zu den Fragen der Zeit kundzutun. Die Humanisten im 16. Jahrhundert hatten sich, in eng verknüpften, einflußreichen Zirkeln, an den religiösen Streitgesprächen zwischen Katholiken und Reformatoren beteiligt und den Weg der Toleranz gesucht. Aber im 18. Jahrhundert ging es um etwas ganz anderes: Sprachspezialisten, eine »Gesellschaft der Literaten«, wie die Autoren der *Enzyklopädie* sich nannten, beriefen sich auf ihre Aufgabe als unabhängige Wissensvermittler, um verschiedene Ansichten ganz leidenschaftslos und unparteiisch zu beurteilen und ein verbindliches Regelsystem, eine Art Grammatik für das öffentliche Wohl zu entwerfen. Das bedeutete auch, daß die Öffentlichkeit, also die Gesellschaft als Ganzes – und nicht in ihrer traditionellen Zersplitterung – als Zeuge und Bürge für diese neue Art des Diskurses, wie sie von den Enzyklopädisten entwickelt wurde, aufgerufen war. Als Resultat eines Gewaltstreichs, der sich in den wiederholten Krisen des Ancien Régime langsam vorbereitet hatte, tauchte hier zum ersten Mal in der französischen Gesellschaft als unabhängige gesellschaftliche Macht die Gestalt des »Intellektuellen« auf – auch wenn der Begriff selbst erst sehr viel später entstanden ist. Die Minderheit eines Berufsstandes – die Schriftsteller – verbündete sich mit einer Minderheit anderer Berufe – Wissenschaftler, Ärzte, Ökonomen, Verwaltungsfachleute; gemeinsam war ihnen nur, daß sie Experten in der jeweiligen Fachsprache waren. Diese Minderheit erklärte nun, unabhängig von jeder vorgegebenen Obrigkeit zu sein; und daß diese Unabhängigkeit – für ihre Tätigkeit unerläßlich – ihr eine Legitimität verleihe, die keine Macht ihr streitig machen könne.

Diderot, d'Alembert, Rousseau, Condillac, Voltaire und viele andere, Niemande in der traditionellen monarchischen Hierarchie, waren zugleich die Meister der Sprache, ohne die nichts Fundiertes und Gesichertes mehr entstehen konnte; sie waren die Fachleute für die Definition der Wörter und die Erhellung der Welt; ohne ihre Mitwirkung war im Königreich keinerlei Zusammenhalt, keine wahre Einheit mehr möglich.

Gewollt oder ungewollt waren die Enzyklopädisten somit in eine Schlacht geraten, die eine wissenschaftliche war, und darum auch eine moralische, soziale und politische. Durch die Erklärung ihrer Unabhängigkeit wurden sie zu einem aufrührerischen Potential, das die Obrigkeit nicht einfach nur ignorieren oder mißachten konnte. Der offene Konflikt mit der bestehenden Ordnung – der Krone, den Kirchen und den Gerichtshöfen (den *Parlements*) – war unvermeidlich. Weder der Monarch noch seine Regierung, weder die Gesetzgeber noch die Verkünder von Gottes Wort konnten anderen die Macht überlassen, die Welt und ihre Gesetze zu erklären.

Aber die Staatsgewalt lag gewissermaßen privat in den Händen von Menschen, die selbst berührt wurden von der tiefen Krise, die die geistigen Grundlagen der Gesellschaft erschütterte. In beiden Lagern verbreitete sich daher eine Art Persönlichkeitsspaltung – zwischen dem Privaten und dem Öffentlichen, zwischen Prinzipien und Realität, zwischen gesellschaftlichen und intellektuellen Erwägungen. Diese Schizophrenie bestimmte die verschiedenen Strategien der einen wie der anderen Seite. Ein Beispiel dafür ist Malesherbes, Angehöriger des gehobenen Amtsadels, Leiter des Buch- und Verlagswesens und damit Chef der Zensurbehörde, der eine schützende Hand über die Philosophen hielt und die subversivsten Manuskripte ausgerechnet in seiner eigenen Wohnung versteckte. Und als Rousseau, ein Verächter der Monarchie und der absoluten Macht, ebendiesen Malesherbes um Schutz bat vor den Angriffen der Enzyklopädisten, seiner einstigen Freunde, zeigte er denselben inneren Widerspruch, dieselbe Krise zwischen gesellschaftlichem Denken und individuellem Gefühl.

Die *Enzyklopädie* war – als Werk einer »Gesellschaft der Literaten«, umfassende Beschreibung der menschlichen Welt in all ihren Aspekten und Traum von einer vereinheitlichten Sprache, die dem Menschen die vollkommene Beherrschung der Natur ermöglichen sollte – bei weitem nicht nur ein wissenschaftliches Monument. Zugleich war sie eine Lobeshymne auf das Wirken des Menschen, dessen schöpferische Fähigkeiten rivalisieren mit der Natur, die er beherrscht und verändert – und sie war eine ungeheure politische Herausforderung, die darauf abzielte, die Macht über die Wörter zu erobern.

Über die beschreibenden und werbenden Aspekte hinaus war der Subskriptionsprospekt der *Enzyklopädie* daher ein regelrechtes Programm: »Die physischen Dinge wirken auf die Sinne. Die Eindrücke dieser Dinge rufen im Verstand die Wahrnehmung derselben hervor. Der Verstand befaßt sich mit seinen Wahrnehmungen nur auf dreierlei Weise, gemäß seinen drei Hauptfähigkeiten: dem Gedächtnis, der Vernunft, der Einbildungskraft. Entweder zeichnet der Verstand seine Wahrnehmungen einfach durch das Gedächtnis auf, oder er untersucht, vergleicht und verarbeitet sie durch die Vernunft, oder er findet Gefallen daran, sie durch die Einbildungskraft nachzuahmen und dabei zu verfremden. Daraus ergibt sich eine allgemeine, wohl recht gut begründete Einteilung des menschlichen Wissens in *Geschichte*, die sich auf das *Gedächtnis* bezieht, in *Philosophie*, die von der *Vernunft* ausgeht, und in *Poesie*, die aus der *Einbildung* entsteht.« Mit einem eleganten Handstreich eliminierte Diderot die Königin der Wissenschaften, die geheiligte Wissenschaft, die seit dem Mittelalter alle anderen ihrer Lehre unterwerfen wollte: die Theologie. Sie war nur noch ein spezieller Zweig der Philosophie, die sich zum Teil mit dem deckte, was wir heute als Wissenschaft bezeichnen: »Diese Wissenschaft gliedert sich in die Gotteskunde oder natürliche Theologie, die Gott durch die Offenbarung zu berichtigen und zu heiligen geruht, aus der also Religion und eigentliche Theologie oder – durch Mißbrauch – Aberglauben hervorgehen: in die Lehre von den guten und bösen Geistern oder von den Engeln und Teufeln, woraus die Weissagung und die Schimäre der schwarzen Magie entstehen; und in die Seelenkunde, die man wieder geteilt hat, nämlich in die Lehre von der vernünftigen Seele, die begreift, und die Lehre von der empfindsamen Seele, die sich auf Empfindungen beschränkt.«

Alle Gelehrten der *Enzyklopädie* waren vereint in ihrem Willen zum Angriff auf die Macht der Theologen. Ob sie an Gott glaubten oder nicht, ob sie selbst den kirchlichen Institutionen angehörten oder gemäß Voltaires berühmtem Wahlspruch »Ecrasez l'infâme« nur daran dachten, die »Niederträchtige zu zerschmettern« – sie alle wünschten von ganzem Herzen, die wissenschaftliche Erkenntnis von der schweren Last der religiösen Dogmatik zu befreien. Selbst ein Wissenschaftler wie Buffon, ein Außenstehender und als Schützling des Königs darauf bedacht, kein Mißfallen zu erregen, ersehnte die Möglichkeit, die Welt und die Natur mit Denkmustern zu erklären, die nicht unbedingt mit den Erzählungen der Genesis übereinstimmten.

Die stürmische Geschichte der *Enzyklopädie* bewegte sich von Anfang an im Rahmen einer Konfrontation zwischen Philosophen und Hütern der katholischen Doktrin. Der Einsatz bei diesem Spiel war die geistige Macht über die Gesellschaft; tatsächlich ging es um ein Weltbild: Gott steht im Mittelpunkt allen Daseins, sagten die Theologen; der Mensch ist das Maß aller Dinge, antwortete Diderot.

Diese Konfrontation begann mit einem Geplänkel, das die bevorstehenden schweren Kämpfe bereits ahnen ließ. Der Pater Berthier, Herausgeber der jesuitischen Literaturzeitschrift *Journal de Trévoux*, rezensierte im Januar 1751 Diderots Subskriptionsprospekt. Es war ein geschickter Artikel, der die *Enzyklopädie* nicht direkt angriff, sondern herabzusetzen versuchte. Diderot habe bei seinem Projekt nichts Eigenes erfunden, was sich nicht bereits in den ein Jahrhundert zuvor veröffentlichten Werken des Kanzlers Francis Bacon fände; die Anwendung der Prinzipien Bacons sei zudem sehr verkürzt. Bacon habe ein umfassendes wissenschaftliches Werk entworfen, während Diderot nur einen Abriß aller menschlichen Kenntnisse vorlege, so daß dabei ein Buch herauskäme, »das all denen eine Bibliothek ersetzen könnte, die keine haben und die weder eine haben können noch haben wollen«. Berthiers Fazit war zugleich optimistisch und verächtlich: Man hatte ein revolutionäres Werk versprochen, damit war es Gott sei Dank nichts. Es handelte sich lediglich um einen umfangreichen »Digest«, eine Art Kompendium, das es den Unwissenden ermöglichte, sich einige Kenntnisse zu erwerben, um besser mitreden zu können.

Pater Berthier war geistreich. Die Gegner der Philosophen waren weder Dummköpfe noch Ignoranten. Diderot gab sich keiner Täuschung hin. Pater Berthier war ein ernstzunehmender und raffinierter Widersacher. Er erhob kein Skandalgeschrei, sondern bagatellisierte das Werk und setzte es herab. Doch der Leiter des Unternehmens *Enzyklopädie* stürzte sich nicht auf das rote Tuch, mit dem man ihn reizen wollte. Diderot, der im Gespräch leicht aufbrauste, der so empfindlich und dabei höchst einfallsreich war, wußte durchaus seinen Vorteil aus einer Polemik zu ziehen, die ihm so angeboten wurde. Ein Duell mit Berthier konnte seinem Werk nur dienlich sein, wenn es ihm gelang, den richtigen Ton zu treffen. Der ehrwürdige Pater spöttelte also – Diderot würde ihm zeigen, daß er für dieses Spiel seine Lektion bereits gelernt hatte.

Doch Diderot gab diesem geistreichen Wortgeplänkel, das Stoff für den Gesellschaftsklatsch bot und die *Enzyklopädie* weiter ins Gespräch brachte, eine ernste Note: und zwar mit dem Artikel »Kunst« seines Lexikons, der von ihm selbst verfaßt war und Geist und Methode des Werks veranschaulichte. Es ist sicher kein Zufall, daß der Enzyklopädist von den Stichworten mit dem Buchstaben »A« im ersten Band gerade diesen Artikel wählte. Es war einer der Artikel, auf die er besonderen Wert legte und die den Charakter des Projekts am deutlichsten und prägnantesten zum Ausdruck brachten. Man findet darin einige von Diderots Leitgedanken: Es gibt keine Trennwände oder Hierarchien zwischen den verschiedenen Wissensbereichen, sondern nur Barrieren, die auf Unwissenheit, sozialer Verachtung und Willkür künstlich errichtet wurden; diesen Barrieren setzte Diderot die Verbindung der verschiedenen Wissensgattungen entgegen, ein verbessertes und weiterentwickeltes Verständnis der verschiedenen Fachsprachen. Der Künstler ahmt die Natur nicht so nach, wie sie ist, sondern bringt Schönheit zum Ausdruck – die Natur, so wie der Mensch sie neu erschafft.

Berthier ließ nicht locker und antwortete Diderot im *Journal de Trévoux* vom Februar 1751. Der Tonfall war immer noch locker und geistreich, doch die Drohung schimmerte bereits hindurch: »Monsieur Diderot ist ein Mann von Geist, und es ist ein Vergnügen, seine Briefe zu erhalten, solange sie sich nur um die Literatur drehen. Andere Gegenstände sind zu gefährlich, und das weiß er auch sehr gut.« Diderot blieb die Antwort nicht schuldig: »Sie stellen sehr scharfsinnig fest, daß es gefährlich ist, über andere Themen als die reine Literatur zu schreiben; es wird nicht lange dauern, ehrwürdiger Vater, bis ich Sie durch Sie selbst davon überzeugt habe.«

Auf jeden Fall war diese Polemik eine gute Reklame für die *Enzyklopädie*. Eine Flut von Subskriptionen kam herein: über tausend im April; drei Monate später waren es bereits vierhundert mehr. Dabei war das Werk teuer: Die ersten zehn angekündigten Bände – darunter zwei Bände mit Bildtafeln – kosteten etwa zwei Jahreslöhne einer Pariser Arbeiterfamilie. Und der Preis für die ersten Auflagen stieg noch, da die erste vollständige Ausgabe – einundzwanzig Jahre später! – schließlich siebzehn Textbände und elf Bände mit Abbildungen umfaßte.

Der erste Band erschien im Juni. Im Frühjahr war Diderot in die Königlich-Preußische Akademie der Wissenschaften gewählt worden. Diese Auszeichnung wäre ganz nebensächlich, wenn sie in Diderots öffentlicher Laufbahn nicht so einzigartig wäre. Während alle übrigen Philosophen, die weniger berühmt oder jedenfalls weniger schöpferisch waren als er, in die meisten großen europäischen Akademien – und auch die wissenschaftlichen Einrichtungen Frankreichs – aufgenommen wurden, klammerte man Diderot beständig aus. So war er unter den großen Wissenschaftlern seines Jahrhunderts fast der einzige, dessen Kandidatur für die Londoner Royal Society abgelehnt wurde. Immerhin war er von vierzehn Mitgliedern dieser als liberal geltenden Akademie vorgeschlagen worden – darunter Buffon, d'Alembert, Jussieu und La Condamine. Die Abstimmung fand im Januar 1753 statt, nachdem der zweite Band der *Enzyklopädie* veröffentlicht worden war und sich so erfolgreich verkaufte, daß die Londoner Buchhändler bereits einen Raubdruck planten. Die Entscheidung war dennoch brüsk: achtundzwanzig Stimmen dafür, fünfzig dagegen. Drei Jahre später nahm diese Londoner Akademie Diderots wichtigsten Mitarbeiter auf, den Chevalier de Jaucourt – der allerdings Protestant war –, und unterstrich durch diese Ehre, die man dem Schüler erwies, die Mißachtung des Meisters. Diderot war entschieden ungeeignet für Akademien, auch wenn viele der übrigen Aufklärer Zugang zu diesen Einrichtungen fanden. Weit über seine religiösen Ansichten hinaus hatte seine Denkweise etwas an sich, das dort erschreckte, wenn die Mitglieder es vielleicht auch nicht genau benennen konnten. Es ist, als hätten sie begriffen, daß Diderots Weg den ihren nur an einigen Stellen kurz kreuzte, bevor er in Geistesregionen vordrang, die für sie unbekannt und feindlich waren. Für die Vorkämpfer der Vernunft trug ein wesentlicher Teil Diderots – der lebendigste und für unsere Zeit interessanteste – das Siegel der Verrücktheit. Die Verachtung, die das unselige 19. Jahrhundert, ob an Voltaire orientiert oder bigott, für Diderots Werk bekundete, war nur die Fortsetzung dieser Angst. Diderot sprengte den Rahmen, ging über das Normalmaß hinaus, brachte alle Ordnungen ins Wanken, sprach mit tausend Zungen, die nicht zusammenstimmten, widersprach sich – aber nicht einmal das systematisch. Er war exzentrisch im wahrsten Sinne des Wortes. Und gerade diese Weigerung, die Diktatur eines bestimmten, wie auch immer gearteten Zentrums anzuerkennen, macht sein Gedankengut heute für uns ebenso wertvoll, wie es damals unerträglich war.

Ging es dabei um Fragen der Ehre, um Respektabilität? Unter der langen, bewundernswerten *Vorrede,* die das intellektuelle Manifest des Unternehmens und der gesamten Aufklärung ist, steht der Name d'Alemberts, nicht Diderots. Dieses Vorwort, ein sensualistisches Glaubensbekenntnis in der Nachfolge Lockes – »Alle unsere direkten Kenntnisse beschränken sich auf das, was wir über unsere Sinne wahrnehmen; daraus folgt, daß wir alle unsere Ideen unseren Sinnen verdanken« –, zeichnet sich vor allem durch die Überzeugung aus, daß eine neue Ära des Geistes und der Menschheit anbrechen würde. Die Vergangenheit sah sich zurückgeworfen in die Finsternis von Unwissenheit und Aberglauben.

Obwohl sich Diderot und d'Alembert in ihren einleitenden Texten lange darüber verbreiteten, wie alle menschlichen Kenntnisse in einem System verknüpft waren, dessen verschiedene Teile sozusagen einen Baum des menschlichen Wissens bildeten – Nebenäste waren verbunden mit Hauptästen und diese wiederum mit dem Stamm –, ist die *Enzyklopädie* alphabetisch aufgebaut. So wurde diese Verknüpfung der Wissensbereiche, auf die man doch so großen Wert legte, unverzüglich wieder aufgelöst. Die Entscheidung, nicht der Logik der Erkenntnis, sondern einer willkürlichen alphabetischen Ordnung zu folgen, führte zu Auseinandersetzungen zwischen Diderot und seinen Verlegern. Letztendlich schien diese eher kommerziell motivierte Entscheidung für die alphabetische Anordnung aber auch geeigneter, »die Botschaft zu vermitteln«.

Als Lexikon gestaltet, das in der ersten endgültigen Version 60 660 Artikel umfaßte, deckte die *Enzyklopädie* die Gesamtheit aller Begriffe ab, von den gebräuchlichsten bis hin zu den wissenschaftlichsten. Sie ist ein Werk über die Sprache, das vor allem dank der Artikel von du Marsais über rhetorische und grammatikalische Fragen präzise und ausführliche Definitionen liefert. Zudem ist es – wenn auch weniger ausführlich – ein Lexikon über Orte und Menschen, das die Vorliebe dieser Zeit für Reiseberichte und für Vergleiche zwischen den Bräuchen und Sitten verschiedener Nationen widerspiegelt. Und natürlich ist es eine imposante Zusammenstellung von Artikeln über Wissenschaft und Technik, die alle mustergültig genau abgefaßt sind. Die alphabetische Zergliederung entsprach in gewisser Weise der enzyklopädischen Utopie: systematisch ist hier von allem die Rede.

Dieser imperiale Gestus ging einher mit dem Willen zur Empirie. Eine Abhandlung über alle verfügbaren Kenntnisse, wie detailliert auch immer, wäre ein großes theoretisches Werk geblieben, reserviert für eine Elite und dazu bestimmt, in den Regalen der schönsten Bibliotheken zu verstauben. Doch die *Enzyklopädie* sollte ein Nachschlagewerk sein, das man häufig konsultierte, ein *nützliches* Buch – Schlüsselwort im bürgerlichen Denken –, wie Chevalier de Jaucourt versteckt in seinem Artikel »Heraldik« betonte: »Es gibt keine einzige Broschüre über die Kunst, Hemden, Strümpfe, Schuhe oder Brot herzustellen; die *Enzyklopädie* ist das erste und einzige Werk, das diese Techniken beschreibt, die doch nützlich für den Menschen sind, während die Bibliotheken voll sind von Büchern über die unnütze und lächerliche Wappenkunde.« Mit diesem Insistieren auf der gesellschaftlichen Nützlichkeit ist nicht nur das erstrebte Publikum definiert, sondern auch das, was man heute vielleicht eine Philosophie der Kommunikation nennen würde. Die Verbreitung des Wissens ging nun über die Kreise von Gelehrten und Spezialisten hinaus; ohne auf Rangordnungen Rücksicht zu nehmen, sollte die Gesamtheit aller gebildeten Leser erreicht werden. Diese »klugen Köpfe«

und »nützlichen Menschen« waren es, die als die Zukunft und der wichtigste Reichtum der Nation galten, nicht die »hochmütigen Grübler und in unnütze Betrachtungen Versunkenen« in den Städten oder die »unwissenden, untätigen und herablassenden kleinen Despoten«, die noch auf dem Lande herrschten.

Und nicht zuletzt half die alphabetische Gliederung Diderot, die Zensur zu foppen und die kühnsten Frechheiten durchzumogeln. Tatsächlich achteten die Zensoren stärker auf Artikel, die vermeintlich heikle Themen behandelten, als auf solche, in denen es um Pflanzen, römische Gottheiten oder die Kochkunst ging. Die fortgeschrittensten Ansichten an Stellen zu äußern, wo man sie am wenigsten erwartete, war daher eines der bevorzugten Spiele Diderots. Natürlich kamen ihm die Obrigkeiten schließlich auf die Schliche, aber diese Methode amüsierte die Leser und reizte sie, Artikel zu lesen, die zunächst ganz harmlos schienen. So findet man etwa unter dem Stichwort »Aguaxima« eine ironische und radikale Kritik an gehaltlosem Wissen und nutzloser, pedantischer Gelehrsamkeit: »Pflanze, die in Brasilien und auf den südamerikanischen Inseln vorkommt. Das ist alles, was man darüber erfährt, und ich würde gerne fragen, für wen solche Beschreibungen gedacht sind. Sicherlich nicht für die Eingeborenen des Landes, die vermutlich mehr über die Eigenarten der *aguaxima* wissen, als diese Beschreibung bietet, und denen man nicht mitteilen muß, daß die *aguaxima* in ihrem Lande wächst. Ebensogut könnte man einem Franzosen sagen, daß der Birnbaum in Frankreich, Deutschland und so weiter wächst. Für uns ist die Beschreibung nicht nützlicher; denn was bedeutet es uns schon, daß in Brasilien ein Baum namens *aguaxima* wächst, wenn wir nichts von ihm wissen als den Namen? Wozu dieser Name? Er läßt die Unwissenden so unwissend wie zuvor; den übrigen bringt er nichts bei: Wenn ich also diese Pflanze und einige andere, ebenso unscharf beschriebene, hier erwähne, so aus freundlicher Nachsicht mit manchen Lesern, die in einem Lexikonartikel lieber gar nichts oder eine Dummheit finden als gar keinen Artikel.«

Das ist Diderots Stil: kritischer Geist überall, aber nirgends der gespreizte, schulmeisterliche Jargon, in dem die Sprache der Obrigkeit sich gefällt. In diesen Artikeln sagt man »ich«; es wird zitiert und kommentiert und vom Thema abgewichen. Verweise auf andere Artikel mit möglichen Lösungen für Fragen, die im gerade gelesenen aufgeworfen werden, sorgen für Spannung. Wissen ist kein toter Gegenstand, aus dem man Wörter wie Staubflecken herausschüttelt und sie auf den Seiten des Lexikons auffängt. Wissen hat man sich eher vorzustellen wie eine schillernde, unbeständige, listige Theaterfigur, die man auf vielfältige Sprachebenen hin abklopft, der man nachjagt und die man auf die Bühne stellt, um sie besser von allen Seiten zu beleuchten. Die *Enzyklopädie* war keine gelehrte Zusammenfassung des damaligen Wissensstandes, wie es die Jesuiten des *Journal de Trévoux* gerne gehabt hätten. Schwungvoll und kritisch wurde hier das große Welttheater vorgeführt – im Tanz und mit Worten, als Tragödie und Komödie, als Lehrfabel und Posse, mit perspektivisch gemalten Kulissen und direkter Ansprache der Zuschauer.

Manche Artikel sind als Dialog aufgebaut; auf ein vollkommen respektables und kirchentreues Exposé über das Thema »Seele«, das die Befürchtungen der Obrigkeit zerstreuen sollte, folgt unmittelbar oder in einem späteren Artikel ein Zusatz, der munter alles wieder umwirft. Ein andermal dient der Unsinn einer heidnischen Religion dazu, durch verschiedene Anspielungen den zeitgenössischen Aberglauben lächerlich zu machen. Wieder an anderer Stelle werden ganz ernsthaft und in steifer Rhetorik die schwerverständlichsten theologischen Debatten aneinandergereiht, um ihre Verworrenheit und ihre kleinlichen Widersprüche vorzuführen. Manchmal tritt der Erzähler der *Enzyklopädie* auch wie ein Narr bei Shakespeare an die Rampe und äußert ohne Maske seine schonungslose Wahrheit, die den herrschenden Mächten unerträglich ist: »Kein Mensch hat von der Natur das Recht erhalten, den anderen zu gebieten. Die Freiheit ist ein Geschenk des Himmels, und jedes Individuum von derselben Art hat das Recht, sie zu genießen, sobald es Vernunft besitzt. Wenn die Natur irgendeine *Autorität* geschaffen hat, so ist es die väterliche Macht; aber die väterliche Macht hat ihre Grenzen, und im Naturzustand würde sie aufhören, sobald die Kinder in der Lage wären, sich selbst zu leiten. [...] Die Macht, die durch Gewalt erlangt wird, ist nur eine Usurpation und dauert nur so lange, wie die Stärke des Gebietenden die der Gehorchenden übertrifft. Wenn die letzteren also ihrerseits die Stärkeren werden und das Joch abschütteln, so tun sie dies mit dem gleichen Recht und der gleichen Gerechtigkeit, mit denen der andere es ihnen auferlegt hat. [...] Zudem ist die Regierung, auch wenn sie in einer Familie erblich ist und in die Hände eines einzelnen gelegt wurde, kein privates Gut, sondern ein öffentliches, das eben deshalb nie dem Volk genommen werden darf, dem es – dem Wesen nach und als volles Eigentum – allein gehört.«[2]

Um das Erscheinen der *Enzyklopädie* nicht zu gefährden, war Diderot natürlich gezwungen, diese skandalösen Aussagen in akzeptable Sprachformen zu kleiden. Zu sehr durfte er sie aber nicht verfremden, sonst lief er Gefahr, von seinen Lesern nicht oder – noch schlimmer – falsch verstanden zu werden. Die Wahrheit mußte in ihrer provozierenden Nacktheit daherkommen, zugleich aber so verkleidet sein, daß die lauernden Zensoren nichts gegen ihre Erscheinung einwenden konnten. Diderots Genie liegt darin, daß er sich von diesem Kompromiß nicht bremsen ließ, sondern aus ihm sogar den Motor seines Schaffens machte.

Man hatte die *Enzyklopädie* in Angriff genommen, um »die herkömmliche Denkweise zu ändern«, aber um ihr Überleben zu sichern, waren die Autoren gezwungen, auch manche orthodoxen Positionen vorzutragen, die sie offensichtlich selber nicht vertraten. Ausgehend von diesem Zwang entwickelte Diderot eine regelrechte Dramaturgie der Wahrheit, die nicht als feste Größe verstanden wurde, sondern als das stets unsichere Ergebnis eines Kampfes, in dem alle Mittel erlaubt sind: Ironie, Hinterlist, die Anhäufung einander widersprechender Zitate, die emphatische und lächerliche Darstellung der gegnerischen Positionen. Verschiedenste Verfahren der literarischen Rhetorik wurden als Tarnung eingesetzt, um den Leser selbst in ein Spiel einzubeziehen, bei dem nach und nach immer mehr enthüllt wurde.

Dieses »große Spiel« begeisterte Diderot, zumindest in den ersten Jahren, bevor die ungeheure Arbeit und die ständigen Gefahren ihn niederdrückten. Nichts paßte besser zu seinem Genie als diese Notwendigkeit, jeden Augenblick gegen sich selbst zu denken, entgegengesetzte Bewegungen in Szene zu setzen und immer neue Arten der Darstellung zu finden, um die Aufmerksamkeit des Lesers zu fesseln.

Diderot wollte die Neugier des Lesers erregen, seinen kritischen Verstand wecken, seine Gewißheiten ins Wanken bringen und seine Wahrnehmung schärfen. Die *Enzyklopädie* ist unter anderem ein außergewöhnlicher Roman: Held ist der Mensch, Schauplatz das gesamte Universum, Thema ist das Glück, zu dem der Held gelangt, indem er seine Umwelt intellektuell und emotional erobert. Ein Schelmenroman, bei dem jeder Artikel eine Episode ist, die Erzählung einer unerwarteten Begebenheit, deren Autor oder Dramaturg Diderot ist.

Auf diese Weise gestaltet, konnte das Lexikon nicht langweilig sein. Es ähnelt *Rameaus Neffe;* auch dieser erzählt zumeist schwungvoll, fröhlich und beliebig ausdehnbar hunderttausend Geschichten. Diderot doziert niemals, es sei denn aus Spaß; er täuscht keine gelehrte Neutralität oder kalte Objektivität vor. Er greift in der ersten Person in den Bericht ein; er nimmt den Leser beim Revers, er schweift vom Thema ab – aus pädagogischen Gründen ebensosehr wie aus eigener Neigung; er plaudert, mal ernst, mal scherzhaft, mal liebenswürdig, mal sarkastisch. Man erkennt die von ihm verfaßten Artikel an ihrem ungezwungenen Stil, ihrer Lebhaftigkeit und auch an ihrer Präzision, gleichgültig, um welches Thema es geht: um die Bienen oder die Seele, um den Adler oder die *Azarecah* (eine häretische muslimische Sekte), um die Art der Strumpfherstellung oder das Schöne, um die Keuschheit – »Das Alter macht die Greise notwendigerweise enthaltsam; keusch macht es sie nur selten« – oder um Kapuzen, die Anlaß zu folgender Betrachtung geben: »*Kapuze* nennt man gemeinhin ein Stück groben Stoffs, kegelförmig oder oben abgerundet zugeschnitten und genäht, mit dem sich die Kapuziner, die Rekollekten, die Franziskaner und andere Bettelmönche den Kopf bedecken. Früher einmal war die *Kapuze* Anlaß einer großen Fehde zwischen den Franziskanern. Der Orden spaltete sich in zwei Gruppen, die Spiritualenbrüder und die Gemeindebrüder. Die einen wollten die *Kapuze* eng, die anderen wollten sie weit haben. Der Streit wurde hitzig und erbittert über ein Jahrhundert lang geführt und mit Mühe und Not durch die Bullen vier verschiedener Päpste – Nikolaus IV., Clemens V., Johannes XXII. und Benedikt XII. – beendet. Die Mönche dieses Ordens erinnern sich heute nur noch mit tiefster

Verachtung an diese Fehde. Aber wollte sich heute jemand anschicken, den Scotismus* so zu behandeln, wie er es verdient (obwohl die Nichtigkeiten des *doctor subtilis* weniger bedeutsam sind als die Kapuzenform seiner Schüler), wäre dieser Aggressor ganz zweifellos einem heftigen Streit und zahlreichen Beschimpfungen ausgesetzt.«

D'Alemberts wissenschaftliche Unterstützung, sein intellektueller Beitrag zur Konzeption der *Enzyklopädie* und seine wichtige Hilfe bei der Wahl der Mitarbeiter (die von seinem Ruf als Wissenschaftler und seiner Position als Akademiemitglied angelockt wurden) sollen hier nicht unterschätzt werden. Aber trotzdem, und auch trotz des Skandals um d'Alemberts *Vorrede* trägt das Werk unbestreitbar Diderots persönlichen Stempel: Man erkennt die für ihn typische verschwenderische Fülle, seine scheinbare Unordnung, sein siedendes Temperament, seine Kühnheiten und Listen. Es scheint, als hätte zwischen den beiden Freunden eine Rollenteilung bestanden, die sowohl ihrem Charakter wie ihrer *libido sciendi* entsprach. Domäne des Mathematikers d'Alembert waren der analytische Verstand, die cartesianische Vernunft, die Reduktion aller komplexen Denkformen auf ihre einfachen Elemente; er nahm die Welt als Einheit wahr, aufbauend auf einem physikalisch-mathematischen Modell. Diderot stand Leibniz näher als Descartes und war vor allem empfänglicher für biologischen Wildwuchs als für mathematische Vereinfachung. Seine Domäne war das Vielfältige, das Veränderliche und Dynamische; die Bereiche, die bei der Analyse den Rahmen der Mathematik sprengen: das Gesellschaftliche, das Seelische. Kurz, ihn interessierte mehr das Organische als das Mechanische. Die *Enzyklopädie* ist in ihrem Aufbau eine organische Einheit und keine Zusammenstellung einfacher Elemente. Vielleicht erklärt sich d'Alemberts späterer Rückzug von der *Enzyklopädie* nicht nur aus politischen Erwägungen oder aus Meinungsverschiedenheiten über die Strategie beim

---

* Johannes Duns Scotus (1266-1308) war ein scholastischer Theologe und Philosoph, ein Franziskaner, der versuchte, die Grenze zwischen Theologie und Philosophie neu zu bestimmen; er hatte den Beinamen *doctor subtilis*. (A.d.Ü.)

Kampf um die Aufklärung, sondern ebensosehr aus der Tatsache, daß der Gelehrte sich in dem gemeinsamen Werk nicht ganz wiedererkannte.

Im ersten Band beanspruchte Diderot auch tatsächlich den Löwenanteil für sich: 1984 Artikel, also über die Hälfte. Für den zweiten Band schrieb er 1592 Artikel.

Diese ungeheure Betriebsamkeit ist um so beeindruckender, da Diderot seit seiner Freilassung aus Vincennes ein recht bewegtes Privatleben führte. Der Bruch mit Madame de Puiseux nach seiner »unerlaubten Entfernung« aus Vincennes scheint doch nicht ganz endgültig gewesen zu sein, zumindest wenn man *La Bigarrure* Glauben schenkt, einer kleinen Zeitung, die in Den Haag erschien. In der Ausgabe vom Dezember 1751 findet sich folgende Anekdote, die zeigt, daß man mit dem Privatleben von Philosophen damals ebenso umsprang wie heute mit dem von Stars: »Zu einer gewissen Zeit besuchte Monsieur Diderot sehr häufig eine Frau namens Madame Puiseux, von der es heißt, sie sei sehr geistreich. [...] Die Welt ist voller Geschöpfe, die alles für sich wollen und es nicht gerne sehen, wenn wir etwas an andere Orte tragen, von dem sie närrischerweise glauben, es sei ihnen geschuldet. Madame Diderot, obwohl ebenso hübsch wie ihre Rivalin häßlich, setzte sich diese verrückte Idee in den Kopf und ließ ihrer Eifersucht freien Lauf. Jedesmal, wenn sie den Verdacht hatte, ihr Mann käme von Madame Puiseux, hörte sie nicht auf, ihm arg zuzusetzen. Dazu kommt noch, daß diese Frau eine zweite Xanthippe ist, die unablässig schimpft und nie zufrieden ist, und so kann man sich vorstellen, wie es im Hause unseres Philosophen zuging. Um diesem Krakeel ein Ende zu machen, beugte sich Monsieur Diderot, ein kluger Mann, dem Willen seiner Frau und brach jeden Umgang mit Madame Puiseux ab. Vielleicht meinen Sie nun, das Entgegenkommen Monsieur Diderots habe alles wieder in Ordnung gebracht. [...] Oh! Weit gefehlt, wenn Sie sich das einbilden! [...] Madame Puiseux, nicht weniger heftig als ihre Rivalin, begnügte sich nicht einfach mit der Verachtung, die einem Mann gebührt, wenn er eine Frau verläßt. Da sie sehr wohl ahnte, daß seine Frau der erste und oberste Grund dafür gewesen war, daß er abtrünnig wurde, wollte sie sich an ihr rächen, prüfte alle Gelegenheiten und fand schließlich eine. Als sie vor ein paar Tagen mit ihren beiden Kindern am Haus Monsieur Diderots vorbeispazierte und seine Frau am Fenster erblickte, nahm sie den Augenblick wahr, um sie zu beschimpfen und zu versuchen, sie so auf die Straße zu locken. Die beleidigendste Vorhaltung, die sie ihr machte, war diese lächerliche Anrede: ›Hör nur, Madame Vogelscheuche, sieh dir diese beiden Kinder an, sie sind von deinem Mann, der dir nie die Ehre angetan hat, dir so viele zu schenken.‹ [...] Dieser Anwurf war wie ein Signal und der Auftakt der heftigsten und lächerlichsten Schlacht, die es vielleicht je zwischen zwei Weibspersonen gegeben hat. [...] Raten Sie, Monsieur, zu welchem Notbehelf man schließlich gezwungen war? In England greift man zu dieser Lösung, um Doggen, die sich in ihre Beute verbissen haben, zum Loslassen zu zwingen. Drei oder vier Eimer Wasser, die man über sie geschüttet hat, haben die Sache erledigt. [...] Und was meinen sie, Monsieur, was unser Philosoph Diderot während dieses Spektakels gemacht hat? Er wagte es nicht, vor den Augen einer Unzahl von Zuschauern zu erscheinen, die ihn ebensowenig verschont hätten wie seine Frau und seine angebliche Mätresse. Eingeschlossen in seinem Zimmer stellte er moralische und philosophische Überlegungen über die Annehmlichkeiten der Ehe und den Charakter der Frauen an, den Madame de Puiseux eben weit lebensechter dargestellt hatte als in ihrem Buch [...].«[3]

Dieses Presseecho spricht Bände über die Berühmtheit dieser Schriftsteller, die zur Folge hatte, daß ihr Privatleben, ihre Liebesaffären und ihre häuslichen Streitigkeiten vor einer gierigen Leserschaft ausgebreitet wurden. Im guten wie im schlechten Sinne war der Schriftsteller zu einer öffentlichen Persönlichkeit geworden. Der Artikel informiert uns auch über die Verwirrung, die dieser soziale Aufstieg mit sich brachte. Der Philosoph, eine namhafte Persönlichkeit, bleibt mit seinen Gedanken im Zimmer eingeschlossen; aber unten auf der Straße, im Alltagsleben stritten sich seine Frau und seine Geliebte wie zwei Fischweiber, wie zwei Frauen aus dem einfachen Volk. Der Philosoph wurde zwischen zwei Welten hin- und hergerissen; er geriet zwischen zwei weit voneinander entfernten Sprossen der sozialen Stufenleiter aus dem Gleichgewicht. Er war immer noch ein gemeiner Bürgerlicher, gab aber vor, den Pöbel nicht zu kennen.

Der Bericht aus Den Haag bestätigt außerdem, daß Diderots Ehe sehr schlecht war. Madame Puiseux' Anspielung auf die Kinder, die sie angeblich von Diderot hatte, war besonders grausam, auch wenn sie nicht stimmte. »Jaque fransois denie diderot ist tod«, hatte Antoinette Diderot am 30. Juni 1750 in ihrem Rechnungs- und Tagebuch notiert. Das Kind war vier Jahre alt gewesen. Einige Wochen später vermerkte Antoinette in ihrer unsicheren Orthographie: »Am 29. Oktober ist deni loran diderot auf die Welt gekommen«, dann: »Deni loran gestorben Ende Desember selbes Jahr.«

Madame Diderots Verhalten wurde immer unerträglicher. Laut einem Polizeibericht vom 2. April 1750 »schlägt sie eine Dienerin, traktiert sie mit dem Fuß und mit der Faust und stößt ihren Kopf gegen die Wand«.[4] Es stimmt aber auch, daß Diderot, der mit der Herausgabe der *Enzyklopädie* kämpfte, seine Familie völlig vernachlässigte. Neben seinen Verlegern und seinen künftigen Autoren nahmen ihn auch seine neuen Freunde in Anspruch. Zwei Männer gehörten dazu, die in seinem Leben eine wichtige Rolle spielen sollten: Baron d'Holbach und vor allem Friedrich Melchior Grimm.

Von der Korrespondenz zwischen Diderot und dem zehn Jahre jüngeren d'Holbach hat man nichts gefunden. Vermutlich lernten sie sich kennen, als der erste Band der *Enzyklopädie* abgeschlossen war, denn Diderot stellte ihn erst im Vorwort zum zweiten Band vor: »Sehr viel verdanken wir einer Person, deren Muttersprache Deutsch ist, und die sehr bewandert auf den Gebieten der Mineralogie, der Metallurgie und der Physik ist. Diese Person hat uns über diese verschiedenen Gegenstände eine bemerkenswerte Menge von Artikeln geliefert; in diesem zweiten Band findet sich bereits ein beachtlicher Teil davon.«

D'Holbach – als Paul Henri Thiry 1723 in der Rheinpfalz geboren – hatte die französische Sprache erst mit zwölf Jahren gelernt, als sein Onkel, der in Frankreich sein Glück machen wollte, den Waisenknaben mit nach Paris nahm. Franz Holbach, der Onkel, verdiente in der Tat ein großes Vermögen; genug, um sich den Titel eines Barons zu kaufen, den er, zusammen mit seinem Namen, seinem Neffen vererbte. Dieser war nur zwischenzeitlich nach Deutschland zurückgekehrt, um dort in Leiden ernsthafte Studien zu betreiben. Schließlich kam er wieder nach Frankreich, erwarb 1749 die französische Staatsbürgerschaft und heiratete seine Cousine Geneviève d'Aine. Der reiche Baron vertrat einen radikal atheistischen Materialismus, dem zufolge Physiologie und Biologie die Schlüssel zur Erkenntnis der Natur seien und der zu einem strikten Determinismus tendierte: »Alles ist in Ordnung in einer Natur, deren Teile niemals von bestimmten und notwendigen Regeln abweichen können, die in ihrer Substanz begründet sind.« Diderot stimmte diesem Dogmatismus und dem unumschränkten Amoralismus, den er implizierte, nie ganz zu – für ihn gab es nichts Gerechtes oder Ungerechtes, nichts Gutes oder Schlechtes in der Natur: alle Erscheinungen sind notwendig, und niemand vermag anders zu handeln, als er es tut –, aber seine häufigen vehementen Diskussionen mit d'Holbach trugen sicher dazu bei, seinen eigenen Materialismus zu prägen.

Seine Begegnung mit Grimm, der auch Deutscher war, fiel ebenfalls in das Jahr 1750. Die Freundschaft, die daraus erwuchs, ist erstaunlich, sogar verblüffend. Bis zum Tode Diderots blieb Grimm, der ebenso alt war wie d'Holbach, der engste Freund des Philosophen, sein Bruder, sein Vertrauter, sein Sprachrohr, sein Sklaventreiber: eine wahre Leidenschaft. Dabei hatte dieser Sohn eines evangelischen Pfarrers aus Regensburg zunächst nichts an sich, was die Zuneigung des zungenfertigen, überschwenglichen Diderot hätte auf sich ziehen können. Diderot war ehrlich bis hin zur Ungeschicklichkeit, seine Gefühlsäußerungen waren ebenso spontan wie sein schallendes Gelächter. Grimm, der sich nach seinem Studium in Leipzig nach Paris aufgemacht hatte, war ein kühler junger Mann; brillant, korrekt, mit sicherem Geschmack und von Ehrgeiz erfüllt.

Er war einer der intellektuellen Abenteurer, die von den brodelnden Veränderungen des Pariser Lebens angezogen wurden und entschlossen waren, aus der Unausgewogenheit der Zeiten für sich selbst das Beste herauszuholen. Er war berechnend, methodisch, unbarmherzig, herrisch und unersättlich. Mit einem Blick hatte er Diderot beurteilt und dabei taxiert, welches unschätzbare Kapital in einem so produktiven und auf Neuerungen bedachten Genie steckte. Er fing ihn ein mit seinem Charme, seiner Eleganz und seiner liebenswürdigen Konversation. Und ließ ihn nie wieder los.

Aber Grimm konnte Diderot nur mit dessen Einwilligung ausbeuten. Daß Diderot zustimmte, ist zu schwach formuliert – er stürzte sich mit ganzer Hingabe in diese Freundschaft. Liest man die Briefe, die Diderot an Sophie Volland, die Frau seines Lebens schrieb, und vergleicht sie mit den Briefen an Grimm, staunt man oft über die Ähnlichkeit des Tonfalls, über die Doppeldeutigkeit der Worte, die an beide gleichermaßen gerichtet wurden. Im September 1759 zögerte Diderot nicht, an Sophie Volland zu schreiben: »Ich liebe Grimm. Unter anderen Umständen wäre mein Herz allein bei dem Gedanken, ihn wiederzugewinnen und zu umarmen, erbebt; mit welcher Ungeduld hätte ich diesen Mann erwartet, der mir so lieb ist! Ich habe kaum daran gedacht. Nur Sie, Sie allein, beschäftigen meine Gedanken.« Nun, diesmal trägt Sophie den Sieg davon, aber das ist nicht immer der Fall: »Er ist sofort aus La Briche gekommen«, vertraute er seiner Schönen 1762 an, »mit welcher Freude haben wir uns umarmt. Ich habe diese Augen geküßt, seien Sie darüber nicht eifersüchtig, als wären es die Ihren gewesen, ich habe sie hundertmal geküßt, diese wunderschönen Augen, in denen ich einst die Heiterkeit des Himmels erblickte und die nun erlöschen.«

Ein anderer Brief an Sophie vom 9. Oktober 1759 übermittelt ein noch leidenschaftlicheres Bild vom Wiedersehen der beiden Freunde: »Welche Freude, ihn wiederzusehen und wiederzugewinnen! Mit welcher Herzlichkeit haben wir uns umarmt! Mein Herz schwamm im Glück. Weder ich noch er brachten ein Wort heraus. Wir küßten uns wortlos, und ich weinte. Wir hatten ihn nicht erwartet. Wir waren gerade beim Dessert, als man ankündigte: ›Monsieur Grimm ist da.‹ – ›Monsieur Grimm ist da!‹ wiederholte ich mit einem Schrei; ich erhob mich, lief auf ihn zu und fiel ihm um den Hals. Er setzte sich; ich glaube, er aß nicht viel. Ich meinerseits brachte den Mund weder zum Essen noch zum Sprechen auf. Er saß neben mir. Ich hielt seine Hand und sah ihn an. Urteilen Sie, wie glücklich ich bald sein werde, wenn ich Sie wiedersehe. Nach dem Diner überkam uns die Zärtlichkeit aufs Neue, aber diesmal ein bißchen weniger stumm. Ich weiß nicht, was der Baron [d'Holbach], der ein wenig eifersüchtig ist und vielleicht ein wenig vernachlässigt war, davon hielt. Ich weiß nur, daß es für die anderen ein sehr rührendes Schauspiel war; denn sie haben es mir gesagt. [...] Man hat uns behandelt wie einen Liebhaber und seine Geliebte, auf die man Rücksicht nimmt. Man hat uns im Salon allein gelassen. Alle haben sich zurückgezogen; sogar der Baron. Wie brachte dieser Mann das Feingefühl auf zu spüren, daß selbst er nicht erwünscht war? Unsere Begegnung muß ihn tief beeindruckt haben.«

Diese Szene ist natürlich ungemein theatralisch dargestellt. Sie wird so für Sophie in Szene gesetzt und in den dramatischsten Posen stets unter dem gerührten Blick der anderen aufgeführt. Es fehlt nicht einmal die Figur des Eifersüchtigen, der durch die Schönheit der Szene, die er beobachtet, gewandelt wird. Aber für Diderot bedeutete »Theaterspielen« das Gegenteil von Täuschung oder Maskerade. Er spielte seine lebhaftesten und tiefsten Gefühle, um sie im Blick der anderen lesen zu können, und damit die anderen wiederum ihm solche Gefühle entgegenbrachten: nur in diesem Austausch lag für ihn das wahre Glück, die wahre Empfindung.

Die leidenschaftliche Freundschaft paßte zu der theatralischen Art Diderots im Umgang mit seinem Gefühlshaushalt. Grimm war der Freund, Sophie die Frau, Rousseau wurde der Verräter und Diderot selbst war der Philosoph: Helden, ideale Projektionen, subjektive Modelle, die dem Schriftsteller helfen sollten, die Eindrücke seiner stürmisch bewegten Sensibilität zu objektivieren. Diderot betrachtete sich selbst in dieser Zurschaustellung der Freundschaft, die er für Grimm empfand; durch sie kam er zu dem Urteil, daß die Macht der Freundschaft für das menschliche Glück unabdingbar ist. Viele Enttäuschungen und Treuebrüche waren nötig, um ihn von seinem schönen Bild abzubringen.

1751 trat eine weitere Gestalt in Diderots Leben, die nicht mehr daraus verschwinden sollte: Chevalier de Jaucourt bot dem Herausgeber der *Enzyklopädie* einige Artikel an. Sie gefielen Diderot, der seinen neuen Mitarbeiter sofort besuchte.

Louis de Jaucourt, damals siebenundvierzig Jahre alt, stammte aus einer alten protestantischen Familie. Als guter Hugenotte hatte er in Genf Theologie studiert und Medizin in Leiden, wo er den berühmten Genfer Arzt Tronchin kennenlernte. Jaucourt sprach fünf Sprachen und hatte auf Holländisch eine *Geschichte des Lebens und der*

Werke von Leibniz verfaßt; dann war er nach Frankreich zurückgekehrt, um Studien zu betreiben und zu schreiben.

Er war ein liberaler, besonnener, eher gemäßigter Mensch mit umfangreichen Kenntnissen, der lebhafte Bewunderung für Montesquieus Anschauungen bekundete. Zwischen dem quecksilbrigen Diderot und dem Stubengelehrten mit seinen strengen Sitten und seiner schweizerischen Pünktlichkeit entwickelte sich eine tiefe gegenseitige Bewunderung. Diderot war begeistert von Jaucourts Arbeitskraft, seiner Selbstlosigkeit und seinem kämpferischen Einsatz für die *Enzyklopädie;* Jaucourt war fasziniert von der Größe des Werks und den schöpferischen Fähigkeiten seines Herausgebers. In den guten Jahren der *Enzyklopädie* war der Chevalier ein unermüdlicher Mitarbeiter; in den trüben Jahren, als alle berühmten Persönlichkeiten der philosophischen Szene das Schiff verlassen hatten und selbst Diderot, entmutigt und abgearbeitet, fast aufgeben wollte, war er derjenige, der alles schrieb.

Jaucourts ungeheure Leistungsfähigkeit, seine Bescheidenheit und Zurückhaltung, seine gelassen-kämpferische Haltung haben seinem Ruf seltsamerweise geschadet; er starb 1780, ohne daß irgend jemand daran Anteil nahm. Man stellte ihn als den eigensinnigen, schlechtbezahlten Bürokraten des Unternehmens dar, eine Art Roboter, der eine enorme Menge an Quellen über die verschiedensten Themenbereiche zusammentrug. Daß er schließlich fast ein Drittel aller Artikel in der *Enzyklopädie* geschrieben hat, wird zu seinen Ungunsten ausgelegt: eine solche Arbeit konnte nur ein stumpfes Lasttier leisten. Von Diderots wiederholten Lobreden auf den »Meister Jakob der *Enzyklopädie*« behielt man nur die ein wenig herablassende Ironie im Gedächtnis, die in zwei Briefen an Sophie Volland aus dem Jahre 1760 zum Ausdruck kommt: »Meine Kollegen haben fast nichts gemacht. Ich weiß nicht, wann ich diese Galeere verlasse. Wenn ich dem Chevalier de Jaucourt Glauben schenken soll, so hat er vor, noch ein Jahr weiterzumachen. Dieser Mann ist seit sechs bis sieben Jahren umgeben von sechs bis sieben Sekretären; er liest, diktiert und arbeitet dreizehn bis vierzehn Stunden pro Tag, und diese Position ist ihm noch nicht lästig gefallen. [...] Glauben Sie nicht, daß es dem Chevalier de Jaucourt etwas ausmacht, an Artikeln herumzufeilen.

Gott hat ihn dafür geschaffen. Sie sollten sehen, was für ein langes Gesicht er zieht, wenn man ihm das Ende der Arbeit ankündigt, oder vielmehr die Notwendigkeit, einmal aufzuhören. Er sieht wirklich untröstlich aus.«

Allerdings zollte Diderot seinem wichtigsten Mitarbeiter im Vorwort zum achten Band der *Enzyklopädie* ein öffentliches Lob: »Wenn wir den Freudenschrei des Matrosen, der nach einer dunklen Nacht zwischen Himmel und Wasser das Land erblickt, ausstoßen konnten, so verdanken wir dies Monsieur le Chevalier de Jaucourt. Was hat er nicht alles für uns getan, vor allem in der letzten Zeit? Mit welcher Standhaftigkeit hat er nicht sanfte und mächtige Bitten zurückgewiesen, mit denen man ihn uns abwerben wollte! Noch nie hat jemand seine Ruhe, seinen eigenen Vorteil und seine Gesundheit so vollständig und absolut geopfert. Auch die schwierigsten und undankbarsten Nachforschungen haben ihn nicht abgeschreckt. Unermüdlich hat er sich damit befaßt und war zufrieden, wenn er anderen den Überdruß daran ersparen konnte. Aber jede einzelne Seite des Werkes ergänzt, was unserer Lobrede fehlt; es gibt keine einzige, die nicht von der Vielfalt seiner Kenntnisse und dem Ausmaß seiner Hilfe zeugen würde.« In den schwierigen Zeiten des Unternehmens ging Jaucourt sogar so weit, eines seiner Häuser zu verkaufen, um die Sekretäre bezahlen zu können. Grimm – der nie durch die Qualitäten seines Herzens glänzte – bemerkt dazu: »Das Witzige daran ist, daß der Druckereibesitzer Le Breton dieses Haus gekauft hat, und zwar mit dem Geld, das er dank der Arbeit des Chevaliers verdient hat.«

Aber es wäre ungerecht, Jaucourts Beitrag nur auf seine Opferbereitschaft zu reduzieren. Er hat zuviel an der *Enzyklopädie* gearbeitet, als daß sie nicht auch von ihm geprägt wäre: von der protestantischen Tradition der kritischen Lexikographie, von Bayle, vom liberalen Humanismus – in der Nachfolge Montaignes und Montesquieus –; von Jaucourts festem, unerschütterlichen Glauben an das Werk der Aufklärung und an den innigen Zusammenhang zwischen der Eroberung von Wissen und dem Weg ins Glück. In seiner Sprache, in den Ursprüngen und Bezügen seines Denkens und in seinem geistigen und sozialen Erbe unterschied er sich deutlich von Diderot. Doch auf die zeitgenössischen Leser der *Enzyklopädie* hatte er sicher keinen geringeren Einfluß als der Herausgeber mit seinen flammenden Artikeln, die in ihrer Gedankenwelt der Zeit häufig so weit voraus waren, daß ihre Radikalität kaum wahrgenommen, geschätzt und geteilt wurde.

Die *Enzyklopädie* war jedoch so angelegt, daß sämtliche philosophischen Strömungen in ihrer ganzen Mannigfaltigkeit darin zum Ausdruck kommen konnten; ihre Verfechter mußten nur ihre Kompetenz und ihr Engagement für das allgemeine Programm beweisen. Die Enzyklopädisten und ihr Unternehmen waren keine »Partei«, sondern ein Bündnis; eine Verschwörung, sagten ihre Gegner. Es gehört zur Natur der Dinge, daß sich im Inneren dieser Gruppe Machtzentren herausbildeten und antagonistische Kraftfelder entstanden. Nicht weniger natürlich ist es, daß die Parteigänger der alten Ordnung versuchten, die Gruppe zu spalten. Aber es ist verblüffend, daß jedes der beiden Lager von 1751 an ein klares Bild von der bevorstehenden Schlacht und den jeweiligen taktischen Möglichkeiten hatte. Die »Affäre de Prades«, ausgelöst im Herbst 1751, sollte zeigen, wie heftig die Konfrontation war.

KAPITEL

7

Die *Enzyklopädie* hatte vom Augenblick ihres Erscheinens an einen riesigen Erfolg. Die Verleger und Druckereibesitzer jubelten: 2 075 Exemplare – 450 mehr als vorgesehen. Ihre Widersacher waren wütend und gingen zum Gegenangriff über – und zwar von zwei Seiten. Einerseits versuchte man das wissenschaftliche Gebäude selbst zu untergraben, indem man die Kritik des ehrwürdigen Paters Berthier wieder aufgriff: Das Ganze sei nur ein Abriß der Wissenschaften, ein »Segen für die Unwissenden«, ein geschwätziger Artikelhaufen – man hätte ja gewußt, »daß Monsieur Diderot uns mit seiner unsteten wissenschaftlichen Phantasie in Wörtern und Sätzen ertränken würde«[1] – und zudem ganz ungeordnet, fügte der Abbé Raynal hinzu, der eigentlich auf der Seite der Aufklärer stand.

Der zweite Angriff war der zunächst gefährlichere. Man prangerte die Gefahr an, die dieses Werk für die Religion bedeutete. Offensichtlich seien die Zensoren mit ihren Gedanken anderswo gewesen, als sie einem solchen Buch das Druckprivileg erteilt hatten. Anders formuliert: Der Abbé Tamponnet, immerhin ein Theologe von gutem Ruf, habe seine Aufgabe nicht erfüllt, als er erklärte, im ersten Band nichts gefunden zu haben, »was der heiligen Lehre zuwiderläuft«, und es wäre gut, wenn die Staatsorgane diesen groben Schnitzer nicht wiederholten. Die Drohung war ebenso niederträchtig wie unmißverständlich.

Der Skandal, den die Doktorarbeit des Abbé de Prades auslöste, erlaubte es den religiösen Eiferern, ihre Drohung wahr zu machen. Am 18. November 1751 hatte Jean-Martin de Prades eine theologische Doktorarbeit vorgelegt. Diese Arbeit mit dem Titel *Quel est ce-*

lui sur la face de qui Dieu a répandu le souffle de vie (Wem hat Gott den Lebenshauch eingeblasen) war vor dem Rigorosum ganz regulär in 450 Exemplaren (es handelte sich um eine Art kleinbedrucktes Plakat, das etwa zwanzig Seiten entsprach) den zuständigen Stellen vorgelegt und innerhalb der vorgeschriebenen Frist in der Sorbonne ausgehängt worden. Auch das Rigorosum des Abbé de Prades war nicht in verdächtiger Eile abgelaufen. Der Kandidat hatte zehn Stunden lang in öffentlicher Sitzung mit seinen Prüfern debattiert, bevor man ihm mit allen Ehren seinen Doktortitel zuerkannte. Doch wenn man sich die Mühe machte, die Doktorarbeit zu lesen, stellte man fest, daß sie unter dem Vorwand, Argumente zugunsten der christlichen Lehre vorzubringen, im wesentlichen die Anschauungen aufgriff, die d'Alembert in seiner *Vorrede* vertreten hatte. Der frischgebackene Doktor stützte sich nicht nur auf Lockes Philosophie, sondern unterzog das Alte Testament einer historischen Kritik, äußerte Zweifel über die Umstände, unter denen Moses die Gesetzestafeln erhalten haben soll, und schloß mit der Behauptung, die Wunder Jesu Christi ähnelten den Wundern Äskulaps.

Die furchterregende Sorbonne, weltliche Garantin der strengsten religiösen Orthodoxie, Zielscheibe aller Liberalen und Bollwerk aller Frömmler, hatte also Lehrsätze gebilligt, die sie einige Wochen später geißeln mußte: Sie seien »gotteslästerlich, ketzerisch, irregeleitet; sie leisten dem Materialismus Vorschub, zweifeln an der Autorität und der Vollständigkeit der Gebote des Moses, stellen die Grundlagen der christlichen Religion auf den Kopf und stoßen voll Gottlosigkeit die Wahrheit und Göttlichkeit der Wunder Jesu Christi um«.[2]

Die Verurteilung war um so härter, da die Billigung so leicht zu erlangen gewesen war. An der Sorbonne war man wütend über das eigene Fehlurteil. Erniedrigt vom Gelächter ihrer Gegner, heftig angegriffen von den Verteidigern der heiligen Lehre, konnten die dortigen Gelehrten ihren Ruf nur retten, indem sie hart zuschlugen. Selbst wenn es den Anschein hatte, daß der mit der Durchsicht der Arbeit betraute verdienstvolle Theologe die Schrift einfach nicht gelesen hatte, blieb die Tatsache, daß die Prüfer des Abbé de Prades lange mit ihm diskutiert hatten, ohne an seiner Philosophie etwas auszusetzen zu finden. Offensichtlich waren die »neuen Ideen« schon so weit durch die Mauern der Sorbonne gedrungen, daß ihr Geruch die Nasen der katholischen Experten gar nicht mehr reizte. Droht eine Armee sich aufzulösen, wettern die Generäle als erstes immer gegen eine vermeintlich von außen angezettelte Verschwörung und sind rasch bereit, einige flüchtige Soldaten zu erschießen. Der arme Abbé de Prades hatte das sofort begriffen. Um der Verhaftung zu entgehen, floh er nach Berlin, wo er Vorleser bei Friedrich II. wurde.

»Die vergangenen Jahrhunderte haben erlebt, wie Sekten entstanden, die einige Dogmen angriffen, aber eine große Anzahl noch respektierten; dem unseren war es vorbehalten zu erleben, daß die Gottlosigkeit ein System entwickelt, das sie alle zugleich umstößt.«[3] Die Reaktion des Bischofs von Montauban, in der Kirchenhierarchie sozusagen de Prades' »Vorgesetzter«, gab den Ton des Gegenangriffs an. Erstens war die Religion als Ganzes bedroht; zweitens ging diese Bedrohung von einem »System« aus, dessen Lehrsätze untrennbar miteinander verbunden waren und daher alle verurteilt werden mußten. Nun fehlten nur noch die Namen der Architekten dieses Systems, die »den Plan gefaßt haben, sich in das Allerheiligste der Wahrheit selbst einzuschleichen«. Diese Namen waren in aller Munde. Wer hätte genügend Kühnheit, Lust an der Provokation und Sinn für Spaß besitzen können, um einen solchen Skandal heraufzubeschwören? Wer war so gerissen, so eloquent, so geübt in Dialektik und so vertraut mit der an der Sorbonne gepflegten Rhetorik, daß er die vergiftete Pille so geschickt versüßen konnte? Sicher nicht der Abbé de Prades, für so klug hielt man ihn nicht. Die Urheberschaft für diesen Streich »sprach man zuerst allen Autoren [der *Enzyklopädie*] gemeinsam zu, dann verteilte man sie nacheinander auf die Köpfe verschiedener Einzelpersonen. Im einen Stadtviertel behauptete man, Monsieur Diderot stecke dahinter, im nächsten meinte man, es sei Monsieur d'Alembert. Diejenigen, die glaubten, am besten informiert zu sein, tippten auf Monsieur de Buffon oder auf Monsieur le Président de Montesquieu. [...] Auch Monsieur l'Abbé Yvon bekam als Freund des Autors seinen Teil ab; manche trieben den Fanatismus so weit, daß sie meinten, es müsse offensichtlich ein Jude sein, weil Moses so sehr gelobt würde; dabei wurde der Autor von der Sorbonne beschuldigt, Moses nicht genügend Respekt entgegenzubringen.«[4]

Man kann sich heute nur schwer vorstellen, welchen Sturm die »Affäre« auslöste. Im Frankreich von 1750 wurde auf alles, was die Religion berührte, vom größten Teil der aufgeklärten Bürger und vom gesamten Volk sehr intensiv und leidenschaftlich reagiert. Es war noch nicht lange her, daß seltsame Erscheinungen einer Massenhysterie auf dem Friedhof von Saint-Médard, genauer gesagt, auf dem Grab des Diakons Pâris, heftige Konfrontationen zwischen Jansenisten und Jesuiten ausgelöst hatten. Obwohl die Jansenisten verboten und verfolgt waren, übten sie immer noch großen Einfluß auf einen bedeutsamen und inbrünstigen Teil der Gläubigen aus. Alle Konzessionen, behaupteten sie, die die offizielle Kirche dem Zeitgeist gemacht habe, hätten nur den Glauben geschwächt und die Gottlosigkeit unverfrorener gemacht. Ihre eingeschworenen Feinde, die Jesuiten, erklärten im Gegensatz dazu, die religiöse Wahrheit könne nur über den gottlosen Irrtum triumphieren, wenn sie die Strömungen der Wissenschaft und der Naturerkenntnis ausrichte auf die Lobpreisung der göttlichen Schöpfung. Die Mehrheit des Klerus schwankte zwischen den antagonistischen Argumenten der beiden Fraktionen; die Gläubigen waren gespalten. Der Kampf gegen die Philosophen und die *Enzyklopädie* vereinte die Gegner nicht, sondern führte dazu, daß sie sich mit aller Macht gegenseitig zu überbieten suchten. Es ging darum, wer den Feind am besten niederstrecken und dabei dem Nachbarn noch Fußtritte verpassen konnte.

Waren die Enzyklopädisten ganz unschuldig an dem Zank, der ihnen entgegenschlug? Sicher nicht, auch wenn nichts beweist, daß sie an der Doktorarbeit des Abbé de Prades direkt mitgewirkt hätten. Prades hatte für den zweiten Band der *Enzyklopädie* einen langen Artikel über die »Gewißheit« verfaßt. Er kannte Diderot, und es ist wahrscheinlich, daß dieser ihn ermutigt und ihm einige Ratschläge erteilt hatte. Für ein Komplott reicht das wohl kaum.

Auf der anderen Seite ließen die Philosophen es sich nicht entgehen, den katastrophalen Schnitzer der Sorbonne weidlich auszuschlachten und die Gelegenheit zu nutzen, um die Autorität der Theologen zu untergraben. Der zweite Band der *Enzyklopädie*, der Ende Januar 1752 erschien, als die Kirche gerade am heftigsten gegen die neuen Ideen wetterte, goß noch Öl ins Feuer. Die Jansenisten wüteten gegen die Unfähigkeit der Sorbonne, und die Philosophen klatschten Beifall; die kirchliche Obrigkeit versuchte mit akrobatischen Krümmungen und Wendungen, die Doktorarbeit zu verurteilen, ohne die Sorbonne zu beschuldigen; die Philosophen, Voltaire an der Spitze, lachten schallend und zogen die Institution ins Lächerliche.

Die Philosophen wußten gut, wie gefährlich ihr Spott war. Am 29. Januar – eine Woche, nachdem der zweite Band der *Enzyklopädie* erschienen war – schob der Erzbischof die Schuld auf »diese dreisten Schriftsteller, die wie in einem geheimen Einvernehmen ihre Talente und ihre schlaflosen Nächte dazu verwandt haben, dieses Gift zu bereiten; und denen es, ihre Hoffnungen noch überbietend, vielleicht auch gelungen ist, die Köpfe der Menschen zu faszinieren und ihre Herzen zu verderben«.[5] Und diesmal wurden Diderot und seine Freunde zu deutlich als »Verschwörer« angeprangert, als daß sie den Angriff hätten ignorieren können. Aber strategisch, langfristig betrachtet, war die Gelegenheit, den Gegner zu diskreditieren, zu schön, um sie ungenutzt zu lassen, auch wenn die augenblickliche Schonung dabei verlorenging. So oder so erschien die Konfrontation zwischen den Autoren der *Enzyklopädie* und den Vertretern der Religion – vor allem den Jesuiten – unvermeidlich. So war es besser, ein günstiges Gelände für die Schlacht zu wählen.

Der erste Sturmangriff kam von Boyer, Bischof von Mirepoix, Erzieher des Dauphin und ganz den Jesuiten ergeben. Mit Tränen in den Augen suchte er den König zu überzeugen, daß die Religion, Stützpfeiler seiner Herrschaft, vom Zerfall bedroht sei; daß diese gefährlichen Lehren, wie die Affäre de Prades beweise, bereits tief in das Gebäude seiner Macht eingedrungen seien und daß allein ein hartes, rasches und exemplarisches Durchgreifen eine heilsame Erschütterung bewirken könne. Ein »Erlaß des Staatsrats« vom 7. Februar mißbilligte die *Enzyklopädie* in äußerst harschen Worten: »In diese beiden Bände hat man verschiedentlich Maximen eingestreut, die geeignet sind, die Autorität des Königs zu zerstören und den Geist der Unabhängigkeit und des Aufruhrs heranzubilden. Versteckt hinter schwerverständlichen und doppeldeutigen Begriffen versucht man, die Fundamente der Irrlehre, der Sittenverderbnis und der Ungläubigkeit zu errichten.«

Eine solche Verurteilung ließ das Schlimmste befürchten. Diderot machte sich darauf gefaßt, zum zweiten Mal in seinem Leben verhaftet zu werden. Gegen de Prades und Yvon – die sich zuerst bei adligen Gönnern versteckt hatten und dann nach Holland geflohen waren – hatte man bereits Verbannungsurteile ausgesprochen. Diderots Freunde drängten ihn, ebenfalls ins Exil zu gehen. Er tat nichts dergleichen. In dieser Gefahr vertraute er ganz auf den Leiter des Buchund Verlagswesens, den Beamten, der die Veröffentlichung aller Schriften im Königreich kontrollierte – auf Chrétien Guillaume de Lamoignon de Malesherbes. Bei ihm – oder vielleicht auch bei seinem Vater, dem allmächtigen Lamoignon de Blancmesnil, der 1750 d'Aguesseaus Nachfolger im Justizministerium geworden war – lagerte Diderot alle bereits verfaßten Manuskripte für die folgenden Bände der *Enzyklopädie* ein, damit sie bei eventuellen Hausdurchsuchungen der Polizei nicht gefunden würden.

Die Gestalt Malesherbes' war ein Sinnbild für die Widersprüche, die Doppeldeutigkeit und Zerrissenheit dieser Epoche. Er gehörte einem der berühmtesten Amtsadelsgeschlechter des Ancien Régime an. Sein Urgroßvater Guillaume de Lamoignon war zur Zeit des Prozesses gegen Fouquet* erster Vorsitzender des Pariser Gerichtshofes gewesen und hatte den ehrgeizigen Versuch unternommen, ein einheitliches Strafrecht für das ganze Königreich einzuführen. Malesherbes' Vater war Kanzler von Frankreich. Er selbst wurde mit neunundzwanzig Jahren Leiter des Buch- und Verlagswesens und Präsident des Gerichtshofs für indirekte Steuern. Er war ein absolut integrer Staatsbeamter, dem monarchischen Ideal und den Prinzipien des Rechts treu ergeben, und hatte die Absicht, in seinem Amt als Vorsteher der Zensurbehörde dafür zu sorgen, daß Gerechtigkeit waltete.

Die Grundsätze seiner Politik waren einfach, ihre praktische Umsetzung aber kompliziert, manchmal geradezu akrobatisch. Die rapide wachsende Zahl von Druckwerken war für ihn eine unumkehrba-

---

* Nicolas Fouquet, Vicomte de Vaux, war Finanzminister und Staatsratsmitglied zur Zeit Ludwigs XIV. und wurde 1664 in einem umstrittenen Prozeß zu lebenslanger Haft verurteilt, nachdem sein Rivale Colbert ihn der Veruntreuung öffentlicher Gelder angeklagt hatte. (A.d.Ü.)

re historische Gegebenheit. Man konnte nicht verhindern, daß Ideen und Meinungen geäußert wurden, es sei denn, man verbot alle Bücher und schloß alle Grenzen hermetisch ab. Die französische Monarchie konnte ihre Macht und Größe nur bewahren, wenn Frankreich sich an die Spitze der modernen Nationen setzte. Das wiederum war natürlich nur möglich, wenn man den Denkern, den Schriftstellern und Wissenschaftlern eine entsprechende Stellung einräumte. Der Reichtum einer Gesellschaft und ihre Anpassung an die Außenwelt hing entscheidend davon ab, wie intensiv der innere und äußere Austausch war, der Austausch sowohl von Gütern wie von Gedanken. Daher sah Malesherbes seine Aufgabe nicht darin, die Intellektuellen zu schikanieren, sondern »ihnen die Ausdrucksfreiheit zu gewähren, die sie meiner Beobachtung nach immer ersehnt hatten, und sie von vielen Zwängen zu befreien, unter denen sie stöhnten und über die sie sich stets beklagten; so glaubte ich auch dem Staat einen Dienst zu erweisen, denn diese Freiheit schien mir stets mehr Vorteile als Nachteile mit sich zu bringen«.[6]

Malesherbes liebte »seine« Schriftsteller; er las und bewunderte sie. Doch wenn er sein Amt behalten und sie weiterhin schützen wollte, mußte er sich manchmal auch dem Druck ihrer Gegner beugen, die am Hof und beim König eine Machtstellung einnahmen. Dreizehn Jahre lang – die entscheidenden Jahre der *Enzyklopädie* – hielt er so durch; er widerstand dem Autoritätsanspruch, den die Verfechter der bestehenden Ordnung vertraten, aber auch den Klagen ihrer Gegner, die – derselben Logik folgend – nicht zögerten, vom König ein Verbot der Schriften zu fordern, die sie beleidigten.

Malesherbes war also zugleich Aufklärer und Diener der Monarchie; an dieser doppelten Loyalität hielt er bis zum Ende fest. 1775 wurde er Minister Ludwigs XVI., dankte ein Jahr später aber ab, weil er die Reformen, die seiner Ansicht nach für das Überleben der Monarchie unerläßlich waren, nicht hatte durchsetzen können. Aber er war es auch, der die Verteidigung Ludwigs XVI. vor dem Konvent leitete, was dazu führte, daß auch er 1794 guillotiniert wurde.

1752 rettete er die *Enzyklopädie* und verhinderte, daß Diderot in die Bastille geworfen wurde. Obwohl Malesherbes die Widersprüche in der Religionspolitik des Königs – der damals gerade gegen die kirchlichen Privilegien ankämpfte – geschickt ausnützte, konnte er nicht verhindern, daß die beiden ersten Bände des Werkes verurteilt und verboten wurden, aber er erreichte, daß der königliche Erlaß »vergaß«, das Druckprivileg aufzuheben.

Die *Enzyklopädie* befand sich nun in einer seltsamen juristischen Situation. Ihre Thesen waren als schändlich bezeichnet, die bereits existierenden Bände verboten, ihre Autoren von allen bestehenden Mächten – vom Kronrat, vom Pariser Gerichtshof, vom Erzbischof und von der Sorbonne – angeprangert worden. Dennoch konnte sie mit königlicher Billigung weiterhin erscheinen.

Dieses Paradox spiegelt genau das Spiel der Mächte und die Widersprüche wider, durch die sie untergraben wurden. Kaum war die Verurteilung der *Enzyklopädie* ausgesprochen, fingen die konservativen Strömungen, gerade noch vereint gegen die Philosophen, wieder an, sich untereinander zu befehden. Die Jesuiten des *Journal de Trévoux* wollten die *Enzyklopädie* übernehmen. Diese Art von »öffentlichem Kaufangebot« auf intellektueller Ebene hätte ihnen im Kampf der Ideen eine beherrschende Rolle eingebracht. Die Jansenisten wiederum, die recht großen Einfluß im Pariser Gerichtshof, aber auch, etwas verdeckter, in manchen Bischofssitzen hatten, wollten mit Hilfe der Affäre de Prades die Macht der Sorbonne brechen. Die *Nouvelles ecclésiastiques,* die Zeitung der Jansenisten, beschuldigten die Kirchenbehörden daher in zahlreichen Artikeln, Lockes Thesen als gewöhnliche philosophische Ansichten zu akzeptieren, obwohl sie doch im Keim die Prinzipien der Ungläubigkeit enthielten, die auch in de Prades' Doktorarbeit formuliert waren.

Diderot profitierte von dieser Spaltung. Seine Taktik war einfach: Man mußte das schwächere Lager angreifen – in diesem Fall die Jansenisten, deren Lehre offiziell verurteilt war –, um Öl ins Feuer zu gießen und die Differenzen zwischen den Gegnern noch zu verschärfen. Zu diesem Zweck verfaßte er anonym einen dritten Teil zu der *Apologie,* die de Prades in Amsterdam und Berlin veröffentlicht hatte, um seine Positionen zu verteidigen, die Verleumdungen gegen ihn zu widerlegen und zu beteuern, daß er die beanstandete Doktorarbeit wirklich selbst geschrieben habe. Unter dem Namenszug des Abbé wiederholte Diderot die wesentlichen Punkte der *Vorrede* der

Enzyklopädie. Aber Diderot verteidigte – sicher innerlich jubilierend – in seinem Plädoyer die Autorität der Sorbonne, die von den Jansenisten und vor allem vom Bischof von Auxerre so schändlich angegriffen wurde. Um die Waage nicht zu sehr aus dem Gleichgewicht zu bringen und so einem seiner Gegner einen Vorteil zu verschaffen, nahm Diderot, wenn auch etwas hinterlistiger, die Jesuiten ebenfalls aufs Korn. Und als Gegensatz zu diesen Theologen, die sich um Lappalien stritten, zeichnete er das Bild der gelehrten Enzyklopädisten, die Diderot-de Prades ermahnt: »Arbeitet fleißig, ihr Autoren dieses großen und beschwerlichen Werks; Herausgeber, verzehrt euch in Strapazen und Nachtarbeit, damit der isolierte Anführer einer aussterbenden Sekte eines Tages in seiner schlechten Laune den Bannfluch gegen euch schleudert und sich mit seinen erbittertsten Feinden verbündet, um sich zu rächen.«

Man errät, welches Vergnügen Diderot daran hatte, auf diese Art Unfrieden in den Reihen der Frömmler zu säen. Aber diese *Apologie* bezeichnet auch eine wichtige Etappe in der persönlichen ästhetischen Entwicklung des Schriftstellers. Diderot unterschrieb nicht nur einen Text aus seiner Feder mit dem Namen des Abbé de Prades. Ohne seine Identität als Diderot zu verlieren, *war* er Prades; er benutzte Argumente, religiöse Verweise und eine Form der Rhetorik, die vermutlich dem Stil des Abbé entsprachen, Diderots Welt aber fremd waren. Er wurde ein anderer, schlüpfte in die Haut eines anderen, in eine Rolle, um einen bestimmten Aspekt der Wahrheit, der ihm nicht spontan zuflog, besser erfassen zu können. Der »Schwindel« war nicht nur ein Verfahren, das Vorsicht und Sorge um politische Wirksamkeit geboten, sondern gewissermaßen Grundsatz des Kunstwerks, das, was es zur Fiktion macht, deren unendliche Dialektik – der ununterbrochene Dialog zwischen dem Autor und seinem Double – erst die Öffnung ermöglichte, durch welche Gefühle und wahre Ideen hervordringen können.

Im Hinblick auf die öffentliche Meinung endete die Affäre de Prades mit einem vollständigen Sieg der neuen Ideen. Sie verstärkte auch den Bruch zwischen den Schriftstellern und Wissenschaftlern der *Enzyklopädie* einerseits und den Kirchenbehörden aller Richtungen andererseits; dieser Bruch sollte beträchtliche ideologische und politische Konsequenzen haben.

Aber diese Episode und ihre Folgen brachten auch Unstimmigkeiten innerhalb der »Fraktion« der Enzyklopädisten ans Licht.

Malesherbes war es gelungen zu verhindern, daß die Jesuiten sich das Werk aneigneten. Die Druckereibesitzer forderten vehement, das Werk fortsetzen zu können, um die zahlreichen Subskribenten nicht zu schädigen. Die Beachtung des Eigentumsrechts führte die Regierung daher dazu, sich von neuem an Diderot und d'Alembert zu wenden und sie aufzufordern, mit ihrer Arbeit fortzufahren. Man beauftragte einfach drei Theologen, ausgewählt vom Bischof von Mirepoix, von nun an alle Artikel zu überwachen – und zwar nicht nur diejenigen, deren Thema einen Bezug zur Religion haben konnte. Bis zum siebten Band der *Enzyklopädie* wurden auch wirklich alle Artikel von mindestens einem Zensor abgezeichnet.

Dieser Kompromiß erregte d'Alemberts Zorn. Zuerst dachte er daran, die Arbeit im Ausland, beim Preußenkönig Friedrich, fortzusetzen, und vertraute diesen Plan Voltaire an, der ihm jedoch keinerlei Illusionen ließ: »Es gibt hier außerordentlich viele Bajonette und sehr wenig Bücher.«[7] Daraufhin spielte d'Alembert mit dem Gedanken, die Arbeit aufzugeben: »Ich weiß nicht, ob das Werk fortgesetzt wird; aber ich kann Ihnen versichern, auf jeden Fall nicht von mir.«[8]

Leicht gekränkt und sehr empfindlich gegen Kritik durch seinesgleichen, war d'Alembert auch der Meinung, das seriöse *Journal des Savants* sei im Hinblick auf seine *Vorrede* ungerecht gewesen, und er erklärte, nicht mehr als Mitherausgeber des Unternehmens fungieren zu wollen, es sei denn, die Zeitung »spricht mir die Entschuldigung aus, die ich ihr diktiere«.

Scheingefechte? Die Lust, sich bitten zu lassen? Tatsache ist, daß d'Alembert seine Arbeit zu den Bedingungen der Regierung fortsetzte. Seine Haltung in der großen Krise, in die die *Enzyklopädie* 1759 geriet, läßt aber vermuten, daß er bereits seit der ersten Krise versucht war, das Projekt aufzugeben und abtrünnig zu werden.

D'Alembert war ein anerkannter Wissenschaftler, Mitglied der Akademie der Wissenschaften und ein berühmter Mathematiker. Auch wenn er gesellschaftlich nur ein unehelich Geborener war, wußte doch jeder von seiner adligen Abkunft: Er gehörte zwar nicht zur »vornehmen Welt« und lebte weiterhin bei seiner Amme in einer bescheidenen Wohnung, aber er wurde von der guten Gesellschaft bestens aufgenommen. Das ist keine ausreichende Erklärung für seine ideologische Taktik, wohl aber dafür, daß er eine andere Haltung einnahm als Diderot. Die *Vorrede* bringt deutlich zum Ausdruck, welch bedeutsame Rolle d'Alembert den *hommes de lettres,* den Literaten und Gelehrten in der Gesellschaft und bei der Bildung der öffentlichen Meinung (auch wenn man diesen Begriff damals noch nicht kannte) zumaß. In diesem Punkt gibt es keinerlei Meinungsverschiedenheit mit Diderot. Aber der Mathematiker glaubte noch, Wissenschaft, Vernunft und kritischer Geist würden ganz von selbst triumphieren. Die Gegner der neuen Ideen, so meinte er, würden eben durch die Macht der Vernunft nach und nach die Überlegenheit der wissenschaftlichen Methode und der Freiheit der Forschung anerkennen.

Die Macht und die Heftigkeit des Widerstands, die Mittel, die von den Gegnern der *Enzyklopädie* gleich zu Beginn eingesetzt wurden, und die Verbündeten, die diese Gegner fanden, ließen d'Alembert begreifen, daß es im intellektuellen Kampf der Aufklärung – dem einzigen, der ihm wichtig war – nicht ohne einen politischen Kampf und ohne Konfrontation mit der Obrigkeit abgehen würde. Und d'Alembert war entschlossen, diesen Kampf zu führen. Seiner Ansicht nach war es zwecklos, tiefgreifende Veränderungen im Weltbild und im Selbstverständnis der Gesellschaft anzuregen, wenn man dabei auf den Widerstand der herrschenden Macht stieß, die ja als einzige imstande wäre, diese Veränderungen durchzusetzen. Sobald sein Wunsch nach geistiger Unabhängigkeit auf den Autoritätsanspruch der Monarchie stieß, war er daher versucht, das Unternehmen *Enzyklopädie* aufzugeben. Daraus leiten sich auch seine künftigen Verhaltensmaximen ab, die ihn ein paar Jahre später veranlaßten, das »sinkende Schiff« der *Enzyklopädie* zu verlassen, das ihm nun entschieden zu gefährlich und zu radikal geworden war: Er wollte verschiedene Institutionen und vor allem die Akademien unterwandern und sich durch vorsichtiges Verhalten und langfristige Strategien zahlreiche und mächtige Stützen sichern.

Ein Brief d'Alemberts an Voltaire aus dem Jahr 1763 stellt die Methode ganz offen dar: »Mein lieber Meister, jeder von uns muß der guten Sache je nach seinen geringen Kräften dienen. Sie dienen ihr mit Ihrer Feder, und ich, dem man alle Federn ausrupfen würde, wollte ich dasselbe versuchen, trachte danach, ihr Anhänger im feindlichen Lager zu gewinnen. Diese Parteigänger werden nicht enthüllt und somit kompromittiert werden, weil das niemals geschehen darf, aber ich und meine Freunde – und auch Sie sollten es tun – werden ihnen den Tribut der Dankbarkeit zollen, den jedes denkende Wesen ihnen schuldet.«[9]

Wollte der Fuchs sich in den Hühnerstall schleichen, durfte er nur sowenig Lärm wie möglich machen. Diderot aber war kein stiller Kollege; er war auffallend, kühn und lebhaft – mit einem Wort, kompromittierend. Während d'Alembert also weiter mit Diderot zusammenarbeitete, weil die königliche Macht es erlaubte, begann er doch langsam und ohne Zusammenstoß – wie es seinem Ehrgeiz und seinem Temperament entsprach –, auf Distanz zu gehen. Zwischen ihm und Diderot gab es keinen erregten, emotionalen Bruch wie zwischen Diderot und Rousseau, weil Gefühle bei ihrer Beziehung nie eine große Rolle gespielt hatten. Aber bald standen sie an der Spitze zweier Gruppen mit entgegengesetzten Strategien: D'Alembert, zu dem sich auch Voltaire gesellte, führte den reformistischen Flügel der Aufklärung an; Diderot, zusammen mit d'Holbach, den radikalen Flügel. Diderot beschuldigte seinen ehemaligen Freund, aus Angst vor Repressalien desertiert zu sein; d'Alembert seinerseits warf Diderot vor, durch seinen Starrsinn die Hexenjagd der Philosophen-Gegner zu begünstigen und so die fortschrittfeindlichsten ihrer Gegner zu ermuntern. Der Streit zwischen Reform und Revolution existiert nicht erst seit gestern.

D'Alemberts Zurückhaltung hatte zudem den Nebeneffekt, Diderot bald als einzigen in die vorderste Front der Philosophenschar zu rücken. Die Gefangenschaft in Vincennes, der Subskriptionsprospekt der *Enzyklopädie*, die Polemik mit dem ehrwürdigen Pater Berthier, die Affäre de Prades und die Rolle, die man ihm in diesem »Komplott« zuwies, hatten aus ihm einen Schriftsteller gemacht, von dem viel gesprochen wurde. Aber 1752 wurde er zum Star: Er war der Mann, den man gebeten hatte, die *Enzyklopädie* weiterzuführen, obwohl man ihren Inhalt verurteilt hatte.

Diderot machte sich gut im Rampenlicht; er brillierte in der Rolle als siegreicher und zugleich verfolgter Philosoph, die ihm das gebildete Publikum – ob bewundernd oder feindselig – übertrug. Er liebte es zu reden, und er formulierte so eloquent und glänzend, daß sogar dieses Jahrhundert der Schönredner staunte. Er war außerordentlich großzügig und nahm leidenschaftlichen Anteil an seiner Umwelt, empfing die anderen bei sich, half ihnen, beriet sie und ermutigte sie – bis zum Exzeß, bis hin zu der Gefahr, seine ungeheure Energie in alle Winde zu zerstreuen. Er war es, an den man sich wandte, er war es, den man um seine Meinung, seine Hilfe, einen Beitrag aus seiner Feder bat. Zweifellos lag in dieser Geselligkeit auch ein theatralisches Element. Diderot spielte die Rolle, die man ihm zugeteilt hatte, und sah sich selbst dabei zu. Aber was er war und was er ganz natürlich spielte, war immer eins. Er *war* Sokrates, mit allen Pflichten und Privilegien, die damit verbunden waren; er war vorbildlich, weil die Rolle des Philosophen ihn in seinen eigenen Augen dazu verpflichtete, die Größe, Großzügigkeit und Menschlichkeit der Philosophie zu zeigen. Er stand ganz vorne im Rampenlicht, spielte unter dem kritischen Blick aller; daher mußte er einfach gut und ergreifend sein, um das Publikum für die Sache der Aufklärung zu gewinnen. Und weil man ihn als Wortführer einer Gruppe ausersehen hatte, die ein ganz neues gesellschaftliches Zeichen- und Regelsystem begründen wollte, weil er Enzyklopädist war, mußte er sich auch mit allem befassen. Diese Rolle paßte hervorragend zu Diderot, dem nichts fremd war und der von einer unersättlichen Neugier war.

Der sogenannte Buffonistenstreit von 1753 bot ihm Gelegenheit, in einer der großen musikalischen Auseinandersetzungen des Jahrhunderts zu brillieren. Es ging um den Streit zwischen Anhängern der italienischen Oper und Bewunderern des französischen Stils. Die Polemik begann am 1. August 1752 mit der Aufführung der Oper *La serva padrona* (Die Magd als Herrin) von Pergolesi in der Académie royale de musique. Die Truppe der italienischen Opera buffa entwickelte eine Ästhetik des Musiktheaters, die sich auf natürliche Darstellung und Melodie gründete. Im Gegensatz dazu stand die französische Tradition – vertreten durch Lully und von Rameau bis ins Extreme weiterentwickelt und verfeinert –, die edle antike Sujets behandelte und Wert auf eine ausgefeilte Harmonik legte. Die Verfechter des Klassizismus à la française, die sich bei Aufführungen im *coin du Roi* um den König gruppierten, feierten Ende 1752 einen Triumph, als die Oper *Omphale* von Destouches wieder ins Repertoire genommen wurde. Die Anhänger der italienischen Oper scharten sich im *coin de la Reine* um die Königin und zogen hitzig gegen den Formalismus, den Pomp und die Steifheit des französischen Stils zu Felde.

Es war keineswegs Zufall, daß die Enzyklopädisten sich auf die Seite des *coin de la Reine* schlugen. Wenn Grimm sich in seinem *Petit Prophète de Boehmischbroda* gegen die französische Oper ereifert; wenn Rousseau in einem *Brief über die französische Musik* voller Ungestüm und Leidenschaft über die Akademiemitglieder herzieht, die ihn geringschätzig behandelt hatten, so deshalb, weil es bei diesem Streit im Grunde um ideologische Probleme ging. Der Gegensatz zwischen »edlem Stil« und »natürlichem Stil«, zwischen einer Musik der erlesenen Harmonik und einer Musik der einfachen, zu Herzen gehenden Melodien, zwischen der Darstellung von mythologischen Göttern und Heroen oder aber von gewöhnlichen Sterblichen ist nicht nur ästhetischer Natur. Genauer gesagt, ein neuer Stil auf der Musikbühne wäre auch der Sieg einer neuen Form von Empfindsamkeit – nennen wir sie der Einfachheit halber bürgerlich – über die bisherige, die dem Publikum von der monarchischen Ästhetik und den königlichen Akademiemitgliedern als einzig »edle« und schöne aufoktroyiert worden war. Wollte man die öffentliche Meinung für sich gewinnen, so mußte man nicht nur die Gedanken der Menschen, sondern auch ihren Geschmack erobern. Alles hing miteinander zusammen.

Diderot ergriff natürlich die Partei seiner Freunde. Er verteidigte Grimm; er lobte entschieden und ohne Einschränkung Rousseaus *Devin du village* (Dorfwahrsager), eine kleine, bukolische Oper, die großen Erfolg erzielte. Er machte sich lustig über Voisenon, einen Anhänger Lullys, der eine Spottschrift mit dem Titel *Réponse du Coin du roi au Coin de la reine* veröffentlicht hatte: »Loben wir öffentlich die geniale Parallele, die der junge Anwalt zwischen der *Armide* und *La Donna Superba* zieht, und fordern ihn auf, einen ebensolchen Vergleich (und zwar innerhalb von zwei Monaten) zwischen dem *Arzt wider Willen* und dem *Polyeucte*, zwischen dem *Monsieur de Pourceaugnac* und der *Athalie* anzustellen, um so zu beweisen, daß Molières Farcen schlecht sind, weil Corneilles und Racines Tragödien gut sind.« Aber dieses Urteil ist so maßvoll und abwägend, daß man staunt. Diderot greift weniger die französische Oper an, als daß er über ihre dogmatischen Verfechter spottet. Er schlägt vor, man solle objektiv urteilen, die Noten in der Hand; man solle Lullys *Armide,* die er als Meisterwerk bezeichnet, mit Terradellas' *Nicotris* vergleichen, die Rameau selbst bewunderungswürdig gefunden habe. »Wenn ich, der ich meine Stimme mitten im Parkett erhebe, das Glück hätte, von den beiden *Coins* gehört zu werden, und wenn der Streit nur mit den Waffen weitergeführt werden würde, die ich vorschlage, dann würde ich vielleicht irgendwie an ihm teilnehmen.«

Hinter diesem Wunsch, sich über die streitenden Parteien zu stellen und die Rolle des Schiedsrichters einzunehmen, stecken sicherlich taktische Erwägungen. Diderot wollte sich nicht mit Rameau überwerfen. Der Hofkomponist war mächtig. Diderot hatte ihn gebeten, für die *Enzyklopädie* einige Artikel über Musik zu verfassen. Der Komponist hatte zwar nicht zugesagt, sich aber immerhin bereit erklärt, Texte durchzusehen und unzulängliche oder fehlerhafte Stellen zu korrigieren. Ihn direkt anzugreifen würde heißen, der *Enzyklopädie* einen neuen Feind zu schaffen und einige Artikel, die Diderot selbst nicht einwandfrei fand, seiner öffentlichen Kritik auszusetzen.

Doch Rousseau, selbst »Korrektor« – und ein sehr leicht gekränkter – einiger musiktheoretischer Artikel der *Enzyklopädie,* entwickelte nicht gerade ein sehr differenziertes Urteil, wenn er gegen die französische Musik zu Felde zog: »Die Franzosen haben keine Musik und können auch keine haben [...]; und wenn sie jemals eine hätten, um so schlimmer für sie.« Nach solchen Urteilen fühlte Rameau sich berechtigt, einige kurze Schriften über die »Musiktheoretischen Irrtümer in der *Enzyklopädie*« zu veröffentlichen. Aus der Feder eines berühmten Fachmanns war das eine Antiwerbung, auf die Diderot zweifellos gerne verzichtet hätte.

Aber Diderots Zurückhaltung war nicht nur taktisch. Der Gedanke, die Bühnenbilder weniger pompös auszustatten und stärker an das normale Leben anzugleichen, gefiel ihm nicht schlecht, und die Erschließung eines neuen poetischen Raums für den Ausdruck von Gefühlen begeisterte ihn – aber deshalb wollte er weder die Tragödie noch die Mythologie noch das Wunderbare aus der Oper verbannen. Er wollte die französische Oper reformieren, aber nicht verdammen. In diesem Fall heißt Diderots »Reformismus« nicht, daß er seinen Freunden hinterherhinkte, sondern daß er ihnen voraus war. Der »Buffonistenstreit« war für Diderot ein untergeordnetes, nicht besonders ernstzunehmendes Problem, denn er glaubte nicht, daß man den Geschmack des Publikums durch wirklichkeitsgetreue Bühnenbilder oder einfache Melodien eroberte. Das alles erschien ihm zu reduziert und zu demagogisch: Auf die Dauer gewann man nichts dabei, wenn man von der Bühne der Götter auf die Bühne der Bettler herabstieg; man mußte die Bettler – das heißt, die Menschheit – zur tragischen Größe der Götter erheben. Diderots Opernideal fand sich weder bei Rameau noch bei Pergolesi, sondern bei Gluck – dessen *Orpheus* in Frankreich erst 1774 aufgeführt wurde: der Gesang des Menschen, der durch sein eigenes Genie über alles triumphiert, sogar über den Tod.

Diderot und Rousseau waren immer noch gute Freunde; Jean-Jacques schlug Denis regelmäßig beim Schach, und sie diskutierten endlos über Musik und Philosophie. Dennoch war bereits ein Riß in dieser Freundschaft zu spüren, den Diderot mit eifriger Hilfsbereitschaft und liebevoller Fürsorge zu übertünchen versuchte. Als es darum ging, den *Dorfwahrsager* zu verteidigen, sparte Diderot nicht mit begeistertem Lob; wenn Rousseau in Geldnöten war, lief Diderot von Pontius zu Pilatus, um eine Beihilfe oder eine Pension für ihn zu erwirken oder ihm Arbeit zu verschaffen.

Aber diese Großzügigkeit besänftigte Rousseaus griesgrämige Laune keineswegs, sondern ärgerte und demütigte ihn. Rousseau hatte das Gefühl, der arme Verwandte im Clan zu sein: wenig Geld, wenig Ruhm, wenig Einfluß. Übersensibel, egozentrisch und barsch, wie schüchterne Menschen es oft sind, litt er auch darunter, von den übrigen Enzyklopädisten nicht ganz ernst genommen zu werden.

Es stimmt allerdings, daß seine Kollegen die Thesen des *Discours sur les sciences et les arts* kaum beachtet hatten. Wie auch Diderot sahen die meisten darin nur einen Ausdruck von Rousseaus Lust am Paradoxen, ein geistreiches Spiel, ein Bravourstück, wie für einen Wettbewerb geschrieben. Trotz allem arbeitete dieser Fortschrittsverächter schließlich bei der *Enzyklopädie* mit, und der Kritiker der Künste schrieb weiterhin Opern und hoffte, sich einen Namen auf der Bühne zu machen.

Selbst die Art, wie Rousseau im Vorwort seiner Komödie *Narcisse* über die Philosophie herzog, erschien ihnen nur als Pamphlet eines Cholerikers, der seiner Übellaunigkeit freien Lauf ließ. Der Angriff war vielleicht auch, gerade von seiten Rousseaus, zu grob, als daß man ihm große Bedeutung beigemessen hätte: »Die Neigung zur Philosophie lockert alle respektvollen und wohlwollenden Bindungen des Menschen an die Gesellschaft. [...] Die Verachtung [des Philosophen] für die anderen wirkt zugunsten seines Stolzes; seine Eigenliebe wächst im selben Maße wie seine Gleichgültigkeit gegenüber dem Rest der Welt. Familie und Vaterland werden für ihn zu Worten bar jeden Sinnes; er ist nicht Vater, nicht Bürger, nicht Mensch; er ist Philosoph.«

Dieser Text stammt aus dem Jahr 1752, einer Zeit, als die gesamte Truppe der Frommen und Frömmler mit immer häufigeren Attacken gegen ein Werk vorging, das man beschuldigte, durch seine Dogmenkritik die Prinzipien der Moral, der Familie und der natürlichen Ordnung selbst zu untergraben. Die Philosophen, besessen von dem Antagonismus, der sie im Namen von Vernunft und Wissenschaft gegen die Vertreter von Religion und Tradition kämpfen ließ, erkannten nicht, daß eine Gegen-Utopie am Horizont erschien, die eine spiegelbildliche Entsprechung zur Offenbarungsreligion war. Die Enzyklopädisten waren damit beschäftigt, die Macht des kritischen Verstands, der wissenschaftlichen Beobachtung und der geistigen Freiheit gegen die Anhänger eines Dogmas zu verteidigen. So sahen sie nicht – oder wollten nicht sehen –, wie sich eine Denkweise herausbildete, die die Waffen beider Seiten ergreifen würde – die der Vernunft wie die der Religion, die der Rationalität wie die der Irrationalität, die der Metaphysik wie die der Gesellschaft –, um so eine weitere geschichtslose Ideologie zu begründen: die Ideologie der Rückkehr zur Stunde Null der Geschichte, zur tabula rasa, zum Trugbild der ursprünglichen Gleichheit und Gütergemeinschaft.

Daß Rousseau zu dieser Zeit seines Lebens noch zögerte, wohin er sich orientieren sollte, ist letztendlich bedeutungslos. Er war als Individuum noch unsicher, welche Haltung und welche Strategie er für sich wählen sollte, aber das hatte psychologische Gründe: Rousseau war ein unruhiger, labiler Mensch; hin- und hergerissen zwischen dem übermächtigen Wunsch nach Anerkennung und Ruhm und den fast krankhaften Haßgefühlen gegen alle, die er verdächtigte, ihm durch ein Komplott beides nehmen zu wollen. Aber es gab Hunderte, Tausende solcher Rousseaus, die diesen Wunsch und diese Wut mit ihm teilten. Hunderte, Tausende von talentierten Benachteiligten, die sich für diese Mischung aus radikaler Revolte, sentimentaler Religiosität und, im wörtlichen Sinne, »reaktionärem«, d.h. rückwärtsgewandtem Prophetentum entschieden; allen gemeinsam war ein tiefer Groll gegen die Ungerechtigkeit und Ungleichheit der Gesellschaft. Eine neue antiphilosophische Fraktion war im Entstehen begriffen – die Fraktion der Stiefkinder, die den sozialen Aufstieg mit Hilfe der Kunst und der Wissenschaft verpaßt hatten.

1752 war Diderot ein erfolgreicher Mann. Der Sohn des Messerschmieds aus Langres war dank seines Talents und seiner Intelligenz, mit denen er den intellektuellen Bedürfnissen der Gesellschaft und des Königreichs wirksam hatte entsprechen können, ein ehrenwerter Pariser Bürger geworden. Ohne reich zu sein, konnte er sich doch dank der Einkünfte aus der *Enzyklopädie* einen angemessenen Lebensstil erlauben; vergleichbar heute etwa mit dem eines Universitätsprofessors. Der größte Teil seiner Mitarbeiter gehörte entweder dem niederen Adel oder dem wohlhabenden bis reichen Bürgertum an. Auch wenn die meisten einen Beruf ausübten, der sie als Fachleute einer Wissenschaft auswies – Ärzte, Forscher, Rechtsanwälte, Lehrer, Beamte –, hatte die Mehrheit von ihnen auch Besitz, der ihnen genügend Renten und Einkünfte einbrachte, so daß sie sich ihren Studien widmen konnten.

Diderot war sich zweifellos seines gesellschaftlichen Aufstiegs bewußt. Er war äußerst befriedigt über seinen sozialen Status, seine finanzielle Unabhängigkeit, sein weitgespanntes Beziehungsnetz und sein Ansehen bei aufgeklärten Bürgern und in den höhergestellten Klassen. Aber diese Befriedigung ging nicht so weit, daß er naiv gewesen wäre. Implizit oder explizit existierten die Barrieren von Abstammung und Vermögen weiterhin. Natürlich hatten die Gegner der Philosophen immer noch ihre Bastionen: den Hof, die reichen, untätigen Aristokraten, die Inhaber königlicher Pfründe, den hohen Adel in Klerus, Heer oder Gerichtshof. Diese Widersacher würden ihre Privilegien auf jeden Fall mit Klauen und Zähnen verteidigen, und alles versuchen, um eine unveränderliche gesellschaftliche und intellektuelle Ordnung aufrechtzuerhalten.

Aber Diderot wahrte spontan auch Distanz zu den »Vermögenden« unter den Philosophen. Bei ihnen fühlte er sich nicht besonders wohl. Notwendigerweise besuchte er sie hin und wieder, aber ihre leise Herablassung, ihre tausenderlei kleinen Allüren, mit denen sie die Überlegenheit ihres Vermögens oder ihrer Stellung zeigen wollten, verärgerten ihn und ließen ihn die Gesellschaft derer vorziehen, die nun seinesgleichen waren: wohlhabende Bürger oder Angehörige des niederen Adels, wie Baron d'Holbach. D'Holbach besaß zwar ein beträchtliches Vermögen, aber er hieß seine Philosophenfreunde großzügig und herzlich in seinem prachtvollen Wohnhaus in der Rue des Moulins willkommen, um dort ausgiebige Mahlzeiten mit ihnen zu teilen, die von nicht minder ausgiebigen Gesprächen und Diskussionen unterbrochen wurden.

Auch Rousseau war oft beim Baron eingeladen. Wie alle anderen las er dort manche seiner Texte vor, hörte und kritisierte die anderer, beteiligte sich an Debatten und hörte Musik. Aber unter diesen etablierten, offenen, lächelnden Menschen, die bequem auf ihrem philosophischen Sessel saßen, fühlte er sich ein wenig fehl am Platze.

Rousseau hatte das Gefühl, daß Diderot, sein Freund Diderot, ihn fallenließ, ihn im Stich ließ. Der Genfer hatte seinen fieberhaften, unruhigen Kameraden geliebt, der sorgenvoll an den nächsten Tag dachte, zermürbt von seinem häuslichen Gezänk, und der seinen Einfallsreichtum und seine Phantasie nutzte, um ihnen drei Sous oder ein Abendessen zu verdienen. Er hatte ihn als unbekannten, hoffnungsvollen Bohemien geliebt. Immer weniger ertrug er Diderot in seiner Rolle als aufgeblühter Philosoph, der im Morgenrock einen Hofstaat junger Schüler empfing – herzlich, nachsichtig, offen für alle Ideen, lachend, stets bereit, jemandem einen Gefallen zu tun, bei einem Streit zu vermitteln oder ein Gesuch zu unterstützen.

Tatsächlich waren die Jahre zwischen 1752 und 1755 die sorglosesten in Diderots Leben. Er arbeitete viel und unermüdlich. Er schrieb, gab Anregungen, brachte Schwung in die Sache. Wie immer redete er viel. Man riß sich darum, ihm zuzuhören, weil es ein Vergnügen war, seinen endlosen, hinreißenden Abschweifungen zu folgen und seinen klaren, überzeugenden Urteilen zu lauschen – noch dazu in seinem humorvollen, witzigen Redestil, unterstrichen von ausladenden Gesten. Er verdiente genügend Geld für seine Bedürfnisse. Sicher, seine Verleger machten ein Vermögen mit seinem Talent und seiner Arbeit, die sie weit unter Wert bezahlten, aber Diderot brauchte sich zum ersten Mal in seinem Leben nicht darum zu sorgen, was er morgen essen sollte; und diese Freiheit genügte ihm.

Zu dieser beruhigenden finanziellen Lage kam auch eine gewisse häusliche Ruhe. Toinette Diderot, die Ehefrau, zu der er sich endlich bekannte, fuhr nach Langres zu ihrer angeheirateten Familie. Die Begegnung hätte nicht besser verlaufen können. Didier Diderot nahm seine Schwiegertochter zärtlich auf und überhäufte sie »mit allem, was ihr eine Freude bereiten oder ihr nützlich sein könnte«. Er stellte sie auch einigen Freunden und Nachbarn vor, darunter Pierre La Salette, dessen Tochter Simone im Jahre 1736 Nicolas Caroillon geheiratet hatte. Einer der Söhne dieses Paares, der ebenfalls den Namen Nicolas trug, wurde später Diderots Schwiegersohn. Denn endlich wurde Diderot Vater eines lebensfähigen Kindes. Mit dreiundvierzig Jahren, am Ende der letzten Schwangerschaft ihres Lebens, brachte Madame Diderot am 2. September 1753 eine Tochter zur Welt, Marie-Angélique, die am Tag darauf in der Kirche Saint-Etienne-du-Mont getauft wurde. »Meine Mutter«, schrieb Marie-Angélique Caroillon de Vandeul später, »hatte das Gelübde abgelegt, das erste

Kind, das sie [nach dem Tode ihres dritten Kindes, das die Taufpatin auf den Stufen der Kirche, in der es hätte getauft werden sollen, hatte fallen lassen] zur Welt bringen würde, weiß zu kleiden und der heiligen Jungfrau und dem heiligen Franziskus zu weihen: Durch nichts war sie davon abzubringen, daß ich diesem Gelübde mein Leben verdankte.«

Erstaunlicher als Diderots Zustimmung zu diesem Aberglauben seiner Frau ist das Interesse, das er seit dieser Zeit für die Familie Caroillon hegte. Diderot kannte diese Leute kaum. Es waren Bekannte seiner Eltern, die ihm weder vom Alter her nahestanden noch räumlich in seiner Nähe waren. Gut, diese Freunde seines Vaters hatten seine Frau sehr höflich empfangen. Aber das allein erklärt nicht die zahlreichen Gesuche und Vorstöße, die der Philosoph unternahm, damit Nicolas Caroillon sen. seinem Schwiegervater auf den Posten des staatlichen Grossisten für den Vertrieb von Tabakwaren in Langres nachfolgen konnte. Diderot zögerte nicht, Buffon einzuschalten, sich in undurchsichtige Intrigen zu stürzen, der Mätresse des Generalkontrollers zweihundert Louisdor anzubieten und sogar, durch Vermittlung des Ökonomen Quesnay, eine Bittschrift an Madame de Pompadour zu richten. Caroillon bekam seinen Posten schließlich. Er nutzte ihn, um sich im Handelsgewerbe und im Bankgeschäft ein Vermögen anzuhäufen.

Steckte hinter diesen Aktivitäten, in die sich Diderot für die Familie Caroillon stürzte, wirklich nur der Wunsch, »sich gefällig zu zeigen« und das »Vergnügen, sich auf seine einflußreichen Beziehungen zu höchsten Kreisen zu berufen«, wie sein großer Biograph Arthur Wilson schreibt? Jemandem einen Gefallen zu erweisen, war für Diderot eine der Freuden, die ihn bei dem Schauspiel, das er vor sich selbst aufführte, am meisten befriedigten. Madame de Vandeul schreibt: »Drei Viertel seines Lebens hat er darauf verwandt, allen zu helfen, die seine Talente und seine Gesuche brauchten.«

Aber Himmel und Hölle in Bewegung zu setzen, um einer nur entfernt bekannten Familie aus Langres weiterzuhelfen, bedeutete wohl mehr. Diderot wollte hier sicher nicht nur seine großzügige Hilfsbereitschaft oder seinen Einfluß als ehemaliger Provinzler, der in die große Welt aufgestiegen war, beweisen. In einem Brief an Madame Caroillon La Salette schrieb er: »Schließlich kann ich machen, was ich will, ich bleibe immer nur Deniseu Didereut, Bub des Meisters Didier Didereut, Schleifer mit dem Perlenzeichen in Langres. Sehen Sie, Madame, das dürfen Sie mich nicht vergessen lassen, indem Sie mich höflicher behandeln, als ich es verdiene.«

Die Reise seiner Frau nach Langres, der Empfang, der ihr zuteil wurde, der Segen, den er so indirekt von seinem Vater erhalten hatte, schlossen endlich eine lange Klammer und ließen die Wunde des Fernseins vernarben. Er, der Pariser Intellektuelle, dessen Ruf sich in ganz Europa verbreitete, konnte nun auch seine Wurzeln für sich in Anspruch nehmen. *Racine* (Wurzel) bedeutete im Dialekt von Langres »Kind«. In seinem Brief an Madame Caroillon wünschte Diderot den »jungen *racines* viel Gesundheit«. Nichts beweist, daß Diderot seit Angéliques Geburt den Plan gefaßt hatte, sie eines Tages mit einem Bürger aus Langres zu verheiraten. Aber er hat es getan.

Wie läßt sich das alles erklären – die Fürsorge Diderots für die Familie Caroillon, das Interesse an der Gesundheit und der Laufbahn ihrer Kinder, und schließlich der Entschluß, Angélique, sein über alles geliebtes und eifersüchtig behütetes Kind, einem gebürtigen Langrois in die Ehe zu geben, der ihm nicht einmal besonders am Herzen lag? Hier wirkte sicher der Zwiespalt mit, den Diderot zwischen seiner privaten *Person* und seiner öffentlichen *Persönlichkeit* empfand; zwischen den Lasten seines Privatlebens und der Freiheit seines Geistes. Man hat sich oft amüsiert über die Widersprüche dieses Schriftstellers, über sein Schwanken und seine Meinungsumschwünge, um daraus auf die Unentschiedenheit in seinem Denken oder die Allgegenwart seiner Dialektik zu schließen. Aber für Diderot lag der Widerspruch nicht im Denken und auch nicht in den Dingen, sondern im unterschiedlichen Rhythmus, der das Verhältnis zwischen Mensch und Dingen bestimmte. Nicht alles verlief im Gleichschritt. Beflügelt von Vernunft und Einbildungskraft, bewegte sich der Geist schneller voran als die Alltagsgebräuche, die ein schweres Gewicht mit sich schleppten: Gewohnheit, träge Sicherheit, die sentimentale Macht des Althergebrachten.

Der Philosoph Diderot vergaß nie wieder den Diderot, der aus Langres stammte. Der Verstandesmensch, der sich in die Höhe aufgeschwungen hatte, verachtete niemals, was ihn am Boden festhielt; was ihn als »Bub des Meisters Didier Didereut«, des »Schleifers«, ausmachte. Er hatte sich größtenteils gegen die väterliche Tradition, die Kirche, die patriarchalische Unterdrückung, den blinden Gehorsam gegenüber dem »Übervater« König emporgearbeitet; er hatte nicht einfach akzeptiert, daß man bis zum Tod in derselben Kaste verharren mußte, in die man hineingeboren worden war – vielleicht etwas wohlhabender und geehrter als zuvor. Aber im Alter der Reife war er stark und selbstsicher genug, um freiwillig den Tribut zu entrichten, den er schuldig war. Zum ersten und einzigen Mal fühlte er sich als Vater, und akzeptierte so, daß er Sohn war. Sein Konflikt mit Rousseau war nicht nur intellektueller und historischer Natur; beide hatten auch eine ganz andere Lebenseinstellung: Obwohl Rousseau ein pädagogisches System errichtete, wollte er nie Vater sein und überließ seine Kinder der öffentlichen Fürsorge. Diderot dagegen beschäftigte sich fast übertrieben mit der Erziehung seiner Tochter, mit ihrer Vorbereitung auf das Leben, ihrer Lektüre, ihren Bekanntschaften und den Bewerbern um ihre Hand. Er kümmerte sich um ihre Heirat und den materiellen Wohlstand des Paares. In diesem Bereich hatte er nicht den Ehrgeiz, sich als radikaler Philosoph zu verhalten, sondern wollte nur der brave Pariser Bürger mit starken Bindungen an die Provinz sein. Diderot war nicht der Mann, der seine Vergangenheit auslöschte. Das heißt nicht, daß er nach Kompromissen zwischen dem Alten und dem Neuen gesucht hätte, zwischen den alten Regeln der Welt und den neuen, die er aufzustellen half. Aber ihm war bewußt, daß sich nicht alles im selben Tempo entwickeln konnte und daß es ein Wahnsinn und ein Unglück wäre – und kein Vergnügen mehr –, alles nach demselben Pendelschlag regeln zu wollen. Selbst der Mensch alterte nicht in allen Körperteilen gleich schnell.

Die *Gedanken zur Interpretation der Natur*, 1753 zum ersten Mal erschienen, lassen erkennen, wie fasziniert der Philosoph von den reinen Ideen war – den reinsten überhaupt, denen, die einer mathematischen Logik entsprangen –, und wie heftig er gleichzeitig die Abstraktion kritisierte. Diderot, gestützt auf Bacon, suchte zu diesem Zeitpunkt noch nach einer Synthese zwischen dem Idealismus der *Enzyklopädie* – der davon ausging, das Individuum sei Maßstab und Mittelpunkt jeglicher Erkenntnis – und einem Realismus, der sich mit den Dingen selbst befaßte: »Die abstrakten Wissenschaften haben die besten Geister zu lange und zu wenig fruchtbringend beschäftigt. Entweder hat man nicht das erforscht, was erforschenswert war, oder man hat in seine Forschungen weder Standpunkt noch Anschauung, noch Methode gebracht; die Wörter haben sich endlos vermehrt, und die Sachkenntnis ist dabei zu kurz gekommen.«

Diderots Aphorismen waren gewissermaßen ein Gegenprogramm zur *Abhandlung über die Methode* von René Descartes: »Über die Natur will ich hier schreiben«, ist sein erster Satz. Mit dieser Erklärung machte er seine Absicht deutlich, den klassischen Rationalismus aufzukündigen – Schluß mit dem cartesianischen *cogito ergo sum*, Schluß mit der Auffassung, die Natur sei a priori mathematisierbar, weil nur die rationalen Denkmuster des menschlichen Geistes sie erkennen und strukturieren könnten.

Lassen wir unserem Denken freien Lauf, sagt Diderot, das Spiel mit Ideen, mit der Vernunft, ist für die Erkenntnis ebenso unentbehrlich wie es das dichterische Spiel mit Worten für die Schönheit ist; aber diese ästhetische Haltung ist kein Selbstzweck. Der Mensch sollte sich nicht ausschließlich selbst betrachten, sondern über sich hinaussehen. »Leider ist es leichter und weniger umständlich, sich selbst zu befragen als die Natur. Darum neigt die Vernunft dazu, bei sich selbst zu bleiben, und der Instinkt dazu, sich nach außen zu entfalten.«

Es lag in Diderots Natur, daß er sich nach außen wandte, über sich selbst hinaus – er wollte erkennen, was er *nicht* war. Die Vernunft gebietet, alle äußeren Erscheinungen im Rahmen der Regeln vernünftiger Logik zu rekonstruieren und zu ordnen. Die *Gedanken zur Interpretation der Natur* schlagen eine neue Synthese vor: die der Reflexion, die bestimmt ist von einem ständigen, nur ab und zu innehaltenden Hin- und Herpendeln zwischen den unendlich vielfältigen Naturvorgängen und der vereinheitlichenden und vereinfachenden Vernunft. Als Brücke zwischen ungeordnet wimmelnder Natur und rationaler Geschlossenheit war dies eine Denkweise, die sich nicht nur in einer Richtung bewegte – vom Reichtum der Natur zur

Entdeckung allgemeiner Formen –, sondern auch in die umgekehrte: »Alles läuft darauf hinaus, daß wir von den Sinnen zur Reflexion und von der Reflexion zu den Sinnen zurückkommen müssen. Unaufhörlich in sich gehen und aus sich herausgehen: das ist gewissermaßen die Arbeit der Biene. Viele Wege hat man vergeblich gemacht, wenn man nicht in den mit Wachs gefüllten Bienenstock zurückkehrt. Eine große Menge Wachs hat man nutzlos aufgespeichert, wenn man daraus keine Waben zu bilden vermag.«

Mit einem intellektuellen Gewaltstreich, maßgeblich für das Denken des 18. Jahrhunderts und das künftige wissenschaftliche Denken, ließ Diderot den Humanismus der Aufklärung hinter sich und ging weit über die bisherige Ideengeschichte hinaus; auch weit hinaus über den Positivismus, auf den man oft versucht hat sein Denken zu reduzieren: Der Mensch war für ihn nur ein Glied in der großen Kette der Natur und nicht etwa der Mittelpunkt; aber er besaß die Fähigkeit, die Art der Verkettung zu begreifen.

Damit nahm Diderot auch die Revolution in der Wissenschaftsgeschichte vorweg, die unsere heutige Modernität kennzeichnet: Er stürzte die absolute Herrschaft der Mathematik, um den Wissenschaften vom Leben auf den Thron zu helfen. Mit dem Nachdruck und der mangelnden Differenzierung eines Propheten verkündete Diderot den Tod der Mathematik, der abstrakten Wissenschaft von den allgemeinen Eigenschaften – was man ihm stets als Dummheit vorgeworfen hat. Tatsächlich sah er nicht vorher, daß die reine Mathematik sich selbst revolutionieren und vom Allgemeinen befreien würde, um zum abstrakten Zufall zu gelangen. Weder die cartesianische Mathematik noch Newtons Physik könnten den geringsten Aufschluß über die Erscheinungen des Lebens geben, kritisierte Diderot und eröffnete mit dieser Kritik einen Raum, den die Biologie besetzen sollte – und zwar mit äußerst lohnenden Ergebnissen.

Natürlich hatte Diderot nicht allein diese riesige Bresche geschlagen: im Bereich des Denkens ist nichts jemals vollkommen neu; nicht einmal die verrücktesten Ideen. In den *Gedanken zur Interpretation der Natur* spiegeln sich Anschauungen, die Maupertuis zur gleichen Zeit in seinem *Système de la nature* zum Ausdruck brachte. Maupertuis wiederum übernahm in seinen Thesen sowohl Gedanken von Leibniz wie von dessen unbeugsamem Gegner Newton.

Lange hielt sich hartnäckig die Legende, Diderot sei nur ein bestechendes und volltönendes Sprachrohr der originellsten Gelehrten seiner Zeit gewesen, ein außergewöhnlicher philosophischer Journalist, der in einer besonders unbeständigen Zeit eine besonders feine Nase für die heftigen unterirdischen Erschütterungen des *logos*, des *ethos* und der *psyche* gehabt habe. Das allein würde ihm einen bedeutsamen Platz in diesem 18. Jahrhundert sichern, das zum ersten Mal eine Teilung der einzelnen Wissenschaften vornahm. Aber zum Schaden seines akademischen Rufs begnügte sich Diderot nicht damit, wortgewandter Spiegel der Kräfte zu sein, die hier wirkten – dieser Ahnungen, Zukunftsvisionen, Durchbrüche, dieses gewaltigen, fieberhaften, kritischen Unternehmens. Im Namen der Natur formulierte Diderot bereits die Kritik an den Resultaten der Aufklärung.

Hier müssen wir uns einen Augenblick lang mit Diderots sogenannter »Geschwätzigkeit« beschäftigen. Er hatte eine ganz eigene Art, seinen Gesprächspartner mit einem Schwall von Worten, Exkursen, Dialogen, Gedankenfragmenten und unzusammenhängenden Bemerkungen zu überschütten – eine bunte Mischung, die erhaben und trivial, ernst und komisch, sanft und schneidend sein konnte. Diderots Zeitgenossen beurteilten diese berühmte »Geschwätzigkeit« je nach persönlichem Geschmack oder weltanschaulicher Richtung, der sie zuneigten: Die einen sahen darin eine ganz neue, originelle und mitreißende Kunst der Konversation, die anderen eine fast krankhafte, anstößige Lächerlichkeit, die deutlich machte, wie vulgär dieser Autor war. Auf beiden Seiten beurteilte man die Ästhetik des Diskurses: *avoir de l'esprit*, »geistreich sein« – eine ganz besondere, eine auszeichnende intellektuelle Qualität –, das hieß für die *classiques*, die »Traditionellen«, daß man in leichten und raschen Strichen ein Bild entwerfen konnte und die Fähigkeit der Intelligenz zur Synthese einsetzte; die *modernes* erwarteten auch, daß man das ganze Feuerwerk von Phantasie und Gefühl abbrannte. Diderots »Geschwätzigkeit« ist untrennbar verbunden mit seiner Auffassung von Schönheit – wie man später bei seinen *Salons* sehen wird –, und diese wiederum ordnet sich ein in ein umfassenderes Gesamtbild, ein großes Ganzes, das sich ständig in Entwicklung befindet.

Diderots »Geschwätzigkeit«, diese unzusammenhängende und manchmal widersprüchliche Ansammlung verschiedener »Standpunkte« zur Realität, war die einzige Möglichkeit auszudrücken, daß eben kein Standpunkt, kein Blickwinkel, keine Wissenschaft und keine allgemeine Formel die Vielfalt oder die Dynamik der Wirklichkeit jemals erschöpfend erfassen kann. Diderot erklärte nicht nur (frei nach Shakespeare), daß es mehr Gegenstände zwischen Himmel und Erde gibt, als unsere Schulweisheit sich träumen läßt, sondern auch, daß sich diese Gegenstände ständig und unvorhersehbar verändern. Die unerschöpfliche Erfindungskraft der Natur sprengt und widerlegt eines Tages jedes Erklärungssystem. Der Wortreichtum der Sprache entspricht dem Erscheinungsreichtum der Wirklichkeit. Jedes System, jeder starr festgelegte, methodische Diskurs neigt dazu, das Feld des Möglichen einzuengen, Regeln vorzuschreiben und die Zukunft entsprechend der Vergangenheit und der Gegenwart aufzubauen. Dem hält Diderot eine unendliche Fülle von Möglichkeiten entgegen; er wagt sich auf unerforschte Wege, stellt Hypothesen auf, die als undenkbar galten, und läßt sich auf eine Denkweise ein, die nie ihre Resultate betrachtet, sondern jeden Zielpunkt als Sprungbrett benützt, um sich weiter in unbekannte Gebiete abzustoßen.

Wir finden uns hier weit entfernt von dem engen, systematischen und alles in Regeln zwängenden Rationalismus der Aufklärung, mit dem man häufig immer noch das gesamte Denken des 18. Jahrhunderts gleichsetzt. Weit entfernt auch von einer Philosophie des aufsteigenden Bürgertums, das darauf erpicht war, ein Inventar der Welt aufzustellen, wie es auch seinen Besitz inventarisierte: indem es alles mit einem Etikett versah, einordnete, zusammenfaßte, abwog und hierarchisch gliederte. Der Koordinator der *Enzyklopädie* erklärte laut und deutlich, daß dieses Monument, das er unter Gefahr für seine Gesundheit, sein eigenes Werk und seine Freiheit errichtete, nur ein vorläufiges Gebäude war, ein notwendigerweise fehlerhaftes Abbild der Begegnung zweier in Bewegung befindlicher Elemente: des menschlichen Denkens und der Natur.

Aber wenn die Natur ein ständiger Schöpfungsprozeß mit unzähligen Formen, Bewegungen und Wandlungen war, konnte dann überhaupt noch Wissenschaft möglich sein, oder war das Wissen selbst nichts anderes als eine Illusion, wie die Skeptiker behaupteten? Diderots Enthusiasmus, seine Lebendigkeit und die Dynamik seines ganzen Wesens machten ihn für die Apathie des Skeptizismus denkbar ungeeignet. Er war zu neugierig auf alles, um den Gedanken, daß die Wahrheit unerreichbar sei, lange zu ertragen. Er nahm einfach an, daß die Wahrheit ebenso wie die Welt nicht statisch war. Die Wissenschaft stellt zu einem gegebenen Zeitpunkt fest, welches Gleichgewicht zwischen den Kräften und Formen der Natur herrscht. So meinte Diderot etwa, die Annahme eines ursprünglichen organischen Moleküls als Prototyp und grundlegende Einheit aller lebenden Strukturen sei die »Vermutung«, die dem Wissensstand seiner Zeit über die Welt und ihre Lebewesen am besten entsprach. Sein Materialismus war kein Dogma, sondern gründete sich auf die Hypothese, die er für die befriedigendste hielt und die er dem Kreuzfeuer seiner eigenen Kritik aussetzte.

Zugleich überschritt Diderot im Bereich der Naturwissenschaften eine Grenze, die weder Buffon oder Linné noch die wagemutigsten Naturforscher des 18. Jahrhunderts zu überschreiten gewagt hatten; er machte den Schritt zur Abstammungslehre, die erst Darwin ein Jahrhundert später systematisierte: »Im Tier- und Pflanzenreich nimmt ein einzelnes Wesen einen Anfang, wächst, lebt, verfällt und vergeht. Sollte es bei ganzen Arten nicht ebenso sein? Wenn uns der Glaube nicht lehrte, daß die Tiere aus den Händen des Schöpfers so hervorgegangen seien, wie wir sie sehen, und wenn es erlaubt wäre, auch nur die geringste Ungewißheit über ihren Anfang und ihr Ende zu haben, könnte dann der sich ganz seinen Spekulationen überlassende Philosoph nicht vermuten: die Tierwelt habe seit aller Ewigkeit ihre eigentümlichen, in der Masse der Materie verstreuten und vermischten Elemente gehabt; es sei zur Vereinigung dieser Elemente nur deshalb gekommen, weil die Möglichkeit dafür bestanden habe; der aus diesen Elementen entstandene Embryo habe zahllose Gestaltungen und Entwicklungen erfahren und nacheinander Bewegung, Empfindung, Ideen, Denkvermögen, Überlegung, Bewußtsein, Gefühle, Leidenschaften, Zeichen, Gebärden, Laute, artikulierte Laute, Sprache, Gesetze, Wissenschaften und Künste bekommen; Millionen Jahre seien über jeder dieser Entwicklungen verflossen; er werde vielleicht weitere Entwicklungs- und Wachstumsstufen durchlaufen, die uns unbekannt sind [...].«

In *D'Alemberts Traum*, 1769 beendet, findet man den verstärkten, fast dramatischen Widerhall eines Universums, das in gewisser Weise vom beständigen Werden und Vergehen seiner Formen lebt: »Wer kennt die Tiergeschlechter, die uns vorausgegangen sind, und wer die Tiergeschlechter, die den unsrigen folgen werden? Alles verändert sich, alles vergeht, nur das All bleibt. Die Welt beginnt und endet unaufhörlich; sie ist in jedem Zeitpunkt an ihrem Anfang und an ihrem Ende; [...] In diesem unermeßlichen Urmeer der Materie gibt es kein Molekül, das einem anderen gliche, und kein Molekül, das sich auch nur einen Moment lang selber gliche.« Diderot hat sich hier weit über die Träume des humanistischen, optimistischen und gebieterischen 18. Jahrhunderts hinausgeschwungen. Der Mensch war für ihn weder selbst alles noch Herr über alles. Er war nur ein – wenn auch spätes – Glied in der Kette, eine sicher vorübergehende Erscheinung, auf jeden Fall winzig und vergänglich und ohne eine Möglichkeit zu wissen, ob eine glückliche Zukunft vor ihm lag. Man begreift, warum Diderot vom 19. Jahrhundert verachtet wurde und bis zur Mitte unseres Jahrhunderts unbekannt blieb.

Die *Gedanken zur Interpretation der Natur* wurden schlecht aufgenommen: Das Jahrhundert der Aufklärung – und dabei besteht kein Unterschied zwischen den Philosophen und ihren Widersachern – verstand nicht viel von dem, was Elisabeth de Fontenay in einer schönen Verkürzung den »verzauberten Materialismus« Diderots genannt hat. Man hielt ihn für einen »hoffnungslosen Metaphysiker«, schlimmer noch, für einen »unergründlichen« Metaphysiker. Da man nicht verstehen konnte, was er sagen wollte – für fast sämtliche seiner Zeitgenossen gehörten Diderots »Abstammungslehre« und seine dynamische Dialektik in den Bereich des »Undenkbaren« –, gab man seiner Ausdrucksweise die Schuld, seinem »überbordenden« Stil, seinem »undurchschaubaren Wortschwall, der ebenso nichtssagend wie gelehrt ist«, seinem »erhabenen Kauderwelsch« (Friedrich II.). La

Harpe faßte das alles in einem Epigramm zusammen: »Nie ist die Natur besser verhüllt worden, als wenn Diderot sie erklärt hat.«[10] Sicher kritisierte man wie zu allen Zeiten die Unklarheit des Stils, um zu kaschieren, daß man den Gedankengang nicht verstand, aber das Unbehagen, das die Redakteure des *Année littéraire*, des *Journal de Trévoux* oder des *Journal des Savants* angesichts von Diderots Schreibweise empfanden, war durchaus echt: der »Überfluß«, die Exkurse, das langsame Vorantasten, die scheinbar ungeordneten Gespräche, bei denen man vom Hundertsten ins Tausendste kam, der unablässige Wechsel zwischen allgemeinen und »erhabenen« Ideen und völlig trivialen Beschreibungen schockierte die Leser. Sie begeisterten sich für vereinfachende Klarheit, methodische Verknüpfung und logische Beweise, die in eine Sprache – das analytische Französisch – übersetzt waren, die die Tugend der Verständlichkeit bis zur höchsten Stufe ausgebildet hatte. Diderots Stil war für sie ebenso unerträglich wie seine Gedanken inakzeptabel: Seine philosophische Revolution konnte ihren Ausdruck nur durch eine literarische Revolution finden. Die neue intuitive Erfassung der Welt, die biologische, genetische und dialektische Konzeption der Natur gehört untrennbar zu einer biologischen, genetischen und dialektischen Schreibweise. Fragmentarisch ist dieser Stil, zersplittert und zerrissen; vereinheitlicht wird er durch denselben Antrieb, der ihn hervorgebracht hat.

Diderot litt vermutlich unter diesem Unverständnis. Nicht nur, weil er seinem ganzen Wesen nach ein kommunikativer und kontaktfreudiger Mensch war, der sich nach außen öffnete und auf Austausch mit anderen angewiesen war, sondern auch, weil er an seine Philosophie den Anspruch gesellschaftlicher Nützlichkeit stellte. Die Suche nach der Wahrheit wird narzißtisch, wenn sie nicht einhergeht mit dem Wunsch, die Früchte dieser Suche der Allgemeinheit mitzuteilen. Populärwissenschaftliche Darstellungen und das Bemühen um praktische Anwendbarkeit sind nicht nur Nebenprodukte der Wissenschaft, sondern die gesellschaftliche Rechtfertigung aller Philosophie. Diese Pflicht zur Nützlichkeit war die Kehrseite zu den Rechten und der Macht, die diese Philosophen für sich beanspruchten: »Eilen wir uns, die Philosophie populär zu machen. Wenn wir wollen, daß die Philosophen vorangehen, sollten wir das Volk näher an den Punkt heranbringen, an dem die Philosophen stehen.« Die Avantgarde verdorrt und verknöchert, sie verliert sich in Selbstbetrachtung, wenn es ihr nicht gelingt, mit der Gesellschaft in Verbindung zu treten. Diderot vergaß niemals diesen grundlegenden Ausgangspunkt jedes intellektuellen Abenteuers.

Aber wie konnte er diese notwendige Verbindung mit seiner Zeit und die nicht weniger notwendige Geistesfreiheit, die auf völlig neue, unerhörte und – für den Augenblick oder dauerhaft – einsame Wege führte, miteinander versöhnen? Wie so häufig registrierte Diderot den Widerspruch, ohne zu versuchen, ihn mit einem rhetorischen Zauberstreich oder mit dogmatischen Antworten zu lösen. Wie so viele andere Fragen betrachtete er auch diese immer wieder von allen Seiten, unterzog sie jeder möglichen Kritik, überprüfte sie anhand seiner eigenen Lebenserfahrung, tränkte sie mit Worten, um sie wie mit einem Magensaft verdaulicher zu machen. Er ertrug sie, und zugleich überhöhte und entwertete er sie.

Diderots Dynamik, seine Begeisterung und seine enorme Energie, die er so großzügig verschwendet, lassen manchmal vergessen, was er, der nichts zu verbergen schien, nur in kurzen Augenblicken der Niedergeschlagenheit äußerte: Selbstzweifel, nackte Einsamkeit, Schmerz darüber, daß man ihn nicht verstand. »Wenn die Welt der Gewalt, der Unwissenheit, dem Fanatismus und den Leidenschaften preisgegeben ist, wozu ist dann der Philosoph nütze? Zu nichts. Der Philosoph ist nur ein aufdringlicher Schwätzer, den der Minister erwürgen lassen sollte, und Montesquieus Metier ist nutzloser als das des Schusters.« Doch derselbe Mann, der das geschrieben hatte, setzte stolz, wenn auch voll Schmerz, auf die Zukunft: »Wer beschlossen hat, sich mit dem Studium der Philosophie zu befassen, muß nicht nur mit physischen Hindernissen rechnen, die in der Natur seines Gegenstands liegen, sondern auch mit moralischen Hindernissen, die ihm ebenso in den Sinn kommen müssen wie allen anderen Philosophen vor ihm. Wenn er also bedrängt, falsch verstanden, verleumdet, bloßgestellt und zerrissen wird, so möge er sich sagen: ›Ist es vielleicht nur in meinem Jahrhundert und nur bei mir so, daß es Menschen voller Unwissenheit und Bosheit gegeben hat, Seelen, die von

Neid zerfressen, Köpfe, die von Aberglauben verwirrt sind?‹ Wenn er manchmal glaubt, sich über seine Mitbürger beklagen zu müssen, so möge er sich sagen: ›Ich beklage mich über meine Mitbürger: aber wäre es möglich, sie alle zu fragen, ob sie lieber Autor der *Nouvelles ecclésiastiques* oder von Montesquieus Werk sein wollten; Autor der *Lettres américaines* oder von Buffons Werk; gäbe es einen einzigen, der, so er ein wenig Urteilskraft besitzt, noch zaudern könnte? Daher bin ich sicher, daß ich eines Tages das einzige Lob ernten werde, an dem mir etwas liegt, wenn ich das Glück hatte, es zu verdienen.‹«

Diese Hoffnung auf die Nachwelt sollte sich später in ein Bild vom Menschen, von der Natur und der Unsterblichkeit der Materie einordnen, das zugleich materialistisch und poetisch war. In einem Brief an Falconet aus dem Jahre 1766 ging Diderot in einer schönen lyrischen Anwandlung so weit zu schreiben: »Die Sphäre, die uns umgibt und in der man uns bewundert, die Zeitdauer, während der wir leben und unser Lob hören, die Zahl der Bewunderer, deren verdientes Lob wir ernten – all dies ist zu klein für das Fassungsvermögen unserer ehrgeizigen Seele; vielleicht finden wir uns von den gebeugten Knien der gegenwärtigen Welt nicht ausreichend für unsere Arbeit belohnt. Zu jenen, die uns zu Füßen liegen, gesellen wir die anderen, die noch nicht neben ihnen knien. Allein diese unbegrenzte Zahl von Anbetern kann einen Geist zufriedenstellen, der in seinem Feuer stets nach dem Unendlichen strebt. [...] Sie sehen, mein Freund, daß ich mich über all dies lustig mache, daß ich über mich und all die anderen ähnlich unvernünftigen Köpfe spotte: nun gut, ich will Ihnen gestehen, wenn ich in die Tiefe meines Herzens blicke, so finde ich dort dieses Gefühl, über das ich mich lustig mache, und mein Ohr, das mehr zur Eitelkeit neigt als zur Philosophie, hört in diesem Augenblick sogar einige kaum wahrnehmbare Laute aus diesem fernen Konzert...«

Die Mißtöne im Konzert seiner eigenen Zeit, das Unverständnis, auf das er stieß, der Vorwurf der Extravaganz machten Diderot dennoch trauriger, als er zu erkennen gibt. Die Nachwelt war ein Trost; sie war für den Philosophen, was das Jenseits für den Christen ist. Doch die Süße einer Zukunft, die erst nach dem Tod beginnt, reichte nicht immer aus, um den Leiden der Gegenwart heiter die Stirn zu bieten. Diderot war kein glücklicher Philosoph. Er schritt vorwärts, hüpfte und sauste drauflos; er spielte allen Fröhlichkeit und Bewegung vor, aber jede Geste, jedes Lachen und jede Anwandlung seiner Phantasie erzeugte einen Strudel um ihn, der ihn isolierte. Für dieses Jahrhundert, das die Schnelligkeit entdeckte, war er ein wenig zu schnell. Nur ein wenig – sonst hätte man ihn für verrückt erklärt. Er hätte sich gerne als weiser, abgeklärter Philosoph dargestellt, doch das gelang ihm nicht, und er wußte es. Das beherrschende Bild des Weisen, der Regeln für eine vernunftbeherrschte Gesellschaft aufstellte: man würde es eines Tages ersetzen müssen durch ein anderes, dynamisches Bild, einen anderen Typ von Organisation, deren Prinzip nicht die einigende Mitte, sondern der Rand war, an dem die Widersprüche zutage traten. Um die theoretische Lücke zu schließen, die ihn von seinen Zeitgenossen trennte, suchte Diderot Zuflucht bei einem explosiven Begriff: dem Begriff des Genies.

Diderot war klassisch und modern, Schriftsteller seiner eigenen und Mensch einer ganz anderen Zeit, ein Weiser und ein Narr. Er traf keine Wahl, nicht aus Bescheidenheit oder Zurückhaltung, nicht aufgrund wechselnder Launen, sondern weil diese große Kluft eben die Voraussetzung seiner Denkbewegung war: eine unendliche und ständige Abfolge von Unausgewogenheiten:

> Lorsque sur mon sarcophage,
> Une grande Pallas, qui se désolera,
> Du doigt aux passants montrera
> Ces mots gravés: Ci gît un sage;
> N'allez pas, d'un ris indiscret,
> Démentir Minerve éplorée,
> Flétrir ma mémoire honorée,
> Dire: Ci gît un fou... gardez moi le secret.

> Wenn einst, nach meinem Tod, auf meinem Grabstein ihr
> Minerva trauern seht, mit schmerzlicher Gebärde,
> den tränenschweren Blick herabgesenkt zur Erde,
> die Worte eingraviert: *Ein Weiser ruhet hier.*
> So werde euch der Sinn darob nicht heiter,

straft nicht Minerva Lügen, wie sie weint,
schont mein Gedächtnis, ob's euch ehrenvoll nicht scheint,
sprecht nicht: *Hier ruht ein Narr* – laßt mein Geheimnis mir.

Grimm beteuerte gegenüber Diderot einmal, er sei »für eine andere
Welt geschaffen«. Diderot, dieser Vermittler, dieser kontakt- und ge-
sprächsfreudige Mensch, gestand ihm: »Ich weiß nicht, ob das wahr
ist, aber sicher ist, daß ich nun bald fünfzig Jahre lang in dieser Welt
ein Fremder bin, daß ich ein Leben nachahme, das nicht das meine
ist, daß ich mich ohne Unterlaß der Haltung der anderen anpasse und
wie ein Hund bin, der lernt, auf zwei Beinen zu laufen. Was aus mir
herauskommt, kommt nie dem gleich, was in mir vorgeht.«
  Bevor wir weiter dem munteren Verlauf der »Erfolgsstory« vom
hartnäckigen und siegreichen Kampf eines Mannes gegen die Unbe-
weglichkeit seiner Epoche folgen, war es wichtig, die Leere, das
Schwindelgefühl und das Leid auszuloten, die Ausgangspunkt dieser
Eroberung waren.

KAPITEL
8

Der dritte Band der *Enzyklopädie* erschien im November 1753 nach
einer »öffentlichen Bekanntmachung«, die d'Alembert unterzeichnet
hatte, weil die Obrigkeit ihn als weniger gefährlich einschätzte als
Diderot. Aber die Veröffentlichung des vierten Bandes beunruhigte
die für das Buchwesen Verantwortlichen. Tatsächlich behandelte er
im Laufe seiner alphabetischen Anordnung ein besonders heikles
Thema, die Bulle *Unigenitus*.

Die Angelegenheit war nicht neu, aber die religiösen Kämpfe dieser Zeit flackerten immer wieder auf, so leidenschaftlich und gehässig
befehdeten sich die jeweiligen Parteien. 1671 hatte Pater Pasquier
Quesnel, der das Oberhaupt des Jansenismus war und im Amsterdamer Exil lebte, seine *Réflexions morales sur le Nouveau Testament*
(Moralische Betrachtungen zum Neuen Testament) veröffentlicht, die
die moralische Laxheit der Jesuiten anprangerten. Sein Werk wurde
von der Bulle *Unigenitus*, die Papst Clemens XI. 1713 erließ, als ketzerisch verurteilt. Ein Teil des französischen Klerus, darunter auch
Prälaten, war stark vom Jansenismus beeinflußt und weigerte sich, die
päpstliche Bulle anzuerkennen. Erst vierzig Jahre später wurde dieser
Widerstand schwächer: Christophe de Beaumont, Erzbischof von Paris und Jesuitenfreund, befahl seinem Klerus 1752, all jenen die Kom-
munion zu verweigern, die nicht durch einen »Beichtzettel« nachwei-
sen konnten, daß sie die Bulle *Unigenitus* anerkannten.

Das war das Signal für eine neue politisch-religiöse Fehde. Der
Pariser Gerichtshof, das *Parlement*, in dem die Jansenisten großen
Einfluß hatten, mißbilligte öffentlich den Hirtenbrief des Erzbi-
schofs. Ludwig XV. mußte eingreifen. Als höhere Instanz wies er den

Gerichtshof an, die Entscheidung des Erzbischofs de Beaumont zu akzeptieren. Erneute Weigerung, Vorhaltungen des Gerichtshofs, wiederholter Befehl zur Annahme, nochmals bestätigte Weigerung. Durch einen königlichen Haftbefehl wurde der Gerichtshof in der Nacht vom 8. auf den 9. Mai 1753 aufgelöst und seine Große Kammer – die immerhin von Strafverfolgung verschont blieb – nach Pontoise abgeschoben.

Aber während Ludwig die immer wieder aufflackernde Rebellion des Gerichtshofs niederzuschlagen versuchte, wollte er sich zugleich gegen den Herrschaftsanspruch der Jesuiten schützen: 1754 wurde Christophe de Beaumont nach Conflans verbannt. Denn bei dieser Auseinandersetzung ging es nicht nur um theologische Fragen. Hinter den geistlichen und mystischen Querelen zeichnete sich die Frage nach der Macht ab: Wer sollte den Geist der Menschen formen und lenken? Die 3 300 Jesuitenbrüder und Patres, die in 134 Ordensschulen versammelt waren, machten den Oratorianern* das Recht streitig, die Elite des Königreichs heranzubilden. Die Jesuiten unterrichteten in ihren kleinen Schulen, ihren Kollegien und Seminaren; sie stellten Beichtväter – die oft großen Einfluß auf ihre Beichtkinder hatten –; aus ihren Reihen kamen Prediger, deren Worte gehört und oft in den entferntesten Landstrichen leidenschaftlich nachempfunden und diskutiert wurden. Sie veröffentlichten eine Unzahl kleiner Handbüchlein, in denen sie weit mehr verbreiteten als nur theologische oder wissenschaftliche Kenntnisse. Kurz, sie waren die Kader eines regelrechten geistigen Universums.

Natürlich konnte die Monarchie nicht gleichgültig reagieren auf das philosophische Unterfangen zur kritischen Neubewertung des gesamten geistigen Gebäudes, auf dem ihre Legitimität beruhte. Ebensowenig aber konnte sie in dieser Zeit, in der sich zum ersten Mal eine öffentliche Meinung herausbildete, ignorieren, welche Macht die Jesuiten auf die Köpfe und das Verhalten ausübten – eine

---

* Die Oratorianer waren ein Zusammenschluß selbständiger Gemeinschaftshäuser (= Oratorien), in denen Priester und Laien ohne Gelübde zusammenlebten und sich der Wissenschaft und der Akademiker-Seelsorge widmeten. (A.d.Ü.)

Macht, die ihre Rivalen gern ausgeübt hätten. Das führte schließlich dazu, daß 1759 die *Enzyklopädie* verboten und 1764 die Gesellschaft Jesu ausgewiesen wurde. Aber 1753 zögerte der König noch. Bei solch komplizierten stürmischen Angelegenheiten verbot man am besten, daß darüber gesprochen wurde: »Wir haben zu allen Zeiten erkannt, daß Stillschweigen das wirksamste Mittel ist, um die öffentliche Ruhe und Ordnung wiederherzustellen.«

In diesem Sinne schrieb auch Malesherbes (ein wenig verlegen) an Diderot: »Da Sie mir womöglich darlegen würden, es sei unmöglich, diesen berühmten Erlaß in einem Universallexikon stillschweigend zu übergehen, komme ich Ihren Einwänden zuvor und erlaube Ihnen zu schreiben, daß die *Constitution Unigenitus* eine Bulle ist, die 101 Lehrsätze von Pater Quesnels Predigt verurteilt; anschließend können Sie kurz und knapp die drei oder vier wesentlichen Fakten, wie die Annahme durch die Bischöfe, die Registrierung durch das *Parlement* etc. darstellen; und streichen Sie vor allem sämtliche Reflexionen über das Thema.«[1]

Malesherbes wollte in erster Linie die lächerliche Situation vermeiden, daß die *Enzyklopädie,* verfaßt von notorischen Antiklerikalen, plump die offizielle Haltung verteidigte, um so einen neuen Konflikt zwischen Regierung und Gerichtshof zu schüren. Aber daß Diderot und d'Alembert überhaupt die Möglichkeit hatten, sich bei einem scheinbar theologischen Streit zu Schiedsrichtern – wenn auch zu böswilligen – aufzuwerfen, verrät einiges darüber, wie paradox und verworren diese Zeit war.

Obwohl die Herausgeber der *Enzyklopädie* von Malesherbes zwar wohlwollend, aber aufmerksam überwacht wurden, waren sie auf dem Gipfel ihres Erfolgs. D'Alembert wurde 1754 in die Académie française aufgenommen; die Verleger schlossen mit Diderot, der gedroht hatte, seine Arbeit einzustellen, einen wesentlich vorteilhafteren Vertrag – 2 500 Livres pro Band plus 20 000 Livres bei Beendigung des Werks; dieser Vertrag konnte »aus keinem vorstellbaren Vorwand oder Grund widerrufen« werden.

Als Krönung dieses öffentlichen Ruhms lachte Diderot auch privat das Glück. Im Herbst 1754 hielt er sich lange bei seiner Familie in Langres auf, wo er den Letztgeborenen der Familie Caroillon, Caroillon de La Charmotte, über das Taufbecken hielt. Er hatte Freundschaften erneuert und das fröhlich-derbe, ein wenig vulgäre Klima wiedergefunden, in dem er sich so wohl fühlte. Stolz hatte er seinem Vater den vierten Band der *Enzyklopädie* schicken lassen. Er hatte sogar bereits mit der Familie Caroillon über die eheliche Zukunft der fünfzehn Monate alten Angélique gesprochen. Wieder zurück in Paris, schrieb er an Caroillon La Salette: »Ich habe eine kleine Tochter, der ich soviel Bildung und Vermögen hinterlassen will, wie ich nur kann, damit sie ihres kleinen Freiers würdig ist. Was Erbschaften betrifft, habe ich keine allzu großen Skrupel. [...] Wir lullen die gute Tante ein; und wenn wir dann wohlhabend sind, müssen Sie uns den Gatten geben, den Sie uns versprochen haben. Sie sehen, was für ein ausgekochter Politiker ich bin. A propos, wie geht es denn dem kleinen Ehemann?« Achtzehn Jahre später fand die Hochzeit statt.

Diderot spielte gewandt und zufrieden die Rolle des verlorenen Sohnes, der zurückgekehrt war, nachdem er in Paris Erfolg gehabt hatte – ein aufmerksamer Sohn und zärtlicher Bruder, ein hilfsbereiter Verbündeter und verantwortungsbewußter Vater, der bereits an die bürgerliche Zukunft seiner Tochter dachte. Er war so sensibel für seine Umgebung und die Luft, die er atmete, daß man errät, wie er in Langres von einem anderen Leben träumte, von dem ruhigen, heiteren Los eines kleinen Provinznotabeln, der er hätte werden können. Der hyperaktive Pariser, begierig auf Austausch und Kommunikation, behielt sich insgeheim die Möglichkeit vor, auf alles zu verzichten, die Wonnen und die Qualen des gleißenden Pariser Lichts hinter sich zu lassen, um in der Landschaft seiner Kindheit unterzutauchen. Diese Vorstellung blieb seine Notreserve, wenn er sie auch niemals in die Tat umsetzte.

In Paris arbeitete er stets wie besessen. Er bemühte sich, den Mitarbeiterkreis der *Enzyklopädie* zu erweitern, um ihre Qualität zu verbessern und mehr Personen von hohem Ansehen zur Teilnahme zu bewegen. Er selbst schrieb zwar nun weniger Artikel, doch dafür umfangreichere, so etwa den bewundernswerten Artikel »Enzyklopädie«, der im Herbst 1755 im fünften Band erschien. In diesem Band findet sich auch eine schöne »Lobrede auf den Präsidenten Montesquieu«. Der Autor von *Über den Geist der Gesetze* war im

Frühjahr gestorben. Aus dem Kreis der Philosophen war Diderot der einzige in seinem Trauerzug. Wie Rousseau geschrieben hat: »Von all den zahlreichen Literaten in Paris war Monsieur Diderot der einzige, der dem Trauerzug folgte. Glücklicherweise war er es auch, der die Abwesenheit der anderen am wenigsten spüren ließ.«[2]

Mit seiner Teilnahme an Montesquieus Begräbnis wollte Diderot seine Aufmerksamkeit für ein Werk bekunden, dessen politische und wissenschaftliche Bedeutung von wenigen seiner Zeitgenossen erfaßt wurde. Zudem trat er als Vertreter, wenn nicht gar als Oberhaupt der gesamten »Partei der Philosophen« auf. Von all den Rollen in seinem Leben spielte er diese sicherlich mit der größten Inbrunst. Das ging nicht immer ganz ohne Selbstgefälligkeit ab, etwa wenn er in der dritten Person von sich sprach: »Man hatte ihm den Beinamen ›der Philosoph‹ gegeben, weil er ohne Ehrgeiz geboren war und ein ehrbares Gemüt hatte, und weil niemals Neid seine Sanftheit und seinen Frieden störte. Im übrigen waren sein Auftreten ernst, seine Sitten streng, seine Rede karg und einfach. Der Mantel eines Philosophen war fast das einzige, was ihm fehlte, denn er war arm und zufrieden mit seiner Armut.«

Lassen wir die Armut, den Mangel an Ehrgeiz und Neid einmal durchgehen. Auch die Schlichtheit, zumindest in der Kleidung – er trug ewig einen schwarzen Anzug, graue Socken und keine Perücke. Aber Ernsthaftigkeit des Auftretens und Schlichtheit der Rede – hier widersprechen alle Zeitgenossen einhellig. Präsident de Brosses, der Diderot 1754 kennengelernt hatte, schilderte einen »freundlichen Burschen, sanft, liebenswert; ein großer Philosoph und scharfsinniger Denker, der aber ständig in Exkurse abschweift. Gestern zählte ich in der Zeit von neun bis ein Uhr, während der er bei mir in meinem Zimmer war, derer fünfundzwanzig.«[3] Im Gespräch ereiferte er sich rasch, er unterbrach die anderen, rutschte auf dem Stuhl herum, packte seinen Gesprächspartner beim Revers oder klopfte ihm auf die Schenkel, um seine eigene Argumentation stärker zu betonen. Und seine Sittenstrenge war relativ. Wie Diderot selbst eingestand, war er als junger Mann ein Tunichtgut gewesen, der ein ziemlich liederliches Leben geführt hatte. Als Ehemann war er nicht gerade ein Ausbund an Tugend. Sein unglückseliges Abenteuer mit Madame de

Puiseux scheint ihn nicht zur absoluten Treue bekehrt zu haben. Aber er war auch kein Libertin.

Seine lange Liebesbeziehung zu Sophie Volland, die erst mit dem Tode endete, hatte weder etwas mit dem galanten Geplauder à la Marivaux zu tun noch mit dem Stil des *Embarquement pour Cythère*, weder mit der kalten Sinnlichkeit der *Gefährlichen Liebschaften* von Choderlos de Laclos noch mit dem keuschen, romantischen Narzißmus von Goethes *Leiden des jungen Werther*. Diderot als Liebhaber war, ähnlich wie seine Bücher, ganz von seinem Jahrhundert geprägt und dennoch darüber hinausgehend: Er entwarf eine ganz neue Art der Gefühlsbeziehung.

Die gewollte oder erzwungene Diskretion, die diese Liaison umgab, macht sie noch undurchschaubarer. Was wir über die Beziehung zwischen Diderot und seiner Freundin wissen, verdanken wir fast ausschließlich den 187 Briefen des Schriftstellers an Sophie, die heute in der Bibliothèque nationale aufbewahrt werden. Nichts von anderen Zeitgenossen; nichts von Sophie selbst: ihre Briefe an Diderot sind vernichtet; das einzige geschriebene Zeugnis aus ihrer Hand ist ihr Testament, in dem sie »Monsieur Diderot sieben, in rotes Maroquinleder gebundene Bände der *Essais* von Montaigne und einen Ring, den ich meine Pauline nenne«, vermacht.

Daß kein einziges Porträt von ihr überliefert ist, verstärkt noch die Romantik des Unbekannten. Diderot besaß zwei Bilder von ihr, die er aber nie beschrieben hat. Sie sind verschwunden, zweifellos für immer.

Über Sophie wissen wir daher nur, was Diderots Briefe an sie gewissermaßen reflektieren und was aus diesen Reflexionen abzuleiten ist: Sie war mehr als eine Person, sie war eine literarische Persönlichkeit, die uns in diesen Briefen von innen her gezeigt wird, durch ihre Wirkung auf den Erzähler und Geliebten.

Die Forscher haben über ihre Person und ihre Herkunft einiges zutage gefördert. Louise Henriette Volland – von Diderot Sophie genannt – war vier Jahr jünger als Diderot. Sie war also neununddreißig Jahre alt, als er sie – höchstwahrscheinlich – im Herbst 1755 kennenlernte. Über ihr Aussehen wissen wir nur, daß sie eine »kleine, magere Hand« hatte und eine Brille trug.

Ihr Vater, Jean-Robert Volland, der den Posten des »Generalinspekteurs der Pachtgüter Seiner Majestät« innegehabt hatte, war 1750 gestorben. Ihre Mutter, Elisabeth Françoise Brunel de La Carlière, war die Tochter des ersten Arztes am Hofe des Herzogs von Berry. Das Ehepaar Volland hatte drei Töchter; die älteste, die 1715 geborene Marie-Jeanne, hatte Pierre Vallet de Salignac geheiratet, den Steuereinnehmer des Herzogs von Orléans; die dritte und jüngste, Marie-Charlotte, vermählte sich 1749 »noch minderjährig« mit Jean-Gabriel Le Gendre, einem Ingenieur in königlichen Diensten.

Die Vollands gehörten also zum gehobenen Bürgertum. Man lebte in Paris, war aber auch Herr auf Isle-sur-Marne, einem hübschen Schloß in der Nähe von Vitry-le-François. Daß Louise-Henriette mit fast vierzig Jahren noch nicht verheiratet war, zeigt vermutlich, daß sie sich sträubte und gegen den Druck wehrte, den ihre Mutter sicher auf sie ausgeübt hatte. Das hieß jedoch auch, daß Mademoiselle Volland trotz ihres Alters in Abhängigkeit von ihrer Mutter lebte, die sie kontrollierte und über ihren Ruf, wenn nicht gar über ihre Tugend wachte.

Sophie war vermutlich zart; zweifellos jedoch hatte sie einen freien und lebhaften Geist. Auf jeden Fall gehörte sie zu der Sorte von Frauen im 18. Jahrhundert, die selbstsicher genug waren, um den intellektuellen Umgang mit Männern nicht zu scheuen. In dieser Hinsicht war sie sogar so außergewöhnlich, daß Grimm darüber staunte: »Sophie, woher haben Sie nur diese Leidenschaft für die Philosophie, die Ihrem Geschlecht und Ihrem Alter sonst ganz unbekannt ist? Wie kommt es, daß Sie in der normalerweise vergnügungssüchtigen Jugendzeit, als Ihre Gefährtinnen nur darauf bedacht waren zu gefallen, Ihre Vorzüge mißachtet oder vernachlässigt haben, um sich dem Nachdenken und dem Studium zu widmen! Wenn es stimmt, wie Tronchin sagt, daß die Natur, als sie Sie erschaffen hat, Vergnügen daran fand, die Seele eines Adlers in einer Hülle aus Gaze zu beherbergen, so denken Sie zumindest daran, daß es Ihre erste Pflicht ist, dieses einzigartige Werk zu heiligen.«[4]

»Sophie ist Mann und Frau, wie es ihr gerade gefällt«, schreibt ihr Diderot. Für ihn war diese schillernde Zwiespältigkeit vielleicht ihr fesselndster Reiz.

Man vermutet, daß er sie in der Rue des Vieux-Augustins, bei Vallet de La Touche – Salignacs Bruder, der mit den Gönnern Diderots, den du Pins, verschwägert war – kennengelernt hat. Er gewöhnte sich an, Sophie am Donnerstagvormittag und am Sonntag zu besuchen. Die noch erhaltenen Briefe Diderots strahlen so wenig sinnliche Leidenschaft aus, daß sogar behauptet wurde, die beiden Liebenden hätten lediglich keusche Schwüre ausgetauscht. Doch ein Brief Diderots an Grimm vom 1. Mai 1759 läßt keinen Zweifel. Diderot erwähnt darin eine »schmale Treppe«, die ihm intimere Besuche bei Sophie ermöglichte, und das Drama, als Madame Volland ihre List entdeckte und in das Zimmer ihrer Tochter kam: »Sophie und ich blieben wie angewurzelt stehen, ihre Mutter öffnete einen Sekretär, nahm ein Papierstück heraus und verließ das Zimmer. Seither ist die Rede davon, daß sie auf ihr Gut fahren will, und diesmal soll die Tochter mit. Sie verschleppen sie mir aufs Land, damit sie dort vor Langeweile umkommt. Schöne Zukunftsaussichten sind das!«

»Die schmale Treppe ist zusammengebrochen«, beklagte sich Diderot später, fügte jedoch hinzu: »Manchmal benutzen wir sie aber noch. Vorausgesetzt, die Umstände verraten uns nicht wieder.«

Diderot und Sophie waren ein Liebespaar. Zu Beginn ihrer Liaison fürchtete Diderot oft, Madame Volland könnte sie trennen. Aber allein daß man die Art ihrer Beziehung in Zweifel ziehen konnte, zeigt ihre Doppeldeutigkeit.

Diese beiden waren kein gewöhnliches Liebespaar. Sie liebten sich ihr ganzes Leben lang, und Diderot überlebte Sophie Vollands Tod nur um vier Monate. Doch ihre Leidenschaft scheint beständig zwischen Realität und Literatur zu schwanken, zwischen Begehren und Worten. Sie ist eine Art von Begehren, das sich sofort in Worte verwandelt: ein poetischer Akt.

Ist ihre Liebesgeschichte nur Literatur? War Sophie, so wie Petrarcas Laura oder Ronsards Kassandra – ganz zu schweigen von Aragons Elsa – nur ein Vorwand, eine erfundene Rolle, die Gestalt annahm und in erster Linie die Figur eines Buches mit dem Titel *Briefe an Sophie Volland* sein sollte? Die *Briefe an Sophie* sind tatsächlich ein bemerkenswerter Briefroman, wie er damals in Mode war. Um seinen romanhaften Charakter zu unterstreichen, könnte man meinen, beginnt er mit dem Hinweis auf eine Lücke, die die Neugier der Leser erwecken und langweilige Vorreden vermeiden soll: »Die ersten 134 Briefe sind verlorengegangen.« Man springt sofort hinein ins Geschehen: »Gestern abend um acht Uhr sind wir nach Marly aufgebrochen. Um halb elf kamen wir an.« Und die Heldin dieses »einstimmigen Dialogs«, wie Jacques Chouillet die Briefe einmal sehr zutreffend genannt hat, erscheint erst im zweiten Kapitel, nach einer ländlichen Träumerei, die als »Ouvertüre« dient.

Zudem besteht kaum ein Zweifel, daß Diderot der literarische Wert seiner Briefe an Sophie durchaus bewußt war. Manche seiner »großen Briefe« sind wahre Essays, die er ebenso wie seine Hauptwerke, die er in der Schublade liegen hatte, dem Urteil der Nachwelt unterwarf. Diderot hatte es nicht gewagt, sein eigenes Ich – so wie Rousseau in den *Bekenntnissen* – zum einzigen Gegenstand eines Buchs zu machen. Die Versuchung zur Autobiographie hat er in die Briefe an Sophie verlagert und zwar auf seine Weise, die nicht narzißtisch, sondern theatralisch ist: Sophie Volland ist die ideale Zuschauerin für diese Inszenierung des privaten Ichs, das sich in den verschiedensten Äußerungen selbst darstellt.

Diderots Theatralik war kein literarischer Trick, und es ist kein Widerspruch zu behaupten, daß Diderot Sophie leidenschaftlich liebte und die junge Frau zudem ein wunderbarer literarischer Ansporn für ihn war.

Da Diderot beide Register – das intime und das philosophische – zugleich zog, konnte er die Durtonart wählen, aber alles mit einem zärtlichen, betäubenden Mollklang untermalen: Er wendet sich an uns alle, aber es ist nur seine Sophie, an die er schreibt. Der schönste Briefroman der französischen Literatur ist nicht weniger bezaubernd, weil es ein wahrer Roman ist, an dem der Autor sein Leben lang schrieb.

Wie jeder wahre Roman stellt auch dieser seine Rätsel. Diderot schrieb Sophie über jedes nur erdenkliche Thema – über den Tod, über seine intuitiven Vermutungen zur belebten Materie, über das Warten, die Langeweile, die Eifersucht und die Natur; über Wissenschaft, Mathematik und Moral. Immer wieder schrieb er von seiner Liebe, selbst in den sachlichsten Briefen – aber von seinem sinnlichen Verlangen sprach er kaum, erwähnte nur Trennung und Frustration.

Noch seltsamer wirkt es, daß Diderot, der zu Sophie sprach »wie zu einem Mann«, der nichts gegen einen frivolen Witz oder eine schlüpfrige Anspielung hatte, mit keiner Silbe etwas über den Körper seiner Geliebten verrät. Er sagt ihr immer wieder, sie sei schön – nun gut. Er erwähnt ihr »kleines, zartes Händchen«, aber das ist auch alles. Dieser Liebhaber, der die größte Mühe hatte, mit seiner Geliebten zusammenzukommen, der monatelang von ihr getrennt lebte und das Leid dieser Trennung auf herzzerreißenden Seiten, in wunderbaren Liebesgedichten ausdrückte, scheint jegliche Erotik aus seiner Phantasie verbannt zu haben.

Den Autor der *Indiskreten Kleinode* kann man kaum bezichtigen, zu prüde oder befangen zu sein, um über die körperliche Liebe zu schreiben; noch dürfte der Verfasser des *Enzyklopädie*-Artikels »Orgasmus« dem Thema Sexualität völlig gleichgültig gegenübergestanden haben. Und der materialistische Philosoph gehörte sicher nicht zu denen, die einen radikalen Strich zwischen geistiger und sinnlicher Liebe zogen; immerhin schrieb er Sophie ganz ohne Umschweife, selbst bei der erhabensten Liebe seien »immer auch die Hoden ein wenig beteiligt«.

Eine Erklärung könnte sein, daß Sophie selbst, ihre Familie und später Diderots Erben eine Auswahl trafen und gewisse Passagen der Korrespondenz, die man zu anstößig fand, beseitigten. Aber eine solche »Anstandszensur« hätte andere Stellen übersehen, die in ihren Anspielungen wesentlich beunruhigender sind als jeder Ausdruck von Sinnlichkeit. In einem Postskriptum zum Brief vom 17. September 1760 schreibt Diderot merklich verstört: »Ich entnehme dem unleserlichen Brief, daß Madame Le Gendre ständig bei Ihnen ist oder sein wird. Ich bin so überspannt geworden, so ungerecht, so eifersüchtig; Sie sagen mir so viel Gutes über sie und dulden so wenig, daß man einen Fehler an ihr bemerkt, daß [...] ich meinen Satz nicht zu beenden wage! Ich schäme mich so sehr über das, was in mir vorgeht; aber ich kann nichts dagegen tun. Ihre Frau Mutter behauptet, ihre Schwester liebe hübsche Frauen, und sicher ist, daß Madame Le Gendre Sie sehr liebt; und dann diese Nonne, die ihr so gefallen hat; und diese wollüstige, zärtliche Art, in der sie sich manchmal über Sie beugt; und ihre Hand, die Sie so besonders fest drücken! Adieu! Ich bin wahnsinnig. Ach, mögen Sie doch wünschen, daß ich es nicht bin. Adieu, adieu. Werde ich dieses traurige Wort noch lange sagen müssen?«

Hatte Madame Le Gendre, Sophies Schwester, von Diderot Uranie genannt, gewisse »Neigungen« für manche Frauen; hat sie diese Neigungen mit Sophie geteilt, oder geht es hier nur um eine Wahnvorstellung Diderots, geboren aus zu großer Frustration? Nach allem, was wir über Uranie und ihre Ehe mit dem wenig attraktiven Le Gendre wissen, war sie nicht gerade ein Muster an Tugend. Die Gemahlin des königlichen Ingenieurs für die Normandie hatte eine entschiedene Neigung zum Brücken- und Straßenbauamt. 1766 war sie die Mätresse des Ingenieurs Vialet; einige Monate später begann sie ein Verhältnis mit dem Vorgesetzten ihres Gatten, dem ersten Ingenieur Perronet, der die Brücke von Neuilly errichtet hatte. Diderot diente übrigens häufig als »Alibi« für ihre Rendezvous. Monsieur Le Gendre schloß die Augen und hoffte, die Reize seiner Frau würden seine Karriere fördern.

Diderot war wenig angetan von der Rolle, die man ihn spielen ließ. Er gab keine Ruhe, bis er Uranie dazu gebracht hatte, mit ihren Liebhabern Schluß zu machen; aber hieß das nicht, sie um so sicherer in Sophies Arme zurückzutreiben? Das Thema Eifersucht wurde in den Briefen zu einer wahren Besessenheit: »Wo sind Sie augenblicklich? Etwa in Châlons? Vergessen Sie mich dort im Trubel der Feste und in den Armen Ihrer Schwester? Madame, schonen Sie ein wenig Ihre Gesundheit, und denken Sie daran, daß das Vergnügen in Strapaze ausarten kann.« Zwei Wochen später, am 7. Oktober 1760, schrieb er: »Warum höre ich nichts mehr von Ihnen? Ah! Meine Freundin, die liebe Schwester ist an Ihrer Seite; Sie vergessen mich! Sie vernachlässigen mich. [...] Woher kommt dieses Schweigen? Füllt Ihre Schwester denn so völlig die Augenblicke aus, die Sie nicht mit Ihrer Mutter verbringen, daß Sie keinen einzigen Augenblick mehr für mich haben?« Und weiter: »Uranie will also nicht glauben, daß ich sie hasse; sie will es um keinen Preis. Doch ich habe viele Gründe; und wäre es dieser eine, daß sie mich oft in den Augen jener Frau demütigte, die ich liebe, so reichte dieser bereits, um meine Worte für bare Münze zu nehmen. [...] Sagen Sie Madame Le Gendre [...], sagen Sie ihr, Sie seien wahnsinnig in mich verliebt, und Sie werden sehen, daß diese kleine Lüge sie erblassen läßt. [...] Und ich soll sie nicht hassen! [...] Ach! nein...«

Diderot haßte sie in der Tat nicht. Ein Schritt weiter im empfindsamen Ausdruck von Enthusiasmus und Phantasie, und er mußte zugeben, daß er auch sie liebte: »Wir werden uns näherkommen, meine Freundin, wir werden uns näherkommen; diese Lippen werden sich auf jene pressen, die ich liebe. Solange ich warte, erlaube ich nur Ihrer Schwester, Ihren Mund zu berühren. Ich leide nicht, ich könnte sogar fast sagen, es gefällt mir, ihre Stelle einzunehmen. Es kommt mir vor, als würde ich ihre Seele zwischen der Ihren und der meinen halten. Eine Schneeflocke, die vielleicht zwischen zwei glühenden Kohlen schmilzt.« Und drei Jahre später, als seine Briefe immer häufiger an beide Schwestern gerichtet waren, schrieb er: »Ich beglückwünsche Sie beide, teure Schwestern, daß Sie einander haben. Im Geiste werde ich mich oft zwischen der einen und der anderen befinden, Ihre Hände zwischen die meinen nehmen und nicht wissen, welche von beiden ich am meisten liebe; ich bin ebenso Freund der Älteren wie der Jüngeren; mein Respekt und meine Wertschätzung gelten beiden gleichermaßen. [...] Wenn Diogenes fort ist, werden Sie mich Uranie überlassen, bei der ich fünf oder sechs Jahre lang Sylphe sein werde. Am Ende dieser Zeit, wenn der Kopf schwächer wird, die Vorurteile auf den Ruinen von gesundem Menschenverstand und Vernunft wiedererstehen, das Haar weiß wird und der Rücken krumm, werde ich der Älteren den Arm reichen, um mit ihr in die Kirche zu gehen und all die süßen Tollheiten zu beweinen, die ich der Jüngeren gesagt hätte, und alle, die ich mit der Schwester gerne gemacht hätte. Ich liebe Sie wie am ersten Tag. Ich begehre Sie und warte auf Sie wie bei unserer ersten Trennung. Ich bin Ihnen treu – als würde mich das große Mühe kosten! Allem, was ich tue, fehlt nur das Verdienst, mir schwerzufallen.«

Das ist eine zumindest etwas verworrene Gefühlslage. Um die konstante Grundmelodie einer Liebe, die ein ganzes Leben lang gleich bleibt »wie am ersten Tag«, ranken und verschlingen sich komplexe, widersprüchliche und dissonante Motive, die sich aber schließlich vereinigen zum Traum einer ewigen Harmonie, in der sie ihren Frieden finden: »Sie aus der ganzen Welt entführen, Sie in irgendeinen Winkel der Erde zu bringen, wo ich Sie sehen, Sie hören, Sie lieben, Sie anbeten und Sie ganz für mich haben kann, während ich ganz der Ihre bin – das ist ein Traumbild, das mich nicht losläßt.«

Diderot liebte Sophie, er liebte Uranie, er liebte seine Tochter Angélique und er liebte Grimm; und die Worte, die er verwendet, die Stilfiguren, die er kreiert, um seine Liebe auszudrücken, ähneln einander. Bei dieser Gefühlsverwirrung muß man auch den Anteil der damaligen Sprache und einer Art von semantischem »Eroberungsfeldzug« berücksichtigen: Der enthusiastische Stil mit seiner stürmischen, ungezügelten Vitalität setzte sich über die Grenzen des Terrains der Gefühle hinweg, wie sie im Zeitalter der Klassik so sorgfältig gezogen worden waren. Durch in den verschiedensten Krisensituationen ausgiebig vergossene Tränen glich sich der Körper seiner übervollen Seele an.

Aber der Wunsch nach Einheit und Verschmelzung, die beständige Suche nach dem anderen, der wie man selbst ist, stieß schnell an Grenzen: Der Mythos des Hermaphroditen trieb das 18. Jahrhundert zwar um, und in der Literatur trat eine Unzahl von jungen Männern in Mädchenkleidung und Frauen, die sich als Männer ausgaben, auf. Doch diese Identitätsverwirrung wurde nur benannt oder auf der Bühne dargestellt – man denke an Beaumarchais' Chérubin –, um sofort in den Bereich einer vorübergehenden Verirrung, der Lust an Verkleidung verwiesen zu werden; wenn man den Zwitter nicht überhaupt zur Kategorie der Mißgeburten zählte. Die Utopie von einer Welt, in der sich alle Unterschiede aufheben – die große Utopie der Aufklärung –, wich hier erschrocken vor den Konsequenzen der eigenen Kühnheit zurück. Jaucourt bezeichnete die Teilung der Geschlechter und ihrer Funktionen in der *Enzyklopädie* als unveränderliche Grundlage der Natur: »Die Natur verwechselt ihre wahren Zeichen und Siegel niemals für immer; am Ende zeigt sie schließlich den Charakter, der das eine Geschlecht vom anderen unterscheidet; und wenn sie ihn hin und wieder bei Kindern in mancher Hinsicht verschleiert, läßt sie ihn im Alter der Pubertät zweifelsfrei erkennen.«

Wenn Diderot über Sophie sagte, sie denke und fühle wie ein Mann, lesen wir aus seinen Worten Bewunderung und Begehren – den Wunsch, der ihn zu einem Alter ego zog –, aber auch eine gewisse Unruhe, Schatten einer sexuellen Undifferenziertheit, die als Anomalie empfunden wird. Sein Verlangen nach Uranie bereitete ihm keine Probleme; sie war nur Frau. Aber konnte er Sophie, die Mann und Frau war, anders lieben als er Grimm liebte, von ganzem Herzen und aus der ganzen Weite seiner Gefühlswelt heraus? Wenn Mademoiselle Volland (er bestand auf der Anrede »Mademoiselle«, denn konnte eine reife, unverheiratete Frau, die nie ein Kind gehabt hatte, wirklich ganz Frau sein?) allein bei ihm war, wenn er sie in den Armen hielt, konnte er die Bisexualität seiner Freundin sicher vergessen; aber das Paar war zumeist getrennt, oft mehrere Monate lang. Bleiben nur Briefe, Worte, Phantasien und Gedankenaustausch. Sophie war weiterhin eine Frau, aber sie war auch der Spiegel, in den Diderot sich projizierte, sein Zuschauer, sein Alter ego. Ihr *sagte* er »süße Tollheiten«, aber mit Uranie hätte er sie gerne *gemacht*.

Weniger die Zeit oder das Alter linderten die Spannung des Begehrens und den Schmerz der langen Abwesenheit, als vielmehr Diderots im Laufe wiederholter Krisen gewonnene Erkenntnis, welche »Funktion« Sophie in seinem Leben – völlig untrennbar von ihrer literarischen Funktion – erfüllte. Auch wenn er einen Augenblick daran gedacht hatte, sich von seiner Frau zu trennen, um bei Sophie zu leben; auch wenn er seiner Freundin manchmal schrieb, wie sehr er sich wünsche, sie hätte ihm seine geliebte Angélique geschenkt: Er wußte zu gut, daß das Getrenntsein die wahre Triebkraft ihrer Beziehung war, das dynamische Element, die Bedingung seines literarischen Überlebens – kurz, seines Überlebens überhaupt. Das Leben war ein Hauptbestandteil seines literarischen Schaffens, doch noch stärker trifft zu, daß die Literatur eine entscheidende Wirkung auf sein Leben hatte und die heftigsten Widersprüche besänftigte, indem sie ihnen Ausdruck verlieh.

Diderot war nicht der einzige, den dieser Widerspruch zwischen der aufklärerischen Sehnsucht nach Universalität und der kulturell überlieferten – und für natürlich gehaltenen – Geschlechterteilung mit Unruhe und Mißbehagen erfüllte. Keiner unter den Philosophen dieses Jahrhunderts blieb von dieser Debatte um die »Weiblichkeit«, einer zentralen Figur in den sozialen und sexuellen Phantasien der Zeit, verschont. Für manche – etwa Voltaire, Leibniz oder Kant – lag die Antwort in einem militanten und frauenverachtenden Junggesellentum: Während sie den Priestern ihr Zölibat vorwarfen (das sie ihnen andererseits streitig machen konnten), erklärten sie für ihr eigenes Leben, die Ehe sei für schöpferische Geister unvorstellbar und unerträglich. Der »mönchische Philosoph« also, sozusagen geschlechtslos oder selbstkastriert – selbst wenn Voltaire und Madame du Châtelet vorübergehende sexuelle Beziehungen zueinander hatten, die eher freundschaftlicher als leidenschaftlicher Natur waren.

Rousseau gründete die Paarbeziehung in der *Neuen Héloïse* (der Titel erinnert an die Allgegenwart des Abaelard-Komplexes in den Phantasien der Epoche) auf eine geläuterte Rolle der Frau als Ehefrau, Mutter und Hausfrau, die er der intellektuellen, koketten und widernatürlichen Frau entgegenstellte, wie sie im Pariser Philosophenmilieu zu finden war. Dennoch verfolgte ihn die »schöngeistige Frau« weiterhin in seinen literarischen Träumereien und seinem persönlichen Verhalten: Seine Beziehung zu Thérèse, einer guten Hausfrau mit einem »Charakter ohne Arg«, paßte zwar genau in seinen Mythos von der Harmonie einfacher Herzen, aber das hinderte ihn nicht, über seine häusliche Einsamkeit als Philosoph zu seufzen, der keine Gesprächspartnerin habe, deren »gebildeter Geist allein den Umgang angenehm gestaltet«. »Es ist eine traurige Sache für einen Familienvater, dem es in seinem Heim gefällt, wenn er sich dort in sich selbst verschließen muß und sich niemandem verständlich machen kann.«

Man könnte die Liste beliebig fortsetzen; etwa mit Jean d'Alembert, seiner vermutlichen Homosexualität und seiner platonischen Beziehung zu Julie de Lespinasse, mit der er seit 1776, als er mit vierzig Jahren endlich aus der Wohnung seiner Amme auszog, in der Rue Saint-Dominique zusammenlebte. Oder mit Condorcet, der impotent war; mit Grimaud de la Reynière, der im Essen eine Ersatzbefriedigung suchte. Auch in der ausschweifenden *libertinage* de Sades,

Mirabeaus oder Crébillons; in den zahllosen Wahnbildern von Harems oder eingesperrten Frauen, die in der Literatur kursierten und die Phantasie der Reisenden anregten, äußerte sich dieses Unbehagen.

Das Ganze wurde zusätzlich noch überlagert von der zwiespältigen gesellschaftlichen Stellung dieser Intellektuellen, die von den *gens du monde* der vornehmen Gesellschaft empfangen und gefeiert und durch sie »nach oben gezogen« wurden. Diese Schriftsteller und Philosophen waren versucht, das sexuelle und eheliche Verhalten der Oberschicht nachzuahmen, wußten aber zugleich – wenn nicht, dann wurde es ihnen schnell beigebracht –, daß ihre Legitimation und ihre Macht nur aus der Fähigkeit rührten, ein neues Modell vorzuschlagen und zu fördern – hierin ihren Feinden und »Seelenverwandten«, den Priestern, ähnlich.

Das Paar Denis-Sophie bewegte sich auf diesem stürmischen Meer, stets gefährdet, Schiffbruch zu erleiden. Die »Überfahrt« mag wohl kaum ruhig gewesen sein, aber sie gelang. Selbst wenn Sophie bald eher Freundin als Geliebte war, verleugnete Diderot nie seine Liebe und hielt Liebe und Lust nie völlig auseinander. Ebensowenig reduzierte er, wie etwa Buffon, die Liebe auf die körperliche Lust: »Ich kann unter keinen Umständen dulden, daß man den Menschen auf allen vieren kriechen läßt oder die Leidenschaft, die sowohl die kriminellsten wie die tugendhaftesten Handlungen auslösen kann, auf einige Tropfen wollüstig vergossener Flüssigkeit reduziert. Ich kann nicht dulden, daß man aus dem Beherrscher der Götter wie der Menschen ein gewalttätiges, brutales und stummes Tier macht, oder gar einen kleinen, faden, nach Ambra und Moschus duftenden, honigsüßen Dummkopf. Das ist nicht das richtige [...] Ein Liebhaber, wie ich ihn verstehe und wie ich einer bin, ist ein äußerst seltenes Wesen.«

Ein Leben lang vereinten Denis Diderot und Sophie Volland Leidenschaft und Zärtlichkeit in einer Umarmung, bei der das Schreiben Anteil hatte an der Wollust und auch die Tugend eine Form der Liebe war. »Ich weiß nicht«, schrieb Diderot an Sophie, »ob mein Gefühl nicht weit über allen Prüfungen des Lebens steht. Ja, ich bin zufrieden mit meinem Herzen. [...] Ah! Meine Freundin, Liebe und

Freundschaft sind für mich mehr als für den Rest der Menschen! [...] Liebe, Freundschaft und Religion stehen an der Spitze der heftigsten Leidenschaftlichkeit im Leben.«

KAPITEL

9

1756 schrieb Paul Landois, unbekannter Autor eines bürgerlichen Trauerspiels, der für die *Enzyklopädie* einige kurze Artikel über Malerei verfaßt hatte, einen langen Brief an Diderot, in dem er sein Erstaunen ausdrückte, daß er für seine Arbeit noch nicht bezahlt worden sei. Der Mann war lästig, denn er war beleidigt und wollte den Herausgeber der *Enzyklopädie* beschuldigen, daß er ihn bestohlen habe. Diderot hatte schon öfter Briefe von unzufriedenen, aufdringlichen Autoren bekommen. Er hatte mit beruhigenden Zusicherungen, ehrlichen Beteuerungen, ein wenig Humor und der angemessenen Herzlichkeit geantwortet. Diesmal aber wurde er wütend.

Um seine Gesundheit stand es nicht zum besten. »Es ist mir recht schlecht gegangen und geht immer noch nicht besser«, schrieb er an Caroillon. »Meine Brust war ganz angegriffen. Trockener Husten. Furchtbare Schweißausbrüche. Schwierigkeiten beim Sprechen und beim Atmen.« Als Behandlung hatte man ihm Milch und trockenes Brot verordnet; eine Qual für jemanden wie ihn, der eine gute Küche schätzte.

Die Arbeit an der *Enzyklopädie* beanspruchte Diderot zu sehr. Er leitete das ganze Unternehmen, schrieb zahlreiche Artikel, korrigierte Satzfahnen, überredete Autoren von Rang zur Mitarbeit, überarbeitete mittelmäßige Beiträge, beriet sich mit den Druckern und gab Anweisungen an die Zeichner und Graveure, die mit den ersten Bildtafeln begannen. Doch damit nicht genug; er mußte auch weiterhin um sein Lexikon kämpfen. Die Gegner hatten die Waffen nicht gestreckt. Der Erzbischof von Paris überhäufte Malesherbes und den engen Kreis des Königs weiterhin mit ungehaltenen Protestnoten gegen die Zensoren, die bei ihrer Arbeit nicht den gebührenden Eifer zeigten. Doch zu diesen gewohnten Widersachern kamen nun neue hinzu, die ebenso gefährlich waren: andere Wissenschaftler, die neidisch waren auf den Erfolg der *Enzyklopädie* und ihr Konkurrenz machen wollten. Samuel Forney etwa, ständiger Sekretär der Königlich-Preußischen Akademie, wollte eine »kleine Enzyklopädie« herausgeben, die das Originalwerk in verkürzter und korrigierter Form übernehmen sollte. Der einflußreiche Réaumur, der Diderot verabscheute, zollte sofort laut Beifall: »Das enzyklopädische Lexikon, Monsieur, schien mir entweder zu lang oder viel zu kurz, um seinen Titel zu rechtfertigen. [...] Ich denke, die verkürzte Ausgabe, die Sie daraus machen wollen, ist ein Projekt, das dem Publikum willkommen sein dürfte. Die geplanten Streichungen, die Sie ankündigen, entsprechen dem allgemeinen Geschmack, glaube ich.« Um das Maß voll zu machen, beschuldigte der ehrenwerte Physiker die Herausgeber der *Enzyklopädie* des Diebstahls und des Plagiats: »Ich habe lange an sehr ausführlichen Beschreibungen vieler Handwerkskünste gearbeitet, die bereits vor Jahren erschienen wären, wenn ich nur die Zeit gefunden hätte, sie drucken zu lassen, oder nicht den Wunsch gehabt hätte, zugleich einen bedeutenderen Folgeband herauszugeben, so daß nahezu alle dieser Künste enthalten gewesen wären. Ich habe mehr als hundertfünfzig Kupferstiche im Folio-Format herstellen lassen, sehr ansprechende Bildtafeln, und besitze noch viele andere, die nur gezeichnet sind. Ich hätte der literarischen Welt mit einem Aufschrei den Diebstahl der Stiche kundtun und Schritte unternehmen können, um mein Recht einzufordern. Die Untreue und Nachlässigkeit meiner Graveure (einige von ihnen sind bereits verstorben) haben es gewissen Leuten, die in ihrem Vorgehen nicht gerade zimperlich sind, ermöglicht, Probeabzüge dieser Stiche zusammenzutragen. Man hat sie neu stechen lassen und für das enzyklopädische Lexikon übernommen. Ich habe ein wenig spät erfahren, daß man mir die Frucht jahrelanger Arbeit geraubt hat. So gab ich lieber vor, nichts davon zu wissen, als meine Ruhe zu stören, indem ich mein Eigentum zurückforderte.«[1]

Diese Anschuldigung hinterließ Spuren. Diderot und seine Verleger forderten natürlich eine Untersuchung. Der offizielle Ausschuß der Akademie der Wissenschaften bescheinigte, er habe unter den Stichen der *Enzyklopädie* »keine Kopie der Bildtafeln Monsieur de Réaumurs erkannt«. Dem Plan einer »gekürzten Enzyklopädie« verweigerte Malesherbes seine Zustimmung. Doch diese neuerlichen Kämpfe erschöpften Diderot; er reagierte gereizter und schroffer als zuvor.

Diese üble Laune bekam nun Landois zu spüren. In Diderots Antwortbrief ging es um weit mehr als um die Beschwerde eines kleinen Zeilenschinders. Landois' Anschuldigungen gaben dem Philosophen Anlaß zu einer leidenschaftlichen Erörterung über die Moral, die sich nicht mehr nur an den eigentlichen Adressaten, sondern an viel nähere Freunde wandte. In seinem Zorn gegen Landois verfaßte Diderot eine theoretische Abhandlung, die für manche seiner nahen Gefährten inakzeptabel war.

Er prangerte die »verabscheuungswürdige Moral« seines Briefpartners an, eine »kleinliche Moral in den Augen des Philosophen – teils wahr, teils falsch, teils engstirnig«, um die seine um so klarer darzustellen, und zwar ganz unmißverständlich, ohne die kluge Vorsicht, die er noch in den *Philosophischen Gedanken* hatte walten lassen: »Schauen Sie genau hin, so werden Sie sehen, daß das Wort *Freiheit* ein Begriff ist, der keinen Sinn hat; daß es keine freien Wesen gibt noch geben kann; daß wir nichts anderes sind, als was der allgemeinen Ordnung, unsrem Organismus, unsrer Erziehung, der Verkettung der Ereignisse entspricht. [...] Wir lassen uns von der wundersamen Vielfalt unsrer Handlungen täuschen, zu der sich die Tatsache gesellt, daß wir uns von Geburt an daran gewöhnt haben, das Freiwillige mit dem Freien zu verwechseln.«

Auf einigen Seiten entwirft Diderot die Grundlagen einer streng materialistischen und mechanistischen Moral: »Es gibt nur eine Art von Ursachen im eigentlichen Sinn: die physischen.« Wie alle anderen Bestandteile der Natur ist der Mensch nicht frei; aber er ist veränderbar und kann sich den allgemeinen Bedürfnissen der Gesellschaft anpassen. Moralisches Handeln ist nichts anderes als dieser Wandlungsprozeß. Worte und rationale Überlegungen gehören dazu, aber konkrete Beispiele, etwa das Schauspiel, das alle Sinne zugleich anspricht, hinterlassen einen weit tieferen Eindruck und erzeugen eher die emotionale Erschütterung, die zu dieser Wandlung führt. Der moralische Mensch, der Philosoph, mußte daher ein Beispiel geben, sowohl in seiner Selbstdarstellung als auch in seinem Werk: Bisher hatte Diderot nichts über das Theater geschrieben, aber hier finden sich die Grundlagen seiner empfindsamen und erbaulichen Dramentheorie, in der er das schöpferische Individuum den Geboten der gesellschaftlichen Moral unterordnet.

Diderots Materialismus, seine Erklärung, es gebe »weder Laster noch Tugend«, sondern nur Menschen, die gut oder schlecht handelten – »Einen Menschen, der Böses tut, muß man vernichten, nicht bestrafen; das Gute tun ist ein glücklicher Zufall, keine Tugend« –, brachte ihn dem Baron d'Holbach näher und entfernte ihn ein Stück weiter von Rousseau und d'Alembert. Seine Beziehung zu dem Mathematiker d'Alembert war immer freundschaftlich, aber etwas distanziert gewesen. Diderot bewunderte ihn als Gelehrten, fand ihn als Schriftsteller mittelmäßig, als Philosophen unverständlich und als Menschen zu sehr auf akademische Ehrungen erpicht, um ganz und gar vertrauenswürdig zu sein. Ganz unmerklich und schmerzlos entfernten sich Diderot und d'Alembert immer weiter voneinander.

Anders verhielt es sich mit Rousseau. Beide Männer waren von leidenschaftlichem Naturell und höchst empfindsam. In ihren Schriften engagierten sich beide mit Leib und Seele. Diderot behielt dabei die Lust am Gedankenspiel und Gedankenstreit und blieb tolerant und humorvoll, während Rousseau, erfüllt von einer Art dumpfer Wut, stets geneigt war, sich verfolgt zu fühlen. Er sah sich als Opfer finsterer Komplotte, die darauf abzielten, ihn aus dem Kreis der Philosophen auszuschließen – in den er seinem eigenen Empfinden nach eingedrungen war wie ein Dieb –, und er tat alles, um seine Befürchtungen zu rechtfertigen.

Am meisten verdroß es Rousseau, daß seine Freunde ihn nicht ernst nahmen. Seine Schmähschrift gegen die Philosophen im Vorwort des *Narziß* hatten sie nur achselzuckend zur Kenntnis genommen; sie schienen zu glauben, daß Rousseau das Paradox auf die Spitze trieb, um von sich reden zu machen. Auch als er im April 1756 aus dem Pariser Leben floh und sich in die *Eremitage,* ein Häuschen seiner Freundin Louise d'Épinay in der Nähe von Montmorency, zurückzog, sahen die Enzyklopädisten darin nur eine Pose, eine kindische Provokation. Rousseau wolle sich rar machen, meinten sie, doch das sei nur eine Augenblickslaune. Für sie war es unvorstellbar, daß jemand Zivilisation, das kultivierte Leben und den ideologischen Kampf aufgab, um sich in einem gottverlassenen Nest einzuschließen.

Rousseaus Empfindungen waren vielleicht wirklich so ähnlich. Er langweilte sich. Wenn er sich aus Paris zurückzog, würde doch Paris sich nicht von ihm zurückziehen, hatte er erwartet; viele seiner Freunde würden ihn besuchen und die Freuden der Sommerfrische mit ihm teilen. Doch Paris kam nicht. Also verachtete man ihn – oder schlimmer: man schmiedete ein Komplott gegen ihn. Hatten Grimm und Diderot in Paris nicht seine niederträchtigste Feindin, seine »Quasi-Schwiegermutter« Madame Levasseur, kennengelernt, die sich in der Eremitage alle Mühe gab, ihm das Leben unerträglich zu machen und ihre Tochter, seine sanfte Thérèse, gegen ihn aufzuhetzen?

Doch der Grund, warum Diderot 1756 seinen Freund nicht besuchte, war ganz einfach, daß er nicht mit Madame d'Épinay zusammentreffen wollte. Man hatte ihn vor ihr gewarnt und ihm gesagt, sie sei »falsch, nörglerisch und intrigant«. Zudem war die reiche Gattin Monsieur La Live d'Épinays nach einer Affäre mit Dupin de Francueil Grimms Geliebte geworden. Diderot war zweifellos eifersüchtig; auf jeden Fall versuchte er, die beiden einander zu entfremden.

Am Krankenbett ihres gemeinsamen Freundes Gaufrecourt lernten sie sich Ende November 1756 dann doch kennen. Rousseau war selbst nach Paris gekommen, um den Kranken zu besuchen. Er wohnte bei Diderot und aß bei Madame d'Épinay. Sie schrieb ihm: »Ich habe Diderot getroffen, und wenn ich nicht so töricht gewesen wäre, hätte er sicher bei mir zu Abend gegessen. [...] Ich bin überzeugt, daß ich ihn nicht wiedersehen werde, obwohl er mir oft genug versichert hat, er werde mich besuchen.«[2] Madame d'Épinay hatte nicht das Gefühl, den Philosophen für sich gewonnen oder seine Voreingenommenheit gegen sie gänzlich überwunden zu haben. Trotzdem war Rousseau überzeugt, seine Gastgeberin und sein bester Freund hätten sich verbündet, um seiner Ruhe und seinem Ruf zu schaden.

Überstürzt kehrte er in die Eremitage zurück und fand dort ein Exemplar von Diderots Theaterstück *Le Fils naturel* (Der natürliche Sohn) vor, in dem er auf folgenden Satz stieß: »Fragt euer Herz, und es wird antworten, daß der gute Mensch in der Gesellschaft weilt, nur der Böse ist allein.«

Zielte Diderot hier absichtlich auf den Einsiedler von Montmorency ab? Sicher nicht. Zweifellos entspricht dieser Satz Diderots innerstem Wesen und seiner Art, die Gesellschaft intellektuell und emotional zu begreifen und seinen Platz in ihr zu bestimmen – und Rousseaus Auffassung war das ganze Gegenteil. Es ist kompliziert, die ideologischen Gründe und die persönlichen Motive zu unterscheiden, die schließlich zum Bruch zwischen den beiden Männern führten, da diese Motive und Gründe tatsächlich unentwirrbar sind. Man kann keine klare Trennung zwischen Privatmensch einerseits und reinem Denker andererseits vornehmen. Sowohl Diderots Philosophie als auch sein ganzes Wesen, sein Verhalten, seine Art zu fühlen und zu leben, orientierten ihn nach außen. Er ging auf den anderen zu und suchte den dialektischen Austausch zwischen dem eigenen Ich und dem Gegenüber. Rousseau dagegen war kein Mensch, der nach außen ging und sich der konkreten Realität stellte, sondern er neigte zur Innerlichkeit. Seine Bereiche waren die Ursprünge, die verborgenen Winkel der Seele. Diderot schrieb Dialoge, Rousseau Bekenntnisse. Ihre leidenschaftliche Begeisterung, die ihnen den Standpunkt wies, von dem aus sie die Welt gedanklich aus den Angeln heben wollten, verband sie für eine gewisse Zeit. Aber ihre jeweiligen Auffassungen von der Welt waren einander diametral entgegengesetzt.

Die Literaturhistoriker, verschanzt in zwei verschiedenen Lagern, die jeweils auf die Argumente der eigenen Seite zurückgreifen, streiten seit zweihundert Jahren darüber, wer von beiden in erster Linie verantwortlich war für den Bruch, wer ihn gewollt und veranlaßt hat. Die Wahrheit ist: alle beide und keiner von ihnen. Sie waren einander herzlich zugetan, das heißt, der eine schätzte beim anderen die Energie, die Empfindsamkeit, den Ehrgeiz, die Leidenschaft, die Ablehnung der Gesellschaft und des herkömmlichen Denkens – alles, was er in sich selbst spürte. Doch diese Freundschaft zweier gegensätzlicher Charaktere mußte sich in Abneigung verwandeln, sobald es nicht mehr darum ging, etwas zu verneinen, sondern positive Aussagen zu treffen. Vermutlich hatten nur sehr viel Geduld, Nachsicht und Freundschaftssinn auf beiden Seiten verhindert, daß das Übel schon früher zum Ausbruch kam. Doch sobald es einmal an der Oberfläche sichtbar wurde, konnte es durch nichts mehr aufgehalten werden, und jede Gelegenheit war recht, um den Streit noch zu verschärfen.

Alles begann ausgesucht höflich. Am 10. März 1757 schrieb Diderot an Rousseau über den *Fils naturel:* »Ich freue mich sehr, daß Ihnen mein Werk gefallen, daß es Sie gerührt hat! Über die Einsiedler sind Sie anderer Meinung als ich; sagen Sie so viel Gutes über sie, wie Sie mögen – Sie werden der einzige Einsiedler auf der Welt sein, von dem ich Gutes denke.« Großmütig wie er war, wollte er die Kränkung abschwächen und fügte am nächsten Tag ein Postskriptum hinzu: »Verzeihen Sie mir meine Worte über die Einsamkeit, in der Sie leben. Ich hatte bisher noch nicht mit Ihnen darüber gesprochen. Vergessen Sie alles, was ich gesagt habe und seien Sie sicher, daß ich nie wieder davon anfangen will. Leben sie wohl, Bürger. Immerhin! Ein Bürger als Einsiedler – das ist schon recht eigenartig!«

Doch es war bereits zu spät. Am 13. März vertraute Rousseau Madame d'Épinay an: »Diderot hat mir einen Brief geschrieben, der mir das Herz zerrissen hat. Er deutet an, es sei eine Gnade, daß er mich nicht als Schurken ansieht. [...] Mein Herz ist schwer von Kümmernissen, meine Lider geschwollen von unvergossenen Tränen. [...] Aber jetzt erst recht, ich werde nie wieder einen Fuß nach Paris setzen, das habe ich mir geschworen. Ich hatte vergessen, Ihnen zu sagen, daß sich im Brief des Philosophen sogar Scherzworte finden. Es fällt ihm ganz leicht, barbarisch zu sein; man sieht also, daß er sich Zivilisation aneignet.«[3]

Diderot zeigte immer noch guten Willen: »Sie wollen nicht nach Paris kommen. Nun gut! Am Samstagmorgen, gleichgültig, wie das Wetter ist, werde ich mich auf den Weg in die Eremitage mache. Ich werde zu Fuß gehen; meine schwierige Lage hat es mir unmöglich gemacht, früher dorthin aufzubrechen, und meine Vermögenslage macht es mir unmöglich, anders zu Ihnen zu kommen.« Doch Rousseaus Tränen und Klagen hatten ihn sichtlich geärgert: »Wie sehr mein Brief Sie auch bekümmert haben mag, bereue ich dennoch nicht, daß ich ihn geschrieben habe. Sie sind allzu zufrieden über Ihre Antwort.«

Wie die meisten seiner Freunde glaubte Diderot nicht, daß es Rousseau ehrlich meinte. Sein Rückzug aufs Land – reine Pose. Seine Seufzer und tränengeschwollenen Lider – wiederum Pose, und zudem Vorwand für einige rührende lyrische Ergüsse. Daß Rousseau nicht Theater spielte, daß sein Haß auf die Gesellschaft weder taktisch noch literarisch motiviert war, konnte Diderot schlicht und einfach nicht begreifen. Man könnte sagen: Rousseau übertrieb zu sehr, um glaubwürdig zu sein. Deshalb schlug Diderot den humorvollen Ton eines Vaters an, der seinen Sohn gutmütig ausschimpft.

Nichts hätte Rousseau mehr erzürnen können. Man mochte ihn angreifen und geißeln – bitte. Das bestätigte ihn nur in seinem Stolz als Verfolgter, der sich allein einem ganzen Rudel Wölfe entgegenstellt. Aber als verzogenes, launisches Kind behandelt zu werden oder sich verdächtigen zu lassen, er trage eine Maske – das war mehr, als er ertragen konnte. »Sie haben sich nicht verändert?« antwortete er Diderot. »Brüsten Sie sich nicht damit. Wenn Sie immer der gewesen wären, der Sie jetzt sind, könnte ich kaum glauben, daß ich Ihr Freund geworden bin; oder ich bin zumindest sicher, daß Sie nicht der meine geworden wären. Sie wollen am Samstag in die Eremitage kommen? – Ich bitte Sie inständig, lassen Sie das sein. In einer solchen Stimmung, in der wir beide sind, sollte man sich nicht zu rasch wiedersehen, denn das könnte allem Anschein nach unser letztes Zusammentreffen sein. [...] Ich war glücklich in meiner Einsamkeit; Sie haben es sich zur Aufgabe gemacht, mein Glück zu trüben, und das gelingt Ihnen vortrefflich. [...] Ihr seid ergötzlich, Ihr Herren Philosophen, wenn Ihr die Städtebewohner für die einzigen Menschen haltet, gegen die Ihr Pflichten habt. Gerade auf dem Land lernt man zu lieben und der Menschheit zu dienen – in den Städten dagegen lernt man sie zu verachten.«

Weiter teilte Rousseau Diderot mit, ihre Beziehung würde nun ganz anders werden; seine gewohnte Tränenfeuchtigkeit sollte einem nüchternen Stil weichen: »Es gibt eine wichtige Sache, die ich Ihnen sagen muß. Niemals bisher habe ich Ihnen ohne Rührung geschrieben; mein letzter Brief an Sie war durchtränkt von meinen Tränen. Doch die Gefühlskälte Ihrer Briefe greift nun auf die meinen über. Meine Augen sind trocken, und mein Herz zieht sich zusammen, wenn ich Ihnen schreibe.«[4]

Madame d'Épinay erreichte schließlich, daß Rousseau seinen Brief nicht absandte. Er ließ Diderot aber wissen, daß er ihn nicht zu sehen wünschte. Diderot scheint sich damit abgefunden zu haben: »Geben Sie mir ein Zeichen, daß ich kommen soll, und ich komme; aber ich warte auf Ihr Zeichen.« Um seine Freundschaft zu beteuern, kam er leider auf den dummen Gedanken, Rousseau an die Gefälligkeiten zu erinnern, die er ihm erwiesen hatte. Empört ging Rousseau zum donnernden »Du« der lateinischen Klassiker über: »Undankbarer, ich habe Dir keine Gefälligkeiten erwiesen, aber ich habe Dich geliebt; Dein Leben lang kannst Du nicht die Schuld dafür abtragen, was ich drei Monate lang [Diderots Festungshaft in Vincennes] für Dich gefühlt habe. Harter, gefühlloser Mensch! Zwei Tränen, an meiner Brust vergossen, wären mir wertvoller gewesen als der Thron der Welt; aber Du verweigerst sie mir und gibst Dich damit zufrieden, mich zum Weinen zu bringen. Nun gut! Behalte auch das übrige, ich will nichts mehr von Dir.«[5]

Dank Madame d'Épinays taktvoller Vermittlung wurde der endgültige Bruch noch etwas hinausgezögert. Am 3. April besuchte Diderot die Eremitage. Und am 12. Juli schrieb Rousseau an Madame d'Houdetot: »Ich breche gerade nach Paris auf. Ich werde bei meinem Freund Diderot essen und morgen, am Mittwoch, den ganzen Tag bei ihm verbringen, ohne irgendwo anders hinzugehen, bevor ich am Donnerstag sehr zeitig zurückkehre, um zum Abendessen wieder hier zu sein.« In den *Bekenntnissen* führte Rousseau näher aus: »Diderot nahm mich gut auf. [...] Vor sechs Monaten hatte ich ihm die beiden ersten Teile der ›Julie‹ geschickt. Wir lasen einen Abschnitt zusammen. Er fand alles, wie er sich ausdrückte, zu ›blätterig‹, das heißt, zu sehr mit Worten und Schwulst überladen.«[6]

Die unmittelbare Gefahr war vorüber, aber nichts war vergessen. Was hätte beinahe zum endgültigen Zerwürfnis geführt? Nichts, oder fast nichts: ein Wort, das ein anderes nach sich zieht. Was brach schließlich den Waffenstillstand und läutete die Wiedereröffnung der Feindlichkeiten ein? Wieder fast nichts, einige Worte mehr, die einen unlösbaren Gegensatz deutlich werden ließen.

Der Ausgangspunkt war völlig harmlos. Madame d'Épinay war krank und wollte nach Genf reisen, um sich dort von dem berühmten Arzt Tronchin behandeln zu lassen. War Grimms Geliebte wirklich so angegriffen, daß sie Frankreich verlassen mußte? Oder handelte es sich um intrigante Machenschaften zwischen ihr und Rousseaus Feinden, die ihn mit seiner Gönnerin nach Genf schicken wollten, um ihn aus dem Weg zu haben. Rousseau entschied sich sofort für die zweite Hypothese. Der Brief, in dem Diderot ihn aufforderte, Madame d'Épinay aus Dankbarkeit in ihr Genfer Exil zu folgen, überzeugte ihn völlig, daß er wieder einmal Opfer eines Komplotts war – mit Grimm an der Spitze und Diderot als ausführendem Organ: »... mir so bestimmt raten, was ich zu tun hätte, ohne sich in den Stand gesetzt zu haben, es beurteilen zu können, [heißt] wie ein rechter Leichtfuß handeln! Mein lieber Philosoph, räumen Sie es ein! Noch schlimmer daran dünkt mich, daß Ihr Rat gar nicht von Ihnen kommt. Ungeachtet, daß ich wenig Lust verspüre, mich unter Ihrem Namen von Dritten und Vierten leiten zu lassen, meine ich, diesen Winkelzügen haftet etwas an, das Ihrer Offenheit übel ansteht und dessen Sie in Zukunft, sowohl um Ihret- wie um meinetwillen, besser entraten sollten.«[7] Madame d'Épinay brach also ohne Rousseau auf, begleitet von ihrem Gatten, ihrem Sohn und dem Hauslehrer des Sohnes.

Wieder einmal vermittelte Madame d'Houdetot zwischen den beiden Männern. Sie verstand es, Rousseau für sich einzunehmen und Diderot, den sie gar nicht kannte, Briefe zu schicken, die seine Gefühle ansprachen. Am 15. November schrieb Diderot an Rousseau: »Es ist sicher, daß Ihnen kein Freund bleibt als ich, aber ich bleibe Ihnen ganz gewiß. Das habe ich jedem ins Gesicht gesagt, der es hören wollte, und habe Sie dabei mit einer Geliebten verglichen, deren Fehler ich allesamt recht gut kenne und von der mein Herz sich dennoch nicht lösen kann.«

Schließlich trafen sich die beiden Männer am 5. Dezember in der Eremitage. Alles spricht dafür, daß die Version der Zusammenkunft, die Diderot Grimm berichtet haben soll und die in den *Mémoires de Madame d'Épinay* (oder genauer in ihrem autobiographischen »Roman« *Histoire de Madame Montbrillant)* geschildert wird, nicht der Wahrheit entspricht und erst später in polemischer Absicht geschrieben wurde. Marmontel dagegen, der Diderots Bericht von ihm selbst gehört hatte, zitiert ihn in seinen *Mémoires:* »In seinem Schmerz war er beredter und rührender als je zuvor in seinem Leben. Von Mitleid erfüllt über die Verfassung, in der ich ihn sah, stiegen mir Tränen in die Augen. Als er mich so weinen sah, wurde er weich gestimmt und umarmte mich. Wir waren also wieder versöhnt; er fuhr fort, mir seine *Neue Héloïse* vorzulesen, die er fertig hatte. Zwei- oder dreimal in der Woche ging ich zu Fuß von Paris in die Eremitage, um ihm zuzuhören und als Freund auf das Vertrauen meines Freundes zu antworten.«[8]

Rousseaus schönes und ergreifendes Geständnis, er habe seine Selbstachtung verloren, ein Tränenstrom und große Gefühlsausbrüche genügten ein weiteres Mal, um den Bruch zu verhindern. Dennoch sollten sich die beiden Männer nicht wiedersehen. Bei diesem letzten Treffen hatte Rousseau in der Tat eine Bombe gelegt, die erst drei Monate später hochging; und wieder ging es keineswegs um philosophische Fragen: Rousseau hatte Diderot gestanden, daß er in Madame d'Houdetot verliebt war.

Sophie, Gräfin d'Houdetot, war siebenundzwanzig Jahre alt und Madame d'Épinays Schwägerin. Sie lebte in Eaubonne, getrennt von ihrem Mann, mit dem man sie zehn Jahre zuvor verheiratet hatte. Seit 1752 war sie die Geliebte des Marquis de Saint-Lambert, Soldat und zugleich Literat, der mit Madame du Châtelet liiert gewesen und Vater des Kindes war, dessen Geburt Voltaires Freundin das Leben gekostet hatte.

Sophie d'Houdetot war kokett. Da Saint-Lambert oft bei der Armee weilte, langweilte sie sich und ließ sich gerne Huldigungen gefallen. Sie war nicht gleichgültig gegen Rousseaus Verehrung, der in seiner Einsamkeit und seinem Bedürfnis nach verzehrender Leidenschaft geneigt war, sich in jede Frau zu verlieben, die in seine Reichweite kam. Doch Sophie schmeichelte es zwar, daß dieser Verehrer ihr den Hof machte, sie war aber nicht bereit, sich zu kompromittieren oder gar die stürmische Liebe ihres Nachbarn zu erwidern.

Seine Leidenschaft stürzte Rousseau daher in Unruhe und tiefe seelische Zerrissenheit. Er war diesmal sicher, daß Madame d'Houdetot die Frau seines Lebens war; für sie war er zu allen Tollheiten bereit. Doch war er es auch, der ständig das Loblied der Tugend, der Sittenstrenge und der kompromißlosen Moral in Neigungen und Verhalten sang. Mit unglaublicher Heuchelei (oder Naivität) nahm er sich heraus, an Saint-Lambert, dessen Geliebte er begehrte, zu schreiben: »Ich tadle Ihre Verbindung. [...] Aber eine Liebe wie die Ihre verdient auch Hochachtung, und das Gute, das daraus entsteht, macht sie weniger schuldhaft.«[9]

Rousseau war es, der sich schuldig fühlte; noch dazu, weil er Saint-Lamberts Fernsein ausnützte, um seine eigene Angelegenheit voranzutreiben, Sophie zu kompromittieren und ihren Geliebten lächerlich zu machen.

Diderot hatte mit dieser unglücklichen Liebesaffäre Rousseaus nichts zu tun. Doch er wäre nicht Diderot gewesen, wenn er sich nicht in die Angelegenheiten seiner Freunde eingemischt, Ratschläge erteilt oder mehr oder weniger taktvoll vermittelt hätte, um wieder Harmonie und Frieden herzustellen. Grimm mit seiner stets bösen Zunge hatte ihm berichtet, daß Rousseau Madame d'Houdetot den Hof mache. Zweifellos war das der Auslöser für Diderots dringenden Rat an Rousseau, Madame d'Épinay nach Genf zu begleiten, damit das Wirrwarr ein Ende habe. Grimm war brutaler gewesen; als Rousseau beschlossen hatte, in der Eremitage zu bleiben, machte der Liebhaber Madame d'Épinays ihm heftige Vorwürfe über seine »abscheuliche Methode«: »Niemals in meinem Leben werde ich Sie wiedersehen, und ich schätze mich glücklich, wenn es mir gelingt, die Erinnerung an Ihr Benehmen aus meinem Gedächtnis zu verbannen.«[10]

Als Rousseau Diderot bei ihrer Zusammenkunft im Dezember endlich seine Liebe gestanden hatte – »Aber ich habe nie zugegeben, daß Madame d'Houdetot etwas davon erfuhr, oder zumindest nicht, daß ich mich ihr erklärte«[11] –, riet dieser ihm wohl, sich aus dem Umkreis der Dame zu entfernen und Saint-Lambert alles zu erzählen, um den Ruf der Gräfin zu retten.

Rousseau verabscheute gute Ratschläge. Seine unglückliche Seele, seine Empfindlichkeit gegen das Gekläffe der Meute, seine extrem »dünne Haut« – all das führte unweigerlich dazu, daß er bei andern stets den Versuch witterte, ihn zu bevormunden, ihm seine Autonomie streitig zu machen und ihn sowohl intellektuell wie emotional in ewiger Unmündigkeit zu halten. Zugleich beklagte er sich, rief nach seinen Freunden und forderte, daß sie kamen und ihm beistanden; er jammerte, weil Diderot wie gewöhnlich ihre Verabredungen nicht einhielt oder vergaß, seine Besuche aufschob und Rousseaus Briefe nicht prompt genug beantwortete. Rousseaus Natur war eben so. Als Diderot ihm im Dezember 1757 Verhaltensmaßregeln erteilte, ihn drängte und ihm den Weg der Tugend und der Ehre wies, stimmte er allem zu, wollte alles befolgen und bedankte sich unter Tränen. Ja, er würde fortgehen, er würde an Saint-Lambert schreiben, er würde sich bei seiner Gönnerin Madame d'Épinay entschuldigen.

Er zog auch wirklich um: nach Montmorency – nicht weit entfernt von Madame d'Houdetot, der er weiterhin regelmäßig schrieb. Aber die Ablehnung und das Mißtrauen gegen Diderot waren bereits am Werk: Diderot hatte eine schlechte Meinung von ihm, man wollte ihm bei Diderot schaden, Diderot wollte ihm schaden: hier haben wir alle drei Grundthemen miteinander verwoben.

Februar: Rousseau beklagte sich bei Madame d'Houdetot: »Er hat nicht einmal geruht, mir zu antworten, und läßt so einen Freund im Unglück allein, der an dem seinen so innigen Anteil genommen hat. [...] Ich kann nicht aufhören, ihn zu lieben, aber ich will ihn mein Leben lang nicht wiedersehen.«[12]

2. März: »Ich bin ein böser Mensch, nicht wahr? Sie haben die sichersten Zeugnisse dafür. [...] Sie können verführt und getäuscht worden sein. Dennoch klagt Ihr Freund in seiner Einsamkeit, vergessen von allem, was ihm lieb und teuer war. Er kann in tiefste Verzweiflung fallen, endlich gar sterben, mit einem Fluch gegen den Undankbaren auf den Lippen, dessen Bedrängnis Ihren Freund soviele Tränen vergießen ließ, während jener ihn in der seinen schändlich niederdrückt. [...], Diderot, denken Sie daran. Ich werde nicht mehr davon sprechen.«[13]

Ende März 1758: das Ende. Saint-Lambert, der im Kampf verwundet worden war, kehrte nach Paris zurück und ging zu Diderot. Dieser wiederum, überzeugt, Rousseau habe seinen Rivalen schon vor Wochen über seine Zudringlichkeiten gegenüber Madame d'Houdetot in Kenntnis gesetzt, sprach mit dem Liebhaber der koketten Frau ganz offen darüber – zweifellos zu offen, wie es seine Art war. Man kann sogar annehmen, daß er auch ein wenig herausstellte, welch positive Rolle er bei der Reue des Sünders und dem tugendhaften Ausgang der Liebesidylle gespielt hatte.

Man fühlt sich wie in einer Komödie von Beaumarchais – oder gar wie in einem von Diderots bürgerlichen Trauerspielen. Saint-Lambert wußte im Prinzip nichts. Rousseau hatte ihm lediglich einmal einen Brief geschrieben, der im Ton sehr moralisierend, im Hinblick auf die Fakten aber sehr ausweichend war. Der Dichter-Soldat begriff nun, daß Rousseaus erklärte Absichten weit über den Rahmen einer zärtlichen Freundschaft und höflichen Verehrung hinausgegangen waren. Er verlangte von Madame d'Houdetot, daß sie jeden Kontakt zu Rousseau abbrach. Das tat sie auch unverzüglich und beklagte sich bei ihm über »diese Gerüchte, die meinem Geliebten seit einiger Zeit aufgrund Ihrer Indiskretion und der Ihrer Freunde zu Ohren gekommen sind«.[14]

Für Rousseau war das zugleich eine unerwartete Katastrophe, Beweis eines entsetzlichen Verrats und Bestätigung seiner schlimmsten Zwangsvorstellungen. Für ihn war Diderot nicht einfach nur indiskret und leichtsinnig gewesen, geschweige denn irregeführt von Rousseaus eigenen Beteuerungen: nein, er hatte wissentlich ein Komplott geschmiedet, um einen Skandal auszulösen, der den Autor der Neuen Héloïse in Verruf bringen sollte.

Es ist heutzutage kaum noch wichtig – es sei denn, man ist Romanschriftsteller oder man will entweder Diderot oder Rousseau einen Heiligenschein verleihen –, in welchem Verhältnis Recht und Unrecht auf beiden Seiten verteilt waren. Daß Diderot zu geschwätzig und zu unvorsichtig war, nur zu rasch bereit, sich einzumischen, und nur zu glücklich, eine Lektion in Tugend und Moral zu erteilen, paßt zu allem, was wir über seinen Charakter wissen. Ebenso wahrscheinlich ist es, daß Rousseaus Unfähigkeit, seine inneren Widersprüche zu lösen, die Demütigung, die er erlitten hatte, und sein Verfolgungswahn dazu führten, daß er in Diderots »Verrat« die Möglichkeit zu einem glänzenden Abgang aus einer Affäre fand, die eigentlich alles andere als glänzend war. Aber diese charakterlich bedingten Umschwünge im Verhältnis zweier Privatpersonen, ausgelöst durch eine private Angelegenheit, stießen sofort auf öffentliche Resonanz. Die Frage, wer sich bei diesem Bruch gut oder schlecht benommen hatte, war damals so wichtig, daß die beiden ehemaligen Freunde ihre ganze Umgebung mobilisierten, neutrale Dritte als Zeugen heranzogen und Unmengen von Briefen, Noten und Beteuerungen schreiben und veröffentlichen ließen. Als Rousseau eine erste öffentliche Lesung aus seinen *Bekenntnissen* plante, versuchte Madame d'Épinay, die Veranstaltung verbieten zu lassen, indem sie an Polizeileutnant Sartine schrieb. Einige Zeit später veröffentlichte sie, »beraten« – wenn nicht gedrängt – von Grimm und Diderot, eine Version der Ereignisse, die Rousseaus Schilderung ganz und gar widersprach.

Für den einen wie den anderen ging es darum, das Publikum von seiner Tugend zu überzeugen – und den Gegner der Schändlichkeit zu überführen. Das Drama spielte sich auf zwei Ebenen ab: Persönlich waren Rousseau und Diderot verletzt und gekränkt, und Rousseaus Klage im Vorwort zum *Brief an d'Alembert* schwelgte zwar in der Rhetorik des Schmerzes, war aber darum nicht weniger ehrlich: »Einst hatte ich einen strengen und scharfsinnigen Aristarch*, ich habe ihn nicht mehr und mich verlangt nicht mehr danach, aber ich werde ihn ohne Unterlaß vermissen und er fehlt meinem Herzen noch mehr als meinen Schriften.«

Doch auf der öffentlichen Bühne der damaligen intellektuellen Auseinandersetzungen wurde der Zwist zum Prozeß, zum politischen Streitobjekt, und verwandelte sich in unauslöschlichen Haß. Man konnte nicht den Anspruch erheben, an der Spitze der philosophischen Bewegung zu marschieren, und sich zugleich benehmen wie ein Schurke. Wenn sich das Bild des Philosophen nicht mehr mit dem Bild des tugendhaften Menschen deckte, war der gesamte An-

---

* Aristarchos von Samothrake (≈ 217-145 v. Chr.) widmete sich der kritischen Textedition und -erklärung griechischer Dichter, v.a. Homers. (A.d.Ü.)

spruch der Enzyklopädisten, eine weltliche Moral zu begründen, vernichtet. Da die philosophische Front nun auseinanderbrach, mußte man den Ruf des Gegners vernichten, und zwar weniger im Hinblick auf seine Anschauungen als im Hinblick auf die ruchlosen Handlungen, die man ihm anlastete. Das Vokabular in diesem Streit – dessen öffentlicher Charakter auch dadurch offenbar wird, daß er nicht einmal mit Rousseaus Tod endete – war nicht das einer intellektuellen Polemik, sondern das der persönlichen Verurteilung: Verleumdung, Niedertracht, Verrat, Undankbarkeit, Grausamkeit, Heuchelei, Bosheit, Abscheulichkeit.

Der *Brief an d'Alembert über die Schauspiele,* 1758 veröffentlicht, markiert Rousseaus geistigen Bruch mit der *Enzyklopädie;* doch mehr als sein Inhalt – der den gesellschaftlichen Nutzen des Theaters leugnete und für eine Moral eintrat, die von Religiosität nicht zu trennen war – empörte Diderot eine kleine persönliche Anmerkung, ein lateinisches Zitat aus dem *Ecclesiasticus* des Jesus Sirach: »Wenn du gleich ein Schwert zückst gegen deinen Feind, so gib die Hoffnung nicht auf, denn ihr könnt wohl wieder Freunde werden. Hast du gegen diesen Freund den Mund aufgetan, so sei ohne Sorge; denn man kann alles versöhnen, ausgenommen die Schmach, Verachtung, Offenbarung der Heimlichkeit und böse Tücke. Solche Stücke verjagen den Freund.« Diderots Kommentar: »Diese Anmerkung ist ein Gespinst aus Niedertracht. Mit diesem Mann habe ich fünfzehn Jahre lang gelebt. Es gibt keine Freundschaftsbekundung, die er nicht von mir erhalten hätte. [...] Wirklich, dieser Mann ist ein Ungeheuer.«

Bei allen Charakterdifferenzen und sozialen Empfindlichkeiten, bei allen Unterschieden in politischen Ansichten, intellektuellen Orientierungen und strategischen Plänen, hatte die »Partei des Philosophen« bisher doch das Bild einer Bewegung geboten, deren Einheit und Zusammenhalt das ehrgeizige Ziel, die Menschen geistig zu lenken, in den Augen der Öffentlichkeit legitimierte. Der unablässige Streit zwischen den Jansenisten und ihren Kontrahenten, der mit neuer Heftigkeit aufgeflammt war, als man den Gegnern der Bulle *Unigenitus* die Sakramente verweigerte, war für alle frommen Christen ein tiefes Trauma und trug nicht wenig dazu bei, in Paris und in zahlreichen Regionen die kirchliche Autorität zu untergraben.

Das geschlossene, einverständliche Auftreten der einen und die Spaltung der anderen hatten ein günstiges Klima dafür geschaffen, daß die Philosophen plötzlich politisch eine Rolle spielten und ihren geistigen Führungsanspruch geltend machten. Rousseaus Abfall war für das aufklärerische Lager daher ein schwerer Schlag. Rousseau war eine wichtige Persönlichkeit, ein anerkannter führender Kopf. Und als einmal der erste Riß da war, begann die ganze Mauer zu bröckeln.

Für die Gemeinde der Intellektuellen war das kein bloßer Zwischenfall, sondern eine Erschütterung. Bei Hofe allerdings wunderte und empörte man sich darüber, daß diese Schriftstellerdispute die Gemüter erregten und die Leidenschaften anstachelten: »Es ist unglaublich«, erklärte laut Chamfort der Marquis de Castries, »man spricht nur noch von diesen Leuten, von Leuten ohne Stand, die nicht einmal ein Haus haben und die auf einem Dachboden wohnen: Daran wird man sich nicht gewöhnen.«[15]

Es war Rousseau zwar nicht vollständig bewußt, aber seine Kriegserklärung im *Brief an d'Alembert* war für Diderot eine Art Dolchstoß in den Rücken. Seit über einem Jahr häuften sich die Schwierigkeiten im Umkreis der *Enzyklopädie*. Wieder einmal war das Werk gefährdet, und Diderot spürte sehr wohl, daß diese Krise nicht mit ein paar guten Worten, einem Besuch bei Monsieur de Malesherbes oder einigen beruhigenden Versicherungen an die Adresse der Zensoren beizulegen war.

Am 5. Januar 1757 stürzte sich der Stallgehilfe Robert François Damiens auf Ludwig XV. und griff ihn mit einem Messer an. Der König trug nur einen Kratzer davon, aber dieses Attentat wirkte wie eine Offenbarung, es wurde zu einer Art Kristallisationspunkt. Im Umkreis des Königs erkannte man plötzlich mit verstörter Panik, wie herabgewürdigt das Bild des Königs bereits war. Der arme Damiens erhielt die höchste Strafe, man ließ ihn vierteilen. Damit sollte ein abschreckendes Exempel statuiert werden; man wollte an die Heiligkeit des Königs erinnern und betonen, wie gräßlich das Verbrechen der Majestätsbeleidigung war. Den König anzugreifen bedeutete, Gott selbst anzugreifen: Nach Ansicht der Parteigänger des

Absolutismus war es Zeit, dieses Prinzip, die religiöse und politische Grundlage des Regimes, wieder ins Gedächtnis zu rufen.

Im Umkreis Ludwigs XV. ließ man es sich nicht entgehen, auch das Werk dieser verwünschten Philosophen zu verurteilen: sie untergruben die Religion, machten sich über die Obrigkeit lustig, erhielten selbst in den Ministerien Unterstützung und verbreiteten Gift in der Gesellschaft; gefährliche Ideen, die auf schwache Gemüter einen schlechten Einfluß ausübten und letztendlich Damiens die Waffe in die Hand gegeben hatten. Man mußte die Opposition niederschlagen, und die Opposition war die »Partei der Philosophen«, diese Leute von der *Enzyklopädie*. Man mußte die Veröffentlichung dieses subversiven Werks verbieten oder zumindest den Zensoren mehr Macht verleihen.

Wie immer wußte Voltaire, woher der Wind wehte. Ihm fiel auf, daß immer mehr Schmähschriften gegen die *Enzyklopädie* und ihre Autoren erschienen. Vor allem gegen Diderot, der von Palissot und Fréron beschuldigt wurde, in seinen Theaterstücken Goldoni plagiiert zu haben. Voltaire überlegte, welche Taktik man wählen sollte, um die verheerenden Folgen einer Gegenoffensive zu vermeiden. Sollte man die Staatsmacht weiterhin frontal angreifen? Wäre es nicht besser, vorsichtiger zu sein, sich hinter gemäßigten Positionen zu verstecken und für den geduldigen »Marsch durch die Institutionen« zu optieren? Auf leisen Sohlen tastete Voltaire sich voran; zunächst versuchte er es mit einer Mischung aus Schmeichelei und Kritik. Am 29. September 1757 schrieb er an Diderot, seine *Enzyklopädie* sei ein wenig »zusammengeschludert«: »Jeder möchte seine Artikel ausdehnen. Man vergißt, wie Pascal sagt, daß man Zeile ist, man möchte Mittelpunkt sein. Man möchte in Ihrem Pantheon eine große Nische für sich; in Ihrem Lexikon wagt man es, *ich* zu sagen. Ah! Wie es mich erzürnt, zwischen Ihren reinen Diamanten soviel Straß zu sehen! Aber Ihr Glanz strahlt auch auf den Straß aus...«[16]

Als die Attacken noch zahlreicher wurden, vor allem gegen d'Alembert, dessen Artikel »Genf« im November 1757 im siebten Band der *Enzyklopädie* erschienen war, verstärkte Voltaire seinen Druck. Am 5. oder 6. Januar 1758 schrieb er an Diderot: »Reizt es Sie nicht zu erklären, daß Sie die *Enzyklopädie* unterbrechen wollen, bis man Ihnen Gerechtigkeit widerfahren läßt? [...] Wie ich Sie bedaure, daß Sie die *Enzyklopädie* nicht in einem freien Land fertigstellen können!«[17] Man spürt, daß für Voltaire alles bereits beschlossene Sache war. Diderots Werk war nicht so wertvoll, daß man ihm die zweischneidigen, aber »insgesamt positiven« Beziehungen opfern dürfte, die zwischen den Philosophen und den liberalsten Vertretern der herrschenden Institutionen bestanden. Wenn Diderot seine *Enzyklopädie* wirklich weiter herausgeben wollte, sollte er es im Ausland tun, weit weg von Paris. Wenn Diderot sich weigerte, störte er Voltaires Strategie, still, heimlich und geduldig die Zentren der geistigen Macht zu erobern. Er würde die wütenden Widersacher der Philosophen auf den Plan rufen, die es zu lähmen und einzulullen galt. Und er würde so immer weitere Schmähschriften und Pamphlete provozieren, wie den *Nouveau Mémoire pour servir à l'histoire des Cacouacs* (Neue Denkschrift zur Geschichte der Cacouacs) des Rechtsanwalts Moreau oder den *Catéchisme et décision de cas de conscience à l'usage des Cacouacs* (Katechismus und Entscheidung über den Geisteszustand der Cacouacs) des Jesuiten Vaux de Giry, die den Philosophen Ernsthaftigkeit und Kompetenz absprachen. Diese Schriften stellten sie als gefährliche und zugleich lächerliche Sekte dar, die Unordnung in die Köpfe bringen und das Königreich schwächen wolle.

Am 7. Januar erfuhr Voltaire, daß d'Alembert, »verärgert über die Beleidigungen und Kränkungen aller nur erdenklichen Art«, die ihm sein Amt als Mitherausgeber der *Enzyklopädie* einbrachte, beschlossen hatte, »diese verwünschte Arbeit für immer aufzugeben«. Das war ein fürchterlicher Schlag für das Unternehmen, dessen Wissenschaftlichkeit d'Alembert als ruhmreicher und akademischer Mitarbeiter garantierte. Als erste Reaktion ermahnte Voltaire d'Alembert, »nicht aufzugeben«. Ein Widerspruch? Im Grunde nicht. Voltaire, der spürte, daß d'Alembert niedergeschlagen und deprimiert war, befürchtete, er würde die Flinte womöglich gleich ganz ins Korn werfen, wenn er die *Enzyklopädie* aufgab. Vor allem hatte Voltaire Angst, der Mathematiker könnte den Genfer Pastoren nachgeben und seinen Artikel »Genf« zurücknehmen. »Der Artikel, über den man vorgibt, sich zu beschweren«, schrieb Voltaire an Diderot, »ist ein bedeutender Wurf, dessen Früchte man nicht verlieren darf. [...] Es wäre schändlich, wenn das enzyklopädische Lexikon eine Behauptung widerriefe, die von einem Augenzeugen mit sehr viel Sachkenntnis vorgebracht wurde. Es ist von äußerster Wichtigkeit, daß Monsieur d'Alembert Ihnen weiterhin zur Seite steht, und daß im Lexikon nichts von dem geduldet wird, was über den fraglichen Artikel gesagt wurde.«[18]

Voltaire wollte unbedingt vermeiden, daß d'Alembert sich sozusagen »selbst verbrannte« und seine Partei schwächte, indem er sich seinen Gegnern ergab. Er wollte nicht, daß d'Alembert allein das sinkende Schiff verließ, und zwar deshalb, weil er befürwortete, daß die Enzyklopädisten geschlossen die Arbeit niederlegten: »Sind Sie sich mit Monsieur Diderot und den übrigen Assoziierten einig geworden? Es ist gut, wenn alle zusammen aufhören und Bedingungen stellen. Es wäre sehr unangenehm, wenn Sie allein aufhörten; der Kopf soll sich nicht vom Körper lösen.« (Brief an d'Alembert vom 29. Januar)

Mit eleganter Unverschämtheit kehrte Voltaire die Rollen um, als er am 5. Februar wieder an d'Alembert schrieb: »Mein wahrer, mein mutiger Philosoph [...], es ist absolut notwendig, daß alle, die mit Ihnen zusammengearbeitet haben, auch zusammen mit Ihnen gehen. Sollten sie etwa der Bezeichnung Philosophen so unwürdig und so feige sein, Sie im Stich zu lassen? Ich habe zuerst an Monsieur Diderot geschrieben und ihm gesagt, was ich denke; ich habe ihm nochmals geschrieben. Ich habe meine Artikel zurückgefordert und keine Antwort erhalten; fürwahr ein seltsames Betragen.«

Diderot schwieg auch tatsächlich. Er war niedergedrückt von den Schlägen, die von allen Seiten her auf ihn einprasselten. Es war eine große Versuchung, das Handtuch zu werfen, wie man es ihm so eloquent riet... D'Alembert war fort und Voltaire verkündete in jeder Tonlage, er schreibe keine Zeile mehr »für ein Werk, das nicht mehr länger nützlich sein wird und von allen Seiten Angriffen ausgesetzt ist«. Erregt forderte er seine Artikel zurück und drohte, er werde Diderot anklagen, sie gestohlen zu haben. Selbst Rousseau unterstützte Voltaires Position: »Ich habe ihm geschrieben, um ihn zu veranlassen, dieses Werk aufzugeben, wenn d'Alembert es aufgibt. Er hat mich nicht einmal einer Antwort gewürdigt.«[19]

Nein, Diderot antwortete nicht: Diderot steckte die Hiebe ein, er war am Boden. Der Schlag, den ihm seine Verleger, Le Breton und seine Partner, noch versetzten, hätte ihn vollends erledigen können. In einer achtseitigen Schrift kündigten sie tatsächlich an, daß die *Enzyklopädie* vorläufig nicht mehr erscheinen werde. Aber Le Breton und seine Freunde, darauf bedacht, weiter Profit aus ihrer Investition zu schlagen, ergingen sich auf diesen Seiten auch in zahllosen Schmeicheleien und Lobreden an d'Alemberts Adresse, um ihn, den ernsthaften Wissenschaftler, wieder in die Leitung des Werks zurückzuholen. Ihr Manöver war leicht zu durchschauen: Um d'Alembert wiederzugewinnen – den Kopf des Ganzen, die wissenschaftliche Autorität –, waren sie bereit, Diderots Rolle herunterzuspielen und ihn, den Architekten, den Handwerker, den ausführenden »Arm« des Werks, zu opfern. Auch Geldfragen spielten – wenn auch nicht direkt erwähnt – bei dieser Strategie, d'Alembert noch einmal »herumzukriegen«, eine Rolle: War Diderot nicht zu gut bezahlt und d'Alembert zu schlecht?

Diderot, der Pariser Bürger, verstand die Haltung seiner Verleger, auch wenn sie ihn verletzte. Über ein Jahr später kam er in einem Brief an Sophie Volland auf diese Angelegenheit zurück und gab wieder, was er in einem Gespräch zu d'Alembert gesagt hatte: »Sie steigen aus einer Unternehmung aus, in die die anderen ihr gesamtes Vermögen gesteckt haben – ein Geschäft, bei dem es um zwei Millionen geht, ist für einen Philosophen wie Sie eine Bagatelle, die seine Aufmerksamkeit nicht verdient. Sie bringen Unordnung unter ihre Arbeiter, Sie bringen sie in tausend Schwierigkeiten, aus denen sie sich nicht so bald befreien können. Sie haben nichts im Sinn als die kleine Befriedigung, eine Weile von sich reden zu machen. Die Verleger sehen sich genötigt, sich an die Öffentlichkeit zu wenden: Sie sollten sehen, wie sehr sie Sie schonen und mich opfern.«

Voltaire sprach von großen Prinzipien, vom ideologischen Kampf, von der Haltung, die man gegenüber der gelehrten »guten Gesellschaft« einnehmen müsse. Diderot redete vom Geschäft, von Investitionen, von den Arbeitern, von der Treue, die man einem Kontrakt schuldete. Um ganz unterschiedliche Dinge waren sie besorgt, und es zeigt sich hier – vielleicht stärker als in taktischen Erwägungen – der Graben zwischen den beiden Männern, zwischen zwei Kulturen. Präziser formuliert, ihre politischen Divergenzen resultierten genau aus dieser Kluft zwischen ihrer jeweils persönlichen Art, etwas zu begreifen und zu fühlen.

Anstatt Diderot zum Aufgeben zu veranlassen, bewirkte der Fußtritt seiner Verleger, daß er geradezu elektrisiert war. Es handelte sich nicht mehr um Theorie, um gelehrte Reden oder Salonintrigen, sondern um ein Unternehmen, um Handwerk: Man wollte ihn von seinem Posten vertreiben. Diderot aber war überzeugt davon, daß er mit der *Enzyklopädie* – und zwar besser, als jeder andere es tun könnte – das einlöste, was für ihn immer noch die Existenzberechtigung der Philosophie, ja sogar des Menschen in der Gesellschaft schlechthin, ausmachte: nützlich zu sein. Von nun an konnte ihn niemand mehr dazu bringen, daß er aufgab.

Länger als einen Monat hatte er geschwiegen, aber seine Antwort an Voltaire war unwiderlegbar und unmißverständlich: »Ihrer Meinung nach sollten wir entweder die *Enzyklopädie* ganz sein lassen, oder sie im Ausland weiter herausgeben, oder in diesem Land Gerechtigkeit und Freiheit erlangen. All das ist sehr schön. Aber der Plan, das Werk im Ausland abzuschließen, ist ein Hirngespinst. [...] Das Werk aufgeben hieße, auf halbem Weg kehrt machen und genau das tun, was sich unsere schurkischen Verfolger erhoffen. Sie hätten das Vergnügen sehen sollen, mit dem sie d'Alemberts Fahnenflucht aufgenommen haben, die ganzen Schachzüge, mit denen sie ihn vom Weitermachen abhalten wollten! [...] Was ist also zu tun? Das, was sich für couragierte Leute gehört: unsere Feinde verachten, sie anprangern und wie bisher die Dummheit unserer Zensoren ausnutzen.« Darauf kündigte er an, daß er alles tun werde, um d'Alembert umzustimmen, und bat Voltaire, seine Bemühungen nicht zu vereiteln: »Ich weiß, wie groß Ihr Einfluß auf ihn ist, und ich werde ihm vergeblich zu beweisen suchen, daß er im Unrecht ist, solange Sie ihm recht geben. Aus all dem werden Sie den Schluß ziehen, daß mir die *Enzyklopädie* sehr am Herzen liegt, aber Sie täuschen sich. Mein lieber Meister, ich habe die Vierzig überschritten und habe von den ganzen Scherereien genug. Von früh bis spät wünsche ich mir Ruhe und nochmals Ruhe. Es vergeht kaum ein Tag, ohne daß mich die

Versuchung packt, mich in meine Provinz zurückzuziehen, um im Verborgenen zu leben und in Frieden zu sterben. [...] Wenn ich Hoffnung habe, einen achten Band zu machen, der doppelt so gut ist wie der siebte, mache ich weiter. Wenn nicht, dann lebe wohl, *Enzyklopädie!* Ich werde fünfzehn Jahre meines Lebens vertan, mein Freund d'Alembert wird runde vierzigtausend Francs zum Fenster hinausgeworfen haben, mit denen ich rechnete und die mein ganzes Vermögen ausgemacht hätten, aber ich werde mich damit abzufinden wissen und meine Ruhe haben. [...] Zürnen Sie mir nicht länger und verlangen Sie vor allem nicht noch einmal Ihre Briefe von mir zurück, denn ich würde sie Ihnen schicken und diese Beleidigung nie vergessen. Ihre Artikel habe nicht ich, sondern d'Alembert – aber das wissen Sie ja selbst.«

Auf Voltaires Druck antwortete Diderot mit einer Herausforderung – eine noch bessere *Enzyklopädie* zu machen, wenn nötig ohne d'Alembert (und ohne Voltaire!) – und mit einer Frechheit. Voltaire war es nicht gewöhnt, von seinen »Parteigenossen« so behandelt zu werden. Er war wütend, was er d'Alembert auch sofort mitteilte: »Ein schönes Benehmen, nach zwei Monaten! Und was für eine Schande, so feige zurückzuweichen! Er, der Sklave der Verleger, welche Schmach!«[20] Auch in einem längeren Brief an den Grafen d'Argental brachte er seinen ganzen Zorn zum Ausdruck, zuerst gegen die *Enzyklopädie*: »Die unbedeutenden Themen, die man mir überlassen hat, haben mich nicht abgeschreckt, und auch nicht mein tödlicher Abscheu gegen mehrere Artikel dieser Stümper, Abhandlungen von der gleichen albernen Dummheit, mit der man früher *Le Mercure galant* schrieb, und die ein Monument entehren, das zum Ruhme der Nation errichtet worden ist.«[21] Dann gegen Diderots Haltung zu den Verlegern: »Wie paßt das zu einem großen Mann wie ihm, so von den Verlegern abhängig zu sein! Den Verlegern würde es gebühren, in seinem Vorzimmer zu warten.«[22] Gegen Diderots Hartnäckigkeit, der er seine Politik des »Zeitschindens« und der geschickten Manöver entgegensetzte: »Zeit und Freunde, und der Erfolg ist sicher. Ich kann es mir erlauben, Madame de Pompadour die kühnsten Briefe zu schreiben, und ich werde andere Personen von Einfluß schreiben lassen, wenn man diese Partie schicklich findet.«[23]

Voltaires und Diderots Einstellungen, ihre Entscheidungen und selbst ihre Wortwahl verraten den Klassengegensatz. Wenn man direkte Beziehungen zu Madame de Pompadour und anderen »Personen von Einfluß« hatte – die Genehmigungen und Pensionen beschaffen konnten –, dann verachtete man natürlich die Verleger und ließ sie wie andere Diener nicht über das Vorzimmer hinaus. Ein Literat, der diesen Namen verdiente, gehörte für Voltaire in die gehobene Gesellschaft. Und weil er zu diesem Kreis der führenden Elite gehörte, konnte er die Ereignisse beeinflussen, das Denken reformieren und an der Regierung der Völker teilhaben.

Im Artikel »Geschmack« seines *Philosophischen Wörterbuchs* schreibt Voltaire: »Mit dem Geschmack verhält es sich daher wie mit der Philosophie. [...] Den bürgerlichen Familien, die stets mit der Sorge um ihren Wohlstand beschäftigt sind, ist er gänzlich unbekannt.« Sofort wird deutlich, daß zu Voltaires Verdruß, Diderot seinem Einfluß entgleiten zu sehen, auch die Verachtung des Grandseigneurs für diesen Burschen kam, der zwar recht begabt war, aber aufgrund seiner Herkunft niemals etwas von den Gebräuchen und Geheimnissen des »Establishments« verstehen würde. Einen Bruch im eigentlichen Sinne des Wortes gab es nie zwischen den beiden Männern, aber sie waren sich gleichgültig, auch wenn sie sich aufmerksam beobachteten. Jeder der beiden bewegte sich in einem sozialen und intellektuellen Umkreis, der dem anderen fremd war; die Emotionen zwischen ihnen wurden nie so heftig, daß sie ein Zerwürfnis oder gar Haß gerechtfertigt hätten. Ihre spontane, instinktive und kulturell verstärkte Antipathie führte auch nie dazu, daß sie dauerhaft von der Richtung, die sie in der öffentlichen Haltung zueinander einschlugen, abgewichen wären: Um der Einheit im philosophischen Lager willen bekundeten sie kühl den größten Respekt für das Talent des anderen – und dieser Respekt war ganz ehrlich.

Es ist daher nicht erstaunlich, daß Voltaire in der Affäre um die *Enzyklopädie* ganz auf d'Alembert setzte. Der Mathematiker war Wegbereiter einer neuen öffentlichen Gestalt, des »Berufsintellektuellen«, könnte man sagen. Für ihn gab es Menschen, deren Wissenschaftlichkeit, Kompetenz und informiertes Interesse an allen öffentlichen Angelegenheiten einen autonomen Wirkungskreis in der

Gesellschaft absteckte. Man mußte daher ihre Unabhängigkeit anerkennen und garantieren – sowohl politisch wie materiell. Man sollte ihnen die Freiheit zu schreiben, zugestehen, ebenso wie Ehrungen, Auszeichnungen und Pensionen. Damit würden diese »Berufsintellektuellen«, die sich im reinsten akademischen Geist durch »Hinzuwahl« rekrutierten, in einem langsamen, stufenweisen Prozeß beginnen, eine Form der Aufklärung zu verbreiten, die das eigentliche Wesen der sozialen Hierarchie nicht in Frage stellte: »Braucht es wirklich eine besondere philosophische Anstrengung, um zu begreifen, daß eine deutliche Unterscheidung der einzelnen Ränge in einer Gesellschaft, und vor allem in einem großen Staat, unerläßlich ist? Auch wenn Tugend und Talent allein das Recht auf unsere wahre Ehrerbietung haben, erfordert auch die Überlegenheit von Geburt und Amtswürde unsere Hochachtung und unseren Respekt. [...] Wie könnten die Gelehrten die anderen Stände um ihre so legitimen Vorrechte beneiden oder sie gar ablehnen?«[24]

Diderot empfand nicht die heftige, instinktive und ängstliche Abneigung, die das Volk, die Menge, die niederen Klassen der Gesellschaft, ungebildet und dem Aberglauben verhaftet, Voltaire und den Seinen einflößten. Ebensowenig teilte er Rousseaus Drang »zurück zur Natur«, der Jean-Jacques veranlaßte, von einer Gesellschaft auf der Basis primitiver, »natürlicher« Tugenden, die er dem Menschen zuschrieb, zu träumen. Man begreift daher Diderots intellektuelle und moralische Einsamkeit in dieser entscheidenden, dramatischen Zeitspanne zwischen 1757 und 1760. Verständlicher wird so aber auch die Art, wie man Diderot aus der großen philosophischen, sozialen und politischen Auseinandersetzung des 19. Jahrhunderts ausgeschlossen hat – selbst bei den Gedenkfeiern zum zweihundertsten Jahrestag der Französischen Revolution war noch ein Nachhall davon zu spüren –, die sich zwischen »Voltairianern« einerseits und »Rousseauisten« andererseits zuspitzte: zwischen der Utopie einer aufgeklärten Alleinherrschaft eines einzelnen und der Utopie einer Alleinherrschaft des Volkes. Zwischen einer Gesellschaft, die auf sanfte, väterliche Weise von oben aufgeklärt wurde, und einer Gesellschaft, die durch die strengen, gediegenen Tugenden von unten geheiligt war. Es war ein grausamer und oft blutiger Kampf zwischen einem Idealismus der Verachtung und einem Idealismus der verbitterten Empörung. Zwischen diesen beiden mächtigen ideologischen Maschinerien, angetrieben von primitiven Leidenschaften und dumpfen Gegensätzen, wurde Diderots »Botschaft« zermalmt: Sie war zu subtil, um sich in einfache Schlagworte fassen zu lassen; zu sehr geprägt von Toleranz und dialektischem Verständnis, um damit Truppen bewaffnen und fanatische Reaktionen auslösen zu können. Sie war zu konkret, zu nahe an der komplexen Realität mit ihren unendlichen Widersprüchen, um sich in die Schemata der großen abstrakten Utopien pressen zu lassen. Man mußte warten, bis die großen Ideologien ruiniert waren – nicht durch die Konfrontation miteinander, die sie eher stärker macht, sondern durch die Konfrontation mit der Realität der Dinge und der Menschen. Dann erst trat Diderots philosophische *Methode* (die kein »System«, keine »Doktrin« darstellt; das war seiner Art zu denken ganz fremd) in ihrer ganzen Dynamik und Produktivität zutage. Es sollte zwei Jahrhunderte dauern.

KAPITEL

10

Die Jahre 1758 und 1759 waren für Diderot eine schlimme Zeit. Der Bruch mit Rousseau hatte sich voller Schmerz und Haß vollzogen. Rousseaus *Brief an d'Alembert über die Schauspiele*, die Antwort auf d'Alemberts Artikel »Genf« in der *Enzyklopädie*, erschien mit Malesherbes' stillschweigender Genehmigung im September 1758 in Paris. Er war nicht nur eine regelrechte Attacke auf das Theater, das Rousseau als bloße vergnügliche Zerstreuung ansah und das er deshalb nicht zur wahren Literatur zählte, die gesellschaftlich nützlich sein sollte – und dies gerade zu dem Zeitpunkt, da Diderot seinen *Père de famille* (Hausvater) veröffentlichte. Dieser Brief war darüber hinaus eine spektakuläre Art, sich von den Enzyklopädisten zu distanzieren, in einer Situation, als diese gerade mit einer machtvollen Offensive ihrer Gegner zu kämpfen hatten.

Im Juli war Helvétius' Buch *Vom Geist* erschienen, ohne daß die Zensur etwas dagegen einzuwenden gehabt hätte. Helvétius war in diesem Werk bemüht – in der gleichen Stoßrichtung wie die *Enzyklopädie* –, die Grundlagen der Moral nicht im Willen Gottes oder in den Geboten der Kirche zu suchen, sondern in der menschlichen Natur selbst: »Ich dachte, man müsse die Moral wie alle anderen Wissenschaften betrachten und eine Moral ebenso ausarbeiten wie die Experimentalphysik.«

Vielleicht hätte die gewagte und kühne These dieses Buchs, besonnen vorgetragen, nur einige Diskussionen und rachsüchtige Predigten ausgelöst; aber Helvétius, der steinreiche, eifernde Generalsteuerpächter, spickte sein Werk mit interessanten und provozierenden Anmerkungen gegen Sklaverei und Kolonisation, gegen

Wundergläubigkeit und Klöster und gegen das Elend der französischen Bauern. Helvétius war daher in den Augen der Öffentlichkeit nicht länger ein Philosoph oder ein Freigeist, der seine Ideen darlegte, sondern ein Umstürzler, ein »Anarchist« und Prediger des Aufruhrs. Und obwohl er niemals einen einzigen Artikel für die *Enzyklopädie* geschrieben hatte, war die geistige Verbindung zu Diderot und seinen Freunden, die man ihm nachsagte, eng genug, um den Feinden der *Enzyklopädie* Argumente an die Hand zu geben. »Nun haben Sie den Beweis«, sagten sie zu Malesherbes und anderen Mächtigen, die nach wie vor Diderots Unternehmen protegierten. Unter dem Deckmantel von Wissenschaft, Philosophie und geistiger Auseinandersetzung gehe es hier um Aufruhr und Umsturz. Die Enzyklopädisten seien nicht nur Gegner der Religion, sondern auch Feinde des Königs und der Gesellschaft.

Am 10. August wurde das Druckprivileg für *Vom Geist* widerrufen, und der Zensor des Werks, der Laxheit überführt, verlor seinen Posten. Helvétius selbst geschah nicht viel; er war reich und mächtig. Man entzog ihm lediglich seine rein ehrenamtliche Funktion als Haushofmeister der Königin. Er war begeistert über das Renommee, das ihm die Schmähungen des Pariser Erzbischofs und die Bannflüche von Papst Clemens XIII. eintrugen.

Doch man schonte das Mitglied der vornehmen Gesellschaft, um sich desto besser auf die einzuschießen, die in der sozialen Hierarchie niedriger gestellt waren und den Autor zweifellos inspiriert, wenn nicht gar ihm die Feder geführt hatten. »Um Monsieur Diderot zugrunde zu richten«, schreibt Grimm, »hat man überall verbreitet, er habe die empörenden Passagen in Monsier Helvétius' Werk verfaßt, obwohl der Philosoph mit diesem Herrn keinerlei Verbindung hat und im Jahr nicht zweimal mit ihm zusammenkommt.«[1] Geschürt von Männern wie Palissot oder dem Abbé von Saint-Cyr, fand die Verschwörungstheorie immer mehr Anhänger. Die *Enzyklopädie* sei keine Sammlung verschiedener Arbeiten, geschrieben von Fachleuten und herausgegeben von Diderot, sondern das Werk einer Art von Geheimgesellschaft, die einen ganz bestimmten Plan verfolge und den Sturz der Monarchie betreibe. Zu diesem Zweck würden alle Institutionen angegriffen, die die monarchische Gesellschaft unterstützten, allen voran die Kirche. Genau diese Verschwörungstheorie vertrat auch Abraham Chaumeix in seinem endlosen Werk *Préjugés légitimes contre l'Encyclopédie et essai de réfutation de ce Dictionnaire* (Berechtigte Vorurteile gegen die Enzyklopädie und Versuch einer Widerlegung dieses Lexikons), dessen erster Band im Oktober 1758 erschien.

In der damaligen Zeit verstand man unter politischem Handeln vor allem Kabalen und Intrigen – die Memoiren des Herzogs von Saint-Simon* zeigen das überdeutlich. Der Gedanke, die *Enzyklopädie* sei das Ergebnis einer Verschwörung, das Werk einer Geheimgesellschaft, Ausfluß eines subversiven Plans, paßte hervorragend in diese politische Vorstellungswelt. Doch gerade die *Enzyklopädie* war größtenteils einem so gut wie völlig neuen Bereich gesellschaftlicher Einmischung zuzuordnen: dem der »öffentlichen Meinung«. Der Vorwurf, sie seien Verschwörer und bildeten eine Geheimgesellschaft, erschien den Enzyklopädisten ungerechtfertigt und ungeheuerlich, da er ihren Absichten und ihrer privaten Praxis überhaupt nicht entsprach. Andererseits fiel es ihnen äußerst schwer, sich gegen diesen Vorwurf zu verteidigen. Denn gegenüber dieser potentiellen »öffentlichen Meinung«, an die sie sich wandten, hatten sie ja wirklich die Funktion einer »Partei«, einer »Gesellschaft von Literaten und Gelehrten« *(société des gens de lettres)*, wie es auf dem Titelblatt der *Enzyklopädie* hieß.

Daß es eine Verschwörung im strengen Wortsinn nicht gab, liegt auf der Hand. So schrieben etwa die Verleger der *Enzyklopädie* in einem Memorandum von 1758: »Es ist die reine Wahrheit, daß die Mitarbeiter der *Enzyklopädie* in den über zwölf Jahren seit Beginn dieses Unternehmens nicht ein einziges Mal zusammengekommen sind; die meisten kennen sich gar nicht; jeder bearbeitet sein Thema allein und schickt seinen Text anschließend einem der Herausgeber, ohne mit den Autoren der anderen Teile irgendwie in Beziehung oder Verbin-

---

* Herzog Louis de Rouvroy von Saint-Simon (1675-1755) gehörte zur geheimen Opposition gegen Ludwig XIV. und zeichnete in seinen Memoiren ein detailliertes, plastisches und kritisches Bild des französischen Hoflebens in Versailles. (A.d.Ü.)

dung zu treten.«[2] Tatsächlich schloß die Art, wie die *Enzyklopädie* erstellt wurde, jeden Gedanken an ein Orchester aus, das unter Leitung eines einzigen Dirigenten eine bereits bestehende Partitur zur Aufführung brachte. Dagegen sprach nicht nur die enorme Arbeit, die auf Diderot und d'Alembert lastete; die einzelnen Korrespondenten und Mitarbeiter waren zu verstreut, die Auswahl zu improvisiert, die hier vertretenen Stände, Interessen und Talente zu verschiedenartig. Die Mitarbeiter der *Enzyklopädie* waren eigene Persönlichkeiten mit jeweils eigenen Karrierewünschen, eigenen moralischen und religiösen Überzeugungen, eigenen Bindungen und persönlichen Rivalitäten – die Idee, hier sei eine Intrige im Gang, war einfach lächerlich. Aber es gab noch grundlegendere Differenzen. Für Diderot lag seine Existenzberechtigung als Philosoph, sein ganzer Lebensinhalt, in der Leidenschaft, Dinge zu entschleiern, Geheimnisse zu lüften und in geistiger Hinsicht nichts zu verschweigen – daher war es für ihn ausgeschlossen, der Öffentlichkeit irgend etwas zu verbergen. Nur wenn man unermüdlich und ohne Rücksicht auf sogenannte Mysterien, esoterisches Gerede, Geheimnisse von Eingeweihten oder die Fachsprache von Spezialisten vorging, konnte man zumindest zu einigen Wahrheiten und Erkenntnissen gelangen und der Natur manche ihrer Geheimnisse entreißen. Auch damit bezog Diderot eine Gegenposition zu Voltaire und Rousseau: zu Voltaire, dem Milliardär auf seinem Gut Ferney, der die neuen Wahrheiten der Oberschicht vorbehalten wollte, um jedes Risiko einer sozialen Explosion zu vermeiden – »Wenn es Gott nicht gäbe, müßte man ihn erfinden« – und das Volk in weise regierter Unwissenheit zu halten; aber auch zu dem Bürger aus Genf. Rousseau ging es nicht so sehr darum, die Welt aufzuklären, die neuen respektlosen Enthüllungen dienten ihm eher dazu, die Wonnen und Abgründe seines eigenen Ichs zu erforschen.

Doch den Philosophen wäre es nicht so schwergefallen, sich gegen die in diesen Jahren immer häufiger erhobenen Vorwürfe der Verschwörung oder Sektenbildung zu verteidigen, wenn sie nicht selbst das Gefühl gehabt hätten, durch ein Netz der Solidarität verbunden zu sein. Die meisten kannten einander nicht; manchmal kamen durch zufällige Freundschaften, Begegnungen in Salons oder bei Veranstaltungen in Universitäten und Akademien vielleicht drei oder vier von ihnen zusammen; und doch hatten sie das Gefühl, an einem gemeinsamen großen Unternehmen mitzuwirken. Die *Enzyklopädie,* jeder Band betonte es aufs neue, wurde herausgegeben von einer »Gesellschaft der Literaten und Gelehrten« – in gewisser Weise ein Antipode zur »Gesellschaft Jesu«. Es handelte sich nicht um eine Verschwörung, nicht einmal um eine »Partei« im modernen Wortsinn, aber implizit war es eine Art gemeinsamer Front, die – mehr oder weniger selbstverständlich – quer durch alle sozialen Schichten, Lebensbedingungen, Fachgebiete, Talente und selbst religiöse Anschauungen ging. Alle diese Literaten, ob Plebejer, Bürger oder Adlige, Gelehrte oder Praktiker, Wissenschaftler oder Schriftsteller, Christen, Deisten oder Atheisten, hatten das Gefühl, einen gemeinsamen Kampf zu führen, der sie zu einer neuen sozialen Gruppe zusammenschloß, deren Charakteristikum der freie Gebrauch des Wissens und die Forderung nach absoluter Meinungsfreiheit war. Man könnte von einer versprengten Gemeinde sprechen, mit Voltaire als Kanzelredner und Regenten, d'Alembert als Organisator, d'Holbach als Schatzmeister, Rousseau als mystischem Beter und Diderot als unermüdlichem Prediger. Auf jeden Fall war die Solidarität zwischen diesen einigen hundert Männern und Frauen so stark, daß sie von außen – und nicht nur von ihren Feinden – als eigenständige Gruppierung, als »die Enzyklopädisten« wahrgenommen wurden, ob sie nun direkt mit Texten an dem Werk beteiligt waren oder nicht. Und sie selbst hatten das Gefühl zusammenzugehören, durch bestimmte Verpflichtungen, durch die Notwendigkeit, sich gegenseitig gegen die gemeinsamen Feinde verteidigen zu müssen, und durch die Wahrung einer gewissen Gruppeneinheit – und sei es nur Fassade nach außen.

Die Affäre Helvétius, die erneuten Angriffe gegen die *Enzyklopädie* und die zugleich immer präziseren Drohungen gegen Diderot und sein Werk bewirkten unmittelbar, daß sich die Reihen enger schlossen. Nachdem d'Alembert bereits angekündigt hatte, die *Enzyklopädie* aufzugeben, erklärte er sich schließlich doch bereit, am mathematischen Teil des Werks weiter mitzuarbeiten. Es ist aber auch wahr, daß er Geld brauchte. Voltaire selbst, der gegen Diderots »Niedertracht« gewettert hatte, weil dieser die Veröffentlichung fortsetzen wollte, schrieb am 19. Mai 1758 an d'Argental: »Ich habe recht mühselige Forschungen angestellt, um die Artikel ›Geschichte‹ und ›Götzendienst‹ interessant und lehrreich zu machen, an den anderen arbeite ich noch. Meine Zeit ist mir sehr kostbar. Es hieße, mich um etwas zu bringen, was nicht wiedergutgemacht werden kann, mich empfindlich zu beleidigen und den Feinden der *Enzyklopädie* in die Hände zu spielen, wenn man sich mir gegenüber so unhöflich verhält, während ich mich umbringe, um das Werk recht nützlich zu machen, und Mitarbeiter besorge. Ich bitte Sie, seien Sie so freundlich und verlangen Sie von Diderot eine unumwundene und schnelle Antwort. Ich weiß nicht, ob er etwas von den mechanischen Künsten versteht und ob er überhaupt noch Zeit hat, andere Leute zu verstehen.« Diderots Antwort auf diese dreiste Kehrtwendung kam nicht unverzüglich – er ließ sich einen Monat Zeit –, aber sie war entschieden: »Ob ich Ihre Artikel haben will, mein Herr und lieber Meister? Kann daran denn ein Zweifel bestehen? Müßte ich nicht nach Genf reisen und Sie auf Knien darum bitten, wenn ich sie nur um diesen Preis haben könnte? Wählen Sie aus, schreiben Sie. Schicken Sie mir Artikel, schicken Sie oft. Ich habe Ihre Angebote nicht früher annehmen können; meine Abmachung mit den Verlegern ist gerade erst unter Dach und Fach. Wir haben einen schönen Vertrag gemacht, so wie der Teufel und der Bauer bei La Fontaine. Das Stroh ist für mich, das Korn für sie. Aber zumindest diese Halme sind mir sicher. Sie sehen, was ich durch die Fahnenflucht meines Kollegen gewonnen habe. Sicher wissen Sie, daß er seinen mathematischen Teil weitermacht. An mir lag es nicht, daß er sich nicht zu mehr bereit erklärt hat. [...] Ihn plagt der Wunsch, Italien zu sehen. Soll er also nach Italien gehen; ich bin zufrieden, wenn er glücklich wiederkommt.«

Ein kurzer Lichtblick, rasch wieder vertrieben durch den Verdruß, den sich Diderot mit der Veröffentlichung seines zweiten Theaterstücks, *Der Hausvater,* einhandelte. Sein erster Theaterversuch, *Le fils naturel,* veröffentlicht im Februar 1757, hatte zum Bruch mit Rousseau geführt. Es ist sicher, daß Diderot lange zögerte und sich sehr abmühte, bevor er die künstlerische Form fand, die seinem Eintritt in die Welt der Literatur angemessen war (die *Indiskreten Kleinode* hielt er für seiner nicht würdig). Auch beim Verfassen des

Hausvaters tat er sich sehr schwer: »Das erste Stück hat mich so schikaniert, daß ich zwanzigmal kurz davor war, das zweite bleiben zu
lassen und das, was ich hatte, ins Feuer zu werfen.«

Auch wenn die Nachwelt Diderots Theaterstücke nicht als den
großartigsten oder innovativsten Teil seines Werks ansieht, behaupten sie doch einen festen, strategischen Ort in der Brandung, in dem
Sich-Verströmen, Sich-Verschwenden, Sich-Verzetteln des Diderot-
schen Schreibens. Mit geradezu biblischer Uneigennützigkeit säte er
überall aus, ohne sich darum zu kümmern, ob der Boden, auf den seine Saatkörner fielen, dürr oder fruchtbar war – die Natur würde
schon dafür sorgen, und Überfluß war die beste Garantie für künftige Ernten. Doch das Theater war für ihn das Gebiet, auf dem er das
einzige theoretische Gebäude entwarf, das er, der methodische Gegner aller Theorie, akzeptierte: die »Zersplitterung des eigenen Selbst«
– ein Ausdruck, den er erst später im *Paradox über den Schauspieler*
verwenden sollte und der vielleicht, wenn er wie im Theater Gestalt
annimmt, das ästhetische und ethische Prinzip ist, das Diderots Leben und Werk beherrschte. Ohne uns im Augenblick zu sehr bei der
entscheidenden Rolle, die das Theater in Diderots Leben spielte, aufzuhalten, sollten wir doch begreifen, daß dieser Eintritt in die Welt
des literarischen Schaffens die Krönung, der Endpunkt eines langen
Weges als »Literat« und zugleich der Beginn einer Revolution war.
Was er auf der Bühne zu sagen und zu zeigen hatte, war damals in
Frankreich buchstäblich unerhört.

Kein Wunder also, daß er diese »Investition« mit Vorsichtsmaßnahmen umgab, die bei ihm ganz ungewohnt waren. Zuerst einmal
springt ins Auge, daß er den *Hausvater* einer Hoheit widmete, die er
gar nicht persönlich kannte: der Prinzessin Sophie Christine Charlotte von Nassau-Saarbrücken, verheiratet mit einem Kavallerie-
oberst in der Armee des Königs von Frankreich. Grimm hatte ihm
nahegelegt, sich unter ihre Schirmherrschaft zu stellen. Sicher war
das keine Prinzessin allerersten Ranges, aber Diderot stand bei Hofe
zu schlecht, und seine Partei war im Augenblick zu geschwächt, als
daß er auf eine mächtigere Gönnerin hätte hoffen können.

Diderot produzierte also ein Widmungsschreiben, ganz wie es
sich gehörte, das von der Prinzessin sehr wohlwollend aufgenommen

wurde – »Ich war zu Tränen gerührt über die Gefühle von Menschlichkeit und Nächstenliebe in Monsieur Diderots Brief«[3] – und dem sogar die Ehre zuteil wurde, von Voltaire als ein »Meisterwerk der Redekunst und Sieg der Menschlichkeit« angesehen zu werden. Nur eine Gelegenheitsschrift? Bei Diderot, kann man sicher sein, daß selbst die unoriginellsten Pflichtübungen nicht inhaltsleer sind. In dieser lebendigen Abhandlung über die Erziehung erlaubte sich der Autor des *Hausvaters* zunächst einmal die – für Diderot typische – Kühnheit, sich an die Stelle der Person zu setzen, an die er sich wandte, und »einige der Gedanken zu offenbaren, die sie beschäftigen«. Diese theatralische Verschiebung erlaubte es Diderot, in Gestalt der Prinzessin von Nassau ihren Kindern gegenüber Reden zu führen, die Ihrer Durchlaucht nicht im Traume eingefallen wären: über Tyrannei, Sklaverei und die Regierung der Menschen, nach der sie kein Bedürfnis hätten, »wenn sie nicht böse wären; folglich muß es das Ziel jeder Herrschaft sein, sie gut zu machen«; über den Menschen im Naturzustand, der »primitiv und roh« war, und schließlich über die Armen und die Könige. »Ich möchte, daß sie das Elend kennen, damit sie es empfinden und aus eigener Erfahrung wissen, daß es neben ihnen Menschen gibt, und vielleicht bedeutendere als sie, die kaum ein Strohlager haben und denen das tägliche Brot fehlt.«

Die Prinzessin stimmte den ziemlich gewagten politischen Äußerungen, die ihr der »Gedankenleser« Diderot in den Mund legte, eifrig zu. Da es aber heikler war, über das Schamgefühl zu sprechen als über allgemeine politische Ideen, nahm sie ein wenig Anstoß an ihren angeblichen Bemerkungen über Lust und Wollust: »Ich werde mich hüten, Schlechtes über die Wollust zu sagen und ihre Verlockungen zu verunglimpfen. Ihr Ziel ist zu erhaben und allgemein. Ich spreche so, als könnte die Natur mich verstehen. Wenn jemand zu ihr Schlechtes über die Wollust sagen wollte, hätte sie dann nicht das Recht zu antworten: ›Schweigen Sie, Narr. Glauben Sie, Ihr Vater hätte sich um Ihre Geburt gekümmert, Ihre Mutter ihr Leben aufs Spiel gesetzt, um Ihnen das Ihre zu schenken, wenn ich die Umarmungen der beiden nicht mit einem so unbeschreiblichen Zauber verknüpft hätte? Die Lust hat Sie aus dem Nichts gerissen.« Die Prinzessin von Nassau hatte nichts gegen eine moralische Wollust einzuwenden, etwa nach dieser Art: »Indem ich diese Unglücklichen erleichtert habe, habe ich das getan, was ein wahrer Weiser vorschreibt, um schließlich selbst noch im Tod diese Seelenruhe zu finden, die das Glück des Lebens ausmacht.« Sie wollte aber nicht zulassen, daß man ihr Äußerungen über eine weniger vergeistigte Wollust in den Mund legte: »Ich bin weit davon entfernt, in dieser Sache anders zu empfinden«, schrieb sie an Grimm, als sie ihn bat, den strittigen Absatz zu streichen, »aber die Klugheit erfordert manchmal, daß man seine Gedanken verbirgt; die verderbte Welt verwechselt die Wollust so leicht mit ihrer Todfeindin, der Ausschweifung, daß man bei diesem Thema größte Zurückhaltung üben muß, und in meinem Fall kann ich leider nicht vorsichtig genug sein.«[4] Wenn man eine Prinzessin sagen ließ, arme Menschen seien »vielleicht bedeutender« als Könige, konnte sie das akzeptieren; den Reiz, der von sexueller Lust ausging, konnte sie jedoch nicht gefahrlos eingestehen.

Doch Diderot mußte immer noch mit der Zensur kämpfen. Überwältigt vom rednerischen Schwung des Autors, hatte La Virotte, der als Zensor für Diderot zuständig und ein rechtschaffener Mann war – übrigens Verfasser des Artikels »Doktor der Medizin« für die *Enzyklopädie* –, das Theaterstück und seinen Anhang, *Von der dramatischen Dichtkunst*, in Druck gegeben. Dieser ehrenwerte königliche Zensor war der Meinung, es sei »nichts in dieser Komödie, das die geringsten Schwierigkeiten bereiten könne«. Doch ein anderer Zensor, Joseph Gilbert, der mit seinem Fachwissen in antiker, jüdischer und ägyptischer Geschichte und den Anfängen des Christentums sicher besonders geeignet war, um die dramatische Kunst zu schätzen, erhob Einwände. *Von der dramatischen Dichtkunst* schien ihm einiger Verbesserungen bedürftig, und zwei Stellen des Stücks gefielen ihm nicht. In unseren Augen wirken seine Einwände lächerlich: an einer Stelle wollte er das Wort »Gott« durch »höchstes Wesen« ersetzen, an einer anderen Stelle fand er die »himmlischen Engel« unpassend. Doch der gute Monsieur La Virotte setzte sich weiterhin bei Malesherbes für Diderot ein – mit interessanten Argumenten: »Der Hausvater ist ein Mann von strengster und tugendhaftester Rechtschaffenheit. Wie sollte ein Gebet oder Lobpreis Gottes aus seinem

Munde tadelnswert sein? Diese Komödie wurde nicht geschrieben, um zu unterhalten, sondern um Tugend einzuflößen.«

Malesherbes befand sich in einer schwierigen Position. Die Enzyklopädisten wurden von allen Seiten angegriffen; die Frömmler forderten strenge Maßnahmen. Und was fiel diesem verrückten Diderot ein? Er verfaßte eine Komödie, eine tugendhafte zwar, voller erhabener Gefühle – aber, wie Malesherbes an La Virotte schrieb, dieser Mensch »könnte nicht einmal eine Poetik schreiben, ohne sich an zwei oder drei Stellen über Religion und Regierung auszulassen«. Das war offenkundig: »Erlegen Sie mir Stillschweigen über die Religion und die Regierung auf, und ich habe nichts zu sagen«, antwortete ganz ruhig Diderot, den alle geistreichen Spielereien nicht von der konkreten Politik oder dem kämpferischen Willen, seinen Mitbürgern von Nutzen zu sein, ablenkten. Malesherbes, vielleicht der liberalste und intellektuell aufgeschlossenste der Zensoren, wußte, daß Diderot nie davon ablassen würde, dort nachzuhaken, wo es verboten war. Mit Diderot waren keine Kompromisse, keine Verhandlungen möglich. Wenn die Zensur ihm Veränderungen auferlegen mußte, dann nicht auf die gütliche Art: »Nur aufgrund strengster Befehle wird er sich dazu entschließen.«

Die Grenzen des Liberalismus, in dem manche eine nahezu absolute Freiheit haben sehen wollen, die das Regime der Verbreitung neuer Ideen gewährt habe, waren daher klar gesteckt. Diderot, unterstützt von La Virotte, mochte wohl einigen Abwandlungen im Detail zustimmen, doch das vom Hausvater abgelegte Gelübde – »O Gott, der du mir dieses Kind gegeben, wenn ich die Sorge versäumen sollte, die du mir an diesem Tage auflegst, oder wenn dieses Kind meiner Sorge nicht würdig werden sollte, so siehe nicht auf die Freude seiner Mutter; nimm es zurück« – schien Malesherbes nicht akzeptabel. Obwohl Diderot ihn pathetisch beschwor – »Monsieur, ruinieren Sie mich nicht. Richten Sie mich nicht zugrunde« –, übergab er das Theaterstück einem dritten Zensor. Dieser prüfte den *Hausvater* genauestens, fand nichts daran zu beanstanden, wollte aber nicht »seinen Namen unter das Werk setzen« und gab es daher Paradis de Moncrif zu lesen, einem besonnenen Akademiker, der sich wiederum für nicht zuständig erklärte – mit Argumenten, die zu denken geben:

214

»Die Stimmung, die in bezug auf diesen Autor herrscht, könnte dazu führen, daß bestimmte Dinge nicht in dem Sinne aufgefaßt werden, wie er sie darstellt. So könnte man auch zu Unrecht manchen Passagen böswillige Dinge unterstellen und den dafür verantwortlich machen, der sein Einverständnis gegeben hat. Daher bitte ich Sie um die Einwilligung, daß nicht ich derjenige bin.«[5]

Diderot war es also, dem man einen Verweis erteilen wollte; ihm wollte man die Unzufriedenheit und Feindseligkeit der Leute demonstrieren, die fest im Sattel saßen. Als hätte Malesherbes zugleich das Problem der *Enzyklopädie* loswerden wollen – er sträubte sich, sie zu verbieten, konnte sie aber aufgrund des wachsenden Drucks von oben nicht länger decken –, schlug er zu ebendiesem Zeitpunkt vor, dieses Werk von nun an unter Diderots persönlicher Verantwortung erscheinen zu lassen, ohne königliche Genehmigung, mit allen Risiken und Gefahren. Er setzte sich bei Bernis, Mitglied des königlichen Rats, Freund der Pompadour und seit 1758 Kardinal und Außenminister, für diesen Plan ein: »Monsieur Diderot hat Fehler begangen und ist schwer dafür bestraft worden, aber sind diese Fehler nicht wiedergutzumachen? Reicht die Ungnade, die er zu spüren bekommen hat und noch spürt, da man ihm gegenwärtig den Zutritt zu den Akademien verweigert, nicht aus?«[6]

Ganz oben hatte man also beschlossen, Diderot zu bestrafen, während man d'Alembert eine glänzende akademische Laufbahn ermöglichte. Keine akademischen Ehren für Diderot – weder in die Académie française noch in die Akademie der Wissenschaften wurde er aufgenommen –, und dieses Verbot wurde nie aufgehoben, auch nicht, als die »enzyklopädische Welle« sämtliche gelehrten Einrichtungen überschwemmte. Doch auch diese Ächtung genügte noch nicht. Die Obrigkeit ließ nicht locker: Man mußte Diderot demütigen und so lange verfolgen, bis er freiwillig wieder in den Hintergrund trat – und da er »nicht von Stand war«, hieß das nichts anderes, als daß er sich wieder in die Anonymität der »Literaten der Gosse« einreihen sollte.

Wäre Diderot nur ein wenig paranoid veranlagt gewesen – zehnmal weniger als Voltaire, tausendmal weniger als Rousseau –, so hätte er laut aufschreien können, er werde böswillig behandelt; er hätte sich als Märtyrer in Szene setzen und alles darauf anlegen können, die öffentliche Meinung gegen diesen Versuch zu mobilisieren, ihm zu schaden und ihn zugrunde zu richten. Doch Diderot war nie der Mensch, der sein eigenes Mißgeschick in den Vordergrund stellte; statt dessen stürzte er sich in den Kampf – nicht um seine Person, sondern um seinen Text zu verteidigen. Und am Ende gewann er, weil jeder der ausgewählten Zensoren sich schließlich drückte – Diderots Feinden gefällig zu sein, hätte für jeden das Risiko bedeutet, sich lächerlich zu machen. Das Stück erschien im November, gefolgt von dem Anhang *Von der dramatischen Dichtkunst.*

Doch Diderots Unnachgiebigkeit hatte zur Folge, daß seine Widersacher verärgert und seine Feinde außer sich waren vor Wut. Voltaire, der Oberlotse, spürte den ungünstigen Wind, der seinem Verbündeten und Rivalen ins Gesicht blies. Zwar lobte er in einem Brief an Diderot den *Hausvater:* »Man findet innige, tugendhafte Passagen von ganz neuem Stil, so wie in allem, was Sie schreiben.« Doch er versäumte es nicht, auch an Madame du Deffand zu schreiben: »Haben Sie sich den *Hausvater* vorlesen lassen? Ist das nicht wirklich komisch? Wahrhaftig, neben dem Jahrhundert Ludwigs XIV. nimmt sich das unsere armselig aus: tausend Raisonneurs und kein einziges Genie.«[7]

Voltaire spielte ein doppeltes Spiel. Palissot, Fréron und ihre Clique dagegen gingen zum Frontalangriff über. Da es ihnen nicht gelungen war, Diderot aufgrund seiner Anschauungen in die Knie zu zwingen, packten sie nun den Menschen und Schriftsteller an. Sie bezichtigten Diderot des Plagiats. Er, der sich als Erneuerer des Theaters darstellte, habe alles abgeschrieben, behaupteten sie. Der *Fils naturel* sei ein Abklatsch von *Il vero amico* von Goldoni; der *Hausvater,* bis hin zum Titel, sei eine getreue Kopie des *Padre di famiglia,* ebenfalls von Goldoni.

Zumindest was *Il vero amico* betraf, war die Beschuldigung nicht völlig absurd. Im ersten Teil des *Fils naturel* hatte Diderot einiges aus dem italienischen Stück – 1750 in Venedig aufgeführt – übernommen: Intrige, Personen und einen Teil des Dialogs. Aber der zweite Teil war vollkommen anders, und vor allem hatten beide Stücke einen gänzlich unterschiedlichen Stil; ihr Geist und ihre Intention zeigte nicht die geringste Ähnlichkeit. Goldoni hatte eine Farce geschrieben – übrigens sehr von Molières Stück *Der Geizige* inspiriert –, während Diderot versuchte, eine »ernsthafte Komödie« zu schaffen, die (vielleicht sogar zu sehr!) mit einer moralischen und philosophischen Botschaft befrachtet war. Zudem waren selbst umfangreiche Anleihen bei einem fremden Text, mochte er aus einer anderen Epoche stammen oder zeitgenössisch sein, eine geläufige Praxis der klassischen Literatur des Aufklärungszeitalters, der die Sakralisierung des Autors, der schöpferischen Individualität noch nicht so geläufig war. Anleihen, Nachahmungen, Übernahmen, die durch die je eigene literarische Handschrift verändert wurden, waren Teil des schöpferischen Prozesses. Das verzweifelte Streben nach Originalität ist eine literarische Krankheit, die mit dem Individualismus und der Profitgier des 19. Jahrhunderts zusammenhängt. Sie verschonte noch La Fontaine, den man als Plagiator Äsops bezeichnen könnte; Corneille, der Anleihen bei Guilhem de Castro machte; Voltaire, der Racine nachahmte, oder die *Enzyklopädie* selbst, die ursprünglich eine französische Bearbeitung des Lexikons von Chambers sein sollte.

Doch in der zweiten Hälfte des 18. Jahrhunderts begann man solche literarischen Anleihen mit anderen Augen zu betrachten – davon zeugt schon die wachsende Bedeutung, die man der Signatur von Kunstwerken beimaß. Noch war die öffentliche Meinung der Intellektuellen deutlich auf seiten Diderots und gegen seine Ankläger, und der gestrenge *Mercure de France* schrieb 1759: »Zum ersten Mal hat man es als Diebstahl bezeichnet, wenn jemand eine fremde Idee aufgegriffen, bereichert, veredelt und vor allem auf eine ganz andere Gattung als das Original angewandt hat.« Doch Diderot meinte, sich verteidigen zu müssen, und als er Goldoni später in Paris kennenlernte, war er immer noch etwas verlegen: »Monsieur Diderot sagte mir aufrichtig, daß einige meiner Stücke ihm großen Verdruß eingebracht hatten, und ich brachte den Mut auf zu antworten, daß ich das bemerkt hatte.«[8]

Fréron war zu allem bereit, um Diderot in Verruf zu bringen. Er ging so weit, einen gefälschten Protestbrief Goldonis zu schreiben, dessen Veröffentlichung Malesherbes stoppte. Den *Hausvater* zu verunglimpfen fiel ihm noch schwerer, da die beiden Stücke, abgesehen vom Titel, völlig unterschiedlich waren. Doch wer wußte das schon?

Um seine Feinde in die Enge zu treiben, bat Diderot zwei Mitarbeiter der *Enzyklopädie*, Alexandre Deleyre, einen Freund Rousseaus, und Francis Véron de Forbonnais, einen Nationalökonomen, die beiden Stücke Goldonis ins Französische zu übersetzen. Sollte damit nun endlich die Wahrheit herauskommen und der üble Streit für Diderot beendet sein? Das Gegenteil war der Fall. Die beiden Bücher erschienen anonym. Auf der Titelseite stand, sie seien in Avignon gedruckt und »in Lüttich bei Etienne Bleichnarr unter der Säule des heiligen Potentialis« verkauft worden. Und beiden Büchern war eine Widmung vorangestellt: an die Prinzessin ✮✮✮ und die Comtesse ✮✮✮. Die sehr wortgetreuen Übersetzungen entlasteten Diderot zwar vom Vorwurf des Plagiats, stürzten ihn aber in die unglückselige »Widmungsaffäre«, die ihn das wenige Ansehen kosten sollte, das er im Umkreis der Macht noch genoß.

Eine dunkle Affäre, die wohl mit einer eher harmlosen Farce begonnen hatte. Daß selbst der kleinste Scherz schon eine solche Affäre auslösen konnte, zeigt jedoch, welche außergewöhnliche Spannung zwischen den einzelnen Gruppen herrschte. In Lüttich gab es keinen Buchhändler *Bleichnarr* – dieser Name ist eine Übersetzung des Namens von einem der Gegner Diderots: von *Palissot* (pâle = bleich; sot = Dummkopf).

Nun zu Prinzessin ✮✮✮ und Comtesse ✮✮✮: Die Anspielungen und Spötteleien in der Widmung schienen nahezulegen, daß damit Madame de Robecq, eine frühere Mätresse Choiseuls, und Madame de La Marck, ebenfalls eine verbissene Gegnerin der Philosophen, gemeint waren. Die Damen gerieten in Wut. Beide waren mächtig und entstammten großen Familien: Die Comtesse war eine geborene Noailles, die Prinzessin Tochter des Marschalls von Luxemburg. Beide forderten Ahndung und Vergeltung. Auch Malesherbes war ungehalten: Da der Text veröffentlicht worden war, hätte man ja meinen können, er sei mit seiner – und sei es nur stillschweigenden – Einwilligung erschienen. Man beschuldigte die beiden Übersetzer, die zu ihrer Verteidigung erklärten, sie hätten lediglich Goldoni übersetzt und ihre Arbeit an Diderot weitergegeben. Um Deleyre und Forbonnais zu entlasten und seine eigene Unschuld zu beteuern, schrieb Diderot am 16. November 1758 an Malesherbes: »Ich kann vor der ganzen Welt bezeugen, daß diesem Text keinerlei Widmungsschreiben vorangestellt waren. Die beiden, die erschienen sind, stammen keinesfalls von den Übersetzern. Daraus entsteht zwar möglicherweise der Verdacht, ich hätte sie geschrieben, aber ich kann nicht umhin, die Wahrheit zu sagen.«

Um die Gemüter zu beruhigen und den Sturm von den Übersetzern, von sich selbst oder von möglichen anderen Schuldigen abzuwenden, besuchte Diderot Madame de La Marck. Seine Verteidigungsrede und seine Kunst der Konversation waren so unwiderstehlich, daß er sie überreden konnte, ihre Klage zurückzuziehen und Madame de Robecq davon zu überzeugen, dasselbe zu tun. Vielleicht hatte er ihr unter vier Augen gestanden, wer Urheber dieses Scherzes gewesen war. Malesherbes jedoch gab sich mit dem Pardon der beiden adligen Damen nicht zufrieden: »Was mich betrifft«, schrieb er am 20. November an Madame de La Marck, »geht es um einen Frevel, der bestraft werden muß. [...] Der Polizeileutnant wird die Wahrheit sicher enthüllen; zwar mit Methoden, die ich gegen die Literaten nicht gerne anwende, aber diese Schurkerei zwingt mich dazu.«[9]

Malesherbes ärgerte sich offensichtlich über Diderot und verdächtigte ihn. Er schrieb an Deleyre: »Ich bitte Sie [...], mir mitzuteilen, ob Monsieur Diderot nicht auf Ihre Rechnung die beiden Goldoni-Übersetzungen an Monsieur Lambert verkauft, den Betrag erhalten und Ihnen in Lüttich übergeben hat?«[10] Die Befragung ergab nichts. Doch der Vorsteher der Zensurbehörde, überzeugt, daß Diderot ihn angelogen und zum Narren gehalten hatte, war erbittert: »Nie hat etwas mich so sehr in Wut gebracht oder so sehr mein Mißfallen erregt.«[11]

Man weiß heute, daß Grimm hinter diesem Schwindel steckte. Diderot wußte zweifellos Bescheid. Doch so, wie er war und wie er an Grimm hing, nahm er die Sache lieber auf seine eigene Kappe, als diesen boshaften Spaßvogel in die Angelegenheit hineinzuziehen – immerhin lief Grimm als Ausländer Gefahr, ausgewiesen zu werden; seine Karriere als Diplomat wäre zu Ende gewesen.

Hatte der gutmütige und großzügige Diderot die Rolle der beiden unglückseligen Übersetzer absichtlich als zweideutig erscheinen lassen, um Grimm zu schützen? Seine Feinde – und auch Deleyre und Forbonnais – warfen es ihm vor. Doch Diderots Brief an Malesherbes war unmißverständlich; mehr hätte er nicht sagen können, ohne Grimm zu denunzieren. Es war nicht das erste und nicht das letzte Mal, daß Diderot aufgrund der verborgenen Machenschaften seines Freundes in eine schwierige Lage geriet und beinahe gegen die geltende Moral verstieß. Diesmal kam ihn diese Haltung teuer zu stehen.

Die »Widmungsaffäre« war zwar nicht der direkte Anlaß für das Verbot der *Enzyklopädie,* aber man kann sich vorstellen, daß Malesherbes bei dieser Gelegenheit die Brüchigkeit und die Grenzen seines Systems bewußt wurden. Dieses System beruhte – in einer ganz erstaunlichen »Privatisierung des Politischen« – auf den persönlichen Beziehungen, die er zu den Mitgliedern der »Partei der Philosophen« unterhielt. Die Schriftsteller gaben ihm die Korrekturfahnen ihrer Texte, während Malesherbes seine schützende Hand über sie hielt, Veränderungen vorschlug, Druckprivilegien und stillschweigende Genehmigungen erteilte und manchmal sogar Schmähschriften aus dem gegnerischen Lager verbot. Nicht nur Schiedsrichter wollte er sein, sondern ein weiser Freund, der wußte, wie weit man gehen konnte, ohne den Zorn der Obrigkeit zu erregen – denn schließlich mußte er mit diesem Zorn umgehen. Trotz seines Liberalismus und aller Sympathien für »seine« Literaten blieb Malesherbes immer noch Zensor.

Diese doppeldeutige Situation war nur erträglich, wenn ein gewisses persönliches Vertrauen herrschte. Grimms Schwindel, der Diderot angelastet wurde, brach daher eine stillschweigende Übereinkunft. Von heute aus gesehen muß man sagen, daß Malesherbes' Position dadurch geschwächt wurde, so daß er dem Druck, den die Feinde der *Enzyklopädie* ausübten, weniger Widerstand entgegensetzen konnte.

Seit Damiens' Attentat und der darauf folgenden politischen Verhärtung hatten diese Feinde Rückenwind. Dennoch kamen die heftigsten Schläge gegen die *Enzyklopädie* weder vom Hof noch von der Regierung, sondern von ihren alten Rivalen, den Gerichtshöfen.

Diderot, durch den Erfolg seines Theaterstücks optimistisch gestimmt, sah anscheinend die Gefahr nicht kommen. Gewiß, er hatte Mühe, die nötigen Artikel für die Herausgabe des achten Bandes zusammenzubekommen, wie seine Frau schrieb: »Der Band der Ansiclopedy [sic] ist noch nicht angefangen, wegen Monsieur d'Arauber [sic], der erst im neuen Jahr weitermachen will.«[12] Aber Diderot meinte noch, die schwindende Begeisterung des Mathematikers neu entfachen zu können. Am 21. Januar schrieb er zum Thema *Enzyklopädie* an Turgot: »Sie lebt wieder auf; der Erfolg ihrer Fortsetzung hängt von dem Band ab, den ich veröffentlichen werde [...]. Wenn Sie sich aufraffen können, einige Artikel zu übernehmen, lassen Sie es mich wissen.«

Zwei Tage später stellte der Staatsanwalt Omer Joly de Fleury vor dem Pariser Gerichtshof Strafantrag gegen einige Werke: gegen Helvétius' Schrift *Vom Geist*, gegen das *Lexikon der Wissenschaften oder Enzyklopädie* und gegen sechs »Broschüren«, darunter ein *Almanach der Freigeister*, der nichts anderes war als eine neu durchgesehene Ausgabe von Diderots *Philosophischen Gedanken*. July de Fleury, der sicher war, in dieser von Jansenisten dominierten Institution ein geneigtes Publikum zu finden, verbreitete sich über das »Komplott« der Philosophen: »Die Gesellschaft, der Staat und die Religion sind heute vor Gericht versammelt, um ihre Anklage gegen dieses Komplott zu erheben. Ihre Rechte sind verletzt, ihre Gesetze nicht anerkannt worden: die Gottlosigkeit schreitet erhobenen Hauptes einher. [...] Kann man sich noch verhehlen, daß ein Plan gefaßt und eine Vereinigung gegründet wurden, um den Materialismus zu verfechten, die Religion zu vernichten, den Geist der Unabhängigkeit einzuflößen und die Sitten zu verderben? [...] Die Schrift *Vom Geist* ist wie eine Kurzfassung dieses viel zu berühmten Werks, das eigentlich das Ziel haben müßte, ein Buch aller Kenntnisse zu sein, und das nun ein Buch aller Irrtümer geworden ist.«[13]

Aufgrund dieser Anklage verbot der Pariser Gerichtshof »allen Druckereibesitzern und allen anderen Personen, Exemplare der genannten Bücher zu verkaufen, zu vertreiben oder auf andere Art in Umlauf zu bringen«. Dieses Verbot wurde begleitet von der Ernennung einer Untersuchungskommission, deren Zusammensetzung auch gleich bekanntgegeben wurde: Alle Mitglieder waren Jansenisten.

Doch mit der Urteilsvollstreckung wartete man gar nicht erst, bis die Ergebnisse dieser Kommission vorlagen, die »aufgrund der großen Bedeutung der in den sieben Bänden der *Enzyklopädie* behandelten Gegenstände« ernannt worden war: Die Bücher sollten »von Henkershand zerrissen und verbrannt« werden; am 10. Februar, am Fuße der großen Palaistreppe, geschah es.

Diderot und seine Freunde schienen über diesen Anfall schlechter Laune, der den Gerichtshof gepackt hatte, nicht allzu sehr beunruhigt. Am 12. Februar schrieb Caroillon La Salette an seine Frau: »Monsieur, Madame und Mademoiselle Diderot geht es bestens [...]. Monsieur d'Alembert und Monsieur Diderot werden mit der Arbeit an der *Enzyklopädie* fortfahren.« Immerhin waren Diderot und seine Freunde zwangsweise seit langem darin geübt, die Rivalitäten zwischen dem Gerichtshof und dem Hof in Versailles für sich auszunützen. Schwoll der Autoritätsanspruch des einen zu sehr an, konnte man den Ballon mit Hilfe der anderen Instanz, die sich auf ihre Vorrechte berief, zum Platzen bringen.

Die Verleger der *Enzyklopädie* wandten sich daher mit der Gemütsruhe braver Kaufleute an Malesherbes, um gegen die Verurteilung durch den Gerichtshof zu protestieren und sie als Ergebnis von Chaumeix' Schriften, vor allem seiner *Préjugés légitimes contre l'Encyclopédie* (Legitime Verdächtigungen gegen die Enzyklopädie) – die Joly de Fleurys Rede auch tatsächlich angeregt hatten –, darzustellen. Sie empörten sich gegen einen Urteilsspruch, der die Verleger »dem ungünstigen Eindruck opferte, den ein Schriftsteller gegen die *Enzyklopädie* zu erwecken gewußt hat, welcher die Grenzen scharfsinniger Kritik überschritten hat, da er die Passagen, die er zitiert, verändert oder in einem falschen Licht dargestellt hat«.[14]

Wir befinden uns immer noch im Rahmen des internen Kampfs zwischen den Jesuiten am Hof und den Jansenisten am Gerichtshof. Es ging darum, wer in einer Zeit der Krise und des Zweifels am geeignetsten war, den König, das Recht und den Glauben zu verteidigen. Diderots Irrtum lag sicher darin, daß er glaubte, dank der Rivalitäten im gegnerischen Lager ein weiteres Mal durch die Maschen im Netz der Repressionen schlüpfen zu können.

Doch anstatt die Gegner der *Enzyklopädie* gegenseitig zu neutralisieren, führte der Streit zwischen Gerichtshof, Kirche und Monarchie diesmal dazu, daß sie in der Unterdrückung miteinander wetteiferten. Der Gerichtshof warf Malesherbes und damit indirekt der Regierung vor, sich gegen die Feinde der Ordnung und der Religion zu milde zu zeigen. Versailles hätte einfach darüber hinweggehen können, um nicht den Anschein zu erwecken, der Hof gebe den Vorhaltungen des Gerichtshofs nach. Doch die Regierung verhandelte gerade hart mit den Verantwortlichen des Klerus über eine Erhöung der »freiwilligen Spende« der Kirche an den Staat – von »Steuern« durfte den Kirchenleuten gegenüber nicht die Rede sein. Eine schöne Geste des Königs, ein greifbarer Beweis, wie sehr er die Kirche gegen das »Komplott« der Philosophen verteidigte, konnte die Prälaten zu besonderer Großzügigkeit bewegen. Die »freiwillige Spende« war in diesem Jahr auch tatsächlich höher als je zuvor.

Am 8. März wurde das Urteil des Königlichen Rats veröffentlicht, das »die Druckprivilegien vom 21. Januar 1746 für das Werk mit dem Titel *Enzyklopädie oder Auf Vernunfterkenntnis gegründetes Lexikon der Wissenschaften, der Kunst und des Handwerks, herausgegeben von einer Gesellschaft von Gelehrten* widerruft und den Buchhändlern und allen anderen verbietet, die sieben gedruckten Bände, die bereits erschienen sind, zu verkaufen, zu vertreiben oder anders zu verbreiten und neue Bände zu drucken«. Der Königliche Rat begründete seine Entscheidung wie folgt: »Der Vorteil, der im Interesse der Wissenschaften und Künste aus einem Werk dieser Art zu ziehen ist, wiegt niemals den nicht wiedergutzumachenden Schaden auf, der daraus für die Sitten und die Religion entsteht.«[15]

War Diderot verzweifelt? Das ist anzunehmen, vor allem da er noch dazu aus Langres beunruhigende Nachrichten über die Gesundheit seines Vaters erhalten hatte. Aber das Unglück wirkte auf ihn wie ein Stimulans. Wenn alles über einen hereinbrach, wenn das Schicksal brutal zuschlug, dann war doch wohl der Zeitpunkt für den großen Auftritt des unbeugsamen Wagemuts, des niemals versagenden Helden gekommen? In ruhigen Tagen und bei gewöhnlichen

Anlässen konnte Diderot leichtfertig, vergeßlich und unschlüssig sein; er schwankte je nach den Launen, die seinen unerschöpflichen inneren Gegensätzen entsprangen. Doch wenn sich die Sorgen türmten und das Leben sich in ein Drama verwandelte, wurde er wieder zum erhabenen Schauspieler seiner eigenen Existenz. Er objektivierte dann dieses Ich, das sich sonst so oft seiner (Selbst-)Kenntnis entzog. Und wenn er sich so selbst zusah und sich den anderen als Schauspiel darbot, konnte er nichts anderes mehr sein als »der Philosoph«, der tugendsame Mensch, Herold der Wissenschaft und der Wahrheit, den weder die Verfolgung durch die Welt noch körperliche Erschöpfung, Einsamkeit oder Kummer zur Aufgabe bewegen konnten.

Diderot arrangierte ein gemeinsames Essen bei Le Breton – mit d'Alembert, dem Chevalier de Jaucourt, d'Holbach und den assoziierten Verlegern. »Um vier Uhr nachmittags setzten wir uns zu Tisch«, schrieb er zwischen Ende April und dem 1. Mai an Grimm. »Wir waren alle ausgelassen. Es wurde getrunken, gelacht, gegessen, und gegen Abend kamen wir auf die große Sache zu sprechen. Ich legte meinen Plan zur Vervollständigung des Manuskripts dar. Die Überraschung und Fassungslosigkeit, mit denen mein lieber Mitarbeiter [d'Alembert] mir zuhörte, waren ganz unbeschreiblich. Er legte mit dem kindischen Ungestüm los, das Sie an ihm kennen, behandelte die Verleger wie Dienstboten, stellte die Weiterführung des Werks als Wahnsinn hin und sagte mir so nebenbei Dinge, die man ungern hört, die ich aber meinte schlucken zu müssen. [...] Mit Sicherheit hat die *Enzyklopädie* keinen entschiedeneren Feind als diesen Menschen. [...] Als wir diesen kleinen Irren los waren, kamen wir auf das Projekt zurück, um dessentwillen wir uns getroffen hatten. Wir prüften es von allen Seiten, trafen Vereinbarungen, ermutigten uns gegenseitig, schworen, das Unternehmen zu Ende zu führen, beschlossen, uns bei den künftigen Bänden ebensoviel Freiheit zu nehmen wie bei den bisherigen und sie notfalls in Holland drucken zu lassen. Dann trennten wir uns.«

Man begreift die Motivation der Verleger: Sie hatten in das Projekt *Enzyklopädie* bereits beträchtliche Summen gesteckt. Wenn der königliche Urteilsspruch in aller Härte angewandt wurde, waren sie

Langres, die Geburtsstadt; Stich aus dem 18. Jahrhundert

Sterbehaus Diderots in der Rue de Richelieu in Paris

*Büste Diderots
von Pigalle*

*Standbild Diderots
auf dem Platz
Saint-Germain-des-Prés
in Paris*

Condillac

Helvétius

Malesherbes

D'Alembert

Grimm

Die Stammgäste des Café Procope im 18. Jahrhundert:
(1) Buffon, (2) Gilbert, (3) Diderot, (4) d'Alembert, (5) Marmontel, (6) Le Kein,
(7) Rousseau, (8) Voltaire, (9) Piron, (10) d'Holbach; Zeichnung von Kietz

Die Enzyklopädisten; Stich nach Meisonnier

Titelblatt der Ausgabe
von Panckoucke

Die ENZYKLOPÄDIE,
erste Ausgabe

ENCYCLOPEDIE,

OU

DICTIONNAIRE RAISONNÉ

DES SCIENCES,

DES ARTS ET DES MÉTIERS,

PAR UNE SOCIÉTÉ DE GENS DE LETTRES.

Mis en ordre & publié par M. *DIDEROT*, de l'Académie Royale des Sciences & des Belles
Lettres de Prusse ; & quant à la PARTIE MATHÉMATIQUE, par M. *D'ALEMBERT*,
de l'Académie Royale des Sciences de Paris, de celle de Prusse, & de la Société Royale
de Londres.

Tantùm series juncturaque pollet,
Tantùm de medio sumptis accedit honoris ! HORAT.

TOME PREMIER.

A PARIS,

Chez {
BRIASSON, *rue Saint Jacques, à la Science.*
DAVID l'aîné, *rue Saint Jacques, à la Plume d'or.*
LE BRETON, *Imprimeur ordinaire du Roy, rue de la Harpe.*
DURAND, *rue Saint Jacques, à Saint Landry, & au Griffon.*
}

M. DCC. LI.

AVEC APPROBATION ET PRIVILEGE DU ROI.

Julie de Lespinasse;
Stich von Delvaux
nach Carmontelle

Angélique Caroillon
de Vandeul,
Tochter Diderots;
Büste von Pajou

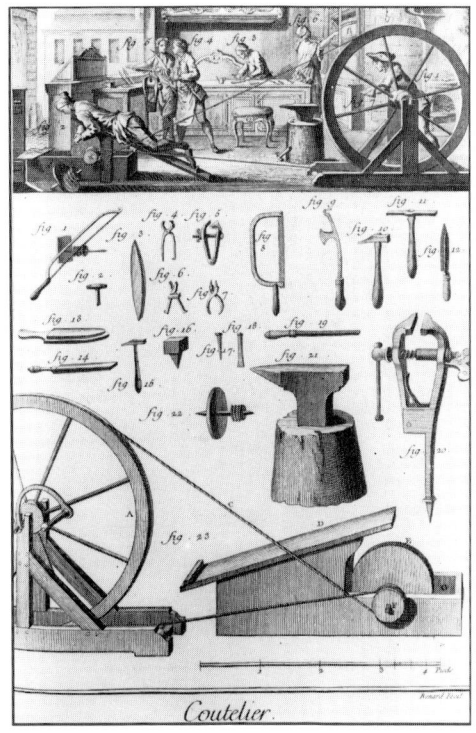

Zwei Tafeln aus der ENZYKLOPÄDIE:
Der Messerschmied

Der Hersteller von
Metallknöpfen

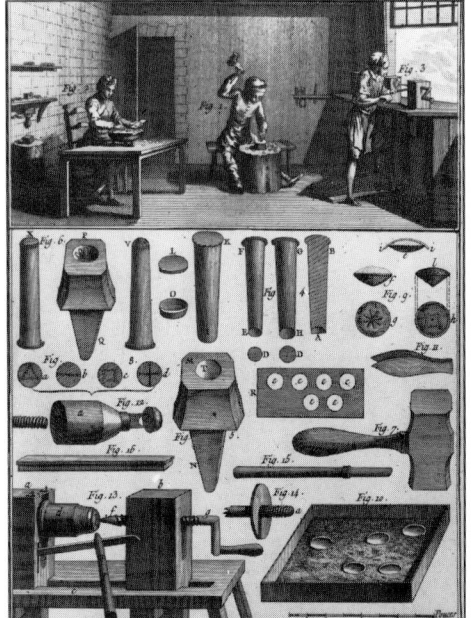

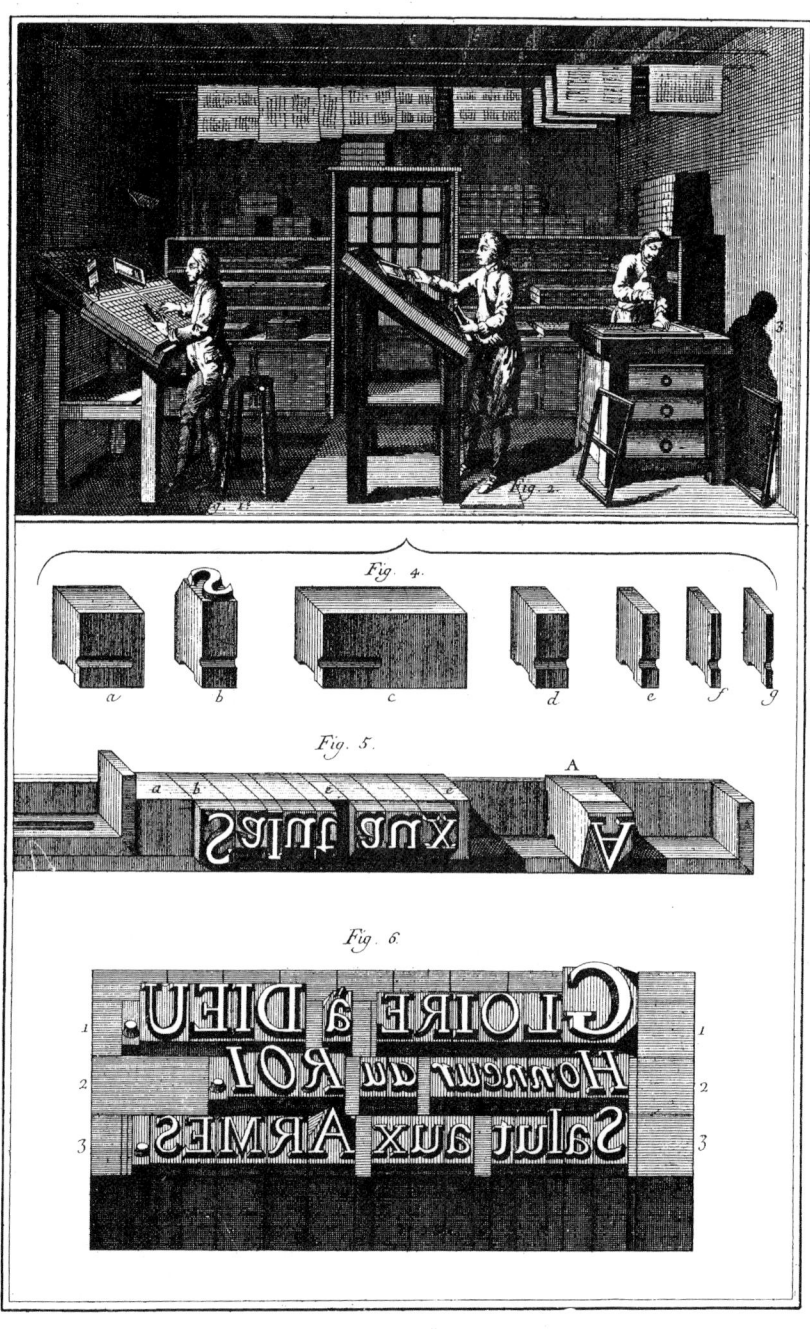

Tafel aus der ENZYKLOPÄDIE: Die Setzerei

ruiniert und mußten womöglich ihre Betriebe schließen. Daher ermutigten sie Diderot, heimlich an seinem Werk weiterzuarbeiten, und versuchten zugleich, im Namen der Prosperität im Königreich, der Unternehmensfreiheit und der viertausend Subskribenten, die etwas für ihr Geld bekommen sollten, ein Arrangement mit der Obrigkeit zu finden.

Diese finanziellen Erwägungen spielten bei Diderots Entscheidung keine Rolle. Laut Vertrag sollte er 25 000 Francs erhalten, wenn er die *Enzyklopädie* fertigstellte. Er fand das zwar »anständig«, aber Voltaire, der die Dinge nüchtern betrachtete, empörte sich darüber: »Kann es wahr sein«, schrieb er an d'Alembert, »daß Diderot für dieses riesige Werk und zwölf Jahre Arbeit ganze 25 000 Francs bekommt, während die Kaufleute, die unsere Armeen mit Brot beliefern, 20 000 Francs am Tag verdienen?«[16] Dabei lag Voltaire noch weit daneben: Es sollten insgesamt zwanzig Jahre werden, die Diderot diesem Werk widmete.

Aber er akzeptierte diesen Handlangerlohn ebenso wie die Heimlichkeit des Unternehmens: »Doch da zu befürchten stand, daß, würde dieses Arrangement ruchbar, die Wut meiner Feinde sich verdoppeln und die Verfolgung, das Angriffsziel wechselnd, vom Buch auf die Autoren übergehen würde, wurde vereinbart, daß ich mich nicht zeigen sollte. All dies wurde ausgeführt [...]; die Kopisten seufzten unter dem Chevalier [Jaucourt] [...]; die Riegel meiner Tür waren von sechs Uhr morgens bis zwei Uhr nachmittags vorgeschoben.«

Was blieb ihm auch übrig, um die Sache zum Erfolg zu führen? D'Alembert hatte sich abgesetzt, und es bestand keine Hoffnung, daß er zurückkam; er hatte sich der Verantwortung entzogen, mit aller Macht den endgültigen Bruch angestrebt und sich angesichts von Diderots Widerstand nur bereit erklärt, einige mathematische Artikel zu schreiben. Voltaire, der zwar vor jeder Verfolgung geschützt war, Diderot aber von ganzem Herzen lieber als Märtyrer denn als Sieger sehen wollte, verweigerte für die Zukunft seine Mitarbeit. Alle, die wie Turgot, Marmontel, Duclos, Morellet oder ihre Freunde auf Posten und Sinekuren saßen, ein offizielles Amt bekleideten, stahlen sich leise davon. Schlagartig hatte der königliche Urteilsspruch die Schar der Mitarbeiter in zwei Gruppen geschieden: auf der einen Seite eine Art »Opposition Seiner Majestät« – die Gruppe, die lediglich an der Macht teilhaben wollte –, und auf der anderen Seite die Gegner einer solchen »vornehmen Zurückhaltung«.

Voltaire und seine Freunde hatten eine einigende Parole: »Zerschmettert die Niederträchtige«; sie wollten das Gewicht ihres intellektuellen Rufs, ihres Engagements, ihrer sozialen Stellung und ihrer politischen Manöver gegen ein einziges Kettenglied der damaligen Gesellschaft richten – gegen die Religion, die von internen Streitigkeiten zerrissen war, aber seit Jahrhunderten Macht über die Lebens- und Denkweise der ganzen Bevölkerung ausübte. Der Antiklerikalismus, der Kampf gegen die Allgegenwart des Priesters und seiner Worte, wurde zu einer beherrschenden Notwendigkeit, die an die Stelle einer reformerischen Perspektive trat. Ihnen – wie später vielen Bürgern des 19. Jahrhunderts – schien es zu genügen, eine religiöse geistige Elite durch eine vernunftgeleitete geistige Elite zu ersetzen, um den unerläßlichen Fortschritt in Gang zu setzen – ohne soziale Umwälzung, ohne das Eindringen des »Pöbels«.

Diderot und das letzte Aufgebot der Enzyklopädisten arbeiteten in eine andere Richtung: sie meinten, man müsse *alles* sagen. Der Feind war für sie nicht die Religion, auch nicht die Priester – selbst wenn Religion und weltliche Macht in der Geschichte gemeinsame Sache gemacht hatten, um die wahren Wurzeln ihrer Autorität zu *verbergen*. Der Feind war für sie das Prinzip der Geheimhaltung, die Wahrheit, die nicht mit allen geteilt wurde, die Wissenschaft, die einigen ausgewählten Geistern vorbehalten blieb, die Wahrheit, die sich nur einige Eingeweihte zuflüsterten, Wahrheiten, die man nicht sagen durfte – kurz: Vernunft für die Reichen und Aberglauben für die Armen.

Die *Enzyklopädie* fortzusetzen, bedeutete nicht nur, sich dem König, dem jansenistischen *Parlement,* den jesuitischen Lehrern und der »Partei der Frömmler« entgegenzustellen. Es hieß auch, sich die Feindseligkeit der Voltairianer und der Reformer à la Turgot einerseits und der neuen Propheten einer »volkstümlichen Naivität« andererseits zuzuziehen – Rousseau bedauerte, daß man »das Tor zu den Wissenschaften ungeniert aufstößt und einen Pöbel in ihr Heiligtum einläßt, der unwürdig ist, sich ihnen zu nähern«.[17]

Da sich die Elitären, die meisten derer, die in der Welt einen Namen hatten, geschickt aus der Affäre zogen, mußte Diderot im geheimen eine neue Mannschaft zusammenstellen. Es gelang ihm nur zum Teil. Bis auf einige wenige erfreuliche Ausnahmen kamen die Mitarbeiter an den letzten Bänden der *Enzyklopädie* bei weitem nicht an die Autoren vor dem Verbot heran – sie waren weniger zuverlässig, weniger geistvoll und weniger vorurteilslos im Denken. Und Diderot, überlastet mit Arbeit und Sorgen, oft am Rand der Erschöpfung und von seinen Verlegern unter Druck gesetzt, ließ manchmal nach hastigen Korrekturen Artikel »in Ermangelung eines Besseren« durchgehen.

Freilich blieb ihm noch der Chevalier de Jaucourt. War Diderot nun der einzige Leiter des Großprojekts *Enzyklopädie* und seiner heimlichen Produktion, so könnte man den Chevalier als den Arbeiter bezeichnen, den keine Aufgabe abschreckte. In den neun Textbänden, die noch erschienen, stellten seine Artikel ein Viertel bis die Hälfte der Beiträge; in Band XVI etwa waren es 2 494 Artikel. Gewiß, zumeist las Jaucourt nur die Hauptwerke über das Thema, das er behandeln sollte, und schrieb einige wichtige Passagen daraus ab. Aber diese gelehrte und gewissenhafte Montagearbeit ermöglichte es ihm, interessante Pespektiven aufzuzeigen. Trotz seiner beträchtlichen Produktivität gab sich Jaucourt auch nicht damit zufrieden, auf talentierte Art Textstellen zusammenzutragen. Er bewunderte Montesquieu und Montaigne; er war Erbe eines gewissen hugenottischen Humanismus, aber er war auch ein Verehrer Voltaires und seiner Verteidigung der Toleranz und ein begeisterter Anhänger Rousseaus, mit dem er die Liebe zur Tugend teilte. Diese philosophische »Ökumene« spiegelt sich in seinen Artikeln wider, in denen er nie zögerte, Rousseau ausführlich zu zitieren und zu verteidigen. Ein Beweis für seine geistige Unabhängigkeit, vor allem von Diderot, der aber ebenso zeigt, daß Diderot als Herausgeber dieser Artikel in seinem Konflikt mit Rousseau immer Toleranz bewies.

Aber Diderot selbst schrieb nicht mehr sehr viele Artikel für die *Enzyklopädie*. Für den neunten Band waren es noch achtundzwanzig, für die letzten acht Bände waren es insgesamt nur noch dreiundsechzig – man denke daran, daß er für die beiden ersten Bände über dreitausendfünfhundert geschrieben hatte. Sicher, die Aufgaben bei der Leitung und Herausgabe des Werks, die er nun allein erfüllen mußte, verzehrten einen großen Teil seiner Energie. Und ebenso sicher vergällten auch die Schikanen und Verfolgungen, denen er ausgesetzt war, diesem Übersensiblen das Leben, wenn sie ihn auch nicht zum Aufgeben brachten. Aber vielleicht ging es tiefer; vielleicht glaubte Diderot nicht mehr an die *Enzyklopädie*.

Es war seine Begeisterung, die ihn mit diesem Unternehmen verbunden hatte. Er betrachtete es als sein ureigenes Werk und zugleich – vermittelt durch die Arbeit, die er hineingesteckt hatte – als Ausdruck der geistigen Revolution seiner Epoche. Diese enge Verbindung war zerbröckelt. Die Mitarbeiter hatten sich davongemacht, die Front der Philosophen war auseinandergebrochen. Das, worauf er gesetzt hatte – die gesamte Gesellschaft der Epoche in die gemeinsame Definition einer neuen Art des Denkens und Handelns miteinzubeziehen –, war gescheitert. All das sah nach enttäuschten Illusionen aus. Diderot zweifelte nicht daran, daß am Ende die Bewegung über die Starrheit der Tradition siegen würde, aber er spürte, daß die Bedingungen für den Sieg noch nicht gegeben waren. Er setzte diese *Enzyklopädie*, die er in schwungvoller, feuriger Begeisterung begonnen hatte, zwar fort, aber wie eine Last, eine auferlegte Strafarbeit, eine Sklaverei, bei der er nur noch auf die Befreiung wartete. Sein Glück, seine Schaffensfreude und seine philosophische Leidenschaft lagen nun anderswo.

Vielleicht nahm er diese Sklaverei einfach deshalb auf sich, weil er der Sohn von Didier Diderot, dem Handwerker aus Langres, war. Er war den Verlegern gegenüber verpflichtet; er war verantwortlich für eine ganze Reihe von Arbeitsplätzen und für das Geld der Subskribenten. Ein gegebenes Wort zurückzunehmen, verstieß gegen die Geschäftsmoral.

Die Verleger hatten es nicht aufgegeben, die Regierung zum Nachgeben bewegen zu wollen, wenn auch nicht juristisch, so doch faktisch. Ihre Waffen waren nicht zu unterschätzen. Zunächst einmal wurden im Ausland, in Lucca und in Genf, Raubdrucke der *Enzyklopädie* vorbereitet. War das nicht der Beweis, schrieben die Verleger an Malesherbes, »daß man im Ausland sehr viel günstiger über dieses Werk urteilt, da es unverändert und auf Französisch nachgedruckt wird«?[18] Auf diese Art vermittelten sie ihre Botschaft – wenn sie die *Enzyklopädie* nicht in Frankreich herausbringen konnten, blieb ihnen immer noch die Möglichkeit, sie im Ausland drucken zu lassen. Die Regierung und die öffentliche Ordnung würden dabei gar nichts gewinnen, da man genau wußte, wie durchlässig die Grenzen für Gedrucktes waren, während der französischen Druckindustrie zum Vorteil der ausländischen Konkurrenz ein schönes Geschäft entginge.

Für solche Argumente war der Staat immer empfänglich. Um der Erpressung mehr Nachdruck zu verleihen, fuhr David, bald gefolgt von Durand, nach Holland. Während er beteuerte, seine Reise habe keinerlei Bezug zur *Enzyklopädie*, setzte er doch alles daran, sie so publik zu machen, daß Malesherbes unruhig wurde: Zu gegebener Zeit würde man ihm einen Kompromiß vorschlagen.

Aber noch war es nicht soweit. Diderots Leiden waren noch nicht ausgestanden. Kaum war die *Enzyklopädie* verboten worden, erschien im März ein *Mémoire pour Abraham Chaumeix contre les prétendus philosophes Diderot et d'Alembert* (Denkschriften für Abraham Chaumeix gegen die angeblichen Philosophen Diderot und d'Alembert). In Wirklichkeit handelte es sich dabei um eine heftige Attacke gegen Chaumeix, Diderots erbitterten Feind, dessen *Préjugés légitimes contre l'Encyclopédie* immer aufgeblähter wurden: acht Bände innerhalb von vier Monaten! Natürlich schrieb jeder – oder fast jeder – dieses Pamphlet Diderot zu. Dieser spürte die Gefahr, die eine solche Zuweisung für ihn bedeutete. Er stand schlechter denn je mit der Obrigkeit, und Chaumeix genoß in dem herrschenden, der *Enzyklopädie* feindlichen Klima Schutz von ganz oben. Wieder einmal tauchte der Schatten der Bastille auf. Es bestand die Gefahr, daß Malesherbes, verärgert über die »Widmungsaffäre«, Diderot fallen ließ. Trotzdem schrieb Diderot ihm und beteuerte: »Bei allem, was den Menschen am heiligsten ist: Ich habe an dem fraglichen Papier weder einen direkten noch einen indirekten Anteil.« Das stimmte übrigens auch.

Alle Freunde rieten ihm zur Flucht. Diderot aber rührte sich nicht von der Stelle: »Ich habe erklärt [...], daß ich auf meinem Stuhl sitzen bleiben würde, und daß man mich, welches auch die weitere Entwicklung dieses Abenteuers sein mag, bei mir zu Hause antreffen wird.«

Schließlich verzogen sich die Sturmwolken, und die Untersuchungsbeamten wandten sich anderem zu. Doch diese erneute Bedrohung durch einen Gefängnisaufenthalt, die ihn brutal an die Realität der Unterdrückung und seine heikle Lage als Schriftsteller erinnerte, verfinsterte Diderots Himmel noch mehr: »Ich bin von soviel Kummer und Müdigkeit zugleich übermannt worden, daß ich mich in zwei Monaten noch nicht davon erholt haben werde. [...] Über dem Brustbein schmerzt mich eine Stelle von der Größe eines Talers, als würde ich mit einem glühenden Eisen gebrannt.«

Er war einsam, er war krank, sein Vater lag im Sterben, und das Werk, dem er den Hauptteil seines intellektuellen Lebens gewidmet hatte, wurde verboten und verfolgt. Es ist kein Zufall, daß der erste große literarische Brief Diderots an Grimm, den wir kennen – er wurde bereits zitiert –, am 1. Mai dieses Jahres abgeschickt wurde. Und vielleicht ist es auch kein Zufall, daß der erste bekannte Brief an Sophie Volland – nach 138 anderen, die verschwunden oder vernichtet sind – auf den 11. Mai datiert ist. Diderot, der öffentliche Schriftsteller, der Literat der französischen Aufklärung, trat einen Schritt in den Hintergrund der Weltbühne. Müde, bedrückt, wie gelähmt von Schicksalsschlägen, fragte er sich, wer er sei. Bald sollte er seinen Vater, das lebendige Symbol seiner Herkunft als Handwerker und Provinzler, verlieren; er stand am Rand einer Gesellschaft, die ihn ebenso auf Distanz hielt, wie sie sein als extravagant geltendes Genie bewunderte und sich davon ergreifen ließ. Diderot, der Extrovertierte, zog sich von der Außenwelt zurück. Aber nicht in einen kleinen, gemütlichen Winkel seines Selbst, wo er sich in die ausschließliche Besinnung auf seine Verdienste und Fehler versenkt hätte, sondern in ein Ich, das seine Bestätigung im Blick eines anderen suchte, der ihn gut kannte. Grimm und Sophie waren das ideale Publikum. Da er sie liebte, waren sie sowohl die anderen als auch er selbst. Hier war keine Verstellung möglich.

Das Ende der *Enzyklopädie* als intellektuelle Leidenschaft fiel zusammen mit dem Beginn seines »Briefromans«. Dieser Wechsel des Registers war mehr als eine Veränderung im Ton, er war eine allgemeine Veränderung der schöpferischen Perspektive. Im April und Mai 1759 hörte Denis Diderot auf, ein Gelehrter zu sein; er wurde zum Schriftsteller.

Doch das war nicht das Ergebnis einer spektakulären Bewußtseinskrise, hier war einfach einiges zusammengekommen. Die innere Entwicklung eines arrivierten Provinzlers namens Diderot, die Entwicklung der Aufklärung mit ihren ideologischen und politischen Fortschritten und Rückschlägen und der gewundene Weg, der sich aus der Konfrontation der Monarchie mit einer sich weiterentwickelnden Gesellschaft und einem wissenschaftlichen Denken auf dem Weg in die Autonomie ergab – es scheint, als hätte sich all das miteinander verbunden, um einen Denker, der empfänglicher als andere für die Hoffnungen seiner Zeit und ihre Grenzen war, zu bewegen, einen Bereich des Schreibens zu wählen, der zugleich weit fortgeschritten und etwas im Abseits war. Diderot setzte nun auf zwei verschiedene Seiten. Als Mensch seines Jahrhunderts und als Materialist, der nicht vergaß, wieviel sein Denken und Empfinden dieser besonderen Epoche verdankte, füllte er seine Rolle als kämpferischer Philosoph weiterhin so gut wie möglich aus. Doch zugleich begab er sich auf eine andere, größere und weit riskantere Bühne: Er stellte sich der Nachwelt.

Der Brief an Grimm vom 1. Mai ist ein richtiges Werk; Fragment eines Ich-Romans, der die Chronik des Jahrhunderts – lebhaft und bissig erzählt – mit persönlichen Akzenten verband. Diderot ließ seiner Feder freien Lauf und beschränkte sich nicht mehr darauf, seine Gedanken, seine Neigungen und Abneigungen anzudeuten. Gewiß, es ging hier nicht um »Bekenntnisse«. Nichts, was er hier schrieb, war für die Öffentlichkeit bestimmt. Und das »Ich«, das hier erkennbar wird, war auch kein Jean-Jacques Rousseau oder einer jener Romantiker, die sich selbst bis hin zur Leidenschaft, ja, zum Leiden liebten. Das Hauptthema des Schriftstellers Diderot ist nicht Denis. Aber der Mensch verbarg sich nicht länger hinter dem Gelehrten. Geschwächt von den Angriffen gegen ihn, seelisch und physisch erschöpft, trat der Philosoph Diderot ein wenig in die Schatten, der empfindsame Mensch Denis wagte sich ein wenig ans Licht. Inmitten von tausend drolligen und frechen Schilderungen spricht er von seinem Vater, der im Sterben lag und den Grimm besucht hatte – »Ich bin ein schlechter Sohn« –; von seiner Tochter und seinen häuslichen Zerwürfnissen – »Ich bin ganz vernarrt in meine kleine Tochter! Ach, mein Freund, welch schöner Charakter, welch schöne Seele! Welche Frau könnte man aus diesem Kind machen, wenn die Mutter es nur zuließe« –; von Sophie und von ihrer Eifersucht. Er spricht von seiner Arbeit, der einzigen Ablenkung von seinen Kümmernissen: »Wären Sie an meiner Seite, dann könnte ich Ihnen mein Herz ausschütten, und Sie würden mich trösten. Doch Sie sind fort, und so bleibt mir nur die Arbeit, mit der ich mich von meinem Kummer ablenken kann. Also arbeite ich nach Kräften. In einem einzigen Monat habe ich ein Achtel meiner Aufgabe hinter mich gebracht, und wenn ich weiterhin so viel Leid durchmachen muß und meine Kollegen mitziehen, habe ich sie wesentlich früher fertig, als ausgemacht war.«

Aber die Betäubung durch Arbeit verflog und wich einem noch tieferen Überdruß. D'Holbach, beunruhigt über den Zustand seines Freundes, versuchte ihn zu bewegen, an die Luft zu gehen, Ausflüge zu machen und sich ein wenig Vergnügen zu gönnen. »Der Baron führt mich spazieren, und er weiß gar nicht, welch gutes Werk er damit tut. Wir waren in Versailles, im Trianon, in Marly. An einem der nächsten Tage fahren wir nach Meudon. Hier und da finde ich noch einen Funken Begeisterung, als wollte die alte Keckheit wieder hochkommen.«

Schließlich kam er über seinen Tiefpunkt hinweg. Aber in seinem ersten bekannten Brief an Sophie schildert Diderot seinen Spaziergang in Marly in den düsteren Farben einer müden Traurigkeit: »Von Melancholie bewegt, irrte ich kreuz und quer durch die Gegend.«

Diderot melancholisch! Allerdings hatte er nicht nur seinen Freund Grimm verloren, der für lange Monate auf Reisen gegangen war, sondern drohte auch noch Sophie zu verlieren, da Madame Volland ihre Tochter von einem zu eifrigen Liebhaber trennen wollte: »Man wird sie in ein ländliches Loch verschleppen. Was soll dort aus ihr werden? Und aus mir? Mein armes Gehirn ist ganz durcheinander. Ich zähle immer noch die Tage Ihrer Abwesenheit«, schreibt er am 20. Mai an Grimm. Am 3. Juni starb Didier Diderot in Langres. Am Abend zuvor war er aus Bourbonne zurückgekehrt, wo er seine Lungenwassersucht hatte behandeln lassen. Diderot erfuhr es erst fünf oder sechs Tage später. An Grimm schrieb er: »Alle anderen Schmerzen bereiten nicht auf diesen Schmerz vor.« Und an Sophie: »In der Gesellschaft ist ein Trauerkleid wie die Wolke, die im Vorüberziehen den Gesang der Vögel einen Augenblick lang unterbricht. Sie ist vorüber, und der Gesang beginnt aufs neue...«

Doch der Gesang, der für den nun vaterlosen Mann aufs neue begann, war ein anderer als zuvor. In seinem Leben war nun der Tod gegenwärtig, nicht als philosophische Abstraktion, sondern als das mächtige Gefühl, daß auch die eigenen Tage gezählt sind und das Ende absehbar ist: »Die Vorahnung des Schmerzes täuscht die Menschen kaum. Sie werden nicht in meinen Armen sterben. Ich werde nicht in den Ihren sterben; glauben Sie das nicht, mein Freund. Ein Erdstoß wird den einen tausend Meilen vom anderen wegschleudern. Weshalb sollte die Zukunft besser sein als die Vergangenheit?«

Das erste Halbjahr 1759 hatte Denis Diderot schwer heimgesucht. Als Menschen, als Philosophen und als Angehörigen der »Partei« der Aufklärung. Er war am Boden. Als er wieder auf die Beine kam, war er ein anderer. Noch hellsichtiger und sensibler als zuvor, hatte er seine Illusionen vom Ruhm verloren und vertraute der Zukunft an, was seine Gegenwart nicht verstehen konnte. Er war immer noch ein wenig verrückt, aber er hatte durch diese Verrücktheit und durch seine Vernunft zu sehr gelitten, um nicht aus der einen gelernt zu haben und der anderen zu mißtrauen.

KAPITEL

11

»Im übrigen waren sein Auftreten ernst, seine Sitten streng, seine Rede karg und einfach.« Dieses graue und steife Porträt hat Diderot Ende der 1750er Jahre von sich selbst gezeichnet. Genauer gesagt, es ist sein Porträt als Philosoph, als weiser Mann, wie er sich selbst manchmal gerne sah. Aber er war nicht der Mensch, auf den ein einziges Porträt zutraf: »Ich hatte an einem Tage hundert verschiedene Physiognomien, je nach der Sache, von der ich beeindruckt war. Ich war heiter, traurig, träumerisch, zärtlich, heftig, leidenschaftlich, begeistert [...] Ich hatte eine hohe Stirn, sehr lebhafte Augen, ziemlich grobe Züge, einen Kopf, dessen Charakter durchaus dem eines Redners des Altertums entsprach, eine Gutmütigkeit, die sehr nahe an Einfalt, an das bäurische Wesen der alten Zeiten grenzte.«

Die Maler rauften sich die Haare, wenn sie versuchten, den Gesichtsausdruck dieses quecksilbrigen Menschen zu erfassen. Im *Salon* von 1767 kommentierte Diderot selbst das schöne Porträt, das Michel Van Loo von ihm gemalt hatte: »Das bin ich. Ich liebe Michel; aber ich liebe noch mehr die Wahrheit. Einigermaßen ähnlich. Der Gemalte kann zu denen, die ihn nicht erkennen, wie der Gärtner der Komischen Oper sagen: ›Das kommt daher, daß er mich nie ohne Perücke gesehen hat.‹ Sehr lebendig. Das ist seine Sanftmut bei aller Lebhaftigkeit. Aber zu jung, der Kopf zu klein, hübsch wie eine Frau, die liebäugelt, lächelt, sich ziert, den Mund spitzt, schöntut. [...] Außerdem ein Luxus in der Kleidung, der den armen Literaten ruinieren wird, wenn der Einnehmer der Kopfsteuer kommt, um ihn nach seinem Hausrock zu besteuern. [...] Man sieht ihn von vorn. Sein Kopf ist unbedeckt. Seine graue Stirnlocke sowie die blasierte

Miene geben ihm das Aussehen einer alten Koketten, die noch die Liebenswürdige spielt. Die Haltung eines Staatssekretärs, nicht aber eines Philosophen. Die Unwahrheit des ersten Augenblicks hat alles übrige beeinflußt. Die übermütige Frau Van Loo, die hinzukam, um mit ihm zu plaudern, während man ihn malte, hat ihm diesen Gesichtsausdruck gegeben und alles verdorben. Wenn sie sich ans Klavier gesetzt hätte, wenn sie präludiert oder gesungen hätte: *Non ha ragione, ingrato, un core abbandonato,* oder wenn sie irgendein anderes Stück dieser Art zum besten gegeben hätte, dann hätte der empfindsame Philosoph einen ganz anderen Charakter bekommen und das Porträt auch. Oder noch besser: Man hätte ihn allein seinen Träumen überlassen sollen. Dann hätte sein Mund sich halb geöffnet, seine zerstreuten Blicke wären in die Ferne geschweift, die Arbeit des stark beschäftigten Kopfes hätte sich auf dem Gesicht abgezeichnet, und Michel hätte eine schöne Sache gemacht. [...] Aber was werden meine Enkel sagen, wenn sie meine traurigen Werke mit diesem lachenden, niedlichen, weibischen alten Gecken da vergleichen werden? [...] Ich habe eine Maske, die den Künstler täuscht, sei es, daß zu viele Dinge in ihr verschmolzen sind, sei es, daß die Eindrücke meiner Seele zu schnell aufeinanderfolgen und sich alle auf meinem Gesicht abzeichnen, daß mich also das Auge des Malers von einem Moment zum andern nicht gleich wiederfindet und seine Aufgabe schwieriger wird, als er glaubte. Ich bin eigentlich nie gut wiedergegeben worden, nur einmal von einem armen Teufel namens Garand, der mich genau getroffen hat, so wie ein Einfältiger manchmal ein gescheites Wort sagt. Wer mein Porträt von Garand sieht, der sieht mich wirklich. *Ecco il vero Pulcinella*.*«

Garands Porträt, 1760 gemalt, ist sicher interessant. Aber Diderot hätte es nicht so geliebt, wenn es nicht für Grimm, als Pendant zum Porträt seiner Geliebten Madame d'Épinay, bestimmt gewesen wäre. Und tatsächlich wirkt Diderots Gesichtsausdruck bewegt, flüchtig, geprägt von den Gedanken, die ihn beschäftigen. Ein wah-

---

* Pulcinella ist eine Charaktermaske aus den süditalienischen Volkspossen, die Ende des 16. Jahrhunderts in die *Commedia dell'arte* aufgenommen wurde. (A.d.Ü.)

rer Polichinelle*, dessen Maske je nach Laune und Gesprächspartner wechselt.

Doch der Verweis auf die Maske – oder, einmal mehr, auf das Theater – könnte zu dem Gedanken verleiten, es habe ein nacktes, ein »wahres« Gesicht Diderots gegeben, das sich hinter Diderots jeweiligem flüchtigen Erscheinungsbild verbarg. Doch so war es nicht: denn es gab kein »unbeschriebenes«, leeres Gesicht – für niemanden. Das Gesicht war stets Reflex eines Dialogs oder einer Beziehung. Diderots Unbeständigkeit, die Unfähigkeit seines unruhigen Geistes, sich auf etwas festzulegen, ist nur ein anderer Ausdruck für seine außergewöhnliche Fähigkeit, sich von sich selbst zu lösen – wenn es sein mußte, sogar von seiner Spontaneität –, um sich auf sein jeweiliges Gegenüber einzulassen – eine Person, die Natur oder die Wissenschaft –, die es ihm erlaubte, seine Masken zu wechseln und auf ihre Wirkung zu erproben.

Diderot gleitet einem immer wieder durch die Finger. »Er widerspricht sich«, klagen schulmeisterlich seit zweihundert Jahren jene, die nur in Etiketten und geschlossenen Systemen denken können. Aber Diderot nahm einfach die Widersprüche auf sich, die andere ihm entgegenstellten, und integrierte sie. Da er sein Denken nicht höher stellte als die Welt, die Gesellschaft oder seine Epoche, erlebte er die Hindernisse, die man ihm in den Weg schob, als Widersprüche, die in ihm selbst lagen. Ebensowenig wie ein leeres Gesicht gab es eine »reine« Vernunft. Diderot stand stets im Dialog mit seiner Zeit und mit sich selbst, wie er in ihr lebte. Er wußte, daß jedes starre Denken, jedes System und jedes unantastbare Prinzip nichts als weitere Vorurteile waren – weitere Hindernisse auf dem Weg zu Erkenntnis und Glück.

Voltaire etwa hätte eine Krise wie die des Jahres 1759 als skandalöse Demonstration königlicher Willkür oder als weitere Verfolgung der Aufklärung durch die Fortschrittsfeinde erlebt – nicht so Diderot. Für ihn war es *seine* Krise, und dieses Bewußtsein verstärkte noch seine Bestürzung und Niedergeschlagenheit. Irgendwo mußte er einen Irrtum begangen haben. Der Gedanke, zu einer unantastbaren Elite zu gehören, die die Wahrheit für sich gepachtet hatte und von der Gesellschaft deshalb abgelehnt wurde, weil sie recht hatte,

---

* Figur des französischen Marionetten- und Puppentheaters. (A.d.Ü.)

war Diderot nicht nur fremd: er fand ihn dumm und unerträglich arrogant, ja sogar frevelhaft. Wurde der Dialog unterbrochen, so deshalb, weil sich in ihm selbst Vorurteile und falsche Gedanken eingenistet hatten; weil er falschen Strategien folgte, die ihn am Vorankommen hinderten.

Aber er erkannte sie noch nicht. Ihm war, als sei er am Ende seiner Kräfte angekommen, als könne er mit seinen intellektuellen und gesellschaftlichen Möglichkeiten den Dialog nicht weiterführen. Hinzu kam noch die körperliche Erschöpfung. Damals war Diderot sicherlich nahe daran, alles aufzugeben. Sollte er nicht nach dem Tod seines Vaters in seine Heimatstadt zurückkehren, das ruhige Leben eines kleinen Provinznotabeln genießen, sich der Erziehung seiner Tochter widmen und zwischen zwei Besuchen bei den Schwestern Volland vielleicht noch das ein oder andere Theaterstück schreiben, so wie den *Juge de Kent* (Richter von Kent), an dem er gerade arbeitete? Seinen Dramen sprach man immerhin einiges Talent zu...

Aber war nicht das Theater schon zuviel? Hieß das nicht, wieder mit einer Hand ins Räderwerk zu greifen? »O glückliches Land, wo es weder Feder noch Tinte, noch Papier gibt, sieht man von dem ab, was der Pfarrer braucht, um die Namen der Kinder einzutragen, die man dort macht«, schrieb er im August aus der Nähe von Langres an seine Sophie.

Doch zu dieser Zeit war die Versuchung zum Rückzug bereits eine Erinnerung, die man heraufbeschwört, um sie zu belächeln. Denn Diderot hatte seinen Irrtum begriffen. Und er hatte auch begriffen, daß die Rückkehr nach Langres nur eine Illusion gewesen war, der er sich hingegeben hatte, um zu fliehen: »Seit ich diese Stadt verlassen habe, sind alle, die ich kannte, gestorben. [...] Kaum vier Tage bin ich nun hier, und doch kommt es mir vor wie vier Jahre.« Er war Pariser; er war geschaffen, um zu schreiben und zu kämpfen. In Langres würde er vor Langeweile umkommen.

Er war nun sechsundvierzig Jahre alt. Er hätte bereits ein Mann sein können, der seine Vergangenheit betrachtet und die Zeit abmißt, die ihm noch bleibt. Aber dieser kräftige Kerl erfreute sich einer robusten Gesundheit und wußte, daß seine Magengeschwüre, die ihn zwangen, Milch statt Wein zu trinken, im wesentlichen von dem herrührten, was man ihm angetan hatte und was er sich selbst antat. Waren die Sorgen einen Augenblick fern, dann adieu Schmerzen, adieu Milch: »Wie ein schöner Dummkopf würde man aussehen, wollte man inmitten einer Menschenmenge Wasser trinken, die es bei sich und bei anderen als größtes Verdienst ansieht, wenn man gut trinkt.« Und Diderot wollte keineswegs als Dummkopf gelten oder die Rolle des Lächerlichen spielen. Er war, wie er war, und er wollte gerne ein wenig wie alle anderen sein. Er war offen, warmherzig und lebendig; in seinem Streben nach Einfachheit blieb dieser mitteilsame Mensch, der immer bereit war, sich in eine Diskussion zu stürzen, auch in seiner Kleidung und in der Einrichtung seines Arbeitszimmers ein gewöhnlicher Bürger. Er trug einen nüchternen schwarzen Tuchanzug und setzte nur dann eine Perücke auf, wenn die gängigen Sitten ihn dazu zwangen. Er war zu empfindsam, um nicht auch linkisch und schüchtern zu sein; zu begierig nach Austausch und Zuneigung, um sich lange mit Problemen des Anstands und der Höflichkeit aufzuhalten.

Diese Geselligkeit und Neugier erlaubten es nicht, daß er sich zurückzog. Er brauchte Gespräch und Kommunikation; sein Geist mußte mit anderen in Berührung kommen und sich an ihnen reiben. Und er mußte schreiben, denn so konnte er seinen Dialog weiter ausdehnen und mit allen sprechen.

Mit allen? Das stimmte nicht, und Diderot wußte es nun. Im Grunde verlief sein Dialog einseitig – zumindest weitgehend. Er wurde dabei um neue Widersprüche reicher, verursachte selbst aber, wie er meinte, fast nur Befremden, Unverständnis, Haß und Skandal. Das war nicht die richtige Methode. Und Diderot begann, die Ideologie der Aufklärung selbst in Frage zu stellen.

Da er den Dialog mit seiner Zeit weder abbrechen konnte noch wollte, dachte er sich ein asymmetrisches Dialogverfahren aus – um seinem Denken Nahrung zu geben, Widersprüche aufzunehmen, das Ohr weiterhin an seiner Zeit zu haben und sich mit ihr auseinanderzusetzen. Damit sein Werk nicht auf störende Weise zwischen ihn und die Gesellschaft trat und die Kommunikation so offen wie möglich blieb, setzte er dieses Werk sozusagen in Klammern und eröffnete einen Dialog mit der Zukunft. Diderot entkam der Falle, indem er auf die Nachwelt setzte. Er zog sich nicht aus seiner Epoche zurück, aber er brachte sich in Sicherheit vor der Zensur. Er hörte nicht auf zu schreiben, aber nach und nach verzichtete er darauf, die Texte, die ihm wesentlich schienen, zu veröffentlichen.

Dieser »Appell an die Nachwelt«, wie es Arthur Wilson ganz richtig bezeichnet hat – gleichermaßen Berufung gegen ein Urteil wie auch Plädoyer –, war nicht schon seit 1759 Diderots bewußte Richtschnur. Bevor diese Strategie eine theoretische Gestalt annahm, handelte es sich um eine spontane Antwort auf seine Schwierigkeiten: Er verweigerte sich aus Erschöpfung und wollte der Verfolgung entgehen. Doch diese Haltung paßte bereits zu Diderots materialistischen Ansichten über die Ewigkeit, die er 1766 in seinen Briefen an Falconet erklärte: »Welcher Trost blieb all diesen Philosophen, Ministern und wahrheitsliebenden Menschen, die das Opfer stumpfsinniger Völker, schrecklicher Priester und rasender Tyrannen wurden, im Augenblick ihres Todes? Sie hofften, das Vorurteil würde schwinden und die Nachwelt würde ihre Feinde mit Schande übergießen. O geheiligte Nachwelt, Rückhalt des Unglücklichen, der unterdrückt wird; du, die du gerecht bist, nicht verfälschst, den Menschen von Wert rächst, die Heuchelei entlarvst, den Tyrannen in den Schmutz ziehst, du sicherer und tröstlicher Gedanke, laß mich nie im Stich. Was für den religiösen Menschen das Jenseits, das ist die Nachwelt für den Philosophen.«

In *Rameaus Neffe* kommt Diderot wieder zurück auf den Widerspruch zwischen einem »biologischen Ich«, das nach dem physischen Tod vergehen wird, und einem »philosophischen Ich«, das den raumzeitlichen Punkt, an dem es sich befindet, überschreitet, um sich in das Anderswo, in den Anderen, in die Zeit zu projizieren und sich so neu zu entwerfen. In *Rameaus Neffe* erklärt »Er« ganz deutlich: »Die beste Ordnung der Dinge scheint mir die zu sein, in die ich hineingestellt; und scher sich zum Satan die beste aller Welten, wenn ich nicht dabei bin.« Doch »Ich« erwidert, sich nur an den augenblicklichen Nutzen zu halten bedeute, sich dem Schicksal zu unterwerfen und auf die Freiheit zu verzichten. Darauf führt »Ich« das fast biblisch anmutende Gleichnis vom Baum an: »Er ist ein Baum, der einige in seiner Nähe gepflanzte Bäume zum Verdorren brachte; der die Pflanzen erstickte, die zu seinen Füßen wuchsen; seine Zweige haben sich in weite Fernen erstreckt; seinen Schatten hat er denen gespendet, die kamen, die kommen und die kommen werden, um an seinem majestätischen Stamm zu ruhen; er hat Früchte von erlesenem Geschmack hervorgebracht, die sich unablässig erneuern.«

Diderot ersann nicht nur das Bild vom Baum, der er sein würde, sondern projizierte sich in die Zukunft, vereinte und identifizierte sich mit ihr. Er freute sich heute an dem Genuß, den er morgen bereiten würde: »Ich stimme Ihnen zu, daß die Seele, wenn sie nach dem Tod die menschliche Sphäre verlassen hat, keine einzige Frucht ihrer Taten ernten wird; aber bevor sie ihre Taten vollbringt, ist es ein köstliches Schauspiel, die Folgen zu betrachten, die sie haben werden. Der mutige und gerechte Mensch stellt sich vor, daß die Früchte seines Todes in der Freiheit seines Vaterlands und der Erhaltung all jener bestehen werden, denen er sein Leben geopfert hat. Der geschickte Mensch sieht in seinem Meisterwerk ein nützliches Beispiel, einen Ansporn für die Nachfolgenden, mit ihm wettzueifern. Sowohl der eine wie der andere genießen also die reinste Wonne.« Und in einem weiteren Brief an Falconet schrieb Diderot diesen seltsamen Satz: »Wahrhaftig, diese Nachwelt wäre sehr undankbar, wenn sie mich ganz vergessen würde – mich, der ich mich so oft an sie erinnert habe.« Sich an die Zukunft erinnern? Diderot erklärt: »Die Nachwelt beginnt erst in dem Augenblick, wenn wir nicht mehr sind; aber bereits lange zuvor spricht sie zu uns. Glücklich ist, wer ihr Wort tief im Herzen bewahrt hat.« Das Morgen ist im Heute bereits gegenwärtig. Die Zeit vergeht nicht von der Vergangenheit her, sondern von der Zukunft ausgehend.

Nach der Krise von 1759 schrieb Diderot vor allem für sozusagen private Veröffentlichungen. Zunächst wurden seine Briefe zahlreicher und länger, manche darunter regelrechte »Pakete«: zehn, zwanzig, dreißig und mehr Seiten, die eigentlich Essays, Chroniken oder Entwürfe bedeutenderer Werke sind.

Um Grimm einen Gefallen zu tun, begann er in diesem Jahr jedoch auch, an der *Correspondance littéraire* mitzuarbeiten. Diese »literarische Korrespondenz« war eine ganz eigenartige Veröffentlichung; denn da gedruckte Texte der Zensur unterlagen, verschickte

Grimm zweimal monatlich an etwa fünfzehn ausgewählte Empfänger lange, handgeschriebene Briefe, die von den Ereignissen des Pariser Lebens berichteten. Diese Briefe gingen, im allgemeinen über den diplomatischen Weg, an einige gekrönte Häupter Europas – die Königin von Schweden, den König von Preußen, einige hohe deutsche Fürsten. Wie Grimm selbst spielte die *Correspondance littéraire* eine doppeldeutige Rolle. Da sie von keinerlei Zensur betroffen war, konnte man darin manche neue Ideen in aller Schärfe zum Ausdruck bringen; doch da sie sich andererseits an die »Großen« dieser Welt wandte – so liberal diese sich auch geben mochten –, mußten sich solche intellektuellen Kühnheiten auf sehr streng umgrenzte Gebiete beschränken und durften vor allem bestimmte soziale Hierarchien nicht in Frage stellen. Diese Art der Selbstzensur paßte hervorragend zu den gewundenen Manövern eines Grimm, der sich wie ein Aal in den trüben Gewässern der europäischen Höfe herumschlängelte. Zu Diderot paßte sie kaum.

Aber einem dringenden Ruf seines Freundes konnte Diderot nie widerstehen. Und das, worum der Baron ihn bat, reizte ihn zudem wie ein neues Abenteuer: Er sollte für Menschen, die niemals Gelegenheiten haben würden, sie zu sehen, die Bilder des »Salon«, einer regelmäßig im Louvre stattfindenden Ausstellung, beschreiben. Wie konnte man eine Vorstellung von der Malerei erwecken, sie ohne ein einziges Bild, nur mit der Hilfe von Worten, »sichtbar, fühlbar und verständlich« machen?

Diderot hat die Kunstkritik nicht im eigentlichen Sinne »erfunden«. Seit 1748, also seit im quadratischen Saal des Louvre alle zwei Jahre die »Salons« organisiert wurden, gab es bereits eine Reihe kleiner Programmbroschüren, in denen mehr oder weniger sachkundige Literaten die ausgestellten Werke kommentierten.

Aber Diderot gab sich nicht mit einer so äußerlichen, dilettantischen Betrachtungsweise zufrieden. Schon von 1758 an hatte er die Schwierigkeiten dieser Aufgabe, ihre Fallstricke und Anforderungen begriffen: »Ich kenne kaum eine Arbeit, die geeigneter wäre, unsere jungen Literaten vorsichtig, ja zaghaft zu machen, als wenn sie über Malerei sprechen. Die Leidenschaften, die Bewegung, die Charaktere, das Sujet und die allgemeine Wirkung – das sind die Dinge, deren

Vorzüge sie schätzen und wie alle Welt beurteilen können. Aber sie verstehen nichts von Zeichnung, Licht oder Kolorit, nichts von der Gesamtharmonie oder der Pinselführung etc. [...] Jeden Augenblick laufen sie Gefahr, ein mittelmäßiges Werk in den Himmel zu loben und verächtlich an einem Meisterwerk der Kunst vorbeizugehen; sich bei einem guten oder schlechten Gemälde mit einem ganz gewöhnlichen Detail zu befassen und eine überraschende Eigenschaft zu übersehen.«

Diderot war bereit zu lernen, mit Malern zusammenzutreffen und mit ihnen über ästhetische wie technische Probleme zu diskutieren. Sein *Salon* von 1759 ist vorerst nur ein kurzer, bescheidener, tastender Entwurf der großen *Salons* aus den sechziger Jahren. Nur mit der Lupe erkennt man darin den Keim der späteren umfassenden Reflexionen über die Malerei, in denen die Ästhetik, die Ethik und die Metaphysik des Autors miteinander verbunden sind. Doch man findet bereits die Lust am Dialog, den Humor und die Kunst, die Form des Diskurses zu variieren und den Leser zu überraschen. Für Diderot war das sowohl ein künstlerisches Gebot – einem Text, der sich mit statischen Gegenständen befaßte, wollte er Leben und Bewegung verleihen – wie auch ein Gebot der Kommunikation: Er, der sich so gerne an die Stelle anderer versetzte, führte seine fernen Leser an der Hand und vermittelte ihnen die Vorstellung, an seiner Stelle zu sein, sich dem Bild von verschiedenen Seiten und mannigfaltigen Blickwinkeln her zu nähern und ihre Phantasie schweifen zu lassen. Nichts hätte für den Leser möglicherweise langweiliger sein können, als sich den Kopf mit serienweisen Bildbeschreibungen vollzustopfen, die hier und da mit einigem geistreichen und »literarischen« Zierat geschmückt waren, um »auf künstlerisch zu machen«. Um diese Gefahr der Langeweile abzuwenden, schrieb Diderot, der ein erstaunliches visuelles Gedächtnis hatte, seine *Salons* aus der Erinnerung. Das Schreiben war daher wie eine Neuentdeckung, eine regelrechte Inszenierung der Ausstellung und jedes einzelnen Bildes. Eine einfallsreiche Inszenierung voller dramatischer Effekte, komischer Einwürfe und lyrischer Abschweifungen. Es geht nichts über die Kunst, wenn man von Kunst spricht.

Dieser Rückzug Diderots von der öffentlichen Bühne hin zu einer literarischen Tätigkeit, die privaten, sogar heimlichen Charakter hatte, konnte ihm eine Art von »Gewissenserforschung« jedoch nicht ersparen. Diderot räumte ein, daß er sich als Philosoph geirrt hatte, nicht in seinen Fernzielen, aber im unmittelbaren Dialog mit der Gesellschaft seiner Zeit. Aber was war er als Mensch wert? Viele seiner Freunde hatten sich von ihm entfernt, seine Ehe war ausgesprochen schlecht; seine Beziehungen zu Sophie und der Familie Volland – Madame Volland und ihren beiden Töchtern – waren eher von Verwirrung, Zweideutigkeit, Unruhe und Sorge geprägt als von wechselseitiger Leidenschaft und heiterer Freundschaft. Sophie spielte ihre Rolle als zweites Ich Diderots, auf das er seine Leidenschaften, Gefühle und Gedanken projizieren konnte, ganz hervorragend, doch war ihr das überhaupt bewußt? Und als Frau und Geliebte begnügte sie sich gerne mit der rein verbalen Belagerung durch ihren Verehrer.

Blieb noch seine Familie in Langres. Der Tod seines Vaters hatte Diderot, wie bereits erwähnt, nicht nur mit tiefem Kummer erfüllt, sondern war ein Warnsignal gewesen, auch an den eigenen Tod zu denken. Er hoffte jedoch auch, die gemeinsame Trauer würde die Sippe Diderot neu zusammenschweißen und am Sarg des Vaters würde sich eine jener pathetischen und tränenreichen Szenen abspielen, die er so gerne in seinem Theater zeigte: Die Geschwister, gestern noch getrennt, stürzen einander in die Arme und überbieten sich an Großzügigkeit und Verzeihung, um die vergangenen Unstimmigkeiten zu vergessen und die geschwisterlichen Bande zu festigen.

In dieser Hoffnung war Diderot Ende Juli nach Langres gereist, um die Erbschaftsangelegenheiten seines Vaters zu regeln. Freilich waren seine heißgeliebte Schwester und sein Bruder »von so unterschiedlichem Charakter, daß ich mir kaum vorstellen kann, wie sie jemals zusammen ein angenehmes Leben führen sollen. Der Mann, der sie verbunden und im Zaum gehalten hat, ist nicht mehr«, schrieb er noch am ersten Tag in exakt gleichen Worten an Sophie und an Grimm. Aber er hoffte, er könnte sie einander näherbringen, wenn er ihnen den größten Teil des väterlichen Erbes überließ. Schließlich vermutete er von seinem Bruder: »Der Abbé wird stets gerecht sein. Sein einziges Unrecht wird darin bestehen, daß er sich benimmt wie der große Richter und nicht wie ein Mensch.« Die ersten Gespräche schienen seinem Optimismus recht zu geben: »Wir haben hunderttausend Francs geteilt, als seien es hundert Kupfermünzen gewesen.«

Doch am Vorabend von Diderots geplanter Abreise, am 15. August, kam es zum offenen Streit zwischen »sœurette«, dem Schwesterchen, und »le curé«, dem Priester. Die Einigung sah vor, daß Bruder und Schwester gemeinsam im väterlichen Haus wohnen sollten. Aber beide hatten sehr unterschiedliche Ansichten darüber, was mit diesem Haus geschehen und wie man darin leben sollte. Und weil man in der Familie Diderot keine halben Sachen machte und die Phantasie rasch alles aufblähte, was die Vernunft nur erahnte, wurde der Streit bald gehässig. Denis Diderot spielte den Schiedsrichter, auch wenn er sich seiner Schwester bei weitem näher fühlte als seinem Bruder: »Zuerst habe ich dem Abbé ausgeredet, ich liebte meine Schwester mehr als ihn; wie und worauf er diese Eifersucht gegründet hat, weiß ich nicht.« Der Abbé war nicht blind. »Ich versuchte, ihm deutlich zu machen, daß ich ihn hundertmal mehr liebte, als er annahm, daß ich aber eine Sache noch mehr liebte, nämlich die Gerechtigkeit. Ich habe seine Empfindlichkeit geschont. Ich habe alles vorhergesehen und vermieden, was ihn hätte kränken können. Ich habe mir Gewißheit über seine Seele verschafft, dann habe ich gearbeitet.«

In diesem Brief an Sophie nützte Diderot auch die Gelegenheit, ein einschmeichelnd idealisiertes Porträt von sich selbst zu zeichnen: »Freilich neige ich von Natur aus mehr dazu, Fehler zu vernachlässigen und mich über gute Eigenschaften zu begeistern. Die Vorzüge der Tugend berühren mich tiefer als die Mißbildungen des Lasters. Ich wende mich sacht von den Bösen ab und eile den Guten zu Hilfe. Sehe ich in einem Werk, einem Charakter, auf einem Bild oder bei einer Statue eine schöne Stelle, so bleibt mein Blick daran hängen. Nur diese Stelle sehe ich, nur daran erinnere ich mich. Der Rest ist beinahe vergessen. [...] Ein Ganzes ist schön, wenn es aus einem Guß ist.«

Diderot suchte mit aller Kraft nach dieser Einheit – obwohl er wußte, daß er sie nicht erreichen würde –; in erster Linie in sich selbst. Von dieser Einheit konnte man nur träumen, indem man sich abwandte und vergaß, indem man sich zwang, nur einen Aspekt der Wirklichkeit zu sehen. Aber er wußte, daß dieses Bild, das er sich von sich selbst in bezug auf seinen Bruder machte, verfälscht war, nur eine Idealisierung aus den momentanen Umständen heraus, oder eine Art, das Falsche zu predigen, um das Wahre besser ergründen zu können. Wie tief die Unstimmigkeit zwischen ihm und seinem Bruder ging, so daß weder der eine noch der andere jemals über dieses Hindernis hinwegkam, das fiel ihm schwer zuzugeben. Das Porträt, das er, scheinbar nachsichtig, von seinem Bruder zeichnete, ist das Eingeständnis eines unüberwindlichen Grabens zwischen ihnen. Diesmal mußte Diderot darauf verzichten, sich an die Stelle des anderen zu versetzen; und dieser andere war sein eigener Bruder: »Der Abbé ist von Natur aus empfindsam und heiter. Er könnte geistvoll sein; doch die Religion hat ihn zaghaft und kleinmütig gemacht. Er ist traurig, schweigsam, vorsichtig und verdrießlich. [...] Er ist ehrsam, aber hart. Er wäre ein guter Freund, ein guter Bruder gewesen, wenn Christus ihm nicht den Auftrag erteilt hätte, alle Nöte mit Füßen zu treten. Er ist ein guter Christ, der mir jeden Augenblick beweist, daß es besser ist, ein guter Mensch zu sein, und daß die sogenannte gottesfürchtige Vollkommenheit nichts anderes ist als die düstere Kunst, die Natur zu ersticken, die in ihm vielleicht genauso stark gesprochen hätte wie in mir.«

Niemals hat Diderot die Vergewaltigung der Natur, die eine bestimmte christliche Moral zur Folge hatte, heftiger in Frage gestellt, als wenn es um seine Familienangehörigen ging. Beim Abbé stand er vor einer Mauer, vor der hartnäckigen, starren und erbitterten Verneinung all dessen, was für Denis Diderot der Lebensatem selbst war. Und er, ebenso entschlossen, die Hindernisse zu nehmen, zu überwinden, einzureißen und in einer größeren Synthese aufzuheben, stieß dickköpfig immer wieder gegen diesen blinden Felsen, der dennoch sein Bruder war. Das glorreiche Bild des Vaters – »Monsieur, die Philosophie bringt keine solchen Männer hervor« – machte das quälend negative Bild des Bruders, das Gespenst der Anti-Natur, um so schmerzlicher und unerträglicher.

Wenn man alles abwog, war die Reise nach Langres trotz der Umarmungen zum Abschied ein Mißerfolg gewesen. Die unversöhnliche Haltung des Abbé, das Mißtrauen und die Mißbilligung des jüngeren Bruders, die Denis Diderot nach wie vor spürte, hatten die große

Hoffnung auf Wiederbegegnungen verdorben. Wieder zurückgeworfen in seine Einsamkeit, zweifelte Diderot an sich selbst. Wenn jeder sich von ihm entfernte, war er vielleicht doch nicht so gut, so tugendhaft und so ehrlich, wie er es sein wollte? Die Haltung der kranken, fernen, immer unerreichbareren Sophie verschlimmerte sein Schwindelgefühl noch: »Ich kenne kein Glück und keinen Schmerz mehr; kein Glück, das mich berührt, keinen Schmerz, der mich bekümmert, wenn ich die leiseste Sorge um Sie verspüre. Lieben Sie mich so? Wollen Sie so von mir geliebt werden?«

In dieser seelischen Krise befand sich Diderot, als er, nach Paris zurückgekehrt, auf erneute Schwierigkeiten mit der *Enzyklopädie* stieß. Diese konkreten Probleme anzupacken, war für ihn die beste Gelegenheit, seinen Zweifeln und seiner Melancholie zu entfliehen. Ein königliches Dekret vom 21. Juli 1759 hatte die Verleger angewiesen, allen Subskribenten zweiundsiebzig Livres zurückzuerstatten – eine logische Folge des Verbots, mit dem die *Enzyklopädie* belegt war. Die Summe war nicht sehr hoch, wenn man bedenkt, daß die Käufer für ein ganzes Lexikon bezahlt hatten, das nun beim Buchstaben »G« aufhörte. Aber der Gedanke an diese Rückzahlung versetzte die Verleger in Aufruhr und brachte sie dazu, Malesherbes genau den Kompromiß vorzuschlagen, den dieser erreichen wollte. Die Regierung würde die Veröffentlichung der vier Bildbände – die keine politische Gefahr darstellten – genehmigen, und den Subskribenten sollten beim Kauf dieser Bildtafeln zweiundsiebzig Livres angerechnet werden. Am 8. September wurde das Druckprivileg erteilt.

Jedermann schien zufrieden: Die Verleger mußten kein Geld herausrücken; der Preisnachlaß tat ihnen nicht weh, da die Bildbände ursprünglich im Gesamtpreis einbegriffen gewesen waren. Die für Herstellung und Finanzierung Verantwortlichen mußten nicht länger befürchten, daß die Arbeit an Zeichnungen und Stichen und der Druck im Ausland ausgeführt würden; Malesherbes war es auf Umwegen gelungen, ein Werk wieder zum Leben zu erwecken, das drei Monate zuvor vom Gerichtshof feierlich verurteilt und erst vor fünf Tagen durch ein Breve des Papstes Clemens XIII. zum Scheiterhaufen verdammt worden war. Selbst einige Anhänger der Partei der Religiösen waren zufrieden, auf diese Weise die herrlichen Bände mit den Bildtafeln erwerben zu können, ohne ihre Bibliothek den Schändlichkeiten der Textbände aussetzen zu müssen.

Für Diderot war die Veröffentlichung der Bildtafeln ebenso wichtig wie die der Artikel. In wissenschaftlich mustergültigen Stichen den Reichtum und die Komplexität der Arbeiten in Industrie und Handwerk aufzuzeigen, hieß strenggenommen, der Arbeit einen Adelsbrief zu verleihen und die Unterscheidung zwischen »edlen« und »nützlichen« Künsten aufzuheben. Und die soziale Tragweite dieser Aufhebung war weitaus bedeutsamer als der Streit um die Religion.

Die wahren Feinde der *Enzyklopädie* witterten die Gefahr sofort. Wieder einmal war es Fréron, dieser fanatische Anti-Aufklärer, der die ersten Attacken ritt. Es war seine Gewohnheit, unter die Gürtellinie zu zielen. Es gelang ihm, einen Angestellten aufzutreiben, den die Verleger entlassen hatten: Pierre Patte, einen Architekten. Seine Aufgabe war es gewesen, einige Tafeln zu zeichnen und einige andere zu überprüfen. Er behauptete nun in einem Brief, der in Frérons *Année littéraire* veröffentlicht wurde, viele der angeblich originalen Bildtafeln der *Enzyklopädie* habe man lediglich kopiert – von Korrekturabzügen zahlreicher Stiche für die Akademie der Wissenschaften. Der famose »völlig neue« Bildteil sei in Wirklichkeit nichts weiter als ein Plagiat.

Patte beschuldigte Diderot offen, Réaumur bestohlen zu haben. Réaumur hatte versprochen, im Auftrag der Akademie der Wissenschaften einige Zeichnungen von Maschinen zu veröffentlichen; Colbert hatte sie achtzig Jahre zuvor bestellt und sie waren immer noch nicht erschienen: »Monsieur Diderot, derselbe Diderot, der in seinen Reden und Schriften Monsieur de Réaumur bei jedem Anlaß verunglimpft hat, ging zu Monsieur Lucas, der das Werk dieses fleißigen Akademiemitglieds zum größten Teil gestochen hatte. Mit zehn Louis und schönen Versprechungen für das neue Unternehmen der *Enzyklopädie* gelang es ihm, alle Probeabzüge aus ihm herauszuholen. Genauso ging man bei einigen anderen Graveuren vor, die Monsieur de Réaumur beschäftigt hatte, so daß man bald alle Bildtafeln unseres Akademiemitglieds beisammen hatte.«[1]

Diderot und den Verlegern fiel es um so schwerer, sich gegen die

Vorwürfe zu verteidigen, als sie einerseits mit der Vorbereitung ihrer Bildtafeln sehr in Verzug waren und andererseits tatsächlich einige Probeabzüge von Réaumurs Stichen besaßen. »Seit diese Anschuldigung publik wurde, erhob sich überall in der Öffentlichkeit Geschrei gegen Monsieur Diderot«, bezeugt Grimm. Die Verleger wurden von panischer Angst ergriffen und sahen sich bereits bankrott: »Le Breton hat mich entführt, damit ich von elf Uhr vormittags bis elf Uhr abends bei ihm arbeite«, schrieb Diderot an Sophie.

Die Verleger waren gezwungen, mit offenen Karten zu spielen. Sie akzeptierten, daß eine Kommission der Akademie ihre Werkstätten in der Druckerei Briasson besichtigte und ihre Bildtafeln mit denen Réaumurs verglich. Sie verpflichteten sich »mündlich und schriftlich, nichts von Monsieur de Réaumur zu kopieren und ihre Bildtafeln vor der Veröffentlichung des Werks den von der Akademie ernannten Beauftragten zur Überprüfung vorzulegen«. Das Versprechen, nichts zu kopieren, hieß noch lange nicht, daß man es nicht beabsichtigt hatte.

Doch der Besuch der Akademiekommission und der Bericht dieser Zensoren wuschen Diderot und die Verleger von jedem Verdacht rein: »Wir haben nichts erkannt, was nach den Bildtafeln Monsieur de Réaumurs kopiert worden wäre.« War die Affäre damit abgeschlossen? Die Billigung durch die Akademie gab Anlaß zu heftigen Wortwechseln. Diderot schrieb an Sophie: »In der Akademie haben sie sich gegenseitig die Augen ausgekratzt. Gestern haben sie sich alle Schimpfwörter der Marktweiber an den Kopf geworfen. Ich weiß nicht, was wohl heute los war.« Immerhin war es etwas seltsam, einen Konkurrenten und potentiellen Plagiator abzuurteilen und dann zu beschließen, seine Arbeit zu billigen. Die Akademie blieb mißtrauisch – das mindeste, was sie tun konnte – und übte ihr Kontrollrecht über alle elf Bildbände aus, die zu guter Letzt erschienen.

Und als hätte es noch nicht genügt, die Verantwortlichen der *Enzyklopädie* reinzuwaschen, um wieder Vertrauen herzustellen, sah sich Fréron gezwungen – sicherlich von Malesherbes –, in seinem *Année littéraire* das Urteil der Akademie und eine »Gegendarstellung« zu veröffentlichen: Patte habe die Verleger beschuldigt, Probeabzüge Réaumurs aus Sachgebieten kopiert zu haben, auf denen

Réaumur überhaupt nicht gearbeitet hatte. Dieser aufsehenerregende Widerruf Frérons war sicher erst auf starken Druck zustande gekommen. »Fréron hatte Befehle erhalten«, bestätigte selbst Grimm. Ein überraschender Umschwung, wenn man bedenkt, daß die Obrigkeit die *Enzyklopädie* erst vor kurzem noch zum Untergang verurteilt hatte.

Doch Malesherbes war ganz entschieden ein raffinierter Mann, dazu vorbildlich mutig und hartnäckig. Er legte Wert auf seine Abmachung mit den Verlegern. Er wünschte, daß die *Enzyklopädie* unter alleiniger Verantwortlichkeit der Autoren und Verleger fortgesetzt wurde. Tatsächlich wollte Malesherbes – zunächst einmal stillschweigend, bevor das Gesetz nachzog – das alte System des königlichen Druckprivilegs zu Fall bringen. Als wahrer Reformer, das heißt als treuer und liberaler Diener der Monarchie, spürte der Leiter des Buch- und Verlagswesens die Gefahr, die unter veränderten Umständen von einem Verfahren ausging, das jedes im Königreich veröffentlichte Werk entweder unter die Verantwortung des Königs stellte oder aber zu einem strafbaren Buch machte. Was nicht verboten war, war *de jure* vom König gebilligt. Malesherbes wollte aus diesem Dilemma herauskommen, das durch die internationale Vermehrung von Druckwerken zur Falle geworden war. Er verhandelte zäh. Er wußte, daß eine übertriebene Anwandlung von Autoritarismus auf seiten des Hofes oder eine übertriebene Anwandlung von Wagemut auf seiten der Philosophen sein wackliges Kartenhaus zum Einsturz bringen konnten. In der einen Hand hatte er die Verleger – das Dekret vom 21. Juli, das ihnen befahl, den Subskribenten ihr Geld zurückzuzahlen, wurde nie aufgehoben. Und im Namen von Handelsfreiheit und nationalem Wohlstand versuchte er diejenigen in die andere Hand zu bekommen, die die Enzyklopädisten doch zwingen wollten, ihre Werke in Genf, Berlin oder Amsterdam drucken zu lassen, wo alle europäischen »Kopfjäger« sie sich gegenseitig aus den Händen reißen würden. Denn darum ging es tatsächlich, und dieser Grundsatz wurde nun praktisch von allen akzeptiert: Das Wichtigste für die Macht war ihr Reichtum, und dieser wiederum hing ab von der Leistungsfähigkeit der Ingenieure, Techniker und Intellektuellen, die ihn schufen und seine Kader bildeten. Malesherbes und andere ehrliche Royalisten, die ähnlich dachten, wollten verhindern, daß Frankreich Opfer einer »neuen Aufhebung des Edikts von Nantes«* wurde, denn das hätte bedeutet, daß von neuem lebenswichtige Arbeitskräfte – entmutigt durch die Behinderung ihrer Projekte in Frankreich – zu Friedrich II., nach England oder in die Vereinigten Provinzen von Holland getrieben worden wären. Malesherbes wünschte, daß die *Enzyklopädie,* Monument zum Ruhme dieser neuen Produktivkräfte, in Frankreich erschien.

In der Affäre um die Bildtafeln hatte der Leiter des Buch- und Verlagswesens diskret und mit meisterhaftem Fingerspitzengefühl gehandelt. Er mußte ein Unternehmen retten, das ansonsten verdammt gewesen wäre; den Verlegern helfen, während er sie nach außen hin zu zwingen schien; sie aber auch streng überwachen, damit sie das Werk nicht durch Hast und Habgier verdarben. Zugleich mußte er den entsprechenden Druck auf die Anti-Enzyklopädisten ausüben, auf den mächtigen Réaumur und seine Kollegen von der Akademie. Wahrhaftig ein Stück hoher Diplomatie von einem hohen Beamten. Malesherbes war zwar geschützt durch die imposante Gestalt seines Vaters, des Kanzlers Lamoignon, aber dennoch brauchte er Mut und Hartnäckigkeit ebenso wie eine präzise Kenntnis der individuellen und kollektiven Kräfteverhältnisse im Umkreis der Macht; und er mußte wissen, an welchen Hebeln er ansetzen konnte, um diese Kräfte wirken zu lassen.

Die Arbeit an der *Enzyklopädie* und die damit verbundenen Schikanen hatten Diderot also wieder eingeholt. Im Herbst dieses schrecklichen Jahres zeigte sich das Leben zwar etwas freundlicher zu ihm, aber er war immer noch physisch und seelisch erschöpft: heimgesucht von Zweifeln und dem Gefühl von Todesnähe. Im September folgte er daher der Aufforderung d'Holbachs und reiste von Paris ins Schloß Grandval, das der Baron vor kurzem gekauft hatte.

Diderot willigte ein, sich zurückzuziehen. Der Pariser verließ die

---

* Mit dem Edikt von Nantes, das Heinrich IV. 1598 erließ, endeten die französischen Hugenottenkriege. Das Edikt bestätigte das katholische Bekenntnis als Staatsreligion, sicherte aber den »Reformierten« weitgehende Rechte zu. Es wurde 1685 von Ludwig XIV. wieder aufgehoben. (A.d.Ü.)

Bühne und stimmte zu, nur noch eine halbe Existenz zu führen. Um zu erkennen, daß er dieses Fernsein als Abstieg ansah, muß man nur lesen, was er am 2. September an Grimm schrieb – er wußte das genaue Datum und wunderte sich darüber: »Ich werde hier arbeiten, soviel ich kann, an der *Enzyklopädie* natürlich: denn für die anderen Arbeiten brauche ich Ihren kräftigen Atem, der ihnen und dem Autor Leben einhaucht, denn er ist tot. Das ist immer noch meine Ansicht.«

»Der Autor ist tot«: Diderot versuchte offensichtlich, sich selbst Angst einzujagen. Er war nur verletzt und wußte das auch. Das Schlimmste stellte er sich nur vor, um neue Energie zu schöpfen und es so zu bannen. Aber das verhinderte nicht, daß Paris zu verlassen – das Zentrum, wo sich für ihn alles abspielte – und sich von Sophie zu trennen ihm gleichbedeutend mit Exil zu sein schien.

Es handelte sich zwar um ein vergoldetes Exil, aber das machte es nur um so unerträglicher. Diderot hatte den Eindruck, daß man ihn unter Komfort und behäbiger Routine begrub. Das Schloß der d'Holbachs, oder eigentlich der Schwiegermutter des Barons, Madame d'Aine – zwei Jahre nach dem Tod seiner ersten Frau Geneviève, ihrer ältesten Tochter, hatte d'Holbach Charlotte, die dritte Tochter, geheiratet –, war ein schöner, heute allerdings zerstörter Wohnsitz nahe der heutigen Gemeinde Sucy-en-Brie (Val-de-Marne).

»Man hat mich in einem kleinen abgeschiedenen Zimmer untergebracht, in dem es sehr ruhig, sehr hell und sehr warm ist. Dort verbringe ich zwischen Horaz, Homer und dem Porträt meiner Freundin die Stunden mit Lesen, Nachdenken, Schreiben und Seufzen. Dies ist meine Beschäftigung von sechs Uhr morgens bis ein Uhr. Um halb zwei bin ich angezogen und gehe in den Salon hinunter, wo ich alle versammelt finde. Zuweilen besucht mich der Baron; er handhabt das wunderschön. Sieht er mich beschäftigt, begrüßt er mich mit Handschlag und zieht sich wieder zurück. Trifft er mich müßig an, setzt er sich und wir plaudern. [...] Wir dinieren, und zwar gut und lang. Der Tisch ist hier wie in der Stadt gedeckt, vielleicht sogar noch üppiger. Es ist unmöglich maßzuhalten, und es ist unmöglich, nicht maßzuhalten und sich dennoch wohlzufühlen. Nach dem Diner plaudern die Damen; der Baron schlummert auf einem Kanapee, und ich tue, was mir gerade einfällt. Zwischen drei und vier nehmen wir unsere Stöcke und gehen spazieren; die Frauen in ihre Richtung, der Baron und ich in unsere. Wir machen ausgedehnte Ausflüge. Nichts schreckt uns ab: weder Hügel noch Wälder, noch Schlammlöcher, noch ungepflegte Felder. Das Schauspiel der Natur gefällt uns beiden. [...] Der Sonnenuntergang und die Abendkühle treiben uns wieder nach Hause zurück, wo wir kurz vor sieben eintreffen. Die Frauen sind bereits zu Hause und haben sich umgekleidet. Die Lampen brennen, die Karten liegen auf dem Tisch. Wir verschnaufen einen Augenblick; dann beginnen wir ein Kartenspiel. [...] Gewöhnlich unterbricht das Souper unser Spiel. Wir soupieren. Nach Tisch beenden wir unsere Partie. Es ist halb elf. Wir plaudern bis elf. Um halb zwölf sind wir alle eingeschlafen oder kurz davor. Am nächsten Tag fangen wir von vorne an.«

Der ideale Zeitplan einer reichen Intellektuellenfamilie, behaglich abgeschirmt von den Turbulenzen der Außenwelt. Hin und wieder kam Besuch. Grimm, der wieder zurück in Paris war, und dessen zärtliches Wiedersehen mit Diderot wir weiter oben bereits geschildert haben. Madame Geoffrin, die ihren berühmten Pariser Salon für einige Tage verließ; Marmontel, der seine *Contes moraux* (Moralische Erzählungen) vorlas. Auch ein wunderlicher Schotte, genannt Vater Hoop, war anwesend, der sein Vermögen in Spanien hatte, bis nach China gereist war und in der kleinen Clique d'Holbachs seinen Lebensüberdruß und seine ernüchterte Philosophie vertrat. Alle aßen viel, tranken viel, redeten ohne Ende und spielten maßlos. Madame d'Aine, die Hausherrin, eine urwüchsige Deutsche, würzte dieses süßliche Wohlleben mit ihrem anzüglichen Witz, ihrer Verachtung für intellektuelle Betrachtungen und ihrer Manier, alle Namen zu verstümmeln. Sie lieferte den Stoff für die launig-lebhaften Dialoge, die Diderot, halb entzückt, halb betrübt, in seinen Briefen an Sophie wiedergab.

Manchmal kam es auch vor, daß die Schloßherrin sich von ihrem ungestümen Temperament hinreißen ließ und von Worten zu Taten überging. Diderot ließ es sich nicht nehmen, Mademoiselle Volland brühwarm von den erlesenen Vergnügungen der Abende in Grandval zu berichten. Madame d'Aines Opfer war ein »kleiner Schwarzkittel«. »Er liest sonntags die Messe, die restliche Woche treibt er nur Possen.« Diderot fährt fort: »Der Schwarzkittel ist den Frauen nicht abhold; er erweist ihnen gern diese Ehre. Madame de Saint-Aubin saß mit aufgestützten Ellbogen an einem Tisch. Er beugte sich über den Tisch und stützte sich in derselben Weise auf, und zwar genau ihr gegenüber, denn er steht mit allen auf vertrautem Fuße. Durch seine lässige Haltung und seinen breiten Rücken gereizt, nimmt Madame d'Aine einen Sessel, schiebt diesen an ihn heran und sagt zu ihm: ›Abbé, halt dich tapfer!‹ Und mit einem Sprung setzt sie sich rittlings auf den Abbé, ein Bein hier, ein Bein da, gibt ihm die Sporen, treibt ihn durch Zurufe und Klapse an; und er wiehert, schlägt aus, bäumt sich auf, und sein Rock rutscht bis zu den Schultern empor, und die Unterröcke der Dame schieben sich vorne und hinten immer höher, so daß sie fast nackt auf ihrem Pferd sitzt, und das Pferd unter ihr ist beinahe ebenso bloß; und wir lachen; und die Dame lacht und lacht immer stärker und immer noch stärker und hält sich die Seiten, und schließlich streckt sie sich auf dem Abbé nach vorn und schreit: ›Erbarmen, Erbarmen, ich kann es nicht mehr halten, es wird gleich losgehen! Abbé, steh still!‹ Und der Abbé, der noch nicht begreift, bleibt nicht stehen und läßt sich von einer Flut warmen Wassers überschwemmen, die durch den Hosenbund in seine Schuhe läuft, so daß er seinerseits schreit: ›Zu Hilfe, zu Hilfe; ich ertrinke.‹ Und alle fallen wir auf die Kanapees und ersticken fast vor Lachen. Unterdessen ruft Madame d'Aine, immer noch im Sattel, ihre Kammerfrau zu sich: ›Anselme, Anselme, ziehen Sie mich von diesem Priester herunter. Abbé, mein kleiner Abbé, tröste dich, du hast keinen Tropfen verloren.‹«

Generöser Schluß dieser erbaulichen Geschichte: »Madame d'Aine weiß, was sich gehört. Der kleine Priester ist arm. Schon am nächsten Morgen wurde der Auftrag erteilt, einen kompletten Anzug zu kaufen. Wie finden Sie das, meine Stadtdamen? Wir, die ungeschliffenen Bewohner von Grandval, haben alles, um uns zu amüsieren, tagaus, tagein.«

Man spürt den Sarkasmus hinter diesem Eingeständnis. Die Wahrheit ist, daß Diderot sich langweilte. Dies war nicht seine Welt. Er spürte, daß er hier Gefahr lief, seine Seele zu verlieren, ein feister kleiner Genußmensch zu werden, der seine reichen Gastgeber mit seiner sprühenden Konversation, seinen überraschenden Paradoxa, seinem Wissen und seiner lebendigen Phantasie erheiterte.

Gewiß, er arbeitete auch auf Grandval. Er hatte sich aus Paris das nötige Material kommen lassen, um die *Enzyklopädie* fortzusetzen; er entwarf mehrere Theaterstücke; und vor allem sammelte er in seinen Gesprächen mit d'Holbach, Vater Hoop und Madame d'Aine selbst eine Fülle von Ideen, Bildern, Geschichten und Anekdoten, die seinem Werk Nahrung geben sollten und die er bereits sorgsam in seinen Briefen an Sophie notierte. Doch er erstickte: »Ich habe mich den ganzen Morgen damit abgequält, einer Idee hinterherzujagen, die mir entfallen war. Ich bin traurig hinuntergegangen; ich hörte von der öffentlichen Misere sprechen; ich habe mich ohne Appetit an den reichgedeckten Tisch gesetzt; mein Bauch war noch voll von der Mahlzeit des Vorabends; durch die Menge, die ich aß, habe ich ihn weiter überladen.« Luxus und Verantwortungslosigkeit verdarben ihm den Magen. Er mochte d'Holbach, den kühnen Philosophen, militanten Materialisten und geistreichen Atheisten; aber er ertrug nicht den vom Reichtum Privilegierten, der jammerte, weil Silhouette, der neue Finanzminister, von den Wohlhabendsten einen Beitrag forderte, um die vom Siebenjährigen Krieg geleerte Staatskasse wieder zu sanieren. Er warf ihm vor, vor lauter Geiz ein schlechter Spieler zu sein, und notierte boshaft: »Um seine Frau zu bekommen, hat er sechzigtausend Francs bezahlt. Ich möchte wetten, daß er nur die erste Nacht gekauft hat.«

In Wahrheit hatte er den Verdacht, daß d'Holbach auch ihn kaufen wollte. Zweifellos liebte ihn der Baron auf dieselbe Art, wie Diderot Grimm liebte: eifersüchtig und besitzergreifend. Er hätte ihn gerne stets an seiner Seite gehabt. Aber diese Parallele zu seinen eigenen Gefühlen machte Diderot keineswegs nachsichtig, sondern erschreckte ihn und schlug ihn in die Flucht. Diderot fühlte sich bei dem Baron nur wohl, wenn er in Paris war; während der übrigen Zeit suchte er ihm aus dem Weg zu gehen, oder er nahm ihn eben hin. Wäre d'Holbach nicht im Geld geschwommen, hätte Diderot ihn vielleicht erträglicher gefunden; doch der Reichtum des Barons rief in ihm geradezu rousseauistische Reaktionen hervor: »Seit dem Morgen höre ich Arbeiter unter meinem Fenster. [...] Sie sind fröhlich; sie machen derbe Scherze, die sie erheitern; sie lachen. Am Abend kommen sie zurück an den qualmenden Herd, um den sich ihre nackten Kinder und eine häßliche schmutzige Bäuerin scharen; zu einem Bett aus dürrem Laub; und ihr Los ist nicht schlechter und nicht besser als das meine.«

Für Diderot war es Zeit, daß er aufbrach. Ende November tat er es. Er kehrte aus der behäbigen, feisten Routine Grandvals auf seinen Dachboden in der Rue Taranne zurück. Er besuchte d'Holbach zwar wieder, aber als freier Bürger, der sich weder von Geld noch von Depressionen unterwerfen ließ. Die Erfahrung dieses Aufenthalts auf Schloß Grandval und ein vorübergehendes Zerwürfnis mit Sophie, dessen Ursache uns nicht bekannt ist, machten dieses Jahr 1759 endgültig zum Jahr der Hindernisse. Als Diderot sie nun überwunden hatte und wieder in die Hauptstadt kam, fühlte er sich stärker und freier. Auch die meisten seiner Illusionen waren in sich zusammengestürzt. Jetzt lief er eher Gefahr, zum kalt betrachtenden Skeptiker zu werden. Aber kaum hatte er den Fuß auf Pariser Pflaster gesetzt, stürzte er sich in einen neuen Kampf: den Kampf um *Die Nonne*.

KAPITEL

12

Trotz Malesherbes' Wohlwollen war das Verhältnis zwischen der Obrigkeit und den Schriftstellern Anfang der 1760er Jahre eindeutig schlecht. Der Siebenjährige Krieg, der seit 1756 wütete, hatte das Königreich Frankreich bereits seine amerikanischen Besitzungen gekostet, bevor die Franzosen auch aus Indien vertrieben wurden. Um gegen Preußen und England zu kämpfen – ohne großen Erfolg –, hatte Ludwig XV. die Staatskasse gewaltig geplündert. Wie immer, wenn die Monarchie Geld brauchte, verkaufte man Ämter und Titel in Hülle und Fülle und appellierte an die edlen Gefühle der Reichsten, um sie zu bewegen, sich an den Kraftakten der Finanzbehörden zu beteiligen – auch auf die Gefahr hin, ihnen dafür politisch etwas entgegenkommen zu müssen. Aber die Privilegierten murrten, die Gerichtshöfe wurden unruhig, die Bürger protestierten und im Volk brodelte es immer wieder. Seit Damiens' Attentat auf den König im Jahr 1757 und dem großen Spektakel seiner Bestrafung setzten sich am Hof zumeist die Parteigänger des autoritären Absolutismus gegen die liberalen Reformer durch. Die königliche Autorität neigte sich dem Untergang zu, aber sie konnte immer noch gefährlich zuschlagen.

Marmontels Verhaftung am 27. Dezember 1759 war gewiß nicht besonders dramatisch – der Schriftsteller saß nur elf Tage in der Bastille ein –, aber sie wirft ein bezeichnendes Licht auf die Zeitumstände: Marmontel hatte die Stirn gehabt, einige Verse zu schreiben, die Corneille parodierten und sich über den Herzog von Aumont, den ersten Kammerherrn des Königs und despotischen Patron der Comédie française, lustig machten. Marmontel beteuerte vergebens seine Unschuld. Aus dem Gefängnis heraus legte er einen Artikel für die *Enzyklopädie* vor: »Bastille: Staatsgefängnis, durch die Freigebigkeit der Polizeileutnants in einen Vergnügungsort verwandelt, an dem man von Zeit zu Zeit Literaten einsperrt. Das unwissende Volk beharrt darauf, die Bastille als ein Gefängnis anzusehen, aber aufgeklärte Personen wissen, daß es ein Ort der Auszeichnung ist, eine Art Prytaneum*, in dem die Minister all denen, die sie nicht mögen, eine Pension in Naturalien auszahlen. Um diese Gunst zu erlangen, genügt es, anders zu denken als diese Herren, freie Meinungen zu haben und mit Voltaire oder Monsieur Diderot befreundet zu sein.« Die Bastille, Symbol der Willkür? Nun war es soweit.

Kein Zweifel, daß Diderot vom Schreckgespenst der Bastille – oder von Vincennes – verfolgt wurde. Er erinnerte sich, daß er bei seiner ersten Verhaftung ziemlich jämmerlich zusammengebrochen war. Wenn man ihn einsperrte, würde er verrückt werden, dessen war er sicher. Viele seiner großen Texte wurden nicht zu seinen Lebzeiten veröffentlicht; *Die Nonne* ist der erste. Lediglich die Handvoll Abonnenten der *Correspondance littéraire* bekam ihn 1770 und – in überarbeiteter Form – 1780 zu lesen.

Dabei ging es um ein Buch, an dem Diderot sehr hing; es war zwar aus einem Scherz heraus entstanden, aber der Schriftsteller hatte sich dieser Fopperei nur bedient, um ein ernstes und gehaltvolles Werk zu schaffen.

Ein freundschaftlicher Schabernack inspirierte ihn zu diesem Roman. Ein Freund der Philosophen, der Marquis de Croismare, hatte sich 1758 auf seinen Besitz in der Nähe von Caen zurückgezogen. Grimm, Diderot und Madame d'Épinay entschieden, fünfzehn Monate der Abwesenheit seien das Äußerste, was ihre Freundschaft ertragen könnte, und es sei an der Zeit, Croismare zur Rückkehr nach Paris zu zwingen. Sie setzten dafür auf die Hochherzigkeit und das Ungestüm dieses herzensguten Menschen: Einige Zeit vor seiner Abreise hatte Croismare alle Räte der Großen Kammer im Pariser Gerichtshof um Unterstützung für ei-

---

* Das Prytaneum war der Versammlungsort der Mitglieder der regierenden Behörden in altgriechischen Staaten. (A.d.Ü).

ne junge Nonne ersucht, die von ihren Eltern gezwungen worden war, das Gelübde abzulegen, und dies nun rückgängig machen wollte. Croismares Intervention hatte jedoch nicht dazu geführt, daß Schwester Suzanne ihren Prozeß gewann. In einem Brief an Croismare gab sich Diderot daher als Freundin Suzannes aus und teilte ihm mit, die Nonne sei aus dem Kloster entflohen, verstecke sich in Paris und flehe ihren Beschützer an, eine Wohnung und eine respektable Arbeit für sie zu finden.

Diderot glaubte kaum, daß seine Täuschung wirken könnte, doch zu seiner Überraschung antwortete der Marquis: Er könne nicht nach Paris kommen, aber er lade Suzanne ein, unverzüglich nach Caen zu reisen, wo er sie unterbringen und ihren Unterhalt sichern werde. In Paris löste diese Antwort Bestürzung – der Marquis kam nicht zurück – und Bewunderung aus: »Ist sein Herz denn verrückt?« fragte Diderot Madame d'Épinay. Man erfand eine schwere Krankheit, die Suzanne daran hindere zu verreisen; die Korrespondenz wurde umfangreicher. Bald war Diderot Suzanne Simonin, bald war er ihre Freundin Madame Nadin. Croismares Interesse für die Leidensgeschichte der jungen Frau wurde immer größer. Dieser feinfühlige, herzliche und großzügige Mensch war bereit, beträchtliche Risiken einzugehen, um die Phantasiegestalt zu retten, die Diderot für ihn erschuf. Das ging soweit, daß Diderot und seine Freunde im Mai beschließen mußten, Suzanne Simonin sterben zu lassen, um aus dem Schwindel herauszukommen.

Croismare kam erst acht Jahre später nach Paris zurück; erst als er die wahre Madame Nadin, die den Verschwörern als Briefkastenadresse gedient hatte, kennenlernte, erfuhr er die Wahrheit über seinen Schützling, der nur auf dem Papier existiert hatte. Grimm schrieb in der *Correspondance littéraire:* »Nachdem er zurück in Paris war, haben wir ihm das ungerechte Komplott gestanden. Wie Sie denken können, hat er darüber gelacht; das Unglück der armen Nonne hat die Freundschaftsbande zwischen den Überlebenden nur noch fester geknüpft.« Vier Jahre darauf starb der Marquis de Croismare, diese schöne Symbolfigur eines humanistisch gesinnten und hilfreichen Adligen, im Alter von siebenundsiebzig Jahren. Unterdessen war aus der Farce der *Nonne* ein Roman geworden.

Diderot, der die Täuschung mit ausgeheckt hatte, ließ sich von seiner selbst erfundenen Geschichte faszinieren. Angeregt durch einen realen Schwindel – das »Komplott« um Croismare – entwickelte er, ausgehend von seinen Briefen und den Antworten des bewundernswerten Croismare, eine realistische Fiktion. Dieses freundschaftliche Komplott bot Diderot sozusagen die Möglichkeit zu einem Romanexperiment: Wie konnte eine Lüge zur Wahrheit werden? Wie konnte eine erfundene Geschichte so real und greifbar werden, daß sie den, der sie las, zum Handeln veranlaßte? Aber Diderot wäre nichts weiter als ein geschickter Erzähler, wenn er sich nicht selbst in dieses Spiegelspiel miteinbeziehen würde. Der Autor spielte mehrere Personen, sprach mit verschiedenen Stimmen und spaltete sich so in mehrere Figuren auf: Er ist die Nonne, er ist Madame Nadin, er ist Croismare – aber zugleich auch Autor und gerührter Zuschauer seiner eigenen Fiktion. In dem »Vorwort und Anhang« genannten Text, den Grimm 1770 für *Die Nonne* schrieb, erzählt er über Diderot: »Monsieur d'Alainville, einer unserer Freunde, besuchte ihn und fand ihn versunken in Schmerz, mit tränenüberströmtem Gesicht. ›Was haben Sie denn?‹ fragte Monsieur d'Alainville. ›Was ist los mit Ihnen?‹ – ›Ich bin so betrübt über eine Geschichte, die ich mir gerade ausdenke‹, antwortete ihm Monsieur Diderot.«

Die Art, wie Diderot sich in seine eigene Fiktion hineinversetzte, entsprach seiner Theatralisierung des »Ich«, die nicht nur im Mittelpunkt seiner Ästhetik, sondern auch seiner ganzen philosophischen Auffassung des Subjekts stand: Für ihn existierte das Individuum nur innerhalb des gesellschaftlichen Netzes.

Diese Theorie des Subjekts, die er ganz selbstverständlich auf das Theater anwandte, löste eine dramaturgische Revolution aus: die *Charaktere* wurden durch die *gesellschaftlichen Verhältnisse* ersetzt. Im *Fils naturel*, im *Hausvater* und in den *Entretiens sur le Fils naturel*, wo die »Ich«-Person einen Dialog mit Dorval führt und sich dabei von einer entworfenen Figur zum Autor seines eigenen »Lebenstextes« entwickelt, lösen sich die Charaktere tatsächlich auf und werden von der Anziehungskraft des Familienverbands absorbiert. Es gibt kein autonomes Subjekt mehr. Selbst die »Ich«-Figur der *Entretiens* unterliegt diesem Zerfall und ist am Ende des

Textes nur noch eine Gestalt, die von der Hauptfigur erdacht wurde.

Es ist vollkommen natürlich, daß sich Diderots Zeitgenossen gegen diese provozierende Ästhetik, dieses Theater, das feste Formen auflöst, und gegen die Leere der Charaktere sträubten. Man bringt nicht ungestraft eine Theatertradition, die sich auf starke und in sich ruhende Charaktere stützt, ins Wanken, um die so entstandene Lücke mit langen Reden zu füllen. Gesteigert wurde das Unbehagen noch durch eine sorgfältige Inszenierung, bei der Requisiten, die Kulissen und das Spiel der Darsteller auf der Bühne den Zuschauern in jedem Augenblick sagen sollten: »Das ist Theater«, nicht ein einlullendes Stück Wirklichkeit. Daher der Eindruck von Leere, den alle »klassischen« Kritiker der Epoche betonten: »Würden Sie so etwas ein Theaterspiel nennen? Zweifellos nicht. Was ist es dann? Ich weiß es nicht: Es ist eine dritte Figur, die sich zwischen Schauspieler und Zuschauer befindet, und deren Natur man nur schwer bestimmen kann.«[1] Oder aber: »Keine Gedanken mehr, keine Gefühle mehr, keine Charaktere mehr, vor allem keine Theatereffekte mehr, das ist die Schmach der Kunst. Bringen wir nur noch Bilder auf die Bühne, und seien es Wirtshausschilder.«[2]

Daß die spätere akademische Kritik dagegen in keinem Detail den »avantgardistischen« Charakter dieses Theaters, das sowohl Pirandello als auch Brecht ankündigt, gespürt und Diderots Stücke als »bürgerliche Trauerspiele« klassifiziert hat, zeigt deutlich, daß man Diderot nicht lesen, sondern zum Vertreter der Ziele und der Gefühlswelt einer Gesellschaftsklasse machen wollte. Nur weil Diderot nicht mehr Götter, Könige oder Aristokraten auf die Bühne stellt, bezeichnet man etwas als »bürgerlich«, das in diametralem Gegensatz zum bürgerlichen Individualismus steht. Die »Botschaft« von Diderots Theater ist ganz und gar gesellschaftlich; ihm ging es immer wieder darum, sowohl mit dem klassischen System der Darstellung und Inszenierung als auch mit dem cartesianischen Solipsismus – mit seiner extremen Konzentration auf das einzelne Ich – zu brechen. In dem leeren Raum, den der kritische Geist so geschaffen hatte, sollten aufklärerische Ideen verbreitet werden.

Doch die Krise von 1759 hatte Diderot gezwungen, über das

Scheitern – anders konnte er es kaum nennen – seines Theaterversuchs nachzudenken. Sicher, er war manchmal mit Begeisterung aufgenommen worden; seine Kühnheiten hatten heftige Polemiken ausgelöst, die zeigten, daß er das alte Gebäude ins Wanken gebracht hatte. Aber er spürte, daß die Theaterbühne – zumindest in seiner Epoche – paradoxerweise der am wenigsten geeignete Ort war, um die Identifikation zwischen den Zuschauern und den Rollen der Schauspieler zu brechen, wie er es anstrebte. Er spürte, daß er seine Ästhetik, die nicht nach einem Fixpunkt, sondern nach Auflösung, nach einer Verwischung der Umrisse, nach der Verknüpfung aneinandergrenzender Bereiche suchte, auf der Bühne nur mit letztendlich unspielbaren, langweiligen Stücken konsequent weiterführen könnte. Damit ein Drama überhaupt als Bühnenstück funktionieren kann, sind vielleicht Mythen nötig, die Diderot aber aufgrund seines philosophischen Anspruchs verweigerte. Auch hier hatte er das Gefühl, in einer Sackgasse zu sein. Die *Salons* boten ihm einen ersten Ausweg: Um über die ausgestellten Bilder zu berichten, verwandelte er sich in diesem Augenblick in alle Maler, in alle von ihnen abgebildeten Figuren und Gegenstände. Was ihm das Stückeschreiben nicht ermöglicht hatte, weil das Theater seinen Ausdruck immer durch physisch klar umgrenzte Schauspieler findet, bot ihm nun das Schreiben über Kunst: Vermittelt durch das Auge der Maler gelangte er zu einer Darstellung der Welt, die zugleich dramatisch und enzyklopädisch war.

Der Roman *Die Nonne* war eine andere Art, das praktische Scheitern seines Theaters zu überwinden, wobei er dieselben Ziele verfolgte. Diderot war der Autor und schlüpfte zugleich in jede Figur; diese Figuren waren aber im Prinzip keine Individuen, sondern Sammelbecken für die vielfältigen Aspekte der Wirklichkeit, in diesem Fall der Klosterwirklichkeit. *Die Nonne* ist der Roman über Situationen und Beziehungen, wie sie sich im Klosterleben herausbildeten.

Nacheinander analysiert Diderot am Beispiel der drei Klöster, in die Suzanne Simonin kommt, die ökonomischen, geistigen und physiologischen Aspekte des Klosterlebens. Sicher bot Diderot hier eine »abstoßende Satire über die Klöster«, wie er es selbst nannte, aber diese polemische Absicht, die sich in pathetischen und fast expressionistischen Bildern zeigt, wäre nicht mehr wert als eine Anekdote, würde Diderot daraus nicht eine Betrachtung über die verhängnisvollen Folgen der Einsamkeit und die perversen Wirkungen der Gewalt, die der Mensch gegen sich selbst ausübt, entwickeln: geistige Gewalt durch Fanatismus, physische Gewalt durch die systematische Unterdrückung aller körperlichen Bedürfnisse.

Damit erfand Diderot eine neue Form des Romans. *Die Nonne* ist keine lineare Erzählung; es wird auch nicht versucht, durch die Form eines Briefromans eine illusionäre Wirklichkeit vorzutäuschen, wie es damals Mode war. Dieser Roman ist eine Folge von Szenen – wieder sind wir beim Theater –, die den Leser und Zuschauer verblüffen, fesseln und miteinbeziehen, als sei er ein direkter und unmittelbarer Zeuge. Nicht die Regungen der Seele oder die Gedanken der Figuren werden beschrieben, sondern – wie in einem amerikanischen Roman aus den dreißiger Jahren oder im Kino – die Bewegungen des Körpers, die Gesten, die physiologischen Veränderungen, die in der klinischen Präzision ihrer Beschreibung die Brutalität der psychologischen Kräfteverhältnisse und der sozialen Entfremdung erahnen lassen.

In einem Brief an Meister aus dem Jahr 1816 versichert Madame de Vandeul: »Eine Schwester meines Vaters wollte sich ungeachtet des Wunsches, der Zärtlichkeit und des Willens ihrer Eltern dem Leben als Nonne weihen. Jung, zart, den Pflichten eines Standes unterworfen, den sie gewählt hatte, nützte man ihre körperlichen Kräfte zu sehr aus; ihre Seele nahm Schaden, im Kopf wurde sie immer überspannter; mit siebenundzwanzig oder achtundzwanzig Jahren starb sie umnachtet. Das Schicksal dieser Schwester regte meinen Vater zu dem Roman *Die Nonne* an.«

Kein Zweifel, als Diderot *Die Nonne* schrieb, war Angélique Diderot, seine Schwester, die bei den Ursulinerinnen eingetreten und 1749 geistig verwirrt gestorben war, in seinen Gedanken gegenwärtig. Die Tränen, die er beim Verfassen seines Romans vergoß, wurden nicht nur durch die Suggestionskraft seiner Bilder ausgelöst. In manchen Entwürfen seines Manuskripts überraschte sich Diderot sogar dabei, daß er seine Heldin Angélique nannte. Indem er die Erinnerung an seine Schwester Angélique wachrief, sah er vielleicht auch ein mögliches Schicksal seiner Tochter Angélique vor sich. Seine leidenschaftliche Zärtlichkeit und Sorge machte sie ihm allgegenwärtig, aber er spürte auch Gewissensbisse: Gerne hätte er sich ganz um ihre Erziehung gekümmert und sie dem Einfluß seiner Frau und ihrer Bildungsfeindlichkeit entzogen, doch es gelang ihm nie. *Die Nonne* ist auch ein Roman über die Abwesenheit des Vaters – Suzanne ist eine illegitime Tochter –, ein Roman, der ausschließlich unter Frauen spielt.

Diderot vermengt in der *Nonne* sozusagen drei Ebenen: die Vergangenheit seiner Schwester, die Gegenwart der Institution Kloster und die mögliche Zukunft seiner geliebten Tochter. Der Roman ist eine Verbindung aus Geschichte, Gegenwartsbild und Zukunftsprojektion, was Diderot mit einer Bühnendarstellung, bei der die Schauspieler sich unvermeidbar immer in der Gegenwart bewegen, nie hätte erreichen können.

Diese deutlich ausgeprägte Modernität erklärt die Heftigkeit der Emotionen, die heute von der *Nonne* ausgelöst werden; sie ist auch der Grund für den miserablen Ruf, den der Roman bis in die jüngste Zeit hatte. Diderot war weder der erste noch der heftigste Kritiker, der die perversen Wirkungen des Klosterlebens angeprangert hatte. Solche Kritiken sind sogar eine alte Tradition der westlichen Literatur. Auch das Motiv der weiblichen Homosexualität, die sich in einem geschlossenen Umfeld ohne Männer entwickelte – in Pensionaten, Gefängnissen, Harems oder Klöstern – hatte er nicht als erster aufgegriffen; in der erotischen Literatur war das ein Lieblingsthema. Aber im Unterschied zu antiklerikalen Schmähschriften und schlüpfrigen oder pornographischen Geschichten ist *Die Nonne* ein ernstes Buch, manchmal erschreckend, oft dramatisch und immer wortgewaltig; der Erfindungsreichtum dieses Romans verleiht ihm eine seltene Überzeugungskraft.

Gerade wegen dieser starken literarischen Wirkung ist *Die Nonne* ein Buch, das in gewisser Weise verdrängt wurde: »langweilig«, »ekelhaft«, »obszön«, »abscheulich« nannten es die Kritiker im 19. Jahrhundert und verhüllten sich das Antlitz; und bis vor nicht allzu langer Zeit war dieser meisterhafte Roman aus dem 18. Jahrhundert im »Giftschrank« der öffentlichen Bibliotheken versteckt. Nicht unter der Inquisition, nicht unter dem Ancien Régime, sondern im Jahre 1966 in Frankreich, in einer laizistischen Demokratie, verewigte sich der Minister Yvon Bourges in der Geschichte durch sein Verbot, Jacques Rivettes werkgetreue Verfilmung der *Nonne* in Frankreich oder im Ausland zu senden. Wenn der Geist, der die *Enzyklopädie* beseelt hatte, noch immer solche Angst auslöst, muß er wohl noch sehr lebendig sein.

1760 wünschten ihm auf jeden Fall viele den Tod – nicht nur die altbekannten Feinde der Philosophie. Die »Affäre Palissot« zeigt das besonders deutlich.

Am 2. Mai gab das königliche Schauspielhaus die Premiere des Stücks *Les Philosophes modernes* (Die modernen Philosophen) von Palissot, das seine Gegner nicht in ihren Anschauungen, sondern als Personen angriff. So schrieb d'Alembert an Voltaire: »Die Absicht des Stückes besteht darin, die Philosophen nicht als lächerlich hinzustellen, sondern als Gauner, die keine Grundsätze haben und keine Sitten kennen.« Doch d'Alembert führt weiter aus: »Weder Sie noch ich sind darin persönlich angegriffen, die einzigen Verunglimpften sind Helvétius, Diderot, Rousseau, Duclos, Madame Geoffrin und Mademoiselle Clairon.« Voltaire und d'Alembert kamen ungeschoren davon.

Das hatte seinen Grund: Palissot ging zwar bei den Frömmlern und Devoten ein und aus und war bekanntermaßen ein Schützling von Madame de Robecq und Madame de La Marck, den beiden unglückseligen Heldinnen der »Widmungsaffäre«, stand aber auch Voltaire nahe. Am 28. Mai schickte Palissot einen Brief an Voltaire, um nachdrücklich zu betonen, daß die Anschuldigungen und Beschimpfungen in den *Philosophes* nicht auf ihn zielten, sondern auf einen »falschen Philosophen«, der »es gewagt hat, zwei skandalöse Schmähschriften gegen zwei überaus respektable Damen drucken zu lassen« – immer noch die alte Widmungsgeschichte.

D'Alembert selbst forderte Voltaire auf, sich für eine Seite zu entscheiden: »Es ist vortrefflich, wenn das Oberhaupt den Brüdern Einheit empfiehlt, doch dann muß das Haupt an ihrer Spitze bleiben; die Furcht, protegierte Lausebengel zu demütigen, darf nicht verhindern, laut für die gute Sache zu sprechen.«[3]

D'Alemberts diplomatischer Vorstoß, ungestüm und zaghaft,

scharfsinnig und naiv zugleich, traf genau den Punkt. Für Voltaire stand bei dieser Affäre wirklich seine Rolle als Oberhaupt auf dem Spiel. Entweder er distanzierte sich öffentlich und deutlich von Palissot – und riskierte damit, daß er sich bei Choiseul und anderen seiner hohen Beziehungen am Hof unbeliebt machte –, oder er enttäuschte seine »Philosophentruppe«, weil er sich unfähig zeigte, sie zu verteidigen, wenn man sie diffamierte.

Voltaire entschied, sich nicht zu entscheiden. Zwar schrieb er am 4. Juni an Palissot, aber nicht, um mit ihm zu brechen, sondern nur, um zu grollen: »Ich kenne Monsieur Diderot nicht; ich habe ihn nie gesehen; ich weiß nur, daß er unglücklich und verfolgt war. Allein dieser Grund sollte genügen, daß Ihnen die Feder aus der Hand fällt. [...] Obwohl ich Monsieur Diderot nie gesehen habe und seinen *Hausvater* nicht unbedingt amüsant finde, habe ich doch immer sein profundes Wissen respektiert. [...] Zwanzig Personen haben mir versichert, daß Monsieur Diderot eine wirklich schöne Seele hat. Ich wäre sehr vergrämt, wenn man mich getäuscht hätte, aber ich wünsche, informiert zu werden.« Nicht gerade eine eifrige Verteidigung, aber immerhin.

Wenn es Voltaire auch schwerfiel, seine Antipathie gegen diesen Monsieur Diderot, »den er nicht kannte«, zu verbergen – er verzieh es Diderot nie, daß er ihm keinen Pflichtbesuch abgestattet hatte –, so mußte er doch seine Rolle als Oberhaupt verteidigen. Er schonte Palissot, hielt sich aber dafür an einem anderen Feind der Enzyklopädisten schadlos, der nichts verlangte, aber das Pech hatte, weniger protegiert zu sein: an Fréron, gegen den er das Stück *Die Schottin* schrieb, das in der Comédie française aufgeführt wurde.

Der zweite Teil seines Manövers war kühner. Am 9. Juli schrieb Voltaire an den Grafen d'Argental: »Mir ist ein Gedanke gekommen, den Sie zweifellos schon kennen: Ungeachtet aller Bigotten muß Diderot in die Akademie aufgenommen werden. [...] Welch schöne Antwort auf Palissots Niedertracht! Packen Sie die Sache an und führen Sie sie zum Erfolg! Ich wäre überglücklich. Es scheint mir nicht allzu schwierig, und wenn doch, dann ist es nur ein Grund mehr, es zu versuchen.«[4]

Trotz d'Alemberts pessimistischer Prognosen begann Voltaire eine massive Kampagne. In einem Brief an Grimm verriet er jedoch auch seine Hintergedanken: »Aber Diderot soll uns helfen und sich nicht in einer Zeit mit Kritzeleien vergnügen, wenn er handeln muß. Er muß nur eines tun, aber das *muß* er tun: Er soll versuchen, irgendeinen erlauchten Narren oder eine erlauchte Närrin, irgendeinen begeisterten Anhänger für sich einzunehmen. [...] Am Montag soll man ihn mit Madame X oder mit Madame Y bekanntmachen; am Dienstag soll er mit ihr beten, am Mittwoch mit ihr schlafen: dann kommt er in die Akademie, wenn er es will und wann er es will.«[5]

Nur ein zynischer Scherz? Nicht ganz. Zunächst einmal hätte Voltaire, indem er Diderot in die Akademie wählen ließ, gezeigt, daß er immer noch das allmächtige Oberhaupt war und daß sich seine Strategie – Bündnisse mit einigen einflußreichen Persönlichkeiten zu schließen und die Institutionen nach und nach mit »Philosophen« zu unterwandern – bezahlt machte. Zweitens glaubte er, die Enttäuschung Diderots und seiner Freunde über seine Haltung in der Affäre um Palissot so zu mildern. Und vor allem versuchte er auf diese Weise, Diderot wieder in den Hintergrund treten zu lassen, ihn in das Karussel der Ehren und Pensionen miteinzubeziehen und aus der Nische zurückzuholen, in der er sich eingerichtet hatte und die – Voltaire ahnte es – bald zum aktiven, radikalen und jedem faulen Kompromiß feindlichen Zentrum werden konnte. Als Akademiemitglied – und also vom König akzeptiert – wäre Diderot nicht länger ein Rivale, sondern endlich ein Anhänger.

Diderot gab sich nicht zu dem Manöver her. Nicht weil er diese Art der Auszeichnung verachtete, sondern weil er Voltaire mißtraute. Und da er in Paris und nicht in Genf lebte, wußte er auch, daß Voltaires Kampagne vergeblich war. In diesem Punkt teilte er vollkommen die Einschätzung d'Alemberts: »Die Schwierigkeit besteht nicht darin, in der Akademie Stimmen für Diderot zu finden, aber 1. müßten so viel zusammengebracht werden, daß er auch gewählt wird; 2. müßte er vor zwölf bis fünfzehn schwarzen Kugeln bewahrt werden, die ihn für immer ausschlössen, 3. ist die Einwilligung des Königs nicht leicht zu bekommen; er würde in Versailles nur mäßige Unterstützung finden, jeder unserer Kandidaten hat dort schon seine Fürsprecher; ich weiß, daß das einen Bürgerkrieg geben würde, und ich

266

stimme mit Ihnen überein, daß der Bürgerkrieg einen Spaß verspricht und etwas wert ist, aber es darf Pompeius* dabei nicht ums Leben kommen.«[6]

Trotz seiner zahlreichen hochgestellten Briefpartner war sich Voltaire in seinem Genfer Refugium nicht ganz im klaren über das politische Klima in Paris. Er war ein wenig der Zeit hinterher. Er dachte immer noch ausschließlich in Kategorien des Spiels der Einflußnahme, der Klüngel, der Hof- und Salonintrigen und der kleinen Komplotte, in denen er als kluger General seine Infanteristen und Kavalleristen nach Belieben manövrieren konnte. Dieses Spiel wurde zwar noch gespielt, aber mit härteren Regeln. Schuld daran waren zweifellos der Hof und die Kirche, die entschlossen waren, auf die immer wagemutigeren Verstöße der Kritiker ihres Systems zu reagieren. Schuld war aber auch eine wachsende Zahl dieser Kritiker, die das literarische »Establishment« selbst anprangerten und gegen die Macht und ihre Repräsentanten immer aggressivere und heftigere Attacken ritten, die immer stärker von einer Art Klassenhaß geprägt waren. Sicher war es kein Zufall, daß die beiden bekanntesten Schriftsteller, die in diesem Zeitraum in der Bastille einsaßen, Marmontel und Morellet waren – der eine der Sohn eines armen Schneiders aus dem Limousin, der andere der Sprößling einer bescheidenen Papiermacherfamilie in Lyon.

Für Voltaire handelte es sich dabei um eine »literarische Kanaille«, die man entweder verächtlich ignorierte oder durch das Angebot einiger Pensionen auf seine Seite zog, um sie für subalterne und ein wenig schmutzige Arbeiten zu benützen. Vielleicht lag es ihm auch nicht allzu fern, Diderot – der sich durch den Umfang seiner Kenntnisse auszeichnete – für einen Vertreter einer etwas »höhergestellten Kanaille« zu halten, für die man einfach etwas mehr hinblättern mußte.

Das Mißverständnis zwischen den beiden Männern war vollkom-

---

* Gnaeus Pompeius Magnus, altrömischer Feldherr und Politiker (106-48 v. Chr.), der zunächst Caesars Verbündeter, dann sein Gegner war und ihm im Bürgerkrieg 48 v. Chr. bei Pharlassos unterlag. Auf der Flucht nach Ägypten wurde er ermordet. (A.d.Ü.)

men. Diderot wußte, daß er von nun an weder auf Voltaires Hilfe noch auf seinen Einfluß zählen konnte, wenn man ihn attackierte. Und er ahnte bereits, daß die Attacken zahlreicher, gemeiner und schmerzhafter werden würden. Die Krise von 1759 hatte seinen Geist erschüttert; diesmal reagierte der Körper. Bereits seit einigen Jahren litt er an Magenbeschwerden und befolgte eine Diät. Aber diesmal waren die Schmerzen so stark, daß er sich entschloß, seinen Freund Tronchin, den berühmten Genfer Arzt, zu konsultieren. Diderot litt an nervöser Aerophagie, einem krankhaften Luftschlucken. Tronchin empfahl ihm, sich körperliche Bewegung zu verschaffen und im Stehen zu schreiben, da die langen Stunden, die ein Schriftsteller in sitzender Haltung verbringt, zu Verdauungsstörungen führten.

Körperliche Bewegung hatte Diderot: Er war ein unermüdlicher Spaziergänger, der in langen Schritten durch die Straßen von Paris eilte, beobachtete, zuhörte. Aber den größten Teil seiner Zeit verbrachte er am Arbeitstisch des kleinen Zimmers, in dem er schrieb, seine Aufgaben als Herausgeber erledigte, Besuch empfing, lehrte, Ratschläge erteilte, ermutigte, erörterte und erzählte. Das alles bot Stoff für die umfangreiche Korrespondenz, die er an Sophie richtete und die teilweise an Tagebuchnotizen erinnert, teilweise einer Materialsammlung für künftige Werke gleichkommt. Porträts finden sich darin, etwa das von Madame Buffon: »Sie hat keinen Hals mehr. Ihr Kinn hat die eine Hälfte des Wegs zurückgelegt, ihr Busen die andere Hälfte, so daß ihr Dreifachkinn nun auf zwei üppigen Kissen ruht.« Bissige Bemerkungen über d'Alembert, der in der Académie française über Poesie gesprochen hatte: »Man hat mir erzählt, daß er die *Ilias* und die *Aeneis* als fade und langweilige Werke bezeichnet und erklärt hat, *La Jérusalem délivrée* und *La Henriade* seien die einzigen Epen, die man an einem Stück lesen könne. Da sieht man, was herauskommt, wenn man über etwas redet, wovon man nichts versteht. Es ist schwierig, nicht irgendeine Dummheit von sich zu geben. Dieser Mann versteht kein Wort von der Sprache Homers; und verstünde er mehr davon, hat er doch gar nichts von einem jungen Arkadier an sich. Am besten sollte er sich an seine Gleichungen halten, das ist sein Los.«

Manchmal tauchen in dieser Korrespondenz auch Personen auf, die in Diderots Leben eine wichtige Rolle spielen sollten, wie etwa der Abbé Galiani, den er in La Chevrette bei Madame d'Épinay kennenlernte. Der erste Kontakt ließ sich allerdings nicht gerade gut an: »Abbé Galiani hat mir nicht besonders gefallen, denn er gestand mir, daß er noch nie in seinem Leben geweint habe; der Tod seines Vaters, seiner Geschwister und seiner Geliebten habe ihn keine Träne gekostet.« Aber der kleine neapolitanische Abbé, ein gerissener Diplomat und Pfiffikus, über den Marmontel in seinen Memoiren schrieb, er habe »die Gestalt des hübschesten kleinen Harlekins, den Italien hervorgebracht hat; aber auf den Schultern dieses Harlekin saß der Kopf eines Machiavelli«, sollte Diderot bald für sich gewinnen: »An Regentagen ist er ein Schatz.« Später übte Galiani einen wichtigen Einfluß auf Diderots gesellschaftliches Denken aus.

Diderot spricht auch über sich selbst, von seiner absoluten Treue zu seinen Freunden, was immer diese Treue ihn auch kosten mochte: »D'Holbach wird schließlich noch ganz unleidlich. [...] Ich fürchte, daß sich nach und nach alle von ihm zurückziehen, so daß er bald allein sein wird; mit mir natürlich. Ich habe darüber nachgedacht und mich entschieden. Lieber würde ich leiden, als den Verdacht ertragen, ich sei undankbar.« Er erwähnt seinen häuslichen Ärger und das drückende, feindselige Klima in der gemeinsamen Wohnung in der Rue Tarrane, wo die beiden Ehegatten, der früheren Szenen müde, nicht mehr miteinander sprachen.

Manchmal stößt man auf tiefergehende Gedanken, etwa über die Popularisierung der Kunst: »Stellen Sie sich vor, daß eine Nation plötzlich von einer allgemeinen Lust an der Musik ergriffen wird. Sicher gäbe es dort so viele schlechte Melodien wie noch nie, würde so schlecht gesungen und so schlecht auf verschiedenen Instrumenten gespielt wie nie zuvor. Aber dafür würden auch alle, die Talent für die Komposition oder für die Ausführung haben, veranlaßt, ihre Gaben zu zeigen; noch nie hätte man Instrumente so gut gespielt, so schön gesungen und so viele gute Melodien komponiert. [...] Und so verhielte es sich mit allen Dingen. Je mehr Menschen sich mit einer Sache befassen, desto mehr gibt es, die sie schlecht machen, aber auch desto mehr, die sie gut machen.«

Im Herbst war Diderot wieder zu d'Holbach auf Schloß Grandval gefahren: lange Abende, endlose Diskussionen, Anekdoten und originelle Reiseberichte von Vater Hoop, eine ganze Galerie neuer Personen. Einige Zeilen (vom 9. November 1760) verdeutlichen Diderots ärgerliches Mißtrauen gegen Voltaire: »Er beklagt sich bei Grimm sehr erbittert über mein Schweigen. Er sagt, es sei wohl die mindeste Höflichkeit, seinem Anwalt zu danken. Und wer zum Teufel hat ihn darum gebeten, meine Sache zu vertreten? Und wer zum Teufel hat ihm gesagt, daß er sie so vertreten hat, wie es mir paßt? Er hat, sagt er, den tiefsten Schmerz empfunden. Ach, liebe Freundin, diesem Manne könnte man nicht ein einziges Härchen ausreißen, ohne daß er nicht die lautesten Schreie ausstieße. Er ist über sechzig Jahre alt, er ist Autor, ein berühmter Autor, und er hat sich noch nicht an den Schmerz gewöhnt. Er wird sich nie daran gewöhnen. Die Zukunft wird ihn nicht mehr ändern. Bis zum letzten Atemzug wird er auf das Glück hoffen.«

Diderot dagegen wußte, daß man als Autor dazu verdammt war, Schläge einzustecken und Schmerz zu erleiden. Der halbe Mißerfolg des *Hausvaters* in der Comédie française im Februar 1761 – in Paris wurden nur sechs Vorstellungen gegeben – bekümmerte ihn weit mehr, als er zugeben wollte. Er konnte die Schuld noch so sehr in der Inszenierung suchen, in der Rollenverteilung, der Unerfahrenheit der Schauspieler, die mit einer neuen Theaterform konfrontiert wurden. Aber auch wenn man, wie ein Kritiker schrieb, »gesehen hat, wie in den Logen alle Damen zierlich ihre Taschentücher zückten, und das halbe Parterre Tränen vergoß«, blieb doch die Tatsache, daß es bald langweilig wird zu weinen, und die Zuschauermenge wurde von Tag zu Tag kleiner.

Später, im *Paradox über den Schauspieler,* berichtet Diderot gleichgültig: »Ich hatte nicht den Erfolg errungen, den ich mir versprochen hatte. Da ich mir nicht schmeichelte, etwas Besseres schreiben zu können, war mir eine Laufbahn verleidet, für die ich nicht genug Talent zu haben glaubte.« Dieser Verzicht hängt eng zusammen mit den schweren Selbstzweifeln, die ihn seit eineinhalb Jahren quälten.

Sicher, er war Philosoph und als solcher auch anerkannt. Aber was bedeutete das eigentlich? Daß er auf verschiedensten Gebieten umfangreiche Kenntnisse besaß, daß er auf alles neugierig war, daß er die Kunst beherrschte, alle Wissensgebiete aufzunehmen, zueinander in Beziehung zu setzen und sie dem Publikum schließlich in angenehmer und verblüffender Form darzustellen. Er besaß Mut, Hartnäckigkeit, Geist, Hingabe und eine außergewöhnliche Fähigkeit zu Anteilnahme und Kommunikation. Er war ein eklektischer Gelehrter, ein talentierter Literat und ein geschickter Politiker – alles gut und schön, aber machte das aus ihm etwas anderes als einen liebenswerten Hansdampf in allen Gassen?

Eine nüchterne Bestandsaufnahme seines geschriebenen Werks zerstreute seine Zweifel nicht: ein Roman, den man als schlüpfrige Laune aufgenommen hatte, ein wenig Mathematik, vier kurze philosophische Essays; zweifellos genügte das, um sich in Paris einen Namen zu machen, das Mißtrauen der Obrigkeit und den Neid einiger Kollegen auf sich zu ziehen – aber nicht, um sich dem Urteil künftiger Jahrhunderte zu stellen.

Muß man die *Enzyklopädie* zu dieser Bilanz hinzuziehen? Zweifellos; und Diderot wußte zu gut, welche Mühe und wieviel Zeit ihn dieses Werk kostete, um sich nicht als Vater dieses Monuments zu fühlen. Aber er wußte eben auch, und zu diesem Zeitpunkt besonders deutlich, daß diese Arbeit ihm zum Teil aus den Händen glitt, daß diese Bände voller zweitklassiger Artikel und Informationen aus zweiter Hand waren, daß die *Enzyklopädie* insgesamt nie das Werk werden würde, von dem er geträumt hatte. Er erfüllte seine Aufgabe als Herausgeber und seine Verpflichtung als Philosoph, der auf nützliche Weise am Fortschritt der Gesellschaft mitwirkte, aber man sollte doch bitte nicht von ihm verlangen, ein Unternehmen zu seinem persönlichen Werk zu zählen, das für ihn zur mühseligsten Sklaverei geworden war.

Blieb noch das Theater, seine große Leidenschaft und der Ort, an dem er glaubte, sowohl seinen künstlerischen Anspruch befriedigen wie seine Funktion als Denker und Aufklärer erfüllen zu können. Doch die Aufnahme durch das Publikum – durch die Menschen also, die er hier und jetzt rühren und erschüttern wollte – zeigte ihm, daß er irgendwo auf den falschen Weg geraten war; daß seine wagemutigen Erneuerungen auf Interesse stießen, aber nicht überzeugten; daß sie verblüfften, aber nicht begeisterten. Kurz, wenn seine Prinzipien einer umfassend neuen Dramenästhetik richtig waren, dann hatte er in ihrer praktischen Anwendung versagt.

Aber genau das war die Frage: War er denn fähig, seine spontanen Eingebungen, seine intuitiven Ahnungen umzusetzen, war er fähig, von den Ideen zur Schöpfung, von der geistigen Erarbeitung zur Kunst zu gelangen? Welche Schwäche, welche Hemmung verhinderte, daß die tausend Dinge, die in ihm gärten, diese Überfülle von Ideen, Gefühlen und Formen, sich in einem konkreten Werk niederschlugen? Am Ende all dieser ängstlichen Zweifel tauchte die Frage nach dem schöpferischen Unvermögen, nach dem Fehlen dessen auf, was Diderot Genie nannte.

Es war Saint-Lambert gewesen, Madame d'Houdetots Freund, der den Artikel »Genie« der *Enzyklopädie* verfaßt hatte, aber zweifellos machte sich Diderot diese Beschreibung seines Mitarbeiters zu eigen: »Die Weite des Geistes, die Vorstellungskraft und die Regsamkeit der Seele, das macht das Genie aus. [...] Die Mehrheit der Menschen hat lebhafte Wahrnehmungen nur durch den Eindruck der Dinge, die einen unmittelbaren Bezug zu ihren Bedürfnissen und ihrem Geschmack haben usw. [...] Der geniale Mensch ist derjenige, dessen weitgespannte Seele – betroffen von den Empfindungen aller Lebewesen, interessiert an allem, was in der Natur vorkommt – keine Idee empfängt, die nicht ein Gefühl weckte; alles bewegt ihn, und alles wird von ihm bewahrt. [...] Das Genie, von den Dingen, mit denen es sich beschäftigt, umgeben, erinnert sich nicht, es sieht; es beschränkt sich nicht darauf zu sehen, es ist bewegt: In der Stille und der Dunkelheit des Studierzimmers genießt es diese lachenden und fruchtbaren Gefilde; es ist erstarrt vom Sausen der Winde; es ist verbrannt von der Sonne, es ist erschrocken bei Unwettern. Die Seele gefällt sich häufig in diesen Augenblicksbetroffenheiten; sie schenken ihr ein Vergnügen, das ihr kostbar ist; sie gibt sich allem hin, das dieses steigern kann; sie möchte mit wirklichen Farben, mit unauslöschlichen Strichen jenen Phantomen einen Körper geben, die ihr Werk sind, die sie bewegen oder amüsieren.«

Selbst wenn Lambert respektvoll und geschickt Voltaire als das Beispiel des Genies schlechthin zitiert, ist das Porträt zu genau, als daß man das wahre Vorbild nicht erkennen würde. Und selbst wenn Diderot weder am Umfang seiner Kenntnisse, an seiner Vorstellungskraft noch an der Regsamkeit seiner Seele zweifelte, wußte er doch, daß er das Wesentliche noch nicht erreicht hatte: »Den Phantomen einen Körper« zu geben.

In dieser Atmosphäre innerer Unsicherheit muß ihn der Artikel, den Fréron ihm in seinem *Année littéraire* vom 18. Juli 1761 gewidmet hatte, verletzt haben, auch wenn er aus der Feder eines altbekannten Feindes stammte: »Es ist schade, daß die übertriebene Prunkentfaltung seiner Worte, die mangelnde Ordnung seiner Ideen und die Unklarheit seines Stils manchmal dem schaden, was in seinen Schriften wirklich gut ist. Er ist fast immer abstrakt und emphatisch. Er schreibt für Franzosen, aber er nimmt Miene und Tonfall eines Gesetzgebers an, der Wilde disziplinieren will. [...] Er gefällt weder, noch überzeugt er; aber er blendet, er verblüfft, er verwirrt, er überwältigt junge Köpfe; und vielleicht ist das alles, was er will. Im übrigen ist er sicherlich mit viel Geist und Phantasie begabt; er besitzt Kenntnisse und würde sicher ausgezeichnete Dinge schaffen, wenn er mehr Bescheidenheit, Beherrschung und Geschmack besäße.«

Diderot schwieg. Er schrieb wenig an seine Freunde, sehr wenig an Sophie – kein einziger Brief in zehn Monaten. Er betäubte sich, indem er wie ein Verrückter an den Fahnenkorrekturen der letzten zwei Bände der *Enzyklopädie* arbeitete. Das Erscheinen der *Neuen Héloïse* seines ehemaligen Freundes Rousseau und der Erfolg dieses Romans dienten sicher nicht dazu, seine Zweifel zu zerstreuen: »Meine Seele ist ganz verdorrt«, vertraute er Sophie im September, nach seinem langen Schweigen, an. »Ich habe ihm [Grimm] versprochen, in den Salon zu gehen und ihm ein rasches Urteil über die wichtigsten ausgestellten Gemälde zu skizzieren. Ekel, Überdruß und Melancholie haben mich daran gehindert, mein Wort zu halten.«

Aber natürlich schrieb er seinen *Salon* von 1761. In einem so freizügigen und manchmal frechen Ton, daß der Herausgeber, von Diderot ermutigt – »Verwenden Sie davon, was Ihnen passend erscheint« –, zahlreiche Passagen korrigierte. Augenscheinlich war Diderot nicht

bereit, Frérons Ratschläge zu befolgen und »Bescheidenheit, Beherrschung und Geschmack« an den Tag zu legen – das heißt, auf sein in-
neres Genie zu verzichten.

Er war im Gegenteil entschlossen, am Ende des dunklen Tunnels
jener Jahre seine Ängste, seine Mißerfolge und seine Widersprüche
zu überwinden und in allen Bereichen, literarisch wie persönlich,
dem Weg zu folgen, der ihm als einziger seiner Natur gemäß zu sein
schien. Er akzeptierte sich, das heißt, er befreite sich und beschloß,
auf sein Genie zu setzen, da er überzeugt war, jede andere Wahl würde ihm nur Enttäuschung, Selbsthaß und den Haß seiner Zeit einbringen. Er würde seine Wünsche, seine leidenschaftliche Begeisterung, seine spontanen Ideen und die »Phantome«, die seine Seele
erzeugte, konsequent weiterverfolgen.

Ein Brief an Sophie vom 17. September beschreibt in intimen
Worten die Etappen seiner Verzweiflung und seines Wiederaufle-
bens: »Meine Seele ist vollkommen verstört [vor kurzem schrieb er
noch *verdorrt*]. Ich schreibe Ihnen nur, um bei Ihnen keine Unruhe
aufkommen zu lassen. Sie wissen, welch schrecklichen Schmerz mir
Ungerechtigkeit und Unvernunft bereiten. Nun, so stellen Sie sich
vor, daß ich einen Ausbruch erdulden mußte, der länger als zwei
Stunden andauerte. Sagen Sie mir doch, welchen Nutzen diese Frau
[Madame Diderot] davon hat, wenn sie erreicht, daß ein Blutgefäß in
meiner Brust platzt oder die Nerven in meinem Gehirn zerrüttet
sind? Oh, wie hart ist es, leben zu müssen! Wie oft schon hätte ich
das Ende mit Freuden angenommen! [...] In drei oder vier Stunden
werde ich schlafen. Morgen werde ich auf dem Grunde dieser Seele,
die jetzt noch von Erregung und Entrüstung beherrscht und gequält
wird, die Liebe wiederfinden. Die Furien werden im Schlaf abziehen.
Die zärtliche Liebe wird mit ihrem freundlichen Gefolge wieder
ihren Platz einnehmen; und ich werde nicht mehr sterben wollen.«

1761 begann Diderot ein Buch zu schreiben, das ihm vollkommen
ähnelte, einen Roman: *Rameaus Neffe*.

KAPITEL

13

Der erste Entwurf zu *Rameaus Neffe* wurde zwischen 1761 und 1762 geschrieben. Er war der Ausweg, den Diderot aus dem Tunnel gefunden hatte, in dem er seit zwei Jahren gefangen gewesen war.

Rameaus Neffe ist der erste Versuch eines Romans, der die Wirklichkeit in ihrer Totalität erfassen sollte. Natürlich kann hier kein Werk analysiert werden, dessen Vielfalt und Rätselhaftigkeit heute noch unzählige Erläuterungen und Kommentare, leidenschaftliche Stellungnahmen und lebhafte Neugier auslöst und weiter auslösen wird. Das Faszinierende an *Rameaus Neffe* besteht eben darin, daß man den Reiz dieses Buchs nicht auf die gelehrtesten Analysen, die subtilsten Lesarten reduzieren kann. Seit zweihundert Jahren provoziert es Universitätsprofessoren, Künstler und Kreative – Maler, Schriftsteller, Filmemacher, Musiker und Dramatiker –; es bringt sie aus dem Konzept und fordert sie heraus.

Man könnte sich vorstellen, daß Diderot selbst erstaunt war über die Form dieses Buchs, das aus seiner tiefsten inneren Krise hervorgegangen war. In seiner Korrespondenz spricht er nicht darüber; ein einziges Mal erwähnt er den Namen Jean-François Rameaus, des Neffen des berühmten Komponisten Jean-Philippe Rameau; er hatte ihn 1759 kurz kennengelernt. Es wirkt, als habe er Angst vor der eigenen Courage gehabt.

Doch während er sonst beim stilistischen Überarbeiten seiner literarischen Produktion manchmal recht nachlässig war, nahm er diesen Text nach dem ersten Entwurf vom Sommer 1761 immer wieder vor und korrigierte ihn – zunächst 1762, dann 1767, zwischen 1773 und 1774, 1778 und noch einmal 1782, als sein handschriftliches Manuskript, das er Grimm anvertraut hatte, vermutlich ins Reine geschrieben wurde. Er hörte nie auf damit, obwohl er sich beklagte über »dieses Herumfeilen, die unangenehmste, schwierigste Arbeit, die erschöpft und ermüdet, langweilt und kein Ende nimmt«.

Denn diesmal mußte ihm bei einem Roman gelingen, woran er beim Theater gescheitert war – das Leben in seiner ganzen Vielfalt zum Ausdruck zu bringen: die Widersprüche, die Mischung aus Erinnerungen und Zukunftsplänen, die Gedanken ohne Handlungen und Handlungen ohne Gedanken; Überschwenglichkeit, Gefühle und nüchterne Reflexion; Rückzug auf sich selbst und Zugehen auf andere, Abstoßung und Anziehung. Das Ganze in eine ästhetische Form, einen Zusammenhang gebracht, der diese Zersplitterung so zahlreicher Elemente zu einem Werk zusammenschweißte, ohne daß etwas von ihrer Energie und Vitalität verlorengeht.

Der Roman *Rameaus Neffe* ist so präzise und kunstvoll strukturiert, daß man beim Lesen die Illusion hat, er sei das leicht hingeschriebene, sozusagen aus dem Handgelenk geschüttelte Werk eines Schriftstellers, der sich von seinem Temperament, dem Schwung seiner Feder und den eigenwilligen Einfällen seiner Phantasie hatte mitreißen lassen. Man sucht nach dem roten Faden; er liegt in der Lebendigkeit des Buches, und Goethe sprach ganz zutreffend von »dieser Eisenkette, die unter einer Girlande verborgen liegt«.[1]

Zur gleichen Zeit, als Diderot mit *Rameaus Neffe* begann, schrieb er eine *Lobrede auf Richardson*, der am 14. Juli 1761 gestorben war. Diderot zeigte große Bewunderung für den Vater des »neuen englischen Romans«, der diese Gattung auf das Niveau des ernsthaften Genres gehoben hatte, indem er mit den Gesetzen der »Romanzen«, der wunderlichen, frivolen und gekünstelten Geschichten, brach. Richardsons »realistische« Romane *Pamela, Clarissa* und *Grandison* – gespickt mit wahrheitsgetreuen Details, mit Beschreibungen, die dem Fortschreiten der Handlung nicht dienlich scheinen, mit Alltagsszenen und gesellschaftlichen Anspielungen – lösten sofort nach ihrem Erscheinen in Frankreich 1740 heftige Polemiken zwischen den *anciens* und den *modernes* aus. Voltaire schlug sich entschlossen auf die Seite der *anciens* und warf Richardson seinen »unnützen Ballast« vor: »Neun ganze Bände, in denen man überhaupt nichts findet.« Dabei komme nichts heraus, als daß »man seine Zeit und den Faden seiner Studien verliert«. Insgesamt, urteilte Voltaire, ereigne sich viel zuwenig, was jemanden wie ihn – »einen Mann, der so lebhaft ist wie ich«[2] – langweile.

Rousseau dagegen, der sich in seinen *Bekenntnissen* über Richardson äußert, fand ihn immer noch zu romanhaft. Allerdings hatte man häufig den Vorwurf erhoben, Rousseaus *Neue Héloïse* sei nach dem Vorbild der *Clarissa* konzipiert worden. Dagegen verwahrte er sich heftig und ohne die geringste Bescheidenheit – aber nicht ohne Diderot zu beschuldigen: »Wenn, bei sonstiger Gleichwertigkeit, die Einfachheit des Stoffs die Schönheit des einen Werks erhöht, so können die in so vielen anderen Dingen überlegenen Romane Richardsons, was Monsieur Diderot auch immer darüber gesagt haben mag, in diesem einen Punkt mit meinem Werk nicht verglichen werden.«[3]

Diderot war in der Tat ein leidenschaftlicher Anhänger Richardsons. So sehr, daß er Sophie heftige Vorwürfe machte, weil ihr *Pamela* nicht besonders gefallen hatte: »Gegen Ihr erstes Urteil über *Pamela* erhebe ich Einspruch; Sie sollten es durch eine nochmalige Lektüre überprüfen. Unterdessen mache ich Sie darauf aufmerksam, daß Sie dieselben Vorwürfe äußern wie der große Haufen der kleinen Geister. [...] Das ist traurig für Sie. Ich bin Ihretwegen immer noch verärgert. Wie kleinlich sehen Sie den Stoff der *Pamela*; es ist mitleiderregend! Nein, Mademoiselle, nein; das ist nicht die Geschichte eines Stubenmädchens, das von einem jungen Libertin schikaniert wird.«

Richardson hatte also den Roman aus dem Bereich des Künstlichen und Nutzlosen befreit; die neuen englischen Romanciers wie Richardson, Fielding oder Defoe hatten sich das Verdienst erworben, die Realität und die Wahrheit der Dinge in ein Genre einzuführen, das bisher von Phantasmagorien und ebenso komplizierten wie unwahrscheinlichen Intrigen beherrscht gewesen war, meinte Diderot. Aber er gab sich nicht zufrieden mit den ästhetischen Lösungen, die Richardson wählte, um eine Illusion der Wirklichkeit zu erzeugen. Richardson scheiterte beim Wechsel von der gelebten Zeit zur erzählten Romanzeit; daher die zahllosen Längen, die die Lektüre seiner Romane heute so mühsam machen.

Den befreienden Impuls erhielt Diderot wahrscheinlich wiederum aus England, durch ein seltsames Buch, eine nicht einzuordnende Randerscheinung: *Das Leben und die Ansichten Tristram Shandys* von Laurence Sterne, einem Priester aus Yorkshire. Die ersten beiden Bände waren Ende 1760 in London erschienen. Bis zu seinem Tod im Jahre 1768 fügte Sterne seinem Werk jedes Jahr zwei weitere Bände hinzu.

Sterne, der sofort einen beträchtlichen Erfolg erzielte, arbeitete gegen alle Konventionen, sowohl die neuen wie die alten. Er wußte weder wann noch wie sein Roman enden würde, machte sich auch kaum Gedanken darüber und hätte sein Werk zweifellos noch um Dutzende von Bänden erweitert, wenn ihm die Zeit dazu geblieben wäre. Um ein ausgesprochen lockeres narratives Gefüge knüpft Sterne zahllose Abschweifungen und Dialoge, die beginnen und unterbrochen werden, wie es seiner enormen Erfindungsgabe gerade einfällt. Als »Enzyklopädist des Romans« fügt er zwischen die Späße und verrückten Scherze seines Textes Predigten und Ansichten über Festungsbau, Ballistik, Geographie und Genealogie ein.

Diderot hatte Sterne, den er 1762 in Paris kennenlernte, gelesen. Die exzentrische Gestaltung des *Tristram Shandy* beeinflußte zwar *Jacques der Fatalist und sein Herr* direkter als *Rameaus Neffe,* aber es besteht wohl kein Zweifel, daß der englische Pfarrer mit seiner Umwälzung aller Diskurse Diderot vom letzten Respekt befreite, den ihm die klassische Ästhetik noch einflößen konnte.

Aber wo Sterne mit seiner gelehrten Verrücktheit nur alle Formen sprengte, konstruierte Diderot. Was die *Enzyklopädie* im Bereich der Wissenschaften und Handwerkskünste, ist *Rameaus Neffe* im Bereich der Kunst: die Erarbeitung einer neuen allgemeinen Grammatik der ästhetischen Zeichen. In einem Brief an Schiller von 1804 spricht Goethe von einer »Bombe«, die mitten in die französische Literatur einschlug: »Die Bombe dieses Gesprächs platzt gerade in der Mitte der französischen Literatur, und man muß sich recht zusammennehmen, um zu zeigen, wie und was sie trifft.«

Was traf diese Bombe? Nicht mehr und nicht weniger als die klassische Ordnung in ihrer Gesamtheit. In einem einleuchtenden Kapitel der *Geschichte des Wahns im Zeitalter der Vernunft* hat Michel

Foucault auf die radikale Modernität von *Rameaus Neffe* aufmerksam gemacht: »... das ist wahrscheinlich der Sinn des *Neveu de Rameau,* der im achtzehnten Jahrhundert und lange bevor die Worte von Descartes völlig verstanden werden, eine Lektion erteilt, die viel antikartesianischer ist als Locke, Voltaire oder auch Hume. [...] Wenn man hingegen bedenkt, daß es der Plan von Descartes war, den Zweifel vorübergehend bis zum Auftauchen des Wahren in der Realität der evidenten Idee zu ertragen, sieht man, daß der Nicht-Kartesianismus des modernen Denkens in dem, was er an Entscheidendem enthalten kann, nicht mit einer Diskussion über die eingeborenen Ideen oder die Inkriminierung des ontologischen Arguments beginnt, sondern genau bei dem Text des *Neveu de Rameau,* bei jener Existenz, die er in einer Umkehrung bezeichnet, die nicht vor der Epoche von Hölderlin und Hegel verstanden werden konnte. [...] Aus der Tiefe der Unvernunft heraus kann man sich Fragen über die Vernunft stellen, und die Möglichkeit ist erneut vorhanden, das Wesen der Welt in der Kreisbewegung eines Deliriums zu erfassen, das in einer der Wahrheit äquivalenten Illusion das Sein und das Nicht-Sein des Realen totalisiert.«[4] Im Dialog zwischen dem Neffen – dem Narren und konfusen Spaßvogel – und dem »Ich« – dem weisen, rationalen Philosophen – zeigt sich wieder einmal Diderots unerschöpfliches Vergnügen, sich in den anderen hineinzuversetzen, einmal mit der fremden und einmal mit der eigenen Stimme zu sprechen; und dabei erfand er eine ganz neuartige Vernunft, die nichts Eindeutiges oder Lineares mehr an sich hat, sondern versucht, über jeden äußeren Schein hinaus die geheimnisvolle Melodie der Welt zu erfassen. Eine Vernunft, die sich selbst mißtraut, wenn sie reine Vernunft sein und sich als System errichten will; eine Vernunft, die nur voranschreitet, wenn sie auch die Unvernunft, den Enthusiasmus, die Fröhlichkeit und das Vernügen an der Kunst in sich aufnimmt.

Diderot überschritt diese Grenze nicht in einem Sprung. Sein Dialog *Rameaus Neffe* reifte zwanzig Jahre lang heran und wurde immer wieder bereichert. Man findet darin den Widerhall seiner großen Werke dieser Zeit. Aber seit dem Sommer 1761 hatte Diderot den Weg gefunden, wie er die tiefe Niedergeschlagenheit, die sein Leben, sein Denken und sein Werk überschattet hatte, überwinden konnte.

Zwar bemühte er sich von diesem Zeitpunkt an immer noch um ein geselliges Leben, aber er hielt sich fern von den Cliquenquerelen, verletzenden Erwiderungen und Bonmots, die einen Ruf vernichten konnten und die Würde des Gegners herabminderten. Er sprach seine Bitterkeit, seinen Zorn und seinen Überdruß aus, aber in Schriften, die in seiner Schublade blieben. Zunächst einmal in *Rameaus Neffe*.

Diderot hielt sein Denken nicht im Zaum, grenzte es nicht durch Argumentationsverfahren ein, die sich an mathematischen Gesetzen orientierten, sondern entwickelte es in einem eher der Biologie ähnlichen Prozeß. Er verschmolz das Vielfältige, Uneinheitliche, Widersprüchliche, Dissonante und Unbeständige zu immer komplexeren Mischungen, deren Gesetze er zu erkennen suchte. Im sozialen Leben und in der Vorbildrolle für seine Zeitgenossen mußte sich der Philosoph zwar so weise und tugendhaft wie nur möglich verhalten, aber das Wissen mußte fröhlich sein, das Denken ein Vergnügen. Die Sauertöpfe des 19. Jahrhunderts sahen darin einen Beweis für philosophische Leichtfertigkeit.

1761 wäre Diderot ohne Zweifel die Bezeichnung Schriftsteller lieber gewesen als die Bezeichnung Philosoph. Wichtig war ihm von nun an vor allem sein Werk. Allerdings nicht nach der Art eines pedantischen Sammlers, der befriedigt konstatiert, wie die Bücherreihen in seinen Regalen immer länger werden. Diderot hatte nicht diese Phantasien eines Kleineigentümers. Er träumte vielmehr von Büchern, die wie die Früchte eines Baums waren, persönlich und anonym zugleich – Früchte, an denen sich die künftigen Generationen satt essen konnten; Früchte, die nicht trocken sein durften. Auf die Nachwelt zu setzen, wie Diderot es tat, als er es sich versagte, *Rameaus Neffe* zu veröffentlichen, bedeutete auch auf die Kunst zu setzen, die allein die Zeit besiegen konnte. Mit *Rameaus Neffe* entschied sich Diderot dafür, Künstler zu sein. Schreiben war für ihn nicht länger eine Kunst der öffentlichen Rede, eine Art, sich mitzuteilen und zu gefallen, um zu überzeugen. Schreiben war für ihn nun der Schlüssel, der die Türen zur Totalität der sichtbaren wie unsichtbaren Welt öffnete.

Mit *Rameaus Neffe* hört Diderots Schreiben auf, nur rhetorisch zu sein. Es ist nicht länger ein Diskurs *über* die Welt, sondern eine bildliche Darstellung der Welt selbst. Das Schreiben wird zum Mittel, das es ermöglicht, alles gegenwärtig zu machen. In seinen ersten *Salons* hatte Diderot bereits mit dieser Fähigkeit experimentiert. Fasziniert und genußvoll hatte er sich dem fast magischen Spiel hingegeben, vor den Augen der Leser Bilder erstehen zu lassen, die sie selbst nicht sahen. In der *Nonne* hatte er durch die Irreführung Croismares die Macht der realistischen Fiktion erprobt. Zudem hatte er die unendlichen Möglichkeiten der Täuschung und der Lüge kennengelernt und ausprobiert, die die Literatur in sich barg. Mit *Rameaus Neffe* wurde diese Fähigkeit, vorzuführen und zu maskieren, zum Mittelpunkt einer neuen Ästhetik, die mit der Erschütterung aller Gewißheiten, dem Verzicht auf jede lineare Beweisführung spielte, um den Leser im ungewissen zu lassen. Die Kunst wurde zu einer Schule der Ungewißheit, der Verwirrung, des Fragens ohne Ende. Die klassische Harmonie und Ordnung wurde abgelöst durch die Ahnung, durch die Unbestimmtheit der Grenzen, das Verschmelzen der Charaktere, die moralische Mehrdeutigkeit.

Damit fand Diderot auch eine Antwort auf seine schmerzlichsten Zweifel. War er ein Nicht-Mathematiker, der über Mathematik redete; ein Nicht-Musiker, der sich in Musikfragen einmischte; ein Kunstkritiker, der sich über Malerei ausließ, ohne selbst einen Pinsel in der Hand halten zu können; ein Theatermensch, der nie selbst auf den Brettern gestanden hatte? Ja, all das war er; er besaß all diese Fähigkeiten, sich immer wieder in die Rolle von anderen zu versetzen: Er war Schriftsteller.

Doch deshalb war Diderot noch nicht von seinem Genie überzeugt. Der Dialog zwischen dem Neffen und dem »Ich« ist deshalb so kraftvoll, natürlich und lebendig, weil Diderot darin unnachsichtig und schonungslos mit sich selbst streitet. *Ich*, der Philosoph, singt ein Loblied auf das Genie als Gabe der Natur, die jede Idee von Gerechtigkeit und Moral übersteigt – *Ich* ist natürlich Diderot. Aber der Neffe, dieser talentierte Junge, der verkündet, man habe nur ein Leben; das Vergnügen sei die einzige Moral, die etwas tauge; und der unter seinem ausschweifenden Lebensstil die Angst verbirgt, er sei nicht fähig, etwas Bleibendes zu schaffen, ist ebenfalls Diderot. Am

Ende dieses munteren, großartigen Wettstreits käme der Leser in große Verlegenheit, wenn er einen Sieger benennen sollte. Wenn der Neffe, bevor er mit einer geschickten Pirouette wieder ausweicht, zugibt, er kenne »die Selbstverachtung [...] oder die Gewissensbisse, die dann entstehen, wenn wir die Gaben nicht nutzen, die der Himmel uns verliehen hat«, dann glaubt man, das vertrauliche, klagende Eingeständnis Diderots gegenüber Grimm nachklingen zu hören: »Ich bin eine Abschweifung, ein Beiwerk. Ich bin Mißgeburt genug, um mich im Zusammenleben mit den anderen unwohl zu fühlen; nicht Mißgeburt genug, um vernichtet zu werden.« Abschweifung, Beiwerk? Das ist auch eine Art zu sagen, daß das Hauptwerk noch kommen wird.

Aber Diderot zweifelte nicht nur an sich selbst: er verweigerte sich; er weigerte sich, ein festumrissenes »Ich« zu schaffen. Das »Ich« seiner Dialoge ist für ihn weder hassens- noch liebenswert, sondern steht ganz einfach außer Frage. Der Dialog, die gewissermaßen spontane Form seines Schreibens, ist auch der dramatische Ausdruck dieses »Ich«, das in ständiger Konfrontation zu sich selbst und zu den anderen steht, mit denen es doch untrennbar verbunden ist. »Ich« ist ein anderer, aber zum Teil auch *die* anderen. Sein Ich als etwas fest Definiertes zur Schau zu stellen, wäre für Diderot nicht nur obszön, sondern auch eine Lüge.

Das hartnäckige Schweigen, das Diderot über *Rameaus Neffe* wahrte, hängt vielleicht mit dem Bewußtsein zusammen, daß er in diesem Werk zuviel über sich selbst verraten hatte, wenn auch nur in Anspielungen und geschickt verschleiert. In normalen Zeiten behielt er den intimen Dialog seinen Freunden und Komplizen, Grimm und Sophie, vor. Mit ihnen teilte er unter Ausschluß des Lesers die persönlichsten Dinge – »Ein Vergnügen, das nur für mich allein ist, berührt mich nur wenig und dauert kaum an. Für mich und für meine Freunde lese ich, meditiere ich, denke ich nach, höre ich zu, sehe ich, fühle ich.« Aber über *Rameaus Neffe* – nichts. Als gehöre das Buch nicht zu Diderot, als gleite es vollkommen aus der damaligen Zeit heraus, auch aus dem Leben und Werk seines Autors, zum Nutzen einer zukünftigen Existenz, einer möglichen späteren Wirkung. Unwichtig die autobiographischen Anspielungen, die Abrechnungen mit Choiseul und seiner Clique, die Anekdoten und Urteile über Rameau und diesen »affektierten Dangeville«: als das Buch schließlich gelesen wurde, waren all diese Leute tot, vergessen und den Lesern nicht mehr bekannt. Und Diderot legte Wert darauf, jede biographische Lektüre dieses Romans zu entmutigen, in den er biographische Elemente nur aufgenommen hatte, um ihre Nichtigkeit um so besser zu zeigen.

Gewiß hatte Diderot die unerwarteten Zwischenfälle um die Veröffentlichung von *Rameaus Neffe* weder planen noch vorhersehen können. Aber das seltsame editorische Schicksal dieses Textes paßt so gut zu diesem Entwurf für die Zukunft und zu der Verwischung aller zeitlichen Spuren, daß man darin wohl kaum nur ein Würfelspiel des Zufalls sehen kann.

Nach dem Tod Diderots schickte Madame de Vandeul, seine Tochter, eine Kopie des Manuskripts zusammen mit einer Reihe anderer Texte an Katharina II. In St. Petersburg gelang es einem deutschen Offizier namens Klinger, der dringend Geld brauchte, den Text des Romans von einem Kopisten abschreiben zu lassen. 1798 überließ Klinger diese Kopie zunächst einem Verleger in Riga namens Knoch. Doch dieser fand keinen Käufer. Klinger, immer noch dringend darauf erpicht, seine Entdeckung zu Geld zu machen, wandte sich dann 1801 an einen anderen potentiellen Liebhaber literarischer Raritäten, der sich als Bruder Schillers entpuppte. Schiller wiederum, begeistert von *Rameaus Neffe,* überzeugte seinen Meister und Freund Goethe 1804, den Roman zu übersetzen. Diese Übersetzung erschien in Leipzig unter dem Titel: *Rameaus Neffe, ein Dialog von Diderot.* Das nationalistische 19. Jahrhundert sah in diesem »deutschen Schicksal« des *Neffen* übrigens ein Indiz dafür, daß Diderot nicht zu dem berühmten *esprit français* gehörte.

Trotz der Publizität, die *Rameaus Neffe* durch die Übersetzung des berühmten Goethe erlangte, beeilte man sich in Paris freilich kaum, den französischen Text zu veröffentlichen. 1821 erschien ein *Neveu de Rameau* auf französisch, aber nicht der richtige, oder vielmehr, es war eine Rückübersetzung von Goethes deutschem Text durch De Saur und Saint-Geniès. Erst zwei Jahre später – dreißig Jahre nach Diderots Tod, zwanzig Jahre nach Goethes Übersetzung – erschien endlich nach einer Kopie Madame de Vandeuls eine Version des *Neffen,* durchgesehen und korrigiert von einem gewissen Brière. Und erst hundert Jahre nach der Aushändigung der Kopie an Katharina II. gaben Isambert 1883 und Tourneux 1884 den exakten Text aus St. Petersburg heraus.

Damit ist aber das Abenteuer des *Neffen,* der dafür geschaffen zu sein scheint, Kommentatoren und Liebhaber eindeutiger und wissenschaftlich nachgewiesener Texte durcheinanderzubringen, noch nicht zu Ende. Aus purem Zufall kaufte ein Gelehrter namens Georges Monval 1891 bei einem der Antiquare am Seineufer einen Packen von Tragödien, die dem Herzog von La Rochefoucault-Liancourt gehört hatten, und entdeckte inmitten der vergilbten Seiten das einzige eigenhändig geschriebene Manuskript von *Rameaus Neffe.* Aller Wahrscheinlichkeit nach hatte Diderot dieses Manuskript Grimm gegeben. Dieser nahm es mit, als er Frankreich 1792 verließ, und das Manuskript befand sich unter seinen Papieren, die nach seinem Tod in Gotha aufbewahrt wurden. Wie es schließlich in den Händen einer Familie des Hochadels landete, die ihm so wenig Bedeutung beimaß, bleibt ein bibliographisches Rätsel, eine lange Nase, die dieser Spaßvogel von Neffe uns macht.

Kein Rätsel dagegen ist das massive Unverständnis, mit dem das französische 19. Jahrhundert, romantisch oder voltairianisch, dem funkelnden Buch begegnete, dessen ästhetische Form dieser Zeit ebenso unpassend erschien wie seine Botschaft; als stamme es von einem anderen Planeten. Einzige bemerkenswerte Ausnahme war Balzac mit seiner visionären Konzeption des Romans und der Sprache gesellschaftlicher Pantomime, der begriffen hatte – in der Vorrede zu *Das Bankhaus Nucingen* äußert er sich darüber –, daß *Rameaus Neffe* eine literarische Bombe war, deren ungeheure Energie er für sich nutzen konnte. Auch Barbey d'Aurevilly ahnte die Modernität und revolutionäre Kraft des Romans; sie waren für ihn – den Traditionalisten und Anti-Modernisten – deutlich genug, um gegen »dieses besessene Genie, das die frevelhafte Manie nach Neuerungen ins Verderben gestürzt hat«, zu wettern.

Barbey fährt fort: »Goethe hatte ihn in Deutschland als Franzosen vorgestellt, der würdig sei, ein Deutscher zu sein, und das war er auch tatsächlich; und Madame de Staël, die mit Vornamen ›Germaine‹ hieß (ein schicksalhafter Name!) und von Schlegel germanisiert worden war, diese Madame de Staël, Bewunderin Goethes, bewunderte – leider! –, was Goethe bewunderte.«[5] Der Umweg des *Neffen* über Deutschland, über Goethes und Schillers Patenschaft, der lange Kommentar, den Hegel ihm in seiner *Phänomenologie des Geistes* widmete, und der deutliche Einfluß, den der Roman auf Hoffmann und später auf Nietzsche ausübte, trugen dazu bei, die Legende eines »deutschen Diderot«, der sich in den geradlinigen Alleen des französischen 18. Jahrhunderts verirrt habe, auszuschmücken. Wie immer lag in dieser Legende, auch wenn sie in gehässiger Absicht entstanden war, ein Körnchen Wahrheit. Diderot ragt in allen Teilen über den Rationalismus der französischen Aufklärung hinaus und sprengt jede seiner Grenzen. Er war metaphysisch, wie man es in Paris, London oder Ferney nicht mehr war, wohl aber in Jena, Weimar oder Königsberg. Mit einer reißenden Flut von Enthusiasmus und Energie gab er den Anstoß zu einer Dialektik der Natur und der Gesellschaft, die von der deutschen Romantik – aber nicht von ihrer laschen, schmachtenden oder egozentrischen französischen Version – an die Schwelle der Moderne getragen wurde.

Das französische Mißverständnis bestand von Anfang an. Es genügt, die *Mémoires* Naigeons, des treuen und perfekten Jüngers Naigeon, zu lesen, um dessen gewahr zu werden. Nicht nur, daß diese *Mémoires historiques et philosophiques sur la vie et les ouvrages de Denis Diderot* (Historische und philosophische Erinnerungen an Leben und Werk Denis Diderots) den Roman *Rameaus Neffe* mit keinem Wort erwähnen – auch das andere Meisterwerk Diderots, seine andere »Bombe«, der Roman *Jacques der Fatalist* kommt denkbar kurz und schlecht weg. Jacques André Naigeon zögert nicht zu schreiben: »Es ist nicht so, daß man darin nicht auch schöne Stellen fände [...], aber er ist über die Hälfte zu lang; es sind zu viele Geschichten darin und im allgemeinen sind sie nicht besonders amüsant, trotz ihrer ausgesprochenen Frivolität. [...] Wenn ich eines Tages erfahren würde, daß ein Mann von reinem und strengem Geschmack, Diderots Andenken sehr verbunden und zu Recht der Meinung, daß jedes Werk, das die Reputation eines Autors nicht vermehrt, sie notwendigerweise schmälert, in einem Übermaß an Eifer und Enthusiasmus für den Ruhm seines Freundes die letzte Abschrift des *Jacques der Fatalist* ins Feuer geworfen, die Episode der Madame de La Pommeraye aber gewissenhaft aufbewahrt hätte, so würde ich mich schnell über diesen Verlust hinwegtrösten. Vielleicht würde ich noch einige andere Seiten bedauern, für die ich um Gnade gebeten hätte, aber ich würde mir rasch sagen, daß der Teil, der von dem Werk bleibt, der einzige ist, der wahrhaft würdig ist, gelesen zu werden, und der es verdiente, geschrieben zu werden.«[6]

Welche Episode aus *Rameaus Neffe* hätte vor der verstümmelnden Fürsorge des braven Naigeon, der Gefährte und Vertrauter Diderots war, wohl Gnade gefunden, wenn das Manuskript das Pech gehabt hätte, unter seine bewundernde Zensur zu fallen? Zweifellos gar keine: Der rote Faden des *Neffen* ist zu fest eingewebt, als daß man einzelne »Episoden« herausschneiden könnte, ohne das Tuch zu zerstören.

Die absolute Verschwiegenheit, die Diderot über sein Schaffen an *Rameaus Neffe* beibehielt, der Schimmer von Geheimnis, mit dem er dieses Werk sorgfältig verhüllte, als genieße er schon im voraus die Rätsel, die es einmal stellen sollte, lassen kaum eine Aussage darüber zu, wie es dem Schriftsteller Diderot im Herbst 1761 erging. Dem Bürger Diderot ging es nicht besonders gut. Seine Ehe bewegte sich zwischen Krieg und bewaffnetem Waffenstillstand: »Seit dem letzten häuslichen Gewittersturm essen wir getrennt. Man serviert mir in meinem Studierzimmer. Wenn wir uns nur noch im Vorbeigehen sehen, besteht Hoffnung, daß wir weder Gelegenheit noch Zeit haben, uns zu streiten.«

Die Fortführung der *Enzyklopädie* war eine immer schwerere Bürde; das Verhältnis zu den Verlegern war gespannt: »Ich war in einer sehr dunklen Wohnung eingeschlossen und verdarb mir die Augen dabei, Tafeln mit ihren Erläuterungen zusammenzustellen und mich schließlich noch ganz für Leute zu verblöden, die mir kein Glas Wasser reichen würden, wenn sie mich nicht noch bräuchten, und die schon jetzt große Mühe haben, sich mir gegenüber zu mäßigen.« Seine Liebe zu Sophie hatte eine ambivalente Wandlung durchgemacht, hin zu einer eifersüchtigen Freundschaft, in der Diderot voller Argwohn war gegen die enge Intimität, die zwischen den Schwestern Volland herrschte: »Heben wir diesen kleinen Vorhang nicht ganz. Es genügt, ein kleines Eckchen gelüftet zu haben. Wenn Sie wüßten, meine Freundin, wie verdrießlich die leidenschaftlichsten Worte für diejenigen sind, die sie scheinbar gelassen anhören. [...] Ich weiß nicht, ob sie [Uranie] etwas gewinnt durch die Torheit, mit der ich Ihnen entgegentrat; aber durch zahlreiche Erfahrungen bin ich sicher, daß von Ihrem Gefühl für mich etwas verlorengeht, durch die Empfindungen, die ihre Gegenwart in Ihnen vom ersten Augenblick an auslöst.«

Selbst Grimm wurde zur Last: »Der Herr Botschafter hat sich mir gegenüber etwas hart benommen.« Der gute Baron, der das unerhörte Glück gehabt hatte, sich einen so talentierten und ergiebigen Mitarbeiter zu rekrutieren, forderte in der Tat immer mehr von ihm. »Ich verbringe Tag und Nacht damit, ihn zufriedenzustellen.« Und Grimm, darauf bedacht, seiner Fürstenklientel nicht zu mißfallen, zögerte nicht, alles herauszustreichen, was an Diderots freien Äußerungen schockieren könnte, und sogar seine eigenen Urteile denen seines Freundes hinzuzufügen – beides, ohne es Diderot zu sagen. Allerdings hatte Diderot ihn dazu ermächtigt – »Ich hätte besser geschrieben und mich kürzer gefaßt, wenn er mir mehr Zeit zugestanden hätte. Aber er wird es kürzen, das ist seine Sache.« Grimm jedoch sorgte sich weniger um die Länge als um den ziemlich kecken Tonfall seines Korrespondenten.

Der *Salon* von 1761, Übergangswerk zwischen Diderots ersten Versuchen und seinen großen Werken über Malerei von 1763 und 1765, ist eine spontane, lebendige Schrift, kaum ausgearbeitet, es sind »Ideen, die [...] durch den Kopf gegangen sind. Ich bringe sie einfach zu Papier, bemühe mich also nicht, sie zu ›sieben‹, und versuche nicht zu beschreiben.« Doch man findet in dieser Hast eine Freiheit und Spontaneität, eine Ungezwungenheit, der Grimm eilig einen kalten Guß versetzte. Das handgeschriebene Manuskript gibt uns glücklicherweise die ursprüngliche Ungeniertheit wieder. Etwa über Boucher: »Was für Farben! Welche Mannigfaltigkeit! Welche Fülle von Gegenständen und Ideen! Dieser Mann hat alles, nur keine Wahrheit.« Über Chardin, dem Diderot bald darauf seine Anerkennung

287

zollen sollte: »Dieser Maler macht seit langem nichts mehr fertig; er macht sich nicht mehr die Mühe, Füße und Hände auszuführen. Er arbeitet wie ein Mann von Welt, der Talent und Gewandtheit besitzt und sich damit begnügt, seinen Gedanken mit vier Pinselstrichen zu skizzieren.«

Manchmal interessierte sich der Kritiker auch stärker für das Sujet als für das Bild selbst. So etwa für die Szene des Malers Roslin, die Ludwig XV. darstellt, der gerade im Pariser Rathaus empfangen wird. Gewiß, Diderot warf es dem Ungeschick des Malers vor, die würdevolle Ausstrahlung des Königs nicht gut getroffen zu haben. Aber voll Bosheit schoß er mit einer Doppelflinte, um zugleich den Souverän selbst und die Notabeln um ihn herum zu treffen: »Man muß die Erbärmlichkeit unserer engen Wamse, unserer ach so knapp sitzenden Oberschenkelhosen, unserer Haarbeutel, unserer Ärmel und Knopflöcher, die Lächerlichkeit dieser riesigen Magistratsperücken und die Derbheit dieser breiten Bourgeoisgesichter vor sich sehen. [...] Und dann dieser lange, magere, vertrocknete, dürre Monarch, im Profil dargestellt, mit einem kleinen Kopf, auf dem ein notdürftig in Form gedrückter Hut sitzt; sieht er nicht aus wie ein kurzsichtiger Gauner?«

Aber diese vergnüglichen Seitenhiebe kamen Diderot teuer zu stehen; genauer gesagt, Grimm verlangte immer mehr, bezahlte aber nichts. Im Namen der Freundschaft. Zusätzlich zu seinen Sorgen mit Ehefrau und Geliebter, seiner angegriffenen Gesundheit und seiner ermüdenden Arbeit kam Diderot nun auch noch in ernsthafte Geldschwierigkeiten. Da die *Enzyklopädie* offiziell immer noch verboten war, kam nichts mehr in die Kassen. Aber um die Folgebände dennoch vorzubereiten, mußten die Drucker, Zeichner und Graveure bezahlt werden. Jaucourt griff in die eigene Tasche; Diderot wartete auf sein Gehalt.

Am 28. September schrieb er an Sophie: »Meine Bibliothek ist so gut wie verkauft. Monsieur Polissy, Monsieur de Fargès und noch ein Dritter übernehmen sie.« Aber der Verkauf kam nicht zustande.

Was blieb Diderot, um der Last und Erbärmlichkeit der Gegenwart zu entkommen? Er versetzte sich in die Zukunft; eine Zukunft, die diesmal ein bestimmtes Gesicht hatte – das Gesicht seiner damals achtjährigen Tochter Angélique: »Ich brauche bloß einen Blick in die Zukunft zu werfen und an den Augenblick zu denken, in dem meinem Töchterchen die Augen aufgehen werden, ihre Brust sich runden, ihre Fröhlichkeit dahinschwinden wird, in dem sie beginnen wird, unruhig zu werden, in ihren Sinnen eine noch unbekannte Verwirrung und in ihrem Herzen ein unbestimmtes Verlangen sich regen fühlt. Das wird dann die Zeit der nächtlichen Träume sein; der unterdrückten Seufzer, und tagsüber der verstohlenen Blicke nach den Männern – und für mich die Zeit, mein kleines Vermögen zu teilen. Was ich ihr gebe, muß für ihr bequemes Auskommen langen, und was ich behalte, für das meine. Das heißt, daß es noch fünf- oder sechshundert Livres Rente zu verdienen gilt; ein oder zwei Komödien, ein, zwei Tragödien, drei oder vier gelungene Bühnenehen werden mir dabei gute Dienste leisten.«

Seltsame väterliche Phantasievorstellungen, die sich zugleich mit den ersten sinnlichen Regungen der Tochter und mit der Berechnung ihrer Mitgift beschäftigen. Diderot läßt sich von dem einen wie dem anderen Schauspiel rühren. Als müsse er das hartnäckige, aber im Grunde uneingestandene Bild des verliebten und eifersüchtigen Vaters verscheuchen, um an seine Stelle das beruhigendere und moralisch bequemere Bild des bürgerlichen Vaters zu setzen, der über den zu gründenden Hausstand seiner Nachkommen wacht. Der Traum mündet auf jeden Fall wieder in die Wirklichkeit: er mußte arbeiten, immer noch, immer mehr.

Und er arbeitete so hart, daß es oft den Anschein hat, als entgingen ihm die großen Konflikte seiner Epoche. So etwa der Siebenjährige Krieg, in den Frankreich seit 1756 verwickelt war und der 1763 mit dem katastrophalen Pariser Frieden endete. Diderot spielt hier und da darauf an, aber anscheinend ohne seine politische Bedeutung sowohl im Ausland wie im Inland zu ermessen.

Ebenso verhält es sich zu Beginn mit der Bewegung, die schließlich 1773 zur Aufhebung des Jesuitenordens durch Papst Clemens XIV. führte. Wie eine simple »Neuigkeit« teilte Diderot Sophie Volland am 12. Oktober 1761 die Hinrichtung des Paters Maladriga und sechsundzwanzig weiterer Jesuiten in Lissabon mit, die man als »Ketzer und Visionäre« verurteilt hatte; sie wurden erwürgt und bei einem Autodafé verbrannt: »Alle Briefe aus Spanien, aus Portugal verkünden es; das Ereignis ist in aller Munde. Die große portugiesische Affäre ist zu Ende. Die Jesuiten, siebenundzwanzig an der Zahl, die in erster Instanz vom Inquisitionstribunal verurteilt und anschließend an zivile Richter verwiesen worden waren, wurden lebendig verbrannt, zusammen mit sechs Juden und zwei Franzosen, alles Verschwörer. Nichts weniger war nötig, um das Verhalten Carvalhos zu rechtfertigen. Nun muß man den Prozeßbericht abwarten.«

Kürzer und gleichgültiger hätte man kaum darüber berichten können. Voltaire dagegen fällte zur selben Zeit ein flammendes Urteil: »Zum Exzeß an Lächerlichkeit und Absurdität kam nun noch ein Exzeß des Grauens.« Diderot wartete auf Details. Diese Haltung ist um so seltsamer, als die »Philosophen« bei dieser immer härteren Kraftprobe zwischen den europäischen Monarchien und der Gesellschaft Jesu (und hinter ihr der Anspruch Roms, eine indirekte Macht über alle katholischen Königreiche auszuüben) keine unbeteiligten Zuschauer sein konnten.

Auch in Frankreich selbst reagierte die Obrigkeit nun unerbittlich, tatkräftig unterstützt vom jansenistischen Klerus. Am 8. Mai hatte der Pariser Gerichtshof, den Jesuiten ebenso feindlich gesinnt wie den Enzyklopädisten, die Gesellschaft Jesu dazu verurteilt, die Schulden des Paters Lavalette zu bezahlen. Lavalette, Prior der jesuitischen Missionen auf den Antillen, hatte sich wie zahlreiche seiner Amtskollegen in Handelsunternehmungen gestürzt, dabei Konkurs gemacht und war daraufhin nach England geflohen. Um sich nicht kleinlich zu zeigen, hatten die Richter des *Parlement* auch gleich noch einige jesuitische Werke als »aufrührerisch und gegen jegliches Prinzip der christlichen Moral gerichtet« verdammt und angeordnet, sie auf dem Scheiterhaufen zu verbrennen.

Die Taktik der Gerichtshöfe war klar: Der König sollte unter Druck gesetzt werden, damit er sich von seinen Jesuiten trennte, die auch die treuesten Stützen des Absolutismus waren. Ludwig XV. lavierte. Er wußte, daß die Gerichtshöfe nur daran dachten, seine Macht zu beschneiden. Aber ebenso unmöglich konnte er zulassen, daß Rom in seinen Autoritätsbereich eingriff, vor allem in der Justiz und im Erziehungswesen. Die Gesellschaft Jesu war zu bedeutsam und manchmal zu arrogant geworden, als daß die Regierung darüber nicht beunruhigt gewesen wäre.

Auf Ersuchen Ludwigs XV. verteidigte die Versammlung des Klerus am 30. November 1761 die Gesellschaft Jesu noch, aber im April 1762, nachdem der Gerichtshof alle jesuitischen Einrichtungen geschlossen und eine Anklage gegen »die gefährlichen und verderblichen Behauptungen der sogenannten Jesuiten« veröffentlicht hatte, schlug der König eine Reform der Gesellschaft vor. Die Weigerung durch Papst Clemens XIII. – *sint ut sunt aut non sint* – zwang Versailles, den Gerichtsbeamten nachzugeben und die Jesuiten im November 1764 des Landes zu verweisen: »In Zukunft soll die Gesellschaft der Jesuiten keinen Platz mehr in unserem Königreich, in unserem Land und in keinem Gebiet, das unserem Gehorsam untersteht, haben; wir erlauben aber jenen, die in der genannten Gesellschaft waren, als Einzelmenschen in unserem Staat zu leben, unter der geistlichen Autorität der Bischöfe am Ort, wenn sie sich den Gesetzen unseres Königreichs beugen und sich in allen Dingen wie unsere guten und treuen Untertanen verhalten.«[7]

Erst 1762, in seinem Artikel »Jesuit« für die *Enzyklopädie*, war Diderot bereit, seine Meinung zu äußern. Und auch hier kündigte er noch an, daß er im Grunde nichts Eigenes sagen würde. Aber er wählte seine Quellen aus, in erster Linie die *Assertionen*, die Vorwürfe des Pariser Gerichtshofs. Man erwartete eine flammende Kritik und bekam sie auch. Diderot, der diesmal – einmal ist keinmal – den Schutz der Obrigkeit genoß, versäumte nicht die Gelegenheit, eine Breitseite abzuschießen. Er ging dabei aber nicht ohne Nuancen vor. Diderot war nicht so sehr daran interessiert, einen leichten Sieg über seine klerikalen Gegner zu erringen, sondern er wollte verstehen, wie eine so mächtige, berühmte und intellektuell so angesehene Organisation scheitern und verstoßen werden konnte. Seltsamerweise hat sein Artikel den Tonfall einer Betrachtung über die Korruption einer spirituellen Gesellschaft, der ebenso eine Warnung an die Adresse der »Gesellschaft der Philosophen« sein könnte, an diejenigen, die davon träumten, ihren Ideen zum Sieg zu verhelfen, indem sie die Zentren der Macht »unterwanderten«: »Weder das Gold, o meine Väter, noch die Macht konnten verhindern, daß eine so kleine Gesellschaft wie die eurige, die in die große eingeschlossen war, erstickt wurde. Die Achtung, die man dem Wissen und der Tugend schuldig ist und auch immer entgegenbringt, hätte euch stützen und die Bemühungen eurer Feinde vereiteln sollen, so wie man inmitten der stürmischen Wogen einer versammelten Volksmenge einen ehrwürdigen Mann regungslos und gelassen auf einem freien und leeren Platz stehen sieht, den die Hochachtung ihm verschafft und vorbehält.« In Diderots Äußerungen liegt sogar eine Art Nostalgie, das Bedauern über eine versäumte Allianz, aus Mangel an Intelligenz und Talent: »Die Jesuiten überwarfen sich mit den Gelehrten in dem Augenblick, da diese für sie Partei gegen ihre unversöhnlichen und finsteren Feinde ergreifen wollten.« Obwohl Gegner und Konkurrenten, blieben die Jesuiten doch Leute, mit denen man eine fruchtbare Auseinandersetzung geführt hatte.

Die großen Schlachten um Ideen mobilisierten Diderot; man spürt sein Bedauern, daß er in Ermangelung eines genialen Kämpfers im gegnerischen Lager keinen schönen theologischen Streit mit den Jesuiten über die Grundlagen einer nicht-transzendenten Moral vom Zaun brechen konnte. Aber er war nicht besessen auf die Rolle der Kirche und ihrer Vertreter fixiert, sondern auch hier überzeugt, daß es zu nichts führe, sich selbst gegen fast alle Frauen und Männer seiner Epoche als einzigen Träger der Wahrheit zu proklamieren. Man mußte auf die Zeit, den Fortschritt der Wissenschaft und die weitere Verbreitung aufklärerischen Gedankenguts vertrauen; der langsamen pädagogischen Wirkung des Dialogs, mit dessen Hilfe man die öffentliche Meinung schließlich aus einer abergläubischen Religiosität losreißen konnte. »Einen Lichtstrahl in ein Eulennest zu lenken« führe nur dazu, daß die Nestbewohner geblendet würden.

Diderots mangelndes Interesse am Mißgeschick der Jesuiten zerstört auch die Legende, wonach diese Affäre das Ergebnis eines »Komplotts« zwischen Freimaurern und Enzyklopädisten gewesen sei. Diese Legende wurde von beiden Lagern – natürlich aus ganz entgegengesetzten Motiven – genährt. Die Freimaurer waren darauf stolz, und ihre Gegner konnten den niederträchtigen und im Untergrund wühlenden Einfluß der Logen anprangern.

Dabei war die Zahl der freimaurerischen Mitarbeiter an der *Enzy-*

klopädie äußerst gering, sogar ungewöhnlich gering. Robert Shackletons Forschungen haben ergeben, daß von den 270 Mitarbeitern des Werks lediglich sieben Freimaurer waren. Zudem wurden einige von ihnen, etwa Pérronet, erst Jahre nach ihren Veröffentlichungen in der *Enzyklopädie* Mitglieder einer Loge. Diderot und d'Alembert hatten praktisch keinerlei Verbindungen zur Freimaurerei; geschweige denn Voltaire, der erst 1778, weniger als zwei Monate vor seinem Tod, ein »Eingeweihter« wurde. Als die angesehene Pariser Loge der »Neun Schwestern« im November 1778 den aufsehenerregenden Schlag, den sie mit Voltaires Aufnahme erreicht hatte, wiederholen wollte, nahm sie sich vor, zugleich Diderot, d'Alembert und Condorcet zu Mitgliedern zu ernennen, aber diese drei Männer machten schließlich doch einen Rückzug, und in Ermangelung eines Besseren wurde Greuze aufgenommen.

Diderot wußte, daß eine ansehnliche Zahl von Subskribenten der *Enzyklopädie* den Freimaurern angehörte und die Logen bei der Verbreitung seiner Ideen keine geringe Vermittlerrolle spielten. Aber es ließ ihn wohl kaum kalt, daß seine unerbittlichsten Feinde – Palissot, Desfontaines, Lefranc de Pompignan oder Fréron – Freimaurer waren. Der Artikel »Freimaurer« in der *Enzyklopädie* war zwar recht freundlich, aber nicht länger als zwölf Zeilen, die zudem direkt aus Chambers' *Cyclopaedia* übersetzt waren. Ganz anders war es im »Ergänzungsband« der *Enzyklopädie* von 1777, herausgegeben von Robinet und Panckoucke, die beide Freimaurer waren. Aber diesem editorischen Unternehmen stand Diderot absolut feindselig gegenüber.

Fassen wir zusammen: Frankreich stürzte sich gegen alle Vernunft in einen verhängnisvollen Krieg, geführt von einer leichtsinnigen, inkompetenten Aristokratie, und Diderot schwieg. Die Jesuiten, gefährliche Rivalen der Enzyklopädisten im Streit der Ideen und um die Lenkung der aufgeklärten öffentlichen Meinung, waren in Auflösung begriffen, und Diderot begnügte sich mit einigen mehrdeutigen Zeilen und einem Wort der Erleichterung: »So bin ich nun von einer großen Zahl mächtiger Feinde befreit.« Und als es im März 1762 zum Eklat um die Affäre Calas kam – die Hinrichtung eines vierundsiebzigjährigen Greises, den man ohne den geringsten Beweis verdächtigte, seinen Sohn umgebracht zu haben, um ihn angeblich daran zu hindern, dem protestantischen Glauben abzuschwören und katholisch zu werden –, gratulierte Diderot Voltaire zu seiner Verteidigung des armen Calas; mehr nicht. »Ich kenne Handlungen, die ich um alles in der Welt gerne selbst vollbracht hätte«, schreibt er in *Rameaus Neffe.* »Gewiß, *Mahomet** ist ein treffliches Werk, doch wollte ich lieber den Ruf der Calas wieder zu Ehren gebracht haben.« Er *hätte* gerne ähnliches getan, aber wirklich getan hat er nichts, außer der Familie des Gemarterten einige Louisdors zukommen zu lassen. Wo blieb der Philosoph, der gänzlich von der Sorge um das öffentliche Wohl erfüllt war; wo versteckte sich der Agitator, der Ereignisse und Situationen zu nutzen wußte, um Diskussionen zu provozieren, den Dialog zu erzwingen und neue Perspektiven zu eröffnen?

Diderot war krank. Er mied die Gesellschaft. »Ich werde nie etwas anderes sein oder war nie etwas anderes als ein geprügelter Hund. Mein Privatleben gefällt mir mehr, als es mir jemals gefallen hat. Den Kreis meiner Bekannten möchte ich keinesfalls erweitern, viel lieber würde ich ihn ordentlich ausmustern, wenn es nur nach mir ginge«, schrieb er im Februar 1762. Rousseau veröffentlichte den *Emile,* der einen großen Skandal auslöste und ihn nach der Verurteilung durch den Pariser Gerichtshof zwang, Frankreich zu verlassen. Diderot schrieb einen langen Brief an Sophie, in dem er sie unterhielt mit Ausführungen über die Mitgift seiner Tochter, den geplanten Verkauf seiner Bibliothek und die Eifersuchtsszenen Madame d'Épinays, die Grimm seine Zudringlichkeiten gegenüber Madame d'Holbach vorwarf. Doch über all dem hängt ein Hauch des Todes. »Das ist nun mein ganzes Leben. Wieviele Hindernisse! Nun, was nützt diesem Grimm jetzt sein ganzer gesunder Verstand, seine ganze Vorsicht, seine Klugheit, sein Herz, das immer mit dem Kopf in Einklang ist, wie ein Uhrzeiger, dessen ganze Bewegung von einem Pendel bestimmt wird, das immer zur selben Zeit schlägt. Wird das Unglück kleiner dadurch, wenn man sich sagen kann, daß man es nicht verdiene? Man sagt so, Amen.«

---

* Tragödie Voltaires von 1742, in der er die Religion und die Intoleranz anprangerte. (A.d.Ü)

Immer bereit, seinen Freunden – selbst wenn sie ihn nicht darum baten – in heiklen Situationen gefällig zu sein, vermittelte Diderot zwischen Madame d'Épinay, Grimm, d'Holbach, Madame d'Holbach und Suard, der die Intrige noch weiter komplizierte. Aber selbst dies schien ihm nicht mehr zu gelingen. »Noch vor vierzehn Tagen herrschte in diesem Hause [Schloß Grandval] bezaubernde Eintracht. Man lachte, scherzte, umarmte sich, war zärtlich, sagte alles, was einem gerade über die Lippen kam. Die Männer lagen vor den Frauen auf den Knien, die Liebhaber amüsierten sich darüber, die Ehemänner achteten nicht darauf. [...] Heute ist man ernst. Man hält sich fern voneinander. Wenn man hereinkommt, wenn man hinausgeht, wenn man aneinander vorbeigeht, macht man sich Knickse und Komplimente. Man achtet auf sich; man spricht kaum zusammen, weil man nicht weiß, was man sagen soll, oder nicht zu sagen wagt, was man zu sagen weiß. Man legt auf alles große Bedeutung, weil man nicht mehr unschuldig ist. Und ich beobachte das alles und komme um vor Langeweile.«

Diderot flüchtete. Er zog sich sachte aus seinem gegenwärtigen Leben zurück, zugunsten der Versprechungen, die sein zukünftiges Leben ihm bereithielt. Die Leidenschaft schien ihm das einzig Lebenswerte, weil sie allein das Genie hervorbrachte, das der Vergänglichkeit trotzen konnte. In einem sehr schönen Brief an Sophie vom 31. Juli 1762 äußerte er sich darüber: »Alles, was die Leidenschaft eingibt, verzeihe ich. Nur Unbeständigkeit mißfällt mir. Und dann, Sie wissen es, ich bin jederzeit ein Verteidiger starker Leidenschaften gewesen. Sie allein ergreifen mich. Ob sie mir nun Bewunderung oder Entsetzen einflößen, ich empfinde sie stark. Die Künste des Genies erblühen und verblühen mit ihnen. Sie machen den Schurken ebenso wie den Schwärmer, der jenen mit authentischen Farben malt. Wenn sie grausame Handlungen bedingen, die unserer Natur zur Schande gereichen, so führen sie doch auch zu wunderbaren Unternehmungen, die ihr zur Ehre gereichen. Der mittelmäßige Mensch lebt und stirbt wie das vernunftlose Tier. Solange er lebte, tat er nichts, das ihn hervorhob. Es bleibt nichts von ihm, worüber man reden könnte, wenn er nicht mehr ist. [...] Hätte ich zu wählen zwischen Racine als schlechtem Ehemann, schlechtem Vater, schlechtem

Freund und großartigem Dichter einerseits und Racine als gutem Vater, gutem Ehemann, gutem Freund und geistlosem Ehrenmann andererseits, so hielte ich mich an den ersteren. Vom schlechten Racine, was bleibt von ihm? Nichts. Von Racine, dem Genie, bleibt das Werk, das ewig ist.«

Selbst die Leidenschaft war nur von Interesse, wenn sie die Kraft hatte, den Menschen aus seiner Zeit, aus dem Gebundensein an seine Gegenwart herauszureißen, um ihn weit hinaus in die Zukunft zu schleudern. Diderot betrachtete die Gegenwart mit den Augen der Zukunft. Als er in einem Brief an Sophie wieder einmal Angélique und ihre Erziehung erwähnte, drückte er Zukünftiges mit dem Konditional Präsens aus: »Was für eine hübsche Frau wäre sie eines Tages! Aber von morgens bis abends hört sie nur Albernheiten und dummes Zeug. Was ich auch später tue, etwas wird stets von diesen ersten schlechten Eindrücken zurückbleiben.«

Ein weiteres Zeichen der Gleichgültigkeit. Zur selben Zeit veränderte sich auch, fast unmerklich, der Tonfall in den Briefen an Sophie. Diderot versicherte ihr zwar immer noch seine Liebe. Er liebe sie, sagt er, »von ganzem Herzen; ja, von ganzem Herzen«, und als genüge diese Wiederholung nicht, um sie zu überzeugen, fügt er hinzu: »Und während ich Ihnen das sage, verspüre ich das tiefinnerste Gefühl, daß ich Ihnen die Wahrheit sage.« Das Herz war wohl sicher an dieser Liebe beteiligt, aber von Begehren war kaum mehr etwas zu spüren. 1762 war Sophie ein halbes Jahr lang nicht in Paris; Diderot schrieb ihr oft. Lange Briefe, manchmal fast Chroniken, in denen er von den ernsthaftesten Dingen bis hin zum seichtesten Pariser Klatsch alles berichtet; er schreibt von seinem tristen Familienleben, seinen Geldsorgen, von Grimms seltsamem Benehmen – »auf dem Grund dieser Seele kann ich gar nichts erkennen« –, vom Brand im Landhaus der Familie Volland oder vom betrügerischen Bankrott Vallet de Salignacs, des Gatten der ältesten Schwester Sophies. Je nach Laune sind diese Schilderungen munter oder melancholisch, immer aber zärtlich. Doch was früher verliebte Leidenschaft gewesen war, hatte sich nun in eine rein beschauliche, zeitlose Aufführung verwandelt.

In diesem Stück scheint Uranie – Madame Le Gendre, Sophies

Schwester – alle erotischen Projektionen Diderots zu verkörpern. Manchmal wird sie für Diderot er selbst, der es genoß, wenn sie das Mißfallen Morphyses – so nannte Diderot die Mutter der Schwestern Volland – erregte: »Sie haben sie geherzt, diese teure Schwester! Wieviel Freude durften Sie genießen! Wie pochten Ihrer beider Herzen! Wie aufmerksam beobachtete Morphyse Sie beide! Wie eifersüchtig sie war! Wieviel kälter wird sie zu der einen sein und wieviel launischer zu der anderen! Wie sehr wird man mich in den nächsten zwei oder drei Briefen, die ich erhalte, mit Kälte bestrafen!«

Manchmal war Uranie, wie wir bereits gesehen haben, die dritte Figur des Paars Sophie-Denis, Gegenstand einer verdoppelten Liebe, die nur wahr sein konnte, wenn sie sich aufspaltete, wenn sie sich die Chance zum Dialog gab. Dann wiederum war sie die vermutliche Geliebte Sophies, die Diderot Gelegenheit zur Eifersucht bot.

All diese Szenen spielen vor einem Hintergrund der Angst. Die nachlassende Begierde geht einher mit dem Altersverfall. Die lockere Anspielung verbirgt kaum die Furcht vor dem unabwendbaren Alterungsprozeß: »Jeden Tag entfernt sich Diogenes ein wenig mehr. In acht oder zehn Jahren wird nicht die geringste Spur mehr von ihm übrig sein.« Diderot diskutierte lange mit Sophie über die Auswirkungen des Alters, die bei Frauen schlimmer seien als bei Männern – es gebe schöne Greise, aber keine schönen Greisinnen –, nicht ohne ganz ungalant auf Sophies Alter anzuspielen: »Ich küsse Ihre Stirn, Ihre Augen, Ihren Mund, Ihre kleine magere Hand, die mir ebenso gefällt wie ein rundes Patschhändchen. Darum geht es nun einmal mit fünfundvierzig Jahren!«

Diderot selbst war nun fast fünfzig, also bei weitem noch kein Greis. Dennoch beschwor er fast heiter den Tag herauf, an dem er, wenn das Hindernis Sexualität erst einmal beseitigt war, auf seine Weise alle *drei* Schwestern Volland würde lieben können.

Manchmal nahm dieses Sinnieren über das Leben auch eine trübere, dramatischere Diktion an: »Blöde geboren werden, unter Schmerzen und Schreien; Spielball von Unwissenheit, Irrtum, Not, Krankheiten, Bosheit und Leidenschaften sein; Schritt für Schritt zurückkehren zur Blödheit; vom Kleinkindgebrabbel zum Altersgefasel; leben inmitten von Halunken und Scharlatanen; sterben zwischen einem

Quacksalber, der einem den Puls fühlt, und einem Pfaffen, der einem das Hirn verwirrt; nicht wissen, woher man kommt, warum man gekommen ist, wohin man geht; das nennt man also das wichtigste Geschenk unserer Eltern und der Natur: das Leben.«

Diderots Versuch, ein Tagebuch zu führen, den er im Sommer und Herbst 1762 unternahm, muß man in Verbindung mit diesen existentiellen Fragen sehen. Einmal mehr ging es darum, den Augenblick – den Strom von Gefühlen, Gedanken, Seelenregungen, Schmerzen, Freuden und Wünschen, der durch das Bewußtsein fließt – mit der Nachwelt zu verknüpfen, die auf diese Weise einmal erfahren würde, »ob das Leben eine gute oder eine schlechte Sache ist; ob die menschliche Natur gut oder böse ist; was unser Glück oder unser Unglück ausmacht«. Selbstanalyse war für Diderot nur legitim, solange sie anderen nützlich war, auch wenn der Autor daraus durchaus einen Vorteil für sich selbst ziehen konnte: »Diese Form der Prüfung wäre auch für einen selbst nicht unnütz. Ich bin sicher, daß man auf lange Sicht ängstlich darauf bedacht wäre, am Abend nur ehrenhafte Dinge zu verbuchen.« Sich selbst darzustellen, zur Schau zu stellen, das verpflichtete zur Tugend. Natürlich unter der Bedingung, daß man alles sagte. Diderot »erfand« so gewissermaßen das intime Tagebuch – eine Form, die mit Maine de Biran oder Benjamin Constant in Frankreich erst gegen Ende des Jahrhunderts auftauchte –, doch dieses Tagebuch hatte nichts Narzißtisches an sich. Wenn Diderot sich verpflichtete, alles auszusprechen; wenn er einen Vertrag absoluter Ehrlichkeit unterschrieb; wenn er es auf sich nahm, sein tägliches Leben in den kleinsten Details schriftlich niederzulegen, so interessierte ihn diese »Selbsterforschung« nur insofern, als sie einherging mit dem Risiko, sich der Kritik durch andere auszusetzen. Bei ihm hieß das, sich Sophie auszusetzen – und durch sie seinen künftigen Lesern.

In einem Brief an Sophie vom 14. Juli kündigte Diderot seine Absicht an, »ein genaues Verzeichnis aller eigenen Gedanken, aller eigenen Herzensregungen, aller eigenen Sorgen und aller eigenen Freuden zu führen«. Er unterbrach dieses »Tagebuch« mehrmals und verzichtete nach dem 23. September schließlich ganz darauf. Es handelte sich um ein gewissermaßen wissenschaftliches Experiment des

Schreibens über sich selbst: »Wie seltsam, habe ich mir gesagt, ein Astronom verbringt dreißig Jahre seines Lebens hoch oben in einem Observatorium, das Auge Tag und Nacht am Teleskop, um die Bewegungen eines Sterns zu bestimmen, und kein Mensch beobachtet sich selbst und hat den Mut, ein genaues Register all seiner Gedanken zu führen.«

Im Unterschied zum »abgeschirmten« Schreiben eines intimen Tagebuchs, das lediglich vor seinem Verfasser bestehen muß, ordnete sich Diderots Tagebuch in den Rahmen seiner Briefe an Sophie ein. Die Besinnung des Ich auf sich selbst konnte nur im Blick eines anderen authentisch werden; anderenfalls handelte es sich nur um eine extreme Egozentrik und Selbstgefälligkeit. Aus denselben Gründen schrieb Diderot nie seine Autobiographie, sondern überließ es anderen, seiner Tochter oder Naigeon, ausgehend von seinen bruchstückhaften Erzählungen den Blick auf die Geschichte seines Lebens zu richten. »Ich liebe es, unter Ihren Augen zu leben«, schrieb er im September an Sophie, »und ich erinnere mich nur an die Augenblicke, über die ich Ihnen auch schreiben will.« Das innerste »Ich« erfaßt sich selbst nur, wenn es den Blick des anderen riskiert. Diderot war sich vollständig im klaren, wie hoch dieses Risiko war, wenn er auch Sophie die Entscheidung überließ, das Experiment abzubrechen: »Denn man müßte ganz auf ein Projekt der Ehrlichkeit verzichten, wenn es Sie erschrecken würde.« War es denn überhaupt möglich, wirklich alles zur Sprache zu bringen, vor allem, wenn man sich wie Diderot nicht dazu zwang, täglich Tagebuch zu führen, sondern es vorzog, zwei Briefe pro Woche zu schreiben?

Diderot wollte sein intimes Privatleben zwar gerne mit Sophie teilen, beim Schreiben fiktiv noch einmal mit ihr durchleben, was er allein erlebt hatte, aber eine solche Gemeinschaft war nur möglich, wenn auch Sophie »alles« sagte: Das intime Tagebuch nach Diderots Vorstellungen war das genaue Gegenteil einer kleinlichen Selbstabkapselung; es war eine Möglichkeit, die Einsamkeit zu überwinden und mit den Schwestern Volland durch gegenseitige Offenheit und Transparenz eine Familie, einen Bund zu bilden. Doch da sehr schnell deutlich wurde, daß Sophie nicht mitspielte, daß sie ihre intimen Geheimnisse, die Diderot so gerne erfahren hätte, für sich behielt, gab er es auf. Selbstanalyse war ihm eine Last, wenn sie Zurückgezogenheit und Eingeschlossenheit bedeutete. Wenn ein *feedback* fehlte, wie heutige Kybernetiker sagen würden, waren intime Eintragungen nur eine Strafarbeit, eine Entfremdung, eine Beschränkung des geistigen und emotionalen Feldes, ein formales Spiel, an dem Diderot das Interesse verlor: »Durch die Unterbrechung, die Ihr Unglück [der Brand bei den Vollands] in meinem Tagebuch verursachte, habe ich einen reichlichen Vorrat an Gesprächsstoff. Doch ich hoffe, daß ich den größten Teil vergesse.« Seine Korrespondenz mit Sophie nahm ihren Fortgang, wie er es liebte: in völliger Freiheit. Doch ohne Zweifel hatte Diderot ermessen, daß die Distanz zwischen ihm und den Schwestern Volland für immer unüberwindlich war. Wenn eine innige Übereinstimmung überhaupt möglich war, dann erst mit der Nachwelt.

KAPITEL

14

Am 27. September 1762 trat Katharina II., Zarin von Rußland, in Diderots Leben. Die Zarin respektierte die stillschweigende Hierarchie innerhalb der Gelehrtenrepublik und wandte sich an Voltaire, damit er Diderot einen erstaunlichen Vorschlag übermittle: er solle seine *Enzyklopädie* in Rußland vollenden. »Wenn Geld für die Aufwendungen nötig ist, sagen Sie es mir ohne Umschweife, Monsieur.«

Dem Brief Schuwalows – Sprachrohr der Zarin – legte Voltaire einen ernüchternden Kommentar bei: »Was sind das für Zeiten! In Frankreich wird die Philosophie verfolgt, bei den Skythen wird sie unterstützt.« Und er schloß mit einer seiner üblichen Tiraden: »Wofür Sie sich auch entscheiden, ich empfehle Ihnen die *Niederträchtige.** Man muß sie bei den Menschen von Welt vernichten und der Kanaille, groß oder klein, überlassen, für die sie geschaffen ist. Ich verehre Sie ebenso, wie ich die Niederträchtige hasse.«[1]

Aufgrund seiner Verpflichtungen den Pariser Verlegern gegenüber lehnte Diderot Katharinas Angebot ab. In seinem Antwortbrief an Voltaire machte er höflich, aber bestimmt den Unterschied zwischen ihnen beiden klar: »An unseren Brüdern gefällt mir, daß, stärker noch als Haß und Verachtung für die *Niederträchtige* – wie Sie sie nennen – die Liebe zur Tugend sie eint, das Gefühl, Gutes zu tun, und der Gefallen am Wahren, Guten und Schönen, an dieser Art Dreifaltigkeit, die ein wenig mehr wert ist als die andre. Es genügt nicht, mehr zu wissen als unsere Feinde, wir müssen ihnen zeigen,

---

* Im Original steht hier nur »l'inf...«, offenbar für *l'infâme*, womit die Religion und die Priester gemeint waren. (A.d.Ü.)

301

daß wir besser sind, und daß die Philosophie mehr rechtschaffene Männer hervorbringt als die hinreichende oder wirksame Gnade.«

Katharina II. hatte zudem d'Alembert, der ebenfalls abgelehnt hatte, angeboten, Erzieher des Großfürsten Paul Petrowitsch zu werden. Nach dem Vorbild des Preußenkönigs hatte auch die Zarin beschlossen, ihren Hof mit französischen Aufklärern zu garnieren.

Hinter diesen »Abwerbeversuchen« steckte jedoch nicht nur kalte Berechnung. Katharina II. bewunderte tatsächlich die intellektuelle Ausstrahlung der französischen Meister. Sophie Augusta von Anhalt-Zerbst, 1729 in Pommern geboren, von Zarin Elisabeth nach Rußland gerufen und dort von dieser furchterregenden Herrscherin umgetauft auf den Namen Katharina Alexejewna, 1745 verheiratet mit Peter von Holstein-Gottorp, einem Neffen Elisabeths und mutmaßlichen Erben, sie hatte schwierige Zeiten erlebt, als sie in Ungnade gefallen und ins Exil nach Oranienbaum geschickt worden war. Dort, in der Trostlosigkeit und Untätigkeit eines kleinen Provinzhofs, hatte sie die munteren, gelehrten und innovativen Bücher entdeckt, die in Paris entstanden waren.

Ihr Gatte Peter III., den sie nicht liebte und der fern von ihr ein ebenso ausschweifendes Leben führte wie sie, bestieg am 5. Januar 1762 den Thron. Katharina und ihr Geliebter Gregor Orlow zettelten ein halbes Jahr später eine Palastrevolte an. Katharina wurde zur Zarin gekrönt und ließ ihren Gatten acht Tage nach ihrer Thronbesteigung im Gefängnis erdrosseln. Nicht einmal einen ganzen Monat später versuchte sie, Diderot und d'Alembert zu sich zu rufen und sogar Voltaire selbst herbeizulocken. Es scheint, als sollte ihre Herrschaft von Anfang an durch den Stempel dieser Philosophen geprägt werden.

Man hat sie oft kommentiert, die Beziehungen zwischen diesen gewalttätigen, zynischen und kriegerischen Despoten, diesen schrankenlosen Autokraten auf der einen Seite und den Intellektuellen, die sich als die Herolde der Freiheit präsentierten, auf der anderen Seite. Man hat sie als eine Art ungleichen Austausch interpretiert, bei dem die Philosophen die Rolle der Geprellten spielten, die aufgrund ihrer Eitelkeit in die Falle gegangen seien. Denn sie hätten den gekrönten Häuptern moralischen Kredit verschafft durch ihr Ansehen, ihren

Geist und ihre Befähigung, Regeln für eine neue Welt aufzustellen, die sich auf Toleranz, den freien kritischen Geist und die wissenschaftliche Methode gründen sollte; im Gegenzug hätten sie statt eines wie immer gearteten politischen Einflusses einige königliche Schmeicheleien erhalten.

Dieses Schema muß ein wenig modifiziert werden. Zunächst einmal läßt es außer acht, warum die ausländischen Fürsten so sehr von den Philosophen angezogen wurden. Sie waren sich über die entscheidende Rolle im klaren, die die geistige Vorherrschaft spielte. Die Armee der Wissenschaftler, Schriftsteller, Ingenieure, Ökonomen, Ärzte und Juristen war imstande, einen entscheidenderen Einfluß auf das Schicksal der europäischen Staaten auszuüben als die Armeen der adligen Generäle. Aus diesem Grund, weil die Zivilisierung der Gesellschaft mehr Macht versprach als ihre Militarisierung, rissen sich die Fürsten um die Größen der Pariser Intelligenz. Aus diesem Grund starrten die gekrönten Häupter ganz Europas wie gebannt auf den Salon Madame Geoffrins, einer Bürgerlichen zwar, noch dazu tyrannisch und launenhaft, die aber die bewundernswerte Gabe besaß, alle Talente um sich zu versammeln; oder auf die üppigen Diners bei Baron d'Holbach, wo zwar häufig atheistische Lehren geäußert wurden, aber die Crème de la Crème der europäischen Intelligenz zusammenkam – von Hume bis Sterne, von Gibbon bis Galiani – und das Gespräch mit Diderot, d'Alembert, Buffon, Helvétius oder Marmontel suchte. Friedrich II. erlaubte es sich, Madame Geoffrin *Maman* zu nennen; seine alte Feindin, die österreichische Kaiserin Maria Theresia, holte bei ihr Rat über die Wahl eines Schwiegersohns ein; Katharina II. begann ebenfalls einen Briefwechsel mit ihr – denn diese Vertraulichkeit ermöglichte ihnen allen den Zugang zu einem Labor der Ideen, von dem sie glaubten profitieren zu können. Natürlich hieß das keineswegs, und darin liegt die ganze Doppeldeutigkeit ihrer Beziehungen zu den Enzyklopädisten, daß sie die sozialen und politischen Vorstellungen der kühnsten unter ihnen teilten.

Die »Jagd nach berühmten Köpfen« hatte außerdem die Wirkung (wenn nicht gar das Ziel), ohne großen Aufwand die französische Monarchie zu schwächen. Wenn die Meldung, daß die *Enzyklopädie* verboten wurde, laut Voltaire »Europa aufstöhnen« ließ, so überdeckte dieses Stöhnen nicht immer einen Seufzer der Erleichterung: der französische König amputierte sich damit selbst und brachte sich so um ein Werkzeug der Macht. Allgemeiner ausgedrückt, an den europäischen Höfen verfolgte man mit Interesse, wie sich der Graben zwischen der Monarchie und ihren aktivsten Intellektuellen vertiefte; und man ließ es sich nicht nehmen, Öl ins Feuer zu gießen. Selbst wenn Diderot Katharinas Angebot, die *Enzyklopädie* in Riga zu vollenden, ausschlug, konnte er doch nicht umhin, diesen großzügigen Vorschlag mit den Bedingungen in Frankreich zu vergleichen und einen gewissen Zorn auf seine Regierung und die Gesellschaft seines Landes zu empfinden. Übrigens hegte Katharina II. keinen Groll, weil Diderot sich geweigert hatte. Es genügte ihr, geduldig auf eine günstigere Gelegenheit zu warten. Die Saat war ausgebracht.

Es sollte nicht lange dauern, bis sie keimte. Diderots väterliche Sorge, seine Angst bei dem Gedanken, er könne sterben, ohne Angélique – die 1762 neun Jahre alt war – eine Mitgift zu hinterlassen, würden der jungen Zarin die Gelegenheit verschaffen, auf die sie lauerte.

Diderot hatte kein Geld. Bisher hatte er sich darum kaum Gedanken gemacht. Seine Armut gefiel ihm, da er so die Reize des Bohèmelebens auskosten, seiner Jugend als Student verbunden bleiben und dem Image des maßvollen, tugendhaften Philosophen entsprechen konnte. Er hatte wenig Bedürfnisse, legte keinen Wert auf Kleidung und trug zumeist einen einfachen schwarzen Tuchanzug. Seine Wohnung war klein, sein Haushalt beschränkte sich auf das Nötigste. Madame Diderot war seit ihrer Jugendzeit dem Prinzip der Genügsamkeit treu geblieben, das keine unnützen Ausgaben erlaubte. Diderot ging meist zu Fuß, da Droschken zu teuer waren, vor allem wenn er sie in seiner Zerstreutheit, im Eifer des Gesprächs und dem Vergnügen an der Freundschaft einen ganzen Tag lang vor dem Domizil eines Gastgebers warten ließ, den er eigentlich nur für ein paar Minuten hatte besuchen wollen. Sein einziger Luxus waren die drei Sous, die er im Café ausgab, wo er stundenlang saß, um beim Schachspiel zuzusehen und vor allem, um den Gesprächen zuzuhören. »Unsinnige« Ausgaben waren das Geld, das er hier und da verteilte, wenn er sich vom Unglück einer Witwe, der Begeisterung eines Studenten oder dem Talent eines Autors in Not rühren ließ – und er ließ sich leicht rühren.

Tatsächlich verachtete er Geld nicht nur, er verabscheute es. Im Geld, in dessen dreister Allmacht, sah er den wahren Feind, die verhängnisvollste aller Leidenschaften – die einzige vielleicht, aus der man nicht den leisesten Funken einer Tugend schlagen konnte –, den Verderber der Sitten, das Gift für das soziale Leben, die wahrhaft anmaßende Aneignung des Wertes. Balzac, der ebenfalls das Bild vom »König Geld« vor Augen hatte, lag nicht falsch, als er das Porträt seiner Figur Nucingen unter Diderots Schirmherrschaft stellte.

Doch wenn Geld auch alle Werte pervertierte – sechs Francs für eine Nacht mit Javotte, hundert Ecus für ein Pferd –, bedeutete Not ebenfalls Entfremdung. Hunger führte in die Erbärmlichkeit und zu freiwilliger Sklaverei. Diderot fand sich zwar mit seiner gegenwärtigen Armut ab, vorausgesetzt, das Notwendige war gesichert – »die Stimme des Gewissens und der Ehre ist recht leise, wenn die Eingeweide schreien« –, aber das galt nicht mehr, sobald es um die Zukunft seiner Tochter ging. Ohne ökonomische Freiheit gab es keine wirkliche Freiheit: »Die Kinder reicher Eltern wählen ihren Stand freier und haben eher die Möglichkeit, ihren natürlichen Neigungen zu folgen«, schreibt er in seiner *Widerlegung von Helvétius' Werk*. Seit Angéliques Geburt hatte er an die »Etablierung« seiner Tochter gedacht, an mögliche Heiraten, an potentielle Schwiegersöhne. Nun war er bereit, für sie das einzig Wertvolle zu verkaufen, das er besaß: seine Bibliothek.

Aber niemand wollte sie haben, oder aber die angesprochenen Käufer boten nur lächerliche Summen. Vier Jahre lang suchte Diderot vergebens nach einigen Franzosen, die seine Bücher kaufen wollten. Grimm, der rührige Vermittler, flüsterte dem Fürsten Golizyn, Botschafter Rußlands am französischen Hof, einige Worte über diese Angelegenheit zu. Dieser informierte General Bezkoi, einen alten Vertrauten der Zarin, der an Grimm am 16. März 1765 schrieb, Katharinas »mitfühlendes Herz« könne »nicht ohne Ergriffenheit mitansehen, daß dieser Philosoph, der in der Gelehrtenrepublik so berühmt ist, sich gezwungen sieht, aus väterlicher Zärtlichkeit den Gegenstand seiner Freude, die Quelle seiner Arbeiten und Gefährtin seiner Mußestunden zu opfern. Um ihm ein Zeichen ihres Wohlwollens zu geben und um ihn zu ermutigen, seine Laufbahn weiter zu verfolgen, hat Ihre Kaiserliche Majestät mich damit betraut, diese Bibliothek zum von Ihnen vorgeschlagenen Preis von 15 000 Livres für sie zu erwerben, unter der einzigen Bedingung, daß Monsieur Diderot sie zu seinem Gebrauch verwahre, bis Ihre Majestät geruhe, sie für sich zu fordern. Eine Zahlungsorder für 16 000 Livres ist bereits an Fürst Golizyn, ihren Minister in Paris, ergangen. Der Mehrbetrag im Preis, der jedes Jahr ausbezahlt werden wird, ist ein weiterer Beweis für die Güte meiner Herrscherin, mit der sie die Sorgfalt und Mühe entlohnt, die er zur Pflege dieser Bibliothek aufwenden wird.«[2] Katharina II. hatte Sinn für effektvolles Auftreten.

Bevor Diderot zum bezahlten Angestellten einer ausländischen Herrscherin wurde, bat er – um die Form zu wahren – den Minister des königlichen Hofstaats, Monsieur de Saint-Florentin, um Erlaubnis; sie wurde ihm sofort gewährt.

Ein Konzert gedrechselter Lobeshymnen auf die Zarin hob an – sie gab vor, darüber überrascht und verwirrt zu sein; was sie getan habe, sei ganz natürlich; es »wäre grausam gewesen, einen Gelehrten von seinen Büchern zu trennen; ich habe oft befürchten müssen, daß man mir die meinen wegnähme«.[3]

Doch die Zarin sollte sich noch großzügiger zeigen. Da die russische Verwaltung langsam und nachlässig war, bekam Diderot 1766 seine Pension nicht ausbezahlt. Durch Grimms Vermittlung beklagte Diderot sich darüber diskret bei Fürst Golizyn, der Katharina II. informierte. Die Reaktion der Herrscherin war majestätisch, auch in ihrem Humor. »Ihre Kaiserliche Majestät, durch einen Brief des Fürsten Golizyn darüber informiert, daß Monsieur Diderot seit dem letzten März seine Pension nicht mehr ausbezahlt bekommen hat, hat mir befohlen, ihm mitzuteilen, sie wolle nicht, daß die Nachlässigkeit eines Kommis seiner Bibliothek Ungelegenheiten bereite. Aus diesem Grund wünsche sie, daß man Monsieur Diderot den Lohn für Unterhalt und Vermehrung seiner Bücher für fünfzig Jahre im voraus bezahle; nach diesem Fälligkeitstermin werde sie weitere Maßnahmen treffen.«[4] Ein Wechsel über 25 000 Livres – die Hälfte von fünfzig Jahren Gehalt – lag dem Brief bei.

So wurde Diderot großzügig dafür bezahlt, bis zu seinem Tod die Bibliothek zu bewahren, die er geopfert hatte. Damilaville schrieb an Voltaire: »Diderot war derart erstaunt über diese Lösung, daß er achtundvierzig Stunden lang in einem wahren Zustand der Verblüffung verharrte.«⁵ Diese freigebige Geste aus St. Petersburg veränderte tatsächlich sein Leben. Was ihm die Zarin offerierte – etwa dieselbe Summe, die er für seine ganze verbissene Arbeit an der *Enzyklopädie* erhalten hatte –, war bei weitem kein Vermögen, aber es verhalf Diderot zu einem Stand, den er niemals anzustreben gewagt hatte: zu materieller Unabhängigkeit.

Nicht nur würde er seiner Tochter eine angemessene Mitgift geben können, von nun an war er der Herr seiner Schriften und seines Handelns. Er mußte nicht mehr veröffentlichen, um zu leben, und er würde niemals gezwungen sein, um Gunst, Ehren und Pensionen zu betteln. Katharinas Großzügigkeit versetzte ihn auch materiell in eine Position, die er geistig bereits innehatte: Geschützt vor den Wechselfällen seiner Zeit war er bereit, seinen Dialog mit der Nachwelt aufzunehmen.

Im Gegenzug wurde Diderot zu einem der bevorzugten »Kopfjäger« im Auftrag der Zarin. Seine Aufgabe war nicht sehr schwierig. Angezogen von Katharinas finanzieller Großzügigkeit, drängte sich eine buntgemischte Gesellschaft von Malern, Erziehern, Schauspielern, Bildhauern und Ingenieuren und eine noch seltsamere Schar von Reformatoren und Utopisten jeglicher Couleur in die »Werkstatt« des Philosophen, um Gesuche zu bringen und ihre Dienste anzubieten. In der Vorstellungswelt der Pariser Intellektuellen war die russische Gesellschaft eine Art jungfräulicher Boden, ein unbeschriebenes Blatt, auf dem sie ihre phantastischsten Träume und ihre kühnsten Experimente verwirklichen und endlich den idealen Staat errichten konnten, den die alte Welt ihnen verweigerte. Das Rußland Katharinas war für sie etwa dasselbe wie für ihre fernen Nachfahren das China Mao Tse-tungs.

Daraus ergaben sich nicht wenige Enttäuschungen; und Diderot, bei all seiner Freude, als Vermittler zu dienen, bewies bei seiner Wahl nicht immer das größte Urteilsvermögen. Gewiß, 1766 schickte er seinen Freund, den Bildhauer Falconet, mit dem Auftrag nach St. Petersburg, dort ein riesiges Denkmal zum Ruhme Peters I. zu errichten. Falconet blieb elf Jahre lang in Rußland. Er wurde mit königlicher Hochachtung empfangen; Katharina überschüttete ihn mit feinfühligen Aufmerksamkeiten. Er legte Pläne vor, arbeitete wie verrückt. Im finnischen Sumpfgebiet legte er eine imposante Baustelle an, um den Felsblock auszuheben, der für die Statue des Zaren bestimmt war. Aber Rußland war kein jungfräulicher Boden. Der Hof der Zarin ähnelte eher einem Dschungel, ihre Verwaltung einer Tundra aus Treibsand. Zermürbt von Intrigen, erstickt von Schikanen, mußte Falconet auch noch die wechselnde Laune der Zarin ertragen, deren anfängliche Begeisterung nach und nach verächtlicher Gleichgültigkeit gewichen war.

In Wirklichkeit war Katharina mehr als nur enttäuscht. Sie war empört über die Haltung dieser Franzosen, die man ihr da schickte. Der untadelige Falconet bezahlte für das Porzellan, das andere zerschlagen hatten. Etwa für die Scherben Mercier de La Rivières, den Diderot über Falconets Vermittlung so warm empfohlen hatte: »Ah, mein Freund«, hatte Diderot dem Bildhauer geschrieben, »wie sehr ist eine Nation zu beklagen, wenn solche Bürger vergessen und verfolgt werden und gezwungen sind, ihr Wissen und ihre Tugenden in die Ferne zu tragen!... Wenn die Zarin diesen Mann hat, wozu wären ihr dann Männer wie Quesnay, Mirabeau, Voltaire, d'Alembert oder Diderot noch nütze? Zu nichts, mein Freund, zu nichts. Er ist es, der das Geheimnis, das wahre Geheimnis, das ewige und unveränderliche Geheimnis der Sicherheit, der Dauer und des Glücks eines jeden Reichs entdeckt hat. Er wird sie über den Verlust Montesquieus hinwegtrösten.«

Diderots Begeisterung ist um so erstaunlicher, als dieser Mercier, heute vergessen, zur physiokratischen Schule Quesnays gehörte, deren ökonomische Konzeptionen denen Galianis – zu denen Diderot neigte – entgegengesetzt waren. Aber Diderot war kein engstirniger Fanatiker, und der ehemalige Verwalter der Insel Martinique, der ohne Zögern sein Privatvermögen eingesetzt hatte, um mit der finanziellen Notlage der Kolonie fertigzuwerden, gefiel ihm. Golizyn übergab Mercier, der in St. Petersburg in der Kommission zur Erarbeitung eines neuen Gesetzbuches für das russische Zarenreich mitarbeiten sollte, daher 12 000 Livres.

Doch anstatt sich unverzüglich zu Katharina zu begeben, trödelte Mercier, der einen Assistenten und einen Sekretär eingestellt hatte, auf der Fahrt; einen Monat lang hielt er sich in Berlin auf, vierzehn Tage in Riga. Endlich in der Hauptstadt angekommen, verhielt er sich launisch, beging eine Taktlosigkeit nach der anderen, sein Privatleben war skandalös, und als er endlich mit Katharina zusammentraf, forderte er sie auf, »nichts zu tun, ohne ihn vorher zu konsultieren«. Nachdem er einen ansehnlichen Zuschuß erhalten hatte, verließ er St. Petersburg schließlich heimlich, ohne sich zu verabschieden, und kehrte nach Paris zurück, gefolgt von seiner Frau und seiner Geliebten, die ebenfalls bei der Reise dabeigewesen waren.

Merciers Arroganz und Leichtfertigkeit versetzten Katharina in maßlosen Zorn: »Er nahm an, wir würden uns auf allen vieren vorwärtsbewegen, und er hätte sich äußerst zuvorkommend die Mühe gemacht, von Martinique zu kommen, um uns beizubringen, wie man aufrecht geht«,[6] schrieb sie an Voltaire. Diderot versuchte noch einige Wochen lang, seinen Schützling zu verteidigen, mußte sich aber schließlich den Tatsachen beugen und Abbitte leisten.

Katharina trug Diderot seinen peinlichen Schnitzer nicht nach. Unablässig drängte sie Falconet, seinen Freund zu überreden, die lange Reise nach St. Petersburg zu unternehmen. Sie wollte Diderot, von dem ihre Gesandten ihr ein bezauberndes Bild vermittelt hatten, endlich kennenlernen; immerhin schuldete er ihr das auch. Doch die Flitterwochen zwischen der Pariser Aufklärung und der Zarin waren endgültig vorbei. Die Zarin wollte das Werk Peters des Großen fortsetzen, Rußland für das moderne Europa, die westliche Zivilisation und ihren höchsten geistigen, wissenschaftlichen und technischen Fortschritt öffnen. Aber sie legte auch Wert darauf, die politische Kontrolle über die von ihr befohlenen Entwicklungen zu behalten. Sie, die durch eine Militärrevolte, im reinsten militärisch-feudalistischen Stil an die Macht gekommen war, kannte die Schwäche ihrer Position, die Macht des Widerstands gegen ihre Politik der Öffnung nach Westen. Sie suchte französische Lehrer für die »Größen« ihres Reichs, kluge Techniker, Ärzte, die imstande waren, den beklagenswerten Zustand des Gesundheitswesens zu verbessern, Gelehrte, die geeignet waren, einige Kenntnisse in eine Kultur zu bringen, die vom

Aberglauben strukturiert war. Nichts aber konnte sie anfangen mit übersprudelnden Utopisten oder Wissenschaftlern, die von der russischen Realität keine Ahnung hatten und, wie etwa der Astronom Abbé Chappe d'Autroche, der mit einer Expedition den Venusdurchgang unter dem Meridian von Tobolsk beobachtete, ihre wissenschaftlichen Berichte dazu nutzten, ebenso dumme wie verletzende Bemerkungen über Sitten und Gebräuche der »Eingeborenen« fallenzulassen.

Katharina war bereit, die Gelehrten und Literaten anzuhören und von ihrer Konversation und der Atmosphäre von Höflichkeit, die sie an ihren Hof brachten, zu profitieren. Nach ihrem Gutdünken und ihren Plänen wollte sie diese Männer auch dafür benutzen, gegen die Unfähigkeit und den Konservatismus ihrer Verwaltung manchen Anstoß zu geben. Aber sie räumte ihnen nicht die Spur eines Anteils an der Macht ein und ließ auf keine Weise zu, daß sie sich in ihre Angelegenheiten einmischten. Immerhin waren es Ausländer, die mit Genehmigung ihrer Regierung gekommen waren, und die man nach ihrer Rückkehr vielleicht ersuchen würde, über alles, was sie gesehen hatten, zu berichten. Es war daher politisch klüger, sie von ernsten Dingen fernzuhalten.

Diese Ambivalenz von Aufgeschlossenheit und Mißtrauen auf seiten der Zarin, von Begeisterung und Überheblichkeit auf seiten der französischen Gäste bestimmte den Wechsel von heiß und kalt, von Anziehung und Enttäuschung, von Vertrautheit und gekränkter Empfindlichkeit in den Beziehungen zwischen der russischen Herrscherin und den Vertretern der Aufklärung.

Dabei scheinen die Art der politischen Herrschaft in Rußland, die Regierungsmethoden der Zarin, ihre Fortsetzung des orientalischen Despotismus, den Montesquieu so treffend beschrieben hatte, die Aufklärer, die in Paris oder Ferney gegen den französischen Absolutismus kämpften, nicht gestört zu haben. Diese Verblendung war nicht einmal frei von Zynismus. Als Voltaire sich zu Madame du Deffand über Katharina, ihren Staatsstreich und die Ermordung ihres Gatten äußerte, entschloß er sich, das Ganze von der lächerlichen Seite zu nehmen: »Ich weiß, daß man ihr in bezug auf ihren Mann einige Kleinigkeiten vorwirft; aber das sind Familienangelegenheiten, in die ich mich nicht einmische, und im übrigen ist es nicht schlecht, wenn man einen Fehler wiedergutzumachen hat. Man wird veranlaßt, große Anstrengungen zu unternehmen, um die Öffentlichkeit zu Hochachtung und Bewunderung zu zwingen; und ganz gewiß hätte ihr schurkischer Ehemann keine der großen Taten vollbracht, die meine Katharina Tag für Tag unternimmt.«[7] In seinem *Précis du siècle de Louis XV* (Abriß über das Jahrhundert Ludwigs XV.) zögerte derselbe Voltaire nicht, der Trunksucht Peters III. seinen Tod anzulasten: »Verfolgt, ergriffen und ins Gefängnis gebracht, tröstete er sich, indem er acht Tage lang hintereinander Punsch trank, und am Ende dieser acht Tage starb er.«[8]

Diderot war vorsichtiger. Gewiß, er diente der Zarin mit mehr oder weniger Erfolg als »Anwerber«, mischte sich gelegentlich ein, um die Veröffentlichung von Erinnerungen oder Anekdotensammlungen zu verhindern, die dem Ruf seiner Wohltäterin schaden könnten; Katharina II. und die Eremitage verdankten ihm den Ankauf (für 460 000 Livres) der phantastischen Gemäldesammlung, die Baron Thiers von Crozat geerbt hatte – aber er verstand es, den drängenden Einladungen der Zarin nach St. Petersburg zu widerstehen.

Nun war Diderot allerdings ein häuslicher Mensch. Wirklich wohl fühlte er sich nur in Paris oder höchstens noch auf dem Land in der Ile-de-France, auf Grandval bei d'Holbach oder in La Chevrette bei Madame d'Épinay. Doch selbst dort fühlte er sich bereits als Eremit am Ende der Welt. Aber seine Weigerung hing nicht nur mit seiner Abneigung gegen Reisen zusammen. Er fürchtete, enttäuscht zu werden. Katharina gefiel ihm als ferne Wohltäterin, als allegorische »Venus des Nordens«, als rhetorische Antithese zur französischen Monarchie und großzügige Briefpartnerin, die die Kunstwerke und seltenen Bücher bezahlte, die Diderot für sie kaufte (worüber er ebenso glücklich war, als wäre es für ihn selbst). Aber er hatte kaum Lust, noch weiter zu gehen und diese hübschen Bilder mit der Realität zu konfrontieren. Er, der den Umgang und den Austausch mit Leuten so sehr liebte, nutzte jeden Vorwand, um den Termin seiner Reise nach Rußland hinauszuschieben.

Diese Vorwände waren nicht schwer zu finden. Seine Frau war krank, und Diderot, so wenig er sich auch mit ihr verstand, wachte nächtelang an ihrem Krankenbett und verzichtete sogar auf ein paar Tage Erholung in La Chevrette. Er war ein verheirateter Mann und mußte dem Bild seines sozialen Standes entsprechen: »Alle Sorge, alle Aufmerksamkeiten, die möglich sind, lasse ich ihr angedeihen.« Ihm selbst ging es ebenfalls nicht sehr gut, sein Geschwür marterte ihn, seine Milchdiät widerte ihn an und das Schreiben, die intensive Arbeit, alles zu lesen und zu überarbeiten, verursachte ihm unerträgliche Schmerzen.

Er hatte die *Enzyklopädie* satt. Fünfzehn Jahre lang hatte er sich nun in diese Arbeit verbissen, seit fünf Jahren mußte er es heimlich tun, in psychologischer und moralischer Einsamkeit, verlassen von seinen Freunden. Schlimmer: Er war nun sicher, daß dieses Werk, das er um den Preis so vieler Leiden in die Praxis umgesetzt hatte, unvollkommen war; daß viele Artikel mittelmäßig waren, ungenügend in den Augen des künftigen Publikums, das er erreichen wollte, und unbekannt oder verachtet beim zeitgenössischen Publikum, für das dieses Unternehmen gestorben war.

Wäre die *Enzyklopädie* wenigstens völlig illegal gewesen, so hätte Diderot die ganze Freiheit der Verantwortungslosigkeit genießen können. Aber nicht einmal das war der Fall. Wenngleich verboten, verurteilt und illegal, mußte dieses Werk doch so geleitet werden, als würde es eines Tages von derselben Macht, die es in die Nichtexistenz verbannt hatte, genehmigt werden. Die *Enzyklopädie* war zur Fiktion geworden, die sich dennoch an die Gesetze und Regeln einer gefährlichen Realität halten mußte.

Deshalb hatten die Verleger im Einvernehmen mit Diderot beschlossen, die letzten zehn Bände auf einmal herauszugeben. Wenn man sich schon Ärger einhandelte, konnte man ihm ebensogut ein einziges Mal die Stirn bieten, anstatt sich wiederholten Prozessen zu stellen.

Nach und nach schickte Diderot daher seit dem Verbot von 1759 die fertig gelesenen und korrigierten Artikel an die Verleger, überzeugt davon, daß diese sie nach seinen Anweisungen umbrechen und drucken lassen würden. Im Winter 1764, als Diderot endlich das Ende des Tunnels vor sich sah, entdeckte er durch Zufall, daß man ihn betrogen hatte. Im Januar 1771 berichtete Grimm in der *Correspon-*

dance littéraire über diesen »schmerzlichsten und verhängnisvollsten Schlag, den man der *Enzyklopädie* zugefügt hat«: »Monsieur Le Breton [der für die *Enzyklopädie* fünfzig Drucker beschäftigte] wollte die Stürme, die er für den Augenblick der Veröffentlichung befürchtete, von Anfang an unterbinden. Ohne daß irgend jemand etwas davon wußte, schwang er sich daher zusammen mit seinem Faktor, dem Leiter der Druckerei, zum höchsten Schiedsrichter und Zensor aller Artikel der *Enzyklopädie* auf. Man druckte die Artikel so, wie die Autoren sie geliefert hatten, aber wenn Monsieur Diderot den letzten Fahnenabzug jeder Seite gesehen und am Fuß der Seite seine Druckfreigabe vermerkt hatte, bemächtigten sich Monsieur Le Breton und sein Faktor der Artikel und strichen und kürzten alles heraus, was ihnen zu wagemutig schien oder ihrer Meinung nach das Geschrei der Bigotten und anderer Feinde erregt hätte. So verstümmelten sie eigenmächtig den größten Teil der besten Artikel – denen nun alles fehlte, was sie wertvoll gemacht hätte –, entweder ohne sich um den Zusammenhang dieser zerfetzten Skelette zu scheren, oder indem sie sie auf die impertinenteste Weise zusammenflickten. Man kann nicht mehr genau eruieren, wie verheerend diese niederträchtigen und unglaublichen Eingriffe waren, da die Urheber des Frevels das Manuskript verbrannten, sobald der Druck vorlag, so daß das Unheil nicht mehr gutzumachen ist. Der Druck des Werks ging dem Ende zu, als Monsieur Diderot einen seiner großen philosophischen Artikel unter dem Buchstaben ›S‹ noch einmal heranziehen mußte und dabei feststellte, daß er vollkommen verstümmelt war. Er war bestürzt. Dieser Augenblick enthüllte ihm die ganze Schändlichkeit des Druckereibesitzers. Er begann die besten Artikel, sowohl aus seiner Feder wie aus der seiner besten Helfer, noch einmal durchzusehen und stieß fast überall auf dieselbe Unordnung, dieselben Spuren des absurden Mörders, der alles verwüstet hatte. Diese Entdeckung versetzte Diderot in einen Zustand der Raserei und Verzweiflung, den ich niemals vergessen werde.«

Diderots erste Regung war es, alles hinzuwerfen und Le Bretons Niedertracht öffentlich anzuprangern. Die Geschäftspartner des Druckereibesitzers, vor allem Briasson, überredeten ihn, das Werk nicht zum Untergang zu verurteilen. Sie führten ihm vor Augen, daß sie an der Zensur ihres Kollegen völlig unschuldig seien und daß eine öffentliche Anprangerung seiner Methoden auch sie ruinieren würde. Doch Grimm schreibt, ihn habe »eine noch gewichtigere Erwägung dazu geführt, Diderot Stillschweigen zu raten«: Wie sollte Diderot Le Breton attackieren, ohne selbst einzugestehen, daß er weiter an einem feierlich verurteilten Werk geschrieben und an seinem Druck mitgearbeitet hatte? Diderot saß in der Falle von Malesherbes' Liberalismus. Natürlich wußte jeder, daß in den Pariser Werkstätten Le Bretons Dutzende von Druckern, Graveuren und Buchbindern an den letzten zehn Bänden der *Enzyklopädie* arbeiteten. Doch diese stillschweigende Genehmigung wurde durch das offizielle Verbot ausgeglichen. Die Regierung konnte jeden Moment beschließen, nicht länger beide Augen zuzudrücken. Wenn Diderot seinen Pakt des Stillschweigens brach, blieb ihr nichts anderes übrig, als die Augen zu öffnen.

Doch Malesherbes' Falle war auf eine andere Art noch weit gefährlicher. Indem der Leiter des Buch- und Verlagswesens zuließ, daß die *Enzyklopädie* illegal, ohne die vorherige Kontrolle durch Zensoren, gedruckt wurde, schob er die ganze Verantwortung auf Diderot und seine Kommanditisten. War das Werk einmal fertiggestellt und gedruckt und die Obrigkeit stellte fest, es sei teilweise oder ganz inakzeptabel, so wäre nichts leichter, als seine Verbreitung zu verbieten. Man mußte nur den Gerichtsbeschluß von 1759 heranziehen.

Daß man das Werk vor dem Druck nicht zensierte, war daher ein ständiger Appell zur Selbstzensur. Le Breton, der auf seine unverschämte Art alle Artikel kürzte, die ihm nach Schwefel zu riechen schienen, hatte das sehr gut begriffen. Unglücklicherweise besaß er nicht die geringste Kompetenz für eine solche Aufgabe, und die kunstvolle Konstruktion der *Enzyklopädie,* dieser komplizierte, verspielte Mechanismus, den Diderot ausgearbeitet hatte, um den Zensoren zu entschlüpfen, wurde durch sein Eingreifen in großen Teilen zerstört.

Für Diderot war dieser Schlag noch härter als das Verbot der *Enzyklopädie.* 1759 hatte er noch die Möglichkeit gehabt, wie Voltaire es ihm geraten hatte, seine Arbeit im Ausland fortzusetzen. Hier aber war das Unheil nicht mehr gutzumachen, da alle Manuskripte zerstört waren. Er hatte das Gefühl, daß mit diesem Werk, das er als Bibel der Aufklärung konzipiert hatte, das eine neue Ära der Menschheit eröffnen sollte, indem es »die geläufige Denkweise« veränderte, fünfzehn Jahre seines Lebens vernichtet waren. In einem einzigen Augenblick sah er die ganze Fronarbeit vor sich, zu der er sich gezwungen hatte, die Schikanen und Drohungen, die er hatte ertragen müssen, sein eigenes Werk, das er geopfert hatte, um dieses Monument zu schaffen, das er der Gesellschaft schenkte. Sein Brief an Le Breton, in dem er ihm mitteilt, daß er das Werk – »das ich in seinem jetzigen Zustand nur verachten kann [...]; ein abgeschmackter Haufen Abfall« – trotz allem beenden werde, ist eher ein Verzweiflungs- als ein Wutschrei: »Händigen Sie mir meinen Band meinetwegen mit leeren Bogen aus, ich gebe Ihnen mein Ehrenwort, daß ich ihn nicht öffnen will, es sei denn, ich wäre dazu gezwungen, um Ihre Bildtafeln zu erklären. Es ist mir das erste Mal allzu schlecht dabei ergangen, es hat mir meinen Appetit und meinen Schlaf geraubt. Ich habe in Ihrer Gegenwart aus Wut darüber geweint, und aus Schmerz bei mir zu Hause, vor Ihrem Kollegen Monsieur Briasson, vor meiner Frau, meiner Tochter, meinen Dienstboten. Ich habe zu sehr gelitten, ich leide noch zu sehr, um mich derselben Qual noch einmal auszusetzen.«

Die Wunde war tief. Diderot konnte Le Breton im ganz konkret-physischen Sinne nicht mehr sehen: »Ich werde zu Ihnen kommen und Sie nicht bemerken, und Sie werden mir den Gefallen tun, mich ebensowenig zu bemerken. [...] Sie wissen nicht, welche Verachtung Sie von meiner Seite hinnehmen müßten. Bis ins Grab hinein bin ich verwundet.« Die Erinnerungen seiner Tochter bestätigen dies: »Über dieses Thema habe ich ihn nie gleichgültig sprechen hören; er war überzeugt, daß sein Lesepublikum ebenso genau wußte wie er, was bei jedem Artikel fehlte, und die Unmöglichkeit, diesen Schaden zu beheben, versetzte ihn noch zwanzig Jahre später in schlechte Stimmung.«

Am meisten überrascht es, daß die verlegerische Katastrophe, die Diderot vorhersah, nicht eintrat. »Sowie Ihr Buch erscheint«, schrieb er an Le Breton, »werden sie [die Autoren] die von ihnen verfaßten Artikel aufschlagen, und wenn sie dann mit eigenen Augen den

Schimpf feststellen, den Sie ihnen angetan haben, werden sie keine Zurückhaltung kennen und laute Klagen erheben. Zu diesen Klagen [...] werden sich die des Publikums gesellen. Ihre Subskribenten werden sagen, daß sie für *mein* Werk subskribiert haben und nun beinahe eines von Ihnen bekommen. Freunde, Feinde und Kollegen werden ihre Stimme gegen Sie erheben. Man wird dieses Buch als ein plattes und miserables Machwerk bezeichnen. [...] Ein kleiner Teil der Auflage wird sich langsam verkaufen, und auf dem Rest werden Sie wahrscheinlich sitzenbleiben.«

Doch das »Ungeheuerliche« trat ein, wie Grimm betonte: »Ich habe nie gehört, daß ein einziger der malträtierten Autoren sich beklagt hätte; aufgrund der langen Jahre, die zwischen dem Verfassen ihrer Artikel und ihrem gedruckten Erscheinen lagen, war ihnen ihr Werk zweifellos nicht mehr sehr gegenwärtig; zudem legte man der Veröffentlichung dieser zehn Bände so viele Hindernisse in den Weg, daß die gesamte Auflage an die Subskribenten in der Provinz und im Ausland verkauft war, bevor die Autoren eine Zeile davon hätten lesen können.«[9]

Das Lesepublikum, nicht informiert über die Verstümmelungen, die Le Breton vorgenommen hatte, war zu erfreut, endlich in den Besitz dieser mittlerweile sagenhaften Bände zu kommen, und zu begierig darauf zu lesen, was sich darin fand, als daß es sich darüber beklagt hätte, was sich nicht darin fand. Es blieben immer noch genügend Philosophie, genügend Kühnheit und genügend Neuheiten, die dem »Schlächter« Le Breton entgangen waren, um die Erwartungen der Öffentlichkeit und ihre Neugierde zu befriedigen. Ein einziger Subskribent, Luneau de Boisjermain, der durch eine indiskrete Bemerkung Diderots gewarnt war, strengte einen Prozeß gegen den Verleger an, da die *Enzyklopädie,* die man ihm verkauft habe, nicht mit der Ankündigung im Subskriptionsprospekt übereinstimme. Doch trotz einer ungewöhnlichen richterlichen Bissigkeit wurde die Klage abgewiesen.

Als erste Konsequenz dieser unseligen Affäre – symptomatisch für die extreme Zwiespältigkeit, die damals die Freiheit zu schreiben und zu veröffentlichen bestimmte – muß man feststellen, daß die *Enzyklopädie,* über die wir heute verfügen, unwiederbringlich nicht diejenige ist, die Diderot konzipiert hatte. Mit Hilfe einer 1933 entdeckten Ausgabe der *Enzyklopädie*, die sicher Le Breton gehört hatte und die einen zusätzlichen Band mit 280 Seiten Satzfahnen enthält, die der Druckereibesitzer verstümmelt hatte, glaubte man belegen zu können, daß die Entstellungen im Namen der Selbstzensur letztendlich minimal waren. Nichts beweist jedoch, daß Le Breton hier alle seine Untaten zusammengetragen hatte. Man könnte eher im Gegenteil annehmen, daß er diese prachtvoll gebundenen Seiten nur gesammelt hatte, um im Laufe eines eventuellen Prozesses (gegen Diderot oder gegen Luneau de Boisjermain?) zu dokumentieren, daß sein Gemetzel am Text nur eine läßliche Sünde war.

Nicht ganz von der Hand zu weisen ist aber auch die Hypothese, daß Diderot, auch wenn die Zerstückelung des Textes durch Le Breton ihn schwer getroffen hatte, die Gelegenheit nutzte, um sich endgültig von einem Unternehmen zu distanzieren, das er zwar noch aus Pflichtgefühl gegenüber der Gesellschaft und als Führer einer »Partei« fortsetzte, das aber in Form und Zielsetzung längst nicht mehr dem entsprach, was ihm als Schriftsteller vorgeschwebt hatte.

1765 schrieb Diderot, er sehe nun »dem Ende einer Arbeit entgegen, die mich zwanzig Jahre meines Lebens gepeinigt hat«. Die Begeisterung war tot. Selbst wenn Le Breton nicht eingegriffen hätte: Diderot erkannte, welche Kluft sich zwischen seinen ursprünglichen Intentionen, wie er sie im Subskriptionsprospekt formuliert hatte, und den schließlich erschienenen Bänden auftat. Daran war nicht nur der Überdruß an dem »großen und verfluchten Werk« schuld. Scharfblickend urteilte der Diderot von 1765, daß der geistige Vertrag, den er mit der Gesellschaft seiner Epoche geschlossen hatte, nur sehr unvollkommen erfüllt worden war. Für einen wirklich großen Wurf hätte er die Möglichkeit haben müssen, alle Spezialisten frei bei sich zu empfangen – anstatt dem braven Jaucourt aufzutragen, hastig Texte aus bereits bestehenden Werken zusammenzuschustern. Er hätte die Möglichkeit gebraucht, ganz offen zu arbeiten und ein Netzwerk von zuverlässigen Korrespondenten zu knüpfen, anstatt heimlich Artikel zusammenbasteln und Autoren in Anspruch nehmen zu müssen, die zwar guten Willens, engagiert und mutig waren, damit aber nicht ihren Mangel an Kompetenz wettmachen konnten.

Mit genügend Lust und absurder Halsstarrigkeit hätte Diderot vielleicht von vorne angefangen. Mehr als Verrat, Schikanen und Kränkungen, mehr als die Abgespanntheit nach all diesen Jahren aufreibender Arbeit löste das Mißverhältnis zwischen aufgewandter Energie und dem schließlich vorliegenden Ergebnis ein Gefühl des Abscheus bei ihm aus.

Als Panckoucke, ein Verleger aus Lille, die französische Obrigkeit überreden wollte, eine überarbeitete Fassung der *Enzyklopädie* herauszugeben, und Diderot dabei um Hilfe bat, zeigte sich dieser Widerwille besonders deutlich. Diderot riß seine Arbeit buchstäblich in Stücke. Manche Mitarbeiter, schreibt er, seien inkompetent gewesen, andere hätten nur ihre Unterschrift gegeben und die Arbeit von angeworbenen Lohnschreibern erledigen lassen; nur dem Broterwerb dienende Artikel zerstörten die Harmonie des Ganzen; manche Themen seien aufgrund mangelnder Koordination ausgelassen worden; es fehlten zahlreiche Belege; die Legenden der Bildtafeln seien häufig vernachlässigt worden, usw. usf. Kurzum: »Die *Enzyklopädie* war ein Schlund, in den diese Lumpensammler halb verdautes, gutes, schlechtes, abscheuliches, wahres, falsches, unsicheres und stets unzusammenhängendes und uneinheitliches Zeug warfen.« Die ärgsten Feinde der *Enzyklopädie* hätten nicht so streng geurteilt.

Ist Diderots Urteil wertlos, weil seine persönliche Enttäuschung mit hineinspielte? Vom heutigen Standpunkt – dem Standpunkt seiner so geschätzten Nachwelt – aus betrachtet gewiß nicht. Nicht nur der wissenschaftliche Fortschritt, den die Aufklärung mit sich brachte, ließ die *Enzyklopädie* veralten. Zu diesem natürlichen und organischen Verschleiß durch die Zeit kommt noch unser Anspruch auf Genauigkeit, Kohärenz und Information, den wir bei einem solchen Werk erheben, so daß die Lektüre der *Enzyklopädie* uns eher kurios, verblüffend und anekdotisch als informativ erscheint. Die *Enzyklopädie* ist ein barockes Monument, das man nur noch zur Hand nimmt, um so das Gefühl einer ungezügelten, überschäumenden, parteiischen und spontanen Kreativität nachzuempfinden. Unsere heutigen Lexika in ihrem nüchternen, strengen Gewand von unerschütterlicher Objektivität und angeblich neutraler, über den Niederungen der subjektiven Meinungen schwebender Wissenschaft, haben uns an ein Wissensmodell gewöhnt, das nicht mehr militant sein muß, weil es fast überall die Macht ergriffen hat.

Vom Standpunkt *seiner* Zeit her betrachtet ist Diderots Kritik an seiner eigenen Arbeit im ganzen genommen ungerecht, selbst wenn sie auf einige Artikel zutrifft und Diderot mit der Feststellung, letztlich sei die *Enzyklopädie* nur ein zusammengeschludertes Werk, eine Neuüberarbeitung und Verbesserung forderte, die sich bald als nötig erwies. Die *Enzyklopädie* war eine intellektuelle und politische Waffe und zugleich das größte Unternehmen zur Zusammenfassung und Verbreitung von Kenntnissen seit der Erfindung des Buchdrucks – und gerade durch ihre Ungeordnetheit und ihre unerwarteten Geistesfunken (aus taktischer Klugheit findet sich die Originalität selten dort, wo man sie vermutet), durch ihren stets präsenten Anspruch, Theorie und Praxis, Wissenschaft und Technik, das Wissen und seine Anwendung zu verbinden. Ein weiteres Plus ist ihr ungezwungener Ton, der die Eroberung der Wahrheit nie vom Genuß an der Wahrheit trennt.

Diderot – bei seinen Nachfolgern findet man das kaum noch – ist es zu verdanken, daß dieses Werk nicht nur ein erschöpfendes Inventar aller menschlichen Kenntnisse, sondern auch ein Gegenstand der Verführung war. Wissen sollte nicht nur den Geist für sich gewinnen. Auf Dauer würde es sich nur verankern, wenn es auch Herzen und Gefühle eroberte und Begeisterung erregte, also alle Fähigkeiten des Menschen mobilisierte. In seinen eigenen oder den von ihm korrigierten und kommentierten Artikeln zog Diderot alle Register seiner Schreibkunst, um den Leser aufzurufen, aktiver Zuschauer des Stücks zu werden, das man ihm gab. Er befiehlt, ruft, zeigt sich offen, gerät in Wut, erregt Mitleid, macht sich lustig, prangert an, ruft den Leser als Zeugen auf und stellt Einvernehmen mit ihm her.

Diese Verführung funktionierte. Trotz aller Schwächen, Zusammenhanglosigkeiten und Improvisationen wurde die Botschaft verstanden. Die *Enzyklopädie* war ein Riesenerfolg, trotz der ungünstigen Bedingungen bei ihrer Erarbeitung, Herstellung und Verbreitung. Man hat berechnet, daß die Verleger bei einer Kapitaleinlage von 70 000 Livres einen Profit von 2 500 000 Livres machten; Diderot erhielt 80 000 Livres. Die Sache lief so gut, daß die Verleger von

1751 an eine Art Schutzgeld zahlen mußten, um zu verhindern, daß in England Raubdrucke erschienen. Und 1758 erschien in Lucca eine überarbeitete Version, die man versuchte, auf dem internationalen Markt durchzusetzen. Die *Enzyklopädie* wurde zum Mittelpunkt einer außergewöhnlichen verlegerischen, finanziellen und diplomatischen Auseinandersetzung, die der amerikanische Historiker Robert Darnton in seinem Buch *Glänzende Geschäfte* untersucht hat.

Dieses Gerangel zwischen Fälschern und Händlern, bei dem alle Tricks erlaubt waren, interessierte Diderot kaum. Die *Enzyklopädie* hatte ihn ausgelaugt. Aber zugleich schöpfte er neuen Mut aus der Erleichterung darüber, daß sie nun bald vollendet war, und aus der finanziellen Freiheit, die Katharina II. ihm bot. Er begann wieder ein normales Leben zu genießen, wieder die endlosen Diskussionen zu führen, die er so liebte, war wieder fähig zu den wilden Improvisationen, die das Feuer neu entflammten, welches die Asche der anstrengenden Arbeit als Herausgeber so oft erstickt hatte. Er aß wieder zuviel, so daß seine Magenschmerzen unverändert blieben; er trank Wein, da er dem köstlichen Gift aus den Kellern des Baron d'Holbach nicht widerstehen konnte; er versuchte, sich mit Angéliques Erziehung zu beschäftigen, das heißt, sie dem verderblichen Einfluß von Toinettes Bigotterie zu entziehen, sie aber zugleich vor den Gefahren zu warnen, die einer jungen Frau aus dem Bürgertum drohten, die als Vermögen kaum mehr als ihre Tugend besaß.

Es ist nicht schwer, die Widersprüche, mit denen Diderot bei der Erziehung seiner geliebten Angélique rang, lächerlich zu machen. Sicher hätte er sich weitaus weniger unbehaglich gefühlt, wenn es um einen Jungen gegangen wäre. Ein Mädchen war, so dachte er, in der Gesellschaft des 18. Jahrhunderts eine gefährdete Person. Die Erziehung zur Freiheit mußte daher mit einer beschützenden Erziehung einhergehen. Das ging nicht ohne Zögern und Schwankungen ab, vor allem wenn der Vater die Sache ängstlich anpackte. Wenn man Diderot liest, könnte man manchmal meinen, er neige zur Seite seines ehemaligen Freundes Rousseau, der im *Emile* schreibt: »So muß sich die ganze Erziehung der Frauen im Hinblick auf die Männer vollziehen. Ihnen gefallen, ihnen nützlich sein, sich von ihnen lieben und achten lassen, sie großziehen, solange sie jung sind, als Männer für sie sorgen, sie beraten, sie trösten, ihnen ein angenehmes und süßes Dasein bereiten: das sind die Pflichten der Frauen zu allen Zeiten, das ist es, was man sie von Kindheit an lehren muß.« Manchmal wurde sich Diderot bewußt, wie abscheulich diese altväterliche Moral für jene war, die ihre Auswirkungen ertragen mußten. Als die Sippe Diderot, allen voran sein Bruder, der Abbé, die kleine Angélique traditionsgemäß in ein Kloster schicken wollte, um einen Unschuldsengel aus ihr zu machen, kämpfte er mit aller Kraft dagegen und setzte sich durch. Er brachte Angélique im Laufe eines seiner »lehrreichen Spaziergänge«, für die er eine Vorliebe hatte, alles bei, was sie über den Unterschied zwischen den Geschlechtern wissen mußte, Anatomie, Physiologie, Biologie und Moral inbegriffen. Aber er entrüstete sich in seinem berühmten *Salon* von 1765 auch über zwei freizügige Gemälde Baudouins, den *Kirschenpflücker* und die *Bäuerin, die von ihrer Mutter ausgezankt wird,* zwei »kleine Schändlichkeiten«, weil sie die Aufmerksamkeit der jungen Mädchen erregten und daher aus Versehen Angélique unter die Augen kommen könnten: »In einem gewissen Alter liest man eben lieber ein freies als ein gutes Buch und betrachtet auch lieber ein anrüchiges als ein gutes Gemälde.« Dem schändlichen Baudouin stellte Diderot seinen geliebten Greuze entgegen: »Greuze ist zum Maler und Prediger der guten Sitten geworden, Baudouin dagegen zum Maler und Prediger der schlechten; Greuze zum Maler der Familie und der rechtschaffenen Menschen, Baudouin dagegen zum Maler des Tollhauses und der Wüstlinge. Glücklicherweise fehlt es ihm aber an einem guten Strich, an Genie, an Gefühl für die Farbe, während wir Genie, einen guten Strich und Gefühl für die Farbe haben und daher die Stärkeren sein werden.« Und glücklicherweise gingen für Diderot das Schöne und das Gute Hand in Hand. Wenn man Angélique über Ästhetik belehrte, lehrte man sie gleichzeitig Moral und umgekehrt.

In der praktischen, unmittelbaren Moral verließ sich Diderot stärker auf seinen Instinkt für die Tugend als auf eine geschlossene Lehre. So gut es eben ging – und zumeist eher gut als schlecht – versuchte er, gesellschaftliches Pflichtbewußtsein und die Lust am individuellen Vergnügen miteinander in Einklang zu bringen, indem er versicherte, letzten Endes verschaffe die Tugend die erlesensten Freuden.

Doch er weigerte sich, eine Wahl zwischen Mut und Sinneslust, schwarzem Humor und Mitgefühl, Ernst und Ironie, Zärtlichkeit und Sarkasmus zu treffen – das heißt, sich zu verstümmeln und in einer gehemmten, unnatürlichen Haltung zu erstarren. Er gab sich alle Mühe, eine Rolle und zugleich ihr Gegenteil zu spielen, eine Pose mit Hilfe einer anderen zu kritisieren, um so zu zeigen, wie lächerlich es wäre, dabei stehenzubleiben. Wenn er unablässig moralisierte, so deshalb, weil er eine Debatte lebendig halten wollte, die nur dann Sinn hatte, wenn sie stets offen blieb. Angélique wurde von schlüpfrigen Gemälden ferngehalten, aber sie erhielt Lektionen über das Leben, um die sie manches junge Mädchen unserer Zeit noch beneiden könnte.

Lust an der Freundschaft gehörte zu den sinnlichen Tugenden, die Diderot leidenschaftlich pflegte. Was kümmerte es ihn, daß der allzu vorsichtige d'Alembert ihn im Augenblick der größten Gefahr für die *Enzyklopädie* bedenkenlos im Stich gelassen hatte. Zu Beginn des Sommers 1765 war der Mathematiker krank. Der Achtundvierzigjährige lebte immer noch bei seiner Amme in einem ungesunden Verschlag in der Rue Michel-le-Comte. Nachdem er an »Faulfieber« erkrankt war, fand er sich endlich damit ab, seinen Dachboden zu verlassen und ein Zimmer über der Wohnung seiner Freundin Julie de Lespinasse in der Rue Saint-Dominique zu beziehen, das sie ihm zur Verfügung stellte. Aber bereits bevor d'Alembert umzog, kümmerte sich Diderot ständig um ihn: »Seit wir von seiner Krankheit wußten, war Madame regelmäßig am Vormittag bei ihm und ich am Nachmittag.« Bei einem dieser Besuche lernte Diderot »eine Mademoiselle d'Espinas [sic] kennen, die morgens um acht Uhr dorthin kam und erst um Mitternacht wieder ging«. Diderot sollte bald lernen, den Namen dieser Frau richtig zu schreiben. Nach ihrem erst kurz zurückliegenden Bruch mit Madame du Deffand hatte sich Julie de Lespinasse als philosophisch interessierte Salondame auf die eigenen Füße gestellt. Die Dreiunddreißigjährige war von ihrer Tante, der sie seit elf Jahren als Gesellschafterin gedient hatte, hinauskomplimentiert worden. Die Marquise ertrug es nicht länger, daß ihre »Vorleserin« und Bedienstete die Aufmerksamkeit der treuesten Gäste ihres Salons auf sich zog. Die Beziehung zwischen dem Mathematiker-Philosophen und berühmten illegitimen Sohn und der Erbin, die durch eine Familienintrige ruiniert worden war, in Paris Aufnahme bei einer herrschsüchtigen und leicht kränkbaren Tante gefunden und sich schließlich durch ihren Verstand vom intellektuellen und gesellschaftlichen Joch ihrer Gönnerin befreit hatte – diese Beziehung ist ein undurchsichtiger und tragischer Roman, in dem sich alle Ungewißheiten und Widersprüche jener Zeit finden.

Den Polizeiberichten nach war d'Alembert homosexuell. Das erklärt vielleicht, warum dieser berühmte Wissenschaftler, der von den größten europäischen Akademien wie ein König aufgenommen und bald Ständiger Sekretär der Académie française wurde, so lange in einer ärmlichen Wohnung lebte, in der er niemanden empfangen konnte.

Die tiefe und gegenseitige Freundschaft zu Julie, die er 1754 im Salon Madame du Deffands kennengelernt hatte, diente ihm zu Anfang möglicherweise als eine Art Tarnung. Bei allen gut Informierten – Diderot gehörte nicht dazu, wohl aber Voltaire – galt d'Alembert als Julies Liebhaber. Als er im Haus Mademoiselle de Lespinasses einzog, wurde das Gerücht zur Gewißheit. Man sah die beiden stets zusammen; die Salondame beschäftigte d'Alembert als ihren Sekretär – selbst wenn sie sich gerade im Bad befand. Eine ergreifende Verwechslungskomödie à la Marivaux: auf der einen Seite d'Alembert – zweifellos verliebt in seine Gastgeberin –, der seine platonische Liebe in das erhabene Bild einer vollkommenen Seelengemeinschaft kleidete, die unbefleckt von körperlichen Bedürfnissen war; und auf der anderen Seite die schöne Julie, die den vorgeblichen Liebhaber d'Alembert als Schutzschild benutzte, um die ganzen Jahre über ohne sein Wissen leidenschaftliche und dramatische sexuelle Liebesaffären zu unterhalten. Erst als sie d'Alembert 1776 zu ihrem Testamentsvollstrecker machte, enthüllte sie ihm deren Existenz. Und erst so erfuhr d'Alembert, daß die Frau, deren »Seelenfreund« er zu sein glaubte, ihre Liebe seit zwanzig Jahren anderen Männern geschenkt hatte – »Sie, die mir alles gewesen wären, wenn Sie es nur gewollt hätten«.[10] Jahrelang hatte d'Alembert geglaubt, in enger Vertrautheit mit Julie zu leben, und auf das Eingeständnis einer Liebe gewartet, das sie ihm nie hatte geben wollen. Als betrogener und leidenschaftlicher Liebhaber gerierte sich dieser wenig frauenfreundliche Mathematiker, einige Wochen nach dem Tod seiner Freundin und dem Geständnis ihres »Verrats«, als er in dem Text *Aux mânes de mademoiselle de Lespinasse (An die Manen der Mademoiselle de Lespinasse)* seine Liebe bekannte, die er zuvor nie zu erklären gewagt hatte: »Mir bleibt nur der dunkle Trost derer, die keinen haben; die Melancholie, die sich in Tränen ertränken will, ohne einen Gefährten zu suchen, der diese Tränen mit ihr teilt.« Dieser schärfste Analytiker unter den französischen Aufklärern läßt in seiner Formulierung bereits die Klage der Romantik erahnen: »Ich kann noch so oft die Texte der Philosophen lesen und versuchen, mich mit dieser kalten und stummen Konversation zu trösten, aber ich habe immer nur das Gefühl [...], daß es für die Leiden der Seele nur unzureichende Heilmittel gibt; und schließlich kann ich mir nur traurig wiederholen, was diese Philosophen sagen – daß der wahre Trost für unseren Schmerz in der Hoffnung liegt, nur noch einen kurzen Augenblick lang leben und leiden zu müssen.«[11]

Zu dieser Zeit begann auch Diderots Korrespondenz mit Michel Jean Sedaine, den er durch Grimm kennengelernt hatte. Sedaine, Sohn eines Maurermeisters aus dem Pariser Viertel Saint-Gervais und selbst ehemaliger Steinmetz, war ein typischer Vertreter jener Söhne aus dem Volk, die mit ihrem literarischen Talent die gesellschaftlichen Schranken zu überwinden hofften. Diderot war für ihn ein Vorbild, und er gab sich gerne als sein »Adjutant«. Tatsächlich wandte Sedaine in seinem Stück *Le Philosoph sans le savoir* (Philosoph ohne es zu wissen) Diderots Theatertheorie wortwörtlich an – und mit größerem Erfolg als sein Meister. Ohne eine Spur von Neid erkannte Diderot dies an: »Ja, mein Freund, wenn du nicht so alt wärest, würde ich dir meine Tochter geben!« Seine – damals zwölfjährige – Tochter herzugeben, war für Diderot das höchste Geschenk schlechthin; aber Sedaine war fast fünfzig.

Eine weitere wichtige Bekanntschaft war Jacques André Naigeon. Durch Damilaville, den Agenten und bösen Geist Voltaires in Paris, der sich in den »d'Holbach-Klüngel« eingeschlichen hatte, lernte Diderot diesen sechsundzwanzigjährigen Mann kennen, der Zeichner, Maler und Bildhauer gewesen war, bevor er der Philosophie verfiel. Außer bei Diderot war er bei seinen Zeitgenossen wenig beliebt. Im

Dictionnaire biographique (Biographisches Lexikon) ist über ihn vermerkt, daß er »sich durch eine erbitterte Hartnäckigkeit in seinen philosophischen Meinungen auszeichnete. Er hinterläßt einen Ruf als fanatischer Atheist, lächerlicher Pedant, als dogmatischer, weitschweifiger und schwerfälliger Schriftsteller.«

Wie dem auch sei, Naigeon stellte sich sofort in Diderots Dienste. Zweifellos setzte er sich, wie alle Epigonen, militant und borniert für das Gedankengut seines Meisters ein, das er – vor allem, was den Atheismus betrifft – stark vereinfacht hatte, um es in die Grenzen seines eigenen Begriffsvermögens einzupassen. Aber er war ein absolut treuer Kämpfer. Während der letzten achtundzwanzig Jahre seines Lebens hatte Diderot einen Jünger, Sekretär, Vertrauten und Mann für alle Arbeiten an seiner Seite – Diderots »Hanswurst«, sagten seine Feinde –, der auch sein Freund und Testamentsvollstrecker wurde und 1798 die Werke seines Meisters in fünfzehn Bänden herausgab. 1821 verfaßte er die *Mémoires historiques et philosophiques sur la vie et les ouvrages de Denis Diderot*, die mit vertraulichen Bemerkungen von Diderot selbst durchwirkt sind und heute noch die ergiebigste Quelle für direkte Informationen über ihn sind.

Diderot fühlte sich wieder gut. Die *Enzyklopädie* kam zum Abschluß; er marschierte zu Fuß in alle Richtungen durch Paris, um seine Freunde zu besuchen; überall drängte man sich danach, ihn zu sehen oder bei sich zu empfangen – »Es gibt hier eine Madame Necker, eine hübsche und schöngeistige junge Frau, die ganz versessen auf mich ist. Sie verfolgt mich geradezu, um mich bei sich zu haben« –; er erwies tausenderlei Dienste, erteilte Ratschläge und las die Manuskripte seiner Freunde. Und stets arbeitete er unermüdlich. Er bereitete die Veröffentlichung eines *Traité des couleurs pour la peinture en émail* (Abhandlung über die Farben bei der Emailmalerei) vor, den Montasy ihm vor seinem Tod anvertraut hatte. Er schrieb einen »Hinweis an die Leser statt eines Vorworts«, um sich ein letztes Mal über die *Enzyklopädie* zu äußern. Vor allem aber verfaßte er auf Ersuchen des unersättlichen Grimm den *Salon* von 1765, bald gefolgt von seinem *Versuch über die Malerei*, beides Werke, die die klassische Ästhetik erschüttern sollten. Über seinen *Salon* von 1765 war Diderot selbst begeistert: »Er ist ernst und fröhlich. [...] Er ist sicherlich das Beste, das ich gemacht habe, seit ich die Literatur pflege, von welcher Seite aus man ihn auch betrachtet – sei es bezogen auf die Vielseitigkeit des Tonfalls, die Mannigfaltigkeit der Gegenstände oder auf den Überfluß an Ideen, die bisher wohl durch keinen anderen Kopf gegangen sind als den meinen, wie ich mir vorstelle.« Der *Salon* ist tatsächlich ein überwältigendes, fast schon zu ausgreifendes Festival von Einschüben, Abschweifungen, poetischen Schlenkern und theoretischen Ausführungen. Tonfall und Rhythmus ändern sich unablässig, so daß der Leser und Zuschauer in einem fort verunsichert wird – einmal wird er mitgezogen, dann abrupt losgelassen und schließlich wieder bei den Rockschößen gepackt. Es ist die große Kunst der Verführung durch den Taumel, eine geistige und emotionale Achterbahn; doch diese unkonventionelle Form der Kunstkritik erfordert auch eine nicht weniger unkonventionelle Ästhetik. Der Einheit der akademischen Schönheit wird eine andere Schönheit, eine andere Einheit, nämlich die des Lebens selbst, entgegengesetzt: »Ein System von untereinander verbundenen und notwendigen Unregelmäßigkeiten.« Eine dramatische, überwältigende Schönheit, deren Idee der Maler erfaßt und in dem Moment ausgedrückt hat, in dem sie ihre größte Durchschlagskraft erreicht: »Der Künstler hat nur einen Moment, der nicht länger dauert als ein flüchtiger Blick.« Hier kündigt sich bereits die romantische Malerei an, die jede Hierarchie der einzelnen Genres ablehnt, die Unvollkommenheit aufwertet und beteuert, der Künstler könne nur sich selbst in sein Werk projizieren; ihn zu etwas anderem zu zwingen, wie es die klassische Kunst tut, könne ihn nur zu Unwahrhaftigkeit und Falschheit führen. Der Schöpfer ist allmächtig; durch die Kunst gelangt der Mensch zur Ewigkeit.

Diese Konzeption des Menschen als Demiurg, seine Vergöttlichung, die ihn in den Mittelpunkt des Universums stellt, geht bei Diderot einher mit dem Abschluß eines intellektuellen Prozesses, der ihn schließlich definitiv zum Atheismus führte. In einem Brief an Damilaville vom 12. September 1765, dessen Adressat eigentlich Voltaire und sein Deismus ist, schreibt er: »Wenn ein Philosoph eine Hypothese aufgestellt hätte, die alle Phänomene erklärte, wären Sie dann nicht sehr versucht, diese Hypothese für die Wahrheit zu nehmen? Warum nehmen Sie dann nicht eine Hypothese für eine Unwahrheit, die Sie auf keine einzige metaphysische, physische, politische und moralische Frage anwenden können, ohne sie zu verunklaren?« Erst im *Gespräch mit d'Alembert* kam er auf diese Position zurück und erklärte sie: Gott ist eine Erfindung, die auf alle Fragen nur so unverständliche und unbefriedigende Anworten gibt, daß sie die Menschen veranlaßt, sich zu hassen und gegenseitig umzubringen.

Ein solches Glaubensbekenntnis konnte Diderot nur noch weiter von Rousseau entfernen. Dennoch war bei Diderot die Wunde, die der Abbruch dieser Freundschaft ihm zugefügt hatte, nie ganz verheilt. Als Rousseau nach der Veröffentlichung des *Emile* verfolgt und aus Frankreich, nach den *Briefen vom Berg* auch aus Genf vertrieben wurde, verteidigte Diderot den Verbannten. Er bot an, sich an einer Sammlung zu beteiligen, die Hume insgeheim organisierte, um Rousseau zu Hilfe zu kommen. Er nahm auch Kontakt auf zu François Louis d'Escherny, einem Verleger aus Neuchâtel, um ihn zu bitten, bei einer Versöhnung zwischen ihnen beiden zu vermitteln. Zweimal machte dieser Unterhändler »Friedensvorschläge«; zweimal lehnte Rousseau brüsk ab. »Wenn Monsieur Diderot Sie gekränkt hat«, schrieb d'Escherny an Rousseau, »so gesteht er es teilweise ein und erklärt, es sei eher aus Leichtsinn, Übereiltheit und einem Mißverständnis heraus geschehen als durch die bewußte Absicht, Ihnen zu schaden.«[12] Antwort Rousseaus: »Ich verstehe nicht recht, Monsieur, was Monsieur Diderot nach sieben Jahren des Schweigens plötzlich von mir will. Ich will von ihm nichts und habe nichts zu widerrufen. Ich bin weit entfernt, ihm Böses zu wünschen oder gar anzutun oder über ihn zu sagen. Ich respektiere bis zum Ende die Rechte der Freundschaft, selbst wenn sie erloschen ist. Aber ich werde sie nicht aufs neue erwecken, das ist mein unantastbarster Grundsatz.«[13]

Diderot gab jedoch noch nicht auf. Als Rousseau nach Paris kam, um sich mit Hume zu treffen, der ihn mit nach England nahm, schrieb Diderot, ohne wirklich darauf zu hoffen, an Sophie, daß er sich sehr über einen Besuch Rousseaus freuen würde, und setzte das folgende Geständnis hinzu: »Ich tue gut daran, den Zugang zu meinem Herzen nicht allzu leicht zu machen. Wenn man einmal darin Platz gefunden hat, räumt man ihn nicht, ohne es zu zerreißen, und diese Wunde vernarbt nie völlig.« Aber Rousseau, der in Paris zahlreiche Besuche machte, kam nicht zu Diderot.

Als Hume und Rousseau bald darauf miteinander brachen, verzichtete Diderot dennoch darauf, in den von d'Alembert angestimmten Chor gegen den jähzornigen Genfer einzustimmen.

Diderots gesellschaftliche Geschäftigkeit, diese unbändige Lust auf Begegnungen, auf Austausch, auf Gefälligkeiten, die er erweisen konnte, auf Beziehungen, die er enger knüpfte, auf neue oder wiederbelebte Freundschaften, ist nicht nur durch seine angeborene Geselligkeit zu erklären. Zum einen fürchtete er sich vor Langeweile. Als er die Redaktion der *Enzyklopädie* abgeschlossen hatte, schrie er zwar »Land in Sicht!« und freute sich auf das baldige Ende dieser jahrelangen Sklaverei, doch er hatte auch Angst vor der Ruhepause, die nach Abschluß dieses Unternehmens auf ihn wartete. Langeweile war für Diderot mehr als ein unangenehmes Gefühl, sondern in gewisser Weise der vorweggenommene Tod im Leben. Langeweile begünstigte metaphysische Ängste und verleitete zu einer unmoralischen Hingabe an die vegetative Schwerfälligkeit des Körpers und zu einem Dämmerzustand des Geistes. Das Schöne und das Gute existierten nur in der Bewegung, im Schöpfungsakt, in der fortwährenden Suche nach neuen Kombinationen und verschiedenen Gesprächspartnern, die aufgrund der Widersprüche, die sie vorbrachten, imstande waren, alte Lehrsätze um noch nie dagewesene Blüten zu bereichern. Langeweile war für Diderot auch nicht nur individueller Ausdruck eines Daseins, dem es an etwas fehlte, sondern ein unerträglicher sozialer und geistiger Makel. Lieber Tod als Langeweile, oder genauer formuliert: Langeweile war das Zeichen für die Niederlage des Lebens.

Zum anderen war es für Diderot aber auch dringend nötig, all seine Freunde und Verbündeten zusammenzuscharen, um sich einer Kraftprobe zu stellen, die er bisher verheimlicht hatte: Die zehn verbotenen Bände der *Enzyklopädie* sollten erscheinen. Der Augenblick war gekommen, da jeder falsche Schein notwendigerweise der Wahrheit weichen mußte. Die Regierung, die lauthals ihre Ablehnung von

Diderots Werk verkündete, zugleich aber unterderhand seine Fortführung gestattet hatte, konnte nicht mehr die Augen verschließen,
sobald die Bücher gedruckt und lieferbar waren. Sicher, die *Enzyklo-*
pädie existierte offiziell gar nicht mehr, aber von den zehn Bänden,
die Le Breton und die assoziierten Verleger in einer Auflage von viertausend Exemplaren gedruckt hatten, konnte schwerlich behauptet
werden, sie seien nicht vorhanden.

Weder die königliche Gewalt noch die Enzyklopädisten waren
auf eine Kraftprobe erpicht; beide Seiten fürchteten sich vor einer
Unvorsichtigkeit oder einer heftigen Reaktion, die sie zwingen
könnte, die Feindseligkeiten zu eröffnen: die Regierung müßte dann
das Werk unterdrücken; die Philosophen müßten ganz Europa gegen
die bildungsfeindliche Hartnäckigkeit Versailles' mobilisieren.

Man griff daher zunächst auf eine List zurück. Es wurde angekündigt, die Ausgabe sei im Ausland, bei Samuel Fauche in Neuchâtel,
hergestellt worden. Um der Vorsicht willen hatte Diderot sogar zu-
gestimmt, daß sein Name nicht im Titel des Werks erschien; die Subskribenten wurden aufgefordert, ihre Bücher bei Le Breton abzuho-
len, der nur noch als Zwischenhändler in Erscheinung trat.

Aber diese Konstruktion stand auf zu schwachen Beinen, um vor
den unliebsamen Überraschungen der Politik zu schützen. Diesmal
waren es die Finanzbeziehungen zwischen Kirche und Staat, die das
sorgfältig und in offenster Unehrlichkeit ausbalancierte Gleichgewicht zwischen Legalität und Illegalität zum Kippen brachte.

Wie immer brauchte der König Geld. Die Kirche war reich und
im Prinzip von Steuern befreit. Der Staat wagte es zwar nicht, dieses
Prinzip in Frage zu stellen, hatte den Klerus aber schließlich dazu
überredet, eine »freiwillige Spende« zu leisten, deren Höhe bei den
alle fünf Jahre stattfindenden Versammlungen des Klerus festgelegt
wurde. Nichts ohne Gegenleistung: Die Bischöfe feilschten hart um
ihre freiwilligen Abgaben und erwarteten im Austausch gegen ihre
Spenden einige politische Vergünstigungen – und vor allem strenge
Sanktionen gegen Werke, in denen die Religion kritisiert wurde. Und
es traf sich, daß diese Versammlung des Klerus gerade stattfand, als
die letzten Bände der *Enzyklopädie* gedruckt wurden. Am 22. August 1765 bekräftigte die französische Kirche feierlich ihre Verurtei-

lung der *Enzyklopädie;* und damit die Botschaft deutlich genug war, richtete sie ein Gesuch an den König, um die Leitung des Buch- und Verlagswesens ihrer Zensur zu unterwerfen. Und es gab keinen Malesherbes mehr – er war 1763 durch Sartine ersetzt worden –, der die Bigotten besänftigt hätte, ohne die Philosophen zu plagen.

Der Kompromiß, den Sartine fand, war so lächerlich und unlogisch, daß er die ganze Verwirrung der Macht und die Angst, die man in Versailles vor Paris empfand, offenkundig macht. Man genehmigte die Verbreitung der *Enzyklopädie* im Ausland und in der Provinz, verbot sie aber in Paris und Versailles. In der Hauptstadt und in Versailles war die *Enzyklopädie* ein Gift, aber in Mantes oder in Palaiseau konnte sie frei verkauft werden. Und damit klar wurde, daß seine Anordnung kein Scherz war, ließ Sartine Le Breton am 23. April 1766 in die Bastille werfen. Der Buchhändler hatte es gewagt, einigen einflußreichen Subskribenten am Hof die Bände zu schicken, die sie angefordert hatten. »Diese Strafe«, schrieb Sartine auf d'Hémérys Verhaftungsprotokoll, »war unumgänglich, um den Klerus zufriedenzustellen.«

Der Druckereibesitzer kam mit acht Tagen Gefängnis davon. Es war kein lautstarker Protest, der ihn wieder befreite – noch war niemand in der Lage, eine öffentliche Meinung zu mobilisieren, die gerade erst zu existieren begann –, sondern eine Reihe von Verhandlungen und verschiedentlich ausgeübter Druck, wobei man sich jedoch hütete, die Frage der Meinungsfreiheit in den Vordergrund zu schieben. So schrieb Voltaire an Damilaville, mit der Verhaftung Le Bretons habe »der Minister diese Exemplare sehr klug an sich gebracht und so ein Geschrei verhindert, das ebenso gefährlich wie ungerecht gewesen wäre.«[14] Diderot verteidigte Le Breton – und bei dieser Gelegenheit sich selbst – mit einer regelrechten Erpressung Sartines, »indem ich ihm zu verstehen gab, daß es ebenso um ihn ging wie um uns, und daß er entweder der nachlässigste und ungeschickteste Aufseher oder aber unser Komplize sei«, der diese Bücher bis nach Versailles hatte vordringen lassen. »Infolgedessen hat man Le Breton nicht verhört und ebenso eilig nach Hause geschickt, wie man ihn in die Bastille gebracht hatte.«

Das Verbot der *Enzyklopädie* in Paris wurde nie offiziell aufgehoben. Dieses Verbot erregte nur den Spott des Auslands, ohne die Verbreitung des Werks auf Dauer zu beeinträchtigen. Die meisten Subskribenten bei Hofe oder aus Paris besaßen Güter in der Provinz und ließen sich dieses Teufelswerk dorthin schicken. Doch dieser neuerliche, unlogische Wandel in der Taktik der Zensur manifestierte, daß sich das Verhältnis zwischen der Macht und der geistigen Elite weiter verschlechtert hatte. Ein neuer Schub von Intoleranz machte sich bemerkbar, die Spannungen zwischen der »Partei« der Religiösen und ihren Gegnern wuchsen. Die Affäre um den Chevalier de La Barre machte dieses Klima noch drückender, bis es schließlich unerträglich wurde.

Am 28. Februar 1766 wurde der neunzehnjährige Chevalier Jean-François de La Barre zu Folter und Tod verurteilt, weil er »kaum fünfundzwanzig Schritte von einer Prozession entfernt nicht den Hut zog und zwei gottlose Lieder gesungen« hatte. Tatsächlich ermittelte die Polizei wegen der Verstümmelung eines Holzkruzifixes, das in Abbeville auf einer Brücke angebracht war. Ohne den geringsten Beweis verhaftete man fünf ein wenig stürmische junge Leute, von denen es hieß, sie hätten sich einmal gotteslästerlich geäußert. Dreien gelang es, aus der Gegend zu entkommen; ein Siebzehnjähriger wurde freigelassen. Als Sündenbock diente nun der Chevalier de La Barre. Ohne die geringste Spur eines Beweises beschloß das Gericht, sogar gegen den Rat des Bischofs von Amiens selbst, daß er, nachdem er öffentlich Buße bekannt habe, »mit herausgeschnittener Zunge geköpft und verbrannt« werden sollte.

Eine solche Barbarei konnte nicht vertuscht werden. In der Berufung sah sich der Pariser Gerichtshof vor einer heiklen politischen Entscheidung: Wenn er die Richter aus der Provinz desavouierte, beleidigte er damit die Verteidiger von Ordnung und Glauben, die den Angriffen auf die Religion ein spektakuläres Ende setzen wollten; doch La Barre aufgrund einer nicht vorhandenen Akte zu verurteilen, wäre ein Schlag ins Leere. Die Pariser Richter, stets darauf bedacht, sich als die wahren Verteidiger der Institutionen und der Kirche zu erweisen – wachsamer, entschlossener und sicherer als die Höflinge und Regierungsmitglieder, die von den neuen Ideen verdorben waren –, bestätigten das Todesurteil über den Chevalier, gaben seiner Akte aber einen Inhalt. Die Schändungen in Abbeville, erklärte Denis Louis Pasquier, Rat der Großen Kammer, seien »die verhängnisvolle Folge des philosophischen Geistes, der sich in Frankreich breitmacht«.[15] Man müßte sich unverzüglich damit befassen, die Ordnung wiederherzustellen, doch wenn man »nur Bücher zu verbrennen« habe, könnte das nicht besonders wirkungsvoll sein.

Es ist durchaus nicht zum Lachen, daß Voltaire von panischer Angst erfaßt wurde und im Ausland Asyl suchte. Bei diesem immer erbitterteren politischen und religiösen Konflikt, der ein halbes Jahrhundert zuvor in Frankreich begonnen hatte, gab es tatsächlich bedeutende, einflußreiche und hartnäckige Kräfte, die entschlossen waren, diese paar Dutzend philosophischer Köpfe, diese Giftmischer im Umkreis der *Enzyklopädie,* zu beseitigen – wenn nötig, im ganz physischen Sinne –, bevor ihre Ideen den gesunden Körper des Königreichs ansteckten. An dem armen Jean-François de La Barre, der nie einen Band der *Enzyklopädie* gesehen hatte, wurde ein Exempel statuiert, das die Bürger, die sich nicht in Wohlverhalten übten, in Schrecken versetzen sollte. Man wollte so ihre Feinde bestärken und die große Masse an die Logik der Unterdrückung gewöhnen.

Voltaire ließ Diderot durch Damilaville den Rat übermitteln, Frankreich zu verlassen: »Meine Empörung und mein Abscheu werden mit jedem Augenblick größer, mein lieber Bruder. Sie sprechen von Mut; und Sie und Ihre Freunde müssen auch Mut haben. Dies ist ein Brief an Plato. Man müßte versuchen, sich für eine Seite zu entscheiden, und wenn Sie mir das Wort erteilen, stehe ich für den Erfolg ein. Man muß einen Kerker verlassen, um frei und geehrt zu leben.«[16]

Direkt an Diderot schrieb Voltaire: »Ein Mann wie Sie kann das Land, in dem Sie unglücklicherweise leben müssen, nur mit Grauen betrachten. [...] Ich begreife nicht, wie ein Mensch mit empfindsamem Herzen und gerechtem Geist in einem Land leben kann, in dem die Affen sich in Tiger verwandelt haben. [...] Die Weisen, die Menschlichkeit in sich spüren, müssen sich fern von den wahnsinnigen Barbaren versammeln.«[17]

Diderot bewegte sich nicht vom Fleck. Er gab seiner »Trägheit«

die Schuld. Nicht daß er keine Angst verspürt hätte: »Meine Seele ist voller Beunruhigung; ich höre aus der Tiefe meines Herzens eine Stimme, die sich der Ihren verbindet und mir zuruft: Fliehe, flieh! [...] Ich weiß wohl, daß ein wildes Tier, wenn es einmal Menschenblut geleckt hat, dieses nicht mehr entbehren kann. Ich weiß wohl, daß es diesem Tier an Nahrung mangelt und daß es, da es keine Jesuiten mehr zu fressen bekommt, sich auf die Philosophen stürzen wird. Ich weiß wohl, daß seine Augen auf mich geheftet sind, und daß ich vielleicht der erste sein werde, den es verschlingt. [...] Ich weiß wohl, daß sie vor kurzem einen jungen Menschen gemordet haben um einiger Albernheiten willen, die allenfalls eine leichte väterliche Rüge verdienten. [...] Ich weiß wohl, [...] daß ich, wenn sie mich zugrunde richten wollen, verloren bin.« Auch sein Abscheu gegen das Regime war groß genug: »Ich weiß wohl, daß ein Ehrenmann in vierundzwanzig Stunden sein Hab und Gut verlieren kann, weil sie Schnorrer sind; seine Ehre, weil es kein Gesetz gibt; seine Freiheit, weil Tyrannen argwöhnisch sind; sein Leben, weil ihnen das Leben eines Bürgers keinen Pfifferling wert ist.« Aber gegen alle vernünftigen Argumente, die Diderot selbst ins Feld führte und die ihn zur Flucht veranlassen sollten, setzte er immer noch das Gefühl, »daß sie es nicht wagen werden«. Es mochte Willkür herrschen; der Staat mochte sich in einen Polizeistaat verwandelt haben, der seine Bürger »in die unsichtbaren Maschen eines Netzes« verstrickte; man hatte in Amiens einen unschuldigen jungen Mann legal ermordet – aber dennoch, in Paris war eine unsichtbare Gewalt entstanden, die Diderot und seine Freunde schützte, eine bisher noch gesichtslose moralische Gewalt, der Diderot verpflichtet war und die verunsichert und geschwächt würde, wenn er floh und auf dem Gebiet eines ausländischen Herrschers Schutz suchte. Diderot stellte sich unter den Schutz der »öffentlichen Meinung« seines Landes – auch wenn man den Begriff damals noch nicht kannte. Gegen das kranke Regime und seine kranken Führer setzte er auf die gesunde französische Gesellschaft. Im aufgeklärten Europa, in dem die Philosophie Paß und Vaterland ersetzte, entschied sich Diderot, französischer Staatsbürger zu bleiben. Es war ihm ganz recht, daß sein Geist universal war, solange nur seine Füße und sein Herz in Frankreich blieben.

Gerne wollte er für Katharina II. die schönsten Kunstwerke kaufen; gern wollte er für sie Bildhauer, Ökonomen und sogar ganze Handwerker- und Arbeiterfamilien rekrutieren – was ihm übrigens neuen Ärger mit der Regierung einbrachte. Gerne wollte er zum Ruhm seiner Wohltäterin eine »Pyramide« errichten: »Ein allgemeines Wörterbuch der französischen Sprache, in dem alle Begriffe erklärt, definiert und umrissen werden« – auch hier wieder die Faszination durch eine universelle Grammatik aller Zeichen, die den ungenauen und sinnentleerten Gebrauch von Wörtern ausräumen würde, der vor allem verantwortlich war für die Bildungsfeindlichkeit. Dieses Wörterbuch würde er ins Russische übersetzen lassen, um die Sitten dieser Nation weiterzuentwickeln. Aber immer noch widerstrebte es ihm, die Reise nach St. Petersburg zu unternehmen, zu der man ihn drängte und die er der Zarin im Grunde schuldig war.

Falconet, der Diderot seinen Aufenthalt in Rußland verdankte und eine umfangreiche Korrespondenz mit ihm unterhielt, führte einen regelrechten Zermürbungskrieg, um seinen Freund zu überreden, endlich seinen Verpflichtungen nachzukommen. Diderot machte Versprechungen; er schwor, er wiederholte seinen Eid; und sofort brachte er hundert Gründe vor, um seine Erfüllung hinauszuschieben: seine schwache Gesundheit, die angegriffene Gesundheit seiner Frau, die Liebe zu Sophie – »für mich die einzige Frau der Welt« –, die Arbeit, die er nicht beendet hatte, seine Untauglichkeit für das Leben bei Hof mit all seinen Fallstricken. Siebenundzwanzig Seiten schrieb er so an Falconet, der sie Katharina II. zeigte und mit einem Schnipser vom Tisch fegte: »Sprechen wir deutlich: Wenn Diderot, erfüllt von Dankbarkeit und empfänglich für den schönen Ruhm, sechs Wochen bräuchte, um die Reise von Paris nach Petersburg zu machen, wenn er dort zwei oder drei Monate bliebe und weitere sechs Wochen rechnen müßte, um in seine heimischen Gefilde zurückzukehren, wären das fünf oder sechs Monate. Diderot käme nicht, um seinen Wohnsitz in Rußland aufzuschlagen; er würde etwas weit Besseres tun; er käme einzig und allein, um der Herrscherin, die solche Freude daran hätte, ihn glücklich zu machen, persönlich seine Dankbarkeit auszudrücken.« Katharina II. war weniger streng: »Ich schätzte Monsieur Diderot unendlich; und ich schätze ihn noch,

nachdem ich diese zwanzig Seiten gelesen habe. Sein ehrliches Eingeständnis ist ein heroisches Bemühen. Er wird dann kommen, wenn er
kann, und stets willkommen sein. Ich werde es nicht übers Herz
bringen, ihm zu raten, sich selbst oder andere unglücklich zu machen.«[18] Die Zarin war gekränkt, aber sie ließ sich nicht dazu herab,
es zu zeigen. Sie sollte noch sechs Jahre lang warten.

KAPITEL

15

Zwischen dem Abschluß der *Enzyklopädie* und dem Jahr 1769, als er *D'Alemberts Traum* schrieb, arbeitete Diderot wenig. Das heißt, er verausgabte sich sehr für seine Freunde. Eine geistige Ruhepause nach dem aufreibenden Kraftaufwand für die *Enzyklopädie*? Wahrhaftig nicht. Im Gegenteil, es war eher, als sammle er seine Kräfte für einen erneuten Anlauf. Er entwickelte Dutzende neuer Ideen über die Wissenschaft, das Leben, die Sprache, die Kunst, die Natur, die Moral und die Politik. Er nahm unzählige neue Arbeiten in Angriff, entwarf eine Theorie der Ästhetik, die er recht und schlecht mit dem Anspruch auf moralische Erbauung in Einklang zu bringen versuchte. Im *Salon* von 1767 kommt diese Theorie am reizvollsten zum Ausdruck, hier äußert er die gewagtesten Analysen über Religion und Metaphysik. Wiederum zog er keine endgültigen Schlüsse und ließ sich nicht in die Zwangsjacke eines Systems stecken. Er war überzeugt, daß jede Antwort – wenn überhaupt – erst dann gegeben werden konnte, wenn zuvor alle Fragen gestellt worden waren, und zwar die richtigen.

Doch Diderot spürte auch, daß dieses breite Spektrum an Problemen, das er in Angriff nahm, diese Unzahl aufgeworfener Fragen und vorläufiger Hypothesen, einer genaueren Formulierung bedurfte. Er suchte nach einer Form, die seinen Gedanken einen Halt geben konnte, ohne sie einzusperren, eine dynamische Form, die Erstarrung verhinderte. Da jede theoretische Abhandlung ihrem Wesen nach dogmatisch ist, suchte er nach Wegen zu einer Poetik der Wissenschaft und der Philosophie.

Doch bevor er diese Anstrengung, seine Gedanken zu ordnen,

unternahm, mußte er noch einmal das Feld der Möglichkeiten abstecken, seine mannigfaltigen Rollen Revue passieren lassen und all diese »potentiellen Diderots«, die in ihm gärten – seiner Methode entsprechend, wollte er sich für keinen entscheiden –, auf einen aktuellen Stand bringen.

Kein Zweifel, er war Philosoph. Mit seinem Freund Falconet führte er einen brieflichen Disput über die Nachwelt, in dem von allem die Rede war, von Platon bis Spinoza, von der Geschichte bis zur Moral, von der Ästhetik bis zur Sprachtheorie. Und er war Theaterautor; als solcher konnte er auf Dauer nicht denken, ohne alles in Szene zu setzen, ohne einen Dialog zu führen, bei dem Geste, Haltung und Bewegung ebenso wichtig waren wie Worte. Das beweist auch seine *Histoire des portraits* (Geschichte der Porträts), eine neue Fabel über das verschwommene Verhältnis zwischen Realem und Fiktivem, zwischen Lüge und Wahrheit; eine Erzählung, die wie selbstverständlich die Form einer Diskussion annimmt, in die er sich selbst einschaltet.

Außerdem war er Diplomat – ohne die nötige Diskretion für diese Art der Tätigkeit – und spielte für Katharina II. die Rolle eines Kulturattachés in Frankreich, kaufte Bilder und Möbel für sie, versuchte einige heikle Angelegenheiten für sie zu erledigen und nutzte hoch angesehene internationale Bekanntschaften – und Spione kleineren Formats –, die Grimm ihm vermittelte, um feingewebte Intrigen zu spinnen. Er war auf seine Weise als Liebhaber der Familie Volland ergeben, der Mutter wie den Töchtern; so sehr, daß er sich unüberlegt in die Liebesgeschichten und gesellschaftlichen Affären Madame Le Gendres einmischte, in dieses teuflische Spiel ihrer Liebhaber und Freier, die wie ihr Mann alle aus dem Milieu der Inspektoren für Straßen- und Brückenbau stammten. Er verstrickte sich durch eigene Ratschläge und Ermahnungen so sehr in dieses Netz von Intrigen, daß ihm 1767 – bevor Madame Le Gendre durch einen plötzlichen Tod von der Bühne abtrat – nichts anderes übrigblieb, als einem der Verehrer von Sophies Schwester seine Tochter als Ehefrau anzutragen. Natürlich handelte es sich wieder um einen Ingenieur des Brückenbaus, einen gewissen Guillaume Vialet, der Diderots seltsamen Vorschlag zurückwies, so daß wir ihm einen erstaunlichen Brief des empörten Vaters zu verdanken haben. Diderot konnte einfach nicht anders, als sich einzumischen. Stets versuchte er, Gefälligkeiten zu erweisen, hier ein Geschäft zu fördern, da die Etablierung eines anderen zu erleichtern. Das war seine Art, sich selbst zu verschwenden, ohne Zögern und ohne Vorsicht – und auch wenn er anschließend die Spesen für so manches Zerwürfnis zahlen mußte.

So setzte er sich bei dem englischen Dramatiker David Garrick für das Stück eines ihm kaum bekannten Autors namens Charles Georges Fenouillot de Falbaire ein, von dem der Nachwelt nichts überliefert ist; so half er seiner Magd, die von ihren Brüdern beraubt worden war, ihr armseliges Hab und Gut wiederzubekommen: »Ich setzte sie auf das Pökelfaß in der Küche, das ihr als Zeugenstuhl diente; ich setzte mich selbst auf den Tisch, der mir als Gerichtssitz diente; und so befragte ich sie über Tathergang und -gegenstand.« Väterlichen Rat gab er auch Mademoiselle Jodin, einer Schauspielerin, die er in seine Obhut genommen hatte. Marie-Magdeleine Jodin war die Tochter eines geschickten Uhrmachers, den Diderot um einige Artikel für die *Enzyklopädie* gebeten hatte. Nach dessen Tod wurde Diderot eine Art Vormund für die Demoiselle, was keine leichte Aufgabe war, da die junge Schauspielerin einen jähzornigen, überspannten und heftigen Charakter und mit der herkömmlichen Tugend wenig im Sinn hatte. Diderot nahm seine Rolle jedoch sehr ernst und erteilte ihr regelmäßig seine Ratschläge, seinen Zuspruch und etliche moralische Belehrungen, die die Empfängerin kaum berührten, den Absender aber mitrissen: »Eine ehrbare Rolle, die von einer unehrbaren Schauspielerin gegeben wird, schockiert mich fast ebensosehr wie die Rolle eines fünfzehnjährigen Mädchens, die von einer Fünfzigjährigen gespielt wird.«

Auch seine Rolle als Vater vernachlässigte Diderot nicht. Er wollte Angélique nicht nur dabei helfen, ihre Talente zu entwickeln, sondern auch ein Gegengewicht zu Toinettes Einfluß bilden, da Madame Diderot dazu neigte, ihre Tochter auf den Weg der Kirche und der Religion einzuschwören. Diderot verbot nichts – was seine antiklerikalen Freunde ihm vorwarfen –; er strich nichts weg, sondern fügte hinzu, machte Gegenangebote. So ließ er Angélique zur Beichte gehen, erteilte ihr aber auch eine Art Sexualkundeunterricht: »Ich habe

sie gelehrt, was man sagen und verschweigen, hören und nicht anhören soll. [...] Ich ließ sie alles wissen, was man schicklicherweise sagen konnte; und sie bemerkte darüber, da sie nun unterrichtet sei,
würde eine Verfehlung sie um so schuldiger machen, da sie sich weder mit Unwissenheit noch mit Neugierde entschuldigen könnte. Als
es um die Bildung der Milch in der Mutterbrust ging und um die
Notwendigkeit, sie entweder zur Ernährung des Kindes zu nützen
oder sie andernfalls zu verlieren, rief sie aus: ›Ach, Papa, wie schreck-
lich, die Nahrung seines Kindes in den Kleiderschrank schießen zu
lassen!‹ Auf welche Wege könnte man einen solchen Geist schicken,
wenn man es nur wagte. Man müßte nur einige Bücher herumliegen
lassen.«

Die Rolle des klugen Vaters mußte bald der Rolle des nörgleri-
schen Bruders weichen: Denis, seine Schwester Denise und sein Bruder, der Abbé, stritten sich um zwei kleine Häuser, die ihr Vater hinterlassen hatte. Der Tonfall zwischen den drei aufbrausenden
Kindern aus Langres war nicht gerade herzlich. Denis an Denise:
»Hören Sie mir aufmerksam zu und denken Sie daran, daß dies mein
letztes Wort ist! Der Abbé ist in meinen Augen der niederträchtigste,
ungerechteste, herrschsüchtigste und eigennützigste Mensch, den
man sich vorstellen kann. Er hat mir beim ersten Bruch unseres Vertrags in voller Absicht Schaden zugefügt. Ich erwarte für mich und
die Meinen nichts von einem Menschen, der vergessen hat, daß er einen Bruder, eine Schwägerin und eine Nichte hat. [...] Ich bin der Älteste. Unter welchem Blickwinkel Ihr beide mich auch betrachtet,
Ihr seid mir Rücksichtnahme schuldig. [...] Und Ihr, Ihr hegt in der
Tiefe Eures Herzens einen schändlichen Plan, den Ihr nicht einzugestehen wagt. Aber Ihr braucht ihn mir nicht einzugestehen. Klar her-
ausgesagt: Sie haben die Absicht, sich an den Abbé anzuschließen
und allmählich mit mir zu brechen. [...] Seit zehn Jahren bemüht er
sich, uns auseinanderzubringen. Ich hüte mich, ihn auch nur einen
Augenblick in diesem Punkt nachzuahmen – oder in irgendeinem anderen seines Verhaltens. Wir haben Gott sei Dank nicht die gleiche
Moral.«

Denise an Denis: »Ich kann im Augenblick nur sagen, daß ich
zwei Brüder habe, die beide meine Tyrannen sind und mich beide an

den Bettelsack bringen wollen, nachdem ich vierzig Jahre lang mit meinem Vater und meiner Mutter für ihr Wohlergehen gearbeitet habe. [...] Nur ein philosophischer Dämon kann Ihnen den Brief diktiert haben, den Sie mir gesandt haben. Ich erkenne Sie darin gar nicht wieder.«[1] Antwort Denis Diderots an seine Schwester: Sie müsse zwischen ihm und seinem Bruder wählen. »Soviele ungerechte und wiederholte Bevorzugungen ziehen Ihre Beteuerungen der Freundschaft letztendlich ins Lächerliche, und Monsieur l'Abbé wird der einzige Bruder sein, der Ihnen bleibt. Ich kann mir kaum vorstellen, daß Sie bei dieser Wahl gewinnen.« Aber Diderot gab nach, um die Zuneigung seiner Schwester zu behalten: Er würde alles unterschreiben, was sie wolle; und er stellte fest: »Er ist es also, den Sie lieben, und Sie lieben nur ihn.« Man ist erstaunt über die Schärfe dieses Briefwechsels, der in ein und demselben Knäuel kleinbürgerliche Geldstreitereien, eine eifersüchtige Rivalität, die der eines Liebhabers nahekommt, die traditionelle Bekräftigung des Erstgeburtsrechts, provinzielles Mißtrauen der Schwester gegen die Pariser Philosophie, die den Geist verwirre, und vor allem den Haß der beiden Brüder zum Ausdruck bringt – ob dieser Haß Ursache oder Folge ihrer Konfrontation in Fragen der Moral, der Religion und anderer Dinge war, das ist unmöglich zu entscheiden.

Diderot jedenfalls träumte immer von einem Bruder, den er lieben könnte. Da war Rousseau gewesen, den er endgültig verloren hatte; da war d'Alembert gewesen, dem er sich entfremdet hatte, ohne mit ihm je ganz zu brechen; und da war Grimm, den Diderot allmählich in Verdacht hatte, daß er ihn mehr ausbeutete als liebte. Damilaville lag im Sterben, Naigeon war nur ein Schüler; d'Holbach ein zu beflissener Gastgeber, als daß man ihn nicht ein wenig verachtet hätte. Zudem war der Baron zu reich und zu müßig, so daß Diderot ein wenig Hemmungen hatte, ihn zu lieben.

Dafür gehörte der gute Abbé Ferdinando Galiani seit 1760 zu den paar Freunden, denen Diderot gerne die größten Dienste erweisen würde. Der erste Kontakt zwischen Diderot und dem neapolitanischen Botschaftssekretär in La Chevrette bei Madame d'Épinay war, wie bereits erwähnt, nicht gerade herzlich gewesen.

Doch nach und nach, im Laufe der Gespräche mit dem Abbé, hatte sich die Gereiztheit in Bewunderung und schließlich in Freundschaft verwandelt. »Ich kenne wenige Menschen, die soviel gelesen, soviel nachgedacht haben und über so umfassende Kenntnisse verfügen. Ich habe ihm auf allen Gebieten, in denen ich mich auskenne, ein wenig auf den Zahn gefühlt, und konnte ihn nirgends bei einem Fehler ertappen. [...] Es ist nicht jedermanns Sache, seine Scherze zu begreifen. In Gesellschaft ist er fröhlich, aber ich vermute, er ist melancholisch, wenn er allein ist. [...] Ohne ihm eine besonders hohe Meinung über das Menschengeschlecht zu unterstellen, halte ich ihn doch auch nicht für argwöhnisch; obwohl man in seiner Politik und in seiner Moral, die er im Gespräch vertritt, einen Hauch von Machiavellismus spürt, halte ich ihn für einen Mann von strenger Redlichkeit. [...] Für die politischen Theorien, die uns von den Leuten als ewige Wahrheiten unterbreitet werden, die die Gesellschaft nur durch den engen Flaschenhals ihrer Abstraktionen gesehen haben, hatte niemand, ich gestehe es, größere Verachtung als er.«

Galiani war im Leben nicht so zynisch, wie er in seinen Reden erschien; das war Diderot wichtig. Zudem eröffnete der Abbé Diderot das Feld ökonomischer Überlegungen. 1749, im Alter von einundzwanzig Jahren, hatte er eine Abhandlung über Geld veröffentlicht, fünf Jahre später ein Werk über die schonende Lagerung von Getreide, dessen Idee er seinem Lehrmeister, dem toskanischen Geometer und Physiker Intieri verdankte, das aber auch Galianis Wunsch zeigt, ökonomische Fragen auf konkrete, empirische Weise anzugehen. Das mußte Diderot, den entschiedenen Gegner aller Lehren, die nicht auf einer minuziösen und erschöpfenden Beschreibung aller Fakten beruhten, natürlich begeistern.

Bis Diderot schließlich Galiani kennenlernte, hatten sich seine Gedanken zur Ökonomie nicht gerade durch ihre Originalität ausgezeichnet. Es war symptomatisch, daß er den Artikel »Ökonomie« der *Enzyklopädie* Rousseau anvertraut hatte, und ebenso symptomatisch, daß Rousseau in diesem Artikel mehr über Politik als über Wirtschaft sprach. Er beschränkte sich im wesentlichen auf eine erbitterte Verteidigung des Rechts auf Eigentum – »das heiligste aller Bürgerrechte [...]. In mancher Hinsicht ist es wichtiger als die Freiheit selbst« – und die Empfehlung einer Luxus- und Vergnügungssteuer »auf Livreen, Equipagen, Spiel, Lüster und Möbel, auf Stoffe und Vergoldungen, auf die Höfe und Gärten der Stadtpalais, auf unnütze Berufe wie Gaukler, Sänger und Schauspieler, mit einem Wort, auf diese Unzahl von Luxusgegenständen, von Amüsements und auf den Müßiggang, Dinge, die jedem ins Auge fallen und sich um so weniger verbergen können, als ihr einziger Zweck gerade darin liegt, gezeigt zu werden, und sie völlig unnütz wären, wenn man sie nicht sehen würde«.

Was die Ökonomie im eigentlichen Sinn anbelangte, schien Diderot sich auf die Ideen zu verlassen, die Quesnay und seine physiokratischen Freunde, Le Mercier de La Rivière, Baudeau, Dupont de Nemours, der Marquis de Mirabeau oder Guillaume Le Trosne, verteidigten. So hatte er Quesnay auch mit wichtigen Artikeln wie »Pächter« oder »Korn« betraut. Aber zugleich hatte d'Alembert Turgot um den Artikel »Jahrmarkt und Märkte« (und weitere Artikel) gebeten; Turgot, zwar ebenfalls Reformpolitiker, gehörte zusammen mit anderen hohen Staatsbeamten wie Trudaine de Montigny oder Vincent de Gournay zu den Kritikern der Physiokraten.

Waren das nur Unterscheidungen der einzelnen Zirkel, Querelen ehrgeiziger Männer? Nicht ausschließlich: neben dem theoretischen Wettstreit und dem Kampf um den größeren Einfluß ging es um erhebliche politische und soziale Konsequenzen. Deutlich wird dies am Beispiel der Auseinandersetzung um den Kornhandel, in die Diderot und Galiani sich einschalteten.

Seit Colbert wurde das Handeln der Regierung und ihrer Verwaltungen von dem ökonomischen Prinzip bestimmt, daß – wie man heute sagen würde – der Mehrwert die Hauptquelle des nationalen Reichtums sei. Alle Aufmerksamkeit richtete sich auf die Weiterverarbeitung, auf Manufakturprodukte und die Industrie, deren Qualität und Handelswert durch eine penible staatliche Reglementierung gesichert werden mußte. In einem solchen System wird die Landwirtschaft, die Ökonomie der Ernte, in ihrer Bedeutung heruntergespielt, ja sogar vernachlässigt.

Inspiriert durch die neue Vorstellung von einer gütigen Natur, die großzügig spendete, wenn man sich ihren Gesetzen zu unterwerfen wußte, behaupteten die Physiokraten das Gegenteil. Der wahre

Reichtum einer Nation liege im Boden, und es müsse die erste Sorge des Staates sein, nicht die Handeltreibenden, sondern vorrangig jene zu unterstützen, die für die Ernährung sorgten. Die Landwirtschaft garantiere das Gleichgewicht des ökonomischen Ganzen. Diese Position verteidigte Diderot noch in seinem Artikel »Landmann« der *Enzyklopädie:* »Die Erde, die Erde ganz allein schenkt die wahren Reichtümer.«

Das Dekret über den Kornhandel vom 19. Juli 1764 ist konkreter Ausdruck für den Sieg der Ideen Quesnays. Dieses Dekret erlaubte den freien Kornexport, hob alle Barrieren der Colbertschen Verordnungen auf und machte so den Markt zum natürlichen Regulierungsinstrument des Wirtschaftssystems.

Perfekte Prinzipien – in der Abstraktion. Aber Diderot war mißtrauisch. Er unterstützte Quesnays Argumentation; er hatte allen Grund zu glauben, daß Dupont de Nemours, ein junger Mann, der ihn regelmäßig besuchte und später in den USA eine Industriellendynastie begründen sollte, ein ehrenwerter Mann war; doch diese großen ideologischen Konstruktionen erfüllten ihn zugleich mit Bewunderung – man mußte phantasievoll denken – und mit Skepsis – man mußte seine Vorstellungen auf die Realitäten beziehen: »An dieser neuen Schule der *Quesnelisten* gefällt mir, daß sie, da sie großen Schutz genießt, alles sagt, was ihr gefällt, und sich mit einer Freiheit äußert, die wir nicht kennen, und daß sich im Laufe der Zeit die Polizei, der Hof und die Beamten daran gewöhnen werden, alles zu hören, während die Autoren sich daran gewöhnen, alles zu sagen. [Diderot hatte durchschaut, daß Diskussionen über Geld freier geführt wurden als philosophische Diskussionen; ein strategischer Hebel, an dem man durchaus ansetzen sollte.] Die Nation macht sich nach und nach mit Problemen von Finanzen, Handel, Landwirtschaft, Gesetzgebung und Politik vertraut. [...] Bitten wir Gott, daß diese Schule nicht erlahmt, selbst wenn sie so ignorant und geschwätzig ist, wie der neapolitanische Abbé vermutet. Diese Männer sind gut, eigensinnig, enthusiastisch und doch oberflächlich, und wenn sie sich in allem irren sollten, können sie nur von jenen getadelt werden, die nicht wissen, daß wir fast immer dazu verdammt sind, erst durch den Irrtum zur Wahrheit zu gelangen.«

Die Physiokraten irrten sich auf nützliche Weise – da sie die Aufhebung von Verboten erreichten und das Wohl der Gesellschaft ins Zentrum der politischen Debatte stellten –, aber sie irrten sich eben, und zwar weil sie ein System konstruierten, das einen Teil der Realität ignorierte: Die politische Befreiung durfte niemals auf Kosten der Suche nach der Wahrheit erreicht werden oder umgekehrt; ein Irrtum konnte fruchtbar sein, solange er theoretisch blieb und von guten und enthusiastischen Menschen vorgebracht wurde.

Denn für Diderot, belehrt durch Galiani, unterlag es keinem Zweifel, daß Quesnay und seine Freunde sich irrten. Er und der Abbé hatten recht; die Gesetze des Liberalismus sind richtig, wenn die Ernten gut sind, aber ihr optimistischer Glaube an die natürliche Harmonie sollte sich als katastrophal erweisen, wenn die Agrarproduktion niedrig war und es so zu Preissteigerungen, Spekulation und Hungersnöten kam. Das Naturgesetz, das den Physiokraten so am Herzen lag, ist in einer Mangelwirtschaft das Gesetz des Starken und des Reichen.

Um die Argumentation seiner *Dialogues sur le commerce des blés* (Dialoge über den Kornhandel), die Diderot herausgeben sollte, zu stützen, hatte sich Galiani an die furchtbare Hungersnot erinnert, die 1764 in seiner Heimatstadt Neapel gewütet hatte. Die Schilderung, die er Diderot gab, dürfte den Philosophen sicher erschüttert haben. Auch in Frankreich hatte die Anwendung des Dekrets von 1764 im schlechten Erntejahr 1768 zu zahlreichen Hungerrevolten geführt. Der gute Abbé hatte den wesentlichen Teil seines Manuskripts übrigens im Laufe des Winters 1768 geschrieben.

Doch im Frühjahr wurde Galiani auf Gesuch der französischen Regierung, die ihm einen unvorsichtigen Brief an einen Freund vorwarf, den der königliche Geheimdienst abgefangen hatte, endgültig aus dem Königreich Frankreich ausgewiesen. Bevor er das Land verließ, vertraute er Diderot den Text seiner Dialoge an.

Galianis Text herauszugeben – das hieß, ihn in gutes Französisch zu übersetzen und der Öffentlichkeit bekanntzumachen –, bedeutete für Diderot, daß er sich in die »heiße« politische Debatte stürzte. Galiani vertrat in der Tat das Gegenteil der Wissenschaftspolitik, die innerhalb der Regierung von Choiseul und seinem Generalkontrolleur der Finanzen, Maynon d'Invault, verteidigt wurde; eine Politik, die von anderen interessierten Zirkeln im Umkreis der Macht bekämpft wurde – vor allem von Necker und seinen Freunden. Man muß nur die Art betrachten, wie Sartine, ein Freund Diderots, aber auch Generalleutnant der Polizei und in alle Intrigen und Kämpfe um Einfluß bei Hofe verwickelt, die Veröffentlichung von Galianis *Dialogues* zugleich unterstützte und überwachte. Oder auch die Art, wie Diderot die Veröffentlichung der Schrift im Dezember 1769 verschob und sie erst einen Monat später herausbrachte, als der physiokratische Finanzminister Maynon d'Invault seines Amtes enthoben und durch den Abbé Terray ersetzt worden war, der Galianis Thesen wohlgesonnen war.

Hatte Diderot etwa Gefallen an politischen Spielchen gefunden? Eher muß man sagen, daß diese »Spielchen«, diese Cliquenkämpfe und manchmal eigenartigen Bündnisse auf das engste mit einer politischen Debatte verknüpft waren, die sich durch diese Kämpfe durchzieht, sie transzendiert und heute noch nicht abgeschlossen ist: die Debatte um die Rolle des Staates in der Wirtschaft, um Liberalismus und Dirigismus. Diese Debatte teilte auch die »Partei« der Philosophen in zwei Lager.

Für die Physiokraten, aber auch für Turgot, für Condorcet (den d'Alembert kurz zuvor in Julie de Lespinasses Salon eingeführt hatte) und für d'Alembert selbst, der – verdeckt durch die Galionsfigur Voltaire – damals als eigentliches Oberhaupt der reformistischen Philosophen erschien, waren ökonomischer Liberalismus und politischer Liberalismus von Natur aus untrennbar. Für sie ging es darum, mit der Zeit den Untergang des Staates zu erreichen, um sich der »natürlichen Ordnung« anzunähern.

Für Galiani, Diderot und den radikalsten Flügel der intellektuellen Bewegung handelte es sich dabei nur um »Hirngespinste«, um metaphysische Abstraktionen, die in der Realität zur Errichtung einer Republik von Besitzenden führen würden, in der sich Einzelinteressen gegen das Interesse der Allgemeinheit, der Nation und des Volkes durchsetzen würden.

Diderot ließ es nicht bei allgemeinen Theorien bewenden, ebensowenig wie er sich darauf beschränkte, nur Galianis Thesen zu wiederholen. Die Umstände brachten ihn dazu, seine ökonomischen Theorien – und darüber hinaus auch seine politischen Konzeptionen – zu vertiefen. Der Abbé Morellet, ein Freund Diderots, aber vor allem ständiger Publizist der Gruppe Choiseul-Trudaine, war von diesen beauftragt worden, Galiani und seinen »Dirigismus« zu widerlegen. Als Morellet sein Werk fertig hatte, legte er es Sartine zur Billigung vor – der ausgerechnet Diderot bat, es zu zensieren; natürlich ohne Morellet davon zu verständigen. Man muß einen Augenblick über die Komplexität einer gesellschaftlichen Situation nachsinnen, in der es der Macht möglich war, einen ihrer erbittertsten Gegner zum Zensor eines reformerischen Werks zu machen – und in der es dem Gegner, dem stets die Bastille drohte, möglich war, diese Aufgabe anzunehmen.

Diderot zog sich übrigens gut aus der Affäre. In einem Brief vom 10. März 1770 an Sartine verbarg er zwar nicht, daß Morellets Werk ihm mißfiel: »Ich finde es zäh, trocken, voller Launen und arm an Ideen [...]. Diese Widerlegung wird dem Abbé Morellet, der weder die Nachsicht der Öffentlichkeit noch die seiner Freunde erwarten kann, sehr schaden.« Doch der Zensor war gegen die Zensur: »Wie dem auch sei, als Zensor kann ich nichts darin finden, was den Druck verhindern würde, und dabei nehme ich auch einige Abschnitte nicht aus, die einen früheren Prüfer entsetzt zu haben scheinen. Die Ökonomen besitzen eine andere Kühnheit, und die Freiheit, verbunden mit ihrem Mut, alles auszusprechen, ist meines Erachtens einer der Hauptvorteile ihrer Schule.«

Aber Diderot führte seine eigene Untersuchung. Die Reisen nach Bourbonne und nach Langres im August 1770 gaben ihm die Möglichkeit, sich bei Bauern zu informieren, sie über ihren Stand zu befragen, die konkreten Gegebenheiten ihrer Arbeit, das Funktionieren der Märkte und Manufakturen kennenzulernen. Diese Arbeit an Ort und Stelle veranlaßte ihn, seine eigenen theoretischen Hypothesen mit der Wirklichkeit zu konfrontieren und das Konzept eines »öffentlichen Nutzens« zu entwickeln, das ihm sachdienlicher schien als der ideologische Streit zwischen Verfechtern der Landwirtschaft und Verfechtern der Manufakturen, zwischen Eiferern der »natürlichen« Tätigkeit und Anhängern des Luxus.

Die *Notes sur la réfutation des Dialogues de Galiani* (Notizen über die Widerlegung der Dialoge Galianis) und vor allem ihre ausführlichere Fassung, die *Apologie de Galiani,* bemühen sich, in bezug auf diesen letzten Punkt konkret die natürliche Basis der Industrie zu begründen: »Der Hunger bringt die Landwirtschaft hervor; doch das bebaute Land liefert fast nichts so, wie unser Bedürfnis es verlangt, nicht einmal das Getreide [...]. Man braucht genügend Menschen, die ernährt werden müssen, das heißt, genügend Käufer, und damit hat man das wahre, einzige Geheimnis gefunden, um die Verkäufer zu ermuntern und ihre Zahl zu vermehren. Wer sind die Käufer? Die Manufakturunternehmer. Wer sind die Verkäufer? Die Landwirte. [...] Warum sollte sich der Verkäufer mit Nahrungsmitteln versehen, wenn er noch keinen Käufer hat? Bedenken wir also, daß es der Manufakturbesitzer ist, der den Verbrauch der primären Reichtümer unseres Bodens beschleunigt. [...] Je mehr man in den Manufakturen herstellt, desto größer der Verbrauch, desto notwendiger die Produktion von Nachschub. Durch die Manufakturen befindet sich alles auf dem Weg ins Nichts; die Landwirtschaft füllt ohne Unterlaß wieder auf, was die Industrie verbraucht. Manufaktur und Agrikultur, das ist eine Kreisbewegung. [...] Würde die Manufaktur nicht verbrauchen, welchen Bedarf hätte man dann nach Nachschub?«

Doch Diderot begnügte sich nicht damit, den »Verbrauch« durch die Manufakturen im Namen der Interessen der Bauern selbst und des wirtschaftlichen Wohlstands im allgemeinen zu rechtfertigen. Seine Widerlegung der liberalen Thesen ging viel weiter. Die »heiligen Rechte auf Eigentum«, auf die sie sich berufen, seien nichts als »hohles Geschwätz. Gibt es irgendein heiliges Recht, wenn es sich um eine öffentliche Angelegenheit und den wirklichen oder vorgetäuschten allgemeinen Nutzen handelt? Das Recht auf Eigentum ist heilig zwischen einer Privatperson und einer anderen, und wenn es da nicht heilig ist, muß die Gesellschaft sich auflösen. Das Gegenteil ist der Fall, wenn dieses Recht einer Privatperson zur Gesellschaft ins Verhältnis gesetzt wird. Denn wäre es dann etwas Heiliges, würde in dieser Gesellschaft nichts Großes, nichts Nützliches entstehen; da das Eigentum einiger Privatleute ohne Unterlaß über Kreuz mit den allgemeinen Anliegen wäre, würde es auf den Ruin der Gesellschaft abzielen.« Ebenso kühn untergrub Diderot den zweiten geheiligten Pfeiler der Bourgeoisie: die absolute Handelsfreiheit. Auch hier ging er von konkreten Beobachtungen aus, von der Spekulation auf Hungersnöte, von Speichern, die geschlossen blieben, damit die Preise stiegen, von der Existenz einiger Monopole: »Es geht hier nicht um eine Frage, die im Kopf gelöst wird; in seiner Phantasie wird man den Lebensmitteln Flügel verleihen; mit diesen Flügeln wird von allen Seiten imaginärer Überfluß herabregnen, das Volk wird im Gehirn unserer Spekulanten gut ernährt und versorgt sein, aber an Ort und Stelle wird es sterben, vor Hunger jammern und sich gegenseitig umbringen.«

Nur der Staat kann diesen »öffentlichen Nutzen« garantieren und die verschiedenen sozialen Egoismen regulieren; nur er kann der Schiedsrichter sein, der unter Berücksichtigung des Allgemeinwohls und eines stets labilen Gleichgewichts entscheidet – und nicht auf Grund von absoluten Werten, die sich königlicher Wille oder Recht auf Eigentum nennen.

Diderot veröffentlichte diese *Apologie de Galiani* nicht, obwohl er diesen Text – im Unterschied zu anderen – sorgfältig ausgearbeitet hatte. Zweifellos hielt er es für unangebracht, die öffentliche Spaltung ins philosophische Lager zu tragen. Um so mehr, als Sartine, obgleich er Abbé Morellets *Widerlegung* die Druckerlaubnis erteilt hatte, die gesamte Auflage in der Bastille zurückhielt. Der Generalleutnant der Polizei rechnete damit, daß Choiseuls Gegner sich am Hof durchsetzen würden, was im Dezember 1770 auch tatsächlich geschah. Der Herzog von Choiseul, nun ohne die Protektion der 1766 verstorbenen Marquise de Pompadour, der Freund Voltaires und Urheber der Jesuitenvertreibung, wurde endgültig von der Macht ausgeschlossen. Und Abbé Terray konnte endlich – zur großen Verzweiflung der Physiokraten und der Freunde Turgots – die Dekrete über den freien Umlauf des Korns außer Kraft setzen.

Doch der Sieg der »Dirigisten« war nur von kurzer Dauer. Da sich die königliche Verwaltung als unfähig erwies, die Versorgungsfrage befriedigend zu regeln, kam Turgot 1774 wieder an die Macht. Der Reformer, geistiger Vater Condorcets, stellte die Gesetze über die Freiheit des Kornhandels wieder her, ausgenommen in Paris, das als zu »heikel« galt. Und die schönen, der Natur entlehnten Theorien der Physiokraten wurden mit der Realität konfrontiert: wachsendes Elend, starke Preissteigerungen, Hungerkrawalle und Plünderungen, bis nach Versailles. Turgot mußte sich entschließen, gegenüber dem irrationalen Benehmen einer aufgebrachten Menge, die offensichtlich die physiokratische Harmonie ignorierte, der Vernunft Gehör zu verschaffen: »Die aufrührerische Zusammenrottung des Volkes und die Tyrannei, die es bei diesen Gelegenheiten ausübt, erscheint mir als eine der gefährlichsten Geißeln und eines der Verbrechen, die den öffentlichen Nutzen am nachhaltigsten zerstören«,[2] hatte er bereits 1771, als er erst Intendant im Limousin war, an Condorcet geschrieben. Seine Repressionen waren dem angeprangerten Verbrechen angemessen: Hunderte von Verhaftungen, zwei öffentliche Hinrichtungen, massive Truppenmobilisierung. Und nebenbei noch eine regelrechte Denunziation Neckers, der gar nichts dafür konnte, außer daß er Turgots Rivale war. Um die Vorurteile des Volks gegen die Wirkungen ihrer Theorien niederzuschlagen, riefen Turgot und seine Freunde die Truppen. Eine ganz bestimmte Vorstellung von Vernunft war auf dem Vormarsch. Diderot wetterte gegen diesen abstrakten Rationalismus, der unter dem Deckmantel eines prinzipiellen Egalitarismus den Status quo von Reichtum und Elend erhalten wollte.

Im Licht dieser Auseinandersetzung versteht man, warum in den ökonomisch-politischen Debatten, die zur Revolution und später zu ihrem Scheitern führten, nicht auf Diderot Bezug genommen wird. Die Männer von 1789 wie die von 1792, zur Eile gedrängt durch den riesigen Umfang der zu bewältigenden Arbeit, brauchten große, regulierende Prinzipien und allgemeine Ideen, die ordnend in die Wirklichkeit eingriffen und sie steuerten. Um in die Weite zu blicken, dachten sie, müsse man Details ignorieren und Ausnahmen mißachten oder aus dem Weg räumen, so daß nur die Regel übrigblieb. Die vereinheitlichende Vernunft – sei es die der großen rousseauistischen Utopie oder, entgegengesetzt, die des Liberalismus reinsten Wassers, den die Schüler Quesnays und Turgots vertraten – diente diesen Männern als einzige Führerin, um die Komplexität der Ereignisse zu erklären. Diderots Methode war ihnen zu bescheiden, zu vorsichtig, zu wissenschaftlich – zu »materialistisch« sollten sie es nennen –, um nicht den stimmungsvollen Glanz der großen Prinzipien zu trüben. Abstraktionen, wiederholte Diderot, sind weitmaschige Netze, die nur die »großen Fische« der Realität an die Oberfläche bringen. Der Rest entschlüpft ihnen, und damit die Realität selbst, die aus tausend verschiedenen Dingen besteht, aus einer Vielfalt von Ausnahmen, die man in Rechnung stellen muß, weil man sonst nichts begreift. Gerade die Ausnahme, das Phänomen, das nicht in die Theorie paßt, muß man studieren, um voranzukommen, um sich in seinen Kenntnissen weiterzuentwickeln.

Als Diderot sich schließlich – im *Essay über die Herrschaft der Kaiser Claudius und Nero*, oder als er Katharina II. beraten wollte – direkt der politischen Philosophie zuwandte, sollte er die Lektionen zur konkreten Analyse, die ihm Abbé Galiani erteilt hatte, nicht vergessen: Die Realität beherrscht man nur, wenn man sich ihrer Vielfalt unterwirft.

KAPITEL

16

Die *Enzyklopädie* ließ Diderot keine Ruhe. Kaum glaubte er, mit ihr fertig zu sein – nach den siebzehn Textbänden druckte man die elf Bände mit Bildtafeln, von denen die letzten 1772 erschienen –, als neue Umschwünge eintraten, die seinen Seelenfrieden störten. Diesmal ging es um kommerzielle Dinge, die das intellektuelle Unternehmen jedoch in Frage stellten.

Am 16. Dezember 1768 kaufte eine Gruppe, die aus den Verlegern Charles Panckoucke und Jean Dessaint und dem Papierhersteller Chauchat bestand, die Rechte für die künftigen Auflagen der *Enzyklopädie* und für alle Kupferstiche der Illustrationen von Le Breton und seinen assoziierten Verlegern. Die Gruppe um Le Breton erhielt 200 000 Livres, eine beträchtliche Summe, vor allem für ein Werk, das offiziell immer noch verboten blieb. Aber Panckoucke war überzeugt, über genügend politische Unterstützung zu verfügen, um dieses Hindernis zu überwinden.

Mit Panckoucke änderte das Unternehmen *Enzyklopädie* seinen kommerziellen Charakter: Le Breton war nur ein ehrgeiziger und gerissener Druckereibesitzer gewesen, Charles Joseph Panckoucke war ein Verleger im modernen Wortsinn: als Geschäftsmann, Mann von Einfluß und Industrieller hielt er sich sowohl die Philosophen – vor allem Voltaire, Rousseau und Buffon –, als auch Männer aus Regierungskreisen warm. Dieser Mann aus Lille hatte sich 1762 in Paris niedergelassen und seine Laufbahn bei Le Breton begonnen, aber sechs Jahre später war er bereits offizieller Verleger der Königlichen Druckerei und der Akademie der Wissenschaften und begann etwas aufzubauen, was man nach den Maßstäben des vorrevolutionären

18. Jahrhunderts als Presseimperium bezeichnen könnte. Dieser Konjunkturritter kannte sich natürlich auch mit Heiratsstrategien aus: Seine jüngere Schwester Amélie hatte 1766 mit sechzehn Jahren Jean-Baptiste Suard geheiratet, einen regelmäßigen Salongast Madame Geoffrins und später auch von Julie de Lespinasse. Panckouckes Schwager leitete das *Journal étranger*, das später zur *Gazette de France* wurde. Die junge Madame Suard machte selbst einen Salon auf und versuchte vergebens, den offenen Zwist zwischen den Anhängern Neckers und den Anhängern Turgots zu verhindern. Panckoucke hatte in allen Lagern Freunde.

Zunächst einmal und ohne darauf zu warten, daß die erste Auflage der *Enzyklopädie* fertiggestellt war, wollte Panckoucke eine zweite, neu durchgesehene und überarbeitete Auflage in Angriff nehmen. Und er bat Diderot, ihm zu helfen, die Obrigkeiten zu überreden, daß sie dieser Überarbeitung ihren Segen erteilten. Diderot akzeptierte. Halb aus Verbitterung gegen Le Breton, der sein Lebenswerk geschädigt hatte, und halb, weil er überzeugt war, daß die *Enzyklopädie* wie jedes lebendige wissenschaftliche Werk unablässig verbessert und um neue Kenntnisse bereichert werden mußte. Diderot wußte jedoch nicht, daß Panckoucke, der vor allem ein gutes Geschäft machen wollte, eine ganz andere Art der Überarbeitung ins Auge faßte als der Philosoph: »Man darf sich keinerlei gottlose Kühnheit erlauben, die die Behörden verärgern könnte. Im Gegenteil muß das ganze Werk mit viel Klugheit und Mäßigung geschrieben werden, damit es sogar Ermutigung von seiten Ihrer Regierung erfahren könnte ... Hier ist es eine Sache des Geldes, der Finanz, die alle Welt interessieren kann«,[1] schrieb er an Marc Michel Rey, einen Druckereibesitzer in Amsterdam.

Doch trotz Panckouckes guter Worte und trotz [oder wegen!] Diderots Beredsamkeit zugunsten einer Überarbeitung ließ sich Versailles nicht erweichen. Die Entlassung des liberalen Choiseul schien für Panckouckes Hoffnungen das Ende zu bedeuten. Dessaint und Chauchat zogen ihre Beteiligung zurück und überließen ihre Anteile dem Verleger aus Lille.

War die Sache damit erledigt? Das hieße, Panckoucke und seine Entschlossenheit, die Aufklärung als Spekulationsobjekt zu nutzen, schlecht zu kennen. Der Unternehmer gründete nicht mehr nur eine, sondern zwei Gesellschaften. Die erste, um die *Enzyklopädie* neu zu drucken; die zweite, um einen »Supplementband« zu dem Werk zu verfassen und herauszugeben. Mit Beteiligungen in Genf, Amsterdam, Bouillon und Paris errichtete Panckoucke ein internationales Konsortium. In Lucca, Yverdon und Livorno wurden bereits Fälschungen, Kopien und Bearbeitungen gedruckt. Die Schlacht um die *Enzyklopädie* wurde zu einem regelrechten Finanzkrimi, bei dem man sich kaum mehr die Mühe gab, intellektuelle Vorwände ins Feld zu führen – die Schwächen der *Enzyklopädie* Diderots –, um zu kaschieren, daß man ganz einfach spekulierte. Die Ideen der *Enzyklopädie* breiteten sich aus und wurden durch die entschärften Ausgaben des Werkes immer stärker vulgarisiert. Die große intellektuelle Eroberung der Aufklärer, die grundlegende Grammatik des Wissens, fand weite Verbreitung in der Öffentlichkeit, weit über den ursprünglichen Subskribentenkreis Le Bretons hinaus: Ein Schwarzhandel mit Editionen, ein wahrer Handelskrieg und sogar Industriespionage machen aus dieser Verbreitungsgeschichte einen der anschaulichsten, aber auch der schillerndsten Romane des entstehenden Kapitalismus im Kulturbereich.

Doch mit dieser Geschichte hatte Diderot nichts mehr zu tun. Panckoucke, dem klar war, welches Kapital Diderots Signatur für eine neue Auflage oder einen Supplementband der *Enzyklopädie* darstellen würde, hatte ihn zwar um seine Mitarbeit gebeten. Doch die Manöver dieses Geschäftsmanns scheiterten; kurz gesagt: Diderot warf ihn hinaus. Am 31. August 1769 schrieb er an Sophie: »Dank der Frechheit eines der Unternehmer habe ich mir diese neue Ausgabe der *Enzyklopädie* endgültig vom Halse geschafft. Dieser kleine Panckoucke, dieser aufgeblähte und arrogante Parvenü glaubt, er könne mit mir umspringen, wie er es anscheinend mit den paar armen Teufeln tut, die es teuer zu stehen kommt, bei ihm ihr Brot zu verdienen, wenn sie dabei gezwungen sind, seine Dummheiten hinunterzuschlucken – dieser Panckoucke hat sich unterstanden, bei mir aufzubrausen; was ihm gründlich mißlungen ist. Ich habe ihn ausreden lassen, dann bin ich unvermittelt aufgestanden, habe ihn bei der Hand genommen und zu ihm gesagt: ›Monsieur Panckoucke, wo es auch sei, auf der Straße, in der Kirche, in einem verrufenen Haus, und mit wem auch immer Sie sprechen, Sie müssen sich einer anständigen Rede befleißigen. Sehr viel notwendiger ist dies aber, wenn man mit einem Manne redet wie mir, der sich nicht alles bieten läßt, und wenn man es in seinem Hause tut. Scheren Sie sich hinaus mit ihrem Werk, ich habe nicht die geringste Lust, daran mitzuarbeiten. Sie könnten mir zwanzigtausend Louisdor bieten, und Ihre Aufgabe könnte im Handumdrehen zu erledigen sein – ich würde es dennoch nicht tun! Wollen Sie belieben, mein Haus zu verlassen und mich nicht weiter zu belästigen!‹«

Die *Enzyklopädie* verfolgte Diderot, aber von nun an schien Diderot für sie unerreichbar. Er war anderswo. Gewiß, er schrieb immer noch – zwar widerstrebend und jedesmal fluchend, er werde mit dieser Fronarbeit aufhören – für Grimms *Correspondance littéraire*. Manche dieser Gelegenheitstexte sind auch durchaus nicht ohne Charme und Bedeutung, wie etwa die *Klagen über den Verlust meines alten Schlafrocks*. Diese launige Betrachtung entstand, nachdem Madame Geoffrin, der Diderot einen Dienst erwiesen hatte, auf den Einfall gekommen war, als Dank den alten Fetzen aus seinem Arbeitszimmer in der Rue Taranne, den Diderot stets beim Arbeiten trug, abholen und durch ein neues Kleidungsstück ersetzen zu lassen. So kam der Philosoph zu einem prächtigen Schlafrock aus scharlachrotem Ratiné, den er anstelle seiner staubigen alten Kutte tragen sollte, in der er sich »malerisch und schön« gefunden hatte. Eine schöne Gelegenheit für Diderot, scherzhaft über Luxus zu meditieren, aber auch seine Auffassung von »schön« und »häßlich« – die Armut kann schön sein, wenn sie in sich stimmig ist, während falscher Reichtum obszön ist – und seine Weigerung, sich von irgendeinem wie immer gearteten System beherrschen zu lassen, neu zu bekräftigen.

Die *Klagen über den Verlust meines alten Schlafrocks*, charmant und harmlos, sollten ursprünglich im Rahmen des *Salon* von 1769 erscheinen, wurden aber erst 1772 gedruckt. Diderots philosophisches Meisterwerk dagegen, *D'Alemberts Traum*, geschrieben Ende des Sommers 1769, wurde dem Lesepublikum erst 1830 bekannt. Dieses Buch wurde nur dem Urteil der Nachwelt unterbreitet. Und mit allen Risiken, die damit verbunden waren: Das 19. Jahrhundert las

D'Alemberts Traum als Begründung eines positivistischen Materialismus, eine Art Präambel zu den Ideen August Comtes, während es sich doch glücklicherweise um etwas ganz anderes handelt. Diderot schuf hier eine materialistische Dialektik und Poetik.

Poetisch ist das Werk in erster Linie in der Form. Bei seinem Versuch, eine bewegte Synthese aller philosophischen und wissenschaftlichen Diskussionen seiner Epoche vorzustellen und seine kühnen, originellen, manchmal visionären Hypothesen darzulegen, kehrte Diderot der Darstellung der »reinen Lehre«, der alles in allem schwerfälligen und tristen theoretischen Abhandlung den Rücken. *D'Alemberts Traum* ist ein lebendiges Triptychon, reich an Bildern, an Wechseln im Tonfall, an dramatischen Inszenierungstechniken. Diderots Entscheidung, seine philosophische Fiktion um reale Persönlichkeiten – d'Alembert selbst, Julie de Lespinasse und Doktor Théophile de Brodeu – herum aufzubauen, offenbart seine Ablehnung akademischer Dialoge, in denen personifizierte Konzepte einander gegenübergestellt werden, nicht aber Menschen aus Fleisch und Blut, die Leidenschaften haben, eine Geschichte, einen Beruf und eine Geliebte (auch wenn es bei d'Alembert nur eine falsche Geliebte war).

Der erste Teil des Werks ist ganz klassisch aufgebaut. Diderot verteidigt hier die Thesen des absoluten Materialismus gegen den Mathematiker d'Alembert, der sich zum Skeptizismus bekennt. Diderots extravaganter Geniestreich besteht nun darin, daß d'Alembert, erhitzt durch den Dialog, sich schlafen legt und zu träumen beginnt – wobei er die ganze Zeit im Schlaf spricht. So laut, daß seine Geliebte dadurch wach wird, seine Worte notiert und den berühmten Arzt Brodeu ruft, der d'Alemberts Delirium deuten und erklären wird. Im dritten Teil setzen Brodeu und Julie bei einer Tasse Kaffee die Diskussion um Fragen der Sexualmoral fort: »Alles, was ist, kann weder widernatürlich noch unnatürlich sein.«

Natürlich wurde es häufig kommentiert, wie hier in einer philosophischen Diskussion ein Traum präfreudianische Verwendung findet: In seinem Traum stellt d'Alembert weit kühnere materialistische Thesen auf als diejenigen aus dem Munde Diderots, die er zuvor im Wachzustand angefochten hatte. Für Diderot – der aus dem Munde des schlafenden d'Alembert spricht – ging es in doppelter Hinsicht um ein methodisches Problem. Zum einen erlaubte es die Form des Traums, zu mechanische, zu konventionelle Gedankenverknüpfungen aufzulösen, um mit anderen Verbindungen zu experimentieren. Die »geradlinige Vernunft« konnte immer nur Bekanntes entdecken. Sich an die Stelle eines anderen zu versetzen, erweiterte das Feld bereits; und dies um so mehr, wenn der Körper dieses anderen ihn in die Lage versetzte, die Welt anders zu betrachten; wenn er etwa blind oder taubstumm war. Oder wenn er verrückt war oder träumte: »Oft muß man der Weisheit ein Narrengewand umhängen, damit sie Einlaß findet.«

Zum anderen konnte Diderot durch diese Traumgestaltung unterstreichen, was an seinen Erörterungen alles noch vorläufig, hypothetisch und durch den Stand der Wissenschaften seiner Epoche noch nicht bewiesen war. Auf der einen Seite stehen seine Argumentationen, die er im Wachzustand vorbringt und die ihn auf einen klassischen Materialismus beschränken, angelehnt an die Vorsokratiker, die er gut kannte, und auch an Lukrez und sein *De natura rerum*, übersetzt von Nicolas Lagrange, Hauslehrer von d'Holbachs Kindern, und durchgesehen von Diderot. Auf der anderen Seite steht das, was er vom wissenschaftlichen Fortschritt erahnte; seine Vorstellungen über die Entstehung des Lebens und die Struktur der Materie: eine Vision des Universums, die er nicht als Wahrheit unterbreiten wollte, sondern als weitgefaßte wissenschaftliche Poetik, die von den künftigen Wissenschaften erforscht werden sollte. Die experimentelle Wissenschaft seiner Zeit veranlaßte ihn, seine Hypothesen zu formulieren, aber den Beweis für seine Darlegungen verlangte er von zukünftigen Erfahrungen.

Diderot hatte die deistische Erklärung des Universums verworfen, aber auch andere Erklärungsversuche, die alle »stolperten«, sobald es um den Übergang der bloßen Materie zum Leben ging, befriedigten ihn nicht. Diderot löste dieses alte Dilemma, indem er behauptete, die Materie bestehe nicht aus trägen Atomen, die von äußeren Kräften bewegt würden, sondern sei selbst bewegt und bestehe aus energiegeladenen Molekülen. Die Moleküle seien lebendig, und dieses Leben heiße Empfindungsvermögen. Dieses Empfindungsvermögen könne im Zustand der Inaktivität verharren, wie etwa bei einem Stein, oder auch, wie etwa beim Tier, aktiv werden. Diese Thesen hatte Diderot bereits in einem Brief an Duclos vom 10. Oktober 1765 formuliert: »Wenn ich gesagt habe, das Denken könne nur aus der Verschiebung der Moleküle herrühren, so deshalb, weil das Denken Resultat des Empfindungsvermögens und dieses Empfindungsvermögen meines Erachtens eine universelle Eigenschaft der Materie ist; eine passive Eigenschaft bei den rohen Körpern, wie bei der Bewegung schwerer Körper, die durch ein Hindernis aufgehalten wird; eine Eigenschaft, die in denselben Körpern aktiv wird, wenn sie mit einer lebenden, tierischen Substanz verschmilzt. Das Phänomen der Nahrungsaufnahme beweist das in jedem Augenblick.« Das Tier nimmt inaktive Substanz in sich auf und verwandelt sie durch die chemischen Reaktionen, die bei der Verdauung in Gang gesetzt werden, in aktive.

Empfindungsvermögen ist eine Eigenschaft der Materie, es ist nicht selbst Materie. Ebenso ist das Denken eine Eigenschaft der im menschlichen Körper organisierten Materie, und ebensowenig ist das Denken selbst Materie. In diesem Punkt trennte sich Diderot radikal sowohl von den Vulgärmaterialisten wie von den mechanistischen Deisten oder Spiritualisten. Für ihn gab es sicher nicht, wie die Dualisten behaupteten, auf der einen Seite die Materie und auf der anderen Seite den Geist: Für ihn gab es keinen Geist ohne Materie. Aber das Denken war deshalb nicht selbst materiell, sondern eine organische Fähigkeit der Materie.

Diese Spekulationen über die lebende Materie, über die Organisation der Zellen, über eine biologische Naturauffassung, über die Etappen einer Naturgeschichte, in deren Verlauf die »Zellen« – der Begriff existierte damals noch nicht – nach und nach vielseitiger werden und sich spezialisieren, dieser Entwurf von Theorien über den Übergang von empfindender zu denkender Materie nimmt Darwin vorweg, der sie fast ein Jahrhundert später ausführen sollte. Alles, was Diderot »im Traum« über Gebiete sagt, die wir heute Embryologie, Genetik, die Psychophysiologie des Gedächtnisses oder der Zwangsvorstellungen nennen, manifestiert sowohl Diderots intellektuellen Wagemut wie auch das Voranschreiten des wissenschaftlichen

Denkens in seiner Epoche. Diderot sprach häufig laut aus, was Buffon wohl erahnt, aber nicht zu schreiben gewagt hatte. Aber dieses Feuerwerk von Hypothesen, Untersuchungen, von Gebieten, die er wie im Flug in Angriff nimmt, von seinen Vorahnungen, die auf die spätere Biologie hinweisen – ganz zu schweigen von den revolutionären moralischen Konsequenzen, die Diderot aus diesem so hellwachen Traum zieht –, dieses Feuerwerk ist für uns heute weniger wichtig als die überwältigende Poetik der Materie, die der Schriftsteller hier umsetzt. *D'Alemberts Traum* ist weit mehr als eine geniale Synthese des Potentials, das in der Philosophie und der Wissenschaft des 18. Jahrhunderts wirkte: ein zugleich konkretes, praktisches und phantasievolles – und darum wahrhaft umfassendes – Bild von der Welt und vom Menschen in ihr, der dieser Welt Sinn, wenn nicht gar Notwendigkeit verleiht. Diese »neue Ordnung der Dinge« ist zwar verknüpft mit der Geistesgeschichte des Jahrhunderts der Aufklärung, doch ihre Lehren wirken bis heute fort.

Diderots Konzeption vom Leben als einer »Krise« der Materie, die in einem unendlichen Fluß molekularer Zusammenschlüsse in ewiger Bewegung vorläufig vom unorganisierten in den organisierten Zustand übergeht – ohne daß er sich dabei einen Schöpfer oder eine Urzeugung vorstellen müßte –, führte in der Tat zu einer regelrechten Kosmogonie, in der er die Entstehung und Entwicklung des Universums zu erklären versuchte.

Um sein Bild vom Universum zu symbolisieren, verwendet Diderot das Bild des Bienenstocks. Die Natur ist wie die Verbindung von Milliarden von Bienen – den Molekülen. Das Ganze erscheint wie eine Einheit, die jedoch nur oberflächlich ist. Die Elemente besitzen jeweils individuelle Eigenschaften, können sich aber auch untereinander für längere oder kürzere Zeit verbinden, um eine bestimmte Funktion zu erfüllen: Jede Form des Lebens ist nur vorläufig, jede Organisation ist vergänglich, aber die Materie selbst ist ewig; sie nimmt nur in der Unermeßlichkeit der Jahrhunderte unterschiedliche Formen an. Heute bin ich Mensch, morgen Staub und übermorgen wird sich die Materie, die mich heute ausmacht, mit anderen materiellen Formen verbinden.

Daraus folgt, daß es keinen »Sinn« des Lebens gibt. Es funktio-

niert als Kreislauf und hat keine Finalität. Als Verfechter einer Abstammungslehre – »Die Frage, ob das Ei vor der Henne oder die
Henne vor dem Ei dagewesen sei, bringt Sie nur deshalb in Verlegenheit, weil Sie annehmen, daß die Tiere ursprünglich so gewesen seien,
wie sie gegenwärtig sind. Welche Torheit! Man weiß weder, wie sie
gewesen sind, noch, wie sie sein werden« – verwarf Diderot den Gedanken einer »Evolution« der Arten, die sie nach einem Prinzip der
Vervollkommnungsfähigkeit von »niederen« zu »höheren« Organi-
sationsformen führe. Die Natur bringt alles zugleich hervor, unzulängliche Formen, Monstren und perfekte Formen; und die un-
zulänglichen Formen verschwinden, weil sie nicht an ihre Umgebung
angepaßt sind.

Das Universum ist ewig. Die Identität und die Dauer des Lebens
offenbaren sich in der Unsterblichkeit sowohl der ursprünglichen
Einheit – des Moleküls – wie des Ganzen – des Universums. Zwischen diesen beiden ewigen Polen liegt das Vergängliche, die ständig
in Bewegung befindliche Organisation der Welt, in der sich der
Mensch befindet – auch er natürlich eine vergängliche Gestalt. Logische Folge daraus: Die Zeit existiert nicht. Die Zeit hat nichts mit
Materie zu tun; sie gehört zur Menschenwelt – als eine ihrer subjektiven Projektionen –, nicht zum Universum. Aber wenn die Zeit nicht
existiert, ist jede Wissenschaft, jede Ästhetik, jede Philosophie dazu
verdammt, niemals mehr als ein relatives Wissen, eine Interpretation
der Welt zu sein: Es geht immer nur darum, dem einen relativen Sinn
zu verleihen, was im Absoluten keinen Sinn hat: »Alles verändert
sich, alles vergeht, nur das All bleibt.« Unter diesen Bedingungen
können unsere Ideen über das Wahre, Schöne und Gute nicht mehr
als Subjektivität für sich beanspruchen. Ebenso verhält es sich mit
der Idee eines Individuums, den Philosophen zufolge ein autonomes
und freiheitsbegabtes Wesen: »Alle Wesen gehen im Kreislauf inein-
ander über, also auch alle Arten [...] alles ist in unaufhörlichem Fluß
[...] Jedes Tier ist mehr oder weniger Mensch, jedes Mineral mehr
oder weniger Pflanze, jede Pflanze mehr oder weniger Tier. In der
Natur gibt es nichts Endgültiges. [...] Jedes Ding ist mehr oder weniger ein beliebiges Ding, mehr oder weniger Erde, mehr oder weniger
Wasser, mehr oder weniger Luft, mehr oder weniger Feuer. [...]. Und

ihr sprecht von Individuen, ihr armseligen Philosophen! Hört auf mit euren Individuen. [...] Es gibt nur ein großes Individuum, nämlich das Ganze. [...] Entstehen, leben und vergehen heißt die Gestalt wechseln. [...] Was aber bedeutet diese oder jene Gestalt? Jede Gestalt birgt das ihr eigene Glück und Unglück. Vom Elefanten bis zur Blattlaus [...] von der Blattlaus bis zum empfindlichen, lebenden Molekül, dem Ursprung von allem, gibt es in der ganzen Natur keine Stelle, die nicht leidet oder genießt.«

Wenn es keine Freiheit gibt, so kann es auch keine Moral geben: Dieser alte Lehrsatz störte – oder verführte – alle Materialisten des 18. Jahrhunderts; und man weiß, wohin diese erbärmliche Logik schwache Geister führen kann. Im Gegenteil, beteuerte Diderot, wenn es keine objektive Freiheit gibt, ist die Moral – ebenso wie die Kunst – notwendiger denn je. In seinem *Salon* von 1767 hatte Diderot bereits bekräftigt, daß das Schöne, weit davon entfernt, eine Kopie der Natur zu sein, nur einer »Abänderung« der Natur entspringen könne, vorgenommen, um einem bestimmten Ideal näher zu kommen. Doch das Schöne ist Resultat einer Lüge, einer Fiktion, einer idealen Projektion, die wiederum die künftige Realität verändert und die Epoche, in der das Schöne geschaffen wurde, transzendiert: Es wird so realer als jede aktuelle Realität, die zum unmittelbaren Untergang verurteilt ist.

Ebenso verhält es sich mit der Moral. Gewiß, sie gehört wie die Kunst in den Bereich des Imaginären; sie ist Lüge, Abänderung der Natur, Schöpfung einer Fiktion – des freien Willens –, aber nur das Ideal des Guten kann dem menschlichen Handeln die großartige Illusion verleihen, daß es sich dem Reich der Notwendigkeit entzieht. Der Philosoph ist der Künstler par excellence, der Blender und Komödiant, der die aktive Utopie eines transzendierenden moralischen Entwurfs vorschlägt. Tugend ist nichts Natürliches, aber der Mensch ist ein notwendigerweise gesellschaftliches Wesen und sein Glück kann von der Tugend – nicht der seiner privaten, persönlichen, intimen Gedanken, sondern seiner öffentlichen Handlungen – nicht getrennt werden. Auch hier erkennt man wieder die existentielle »Aufspaltung«, die für Diderots Person, sein Denken und seine Kunst grundlegend ist: Darin liegt die wahre Einheit und Dauer dieser unablässig gärenden Natur.

Diderots Behauptung, Traum, Illusion und Täuschung seien aus Methode und dialektischer Notwendigkeit besonders begünstigte, wenn nicht gar unerläßliche Zugangswege zur Wahrheit, wurde von seinen Philosophenfreunden kaum geschätzt. Vor allem wenn sie, wie d'Alembert, unter voller Namensnennung als Subjekt der Fiktion gewählt wurden. Und vor allem, wenn Diderot, nicht ohne Bosheit, ihr vermutetes erotisches Verhalten ins Spiel brachte. Selbst wenn *D'Alemberts Traum* nur für Diderots Schublade bestimmt war, schätzten weder der Mathematiker noch Mademoiselle de Lespinasse ein solches Betragen. Durch eine indiskrete Bemerkung Suards hatte Julie de Lespinasse erfahren, daß Diderot sie zur Figur eines Essays gemacht hatte, die sehr freizügig mit ihrem Freund Brodeu über Sexualmoral diskutierte. Sie wurde fuchsteufelswild über dieses »unehrenhafte Betragen« des Philosophen: »Wahrhaftig, man wird nicht mehr fertig mit den kleinen Kümmernissen und großen Leiden, die einen niederdrücken. Bei der Erfahrung, die Monsieur Diderot damit hat, müßte er es sich versagen, über Frauen, die er gar nicht kennt, zu reden oder über sie reden zu lassen, scheint mir.«[2] D'Alembert verlangte laut Naigeon, daß man die Manuskriptseiten in seiner Gegenwart verbrenne. Diderot beteuerte sogar: »Die beunruhigte Liebe wünschte das Opfer, die tyrannische Freundschaft forderte es, die zu nachgiebige Freundschaft willigte ein – sie wurden zerrissen.« Aber offensichtlich nicht so, daß sie 1782 nicht in der *Correspondance littéraire* hätten erscheinen können, zweifellos mit Diderots Zustimmung. *D'Alemberts Traum* war einen weiteren Schwindel wert.

Diderot berichtete Sophie kurz vom *Traum*. »Es ist unmöglich, tiefgründiger und verrückter zu sein«, kommentierte er und fügte über die »Fortsetzung des Gesprächs« zum Thema Sexualität hinzu: »Schließlich habe ich noch fünf oder sechs Seiten angefügt, die imstande wären, meiner Verliebten die Haare zu Berge stehen zu lassen, daher wird sie diese Seiten niemals sehen.« Seiner Verliebten? Wir können Sophies wahre Gefühle nicht beurteilen, da uns keiner ihrer Briefe erhalten ist. Doch die seinen erwecken den Anschein, als liege seit Madame Le Gendres Tod im September 1768 eine Art Schleier der Mattigkeit und Melancholie auf der Beziehung zwischen Diderot und seiner Freundin. Er fühlte sich alt – er war sechsundfünfzig, als er an Sophie schrieb: »Ich hatte das Pech, gestern oder vorgestern meinen Taufschein zu sehen. Ach! Mademoiselle Volland, wie alt ich bin! Wenn ich ein Nichts bin, antworte ich Ihnen, daß es andere gibt, die ihre Arbeit zu einem besseren Zeitpunkt niedergelegt haben. Ich habe...; nein, ich würde es Ihnen nicht zu sagen wagen: dieses Alter ist erschreckend!« Ist das ein Geständnis auf einen Vorwurf Sophies hin? Diderot konnte nicht vergessen, daß seine »Verliebte« nur drei Jahre jünger war als er. Sie sahen sich selten; und die meiste Zeit in Gesellschaft Madame Vollands, der Mutter Sophies, die weiterhin über den guten Ruf ihrer über fünfzigjährigen Tochter wachte. Diderot selbst hatte sich in seine Rolle als brieflicher Liebhaber geschickt, dem keine Eifersucht mehr zustand, der aber – in der perfekten verliebten Fiktion, die er aufgebaut hatte (was nicht bedeutete, daß seine Gefühle simuliert waren) – nie darauf verzichtete, sich zum ewigen Liebhaber Sophie Vollands zu erklären. Aber nicht jeder besaß Diderots außergewöhnliche Fähigkeit zur Dramatisierung der Wirklichkeit, seine Art, das Ideal in seiner Vorstellung zu realisieren; und es ist möglich, daß Sophie des Spiels müde wurde und zwar noch zuließ, daß sie als Projektion Diderots fungierte, sich aber emotional aus diesem Spiel zurückzog und nur noch die intellektuellen Regeln akzeptierte. »Wenn Mademoiselle Volland ehrlich sein wollte, würde sie mir gestehen, daß sie meinen Namenstag vergessen hat«, schrieb Diderot im Oktober 1769; und einige Tage später schloß er seinen Brief, indem er »allen dreien meine vorzügliche Hochachtung und meinen zärtlichsten Respekt« ausdrückte. Die Zeit der Eifersuchtskrisen, des feurigen Begehrens und der verliebten Beteuerungen scheint lange vorbei.

Räumliche Entfernung und das Verbot hatten – in jenem Zwischenbereich von Realität und Fiktion, in dem sich laut Diderot die Wahrheit bewegt – die eindrucksvollste (wenn auch nur eingleisige) briefliche Liebesbeziehung der französischen Literaturgeschichte hervorgebracht. Räumliche Entfernung, Verbote, die zerstörende Kraft der Zeit und das nahende Alter ließen die Fiktion so verblassen, daß die Realität in ihrer Mittelmäßigkeit wieder erschien: Seit Beginn des Jahres 1769 korrespondierte Diderot mit Madame de Maux, bis zu Damilavilles Tod einige Monate zuvor dessen Geliebte, und knüpfte eine Liebesbeziehung zu dieser fünfundvierzigjährigen Frau an. Madame de Maux war eine natürliche Tochter Quinault-Dufresnes, eines der Großen der Comédie Française, und seiner Partnerin, Mademoiselle de Seine. 1737, mit zwölf Jahren, hatte sie einen Anwalt des Pariser Gerichtshofs, François Aligand de Maux, geheiratet. Sie gehörte zum Freundeskreis Madame d'Épinays und des Barons d'Holbach, und Diderot lernte sie nach 1760 kennen.

Es existieren keine vollständigen Briefe Diderots an Jeanne Catherine de Maux, lediglich Fetzen, Fragmente, die im Tonfall so oft den Briefen an Sophie ähneln, daß man lange Zeit Mademoiselle Volland für die Adressatin dieser Korrespondenz gehalten hat. In den Brieffragmenten, die wir kennen, fehlt fast jede Zärtlichkeit. Vielleicht sind die intimsten Stellen vernichtet worden. Denn es besteht kein Zweifel, daß Diderot in die Dame verliebt war; was ihn nicht wenig verwirrte und ihn in der Idee bestärkte, daß die Natur seltsame Dinge vollbringe. Er ging auf die Sechzig zu; seit fünfzehn Jahren war seine Liebe zu Sophie ein wesentlicher Bestandteil seines Lebens – und seines Werks; er hatte immer noch das Gefühl, eng mit Mademoiselle Volland verbunden zu sein, auch wenn die eifersüchtige Leidenschaft mit der Zeit einer etwas verschwommenen, da stets unbefriedigten Zärtlichkeit Platz gemacht hatte – und dennoch fühlte er sich von Quinaults Tochter heftig angezogen. Stellte die Natur ihm etwa die Falle, daß seine sexuelle Vitalität vor dem Alter noch ein letztes Mal aufflackerte?

Aber mußte man sich nicht, um einer vollkommenen Theatralisierung des Lebens näherzukommen, ein letztes Wiederaufflackern gönnen, ein letztes Drama vor der wiederhergestellten Harmonie in der Schlußszene? War die Liebe nicht, wie alle menschlich wichtigen Dinge, eine Fiktion, auf die man nie verzichten sollte? »Am Anfang genügte ein Wort; später mußte man es wieder und wieder sagen, um Glauben zu finden. Man dachte, was man so gerne wiederholte, sei die Wahrheit, und man hatte recht. [...] Neben wirklichen Zweifeln gab es auch erheuchelte. Man ließ sich über Befürchtungen beruhigen, die man nicht hegte. Das erste Geständnis war etwas so Süßes, daß man nicht müde wurde, darauf zurückzukommen. [...] Immer schloß man das Geliebte an seine Brust, und die Kunst des Briefeschreibens ist nichts anderes als die Kunst, die Arme zu verlängern«, schrieb Diderot an Madame de Maux.

Es scheint, daß die Beziehung zwischen dem Philosophen und Damilavilles »Witwe« von Januar 1769 bis November 1770 andauerte; und Diderot war so verstört über diese Kluft zwischen seiner biologischen Person und seiner sozialen und moralischen Persönlichkeit, daß die Unsicherheit sogar an den Prinzipien selbst seines Denkens nagte. Er beharrte zwar auf der Notwendigkeit einer Moral, die imstande war, den Menschen über seinen natürlichen Stand zu erheben – »irgendwo habe ich gesagt, daß ein guter Mensch den Duftstoffen ähnelt, die ihren köstlichen Wohlgeruch erst verbreiten, wenn man sie zerstampft« –, doch manchmal wurde der Zweifel schmerzhafter: »Der Atheismus liegt ganz dicht neben einer Art von Aberglauben, der fast so kindisch ist wie der andere. [...] Wenn ich glaube, daß ich Sie freiwillig liebe, täusche ich mich. Weit gefehlt. O schönes System für die Undankbaren! Es macht mich rasend, daß ich in eine teuflische Philosophie verstrickt bin, die mein Geist nicht anders als gutheißen, mein Herz aber nicht anders als ableugnen kann. Ich kann es nicht ertragen, daß meine Gefühle für Sie, daß Ihre Gefühle für mich irgendeiner Sache in der Welt unterworfen sind, und daß Naigeon sie vom Durchgang eines Kometen abhängig macht. Es fehlt nicht viel, und ich werde noch zum Christen, um Ihnen zu versprechen, Sie auf dieser Welt so lange zu lieben, wie ich hier verweile; und Sie im Jenseits wiederzufinden und weiterzulieben. Dieser Gedanke ist so süß, daß es mich nicht wundert, warum die guten Seelen daran festhalten.« Unter dem Deckmantel scherzhafter Worte macht Diderot den heroischen, den oft schmerzhaft verbissenen Charakter des Atheismus deutlich. Seine Belohnung findet dieser Heroismus jedoch in der gleichsam ekstatischen Hingabe an die mitreißende Gewalt des Flusses der Natur, an die Auslöschung des Selbst im großen All. Diderots Atheismus war präromantisch; akzeptieren, daß man nichts war, hieß, zur Ewigkeit der Materie zu gelangen: »Hier, instinktiv, setzt man sich nieder, man ruht, blickt um sich, ohne zu sehen, überläßt Herz, Seele, Geist und Sinne ihrer ganzen Freiheit; das heißt, man tut nichts, um in Einklang mit allem Seienden zu sein. Es ist, und man ist. Alles ist nützlich, alles dient, alles wirkt mit, alles ist gut, man ist nichts, ohne sich darum zu bemühen. Schlecht geboren, böse, zutiefst widernatürlich ist jener, der inmitten der Fluren über das Schlechte nachsinnt. Er kämpft gegen den Impuls der ganzen Natur, die ihm leise und unablässig wiederholt ins Ohr flüstert: ›Bleib still, bleib still, bleib wie alles, das dich umgibt, laß die Stunden, die Tage, die Jahre verstreichen wie alles, das dich umgibt, und vergehe wie alles, das dich umgibt.‹ Das ist die fortwährende Lehre der Natur.«

Als 1770 das *Système de la nature* des Baron d'Holbach erschien, hatte Diderot übrigens Gelegenheit, manche seiner wissenschaftlichen Intuitionen aus *D'Alemberts Traum* weiter zu präzisieren. D'Holbachs Werk – unter dem Pseudonym Monsieur Mirabaud erschienen – schlug im Intellektuellenmilieu wie eine Bombe ein. Ein Erlaß des *Parlement* ordnete sofort an, das Buch auf dem Scheiterhaufen zu verbrennen, »wegen Beleidigung der göttlichen wie der weltlichen Majestät«. Voltaire, d'Alembert und ihre Freunde vom gemäßigten Flügel der Philosophen sahen darin nahezu eine Provokation: Man wollte die Aufklärung diskreditieren, indem man ihr Thesen in den Mund legte, die sowohl die Obrigkeit wie die Bevölkerung erschreckten.

Diderot teilte keineswegs die mechanistische Einstellung des Barons; in gewissem Sinne war er weit antikartesianischer als der Schloßherr von Grandval. Aber er konnte sich auch nicht mit dem politisch motivierten Deismus der Voltairianer zufriedengeben. Die *Philosophischen Grundsätze über Materie und Bewegung,* die er 1770 schrieb – die aber erst während der Revolution veröffentlicht wurden – bekräftigten erneut, daß Bewegung und Empfindungsvermögen Eigenschaften der Materie sind; vor allem kennzeichnen sie Diderots erkenntnistheoretischen Ansatz, die Erklärungen für Naturphänomene in der Chemie und in dem, was sich viel später zur Biochemie entwickeln würde, zu suchen. Es gab »eine allgemeine Gärung im Universum«, die weder Mathematik noch Mechanik zu begreifen imstande waren.

Zahlreiche Betrachtungen über Treue und Sexualmoral, erotische Merkwürdigkeiten und Betrachtungen über die Gynäkologie bilden in *D'Alemberts Traum* eine Art zweiter Diskursebene, die das zentrale Thema, das System des Universums, ergänzt. Sind diese Themen Diderots innerer Verwirrung über seine Liebe zu Madame de Maux zuzuschreiben? Teilweise bestimmt, da man sie auch in den meisten Briefen Diderots an seine Freundin findet. Doch diese verliebte »Krise« Diderots ist nicht von einer zweiten zu trennen, die in gewisser Weise ihren Widerhall bildet: Angélique war mittlerweile sechzehn Jahre alt geworden, und Diderot schickte sich an, sie zu verheiraten. Nachdem Diderot sich nach außen gewandt, eine Überfülle von Ideen entwickelt, voller Enthusiasmus Hypothesen verbreitet und seine Intuitionen als Saat für die Nachwelt hinterlassen hatte, die über ihre Keime urteilen würde, kehrte er nun, fast gleichzeitig, wieder zu sich selbst zurück, wollte sein Privatleben ordnen, erinnerte sich an seine familiäre Herkunft und suchte wieder nach der harmonischen, weisen Persönlichkeit, die er sein wollte.

Zuerst hatte Diderot daran gedacht, Angélique mit Grimm zu verheiraten. Wäre er nicht der ideale Schwiegersohn für ihn – Sohn, Bruder, Freund und Seelenverwandter –, der ihm garantieren würde, daß er in unmittelbarer Nähe seiner Tochter bleiben konnte, die er gesellschaftlich »etablieren«, aber nicht verlassen wollte? Grimm war zwar sechsundvierzig Jahre alt und Madame d'Épinays anerkannter Liebhaber, aber was bedeutete das schon. Ärgerlicher war es, daß Grimm nicht die geringse Lust hatte, mit Mademoiselle Diderot in den Stand der Ehe zu treten. Nachdem Diderot Grimm auf äußerst taktlose Weise die Qualitäten seiner Erbin angepriesen hatte, verzichtete er daher bedauernd auf seinen Plan.

Doch warum sollte Angélique bei ihrer Verheiratung die vertraute Umgebung ihres Vaters verlassen müssen? Nach Grimms Ablehnung blieb ja immer noch Langres, der Boden der Kindheit, das Land des Vaters, die Sehnsucht nach verlorener Unschuld und Harmonie. Nach Langres, einem Ort des alten, ernsten und armen Frankreich, und nicht nach Paris, der brodelnden Stadt voller Neuheiten, wandte sich Diderot, um einen Gatten für seine Tochter zu finden. War er ein Vater, der sein Kind zu sehr von sich abhängig machte? Nicht nach den Maßstäben seiner Zeit; er konnte sich sogar eines gewissen Liberalismus rühmen: »Ich bin Herr über mein Kind, doch unter der Bedingung, daß ich meine Autorität zu seinem Glück gebrauche; auch ist in diesem Fall die väterliche Autorität ganz und gar den natürlichen Rechten der Kinder unterzuordnen. Meine Tochter soll keinen Gatten nehmen, den sie nicht will. Sie soll auch keinen Gatten nehmen, den ich nicht will. Sie, ihre Mutter und ich müssen einverstanden sein. Bleibt dieser Grundsatz gewahrt, so geht alles in Ordnung.«

Er ließ daher Caroillon de Vandeul nach Paris kommen, den Sohn einer Familie aus Langres, die der seinen sehr nahestand, mit der er stets korrespondiert hatte und der er von Zeit zu Zeit manchen Dienst erwies. »Caroillon ist gekommen. Wir haben ihn empfangen. Er gefällt Ihrer Nichte; Ihre Nichte gefällt ihm«, schrieb Diderot an seine Schwester. »Er hat bei mir um ihre Hand angehalten, und er hat es auf ehrbare Weise getan. Ich achte seine Familie zu sehr, um zu glauben, er habe diesen Schritt ohne das Einverständnis seiner Mutter unternommen. [...] Wir haben ihm erlaubt, unser Kind zu sehen, damit unser Kind ihn sieht, und damit sie anfangen, einander kennenzulernen. [...] Er ist vierundzwanzig Jahre alt, meine Tochter sechzehn. Ich fand, sie sind beide noch zu jung. Deshalb habe ich ihm vorgeschlagen, zu warten, bis er siebenundzwanzig und meine Tochter neunzehn ist, wobei ich mich verpflichtete, in der Zwischenzeit jede andere Bewerbung auszuschlagen.« Diese Vereinbarung sah jedoch vor, daß die beiden jungen Menschen wieder ihre Freiheit erlangen sollten, wenn sie in diesen drei Jahren eine Partie finden sollten, die ihnen besser zusagte. In diesem Brief vom 23. März 1770 zeigte sich Diderot auch darum bemüht, daß sein Bruder, der Abbé, der Verlobung zustimmte; seine Rückwendung nach Langres verband sich mit dem Bild einer ausgesöhnten und vereinten Familie Diderot: »... und denken Sie auch bitte daran, unsere Auffassung dem Abbé zur Kenntnis zu bringen. Ich will mich ihm gegenüber nicht ins Unrecht setzen; und ein solches wäre es, wenn wir über seine Nichte verfügten, ohne ihn zu Rate zu ziehen.«

Doch Abbé Didier-Pierre Diderot wollte nichts von einer Heirat hören, die von einem Bruder bewerkstelligt wurde, den er fast als den Teufel ansah. Diderot schrieb weiter versöhnliche Briefe – »Ich bin nie dem Wahn des Bekehrungseifers erlegen und erliege ihm auch jetzt nicht. Ich denke für mich, allein für mich selbst. Ich lasse den anderen ihre Empfindungen« –; er zählte die Schar seiner geistlichen

Freunde auf. Der Abbé Diderot antwortete nicht einmal: Eine von seinem Bruder erzogene Tochter konnte einer christlichen Heirat nicht würdig sein. Diderot beschloß daher, nach Langres zu reisen. Grimm begleitete ihn. Sechs Wochen lang blieb er in der Gegend, doch es gelang ihm nicht ein einziges Mal, mit dem Abbé zusammenzutreffen. Didier-Pierre Diderot wollte gern Frieden schließen, aber unter der Bedingung, daß Denis Diderot seine bedingungslose Kapitulation eingestand: »Der Abbé«, schreibt Madame de Vandeul in ihren Memoiren, »verlangte von ihm das Versprechen, daß er nicht mehr gegen die Religion schreiben würde, und mein Vater verpflichtete sich in einem Brief dazu; der Abbé forderte, daß dieser Brief gedruckt würde und mein Vater alles widerrufen sollte, was er zuvor geschrieben hatte. Mein Vater weigerte sich, und die Verhandlungen waren beim Teufel.«

Diese Reise war für Diderot jedoch nicht nur verlorene Zeit. Zwar war der Versöhnungsversuch mit seinem Bruder gescheitert, aber Diderot und Grimm hatten die Fahrt so arrangiert, daß sie zeitlich mit Madame de Maux' Aufenthalt in dem nicht weit entfernten Bourbonne-les-Bains zusammenfiel. Madame de Maux hatte ihre Tochter, Madame de Prunevaux – »jung, frisch, hübsch und trotzdem krank«, wie Grimm schreibt –, in diesen tristen Badeort begleitet, »in der Hoffnung, daß sie sich dort von den Folgen einer Fehlgeburt erholen sollte«.[3]

Diderot verbrachte daher zwei Wochen in Bourbonne, in Gesellschaft seiner Geliebten und Madame de Prunevaux', deren Anmut ihn ebenfalls nicht gleichgültig ließ. Man weiß nicht viel über diesen Aufenthalt in Bourbonne, da sich Diderot in seinen Briefen an Sophie mit gutem Grunde sehr diskret über seine Beziehungen zu Madame de Maux und ihrer Tochter äußerte: »Ich sage Ihnen nichts über die Gesundheit Madame de Maux' und ihrer Tochter, die Sie nicht kennen und die Sie daher nicht sehr interessieren können.« Sicher ist, daß Diderot und diese Damen dort einen gewissen Monsieur de Foissy, Stallmeister des Herzogs von Chartres, kennenlernten, einen »Mann voller Rücksichtnahme, Sanftheit, Höflichkeit, Naivität und Fröhlichkeit«, wie Diderot versicherte – bis er feststellte, daß dieser brave junge Mann Madame de Maux eifrig den Hof machte und nicht zurückgewiesen wurde. Diderot war zweifellos verletzt und beschloß Ende September, als er nach Paris zurückgekehrt war, die Liebschaft zu beenden: »Freuen Sie sich mit mir«, schrieb er an Grimm, »der Augenblick meiner Freiheit ist nahe, der Verfügung über meine Zeit und einer neuen Ordnung des Lebens. Nach genauer Selbstprüfung habe ich festgestellt: Ich leide gar nicht, ich werde auch nicht leiden.« Um die Beziehung in Schönheit sterben zu lassen, sprach sich Diderot mit der Dame aus, nahm dem Galan seine weinerliche Beichte ab, bat Madame de Maux, ihm seinen Strohsessel zurückzuschicken und ging mit Foissy zum Essen: »Wie Sie sich denken, war ich zum Entzücken närrisch, und ich kann Ihnen versichern, es kostete mich keine Mühe.«

Diese Lässigkeit kaschiert die Wunde. Diderots Lachen ist gezwungen. Man spürt das in seinen Briefen an Grimm, der Madame de Maux zu verteidigen suchte. Er hatte nicht nur das Gefühl, betrogen und ungerecht beurteilt worden zu sein – »Ich kann diese kaputten Waagen nicht leiden, auf denen die Handlungen der einen schwer wie Blei und die unseren leicht wie Federn wiegen« –, sondern spürte auch vage, nun ein Alter erreicht zu haben, in dem man kein Recht mehr auf Liebe hatte. »Wenn man entdeckt, daß man weder schlechter noch besser ist als die anderen, muß man ganz leise den Kopf senken und wie jene Frau in der Hochzeitsnacht zu ihrem Mann sagen: ›Nun gut, Monsieur, 's ist nun so, wie's ist.‹« Weniger resigniert und daher dramatischer drückte Diderot dieses Gefühl einige Monate später in einem Brief an Sophie aus – genauer gesagt, an die Damen Volland: »Liebe und gute Freundinnen, Sie wählen einen denkbar schlechten Augenblick, um zu erkalten, das möchte ich Ihnen sagen. Mehr als je habe ich das Bedürfnis, jemand zu lieben und wiedergeliebt zu werden. Auf Sie hab' ich für mein ganzes Leben gebaut; lassen Sie mich im Stich, dann habe ich niemand mehr.«

Abgesehen von der Aussage, selbst in den zartesten Leidenschaften fände sich immer eine »kleine Schweinerei«, hatte sich Diderot bisher kaum für die Psychologie von Liebesbeziehungen interessiert. In zwei Erzählungen, die er später, im Jahr 1772, verfaßte – *Dies ist keine Erzählung* und *Madame de La Carlière* –, beschreibt er die Beziehung zwischen Mann und Frau als völlig verdorben durch die

Illusion der Notwendigkeit, die Erfordernisse des gesellschaftlichen Lebens und die Kontrolle durch die öffentliche Meinung.

Doch auch in Bourbonne machte Diderot nicht nur Madame de Maux und ihrer Tochter den Hof. In einer Kleinstadt, die nicht viel Zeitvertreib bot, waren die Tage lang, und Diderot nutzte sie, um sich einen neuerlichen Schwindel auszudenken, deren unglückliches Opfer Naigeon sein sollte. Es ging darum, ihn glauben zu machen, daß Madame de Prunevaux, eine natürlich unerfahrene Schriftstellerin, beschlossen habe, nach dem Vorbild eines schlechten exotischen Buchs von Saint-Lambert, *Les Deux Amis, conte iroquois,* das damals gerade in Mode war, eine Erzählung zu schreiben. Da Madame de Prunevaux, so Diderots Legende, keine Ahnung von den Tricks des Metiers, von der Kunst des Lokalkolorits oder anderen Finessen habe, präsentierte sich die Geschichte *Die beiden Freunde von Bourbonne* als Antithese der »irokesischen Erzählung« Saint-Lamberts: eine einfache Geschichte, eine minuziöse und nahtlos passende Beschreibung der Örtlichkeiten, eine exakte Geschichte und Schilderung einer Stadt und zweier armer Figuren, Wilderer und Schmuggler aus Not, aber tapfer und tugendhaft. Unter dem Deckmantel des Betrugs versuchte sich Diderot so an einer vollkommen realistischen Art des Schreibens, ohne große Effekte oder Farbigkeit der Schilderung, die ihren Reiz nur aus der perfekten Imitation der Realität und der Lebendigkeit natürlicher Figuren zieht. Schließlich stimmte Diderot auch zu, daß dieser kurze Roman »voll kleiner, wahrer Details«, wie Flaubert später sagte, veröffentlicht wurde. Sein Postskriptum zu *Die beiden Freunde von Bourbonne* zeigt, daß er bereits begriffen hatte, was realistisches Schreiben ausmacht und welche Grenzen dieser Art zu schreiben gesetzt sind: Jeder künstlerische Entwurf ist eine Täuschung, eine Utopie mit dem Ziel, jegliche Interpretation der Realität mehrdeutig zu machen, das Reale in verschiedenen Stimmen sprechen zu lassen. »Dieser Autor hier hat die Absicht, Sie zu täuschen. Er sitzt an Ihrem Kamin; strenge Wahrheit ist sein Ziel; er will, daß man ihm glaubt; er will Interesse wecken, er will rühren, mitreißen, ergreifen, schaudern und Tränen fließen lassen, Wirkungen, die man nicht ohne Redekunst und ohne Poesie erzielt... Wie stellt es also dieser Erzähler an, Sie zu täuschen? Nun, das geht so. Er spickt seine Geschichte mit so einfachen, so natürlichen und dennoch so schwer vorstellbaren Einfällen, mit kleinen Details, die so sehr passen, daß Sie zu sich selbst sagen müssen: Wirklich, das ist wahr, so etwas erfindet man nicht. So rettet er die Übertreibungen der Redekunst und der Poesie, so überdeckt die Wahrheit der Natur die Magie der Kunst, und so erfüllt er zwei Bedingungen, die gegensätzlich scheinen, nämlich zugleich Chronist und Poet zu sein, wahrhaftig und lügnerisch.«

Hier haben wir den Kernpunkt von Diderots Dialektik, hier sind wir im Mittelpunkt dieses Netzes scheinbarer Widersprüche zwischen Philosophie und Kunst, Verstand und Gefühl, Gelassenheit und Enthusiasmus, methodischer Suche nach der Wahrheit und intuitiver Erfassung der grundlegenden Geheimnisse. Bei diesen Widersprüchen geht es sowohl um die Wahrheit wie um das Glück. Diderot faßt dieses Paradox in zwei Begriffen zusammen: »Dieser Autor hier hat die Absicht, Sie zu täuschen« und »strenge Wahrheit ist sein Ziel«. Einerseits trat Diderot natürlich für den großen Entwurf der Aufklärung ein, für die Befreiung der Menschheit durch den kritischen Verstand, durch die Abschaffung aller Vorurteile, durch die Überlegenheit wissenschaftlicher Erklärungen über alle Glaubenssätze – er vertrat eine Philosophie, die den Menschen zum Maß aller Dinge macht. Andererseits jedoch konnte er die künftigen Unzulänglichkeiten und Gefahren einer Gesellschaft und einer Kultur ermessen, in der die Suche nach der Wahrheit und das Glück der Menschen den Gesetzen der systematischen Methode und der abstrakten Vernunft unterworfen waren. Diderot nahm in seinem Inneren den großen Streit vorweg, der im folgenden Jahrhundert Romantiker und Rationalisten zu Gegnern machte; ein Streit, dessen politischer, kultureller, moralischer, ästhetischer und sozialer Widerhall bis heute nicht ganz verklungen ist. Nach langem Zögern, nach langem Vor und Zurück, nach systematisch hin und her gewälzten, um und um gedrehten Paradoxen unterbreitete er schließlich eine Art »Vierstufenplan« zum rechten Umgang mit Vernunft und Phantasie, Enthusiasmus und Gelassenheit, Methode und Inspiration, Philosophie und Poesie – oder mit Malerei und Musik, zwei weiteren Arten, die Menschen über sich selbst zu erheben und sich die Illusion zunutze zu machen.

Erste Stufe: Information und Öffnung zur Welt, Wunsch nach Wissen und Begreifen. Hier sind Libido und Vernunft zugleich gefordert, Verlangen nach der Welt und rationales Bemühen, die Vielzahl von Informationen, die unsere Sinne uns vermitteln, zu durchschauen und eingehend zu betrachten. Ohne diese Lust an exakten Fakten ist das Denken Spintisiererei, Phantasterei ohne Ziel und Form, fruchtlose Metaphysik.

Zweite Stufe: das »abwegige« Denken – »meine Gedanken sind meine Huren« –, Phantasie, Inspiration, freie Assoziationen, gewagte Hypothesen: Hier wird die Poesie zum Versuchslabor der Wahrheit, in dem Hirngespinste und das Genie eine wichtige Rolle spielen. Dieses Moment der Wahrheitsfindung war so gefährlich – Enthusiasmus wird stets bedroht von Barbarei, Schrecken und Irrationalität –, daß es besser privat blieb, auch wenn Diderot von Zeit zu Zeit nicht widerstehen konnte, seine extravaganten Ideen zur Schau zu stellen. Aber damit wollte er nur deutlich machen, was besser im Dunkeln blieb.

Dritte Stufe: kritisches Ordnen, Arbeit des Verstandes, Errichten einer Konstruktion, die sich von der Fragwürdigkeit jeder vermeintlich feststehenden Wahrheit leiten läßt und diese vorläufige Wahrheit in Beziehung zu den Erfordernissen der Gesellschaft setzt. Hier geben Vernunft, Methode, soziale Verantwortung, Klarheit, Nüchternheit und abstrakte Idee den Takt an.

Vierte und letzte Stufe: Lüge, Illusion und Kunst – durch ihre Vermittlung bemächtigen sich Philosoph, Maler, Schauspieler und Dichter vollständig, auf intellektueller und emotionaler Ebene, des Anderen – des Zuschauers, Lesers, Zuhörers –, damit er die Idee verkörpere, die ohne ihn für immer abstrakt bliebe. Die Form ist eine Maschinerie, die der Künstler kaltblütig ersonnen hat, um sein Publikum zu fesseln (oder gefangenzunehmen) und es in das Spiel um die Wahrheit einzubeziehen.

Es lag in der Natur der Sache, daß auch dieses Schema einer Dialektik von Herz und Vernunft abstrakt blieb, und in der Wirklichkeit überlagerten und überschnitten sich diese Stufen unablässig, stießen aneinander und verloren sich in Abschweifungen, wie in Diderots Dialogen selbst. Dieser Schriftsteller wollte alles: den Anspruch der

Vernunft und geistige Lebendigkeit, wissenschaftliche Genauigkeit und poetisches Einfühlen in die Welt, klarsichtiges Denken und die nötige Begeisterung, um es in Gang zu setzen, Materialismus und moralischen Anspruch, Notwendigkeit der Wahrheit und Lust am Glück, notwendige Vernunft und unerläßliche Leidenschaft. Man versteht daher, daß er unablässig auf der Suche nach einer radikal neuen Form war, die mit allen Verfahrensweisen brach, mit denen bis dahin versucht wurde, etwas darzustellen, zu erschüttern, zu überraschen und eine Diskussion in Gang zu setzen, die mit der Lektüre des Buchs nicht beendet ist. Seine Werke wirken zusammenhanglos, sind aber kunstvoll gestaltet; seine Subjektivität macht allen dogmatischen Darstellungen ständig eine lange Nase; er springt von einem Thema zum anderen; geht in seinem Roman ein und aus, wie er will; reale Figuren werden zu fiktiven; Geschichten sind ineinandergeschachtelt wie russische Puppen; Herzensergüsse, Tränen, ungenierte Pannen und jähe Unterbrechungen sind an der Tagesordnung. All diese literarischen Verwirrspiele, die Diderot sich da ausdachte, zielen in erster Linie darauf ab, die absolut falsche Idee einer gegebenen, eindeutigen Wahrheit zu zerstören, die nur die Weisheit ohne die Torheit, das strahlende Licht ohne die Wonnen des Dunkels kennen würde.

Doch Diderot spürte, daß sein Temperament und seine vitale Dynamik ihn zu sehr zum Enthusiasmus, zur spontanen Bewegung, zur ergriffenen Zustimmung trieben; daher zwang er sich, den Wein der Leidenschaft mit einem kräftigen Schuß Vernunft zu verdünnen. Denn ohne Vernunft gab es keine Freiheit, und die Freiheit war eine Errungenschaft, die Vorrang hatte und die alle anderen bestimmte. Wenn es um die Freiheit ging, war Diderots Wahl unmißverständlich, und manchmal sogar prophetisch.

Im Dezember 1765 schrieb er an Grimm: »Die Zeit macht sich am Ende immer meinen Geschmack und meine Ansicht zu eigen. Lachen Sie nicht: Ich nehme die Zukunft vorweg und weiß, wie sie denken wird.« Und im April 1771 schrieb er an die Fürstin Daschkova, eine Freundin Katharinas II., die sich in Paris aufhielt: »Jedes Jahrhundert hat einen Geist, der es kennzeichnet. Der Geist des unsern scheint der der Freiheit zu sein. [...] Aber wenn die Menschen einmal irgendwie gewagt haben, den Schutzwall der Religion anzugreifen – den fürchtenswertesten und geachtetsten, den es gibt –, dann ist kein Halten mehr. Haben sie erst einmal drohende Blicke gegen die Majestät des Himmels gerichtet, dann werden sie sie alsbald gegen die Herrschaftsverhältnisse auf der Erde richten. Das Tau, das die Menschheit festhält und einschnürt, ist aus zwei Seilen gemacht: Das eine kann nicht nachgeben, ohne daß das andre zerreißt.«

So verfolgte Diderot aufmerksam den immer neu aufflammenden Konflikt zwischen König und Gerichtshöfen, der sich seit Beginn des Jahres 1771 verschärfte. Am Anfang dieser neuerlichen Affäre stand die Gegnerschaft zweier Männer, zweier Mächte in der Bretagne. Auf der einen Seite der Königliche Provinzgouverneur, der Herzog von Aiguillon, zudem Minister in Versailles und Gegner Choiseuls. Auf der anderen Seite La Chalotais, Generalstaatsanwalt des Gerichtshofs von Rennes, ein wahrer »Chef« dieser Institution und ein starker Charakter, ein wenig autonomistisch gesinnt und mit einer »großen Klappe« versehen. Der Vertreter der zentralistischen Macht und der Vertreter der Provinzrechte lagen in allen Punkten im Streit: Aiguillon wollte von Zuchthäuslern ein Straßennetz für das Militär anlegen lassen, was La Chalotais ablehnte; La Chalotais wollte die Jesuiten aus der Bretagne verjagen, doch Aiguillon schützte sie. Schließlich ließ der Gouverneur den Generalstaatsanwalt ins Gefängnis werfen. Der bretonische Gerichtshof lehnte sich dagegen auf; der Pariser Gerichtshof unterstützte ihn und verlangte die Absetzung des Gouverneurs und Ministers. Versailles löste den Pariser Gerichtshof auf und verteilte seine Befugnisse auf verschiedene kleine Gerichshöfe.

Diderot war kaum ein Anhänger dieser Gerichtshöfe oder *Parlements,* die ihn ebensowenig schätzten. Der Pariser Gerichtshof hatte ihn oft genug bedroht, so daß er ihm offene Aversion entgegenbrachte: »Es gehört zur bestehenden Ordnung, daß der Gerichtshof, der dem Hof und den Mächtigen am nächsten steht, auch der korrumpierteste ist.« Er teilte nicht Voltaires und d'Alemberts Freundschaft zu Choiseul; und wenn er die Jesuiten auch als geistige Gegner betrachtete, faßte er doch auch eine heftige Antipathie gegen die Jansenisten der Gerichtshöfe. In dieser Konfrontation ergriff er jedoch die Partei der Magistraten gegen die königliche Gewalt. Im Namen der

Freiheit: »Wir nähern uns einer Krise, die auf Sklaverei oder Freiheit hinauslaufen wird; ist es die Sklaverei, so wird sie der ähnlich sein, die in Marokko oder Konstantinopel herrscht. Wenn alle *Parlements* aufgelöst sind und Frankreich von kleinen Gerichten aus gewissen- und einflußlosen, auf das erste Zeichen ihres Herrn absetzbaren Beamten überflutet sein wird, dann Ade den Privilegien der verschiedenen Stände, die bisher das ausgleichende Prinzip darstellten, ohne das die Monarchie zum Despotismus entarten wird.« Diderot hatte Montesquieus Lektion gelernt und den irreversiblen Charakter des Kampfes zwischen Macht und Freiheitssinn begriffen.

»Wenn der Hof einen Rückzieher macht«, schrieb Diderot weiter an die Freundin der Zarin, »werden seine Gegner ihre Macht einzuschätzen lernen, und das könnte nicht ohne schwerwiegende Folgen bleiben.« Alle Politik dreht sich um Kräfteverhältnisse, um potentielle oder reale Gewalt. Diderot glaubte nicht im mindesten, daß die Gesellschaft auf einem Pakt, einem »Gesellschaftsvertrag« zwischen den Menschen beruhte. Ohne politische Demokratie, ohne das von einer gewählten Versammlung erlassene Gesetz, ist der »Gesellschaftsvertrag« eine Erfindung der Mächtigen, um ihre Herrschaft zu rechtfertigen. »Jetzt schwankt der Thron/ Der Herrscher zittert schon/ Des Volkes Wut zeigt ihm, daß alle List/ Der Sage vom Vertrag verloren ist.« Diese Verse stammen aus einer kleinen Gelegenheitsdichtung Diderots aus dem Jahre 1772, *Die Eleutheromanen oder Freiheitstollen*. Diderot war am Dreikönigstag beim traditionellen Kuchenessen wieder einmal zum »Bohnenkönig«* geworden. Die Jahre zuvor hatte er zur Feier seiner Würde den *Code Denis* oder *La Complainte en rondeau sur les embarras de la royanté* (Rondeau zur Klage über die Bedrängnisse des Königtums) verfaßt; diesmal dankte er in angemessener, heroisch-komischer Form ab. Die Königswürde stand ihm auch nicht mehr. Auch wenn es hier nur um ein Spiel ging, um die Dramatisierung eines Genres und seine fröhlich übertriebenen und barbarischen Untertöne; und auch wenn man das berühmte, von Pfarrer Meslier inspirierte Distichon nicht ganz ernst

---

* In Frankreich wird in den traditionellen Dreikönigskuchen eine Bohne eingebacken; wer sie in seinem Stück findet, ist »Bohnenkönig«. (A.d.Ü.)

nehmen darf: »Und seine Hände wanden die Därme des Priesters, da es keinen Strang gab, die Könige zu erdrosseln.« Trotzdem zeigt ein solcher Einfall, daß Diderots politische Haltung radikaler geworden war. Die Zeit der Gewalt würde kommen, und Diderot hielt sie für unausweichlich und zugleich legitim: Worte genügten nicht, um die Tyrannei zu stürzen.

Auch ein anderer Text von weit größerer Tragweite zeigt diese Radikalisierung: der *Nachtrag zu Bougainvilles Reise,* der im Herbst 1773 und Frühjahr 1774 in der *Correspondance littéraire* erschien. Diese Erzählung, inspiriert durch Bougainvilles *Reise um die Welt,* bildet in Diderots Denken zusammen mit *Dies ist keine Erzählung* und *Madame de La Carlière* ein Triptychon; sie ist der dritte Teil einer dialektischen Reflexion über die Frage der Sexualität. *Dies ist keine Erzählung* stellt die Probleme der Liebe und der Beziehung zwischen Mann und Frau in ihrem allgemeinen Charakter und ihrer unentwirrbaren Komplexität dar – der Mischung aus Vernunft und Leidenschaft, Körper und gesellschaftlicher Erscheinung. *Madame de La Carlière* ist die dramatische Darstellung der aufgeworfenen Probleme – Madame de La Carlière, gefangen im moralischen und religiösen Kodex der Liebe, stirbt, weil sie nicht begriffen hat, daß ihr Gatte Desroches diesen Kodex im Namen der Natur überschritten hat, ohne daß er deshalb aufhört, sie zu lieben. Der *Nachtrag zu Bougainvilles Reise,* aufgebaut um die Enthüllungen des Forschers über die sexuelle Freiheit der Bewohner von Tahiti, versuchte eine theoretische Moral, eine wirksame Utopie der körperlichen Liebe aufzustellen.

Die Auseinandersetzung mit der Sexualität führte Diderot rasch zur gesellschaftlichen und politischen Reflexion. Die Sexualität der Europäer war deshalb so unglücklich, dramatisch und entfremdet, das »Unbehagen in der Kultur«, wie Freud es später nennen sollte, gab es deshalb, weil der Umgang mit unserem Körper einem im wesentlichen religiösen Kodex unterworfen war, der dem Kodex der Natur entgegengesetzt ist. Aber so verhält es sich mit all unseren Verhaltensweisen, allen Regelwerken, allen Gesetzen. Nicht Ausschweifung, Anarchie oder das Prinzip »alles ist möglich« herrschen im Tahiti Diderots, in der darin aufscheinenden idealen Gesellschaft, sondern strenge Anpassung des Individuums an die Bedürfnisse der Allgemeinheit und der Art, an die »Naturgesetze« des gesellschaftlichen Lebens und des Überlebens der Gemeinschaft. Diderot legte die gesetzgeberischen Prinzipien einer Gesellschaft fest, die nicht auf ein Ideal, sondern auf die physische Realität gegründet war. Man ist hier weit entfernt von den Prinzipien einer liberalen Gesellschaft, des bürgerlichen Individualismus oder der rousseauistischen Utopie einer Menschheit, die von Vernunft und Tugend geleitet wird. Diderot entwarf eine Gesellschaft der natürlichen Notwendigkeit, eine Gesellschaft, in der das Individuum an sich frei ist, aber nur, solange es nicht Glied einer gesellschaftlichen Gruppe ist, Teil eines Ganzen, und seine Privatinteressen dem Interesse der Allgemeinheit unterwerfen muß.

Künstlichkeit und ein Verhaltenskodex der Lüge: darin lag für Diderot der Ursprung des europäischen Unbehagens. Doch sein Mißtrauen gegen jedes System, das die Wirklichkeit reduzierte, war zu groß, als daß er selbst eines formuliert hätte. Man mußte sich hüten vor den Gesetzgebern, die angeblich das Glück der Menschen im Auge haben. Zum einen sind Glück und Unglück, ebenso wie Laster und Tugend, in der Natur gleichermaßen vorhanden – und diese Gleichung ändern zu wollen, konnte manchmal zu größerem Unglück führen; zum anderen war jede Gesellschaftsordnung das Ergebnis eines Kräfteverhältnisses und bedeutete eine Form der Gewalt: »Und seien Sie ein für allemal überzeugt: Jene weisen Gesetzgeber haben sie nicht um Ihretwillen so geformt und gemodelt, wie sie jetzt sind, sondern allein zum eigenen Vorteil. Ich berufe mich dabei auf alle staatlichen, bürgerlichen und religiösen Einrichtungen. Untersuchen Sie diese gründlich: Ich müßte mich sehr täuschen, wenn Sie dabei nicht fänden, daß die Menschheit von Jahrhundert zu Jahrhundert immer wieder in jenes Joch gezwängt wird, das ihr aufzuerlegen eine Handvoll Schurken beschlossen hat. Mißtrauen Sie demjenigen, der Ordnung schaffen will. Ordnung schaffen heißt immer, sich zum Herrn der anderen zu machen, indem man ihnen Schranken setzt.«

Diderots politische Haltung, seine allmähliche Radikalisierung folgt der gleichen Richtung wie das Projekt der *Enzyklopädie.* Stets geht es darum, zum Glück der Menschheit beizutragen, indem man sie von Unwissenheit, Trugbildern und Täuschung befreit und sie mit Hilfe der Wissenschaft und der Kenntnis der Naturgesetze aufklärt. So mußte man auch bereit sein, diesen intellektuellen Vorstoß konsequent zu Ende zu führen, selbst wenn das zum Bruch mit einem »Freund« aus dem Philosophenlager führte. Genau das tat Diderot in einer Schrift, die man *Seiten gegen einen Tyrannen* genannt hat, als sie 1937 entdeckt wurde. D'Holbach hatte 1770 in London den *Essai sur les préjugés* (Essay über die Vorurteile) veröffentlicht, in dem der ungestüme Baron die Abschaffung aller Privilegien, ein allgemeines staatliches Schulwesen und den Zusammenschluß von Fürsten und Volk unter dem Banner der Philosophie forderte. Friedrich II. reagierte sehr heftig auf das kleine Werk und veröffentlichte ein *Examen de l'Essai sur les préjugés* (Rezension des Essays über die Vorurteile), eine Gegenschrift, die er d'Alembert und Voltaire zur Billigung vorgelegt hatte.

Diese beiden hüteten sich, Partei zu ergreifen, doch Diderot, von dem man nichts erbeten hatte, beschloß, den Preußenkönig zu widerlegen und d'Holbachs Ideen zu verteidigen. Er gab vor, nicht zu wissen, wer der Autor des *Examen* sei, und sagte ihm gründlich die Meinung: »Was habe ich also aus diesem Büchlein gelernt? Daß es kein Talent braucht, um die Fehler eines Autors zu verbessern, daß der Mensch so wenig für die Wahrheit geschaffen ist, wie sie für ihn, daß wir zum Irrtum verdammt sind, daß der Aberglaube seine gute Seite hat, daß Kriege eine schöne Sache sind, usw., usw., und daß Gott uns vor einem Herrscher bewahren möge, der dieser Art von Philosophen gleicht.« Diderot hatte Friedrich II. nie besonders geschätzt; unter anderem hatte ihn dessen Kriegslust stets mit Mißtrauen gegen die philosophischen Koketterien des Preußen erfüllt. Diesmal war der Bruch total und endgültig.

Auch in den Jahren nach 1770 schrieb Diderot unentwegt über die verschiedensten Themen. Von einer kleinen Prosatragödie, *Les Pères malheureuses* (Die unglücklichen Väter), inspiriert von einem Drama seines Züricher Freundes Salomon Gessner, sprang er zu der *Unterredung eines Vaters mit seinen Kindern* und schließlich zu einer sehr freien Bearbeitung von *Bemetzrieders Klavierschule*. Der gemeinsame Bezugspunkt aller drei Werke: Angélique natürlich. Die beiden ersten Texte wiederholten einmal mehr die Problematik der väterlichen Autorität, die Rechte und Pflichten von Eltern und Kindern. Der dritte Text setzt sich aus einer Reihe von Dialogen zwischen Diderot, Angélique und Bemetzrieder zusammen, der dem bemerkenswert begabten Mädchen Cembalounterricht gab.

Denn Angéliques Heirat war für Diderot ein Anlaß der Sorge und der Aufregung, der eine immer größere Rolle spielte, je näher das schicksalhafte Datum rückte. Diderot wollte seine Tochter verheiraten, und zwar gut. Das war seine Pflicht als Vater und Erzieher. Er, der bei seinem schriftlichen Werk so nachlässig war, seine Manuskripte in der größten Unordnung stapelte und verstreute, erwies sich als ungeheuer aufmerksam und extrem ängstlich, sobald es um sein fleischliches Kind ging. Er wollte Angélique verheiraten, aber er wollte sie nicht verlieren. Sie war sein Erfolg, seine einzige Genugtuung in einem Gefühlsleben, dessen Mängel und Fehlschläge er schmerzlich spürte.

Und letzten Endes gefiel Caroillon ihm auch nicht besonders. Im Laufe der harten Verhandlungen vor der Unterzeichnung des Ehevertrags enthüllte der junge Mann, wie er war: ehrgeizig, streberisch, zu allen faulen Kompromissen bereit – sogar zu Unehrlichkeiten –, um seinen Bedarf an Geld und Besitz zu decken. Die Verhandlungen dauerten eineinhalb Jahre. Bis zum Schluß hatte sich Diderot ein Hintertürchen offengehalten, damit eine Lösung der Verlobung möglich blieb. Er wollte sie nicht selbst veranlassen, hoffte aber insgeheim, daß Vandeul oder Angélique diesen Schritt unternahmen: »Ich hätte alles auf der Welt gegeben«, schreibt er an Grimm, »damit sie auf diesen verwünschten Ehestand verzichtete, aber ich habe ihr niemals ein Wort davon gesagt. Von ihrem Liebsten bin ich nicht gerade begeistert, dessenungeachtet habe ich mich bei ihr für ihn eingesetzt. Ich sehe sie im Begriff, sich in der Provinz zu vergraben, und tue das Menschenmögliche, sie hier zu behalten.«

Diderot war vor allem empört über die Art, wie sein Schwiegersohn in spe Angélique zum Gegenstand eines kleinlichen Kuhhandels machte: »Diese Sorgen müssen endlich aufhören«, vertraute er seiner Schwester an, »Caroillon hat uns genügend Sorgen bereitet, die wir wohl nicht verdient haben. Mit der Partie, die er gefunden hat, kann er wohl zufrieden sein; so sei er also zufrieden. Wenn er noch mehr braucht, soll er es anderswo suchen, aber er soll es mir sagen, damit ich endlich Ruhe habe und mir nicht am Hof, in der Stadt und auf dem Land für ihn die Hacken wundlaufe, um eine angemessene Stellung für ihn zu finden.«

Denn um Angélique gesellschaftlich zu etablieren, um Caroillon de Vandeul in Paris unterzubringen, war Diderot zu einem Vorgehen bereit, das er für sich selbst immer verschmäht hatte: Er ließ seine Beziehungen spielen, antichambrierte, sprach bei seinen Gönnern vor. Er ersuchte Necker, Trudaine und Devaisne um ihre Hilfe – und sogar den Herzog von Aiguillon, Minister Ludwigs XV. und Gouverneur der Bretagne, der den Krieg gegen die Gerichtshöfe ausgelöst hatte: »Väter sind von einem ungeheuren Mut erfüllt, wenn es um das Heil ihrer Kinder geht.«

Doch alles war vergebens; man wird nicht von einem Tag auf den anderen zum Höfling. Vandeul erhielt keinen Posten in der königlichen Verwaltung. Dafür wußte der junge Mann aber sehr wohl die Beziehungen seines künftigen Schwiegervaters zu nutzen, um selbst als Bittsteller aufzutreten, nicht um einen Posten zu erhalten, sondern um Pachtverträge für Grundstücke, die dem Staat gehörten, um Bergwerksrechte und andere rentable Konzessionen zu erstehen. Da Caroillon de Vandeul keine öffentliche Anstellung bekam, machte er – unternehmerisch gesinnt und, wie Diderot erkannt hatte, von einer fast ausschließlichen Leidenschaft für Geld erfüllt – ein Vermögen in der Industrie. Innerhalb weniger Jahre wurde er einer der reichsten Hüttenwerksbesitzer in den östlichen Provinzen. Diderot verheiratete seine Tochter mit einem Konjunkturritter des 19. Jahrhunderts, der Karikatur eines Frühkapitalisten.

Diderot klammerte sich um so fester an seine Rolle als vorbildlicher Vater, der alles für das Glück und die materielle Sicherheit seines Kindes opferte, je mehr er sich, zunehmend widerwillig, zu dieser Rolle zwingen mußte und je stärker seine Lust wurde, diesen Caroillon, der ihm seine geliebte Tochter wegnahm, zum Teufel zu jagen und den Schacher um diese Hochzeit abzubrechen. Es war ihm vielleicht noch nie so schwer erschienen, den Widerspruch zwischen den natürlichen und den gesellschaftlichen Erfordernissen seiner Epoche durchzustehen. Man spürt das in seinem kleinen Essay *Sur les femmes* (Über die Frauen) oder in seinem Brief über Kindererziehung an die Gräfin Forbach – eine ehemalige Schauspielerin, der es nach einem sechs Jahre währenden »wilden« Verhältnis und drei Kindern geglückt war, legitime Ehefrau des Herzogs von Deux-Ponts zu werden. In diesen Texten zeigt sich Diderot sowohl als Gefangener gewisser Vorurteile seiner Epoche über die weibliche »Natur« – die er auf physisch-biologische Erwägungen stützte –, wie als Verfechter einer Aufwertung der Frauen, was Bildung und rechtlichen Status betraf. »In fast allen Breiten hat sich die Grausamkeit der Gesetze mit der Grausamkeit der Natur gegen die Frauen verbündet; man hat sie wie einfältige Kinder behandelt. Bei allen zivilisierten Völkern gibt es keine Demütigung, die der Mann der Frau nicht straflos zufügen könnte; die einzige Vergeltung, die ihr zur Verfügung steht, hat häusliche Turbulenzen zur Folge und wird mit mehr oder weniger deutlicher Verachtung bestraft, je nachdem, ob die Nation mehr oder weniger gesittet ist. [...] In den zivilisierten Ländern ist die Frau fügsam, bei den wilden Nationen und in barbarischen Gegenden unterjocht.«

Wenn schon, denn schon: da Diderot nun einmal seine Pflicht als Vater erfüllen mußte, wollte er zumindest, daß diese Ehe mit einem »Langrois«, diese Bestätigung der gesellschaftlichen Tradition, alle Kennzeichen bürgerlicher Respektabilität aufwies. Und dazu war es nötig, daß auch der Abbé Diderot bei der Hochzeit seiner Nichte anwesend war.

Denis Diderot schrieb einen schönen Brief. Angéliques Hochzeit, erklärte er, sei »die wichtigste Angelegenheit meines Lebens«. Und er erlaubte sich den Luxus, an die christliche Nächstenliebe seines Bruders zu appellieren: »Selbst wenn Sie gewichtige Gründe hätten, sich über mich zu beklagen – was haben Ihnen Ihre Nichte, Ihre Schwester, Ihre Schwägerin, die Mutter, der Sohn, der Schwiegersohn, der ganze Rest der beiden Familien getan, daß Sie sie alle mit Ihrem Haß verfolgen? Doch wie dem auch sei: Ich bitte Sie um Ihren Segen für die jungen Eheleute, und diese ersuchen Sie um Ihr Gebet und Ihre Fürsprache beim Himmel für das Glück ihres Bundes.«

Auch Angélique schrieb an ihren Onkel. Sie versicherte ihm, ihre Mutter, »deren Frömmigkeit allgemein anerkannt ist«, habe sich um ihre Erziehung gekümmert; sie selbst sei eine gute Christin. Sie schmeichelte ihm, bat ihn flehentlich.

Die Antwort des Abbé an Angélique ist derart grob, daß man sie unmöglich nur als Reaktion eines unversöhnlichen Frömmlers ansehen kann. Hier ist ein Haß gegen seinen Bruder im Spiel, der so tief sitzt, daß seine Wurzeln unerklärlich bleiben: »Sie wissen gut, daß ich nur Menschen, die Religion haben, als Eltern anerkenne. In dieser Hinsicht hege ich Ihnen gegenüber einen starken Argwohn. [...] Ich jedenfalls entnehme Ihrem Brief, daß Sie in einer Nachsicht aufgewachsen sind, die für jede wahre Christin unentschuldbar ist... Ich erkläre Ihnen daher, daß ich Ihre Heirat mit Monsieur Caroillon keinesfalls billige; daß ich Sie als Mädchen ohne Religion betrachten werde, wenn die Heirat zustande kommt, daß Sie nicht meine Nichte sind und es niemals sein werden, und daß die Tür meines Hauses Ihnen und Monsieur Caroillon verboten ist, ebenso wie Ihrem Vater, aus demselben Beweggrunde heraus, dem der Religion und des Glaubens.«[4]

Didier Pierre Diderot folgte einer in sich unwiderlegbaren Logik: Ein Schwiegersohn, den sein Bruder billigte, konnte nur ein Libertin sein; eine junge Frau, die bereit war, einen solchen Freigeist zu heiraten, zeigte, daß sie verdorben war. Bei diesem Vater kaum erstaunlich.

Diderot wartete, bis die Hochzeit stattgefunden hatte, um auf die »garstigen Briefe« des Abbés zu antworten: »Das ist nun der letzte Brief, den Du von mir bekommen wirst. Ich erlasse es Dir, darauf zu antworten. Schreib mir nicht, es sei denn, Du brauchst mich. Dann aber kannst Du über mich verfügen.« Der große Bruder gab noch einige Ratschläge für das Seelenheil des jüngeren: »Ich kann mir nicht einreden, daß Du von Natur aus so verkrüppelt bist, wie du Dich in deinen Gefühlen zeigst. Du hast Dich selbst so gemacht, wie Du bist. Hör zu, kehr um... auf dem Totenbett gibt es keine Trugbilder mehr. Dann wirst Du sehen, daß Du ein schlechter Priester bist, ein schlechter Bürger, ein schlechter Sohn, ein schlechter Bruder, ein schlechter Onkel, ein böser Mensch... und am Ende wirst Du verzweifelt sein. Abbé, ich beschwöre Dich; schließe Dich der sozialen Gemeinschaft an: kehr zurück in den Schoß Deiner Familie.«

Der Abbé antwortete noch einmal: »Ich bin ein schlechter Bürger, weil ich zu lange gezögert habe zu zeigen, welch eine Pest Sie für den Staat sind.«[5] Diderot konterte, diesmal nicht mehr in der brüderlichen Duzform: »Sie bersten vor schwarzer Galle, Ihre schwermütige Düsternis bringt einen um. Wer eine reine Seele und ein ruhiges Gewissen hat, müßte heiter und fröhlich sein. Sie sind von Gewissensbissen gepeinigt, guter Abbé, und fühlen sich nicht wohl in Ihrer Haut.« Die Beziehung der beiden Brüder wurde endgültig am 14. November 1772, zwei Monate nach Angéliques Hochzeit, abgebrochen. Der Abbé hatte einen letzten Brief an Denis Diderot geschickt, den jener zurücksandte, ohne ihn zu öffnen. Auf den Umschlag schrieb er: »Monsieur l'Abbé, wenn ich sicher wäre, in diesem Brief meinen Bruder wiederzufinden, würde ich ihn öffnen und nicht ohne Freudentränen lesen. Aber ich schicke ihn lieber versiegelt zurück und erspare mir so zwei Dinge, die weh tun: unfreundliche Dinge zu vernehmen und unfreundliche Dinge zurückzuschreiben.«

Am Mittwoch, den 9. September 1772, wurden Angélique Diderot und Abel-François Caroillon in der Kirche Saint-Sulpice getraut. Als das junge Mädchen die väterliche Wohnung verließ, fand es einen Brief des Vaters vor – Empfehlungen, die von einem vollendeten gesellschaftlichen Konformismus geprägt waren. Doch zwischen zwei durch und durch bürgerlichen Ratschlägen bekannte Diderot seine Bestürzung: »Bei Deinem Weggang empfinde ich einen Schmerz, den Du nicht ermessen kannst; aber leicht verzeihe ich Dir, daß Du nicht das gleiche fühlst. Ich bleibe allein zurück, und Du folgst einem Mann, den Du anbeten mußt. [...] Ich kann die anderen Väter nicht verstehen, wenn ich beobachte, daß ihre Unruhe in dem Augenblick aufhört, wo sie sich von ihren Kindern trennen; die meine, so scheint mir, beginnt erst jetzt.«

KAPITEL

17

»Meine Einsamkeit ist mir unerträglich.« Angéliques Heirat stürzte
Diderot in eine Art Depression. Zwar besuchte er seine Tochter und
seinen Schwiegersohn häufig, häufiger vielleicht, als sie es sich
wünschten. Trotz seines Schwurs, sich nicht in das Leben des Paares
einzumischen, konnte er manchmal einfach nicht anders – um ihnen
Gefälligkeiten zu erweisen, sie mit Geschenken zu überschütten, ihnen einige Ratschläge zu geben. »Das lebhafte Interesse, das ich an
meinen Kindern nehme«, vertraute er Grimm an, »macht, daß ich
ständig die Augen auf alles richte, was sie tun, und bei der geringsten
Kleinigkeit, die mich verletzt, leide ich, beklage ich mich, und
manchmal so, daß ich sie ein wenig verärgere. Und dann fällt der
kleine Ärger, den ich ihnen bereitet habe, hundertfach vergrößert auf
mich zurück.« Diderot wußte, daß er als Vater zu besitzergreifend
war und analysierte scharfsinnig die Gefühle, die sein Verhalten bestimmten – was er dabei entdeckte, überraschte ihn. So gestand er
Grimm: »Ich liebe sie mehr denn je. Ich will Ihnen sogar anvertrau-
en, daß ich im verborgensten Winkel meines Herzens eine rechte
Torheit entdeckt habe. Mein Alleinsein macht nicht meinen ganzen
Kummer aus. Ob Sie wohl glauben können, daß sich mit diesem
Schmerz ein anderer vermischt: die Liebe meines Kindes mit jemandem teilen zu müssen? Wie können solch lächerliche Gefühle in einer
wohlbeschaffenen Seele Platz finden? Wer möchte glauben, daß ein
vernünftiger Vater einer so albernen Eifersucht fähig ist? Diese Entdeckung, über die ich herzlich lachen mußte, hat mich nicht wenig
erleichtert.«

Zu dieser Sorge kam noch eine andere. Elisabeth Volland, Sophies

Mutter, starb am 5. April 1772. Der Tod dieser »dicken, appetitlichen, drallen, gesunden und fröhlichen« Frau, die von Diderot stets »Mama« genannt wurde, brachte Diderot seelisch noch mehr aus dem Gleichgewicht. Madame Volland hatte eine nahezu despotische Autorität über ihre Töchter, ob sie nun verheiratet waren oder nicht, über den ganzen seltsamen »Volland-Clan« ausgeübt, und damit auch über Diderot selbst, der sie verehrte und zugleich fürchtete. Sie hatte in gewisser Weise das Verbot garantiert, das es Diderot ermöglicht hatte – mit nun fast sechzig Jahren –, Sophies ewiger Anbeter und Briefpartner zu sein: als Ideal ganz nahe, in der Wirklichkeit fern. Madame Volland war das gefürchtete und von der Vorsehung gesandte Hindernis gewesen. Ihr Tod ließ den Spiegel zerspringen, der Denis und Sophie getrennt und dem Schriftsteller die Möglichkeit gegeben hatte, das Schauspiel zu betrachten, das er selbst gab. Sophie, als neues Familienoberhaupt nach Paris zurückgekehrt, hätte nun werden können, was sie literarisch zwanzig Jahre lang gewesen war: Diderots Gefährtin. Aber die Pariserin Sophie, die sich mit ihrer Schwester nur wenige Minuten von ihrem Freund entfernt niederließ, konnte nicht mehr das sein, was sie geworden war – seine Briefpartnerin, Gegenstand seiner Liebe und seiner Erzählung. Die räumliche Nähe trennte sie eher statt sie einander näherzubringen. Wir wissen nicht, ob Diderot Sophie öfter sah, ob er sie regelmäßig besuchte, ob er sie liebte; wir können nur feststellen, daß er ihr kaum noch schrieb.

Paris wurde für Diderot eine leiderfüllte Stadt. Seit Angéliques Auszug war sein Heim tot; die mondäne Lebensweise des Ehepaars Caroillon mißfiel ihm, so daß er sich bei ihnen deplaziert und lästig vorkam; seine Liebe zu Sophie verlangte nach der Romantik des brieflichen Austauschs. Die Zeit war gekommen, um die Einladung der Zarin Katharina II. anzunehmen und Abstand von dissonanten Mißklängen seiner Gefühle und Gedanken zu gewinnen.

Diderot riß sich los von Paris und von sich selbst. Am 11. Juni 1773 verließ er die Hauptstadt in Richtung Den Haag, der ersten Etappe seiner langen Fahrt nach St. Petersburg.

Die Reise nach Rußland war beschwerlich. Diderot war ein kräftiger Mann, der Strapazen gut aushielt und an Schlafmangel gewöhnt war, aber er war immerhin sechzig Jahre alt. Er hielt es für unbedingt notwendig, Paris eine Weile zu verlassen, aber er hatte keine Eile, an den Hof der Zarin zu kommen. So blieb er drei Monate lang in Holland, als Gast des Fürsten Golizyn, der seit 1769 russischer Botschafter in den Niederlanden war. Dieser Philosophenfreund, der in Den Haag Helvétius' Werke veröffentlicht hatte, überschüttete Diderot mit so vielen Aufmerksamkeiten, daß dessen Freunde und Verwandte – die über seine Aktivitäten, über die Wissenschaftler und Künstler, die er kennenlernte, über seine Diskussionen und Besuche auf dem laufenden gehalten wurden – ähnlich wie Julie de Lespinasse dachten: »Es geht ihm dort so gut, daß er möglicherweise gar nicht mehr nach Paris zurückkehrt und vergißt, daß er eigentlich auf dem Weg nach Rußland war.«[1] Ein ähnlicher Ton klingt bei Madame d'Épinay an, die an Abbé Galiani schrieb: »Man weiß nur [...], daß er in Leiden war, wo er alle Professoren kennengelernt hat; daß der Fürst ihn kaum von ihnen losreißen kann, und daß es wirklich sehr zweifelhaft ist, ob er je nach Rußland fährt. Er ist ganz vernarrt in diese holländischen Doktoren. Vielleicht verbringt er dort den Rest seines Lebens.«[2]

Diderot betrachtete Holland mit gemischteren Gefühlen, als seine Freunde meinten. Er war glücklich, zum ersten Mal in seinem Leben das Meer zu sehen, er genoß das friedliche und freie Leben, die offenen Diskussionen mit den holländischen Intellektuellen, die alle Fragen vorurteilslos angingen, die Abende mit Golizyns Frau, der Gräfin Alalie von Schmettau, die mehrere Sprachen beherrschte, Cembalo spielte und sang. Doch die bukolischen Betrachtungen über »die Seezungen, frischen Heringe, Steinbutte, Barsche und alles, was diese besten Menschen der Welt ›waterfish‹ nennen«, ist auch eine Art, die Langeweile und die kleinkarierten Dimensionen der Provinz auszudrücken: »Die Ministerresidenz hat aus Den Haag einen Ort der Spionage gemacht, die Untätigkeit seiner Bewohner einen Ort des Klatsches. [...] Es ist vielleicht das schönste Dorf der Welt.«

Doch wenigstens erfüllte dieser beschauliche Lebensrhythmus Diderot mit Lust an der Arbeit und am Schreiben. Er sah alles, was er sehen konnte, begegnete allem, was interessant war. Er beabsichtigte, mit einem Amsterdamer Verleger, Marc Michel Rey, an einer Gesamtausgabe seiner Werke zu arbeiten. Er hatte das Gefühl, Urlaub von der Welt zu haben, nicht mit Verantwortung belastet zu sein, endlich Ruhe zu haben für sich und seine Arbeit als Schriftsteller. Zum ersten Mal in seinem Leben war der Vorhang seines »Gesellschaftstheaters« gefallen. Er atmete eine unbekannte Luft; er notierte Anmerkungen zu Helvétius, um ihn zu widerlegen. Und in diesem einzigartigen Moment der Ruhepause, als er nicht mehr an seine Freunde und nicht einmal mehr an Sophie schrieb, als Falconet in St. Petersburg Katharina II. anvertraute, daß er die Hoffnung aufgegeben habe, noch etwas von Diderot und seiner Rußlandreise zu hören, setzte Diderot den Schlußpunkt unter sein berühmtes *Paradoxe sur le comédien* (Paradox über den Schauspieler). Der englische Schauspieler Garrick hatte diese Schrift inspiriert, die noch heute selbst für die kühnsten Dramaturgen die unerschöpfliche Fundgrube für Polemiken und Experimente ist.

Das *Paradox* ist weit mehr als ein brillanter Dialog über das Wechselspiel von Wahrheit und Lüge beim Schauspieler, der die Wahrheit seiner Figuren nur dann am authentischsten ausdrücken kann, wenn er die Mittel, das Publikum zu täuschen, von Grund auf kennt. Das ist die umfassende Ästhetik Diderots, hier, in dieser Inszenierung des Paradoxen, der Spaltung, in diesem Spiel zwischen Gefühl und Vernunft, Enthusiasmus und Scharfblick, Poesie und Philosophie, Wahn und Weisheit, liegen alle existentiellen Widersprüche des Kampfes, den er führte, um die Welt zu verstehen und sein Verständnis von der Welt nach außen zu vermitteln. Der Schauspieler »weint wie ein ungläubiger Priester, der über die Leiden Christi predigt; wie ein Verführer zu Füßen einer Frau, die er nicht liebt, die er jedoch täuschen will; wie ein Bettler auf der Straße oder am Portal einer Kirche, der Sie beschimpft, wenn er sieht, daß es ihm nicht gelungen ist, Sie zu rühren; oder wie eine Kurtisane, die nichts empfindet, aber in Ihren Armen die Besinnung verliert.« Schauspieler, die gerne glauben machen, daß sie ehrlich seien, daß sie keine Figur spielen, sondern diese Figur »sind«, haben sich über diese Sätze natürlich empört. Sie sehen nicht, daß Diderot in diesem außergewöhnlich didaktischen, selbstsicheren, ruhigen Dialog die Schauspieler keineswegs verachtet, sondern sie zum eigentlichen Träger jeder künstlerischen Aktivität macht – der erhabensten aller menschlichen Aktivitäten, denn sie besteht darin, der Wahrheit mit aller Intensität nachzuspüren und die Waffen der Kaltblütigkeit und der Vernunft zu gebrauchen, um so ein Trugbild zu schaffen, das die Überzeugung vermitteln kann, die in dieser Wahrheitssuche steckt. Das *Paradox* ist zweifellos der Text, in dem Diderot – versteckt hinter Garricks Maske – ein Gesamtporträt seiner selbst bietet, das in eine für seine Verhältnisse außergewöhnlich strikt angelegten Theorie eingebettet ist, die sowohl den Menschen Diderot wie auch sein Werk umgreift. Sicher war dazu der Aufenthalt in diesem holländischen Zufluchtsort, in diesem »Niemandsland« nötig, in dem er, wie seine Freunde argwöhnten, verschwinden wollte.

Doch diese Einheit und Geschlossenheit konnte nur einen Augenblick bestehen, selbst wenn die Versuchung groß war, sich ganz von ihr absorbieren zu lassen. Das Leben gebot weiterzumachen, sich weiter zu verschwenden. Nur ein kleiner Anstoß war nötig, um Diderot zu bewegen, sich aus dem holländischen Frieden loszureißen und seine Reise fortzusetzen. Ein angenehmer Weggefährte, an dessen Seite er die endlosen, ermüdenden Tage dieser Expedition verbringen konnte: Alexis Wassilijewitsch Narischkin, neunundzwanzig Jahre alt und Kammerherr Katharinas II. Diderot hatte ihn in Paris kennengelernt; dieser Narischkin kehrte nun nach Rußland zurück und bot dem Philosophen einen Platz in seiner Kutsche an.

Narischkin besaß eine gute Kutsche; Diderot dachte, sein Aufenthalt in Rußland würde kurz sein, so daß er »spätestens Anfang Februar« zurück sein würde. Daher verließ er Den Haag am 20. August leichten Herzens.

Es war vorgesehen, daß die beiden Reisenden den direktesten Weg nehmen sollten, der sie über Berlin führen würde, wo Friedrich II. Diderot erwartete, doch der Philosoph zog es vor, dem Preußenkönig aus dem Weg zu gehen und eine südlichere Route zu wählen. Friedrich war vollkommen klar, was diese Streckenänderung, die sein »Image« als Philosophenfreund etwas trübte, zu bedeuten hatte. Diderot machte den Umweg über Leipzig – wo er sich in einem öffentlichen Vortrag für den Atheismus aussprach –; in Duisburg wurde er ernstlich krank. Er litt unter heftigen Koliken und war erschöpft von den Strapazen einer Reise, die er laut Grimm so auf die leichte Schulter nahm, als gehe es nur »um einen Gang von der Rue Taranne in die Rue Sainte-Anne«.³ Am 8. Oktober, achtundvierzig Tage nach seiner Abreise aus Holland, kam er endlich »krank und mehr tot als lebendig« in St. Petersburg an. Auch wenn er behauptete, er fühle sich weniger ermüdet als nach einem Spaziergang im Bois de Boulogne, und sich mit kleinen ironischen Schilderungen der Reise amüsierte, über Narischkins Zahnschmerzen etwa oder über *La Servante de l'auberge du Pied-fourchu* (Die Magd in der Herberge zum Bocksfuß), die er in Riga kennengelernt hatte: Dieses Abenteuer hatte ihn physisch gezeichnet.

Zu den körperlichen Schmerzen – »wenn man mir ein Messer in den Bauch gerammt und einen Darm zersägt hätte, wäre der Schmerz nicht schlimmer gewesen« – kam noch die seelische Kränkung verratener Freundschaft. Diderot hatte damit gerechnet, in St. Petersburg bei seinem Freund Falconet wohnen zu können, der seit Jahren immer wieder versucht hatte, ihn zu dieser Reise zu bewegen, und in dessen Arme sich Diderot gerne geworfen hätte. Doch Falconet empfing ihn kühl und erklärte bedauernd, ihn nicht beherbergen zu können. Sein Sohn sei vor drei Wochen aus London gekommen und bewohne nun das Zimmer, das man für den Philosophen hergerichtet hatte. Allein, in einem Land, dessen Sprache er nicht beherrschte, war er nun gezwungen, Narischkin um Unterkunft zu bitten. »Der Brief meines Vaters über seinen Empfang bei Falconet ist herzzerreißend«, schrieb Madame de Vandeul in ihren Erinnerungen. »Während des Aufenthalts meines Vaters in St. Petersburg sahen sie sich zwar häufig, doch die Seele des Philosophen blieb auf ewig verletzt.«

Die Liste der Verletzungen sollte noch länger werden. Diderot war nun einmal alles andere als ein Höfling. Grimm, der zur selben Zeit wie Diderot in St. Petersburg war, notierte entsetzt – und mit einem Hauch der Herablassung, die der Baron dem Bürgerlichen gegenüber empfand – die peinlichen Schnitzer seines Freundes: »Die Zarin ist wirklich bezaubert; das ist die Hauptsache. Im übrigen nimmt er ihre Hand, packt sie am Arm, haut auf den Tisch, als wäre er in der Synagoge der Rue Royale.«⁴ Andere Augenzeugen waren gehässiger, wie etwa der Engländer Crawfurd: »Diderot nannte die

Zarin ›meine gute Dame‹ oder warf seine Perücke ab, um ihr seine Ähnlichkeit mit der Büste zu zeigen, die Mademoiselle Collot nach dem Gedächtnis modelliert hatte.«[5] D'Escherny versicherte, die Zarin habe als Schutz vor dem lebhaften Gestikulieren des Philosophen ein Tischchen zwischen sie stellen lassen, damit »ihre Schenkel nicht grün und blau waren«[6], wenn sie von einem Gespräch mit Diderot kam.

Vermutlich war das übertrieben. Eine Feindseligkeit kommt darin zum Ausdruck, deren Ursache wohl in Diderots zwiespältiger Situation gesehen werden muß. Er war Gast Katharinas, ein Repräsentant jener französischen Philosophie, die danach strebte, die gemeinsame Sprache ganz Europas zu werden. Sein Aufenthalt am russischen Hof wurde als eine Art Weihe angesehen, die die Aufklärung der Zarin verlieh. Die Spione der verschiedenen Botschaften schickten eine Note nach der anderen an ihre Regierungen und berichteten darin über Diderots Tun und Treiben, über seine täglichen Gespräche mit Katharina II., über die Reformprojekte, die er entwarf, über die Kontakte, die er zu den verschiedenen Machtcliquen knüpfte. Soweit zum Ruhm.

Aber der große Mann gehörte nicht zu der Welt, in der er sich bewegte. Er hatte weder ihre vornehmen Manieren noch ihre gedämpfte Sprache noch ihren Sinn für Pomp. Die westlichen Diplomaten machten sich über die freimütigen Tiraden und emphatischen Gesten dieses Rüpels lustig. Die herausgeputzten Aristokraten am Hof Katharinas, die daran gewöhnt waren, den Rang eines Menschen an den goldenen Stickereien seiner Kleider zu erkennen, verstanden nicht, daß ihre Herrscherin einem Mann ihre Aufmerksamkeit schenkte, der zu allen Festlichkeiten in seinem einfachen schwarzen Anzug kam. Ein Philosoph – war das nicht mehr?

Und schließlich war Diderot zwar ohne Zweifel ein prestigeträchtiger Repräsentant der Aufklärung, aber in seinem Lande auch ein Oppositioneller, ein Verächter der Monarchie. In Versailles war man beunruhigt über die Gunst, die Diderot bei Katharina II. zu genießen schien, über die drei Stunden Audienz, die sie ihm jeden Tag nach ihrem Mittagessen gewährte. War Diderot etwa dabei, in ausländische Dienste zu treten? Die Beziehungen zwischen Frankreich und

Rußland waren nicht gut. Versailles beklagte sich vor allem darüber, daß Golizyn Helvétius' Werke, die als Beleidigung des Königs angesehen wurden, hatte drucken lassen. Hatte Diderot dabei etwa die Hand im Spiel gehabt? Friedrich II., empört über die Kränkung, die Diderot ihm zugefügt hatte, goß Öl ins Feuer. Durand de Distroff, der französische Botschafter in Rußland, versuchte, an Diderots patriotische Gefühle zu appellieren: »Ich habe Monsieur Diderot gesagt, was ich von einem Franzosen erwarte. Er hat versprochen, wenn es ihm möglich sei, die Vorurteile dieser Fürstin gegen uns zu zerstreuen.«[7] Doch Aiguillon, sein Minister, glaubte nicht an den Erfolg dieses Vorstoßes. »Seine fortwährende Bewunderung für die Zarin kommt der Liebedienerei nahe. [...] Das Buch, das er bei seiner Durchreise in Den Haag veröffentlicht hat, und aus dem Sie laut Befehl des Königs eine Passage dem Petersburger Hof übermitteln sollen, ist nicht geeignet, eine gute Meinung über seine Zuneigung für das Vaterland zu vermitteln.«[8]

Inmitten all dieser Intrigen und Komplotte fühlte sich Diderot sehr unbehaglich. Seine natürliche Veranlagung trieb ihn eher dazu, Vertrauen zu schenken; seine Freude, jemandem einen Gefallen zu tun, seine Diskutierlust führten dazu, daß er ohne Zurückhaltung sprach. Er war gekommen, um Ratschläge zu erteilen, um Katharina zu helfen, ihrem barbarischen Reich, das von den verderblichen Wirkungen der westlichen Zivilisation verschont geblieben war, die Gesetze eines Staates zu geben, der sich vom Licht der Vernunft und der Gerechtigkeit leiten ließ. Also erteilte er auch Ratschläge, über alles und ununterbrochen.

Bis Katharina ihn schließlich aus seiner Träumerei riß: »Monsieur Diderot, mit dem größten Vergnügen habe ich angehört, was Ihr brillanter Geist Ihnen eingegeben hat; mit all Ihren großen Prinzipien, die ich sehr gut verstehe, kann man schöne Bücher, aber nur schlechte praktische Arbeit machen. Bei all Ihren Reformplänen vergessen Sie den Unterschied unserer beiden Positionen: Sie arbeiten nur auf Papier, das geduldig ist; es ist einfach, streitet nicht und setzt weder Ihrer Phantasie noch Ihrer Feder Widerstand entgegen, während ich als arme Zarin die menschliche Haut bearbeite, die ungleich reizbarer und empfindlicher ist.«[9]

»Seither war zwischen uns nur noch von Moral und Literatur die Rede«, sagte Katharina fünfzehn Jahre später zum Grafen de Ségur, der uns ihre belehrende Kritik übermittelt hat.

In Wirklichkeit waren die Beziehungen zwischen dem reformerischen Philosophen und der »Frau der Tat« komplexer, als die Zarin, die auf die absolute Autonomie ihrer Entscheidungen erpicht war, es erscheinen lassen will. Katharina II. hatte eine Vorliebe für Ideen. Die Art, wie Diderot sie darstellte, der Umfang und die Tiefe seines Wissens, die verschiedenen Zugänge, die er zu einem Thema fand, seine konkrete, empiristische Art, die Probleme anzupacken, anstatt allgemeine Prinzipien vorzubringen – das alles riß sie mit.

Diderot seinerseits war bestrebt, auf die für eine absolute Herrscherin akzeptabelste Weise Pläne vorzuschlagen, die einer despotischen Regierungsauffassung entgegengesetzt waren. Vor jedem Gespräch mit der Herrscherin schrieb er eine kurze Abhandlung über das Thema des Tages, die er Katharina vorlas. Nach der Diskussion mit der Zarin wurde der Text eventuell verbessert, bevor er den bereits gesammelten Aufzeichnungen in einem Heft hinzugefügt wurde, das in rotem Saffianleder gebunden war und von der Zarin selbst aufbewahrt wurde.

Und dieses Heft enthält keineswegs nur Betrachtungen über Moral und Literatur. Diderot, der mit einer bei ihm sehr ungewohnten Sorgfalt ein Inhaltsverzeichnis aufgestellt hatte, behandelte darin so unterschiedliche Themen wie die Geschichte der französischen Polizei seit ihren Anfängen, Mädchenerziehung, Straßen und städtisches Eigentum, die Scheidung, das Geld, die politische Diplomatie, Manufakturen und Fabriken, Raps und Tabak, die Freiheit der Künste, die Einrichtung einer Sprachakademie, Grenzen, Besitztümer und Territorien, die »Möglichkeit, Nutzen aus der Religion zu ziehen und sie für etwas fruchtbar zu machen«, das Gesetzbuch und die Kommission, die es ausarbeiten sollte. Alles in allem etwa sechzig kleine Abhandlungen – das Ganze umfaßt vierhundert Seiten –, die durch ihre Freiheit in Ton und Form verblüffen, selbst wenn Diderot die Lebhaftigkeit und Kühnheit seiner Äußerungen hier und da mäßigte, indem er blumige Lobreden an die Adresse der Herrscherin einflocht.

Diderot fühlte endlich die Freiheit, über Politik sprechen zu können. »Welcher Unterschied zwischen dem Denken eines Mannes in seinem eigenen Land und dem Denken eines Mannes, der neunhundert Meilen von seinem Hof entfernt ist! [...] Wie sehr hält doch die Furcht das Herz und den Kopf gefangen. Welch außerordentliche Wirkung der Freiheit und der Sicherheit!« Und er schätzte den Abstand, der den Ratgeber vom Monarchen trennt, völlig richtig ein, die Entfernung zwischen »einem armen Teufel, der sich herausnimmt, unter seiner Dachtraufe zu politisieren und dem, was im Kopf einer Herrscherin vorgeht«. Am Ende dieses vertraulichen Manuskripts, das nur für Katharina bestimmt war, schrieb er: »Ich war vielleicht indiskret und unüberlegt, aber ich habe hier an meiner linken Seite einen strengen Zensor, der mir versichert, daß ich weder falsch noch böse war. Ich bin ein Philosoph wie jeder andere, das heißt, ein Kind aus guter Familie, das über bedeutende Dinge stammelt. Das ist meine und ihre Entschuldigung. Sie wollen alle das Gute, was sie manchmal der Gefahr aussetzt, großen Unsinn zu sprechen. Der Tyrann runzelt die Stirn, Heinrich IV. und Ihre Majestät lächeln.«

Das ist keineswegs nur das liebenswürdige Geplauder, auf das Diderots Feinde seine Gespräche mit der Zarin reduzieren wollten. Beide nahmen die Sache ernst; allerdings nicht auf dieselbe Weise. Diderot erarbeitete eine praktische Utopie, eine konkrete und detaillierte Anwendung seiner politischen Philosophie auf ein neues Land, das durch den Willen einer aufgeklärten Herrscherin nach seinem Geschmack geformt werden konnte. Diesmal arbeitete er nicht für die Nachwelt, sondern für die Zukunft – und das ist durchaus nicht dasselbe. Die Zarin sah in diesen Gesprächen mit dem Philosophen eine Möglichkeit, dem Joch und der Langeweile der Alltagspolitik und der unmittelbaren Verwaltung von Problemen zu entfliehen. Diderots Ideen interessierten sie als Horizontlinie, als Möglichkeit eines Handelns, von dem sie bezweifelte, ob sie es je würde umsetzen können. Beide träumten in realistischen Bildern von der Geschichte: Er von einem leeren Blatt, das es zu beschreiben galt, sie von einem vollgeschriebenen Blatt, auf dem sie vielleicht einen Nebensatz anfügen konnte.

Der Graben sollte sich noch vertiefen; aus Gründen, die mit der inneren Lage und der Außenpolitik Rußlands zusammenhingen. Die Pugatschew-Revolte, ein außerordentlich heftiger Bauernaufstand, war gerade ausgebrochen, als Diderot nach St. Petersburg kam. Katharinas Thron war sogar einen Augenblick lang gefährdet. Die verschiedenen Cliquen am Hof schmiedeten noch mehr Komplotte als gewöhnlich. Es liegt auf der Hand, daß die Einstellung der Zarin davon berührt wurde, daß der politische Liberalismus, den Diderot predigte, in diesem Augenblick nicht zeitgemäß schien. Ebenso verständlich ist auch das Zögern der Verwaltung, dem Philosophen die zahlreichen und präzisen Informationen zu geben, die er über die politische und wirtschaftliche Lage des Landes haben wollte. Daß die Zarin unter solchen Umständen bereit war, sich täglich mit Diderot zu unterhalten, läßt ermessen, welche Bedeutung sie dem Philosophen zuerkannte. Auch wenn sie im Laufe dieser Gespräche vielleicht manchmal an etwas anderes dachte als an Mädchenerziehung.

Die französische Regierung ihrerseits hatte den Plan nicht aufgegeben, sich Diderot zunutze zu machen, um möglicherweise Katharinas Außenpolitik – sie führte gerade Krieg mit der Türkei – in eine andere Richtung zu lenken. Trotz Diderots Widerstand gelang es dem französischen Botschafter Durand, ihn zu überreden, eine Denkschrift zu verfassen, *Ma rêverie à moi Denis le philosoph* (Insgeheime Träumereien von Denis dem Philosophen), in der er der Zarin eine Umkehrung ihrer Bündnispolitik – gegen Preußen – und einen Friedensvertrag mit der Türkei nahelegte. Die Zarin war wütend, Diderot zog sich zurück. Katharina II. erklärte ihm, sie würde »die Ungebührlichkeit seines Betragens vergessen, unter der Bedingung, daß er dem Minister getreu berichte, was sie mit dieser Denkschrift anzustellen gedenke, nämlich sie ins Feuer zu werfen«.[10]

Diderot gelang es weiterhin, seine Gesprächspartnerin zu bezaubern, doch ihm wurde bewußt, daß sie ihn zwar anhörte und in Ideen schwelgen ließ, aber nicht die Absicht hatte, von der Idee zur Praxis überzugehen. Für ihn war das weit mehr als nur eine Enttäuschung seiner Eigenliebe. Es war das Scheitern einer der Ideen, die sein ganzes Leben und Denken strukturiert hatten – der Idee von der gesellschaftlichen Nützlichkeit der Philosophen, von der Notwendigkeit, sich trotz aller Hindernisse konkret mit den Problemen seiner

Zeit zu befassen und zum Glück seiner Zeitgenossen beizutragen. Da man ihn in Frankreich daran hinderte, hatte er sich immer noch die Hoffnung bewahrt, daß er in Rußland greifbare Verbesserungen erreichen, ein praktikables Modell entwerfen könnte. Von dieser Hoffnung war nur noch ein Bündel Papiere geblieben, die im Geheimschrank einer Bibliothek eingeschlossen waren.

Er gefiel Katharina II., er bezauberte sie, er verwirrte sie. Sie schrieb an Voltaire: »Ich finde bei Diderot eine unerschöpfliche Phantasie und zähle ihn zu den außergewöhnlichsten Menschen, die je existiert haben.«[11] Aber er war eben gerade *zu* »außergewöhnlich«, um Einfluß auf die »gewöhnliche« Politik haben zu können. Diderot wiederum hatte die lange Reise nicht gemacht, um sich sagen zu lassen – auch wenn es aus dem Munde einer Zarin war –, daß er Genie habe und daß »die Herzen aller Menschen vom gleichen Schlage sein müßten wie das seine«.

Vom 5. Dezember 1773 an, etwa zwei Monate nach seiner Ankunft, hörte Diderot auf, die Diskussionen mit Katharina II. in sein Heft einzutragen. Gewiß, er traf sich immer noch mit der Herrscherin – nur noch alle drei Tage, sagte er, um keinen Neid zu erregen und die Zahl seiner Feinde nicht noch zu vermehren –, aber er war nicht mehr mit dem Herzen dabei. Am Hof bildeten sich Kabalen gegen ihn, geschürt auch durch die Bemühungen Friedrichs II. Der Preußenkönig intrigierte einerseits, um Diderot zu veranlassen, ihm bei seiner Rückkehr nicht wieder denselben Affront anzutun wie bei der Hinreise, und ließ andererseits Gerüchte in Umlauf setzen, die gegen den Philosophen gerichtet waren. Sogar in Frankreich, wohin er an d'Alembert schrieb: »Diderot ist in Petersburg, wo die Zarin ihn mit Freundlichkeiten überschüttet hat. Dennoch heißt es, daß man ihn nörglerisch und langweilig findet: Ohne Unterlaß wiederholt er immer wieder dasselbe. Ich weiß auf jeden Fall, daß ich es nicht aushalten würde, seine Werke zu lesen, obwohl ich ein unerschrockener Leser bin. In seinen Schriften herrscht ein selbstgefälliger und dünkelhafter Ton, der meinen Freiheitsinstinkt empört.«[12]

Die zwei letzten Monate Diderots in Rußland waren traurig und von Desillusionierung geprägt. Er war krank, er fror. Der Hof lehnte ihn ab und machte ihn zornig. Er sehnte sich nach Paris; er verzehrte sich nach seiner Tochter und seiner Enkelin Marie-Anne de Vandeul, die im September geboren worden war. Grimm, der ihn drängte, bei seiner Rückreise über Berlin zu fahren, erschien ihm in seinem wahren Licht: ein Intrigant mit einem Herz aus Stein. Er spürte, wie sich um ihn eine Mauer aus Unverständnis und Feindseligkeit aufbaute, die ihn betrübte und entmutigte. Er verschloß sich mehr und mehr. Der schwedische Botschafter Nolcken, der ihn oft besuchte – er wollte Diderot überreden, über Stockholm zu fahren –, schreibt, daß Diderot »nur von seiner Frau, seiner Tochter, seinem Enkel [sic], seinen Freunden und seiner unermeßlichen Sehnsucht nach ihnen spricht«. Und er fügte hinzu: »Über seine umfassenden Kenntnisse und sein außergewöhnliches Genie hinaus finde ich diesen alten Mann auch äußerst liebenswert.«[13] Ein alter Mann: zum ersten Mal wurde Diderot so bezeichnet. In einem anderen Brief nennt Nolcken vielleicht die Hauptursache für dieses jähe Altern: »Seit seinem Aufenthalt in Petersburg war er der bösartigsten Eifersucht und der ganzen Abscheulichkeit der Verleumdung ausgesetzt. Offenheit und Uneigennützigkeit sind Tugenden, die unwürdige Sklaven nicht empfinden und die sie verabscheuen. Die Russen waren verzweifelt, weil ein Mann mit diesen Tugenden freien Zugang zu ihrer Herrscherin hatte.«[14]

Hätten manche Ratschläge Diderots an Katharina Wirkung gezeigt, hätte der Philosoph die Verletzungen bei Hofe ohne allzu großes Leiden ertragen. Aber er hatte das wahre Gesicht des »aufgeklärten Absolutismus« nach Art Katharinas erkannt: ein widersprüchliches Ensemble aus altem Absolutismus, Vorsätzen zu einer vernunftgemäßen Regierung, dem Wunsch, die Fuchtel der Religion loszuwerden, Interesse an Wissenschaften und Künsten und das Ganze beherrscht von einem ständigen Bemühen um Propaganda und Ruhm, für das sowohl die Freundschaft mit Intellektuellen und Künstlern wie auch die Macht der Waffen herhalten mußten. Diderot dachte nicht daran, den guten Willen der Herrscherin anzuzweifeln, er konstatierte einfach Katharinas Unfähigkeit – vor allem aus Geldmangel –, die tiefgreifenden Reformen in Angriff zu nehmen, die eine aufgeklärte Staatsauffassung erfordern würde. Dadurch war die Zarin zur Täuschung, zum falschen Schein verdammt – und Diderot fand sich als Schauspieler einer bloßen Pantomime wieder. Der »aufgeklärte Absolutismus« war im Bereich der politischen Ideen Ausdruck für den Einfluß, den die Aufklärung auf die meisten Herrscher Mittel- und Osteuropas ausübte: auf Friedrich II. von Preußen, Maria Theresia von Österreich und ihren Sohn Joseph II., Katharina II. von Rußland und die kleinen Fürsten im Heiligen Römischen Reich Deutscher Nation. Zugleich war er aber in der Realität nur ein zierendes Detail auf der politischen Bühne, eine trügerische Inszenierung und eine neue Art, den eigenen Ruhm zu mehren. Als der französische Botschafter Graf de Ségur 1787 mit Joseph II. über Katharinas triumphale Reise in die Ukraine und auf die Krim sprach, demontierte er die Kulissen: »Sehen Sie, hier hat alles mehr äußeren Glanz als Realität. Man fängt alles an und bringt nichts zu Ende. Fürst Potemkin läßt regelmäßig alles liegen, was er mit dem größten Eifer begonnen hat. Keiner seiner Pläne ist gereift, keiner wird ausgeführt. Er hat angefangen, in Jekatarinenburg eine Hauptstadt zu bauen, die nie bewohnt werden wird. Er hat den Grundstein zu einem Dom legen lassen, der ebenso groß werden soll wie Sankt Peter in Rom und in dem man vielleicht nie eine Messe lesen wird. Für diese neue, Katharina gewidmete Stadt hat er eine bergige Gegend gewählt, von der aus man sicher einen wunderbaren Blick hat, wo es aber kein Wasser gibt... Seit sechs Jahren ist die Steppe verlassener denn je. Die Krim hat zwei Drittel ihrer Einwohner verloren... Wie hier bemüht man sich, alles zu schmücken, zu verschönern, alles für die Augen der Zarin lebendig zu machen; aber wenn sie fort sein wird, verschwindet die ganze Pracht. Sein Theatercoup ist beendet, der Vorhang fällt und man befaßt sich mit neuen Stücken, sei es in Polen oder in der Türkei.«[15] Diderot hatte gesehen, wie die russische Utopie funktionierte und wie sich die Zarin selbst halb unbewußt, halb zynisch von dieser Utopie an der Nase herumführen ließ. Aber diese Erkenntnis tröstete ihn weder über den Verlust seiner Illusionen noch über die Rolle hinweg, die man ihn bei dieser Vorstellung hatte spielen lassen.

Seine Bestürzung zeigt sich auch daran, wie selten und barsch seine Briefe nach Frankreich waren. Dieser große Briefeschreiber, von dem man Schilderungen, Reflexionen, Anekdoten und Gedankenflüge erwarten würde, die von der Wirklichkeit eines Landes inspiriert sind, das er neu entdeckte, schwieg, oder zumindest schwieg er fast. Der Graf de Crillon, der im Dezember in Petersburg angekommen war, schrieb an d'Alembert: »Monsieur Diderot hat mir gesagt, daß er an niemanden schreiben würde. Ich habe ihn gefragt, warum. Er hat mir geantwortet: ›Ich bin zu weit fort von meinen Freunden, um mit ihnen zu plaudern. Ich habe es zwanzigmal versucht. Wenn ich gesagt habe: Meine Verwandten, meine Freunde, ich will von hier fort – dann fällt mir nichts mehr ein...‹ Wenn er nach Paris schriebe [...], würde die Zarin, da man alle Briefe aus dem Ausland sicher öffnet, sehen, daß das Lob eines wortgewandten Mannes für ihr Ansehen ebenso nützlich ist wie ihre Truppen, die die militärischen Schlachten gewinnen.«[16]

Doch vielleicht hatte Diderot gar keine Lust, Katharina als General zu dienen. Er machte lieber Pläne für seine Rückreise. Am 5. März 1774 verließ Diderot den russischen Hof, begleitet von einem niedrigen griechischen Diplomaten, Athanasius Bala, den Katharina für seine Dienste engagiert hatte. Diderot hatte alle prunkvollen Geschenke der Zarin abgelehnt und nahm nur eine Tasse nebst Untertasse mit, die von ihr benutzt worden war, außerdem eine schöne Bibelausgabe in kyrillischer Schrift, die der Metropolit von St. Petersburg diesem Atheisten geschenkt hatte.

Die zahlreichen Notizen, die er im Laufe seines Aufenthalts gemacht hatte, verbrannte er, zweifellos aus Enttäuschung. Doch was er Katharina II. über den Stempel, der in Jahrhunderten des Despotismus das Volk geprägt hatte, oder über den Widerstreit zwischen Slawophilen und Verfechtern einer Öffnung hin zu Europa geschrieben hatte, zeigt, daß er die Augen offengehalten und verstanden hatte: »Mir scheint, daß Ihre Untertanen an der einen oder an der anderen dieser Übertreibungen kranken, entweder die Nation für zu fortgeschritten oder für zu rückschrittlich zu halten. Die einen sind übertriebene Verächter des übrigen Europa; die anderen seine fanatischen Bewunderer. [...] In den Köpfen herrscht ein Hauch von panischer Angst: offensichtlich die Wirkung einer langen Folge von Revolutionen und eines langen Despotismus. Sie scheinen sich immer am Vorabend oder am nächsten Morgen eines Erdbebens zu befinden und sehen aus, als fragten sie sich, ob es wahr sei, daß die Erde sich unter ihren Füßen gefestigt habe; so daß sie in seelischer Hinsicht in einem Zustand sind, in dem sich die Einwohner von Lissabon oder Macao physisch befinden.« Diese Äußerung hat nichts von ihrer Aktualität verloren.

Die Rückreise war strapaziös und gefahrenreich. Als Diderot nach seiner Fahrt durch das Baltikum und die Provinzen Ostpreußens am 30. März in Hamburg ankam, waren bereits drei Kutschen zu Bruch gegangen. Bei der Überquerung der Dwina wäre er beinahe ertrunken. Die luxuriöse Kutsche, die Katharina II. bereitgestellt hatte und in der Diderot und Bala arbeiten und schlafen konnten, war nur noch eine Erinnerung, die in den Spurrillen zerbrochen war. Doch Diderot dachte weniger an die Anstrengungen der Reise als daran, Angélique, die eine sehr passable Cembalovirtuosin war, eine Freude zu machen. Daher schrieb er an Carl Philipp Emanuel Bach, den zweiten Sohn Johann Sebastian Bachs, der in Hamburg unter der Protektion Friedrichs II. eine glänzende Karriere machte, und bat ihn um einige noch nicht gedruckte Sonaten, die der Musiker ihm unverzüglich kopieren ließ.

Am 5. April erreichte Diderot Den Haag, wo er bei Golizyn wohnte. Er machte sich sofort an die Arbeit. Es ging darum, die Gerüchte in Europa und vor allem in Frankreich zu widerlegen und deutlich zu machen, daß seine Reise kein Mißerfolg gewesen war, und daß er mit der Zarin, deren intellektueller Verbindungsmann er in aller Unabhängigkeit blieb, immer noch auf bestem Fuß stand. Er sorgte daher in Den Haag für die Veröffentlichung von Plänen und Statuten Katharinas II. für Wohlfahrts- und Erziehungseinrichtungen. Er versuchte auch – ohne Erfolg – das Projekt einer neuen *Enzyklopädie*, das er in Rußland entworfen hatte, in Angriff zu nehmen. Diese *Enzyklopädie* sollte unter der Schirmherrschaft der Zarin und von ihr finanziert erscheinen und ins Russische übersetzt werden. Obwohl Katharina das Projekt im Prinzip billigte, hatte sie es weder mit seiner Verwirklichung eilig, noch wollte sie den Druck von Artikeln unterstützen, die vor allem im Bereich der Politik von ihren Überzeugungen weit entfernt waren. Diderot hätte Geld gebraucht, um die Sache zum Erfolg zu führen. Man hütete sich, es ihm zukommen zu lassen. Auch der aufgeklärte Absolutismus war mißtrauisch gegen die Freiheit.

Diderot machte sich über diesen Punkt keine Illusionen mehr. Die beiden politischen Werke, die er während seines Aufenthalts in Holland verfaßte – die *Grundsätze der Politik der Souveräne* und die *Observations sur le nakaz* (Beobachtungen über die Instruktionen an die Volksvertreter) –, zeigen ihn deutlich als Verfechter der Demokratie. Die *Grundsätze* sind eine regelrechte Widerlegung der Utopie, daß eine starke und vernunftgemäße Macht die Widerstände gegen die Schaffung eines modernen und aufgeklärten Staates bezwingen könne. Wie Voltaire, Helvétius und die Physiokraten war auch Diderot diesem Trugbild aufgesessen. Seine Reaktion war um so lebhafter und bitterer. Der »aufgeklärte« Despotismus hängt nur von der Qualität des Herrschers ab. Stirbt dieser Herrscher – oder ändert er seine Politik –, bleibt nur noch der Despotimus, seine »Realpolitik«, die zynischste Form der Regierung, die auf der Macht der Waffen und der Verachtung der Menschen beruht: »Wehe den Untertanen, bei denen man jedes Mißtrauen in bezug auf die ihnen zugestandene Freiheit ausgelöscht hat, und sei es auch durch die scheinbar lobenswertesten Mittel! [...] So versinkt man in einen recht angenehmen Schlaf, aber in einen Schlaf des Todes, in dem das patriotische Gefühl erlischt und die Regierung des Staates zu etwas Fremden wird. Nehmen Sie an, die Engländer hätten nacheinander drei Königinnen wie Elisabeth: Dann würden sie die niedrigsten Sklaven Europas werden.«

Gehen wir noch ein wenig weiter: Für Diderot gehörte die Notwendigkeit der Demokratie in den Rahmen seines methodischen Mißtrauens gegen jeden Dogmatismus, auch den der Vernunft. Selbst gesetzt den Fall, ein vollkommen aufgeklärter Herrscher würde für seine Untertanen nur gute Entscheidungen treffen, bliebe die Möglichkeit, dagegen zu opponieren, eine lebenswichtige Notwendigkeit. »Auch die Willkürherrschaft eines gerechten und aufgeklärten Fürsten ist immer schlecht. Seine Tugenden bedeuten die gefährlichste und wirksamste Verführung. [...] Er nimmt dem Volk das Recht zu beratschlagen, zu wollen oder nicht zu wollen, sich dem Willen des

Herrschers auch dann zu widersetzen, wenn er das Gute befiehlt; doch dieses Recht zur Opposition, so unvernünftig es auch sein mag, ist unantastbar. Ohne dieses Recht gleichen die Untertanen einer Herde, deren Forderungen man verachtet – unter dem Vorwand, daß man sie ja auf fette Weiden führe.« Die *Observations sur le nakaz* sind Diderots Kommentare über die »Instruktionen« (auf russisch *nakaz*) Katharinas II. an die Vertreter der Völker Rußlands, die man 1767 in Moskau zusammengerufen hatte, um ein neues Gesetzbuch auszuarbeiten. Diese versammelten Vertreter wurden später in ihre Provinzen zurückgeschickt, bevor sie irgend etwas hätten reformieren können, aber Katharina II. hatte große Reklame für ihre »Instruktionen« gemacht, die in einem liberalen Geist verfaßt waren und die Bewunderung der europäischen Aufklärung erregten.

In einem Brief an Katharina II., den Diderot am 12. September 1774 von Den Haag aus schrieb, teilte er ihr mit: »Ich habe die Anweisungen noch einmal gelesen, die Sie an die Kommission für die Ausarbeitung des Gesetzbuchs gerichtet haben, und ich war verwegen genug, sie mit der Feder in der Hand zu lesen.« Was die Verwegenheit anbelangt – er entlarvte die liberale Rhetorik der Herrscherin. »Die russische Zarin ist sicher despotisch. Ist es ihre Absicht, den Despotismus zu bewahren und an ihre Nachfolger weiterzugeben, oder ihn aufzugeben? Wenn sie den Despotismus für sich und ihre Nachfolger bewahren will, soll sie mit ihrem Gesetzbuch machen, was sie will. Sie muß nur ihrem Volk Zeugnis ablegen [...]. Sie soll lesen, was ich geschrieben habe, und auf ihr Gewissen hören. Wenn ihr Herz vor Freude erbebt, will sie keine Sklaven mehr; wenn sie schaudert, wenn ihr das Blut aus dem Gesicht weicht, wenn sie erblaßt, hat sie sich für besser gehalten als sie ist.«

Katharinas Herz erbebte nicht vor Freude, als sie die *Observations sur le nakaz* las. Sie bekam einen Wutausbruch und erklärte Grimm: »Dieses Stück ist nur ein Gefasel, in dem man weder Kenntnis der Dinge noch Klugheit noch Scharfblick findet.«[17] Doch das war erst nach Diderots Tod, als seine Papiere nach Petersburg kamen. Zu seinen Lebzeiten konnte Diderot Katharina II. diesen Text, in dem er ihr den letzten, den wichtigsten Rat gab, nicht lesen lassen – er wußte, daß er unannehmbar war. Sie solle entschieden und ehrlich auf den Despotismus verzichten: »Ich sehe zwischen Despotismus und reiner Monarchie nur einige Unterschiede in der Form. Der Despot macht alles, was er will, ohne irgendeine Form; der Monarch ist Formen unterworfen, die er vernachlässigt, wenn es ihm gefällt, und die – wenn er sie respektiert – seinen Willen nur vorläufig aufheben, ohne ihn zu ändern. Der Geist der reinen Monarchie hat die Instruktionen Katharinas II. diktiert. Die reine Monarchie bleibt, was sie ist, oder kehrt zum Despotismus zurück, je nach Charakter des Monarchen. Daher ist sie eine schlechte Regierungsform.«

Das friedliche und freiheitliche Klima, das in Holland herrschte, war vielleicht nicht unbeteiligt an der Entwicklung von Diderots politischen Ideen. Hier konnte er in Ruhe denken; er konnte die gewagtesten Vorstellungen zu Papier bringen, ohne daß man daran Anstoß nahm – auch wenn Golizyn versuchte, ihm das Manuskript der *Observations sur le nakaz* zu stehlen. Zum Ausgleich scheint Diderot es akzeptiert zu haben, sich in seinen öffentlichen Äußerungen zu mäßigen. In puncto Religion waren die Holländer recht empfindlich; und wenn sie als gute Kaufleute auch bereit waren, alles zu drucken, nahmen sie es doch kaum hin, daß man bei ihnen den Umsturz predigte. Diderot war vorsichtig. Er ging wenig aus und empfing noch weniger Besuch. Er machte den Eindruck, als würde er sich mehr und mehr von der Welt zurückziehen, und zeigte eine Melancholie, die für die Holländer, die ihn bei seinem ersten Aufenthalt vor einem Jahr kennengelernt hatten, überraschend war. Wo war der stürmische, redselige, fröhliche und temperamentvolle Diderot geblieben, der 1773 die konformistischen Bürger Den Haags zum Stirnrunzeln gebracht hatte?

Diderot hatte begonnen, sich zurückzuziehen. Diese Haltung war sicher auch von Vorsicht beeinflußt. Aber es war eine neue Haltung bei Diderot, daß er darauf verzichtete, sich zu äußern, um Feindseligkeiten zu vermeiden. »Sie werden mich sehr gealtert finden«, schrieb er an die Damen Volland. Denn er selbst betrachtete sich nun als alten Mann. Er schlüpfte in eine neue Rolle. Der Tod Ludwigs XV. am 10. Mai 1774, die Thronbesteigung eines neuen Herrschers, von dem man viel erwartete, hätten ihn ungeduldig machen müssen, nach Paris zurückzukehren. Doch er schrieb nur an Sophie: »In Ihren Gesichtskreis ist ein großes Ereignis getreten, dem zweifellos viele andere folgen werden. Manchmal wäre ich gern ebenfalls Zeuge; manchmal aber beglückwünsche ich mich, da zu sein, wo ich bin.«

Turgot, ein Freund d'Alemberts, wurde zum Marineminister ernannt. Suard, ein weiterer »Enzyklopädist«, wurde in die Académie française gewählt. »Die neue Sekte«, schrieb einer ihrer Gegner, der Herzog von Croy, »errichtet ihre Ordnung.« Die Pariser Liberalen jubelten. Diderot schrieb an Angélique: »Abends, wenn ich zu Bett gehe, habe ich nur eine Genugtuung; dann sage ich mir: Wieder ein Tag weniger. Noch ein Tag und noch ein Tag und noch ein dritter Tag, und so werde ich schließlich ans Ende meines Aufenthalts gelangen und am Vorabend meiner Abreise stehen.« Er schrieb an Turgot, um ihn zu seiner Ernennung zu beglückwünschen – und vor allem, um erneut zu versuchen, einige Vergünstigungen für Caroillon zu erreichen; und das, obwohl er kaum von Turgot überzeugt war und seine persönlichen Beziehungen ihn eher an die Gruppe um Necker banden, den liberalen Rivalen Turgots und sein möglicher Nachfolger als politischer Anführer der reformistischen »Partei«. Diderot war in dieser Frage nur ein Familienpatriarch, fern von allen politischen Querelen, der sich um das materielle Glück seiner Kinder kümmerte. Turgot oder Necker, das war ihm gleich.

In seinem letzten Brief an Sophie Volland vom 3. September 1774 – dem fünfhundertdreiundfünfzigsten –, den er einige Tage vor seiner Abreise aus Den Haag schrieb, spricht er vom nahenden Tod: »Die Zeit, in der man nach Jahren zählt, ist dahin; gekommen ist die, in der man nach Tagen zählen muß. Je weniger Einkommen man hat, desto wichtiger ist es, einen guten Gebrauch davon zu machen. Vielleicht habe ich auf dem Boden meines Sackes noch zehn Jahre. [...] Ich habe geglaubt, die Fibern des Herzens würden sich mit zunehmendem Alter verhärten. Davon kann keine Rede sein. Manchmal denke ich, mein Empfindungsvermögen hat sich eher noch gesteigert. Alles berührt mich, alles geht mir nahe; ich werde der bemerkenswerteste Heulgreis sein, der Ihnen jemals untergekommen ist.« Sonst erfahren wir nichts mehr über diese Liebesgeschichte, die durch Diderot – und durch die Zeit – in einen wunderbaren, einstimmigen Dialog verwandelt wurde. Besuchte er sie auf dem Montmartre, wo sie mit ihrer Schwester wohnte, in Gesellschaft einiger Freunde? Wahrscheinlich, aber der Schriftsteller hatte sich entschieden, den schönsten und kostbarsten seiner Romane, den er fünfzehn Jahre zuvor begonnen hatte, hier abzubrechen. Sein Herz verhärtete sich nicht, aber es war nicht mehr passend, seine Regungen zur Schau zu stellen. Ob sich Diderots Empfindungsvermögen noch gesteigert hatte, würde allein die Nachwelt beurteilen müssen. Er nutzte die Ermüdung seines Körpers, um seinem Geist noch etwas mehr Raum zu geben. Diderot war nun sicher, daß aus Rußland nichts mehr kommen würde, was das Projekt seiner neuen *Enzyklopädie* betraf; er war endgültig desillusioniert, das heißt, in seinen Gedanken freier denn je. Am 21. Oktober 1774 kehrte er nach Paris zurück. Allein; er hatte Grimm in Brüssel zurückgelassen, obwohl er in Den Haag wochenlang auf dessen Rückkehr aus Rußland gewartet hatte. Aber Grimm, der feige Höfling mit seinen diplomatischen Bücklingen und kleinmütigen Intrigen, war von nun an überflüssig. Diderot, in der Hauptstadt von den Hochrufen seiner Freunde und dem Protestgeschrei seiner Feinde empfangen, beugte sich in der Öffentlichkeit den Regeln des politischen Spiels, dessen Hauptdarsteller er war. Er tat, was man in seinem Lager von ihm erwartete, und beschrieb seine Reise als Triumph und Katharina II. als bewundernswerte Herrscherin. In einem privaten Brief an Madame Necker zeigte er sich zurückhaltender; er würde nichts sagen: »Ein Undankbarer wär' ich, spräch' ich schlecht davon/ Ein Lügner, würd' ich Gutes sagen.«

Er hatte – nicht ohne Bitterkeit oder Leid – entschieden, von nun an zu schweigen, überzeugt davon, daß er seinen Zeitgenossen nicht mehr nützlich sein konnte. Er zog wieder in die Rue Taranne. Er fand sich ab mit Madame Diderot, die er immer noch nicht verstand. Angélique schrieb: »Ich fand ihn mager und verändert, aber immer noch fröhlich, weichherzig und gut. ›Gute Frau‹, sagte er zu Mama, ›zähl meine alten Sachen, du wirst keinen Grund finden, mich auszuschelten, ich habe nicht ein Taschentuch verloren.‹ Er war derselbe, aber er konnte nicht mehr recht laufen. Diese lange Zeit, die er in Kutschen verbracht hatte, und vielleicht schon der Keim jener Krankheit, die ihn von uns getrennt hat, verursachte ihm Atemnot, sobald er länger zu Fuß ging.«

Daß Diderot die aus Rußland mitgebrachten Bücher – einschließlich der Bibel des Petersburger Metropoliten – verkaufte, bedeutete mehr als die endgültige Absage an das Projekt einer russischen *Enzyklopädie:* Er machte sich frei von den praktischen Bindungen an seine Epoche, er beseitigte die letzten materiellen Zeugen seines Abenteuers. Mademoiselle de Lespinasse dachte, er »entrussifiziere« sich, aber er ging noch weiter: Er kehrte in sich selbst zurück. Er gab seine Mitarbeit an Grimms *Correspondance littéraire,* der er bisher noch kurze Abrisse dessen, was er schrieb, überlassen hatte, praktisch auf; höflich wies er Madame Neckers Annäherungsversuche zurück, die darum bat, einige neue Werke sehen zu dürfen. Er widmete sich endlich sich selbst.

Diese Rückkehr zu sich selbst war eine unvermittelte Rückkehr zur Problematik der Moral. Daß Diderot die Widerlegung von Helvétius' Werk *Vom Menschen* zur Basis seiner ethischen Reflexionen machte, sagt viel über die Anspannung und Kühnheit seiner Entwicklung: Helvétius war kein Gegner, dessen Thesen es niederzureißen galt, sondern innerhalb des Philosophenkreises einer, der ihm nahestand, ein Materialist und Atheist. Diderot kritisierte Helvétius' Theorien im Namen des Materialismus. Er warf Helvétius vor, daß er immer noch Metaphysiker sei, gefangen in einer abstrakten Auffassung vom Menschen – aus der man nur einen ebenso abstrakten, idealistischen Humanismus entwickeln könne –, und setzte ihm eine problematisierende Moral entgegen, die versuchte, den Menschen in seiner historischen und physischen Gesamtheit zu berücksichtigen: »Das heißt, daß es sehr schwierig ist, gute Metaphysik und gute Moral zu lehren, ohne Anatom, Naturforscher, Physiologe und Arzt zu sein.« Für Diderot gibt es keine von Natur aus ähnlichen Menschen, die sich durch die Erziehung unterschiedlich entwickeln; sondern es gibt Individuen, deren Persönlichkeitsstruktur wesentlich voneinander abweicht. Kommt man hier wieder auf die alte Lehre von der natürlichen Ungleichheit als Grundlage der sozialen Ungleichheit zurück? Nicht im mindesten. Denn wenn die Menschen auch lediglich die Illusion der Freiheit haben, wenn sie also streng determiniert sind, so sind sie doch, wie alle Dinge in der Natur, in ständiger Bewegung, in ständiger Veränderung begriffen. Alles, was sie umgibt, kann sie verändern. Daher ging es in erster Linie darum, die Natur des Menschen, das Gemeinsame in der unendlichen Mannigfaltigkeit seiner Verhaltensweisen, durch die Wissenschaften von der Natur und von der Gesellschaft zu erkennen und auf dieser wissenschaftlichen Basis – die ebenfalls in ständiger Veränderung begriffen ist – zu versuchen, dem Menschen eine Kenntnis von sich selbst zu vermitteln, die imstande war, seine Energie und sein Handeln positiv zu orientieren. Man ist hier sehr weit entfernt von einem abstrakten Humanismus, der sich auf *den* Menschen gründet, eine Wesenheit, die entweder zu leer ist, um real zu sein, oder zu voll, um einen inneren Zusammenhang aufzuweisen. Weit entfernt aber auch vom fatalistischen Humanismus Helvétius', der sich auf das Spiel des Zufalls und die Befriedigung der Lust gründet. »Wenn man ein allgemeines Gesetz aufstellt«, schreibt Diderot, »so muß es alle Erscheinungen umfassen, sowohl die Handlungen der Weisheit als auch die Fehlgriffe der Torheit.« Der Mensch ist nicht nur ein vervollkommnetes Tier, wie Helvétius behauptete; er ist auch nicht in allen Situationen ein vernunftbegabtes Wesen, wie die Theoretiker eines verallgemeinerbaren »Modell-Menschen« versicherten. Wollte Diderot nun zwischen diesen totalisierenden Systemen *seine* Moral formulieren? Er hütete sich davor. Einen Augenblick lang hatte er zwar daran gedacht, eine Abhandlung nach Art der Lateiner mit dem Titel *De vita bona et beata* zu schreiben, aber er hatte sich rasch von diesen dogmatischen Vergnügungen abgewandt. Wenn es eine Moral geben konnte, entwickelte sie sich nur im unablässigen, kritischen, strengen, wissenschaftlich fundierten, beweglichen, unerwarteten und paradoxen Dialog zwischen Natur und Zivilisation. Und dieser Dialog konnte nicht die Form einer Gleichung, einer logischen Beweisführung oder einer akademischen Darstellung annehmen. Nur über den Umweg der Fiktion, der Poesie und der Phantasie konnte man die Fallen des Formalismus vermeiden und sich zugleich die Chance zum moralischen Handeln geben – nämlich die Leser aufzuklären und zu verändern, indem man sie bezauberte.

Diderot streckte die Waffen vor der »erhabenen Arbeit« eines Traktats über die Moral, um in einer Erzählung, in der Fiktion, die praktische Moral angemessener zu behandeln: »Wenn es Fragen gibt, die scheinbar sehr kompliziert sind, die ich aber bei näherer Prüfung recht einfach gefunden habe, so gibt es auch Fragen, die scheinbar sehr einfach sind, deren Lösung aber trotzdem über meine Kräfte ging. Ich bin zum Beispiel überzeugt, daß man auch in einer so schlecht eingerichteten Gesellschaft wie der unsrigen, in der das Laster, das sich durchsetzt, oft Beifall findet und die Tugend, die scheitert, fast immer lächerlich erscheint – ich bin überzeugt, sage ich, daß man auch in ihr, im Grunde genommen, nichts Besseres für sein Glück tun kann, als ein guter Mensch zu sein. Meines Erachtens ist dies das Wichtigste und Interessanteste, was man tun kann – ja das, woran ich mich in meinen letzten Augenblicken wohl mit der größten Genugtuung erinnern werde. Hier liegt ein Problem, über das ich mit all der geistigen Anstrengung, deren ich fähig bin, hundertmal nachgedacht habe. [...] Ich wagte dennoch nicht, die Feder zu ergreifen, um die erste Zeile darüber zu schreiben. Wenn ich aus diesem Versuch nicht als Sieger hervorgehe, sagte ich mir, so werde ich zum Verteidiger alles Bösen: Ich werde dann die Sache der Tugend verraten und den Menschen zum Laster angespornt haben. Nein, ich fühle mich nicht befähigt zu dieser erhabenen Arbeit; ich würde ihr mein ganzes Leben vergeblich widmen.«

Die Moralfrage, auf beharrliche, angstvolle Weise in Diderots Werk allgegenwärtig, entfaltet sich in *Jacques der Fatalist* in ihrer ganzen dialektischen Reichhaltigkeit. In diesem letzten Roman stellte er den Menschen auf die Bühne: »Der Bastard der Torheit und der Weisheit, der von der Wahrheit entbunden wurde, und das Patenkind Jupiters, das von der Dummheit gestillt wurde.« Doch Jacques' Porträt findet sich bereits in der *Widerlegung von Helvétius* – oder ist es ein ironisches Selbstporträt des Künstlers? »Er war zeitlebens wahrheitsliebend und verlogen, traurig und fröhlich, weise und töricht, gut und böse, gescheit und dumm, ohne daß man jemals die Züge, die er von seinem Vater, seiner Mutter, seinem Paten, der Hebamme und der Amme hatte, völlig auslöschen konnte. Faul, unwissend und zänkisch in seiner Kindheit, unbekümmert und ausgelassen in seiner Jugend, ehrgeizig und verschlossen mit fünfzig Jahren, philosophisch und geschwätzig mit sechzig, starb er mit dem Kinderhäubchen auf dem Kopf, schwor vorher aber noch, daß er seinen Paten wahnsinnig liebe, und hatte dabei doch Angst, daß ihn der Teufel hole.«

In seinem Roman *Jacques der Fatalist* kam Diderot auch auf den zentralen Streitpunkt des 18. Jahrhunderts zurück, auf die Frage nach Naturzustand und Zivilisation. Wie er bereits in der *Widerlegung* erklärte, ist die Zivilisation gefährlich und ungerecht: »Haben Sie jemals darüber nachgedacht, wie viele Unglückliche sich bei der Ausbeutung von Bergwerken, bei der Herstellung von Bleiweiß, bei der Beförderung von Treibholz, bei der Reinigung von Kloaken schreckliche Krankheiten zuziehen und den Tod holen? Nur die Angst vor dem Elend und die Abstumpfung können den Menschen zu solchen Arbeiten bringen.« Doch auch der Mythos vom edlen Wilden erschien ihm als ein Hirngespinst von Intellektuellen, die zu verwöhnt und zivilisiert waren, um die Realität des Naturzustands zu begreifen: »Am glücklichsten ist nicht das Land, in dem Stürme sehr selten sind, sondern das Land, das am meisten Früchte hervorbringt. [...] Ja, Herr Rousseau, mir ist das verfeinerte Laster im Seidengewand lieber als der grausame Stumpfsinn unter dem Tierfell. Mir ist die Sinnenfreude zwischen goldenen Tapeten und auf weichen Kissen in einem Schloß lieber als das bleiche, schmutzige, abscheuliche Elend, das im Hintergrund einer wüsten Höhle, zusammen mit dem Schrecken, auf dem feuchten, ungesunden Boden kauert.«

Doch Diderot hielt sich von den vergoldeten Tapeten und den Kissen der Paläste fern. Dabei öffneten ihm Turgots Sturz und Neckers Machtantritt – dessen Frau eine Freundin Diderots und Gönnerin Angéliques war – die offiziellen Türen. Die Philosophenfraktion jubelte – zumindest die Gegner des Wirtschaftsliberalismus. Galiani schrieb an Necker: »Alles, was Sie über politische Ökonomie gesagt haben, ist mir immer so erschienen, als hätte ich es selbst sagen müssen.«[18] Madame d'Épinay konnte ihre Begeisterung über das Hochschnellen der Börsenkurse kaum zurückhalten. Diderot blieb reserviert: »Monsieur Necker ist kenntnisreich, gerecht, entschlossen und vornehm, und wie alle ehrbaren Leute wünsche ich mir, daß seine Verwaltung dauern möge. Ich wünsche mir, daß die Unmöglichkeit, das Gute zu tun, ihm nicht die einfache Aufgabe, das Schlechte zu verhindern, verleiden wird.« Seine Erfahrungen in Rußland hatten Spuren hinterlassen; Diderot glaubte kaum noch an die Chance, die französische Monarchie zu reformieren.

Er zog es vor, Paris zu verlassen und bei d'Holbach zu arbeiten, um die Teile zusammenzusetzen, aus denen *Jacques der Fatalist und sein Herr* entstehen sollte.

KAPITEL
18

Aller Wahrscheinlichkeit nach hatte Diderot seit 1771 begonnen, die meisten der Erzählungen, Geschichten und Dramen zu schreiben, die er in seinen Roman einfügte. Erst auf Grandval jedoch, wohin er sich 1776 zurückzog, arbeitete er diese Romanästhetik aus, die auf verschiedene Art von den Problemen der Quadratur des Kreises, für die sich Diderot stets interessiert hatte, inspiriert ist. Es ging darum, feste Linie und Bewegung zu vereinbaren, aber auch die Präsenz des Autors im Buch mit seinem gleichzeitigen Zurücktreten in den Hintergrund; und es ging darum, eine offene, flexible und dennoch genügend geschlossene Struktur zu finden, so daß die Romanelemente nicht in zahlreiche, autonome Erzählungen zerfielen. *Jacques der Fatalist* ist bereits in seiner Form ein Roman über die Allmacht der Fiktion und zugleich über die Entmystifizierung, die Ent-Täuschung dieser Macht. Ein Antiroman: Demonstration der Falschheit jeder Abbildung und des beständigen Wunsches, Wirklichkeit und Erzählung möchten sich decken.

Man weiß nicht, wie die diabolische Falle, die dem Leser damit gestellt war, von dem kleinen Abonnentenkreis der *Correspondance littéraire,* in der sie ab November 1778 in Fortsetzungen erschien, aufgenommen wurde. Seit der Veröffentlichung des gesamten Romans 1796 in Paris jedenfalls macht dieser provozierende Roman immer wieder neugierig, findet er empörte Kritiker und hingerissene Leser.

Der Wunsch, den Leser zu überraschen, prägt die gesamte Literatur des 18. Jahrhunderts. Man wollte den Geist anregen, gegen die Normen verstoßen, Gewohnheiten ins Wanken bringen, dem Schreckgespenst der Wiederholung entgehen. Der Wunsch nach

Neuem hatte die Tradition überflügelt. Diderot beginnt seinen Roman folgendermaßen: »Wie hatten sie einander gefunden? Durch einen Zufall, wie alle Welt. Wie war ihr Name? Was liegt ihnen dran? Woher kamen sie? Aus dem nächsten Ort. Wohin ging ihre Reise? Weiß man je, wohin man geht?« Doch ihm ging es nicht darum, sich geistreich zu zeigen, sondern den Leser von Anfang an in einen rein fiktiven Raum zu versetzen, ihn in ein Theater zu führen, in dem der Leser Marionette war und der Autor alle Fäden zog. Die betont zur Schau gestellte Ungeniertheit des Erzählers, seine Art, sich in die Geschichte einzumischen, eine Szene wann es ihm gerade paßt und aus völlig willkürlichen Motiven zu unterbrechen oder sein Werk mit Geschichten und Erzählungen zu spicken, die ins Unendliche wuchern – das alles ordnet sich ein in eine philosophische Demonstration: Das Leben ist reine Fiktion, und umgekehrt entlarvt die Fiktion jeden äußeren Schein. Diese philosophische Demonstration hat offensichtlich mit Sternes Meisterwerk *Tristram Shandy* oder dem Schelmenroman nichts zu tun. Doch gewiß hatte Diderot von Sterne manche Verfahren zur Unterbrechung und Abschweifung übernommen; vom Schelmenroman – in Frankreich durch Lesages *Gil Blas* wieder aktualisiert – entlehnte er die Technik eingefügter Erzählungen, die neue Figuren auftauchen lassen und so im Inneren der ursprünglichen Erzählung neue Geschichten erzeugen. Sicher ist auch, daß Diderot Cervantes gelesen und verstanden hatte.

Eine rein literarische Analyse dieses Romans kann zwar nicht seine gesamte intellektuelle Dimension wiedergeben, aber umgekehrt offenbart *Jacques der Fatalist* auch die letztendlich zu engen Grenzen des rein philosophischen Diskurses, der in die Zwangsjacke der logischen Beweisführung eingesperrt ist. Diderot, Shakespeares materialistischer Erbe, war weniger ein Vorläufer von Hegel oder Marx als von Nietzsche und Kierkegaard. Denn als die akademische Philosophie wieder die Macht erlangt hatte, die ihr von der Aufklärung vorübergehend entrissen worden war, hatte sie nichts Eiligeres zu tun, als die Aufklärung mit Verachtung zu strafen. Diderot hatte sie dazu angestachelt. Anstatt all die ernsten Fragen schwerfällig zu erörtern, schnurgerade Beweisführungen aneinanderzureihen, sich der esoterischen Sprache zu bedienen, die die Gelehrten eifersüchtig untereinander weitergaben, hatte er den magischen Kreis durchbrochen, ließ er die Diener ebenso sprechen wie die Herren, ließ er im Namen der Realität den Diskurs des Wahnsinns in die ruhige, klare Welt der Vernunft eindringen. Man mußte Diderot eingrenzen, zurückdrängen, auf das Normalmaß der Aufklärung zurechtstutzen, oder aber ihn marginalisieren, als überspannt abstempeln – als einen Irrwisch und inkonsequenten Schwätzer. Goethe hatte viel klarer gesehen – er war schließlich auch kein Berufsphilosoph –, als er über *Jacques der Fatalist* sagte, er sei zugleich »ein barbarischer und ein delikater Festschmaus«.[1]

Auf jeden Fall ein kulinarischer Schmaus, bei dem Diderot in scheinbarem Durcheinander alles auf den Tisch brachte, was nach seiner Erfahrung den Menschen und seine Stellung in der Welt anging: die Sexualität, den Zusammenhang zwischen Macht und Herrschaft, das Unglück der Einsamkeit, die aus der Zerstörung des traditionellen sozialen Zusammenhalts entstanden war, die Schwierigkeiten der Menschen bei der Kommunikation, die Allgegenwart des Todes, die Dualität von Verstand und Leidenschaft. Und das Ganze wurde beherrscht von einer Frage, die sich durch alle Seiten des Buchs zieht – das existentielle Rätsel, das unüberwindbare Paradox: Wie kann man – wie Jacques – versichern, daß alles »da oben geschrieben steht«, daß alles, was uns geschieht, streng determiniert ist, und zugleich seine moralische Autonomie behaupten, seine Freiheit, die Möglichkeit, durch eigene Kraft den Lauf seiner Geschichte zu verändern? In Diderots Roman werden diese Probleme nicht *dargelegt*, sondern er ist die *Form*, durch die der Autor, seine Figuren und der Leser in einem dynamischen, enthusiastischen und heiteren Prozeß die Regeln für die Suche nach der Wahrheit erfinden und erproben.

Damit dieses große Spiel funktionierte – und es funktioniert zwei Jahrhunderte später immer noch genausogut –, mußte Diderot sich völlig in sein Buch miteinbeziehen; hemmungslos all seine Vernunft, all sein Empfindungsvermögen, all seine Wissenschaft, all seine Leidenschaft, all seine Kenntnisse und all seine Zweifel hineinlegen, und zugleich wie der Schauspieler im *Paradox* kühlen Kopf behalten, um diese äußerst komplexe heuristische Maschinerie zu kontrollieren, die er in Gang gesetzt hatte, um den Leser mitzureißen, ihn aus seinen Gewohnheiten aufzurütteln und an diesem experimentellen Abenteuer teilhaben zu lassen. Ein überwältigendes und erschöpfendes Spiel von Masken, die heruntergerissen und wieder aufgesetzt werden, von Spaltungen und Unterbrechungen; ein Strudel von Realität und Schein – einmal mehr die einzige Möglichkeit, um den dialektischen Charakter der Natur selbst und daher der Wahrheiten, die man über sie formulieren kann, wiederzugeben.

Besonders paradox ist, daß ein derart lebendiges und belebendes, intellektuell so provozierendes Werk wie *Jacques der Fatalist* von einem Mann geschrieben wurde, der sich auf den Tod vorbereitete. Er hatte sich vollkommen aus dem öffentlichen Leben zurückgezogen, teils aus Müdigkeit, teils aus dem Wunsch heraus, das Glück seines Schwiegersohns und damit seiner Enkelkinder – Angélique hatte am 25. Juni 1775 einen Sohn, Simon, geboren – nicht durch Skandale zu gefährden. Für einen Mann von schwacher Gesundheit, der an Lungenentzündung litt, arbeitete er viel zu viel – als sei seine Zeit künftig nur noch knapp bemessen. Er lieferte Artikel an Meister, der sich um die *Correspondance littéraire* kümmerte, während sich Grimm in Petersburg in seinem Metier als Höfling übte. An Katharina II. schickte er, wenn auch ohne große Illusionen und nur in der Hoffnung, vielleicht doch noch nützlich zu sein, den *Plan d'une université pour le gouvernement de la Russie* (Plan einer Universität für die russische Regierung), »deren Tür unterschiedslos allen Kindern einer Nation offensteht«, und deren Lehrer Staatsbeamte sein sollten – keine Priester. Daraus folgte eine neuerliche Kränkung: Die Zarin vertraute später einen großen Teil des Unterrichts ausgerechnet den Jesuiten an.

Außerdem arbeitete Diderot, »manchmal vierzehn Stunden lang in Folge«, an der dritten Auflage der *Geschichte der beiden Indien* seines Freundes Abbé Raynal. Auch die Idee, eine neue *Enzyklopädie* unter Katharinas Schirmherrschaft in Angriff zu nehmen, hatte er doch noch nicht ganz aufgegeben.

Und er dachte an die Herausgabe seiner Gesammelten Werke. Sie sollten heimlich im Ausland veröffentlicht werden – auch dies, um Caroillons Karriere nicht zu behindern. Als Verleger hatte er Marc

Michel Rey in Amsterdam gewählt, an den er im April 1777 schrieb: »Ich arbeite an meinen Gesammelten Werken; wenn ich alles beieinander habe, werde ich Sie aufsuchen und wir werden uns miteinander arrangieren, was nicht schwer sein wird.« Doch eigentlich glaubte er nicht recht an diese Veröffentlichung, denn angesichts des Zustands seiner Manuskripte würde ihm das zuviel von der Zeit rauben, die ihm noch blieb: »Überlassen wir irgendeiner guten Seele die Mühe, meine Papierfetzen zusammenzusammeln, wenn ich tot bin.«

Gebrechlichkeit, Verfall, Vernachlässigung durch seine Freunde, der Tod – in dieser trostlosen Szenerie fand er sich nun wieder. Am 9. Juni 1777 schrieb er an Grimm, der von Katharina II. zum Staatsrat ernannt worden war: »Nun wohl, mein Freund, so ist es denn eine beschlossene Sache: wir werden uns nicht mehr wiedersehen! Ganz allmählich haben Sie uns an den Gedanken gewöhnt, daß wir Sie verlieren. Das ist traurig – viel mehr, als Sie empfinden und denken können. Immerhin sind Sie weit von einem Schauspiel entfernt, das Sie betrüben würde. Wir alle verfallen zusehends. [...] Bei mir selbst liegen Seele und Geist noch immer früh in der Wiege, doch der Rest des Körpers schleppt sich, Schritt für Schritt, Saint-Sulpice entgegen.«

Auf der einen Seite die Seele, auf der anderen der Körper – kaum eine materialistische Sichtweise. Doch Diderot drückt damit nur aus, daß er beschlossen hatte, sein Leben in zwei Bereiche zu teilen. Alles, was noch frisch, heiter und erfinderisch blieb, sollte in seine Bücher einfließen. Alles Schwerfällige dagegen sollte der Vorbereitung auf Verfall und Tod dienen.

Zu dieser Vorbereitung gehörten etwa seine immer zahlreicheren Gesuche an Minister und ihre Gehilfen, um Privilegien für seine Kinder zu erhalten. Er gestand es offen: »Ich möchte, daß sie reich sind; ja, Monsieur, sehr reich!« Hierher gehörte auch sein Aufenthalt auf Grandval im Herbst 1776, als es d'Holbach sehr schlecht ging – trotzdem lebte der Baron noch bis 1789. Oder der Brief an Grimm vom Oktober 1776, in dem Diderot voll schwarzen Humors schrieb: »Ich schicke das schwere Gepäck schon voraus; die Zähne wackeln, die Augen versagen mir abends den Dienst, die Beine sind recht faul geworden, so daß ich immer öfter den Stock brauche, aber trotzdem bin ich fröhlich; ganz oben in meinem ›Destillierkolben‹, dort wo sich die Dämpfe entwickeln, verspüre ich weder Verbesserung noch Verschlechterung. [...] Es geht mir immer noch so, daß ich nicht weiß, wie spät es ist, und wie gewöhnlich werfe ich Tage, Wochen, Jahre und Monate durcheinander; meine Übereinstimmung mit dem Ewigen hat also keinen Schaden getragen. Dem können Sie noch hinzufügen, daß meine Beine zwar nachgeben und mein Rücken die Form einer Schildkröte annimmt, ich aber immer noch den Augurenstab hochhalte.«

Beim Schreiben wurde Diderot wieder fröhlich, aus dem Destillierapparat kam immer noch Branntwein – ein zu hochprozentiges Getränk, um es zum Verkauf zuzulassen. Doch Diderot wetterte innerlich gegen ein Regime, dessen Grundsätze und Handlungen ihm immer unerträglicher wurden. Da es für ihn praktisch unmöglich war, seine Gedanken unter seinem Namen zu veröffentlichen, steckte er seine ganze Energie in die Neuauflage der *Geschichte der beiden Indien* des Abbé Raynal, so daß er schließlich dem Werk eines anderen den größten Teil seiner Zeit widmete.

Die *Geschichte der beiden Indien* erfüllte am Ende von Diderots literarischer Karriere dieselbe Funktion wie Shaftesburys Werke am Beginn: ein Werk, das er sich vollkommen aneignete und das ihm als Maske für das eigene Voranschreiten diente. Abbé Raynal vertrat radikale, humanitäre und antikolonialistische Ideen. Und er besaß viele Informationen über den Sklavenhandel, den sonstigen Handel und die ganze Ökonomie der Kolonien. Aber er konnte nicht schreiben. Daher bat er einige Literatenfreunde, seinem Werk eine ansprechende Form zu geben. Diderot gab ihm einige Ratschläge für die erste Ausgabe des Buchs im Jahr 1770; er trug noch mehr zu der Version von 1774 bei und machte die Ausgabe von 1777 ganz zu seiner eigenen. Er begeisterte sich für ein Buch, das im Laufe der verschiedenen Auflagen an Bewegung und Reichhaltigkeit gewann, steuerte neues Material bei, sammelte Dokumente und las es immer wieder, bis er schließlich beim Schreiben ganz in Raynals Werk aufging.

Am Ende steht ein überzeugendes und klares Plädoyer für die Demokratie: »Völker, erlaubt euren angeblichen Herren nicht, gegen den Gemeinwillen zu handeln, selbst wenn sie das Gute tun.« Und in Umkehrung des alten juristischen Begriffs der »Majestätsbeleidigung« erfand er den Begriff der »Gesellschaftsbeleidigung« als Waffe gegen alle, die sich dem Willen der Allgemeinheit, ausgedrückt durch die Abstimmung der Bürger, entgegenstellten.

Dieser Mann fuhr fort, seine geistige Schärfe unter Beweis zu stellen, auch wenn er ansonsten sparsam mit seinen Kräften umging, weniger intensiv lebte und zum ersten Mal in seinem Leben Bittsteller und junge Schriftsteller, die einen Meister suchten, mied. Ein weiteres Zeichen dieser Geistesschärfe ist die Komödie *Est-il bon? Est-il méchant?* (Ist er gut? Ist er böse?). Hier wird ein Literat auf die Bühne gebracht, der einen guten Teil seines Lebens daran hingegeben hat, zu versuchen, die Probleme der anderen zu lösen. Humorvoll betrachtet Diderot den Menschen, der er selbst gewesen war, und verknüpft sechs Intrigen, in deren Verlauf sich zeigt, daß ein erwiesener Dienst eher Ärger als Erleichterung bringt. Ganz auf der Linie von *Jacques der Fatalist* und der Ästhetik und Moral seines eigenen Schreibens und Lebens, zeigte Diderot, daß das Wahre und das Gute sich schlecht vertragen, daß die Lüge und die Kunst vonnöten sind, um das Gute vom Schlechten, das Wahre vom Falschen, das Schädliche vom Wünschenswerten zu trennen. Hardouin, Diderots Maske, ist in einer Gesellschaft, die sich auf Falschheit und Heuchelei gründet, gezwungen, falsch und böse zu sein, um wahr und gut sein zu können. Eine Selbstanalyse, die zwar fröhlich, deshalb aber nicht weniger grausam ist. Diderot begann allmählich, die einzige moralische Gewißheit in Frage zu stellen, die sein Leben geleitet hatte, nämlich daß die Tugend ihren Lohn in sich selbst trage. Ihm kam der Gedanke, daß ein wenig Laster in einer korrumpierten Gesellschaft für die soziale Harmonie unumgänglich sei. Aber konnte es denn eine andere Gesellschaft geben? Diese zugleich heitere und ernste Betrachtung läßt den Schluß zu, daß Diderot zweifellos applaudiert hätte, als die Revolutionäre die Monarchie abschafften, und ihren Glauben an die Demokratie geteilt hätte, daß ihm aber Robespierres Fanatismus und die Tugend, die er predigte, ebenso unrealistisch wie gefährlich erschienen wären.

Elf Jahre trennten Frankreich noch von dem Erdbeben, das 1789 ausgelöst wurde. Das ist gar nichts, aber dennoch waren fast alle aufgeklärten Köpfe der Ansicht, daß man sich, jenseits aller machtpolitischen Wendungen und trotz des immer noch heftigen Widerstands von seiten der Traditionalisten, auf dem Weg zur Errichtung einer gemäßigten Monarchie befinde, in der das Verdienst von Wissen und Sachkenntnis das Verdienst der Geburt ausgleichen würde – unter der schiedsrichterlichen und väterlichen Führung eines Königs, der von Männern, die offen für den neuen Geist waren, klug beraten wurde. Die reformistischen Philosophen hatten das Gefühl, daß ihr Sieg nahe sei und daß ihr langfristiges Unterfangen, den intellektuellen Apparat des Staates zu erobern, kurz vor dem Abschluß stehe.

Voltaires Rückkehr nach Paris, nach dreißig Jahren der Abwesenheit, war zugleich Symptom einer Veränderung im politischen Klima und eine spektakuläre Aktion der Voltairianer, die ihren Triumph kundtun und feiern wollten. Man hatte alles organisiert, damit die Rückkehr des Philosophen aus Ferney zu einer Huldigung wurde: Eine Krone des Geistes ließ sich in Paris nieder, unter Gepränge und Festlichkeiten, die einem Heiligen anstanden. Der alte, dreiundachtzigjährige Voltaire war kaum in Paris, als er am 10. Februar 1778 auch schon die Schar seiner Getreuen und Anhänger zur Audienz empfing. Doch die Feier nahm ein jähes Ende: Am 30. Mai starb Voltaire, verzehrt durch seinen Triumph, erstickt unter seinen Lorbeeren, verbraucht von den Ehrfurchtsbekundungen. Er hatte nicht einmal mehr die Zeit, in sein Haus einzuziehen, das gerade in der Rue Richelieu fertiggebaut wurde, einige Schritte entfernt von dem Haus, in dem Diderot sterben sollte.

War auch Diderot unter den Besuchern gewesen, die dem Patriarchen ihre Huldigung darbrachten? Einige Zeugnisse bejahen diese Frage. Zunächst einmal Diderot selbst, der die Begegnung im *Essay über die Herrschaft der Kaiser Claudius und Nero* folgendermaßen beschreibt: »Ich habe mir erlaubt, Herrn von Voltaire mündlich und schriftlich zu widersprechen – allerdings mit der Rücksicht, die ich dem hohen Alter und der Überlegenheit dieses großen Mannes schuldig war, aber auch mit der Freimütigkeit, die mir eigen ist, und zwar ohne ihn zu verletzen und ohne unfreundliche Antworten von ihm zu erhalten. Ich erinnere mich, wie er sich einmal bitter über jenes Schandmal beklagte, das die Herren Zensoren den Büchern und den Personen aufdrücken. ›Wissen Sie denn nicht‹, bemerkte ich dazu, ›daß die Zeit dieses Schandmal, das Sie so traurig stimmt, eines Tages ablöst und dem ungerechten Zensor aufdrückt? Der Schierlingsbecher brachte dem Philosophen von Athen einen Tempel ein...‹ Da umarmte mich der Greis, drückte mich zärtlich an seine Brust und meinte: ›Sie haben recht, und genau das habe ich von Ihnen erwartet.‹«

Diese Schilderung scheint fast zu schön, zu makellos, um wahr zu sein. So sehr, daß zahlreiche Historiker Zweifel geäußert haben, ob diese Begegnung überhaupt stattgefunden hat, gestützt vor allem auf das Argument, wenn sie stattgefunden hätte, wäre ein solches Ereignis sicher ausgiebig kommentiert worden und man müßte in allen Korrespondenzen zahlreiche Spuren davon finden. Zwei Zeugen jedoch, Métra in seiner *Correspondance secrète* und Hérault de Séchelles in seinen *Pensées et anecdotes,* berichten ebenfalls von der Begegnung: Die beiden Männer hätten über Shakespeare diskutiert – den Voltaire als »barbarisch« verehrte –, und die Diskussion sei rasch gereizt worden. Diderot, wie es seine Gewohnheit war, habe seinen Gesprächspartner kaum zu Wort kommen lassen. Das habe Voltaire Anlaß gegeben, eine hübsche boshafte Bemerkung über Diderot fallenzulassen: »Dieser Mann ist ganz sicher sehr geistreich; doch die Natur hat ihm eine Fähigkeit, und zwar eine wesentliche Fähigkeit, versagt: die Fähigkeit zum Dialog.«[2]

Arthur Wilsons Hypothese erscheint daher sehr einleuchtend: Die beiden Männer hätten sich getroffen, aber unauffällig; keiner der beiden habe dieser Begegnung einen öffentlichen Charakter geben wollen. Diderot, weil er nicht den Anschein erwecken wollte, Voltaires Königswürde anzuerkennen und zu unterstützen; Voltaire, weil er sich nicht mit einem ebenso radikalen wie unkontrollierbaren Gegner öffentlich zeigen wollte. Und in der Tat sei diese Begegnung so schlecht verlaufen, daß keiner der beiden habe hoffen können, einen politischen Nutzen aus diesem Gespräch zu ziehen... es sei denn, die erbauliche und ganz seinem Vorteil dienende Schilderung, die Diderot gab – als Voltaire nicht mehr da war, um sie eventuell zu korrigieren.

Diderot erwies Voltaire eine maßvolle Huldigung in seinem *Essai sur la vie de Sénèque le philosophe* (Essay über das Leben Senecas), der Ende 1778 erschien. Während er die »Vielzahl erhabener Werke« Voltaires »in allen Gattungen der Literatur« und sein »großartiges Eintreten für die Verteidigung der unterdrückten Unschuld« mit Lobreden überhäufte, warf er Voltaire doch vor, es habe ihm an Stoizismus und der Gelassenheit des Erhabenen gefehlt, als er sich in subalterne Schlachten gegen jene gestürzt hatte, die seinen Ruhm trüben konnten. Diderot bewunderte den Schriftsteller und betrachtete den Philosophen mit ein wenig Herablassung.

Voltaire verschied im Taumel der Huldigungen; Rousseau starb kaum fünf Wochen später in Ermenonville und hinterließ eine scharfe Bombe: seine Memoiren, die als seine *Bekenntnisse* herausgegeben werden sollten, und vor deren verheerenden Folgen sich die »Partei« der Philosophen fürchtete. Jeder kannte den Inhalt von Rousseaus Text, da er 1770 öffentlich Teile daraus vorgelesen hatte. Jeder war beunruhigt, welche Wirkung es auf das gebildete Publikum – das Voltaire, Diderot und Rousseau oft mit der gleichen Begeisterung hochschätzte – haben konnte, wenn enthüllt wurde, welche Feindseligkeiten diese weisen Philosophen spalteten, und zu welchen Schändlichkeiten sie untereinander imstande waren. Selbst Diderot, der sich nun bereits von allen Schlachten fernhielt, wurde für diese Offensive mobilisiert, für diese Kampagne post mortem wieder einberufen. Seine Aufgabe erfüllte er auf die schlechteste Weise, die möglich war: mit einer Anmerkung, die er am Ende einer Seite seines *Essay sur la vie de Sénèque* anbrachte und die nur das Gegenteil von dem bewirken konnte, was die Enzyklopädisten erwarteten: »Wenn infolge einer Verrücktheit, die nicht ohne Beispiel ist, irgendwann ein Werk erscheinen sollte, in dem rechtschaffene Menschen erbarmungslos von einem durchtriebenen Schurken geschmäht werden, der sich selbst in den schwärzesten Farben malt, um seinen ungerechten und grausamen Beschuldigungen einige Wahrscheinlichkeit zu verleihen [...]: Werft seine infame Schmähschrift weg; fürchtet, daß ihr sonst von seiner trügerischen Beredsamkeit geblendet, durch das ebenso unsinnige wie kindische Beifallsgeschrei seiner schwärmerischen Verehrer mitgerissen und schließlich sogar seine Mitschuldigen werden könntet!«

Rousseau hätte sich keine bessere Werbung wünschen können,

noch hätte die Heftigkeit der Unversöhnlichkeiten im philosophischen Lager grausamer dargestellt werden können. »Ich glaube nicht«, schreibt Diderot am Ende seiner Anmerkung, »daß jemals solch ein Mensch gelebt hat noch jemals leben wird.« Im Kontext ist dieser Satz natürlich pejorativ; aber gestand Diderot damit nicht auch unfreiwillig die nie vernarbte Wunde der verlorenen Freundschaft ein; die Bestürzung eines Mannes, der die wichtigsten Akteure seines Lebens dahingehen sieht?

Der *Essai sur la vie de Sénèque* und seine überarbeitete, erweiterte und noch polemischere Version, der *Essay über die Herrschaft der Kaiser Claudius und Nero sowie über das Leben und die Schriften Senecas – zur Einführung in die Lektüre dieses Philosophen,* in dem Diderot auf seine Kritiker antwortete, waren unter dem Deckmantel lateinischer Gelehrsamkeit ein Anlaß für Diderot, mit seinem schlechten Gwissen abzurechnen. Wenn er über Seneca, den Berater Neros, spricht, so spricht er natürlich über Diderot. Und die Apologie des Philosophen aus Córdoba vermengt sich rasch mit dem Plädoyer in eigener Sache, das der »Berater« der despotischen Katharina II. vorträgt: er schildert »sowohl den Zustand meiner Seele [...] als auch den der verschiedenen Personen, die sich meiner Schilderung darbieten«; selten zeigte Diderot so deutlich die Masken, hinter denen er sich verbarg. Seine Erfahrung in Rußland beunruhigte ihn, drückte ihn, trieb ihn um. Konnte er noch behaupten, ein freier Mensch zu sein, wenn er doch durch zahlreiche Verpflichtungen an die Zarin gebunden war? Konnte er noch behaupten, ein Vorkämpfer für die politische Freiheit zu sein, wenn er einer Despotin Ratschläge gab – und seien sie noch so aufgeklärt – und damit Gefahr lief, ihre Macht um so mehr zu festigen? Hätte er sich nicht besser abseits gehalten und vollkommen mit dieser gekrönten Gesellschaft gebrochen? Hätte er sich nicht besser verhalten sollen... wie Rousseau?

Diese Fragen verfolgten Diderot bis ins Innerste; er wußte, daß sie eng verbunden waren mit dem politischen und ganz entscheidenden Streit, der ihn seit zwanzig Jahren zum Widersacher Rousseaus machte. Mit einem bösen Hieb machte Diderot Rousseau den Garaus und widmete dem angespannten, leidenschaftlichen, unnachgiebigen Dialog mit ihm fünfhundert Seiten. Diderot gestand hier seine

Schwäche ein, seine Unvollkommenheit – er war Seneca und nicht Sokrates; er hatte in seinen Beziehungen zur Zarin einen Teil seiner Integrität verloren, aber das war der Preis für sein aktives Engagement in seinem Jahrhundert. Rousseau hatte versucht, sich selbst zu finden, indem er die anderen ausschloß. Diderot gestand in seinem *Essay über die Herrschaft der Kaiser Claudius und Nero* ein, daß er sich verzettelt hatte, um die anderen mitzureißen und zu überzeugen, selbst auf die Gefahr hin, sich selbst dabei zu verlieren. Diderots Essay ist das Negativ zu Rousseaus Memoiren: das andere Testament, das andere Bekenntnis. Und Diderot, der praktisch seit zwanzig Jahren nichts mehr veröffentlicht hatte, beschloß nun, diesen Text herauszugeben, als sei er eine Art Schlußpunkt; als würden Rousseaus Tod und die Veröffentlichung der *Bekenntnisse* dem Dialog ein Ende setzen, die Akte schließen und ihren Bruderzwist von nun an der Nachwelt überantworten.

Die große Generation der »Aufklärer« ging dahin; eine weniger glänzende trat die Nachfolge an. Im Juli 1778 erweckten Marmontel, Condorcet, Suard, La Harpe, Dorat und Berquin den *Mercure de France* zu neuem Leben. In den Nummern vom 15. und 25. September veröffentlichte Marmontel eine Lobrede über den *Essay über die Herrschaft der Kaiser Claudius und Nero*. Am 15. Februar 1779 erschien im *Mercure* ein Porträt Diderots, das aus der Feder eines jungen Schriftstellers namens Dominique Joseph Garat stammte – die letzte Beschreibung Diderots »in Aktion«, so wie ihn auch das Alter nicht verändert hatte: »Mit dem Morgenlicht trete ich in seine Wohnung ein, und er scheint ebensowenig überrascht, mich zu erblicken, wie einen weiteren Tag beginnen zu sehen. Er erspart mir die Mühe, linkisch etwas über das Motiv meines Besuchs vorzustammeln. Offensichtlich errät er es aus meiner Miene großer Bewunderung, die mich wohl ganz ergriffen hat. Er erspart mir auch die langen Umwege in einem Gespräch, das ich unbedingt auf Verse und auf Prosa lenken wollte. Kaum ist davon die Rede, erhebt er sich, seine Augen starren mich an, und es ist ganz offensichtlich, daß er mich überhaupt nicht sieht. Er beginnt zu sprechen, aber zu Anfang so leise und so schnell, daß ich Mühe habe, ihn zu hören und ihm zu folgen, obwohl ich ganz nahe bin, obwohl ich ihn berühren kann. Augenblicklich sehe ich, daß meine Rolle in dieser Szene darauf beschränkt sein muß, schweigend zu bewundern, und diese Rolle fällt mir nicht schwer. Nach und nach hebt sich seine Stimme, wird deutlich und volltönend; zu Beginn bewegte er sich fast nicht; nun wurden seine Gesten häufiger und lebhaft. Außer in diesem Augenblick hat er mich noch nie gesehen; als wir aufstehen, umarmt er mich; als wir sitzen, schlägt er mir auf die Schenkel, als wären es die seinen. Wenn die raschen und leichten Bögen, die er in seiner Rede schlägt, das Wort Gesetz berühren, entwirft er mir einen Plan zur Gesetzgebung; wenn sie das Wort Theater berühren, läßt er mich zwischen fünf oder sechs Dramen- und Tragödienentwürfen wählen. Als er bei den Bildern ist, die auf der Bühne nötig sind, weil man im Theater Szenen sehen und nicht Dialoge hören soll, erinnert er sich, daß Tacitus der größte Schilderer der Antike ist, und rezitiert oder übersetzt aus den *Annalen* oder den *Historiae...* Hier wird er traurig über den Verlust so vieler schöner Dinge, die er bedauert und beweint, als hätte er sie gekannt; wenn sich unter den Manuskripten, die man bei den Ausgrabungen in Herkulaneum entdeckt hatte, wenigstens einige Bücher der *Historiae* oder der *Annalen* fänden! Diese Hoffnung versetzt ihn in einen Freudentaumel. Aber wie oft waren Meisterwerke, die in Grabstätten erhalten geblieben waren, durch unkundige Hände vernichtet worden, die sie ans Tageslicht gebracht hatten! Wie ein italienischer Ingenieur erörtert er hier die Möglichkeiten, eine Ausgrabung vorsichtig und erfolgreich anzugehen. Seine Phantasie schweift weiter zu den Ruinen des antiken Italien; er erinnert sich daran, wie attische Kunst, Geschmack und Höflichkeit die schrecklichen Eigenschaften der Welteroberer abgemildert hatten. Er versetzt sich in die glücklichen Tage des Laelius und Scipio, als selbst die geschlagenen Völker voll Freude an den Triumphzügen der Siege teilnahmen, die man über sie errungen hatte. Er spielt mir eine komplette Szene von Terenz vor; einige Oden von Horaz singt er geradezu. Schließlich singt er mir wirklich ein Lied voller Anmut und Esprit vor, das er selbst bei einem Souper aus dem Stegreif gemacht hatte, und rezitiert eine sehr hübsche Komödie, von der er ein einziges Exemplar hatte drucken lassen, um sich die Mühe zu sparen, sie abzuschreiben. Nun kommen viele Leute in seine Wohnung. Das

Geräusch von Stühlen, die man nach vorne rückt und nach hinten schiebt, reißt ihn aus seiner Begeisterung und seinem Monolog. Er erkennt mich inmitten der Gesellschaft und kommt auf mich zu wie auf jemanden, den man wiedertrifft, nachdem man ihn ein anderes Mal mit Vergnügen gesehen hat. Er erinnert sich noch, daß wir zusammen sehr interessante Dinge über Gesetze, Dramen und Geschichte gesagt haben; er hat erkannt, daß er aus meiner Unterhaltung vieles gewonnen hat. Er fordert mich auf, eine Verbindung zu pflegen, deren ganzen Wert er gespürt hat. Als wir uns trennen, drückt er mir zwei Küsse auf die Stirn und reißt seine Hand mit wahrem Schmerz aus der meinen.«[3]

Auch wenn Garat sich geistreich zeigen wollte und vom Porträt in die Karikatur abglitt, ist sein Bericht doch so wahrheitsgetreu, daß Diderot ihn in der zweiten Auflage des *Essay* unterstützte: »Ich hatte den Brief noch nicht gelesen, den Monsieur Garat veröffentlicht hatte [...], als sich auch schon das Gerücht verbreitete, daß ich schockiert darüber sei, und der Autor die Güte besaß, sich darüber Sorgen zu machen. Ich beginne damit, ihn zu beruhigen. Es steckt viel Wahrheit in der drolligen Schilderung unserer ersten Begegnung; ich habe mich darin wiedererkannt und gelacht über den leichten Firnis poetischer Ironie, den er darübergelegt hat und der den Bericht amüsant macht. Man wird versucht sein, mich als eine Art Original zu betrachten, aber was macht das? Ist es ein großer Fehler, wenn man sich, obwohl man sich stets in der Gesellschaft bewegt hat, einige Spuren der Natur zu bewahren gewußt hat; wenn man sich durch einige Kanten von den gleichförmigen, abgeschliffenen Kieselsteinen unterscheidet, die es an allen Stränden in Hülle und Fülle gibt?« Diderot konstatierte zufrieden, daß das gesellschaftliche Leben bei ihm keineswegs das natürliche Leben völlig überlagert hatte, daß er der einzigartige, originelle Regisseur des Theaters blieb, auf dessen Bühne er sich unbegrenzt darbot und verschwendete.

Doch dieses Original war mittlerweile auch der berühmteste Vertreter einer »Partei«, die zwar immer noch angefeindet wurde und immer noch Attacken und Polemiken herausforderte, aber in der öffentlichen Meinung in der bürgerlichen Gesellschaft bereits zu viele Anhänger hatte, als daß die Obrigkeiten ihr nicht eine Art offizieller

Anerkennung zugestanden hätten. Die Sorbonne dachte zwar einen Augenblick daran, einen Prozeß gegen den *Essay* einzuleiten und ihn mit ihrem Zorn zu verfolgen, aber man gab ihr rasch zu verstehen, daß die Zeit der juristischen Bannflüche vorbei sei und eine Verurteilung Diderots seinem Werk nur noch mehr Publizität verschaffen würde.

KAPITEL
19

Die Zeiten hatten sich geändert. Die Stadt Langres akzeptierte das Geschenk eines ihrer Magistraten, eine komplette Ausgabe der *Enzyklopädie*, die allen interessierten Bürgern zur Verfügung stehen sollte. Der Stadtrat beschloß per Akklamation, ein Porträt Diderots zu kaufen, das in einem Saal des Rathauses aufgehängt werden sollte. Wie man sich vorstellen kann, war Diderot im siebten Himmel und schenkte seiner Heimatstadt die Bronzebüste, die Houdon von ihm gegossen hatte. Um das Geschenk und den berühmten Sohn der Stadt Langres zu feiern, wurde ein prunkvolles Bankett organisiert. »Die Büste«, schrieb Madame de Vandeul, »krönt einen kleinen Schrank in der Rathaushalle, in dem die *Enzyklopädie* und seine Werke stehen. Als sie dort aufgestellt wurde, wurde ein Diner der Honoratioren veranstaltet; man stellte die Büste an die Stirnseite des Tisches und trank auf das Wohl Diderots. Diese Einzelheiten, die der Bürgermeister meinem Vater mitteilte, ließen ihn einige sehr freudige Augenblicke erleben. [...] Mein Onkel war als Zeichen der Wertschätzung für den Bruder zu diesem Essen eingeladen worden, doch er lehnte ab. Einige Zeit später jedoch kam er unter dem Vorwand, etwas im Rathaus erledigen zu müssen, und sah sie sich an.« Für den Abbé Diderot war die glorreiche Rückkehr seines Bruders nach Langres, wenn auch nur als Büste, ein schwerer Schlag und ein Symptom der tödlichen Krankheit, die bereits die ganze Gesellschaft angesteckt hatte.

Denis Diderot genoß diese Anerkennung sicherlich. Langres war immer seine Heimatstadt geblieben, die Stadt seiner Kindheit und seines Vaters, dessen Billigung er sich immer ersehnt hatte, auch über

Didier Diderots Tod hinaus. Aber er wußte, daß der Kampf keineswegs gewonnen war. Im Januar 1780 lernte er Miguel Gijón kennen, Freund und juristischer Vertreter von Pablo de Olivades. Die Inquisition hatte Olivades 1778 als »Ketzer, niederträchtigen Menschen und verfaultes Glied der Religion« zu einer Gefängnisstrafe verurteilt; er befand sich immer noch in Haft. Im Winter 1780 gelang ihm die Flucht; 1781 kam er nach Paris. Diderot schrieb für die *Correspondance littéraire* eine Biographie dieses spanischen Vertreters der Aufklärung, der eine Gesamtausgabe der *Enzyklopädie* nach Spanien geschmuggelt hatte.

Auch in Frankreich war die Konfrontation nicht zu Ende. Die Veröffentlichung der *Geschichte der beiden Indien* des Abbé Raynal und die darauf folgenden Reaktionen zeigen, wie eng bemessen die Handlungsfreiheit war, die man den Schriftstellern zugestand. Obwohl Raynals Buch, das Diderot bearbeitet hatte, vorsichtigerweise in der Schweiz herausgegeben wurde, jagte es jedermann Angst ein. Außer Diderot, der sich durch sein Alter geschützt glaubte: »Man wird mich mit Schimpfworten überhäufen, aber das sind keine Steine. Mich verletzt nichts.«

Grimm dagegen übte jeden nur möglichen Druck aus, um Raynal zum Aufgeben zu bewegen. Als ob er nicht wüßte, welchen Anteil Diderot an diesem Werk hatte, erging er sich in giftigen Kritiken und belagerte Angélique, um sie davon zu überzeugen, daß Raynals Kühnheit entweder Feigheit oder Wahnsinn sei. »Entweder Sie glauben, daß die, die von Ihnen angegriffen werden, sich nicht an Ihnen rächen können: dann ist dieser Angriff feige; oder Sie glauben, daß sie sich an Ihnen rächen werden: dann ist es Narrheit, sich ihrem Groll auszusetzen.«[1] Unterrichtet über Grimms Aktivitäten und das niederträchtige Dilemma, das er konstruiert hatte, wurde Diderot wütend. Ganz waren ihm Grimms hinterhältiger Charakter, seine Hofintrigen, sein Ehrgeiz, sein besessener Egoismus, seine Schmeicheleien gegenüber den Mächtigen und der Spott, den er für Schwache reservierte, nie verborgen geblieben. Aber die Freundschaft hatte alles verziehen. Doch diesmal attackierte Grimm aus höfischem Kalkül ein Werk, dem Diderot sein Bestes gegeben hatte. Ein Schleier zerriß. Am 25. März 1781 schrieb er den Brief an Monsieur Grimm zur Verteidigung des Abbé Raynal, über den Jean Fabre sagte: »Dieser bewundernswerte unveröffentlichte Brief hat die einzige ernste Hypothek abgetragen, die auf Diderots Charakter und Leben lastete: seine blinde Freundschaft zu Grimm und die faulen Kompromisse, in die er sich durch sie hatte hineinziehen lassen. Selbst die Kritiker, die Grimms moralische Minderwertigkeit und seinen Zynismus anprangerten, ebenso wie sein erbärmliches Verhalten gegenüber den Despoten und seine Art, dank eines unerklärlichen Einflusses Diderots Entgegenkommen und Talent auszubeuten – selbst sie hatten es nicht gewagt, diese Person mit einer so vollkommenen Verachtung zu strafen.«[2]

Zwar schickte Diderot diesen Brief an Grimm nie ab – es wäre sonst unverständlich, daß die beiden Männer noch drei Jahre lang in Briefkontakt blieben –, doch daß er ihn aufbewahrte, weist darauf hin, daß er innerlich die Trennung vollzogen hatte. Diderot hatte den Spiegel zerbrochen, den Grimm ihm seit dem Bruch mit Rousseau, seinem anderen Alter ego, vorgehalten hatte: taktische Vorsicht, faule Kompromisse mit den Mächtigen, feige Widerrufungen und Mut nur im geheimen – das zeigte dieser Spiegel. Alles, was Diderot nun mit einem einzigen Wort verurteilte: Antiphilosophie. »Oh, mein Freund, ich sehe es wohl, Ihre Seele ist in Petersburg, in Potsdam, in Versailles und in den Vorzimmern der Großen eingeschrumpft. Sie sagen mir, daß Sie das Vertrauen der russischen Zarin erlangt haben; daß der preußische König es nicht für unter seiner Würde hielt, das Wort an Sie zu richten, und daß Sie Kontakt mit Vergennes* haben. Wenn Sie die kindische Eitelkeit hätten, eine Seite, die an die Könige, die Minister, an Höflinge wie Sie adressiert ist, auf sich zu beziehen und darüber beleidigt zu sein, dann wären Sie beinahe genauso lächerlich wie ich, ließe ich es mir einfallen, mich zu den Weisen zu zählen. [...] Sie sind, vielleicht ohne es zu ahnen, zu einem der besten getarnten, aber zu einem der [... Manuskript hier beschädigt] Antiphilosophen geworden. Sie leben in unserer Mitte, aber Sie hassen uns. [...] Dieses Buch, das ich liebe und das die Könige und ihre

---

* Graf Charles Gravier de Vergennes (1717-1787) war 1774 von Ludwig XVI. zum Außenminister ernannt worden. (A.d.Ü.)

Höflinge verabscheuen, gehört zu der Art von Büchern, die einen Brutus hervorbringt, oder wie man ihn auch immer nennen mag. [...] Ich habe Sie vollkommen verstanden, und Sie haben mir sehr unrecht und ganz umsonst sehr weh getan.«

Diderot verteidigte Raynal konsequent, ohne das geringste Entgegenkommen, ohne das geringste Zögern. Der Gerichtshof überantwortete das Buch am 21. Mai 1781 dem Scheiterhaufen; Raynal, mit Gefängnis bedroht, mußte in die Schweiz fliehen. Diderot fügte seinem Brief an Grimm ein Postskriptum hinzu, in dem er Maurepas, der an der Spitze der Regierung stand, beschuldigte: »Mögen die Schande und der Abscheu, die sich einst über die Athener ergossen, die Sokrates den Schierlingsbecher reichten, heute auf diese Niederträchtigen und den alten Einfaltspinsel, dem sie gedient haben, niedergehen.«

Er selbst fühlte sich außer Reichweite, da er schon ein wenig außerhalb des Lebens stand. Zu Beginn des Sommers 1781 verschlechterte sich seine Gesundheit. Seine Magenschmerzen wurden häufiger; und auch wenn er sagte, er habe »eine eher lästige als schmerzhafte Krankheit«, die ihn dazu zwinge, »mindestens zehnmal auf den Stuhl« zu gehen, so wußte er doch, daß ihn diese kleinen Altersleiden nun in einen Zustand physischer Abhängigkeit versetzten, der ihn sich selbst entfremdete. Er bemühte sich, weiter zu lächeln und seine Gebrechlichkeit vor den Augen anderer zu verbergen, aber er hatte Angst. Und er begab sich in Angéliques Obhut. In ihren Memoiren schreibt sie: »Er begann nun über seine ganze Gesundheit zu klagen; er fand seinen Kopf verbraucht; er sagte, daß er keine Ideen mehr habe; er war immer müde; es war eine Arbeit für ihn, sich anzuziehen; seine Zähne verursachten ihm keine Schmerzen, aber er war vorsichtig mit ihnen, aß weniger; er ging weniger aus; über drei oder vier Jahre hinweg spürte er einen Verfall, den Fremde nicht bemerken konnten, da er im Gespräch immer noch dasselbe Feuer hatte und immer noch dieselbe Anteilnahme zeigte.«

Diderot und keine Ideen mehr? Sein *Salon* von 1781 ähnelt tatsächlich eher einer braven, getreu und gewissenhaft ausgeführten Pflichtübung als Kunstkritiker und nicht den glanzvollen Werken aus den sechziger und siebziger Jahren des Jahrhunderts. Doch auch wenn Diderot nicht mehr kreativ war, wenn seine Phantasie nicht mehr blitzte und funkelte wie früher, so beackerte er doch noch immer hartnäckig seine enzyklopädischen Felder. Die *Elemente der Physiologie*, an denen Diderot von 1778 bis zu seinem Tod arbeitete, sind in der literarischen Form unvollendet, aber doch weit mehr als eine bloße Zusammenfassung aller wissenschaftlichen Erkenntnisse seiner Epoche über die Struktur des menschlichen Körpers, die dieser ewig Studierende und unersättlich Neugierige damit erstellte. Naigeon berichtet, daß Diderot nichts Geringeres plante als »eine experimentelle Naturgeschichte des Menschen«: sein Testament als materialistischer Philosoph.

Die *Elemente der Physiologie* sind nur Fragmente, verstreutes Material und zusammengestellte Notizen; Diderot hatte nicht die Muße gehabt, sie untereinander zu verbinden – oder er hatte es vielleicht gar nicht beabsichtigt, so daß die Auswahl von Fragmenten, die sich innerhalb des »Korpus« eines Textes spielerisch durchdringen, Resultat einer ästhetischen und philosophischen Entscheidung wäre. Doch es ist in der Tat erstaunlich, wie der Schriftsteller die Quellen hinter sich ließ, ergänzte und neu interpretierte, die er heranzog, um ein Bild des menschlichen Körpers zu entwerfen, von diesem faszinierenden Teil der gesamten Materie des Universums.

Diderot hatte, beraten von Tronchin, dem großen Arzt aus Genf, die Bücher von Haller, Marat, Bonnet und natürlich auch Buffon und Maupertuis gelesen. Aber weniger die zusammengetragenen Informationen machen sein Werk wertvoll, sondern die intuitiven Erkenntnisse, die aus diesem Überblick hervorgehen. Die *Elemente der Physiologie*, nicht-experimentelle Überlegungen eines Nicht-Physiologen über die Elemente, die den menschlichen Körper zusammensetzen, schlagen eine Brücke in den leeren Raum, hin zu den Wissenschaften, die sich erst entwickeln sollten: zur Wissenschaft vom Leben, der Biologie, zur Neurologie und Psychophysiologie, zur Erforschung des Unbewußten und des nicht willensgesteuerten Verhaltens.

In seiner Abhandlung *Über den Menschen*, 1773 in Amsterdam erschienen, hatte Marat geschrieben: »Der Mensch ist, wie jedes Lebewesen, aus zwei verschiedenen Substanzen – Seele und Körper –

zusammengesetzt. Wenn irgend jemand diesen Satz bestreitet, so habe ich nicht für ihn geschrieben.« »Ich wollte das Buch sofort zuklappen«, kommentiert Diderot, »denn sobald ich diese zwei verschiedenen Substanzen anerkenne, kann der Autor mich nichts mehr lehren. Er weiß nicht, was die Substanz ist, die er Seele nennt, und noch weniger, wie sie mit der anderen zusammenhängt, und ebensowenig, wie sie gegenseitig aufeinander wirken.« Ein letztes Mal bekräftigt Diderot hier die Einheit des Lebendigen – »und vielleicht begründet diese Einheit, mit Hilfe des Gedächtnisses, die Seele, das Selbst, das Bewußtsein« –, aber diese Einheit ist selbst nur ein Moment, eine kurze Passage in der bewegten Kombinatorik des Universums. Leben und Tod sind nichts als die Projektion einer illusionären Täuschung. Nie erfassen wir mehr als die Schatten, und selbst die Wissenschaft erforscht nur Erscheinungen und nicht eine Realität, die ihr ständig entgleitet. Das verbietet jeden Dogmatismus und reduziert den Positivismus auf eine beruhigende Illusion. Die *Elemente der Physiologie* enden mit Fragen, nicht mit Antworten: »Die Welt ist das Haus des Starken. Erst am Ende werde ich wissen, was ich in dieser großen Spielhölle, in der ich mit dem Würfelbecher in der Hand – *tesseras agitans* – etwa sechzig Jahre verbrachte, verloren oder gewonnen habe. [...] Was nehme ich wahr? Formen. Und was noch? Formen. Den Inhalt kenne ich nicht. Im Schatten der Dunkelheit wandeln wir selbst als Schatten unter Schatten für die anderen und für uns selbst. Wenn ich den Regenbogen über den Wolken betrachte, so sehe ich ihn; doch für denjenigen, der unter einem anderen Winkel auf ihn blickt, ist dort nichts.«

Aus der Wahrnehmung dieses Nichts folgt eine einfache, stoische Moral: »Es gibt nur eine Tugend, nämlich die Gerechtigkeit, nur eine Pflicht, nämlich das Glücklichsein, und nur eine Folgerung, nämlich sich aus dem Leben nicht allzuviel zu machen und den Tod nicht zu fürchten.« Der schöpferische Teil der *Elemente der Physiologie* ist zweifellos vor Ende des Jahres 1781 geschrieben worden. Danach trug Diderot immerhin noch seine Lektürenotizen zusammen, obwohl seine Sehkraft immer mehr abnahm – bei Kerzenlicht konnte er nicht mehr lesen. Er schrieb noch einige *Additions à la Lettre sur les aveugles* (Ergänzungen zum Brief über die Blinden) und bereitete die

Herausgabe des *Essay über die Herrschaft der Kaiser Claudius und Nero* vor, der 1782 in Bouillon erscheinen sollte, einem kleinen, unabhängigen Fürstentum auf dem Gebiet der heutigen belgischen Provinz Luxembourg. Das brachte ihm ein letztes Mal Ärger mit der königlichen Zensur ein.

Le Noir, der Generalleutnant der Polizei, hatte Diderot gestattet, für sich selbst einige Exemplare des Buches zu beziehen, das in Frankreich natürlich nicht verkauft werden durfte. Diderot ließ sechshundert Stück einführen. Das provozierte die Reaktion der kleinlichen Pariser Buchhändlerzunft, die stets auf der Jagd nach Werken war, die nicht über sie verkauft wurden; sie ließ das Paket beschlagnahmen. Le Noir konnte vor diesem illegalen Import nicht länger die Augen verschließen. Die Affäre drang bis zum König durch. In seinem Bericht schreibt Le Noir: »Ohne sich deutlicher zu erklären, hatte Seine Majestät gesagt, daß dieser religionsfeindliche Philosoph bestraft werden müsse. Monsieur de Miromesnil [der Siegelbewahrer] wollte ihn aus Rücksicht auf sein Alter zuerst anhören und ließ ihn in meiner Gegenwart zu sich kommen. Er sprach mit fester Würde, die Diderot zu verwirren schien; augenblicklich leistete er mir eine Art Abbitte und beugte das Knie; er erinnerte den Siegelbewahrer daran, daß er in Vincennes gewesen sei und sagte die folgenden Worte: ›Ich verdiene es noch mehr, für die Verfehlungen meines Alters bestraft zu werden als für meine früheren Narrenstreiche; geruhen Sie, dieses Eingeständnis und das Zeichen meiner Reue anzunehmen.‹«[3] Le Noir sah sicher amüsiert zu, bemerkte aber nur: »War er ehrlich, oder heuchelte er?« Diderot, der nicht mit seinen Mitteln knauserte, spielte der Obrigkeit seine letzte Komödie vor. Ein Kniefall vor der Macht und ein wenig Gejammer ersparten ihm einen königlichen Haftbefehl. Um auf Nummer Sicher zu gehen und um Miromesnil und Le Noir zu decken, die den königlichen Strafbefehl »vergessen« hatten, sandte Diderot sogar einen Brief mit einem hübschen Widerruf, in dem er nicht ohne Humor erklärte, sich »für den Rest meines Lebens« zu bessern. In der Folgezeit kam er regelmäßig zu Le Noir; so regelmäßig, daß man die Hypothese aufgestellt hat, er sei mit Bewährungsaufsicht freigelassen worden. Wahrscheinlicher aber ist, daß er die Gesellschaft des Generalleutnants schätzte, der ein liberaler Geist, ein Freimaurer und Schützling Turgots war.

Sich das Wohlwollen dieses hohen Beamten zu erhalten, konnte sich auch als nützlich für die Herausgabe seiner Gesammelten Werke erweisen, auf die Diderot noch nicht völlig verzichtet hatte. Er sah die Texte durch, die er selbst hatte, ließ nach den Schriften suchen, die er aus Vorsicht nicht bei sich aufbewahrte, er aktualisierte und vollendete manche Arbeiten. Er verabscheute diese mühsame Kleinarbeit; er mochte es nicht, seine Werke noch einmal zu lesen, und noch weniger, sie zu korrigieren. Anstatt so herumzustreichen und herumzufeilen, hätte er lieber noch Neues hinzugefügt und von seinen alten Schriften das bewahrt, was lebendig, spontan und unvollendet war. Aber er mußte Roland Girbal und der kleinen Gruppe von Kopisten, die er auf seine Kosten engagiert hatte, einen leider endgültigen Text geben.

Dieses Projekt kostete Diderot viel Geld. Meist mußte er drei Abschriften seiner Werke erstellen lassen. Eine für Angélique, eine für Katharina II. und eine dritte für die *Correspondance littéraire*, für die er noch mehrere Jahre nach seinem Tode der wichtigste Textlieferant blieb. Er lieh sich Geld von Vandeul – der es wiederum anderswo lieh –, er forderte schonungslos die kleinen Summen zurück, die man ihm schuldete. Am 11. Oktober 1781 schrieb er an Sedaine: »Sie schulden mir 349 Livres. Wenn Sie mir das Geld zurückgeben können, ohne in Verlegenheit zu geraten, um so besser; wenn Sie darüber in Verlegenheit geraten, so tun Sie es... Wenn Sie diese Summe nicht in Ihrer eigenen Börse finden, dann suchen Sie in der Börse Ihrer Freunde.«

Außer einem kurzen Brief an den Musiker Philidor, dem er einschärfte, die Musik nicht um seiner lukrativeren Talente als Schachspieler willen aufzugeben, ist dieser Brief Diderots an Sedaine der letzte, den wir besitzen. Im Herbst 1781 zog sich Diderot in Schweigen und Krankheit zurück. Einen Augenblick lang erwog er, nach Langres zu reisen. Vielleicht, um sich dort zur Ruhe zu setzen, vielleicht, um den von Versailles angezettelten und finanzierten Intrigen zu entgehen, die sich in Paris gegen ihn zusammenbrauten. Eine kurze Mitteilung an Girbal vom 24. Dezember 1781 zeigt, daß er immer noch eine Aktion der »Übelgesinnten« gegen die Manuskripte, die er in der Rue Taranne lagerte, befürchtete.

Seine Manuskripte konnte man ihm noch nehmen, das Leben nicht mehr. 1783 war das Jahr des Leidens, des Sterbens und der Trauer. Grimm wurde bettlägerig. Madame d'Épinay, die ihren Unterhalt aus einer kleinen Pension Katharinas II. bestritt – die Zarin hatte ihr für 16 000 Livres ihre Diamanten abgekauft –, starb im April; d'Alembert im Oktober, ebenso Fürst Golizyn. Diderot litt schwer an »Wassersucht«, die sowohl sein Herz wie auch seine Atmung, seine Leber und seinen Magen angriff. Die *Correspondance littéraire*, in der sein *Salon* von 1781 erschien, beerdigte ihn bereits: »Eine der letzten Bemühungen aus der Feder Monsieur Diderots. Seine Gesundheit, seit jener Zeit angegriffen, hat ihm fast keine Arbeit mehr erlaubt. [...] Wir bedauern einen Verlust, den wir wohl kaum jemals ersetzen werden können.«[4]

Man ließ ihn bis zu dreimal an einem halben Tag zur Ader, trotz der Gefahr, ihn damit noch mehr zu schwächen. Dennoch überlebte er; aber er wußte, daß er verloren war. Und er wußte genau, daß nun, da sein Ende nahe war, Priester Kontakt zu ihm suchen würden, um ihn zu einer Bekehrung zu bewegen, die man politisch ausschlachten konnte. Würde ein schöner Widerruf aus dem Munde Monsieur Diderots nicht große Bestürzung in der bedrohlich großen Schar der Religionsfeinde hervorrufen? Man schickte ihm einen gewissen Abbé de Tersac, der laut Madame de Vandeul zwei- oder dreimal in der Woche in die Rue Taranne kam. Diderot, der sich damit abgefunden hatte, daß seine Lust am Schreiben dahin war, weil es ihn zuviel Kraft kostete, empfand immer noch dasselbe, fast erotische Vergnügen an der Konversation, am Dialog, an der Konfrontation von Gegensätzen. Er empfing den guten Abbé. Aber nicht ohne Vorsichtsmaßnahmen. Er war auf der Hut vor den Streichen, die ihm die Physiologie spielen konnte, vor dem Schwinden seiner Kräfte, die sein Gesprächspartner womöglich ausnützen könnte, um ihn abgenötigte Bekenntnisse unterschreiben zu lassen. Bei diesen Gesprächen waren Angélique oder Toinette Diderot stets zugegen.

Angélique erzählt: »Der Pfarrer von Saint-Sulpice erfuhr von seiner Krankheit und besuchte ihn. [...] Eines Tages, als sie über mehrere

433

moralische Fragen einig waren, die sich auf die Menschheit und auf gute Werke bezogen, wagte der Pfarrer durchblicken zu lassen, es hätte doch sicher einen schönen Effekt in der Welt, wenn er diese Maximen und einen kurzen Widerruf seines Werks drucken lassen würde. ›Das glaube ich, Herr Pfarrer, aber geben Sie zu, daß es eine schamlose Lüge wäre.‹ Meine Mutter hätte ihr Leben dafür hingegeben, wenn mein Vater sich zum Glauben bekehrt hätte; aber lieber noch wollte sie sterben als ihn zu einer einzigen Handlung zu bewegen, die sie als Frevel hätte ansehen können.«

Die fromme Nanette höchstpersönlich bewahrte Diderot vor senilen Verleugnungen seiner Ansichten. Daher versuchte man andere Register zu ziehen. Man drohte mit gesellschaftlichem Ausschluß. Sicher, d'Alembert, der gestorben war, ohne die Sakramente zu empfangen, hatte ein christliches Begräbnis erhalten. Aber da es sich bei ihm um einen Ständigen Sekretär der Akademie gehandelt hatte, der zwar illegitim, aber eben doch mit einer vornehmen Familie verbunden war, hatte sich der König selbst eingeschaltet, damit der Klerus den Leichnam des Mathematikers nicht auf den Müllhaufen warf. Diderot, ein Sohn aus dem Volk, ohne Titel, ein Feind des Hofs und von Ludwig XVI. verabscheut, würde keinen Schutz genießen, gab man ihm zu verstehen, »und der Klerus hat vor, sich an ihm zu rächen und seinem Leichnam alle religiösen Kränkungen anzutun, es sei denn, er leiste deutlich Genugtuung«.[5] Diderot leistete nicht »Genugtuung«. Er diskutierte nicht mehr; er war nicht mehr da. Angélique versichert, daß er über Sophie Vollands Tod am 22. Februar 1784 »Tränen vergoß, aber er tröstete sich mit der Gewißheit, sie nicht lange zu überleben«. Schönes, romantisches Ende eines Liebesromans. Sophie, die eine wohlhabende Bürgerin geworden war, im Denken zweifellos radikal, in ihrem gesellschaftlichen Benehmen aber sehr konformistisch, vermachte Diderot lediglich die berühmten »sieben kleinen Essaybände von Montaigne, in rotes Saffianleder gebunden, und einen Ring, den ich meine Pauline nenne«. Sonst nichts für den Mann, der mit der Zeit immerhin ein – wenn auch illegitimes und nicht sittengemäßes – Familienmitglied geworden war, ein Beschützer und ein Halt. Keine Spur auch von Diderots ersten Briefen, die ohne Zweifel vernichtet worden sind. Ebensowenig wie es in der wohlausgestatteten Bibliothek eine *Enzyklopädie* gab. Mademoiselle Volland nahm ihre Geheimnisse mit. Ein ungreifbarer Schatten, eine echt Diderotsche Figur, die einen großen Teil ihrer Existenz der Fiktion verdankt, emanzipiert und prüde, anrüchig und moralisierend, wagemutig und konformistisch, verschwand sie, als Diderots Geist sich verwirrte und er selbst mit dem Tode rang: »Die Art seines Blutspuckens und sein Puls kündigten eine Lungenentzündung an; innerhalb von vierundzwanzig Stunden wurde er dreimal zur Ader gelassen, die Krankheitserscheinungen verschwanden, er schien auf dem Wege der Genesung. Am dritten Tag seiner Krankheit sprach er, sein Geist verwirrte sich, er sagte einen unsinnigen Satz, bemerkte es, begann von neuem und irrte sich wieder; dann stand er auf. ›Ein Schlaganfall‹, sagte er zu mir, während er sich in einem Spiegel betrachtete und mir seinen Mund, der ein wenig schief war, und eine kalte, reglose Hand zeigte. Er ging in sein Zimmer, legte sich auf sein Bett, umarmte meine Mutter und sagte ihr Lebewohl; umarmte mich und sagte mir Lebewohl; erklärte, wo man einige Bücher finden würde, die ihm nicht gehören, und hörte auf zu sprechen. Er allein behielt seinen klaren Kopf, alle anderen hatten den Kopf verloren. Es war elf Uhr abends, als die Ärzte und Chirurgen kamen; sie konnten ihn nicht dazu bewegen, sich von dem Ort zu entfernen, wo er sich niedergelegt hatte; sie brachten uns beinahe um mit ihren ständig wiederholten Erklärungen, sie hätten schon öfter Kranke in dieser Stellung sterben sehen.«

Diderot gab die letzte Vorstellung, die ihm notwendig erschien, die letzte, zu der er noch die Kraft und das Bewußtsein besaß: den Tod des Weisen, selbstgewählt, friedlich, bewußt. Das Bild eines Philosophen und Vaters, der von den Seinen umgeben ist, im Einklang mit sich selbst und mit seiner Familie. Diese Vorstellung war nötig, um das andere Schauspiel zu verbannen: den unvorhersehbaren Tod.

Doch er erhielt noch einen Aufschub. Er bereitete sich auf eine Reise nach Sèvres vor, wo er einige Monate verbringen wollte. Zweifellos verschwieg man ihm den Tod Marie-Annes – seiner Enkelin Minette, die ihm äußerlich und in ihrer erstaunlichen Intelligenz so ähnlich war, daß ihr Hinscheiden für Angélique mit dem ihres Vaters verschmolz.

Diderot ging noch ein wenig aus, er zwang sich, noch ein paar Schritte zu machen. Doch die Treppe in den vierten Stock des Hauses in der Rue Taranne hinaufzusteigen war nun eine Anstrengung, die ihn erschöpfte und sein Denkvermögen beeinträchtigte. Er hatte davon geträumt, sich als stoischer Philosoph auf sein Lager zu strecken und mit klarem Verstand auf den Tod zu warten; nun begann er, das Bewußtsein seiner selbst zu verlieren: die Zugpflaster, die die Schwellungen an seinen Beinen und Schenkeln lindern sollten, nahmen ihm die letzte Kraft.

Katharina II. hatte Grimm beauftragt, eine bequemere und praktischere Wohnung als jene in der Rue Taranne zu suchen, damit Diderot die letzten Monate seines Lebens angenehm verbringen konnte. Die Großzügigkeit der Zarin ihrem berühmten Schützling gegenüber war Teil ihrer Propaganda: Sie kümmerte sich um den Philosophen in Paris, den Versailles mit feindseliger Gleichgültigkeit sterben ließ. Grimm begriff das auch genau so, aber er war allzu beflissen. Katharina hatte ihm Geld gegeben, damit er rasch ein Haus finden konnte, doch der Höfling verschwendete seine Zeit damit, sie um Genehmigungen und Zusicherungen der Verwaltung zu bitten. Die Zarin wünschte nicht, daß man zögerte, wenn es um etwas ging, das ihr gehörte: »Verlieren Sie keine Zeit, eine angemessene Wohnung für meine Bibliothek und ihren Besitzer zu finden. Sie hätten das tun müssen, ohne um meine Erlaubnis zu ersuchen, und achten Sie darauf, daß nichts, auch nicht der kleinste Fetzen verlorengeht.«[6]

Während Diderot nach Sèvres zu seinem alten Freund, dem Juwelier Jean-Etienne Belle, aufbrach, kaufte Grimm auf Rechnung der Zarin in der Rue Richelieu eine luxuriöse Wohnung, die man für ihn einrichtete. Der Philosoph sollte ein wenig Komfort haben; Katharinas sterbender Bibliothekar sollte ein letztes Domizil haben, das ihrer würdig war; und vor allem mußte man Diderot nach dem Scheitern seiner Gespräche mit dem Pfarrer von Saint-Sulpice in eine andere Pfarrei bringen und eine Kirche finden, deren Pfarrer einwilligte, einen so notorischen Ungläubigen zu begraben. Allerdings durfte Diderot nicht alles dadurch komplizieren, daß er womöglich in Sèvres starb. Grimm überredete daher Angélique und Madame Diderot, ihren Vater und Mann aus der ländlichen Idylle zu reißen und Anfang Juli in die Rue Richelieu zu ziehen.

Angélique versichert, daß ihr Vater über die neue Wohnung entzückt war: »Er, der immer in einem Loch gelebt hatte, fand sich nun in einem Palast.« Wahrscheinlich machte er sich lustig über diese letzten Possen. Madame de Vandeul berichtet weiter: »Am Tag vor seinem Tod brachte man ihm ein bequemeres Bett; die Arbeiter quälten sich damit ab, es aufzustellen. ›Meine Freunde‹, sagte er zu ihnen, ›ihr gebt euch da große Mühe mit einem Möbel, das keine vier Tage lang benutzt werden wird.‹ Am Abend empfing er seine Freunde; die Unterhaltung wandte sich der Philosophie und den verschiedenen Wegen zu, die zu dieser Wissenschaft führen. ›Der erste Schritt zur Philosophie‹, sagte er, ›ist die Ungläubigkeit.‹ Dieses ist das letzte Wort, das er vor mir geäußert hat; es war spät, ich ließ ihn allein, ich hoffte, ihn später noch wiederzusehen.«

Am 31. Juli gegen Mittag, als er am Tisch saß und etwas Kirschkompott aß, hustete Denis Diderot ein wenig. »Meine Mutter fragte ihn etwas; als er weiter schwieg, hob sie den Kopf und sah ihn an; er war verschieden.«

Gegen ein stattliches Sümmchen erklärte sich der Priester der Pfarrei Saint-Roch bereit, den Philosophen in der Gruft der Marienkapelle zu bestatten. Die Beerdigung wurde am Abend des 1. August mit allem nötigen Zeremoniell abgehalten; Vandeul hatte dafür gesorgt, daß eine Reihe bezahlter Kleriker anwesend war. Aber keine einzige offizielle Persönlichkeit nahm an der Feier teil.

Diderots sterbliche Überreste blieben nicht lange hinter den Kapellenmauern eingeschlossen. Während der Revolution wurden zahlreiche Gräber von Saint-Roch entweiht, vor allem, um das Blei der Särge wiederzuverwerten. Darunter war auch Diderots Grab – während man Jean-Jacques Rousseaus sterbliche Hülle in den Pantheon brachte. So wurde Diderots Körper der freien Luft ausgesetzt; die Materie, aus der er bestand, vereinte sich auf andere Weise mit der Materie des Universums, der ewigen, unsterblichen Materie, die ebenso unsterblich wie das Kunstwerk ist, das die Illusion des Lebens verewigt.

Der tote Diderot erreichte so, was er sich für sich selbst und sein

Werk immer erträumt hatte: die vollständige Streuung, die verschwenderische Auflösung – um so die Zeit zu beschwören und teilzuhaben an einer alles umfassenden poetischen, materialistischen und kosmischen Ganzheit.

Vielleicht würde er endlich mit Sophie vereint werden, an die er in seinem großen Brief vom 15. Oktober 1759 geschrieben hatte: »Ach meine Sophie, ich dürfte also hoffen, Sie noch zu berühren, Sie zu spüren, zu lieben, zu suchen, mich mit Ihnen zu vereinigen, mit Ihnen zu verschmelzen, wenn wir nicht mehr sind! Wenn in unserem Wesen ein Gesetz der Wahlverwandtschaft wirksam wäre, wenn es uns bestimmt wäre, ein einziges Wesen zu bilden, wenn ich in einigen hundert Jahren mit Ihnen gemeinsam ein neues Ganzes bilden sollte, wenn die einzelnen Moleküle Ihres Geliebten eines Tages in Bewegung gerieten und die Ihren suchten, die in der Natur verstreut sind! Lassen Sie mir diese Schimäre, sie ist so süß für mich, sie würde mir ein ewiges Leben mit Ihnen und in Ihnen verheißen...«

Gehörte auch die zweite Ewigkeit, die des Werks, in den Bereich süßer Schimären? Oft hatte Diderot nachts »das ferne Flötenkonzert« der Nachwelt gehört. »Ich glaube, das Konzert, das in der Nähe gespielt wird, hat wohl seinen Wert«, schrieb er 1765 an Falconet. »Aber werden Sie mir glauben, mein Freund? Nicht dieses, sondern das erstere macht mich trunken. Die Sphäre, die uns umgibt und in der man uns bewundert, die Dauer, während der wir existieren und das Lob hören können [...], all das ist noch zu klein für das Fassungsvermögen unserer ehrgeizigen Seele; vielleicht finden wir unsere Arbeiten durch die Kniefälle einer gegenwärtigen Welt noch nicht genügend belohnt. Neben jene, die sich uns zu Füßen geworfen haben, lassen wir die anderen niederknien, die wir dort noch nicht sehen. Nur diese unbegrenzte Schar von Bewunderern kann einen Geist zufriedenstellen, der sich stets ins Unendliche aufschwingt. [...] Sie sehen, mein Freund, daß ich mich über all dies lustig mache, daß ich über mich selbst und die anderen Dummköpfe wie mich spotte. Nun gut, ich werde Ihnen gestehen, wenn ich in die Tiefe meines Herzens blicke, so finde ich dort das Gefühl, über das ich mich lustig mache, und mein Ohr, das eher eitel als philosophisch ist, hört selbst in diesem Augenblick einige kaum wahrnehmbare Töne dieses fernen Konzertes.«

Alles deutet darauf hin, daß die Musik der Nachwelt, die Diderot vernahm, vom Ende unseres Jahrtausends kam, wie ein Zuruf. Sein Werk wurde von Dogmen überwuchert, von den Doktoren verstümmelt und verachtet; für zu komplex befunden, um in den großen Konflikten des Industriezeitalters als Waffe der Massen herzuhalten, war es andererseits zu klar formuliert, um der Neigung der Gelehrten zu Haarspaltereien entgegenzukommen. Heute bietet dieses Werk seine unendliche Offenheit und seine Kohärenz, seine Schärfe und seine Leidenschaft, seinen Realismus und seinen Erfindungsreichtum einer Epoche dar, die sich, nachdem man ihre Utopien mit Füßen getreten hat, bis zum Erbrechen über eine Mode nach der anderen hermacht, von einer Hexerei zur entgegengesetzten jagt, vom Dogma des heutigen Tages zum Aberglauben des nächsten, von absurder Wissenschaftsgläubigkeit zur fortschrittsfeindlichen Religion, von der abstrakten Vernunft zur gallertartigen Gefühlsduselei. In diesem erbärmlichen Konzert von Remakes aller Art erhebt sich die Stimme eines Mannes, der sein Leben in einem fortwährenden Dialog mit sich selbst und mit der Realität um ihn herum auf der Suche danach verbracht hat, was der Mensch in der Welt darstellt. Es scheint, als seien wir im Begriff, ihm zuzuhören und das Gespräch mit ihm zu beginnen.

ANSTATT EINER
BIBLIOGRAPHIE

Natürlich kann hier keine Bibliographie der Werke erstellt werden, die sich mit Diderot beschäftigen – nicht einmal eine kurzgefaßte. Das internationale Verzeichnis dieser Schriften, das Frederick Spear erarbeitet und 1988 veröffentlicht hat, umfaßt nicht weniger als 5 777 Titel, fast 2 000 davon allein aus den Jahren 1976-1986. Ein schlagender Beweis für das neue Interesse, das dieser Philosoph weckt.

Ich begnüge mich hier damit, jenen Schriftstellern und Forschern für ihre Arbeiten zu danken, ohne die dieses Buch nicht hätte erscheinen können. Alle Zitate aus dem Werk Diderots sind den *Œuvres complètes* entnommen, die 1969 erschienen sind; die Briefzitate entstammen der *Correspondance générale*, dieser enormen Arbeit, die Georges Roth begonnen und Jean Varloot 1970 fertiggestellt hat.

Arthur Wilsons *Diderot, sein Leben und sein Werk*, Ergebnis lebenslanger Forschungen und 1972 in den USA erschienen, bleibt das grundlegende Werk, auf das sich die meisten späteren Untersuchungen beziehen. Auch André Billys 1943 erschienener *Diderot*, obwohl, was seine Belege angeht, oft überholt, stellt ebenso oft klare und scharfsinnige Analysen vor.

Unter den bedeutendsten Beiträgen zum Verständnis von Diderots Denken und Werk seien genannt: Franco Venturi, *Jeunesse de Diderot* (1939); Jacques Proust, *Diderot et l'Encyclopédie* (1962), John Lough, *The Encyclopedie* (1971); Herbert Dieckmann, *Cinq leçons sur Diderot* (1963); Roland Mortier, *Diderot en Allemagne* (1954); Jacques Chouillet, *Denis Diderot – Sophie Volland: un dialogue à une voix* (1986), Yvon Bélaval, *L'Esthétique sans paradoxe de Diderot* (1950); Elisabeth de Fontenay, *Diderot ou le matérialisme enchanté* (1981). All die genannten Werke sind zu »Klassikern« der kritischen Diderot-Forschung geworden. Zu dieser Liste kommt eine Reihe von Artikeln, die in drei Zeitschriften erschienen sind: die erste, herausgegeben von Otis Fellow, die *Diderot Studies,* umfaßt schon vierundzwanzig Bände; von der zweiten, *Recherches sur Diderot et sur l'Encyclopédie,* herausgegeben von der Diderot-Gesellschaft in Langres, erschienen bereits zehn Nummern, die der internationalen Ausstrahlung des Philosophen würdig sind. Und schließlich die Zeitschrift der »Société française d'études du XVIIIᵉ siècle«, *Dix-huitième siècle,* die seit dreiundzwanzig Jahren zeigt, daß man akademische Genauigkeit und eleganten Stil miteinander vereinen kann.

Um die kulturelle Epoche Frankreichs und Europas, an der Diderot teilhatte, zu verstehen, habe ich auf das umfassende Werk von Historikern, Philosophen und Forschern wie Ernst Cassirer, Georges Gusdorf, René Pomeau, Daniel Mornet oder Michel de Certeau zurückgegriffen. Doch auch Bücher jüngeren Datums haben reichen Stoff für meine Untersuchung geliefert, darunter: Jean Starobinski, *Le Remède dans le mal* (1989; dt.: *Das Rettende in der Gefahr. Kunstgriffe der Aufklärung.* Aus dem Franz. und mit einem Essay von Horst Günther, Frankfurt a.M. 1990); Roland Mortier, *Le Cœur et la raison* (1990); Robert Mauzi, *L'Idée de bonheur dans la littérature et la pensée française au XVIIIᵉ siècle* (1960); Michel Delon, *L'Idée d'énergie au tournant des Lumières;* Robert Darnton, *The Business of Enlightenment. A Publishing History of the Encyclopédie 1775-1800* (1979; dt.: *Glänzende Geschäfte. Die Verbreitung von Diderots ENCYCLOPEDIE oder: Wie verkauft man Wissen mit Gewinn?* Aus dem Engl. und Franz. von Horst Günther, Berlin 1993), und *Bohème littéraire et révolution* (1983); Daniel Roche, *Les Républicains des lettres* (1988); Roger Chartier, *Les Origines culturelles de la Révolution française* (1990); Paul Vernière, *Lumières ou clair-obscur* (1987). Zu dieser (leider zu kurzen) Liste kommen drei Biographien hinzu: die von Jacques Roger über Buffon (1989), von Keith Baker über Condorcet (1988) und von Robert Shackleton (1977) über Montesquieu.

Für die deutsche Ausgabe wurden ferner verwendet:

Diderot, Denis, *Ästhetische Schriften*, 2 Bde., hg. von Friedrich Bassenge. Aus dem Franz. von Friedrich Bassenge und Theodor Lücke, Berlin 1984
Band 1: Aus dem *Versuch über Verdienst und Tugend;* Aus den *Geschwätzigen Kleinodien;* Aus den *Allgemeinen Prinzipien der Akustik; Brief über die Taubstummen; Das Schöne; Eine Flugschrift zum Buffonistenstreit; Beiträge zur bildenden Kunst; Dorval und ich; Von der dramatischen Dichtkunst; Salon von 1759; Cinqmars und Derville;* Aus dem *Salon von 1761;* Aus den *Briefen* bis 1762; *Lobrede auf Richardson;* Zu Geßner und Lessing; Aus dem *Salon von 1763;* Aus den *Besprechungen zur bildenden Kunst;* Aus dem *Salon von 1765; Versuch über die Malerei.*
Band 2: Aus dem *Salon von 1767;* Aus den *Briefen* 1765-1767; Aus dem *Salon von 1769; Die beiden Freunde von Bourbonne; Briefe* über Musik; *Aus der Klavierschule von Bemetzrieder;* Drei Oden *(Die Eleutheromanen oder Freiheitstollen/Dichtersang/Die Post von Königsberg nach Memel);* Zwei *Briefe* über Horaz; *Rameaus Neffe; Das Paradox über den Schauspieler;* Zwei Notizen für Katharina II.; *Salon von 1775;* Aus den *Notizen zu einer Abhandlung über die Erziehung; Verstreute Gedanken;* Aus dem *Salon von 1781;* Aus den *Briefen* des letzten Jahrzehnts
Diderot, Denis, *Briefe 1742-1781,* hg. von Hans Hinterhäuser. Aus dem Franz. von Johann Borek und Hans Hinterhäuser, Frankfurt a.M. 1984
Diderot, Denis, *Briefe an Sophie.* Aus dem Franz. von Gudrun Hohl, Frankfurt a.M. 1989
Diderot, Denis und Jean le Rond d'Alembert, *Enzyklopädie.* Eine Auswahl. Aus dem Franz. von Theodor Lücke und Imke Schmidt, Frankfurt a.M. 1989
Diderot, Denis und Guillaume Raynal, *Die Geschichte der beiden Indien,* ausgew. und erl. von Hans-Jürgen Lüsebrink, Nördlingen 1988
Diderot, Denis, *Philosophische und politische Texte aus der ›Enzyclopédie‹.* Aus dem Franz. von Theodor Lücke, München 1969
Diderot, Denis, *Philosophische Schriften,* 2 Bde., hg. und übersetzt von Theodor Lücke, Berlin 1984
Band 1: *Philosophische Gedanken; Anhang zu den Philosophischen Gedanken; Brief über die Blinden. Zum Gebrauch für die Sehenden; Enzyklopädie:* Ausgewählte Artikel, Prospekt und Ankündigung der letzten Bände; *Gedanken zur Interpretation der Natur; Reflexionen über Helvétius' Buch »Vom Geist«; Kontroverse mit einem Theologen; Gespräche mit d'Alembert (Unterhaltung zwischen d'Alembert und Diderot/D'Alemberts Traum/Fortsetzung des Gesprächs); Philosophische Gedanken über Materie und Bewegung; Elemente der Physiologie*
Band 2: *Fortlaufende Widerlegung von Helvétius Werk »Vom Menschen«; Nachtrag zu »Bougainvilles Reise«; Essay über die Herrschaft der Kaiser Claudius und Nero sowie über das Leben und die Schriften Senecas*

Diderot, Denis, *Sämtliche Erzählungen und Romane*, 2 Bde. Aus dem Franz. von Hans Hinterhäuser, Jens Ihwe, Guido Meister und Raimund Rütten, München 1979
Band 1: *Die indiskreten Kleinode, Die Nonne*
Band 2: *Rameaus Neffe, Jacques der Fatalist und sein Herr: Die beiden Freunde von Bourbonne; Unterredung eines Vaters mit seinen Kindern; Dies ist keine Erzählung; Madame de Carlière*
Diderot. Insel-Almanach auf das Jahr 1984, hg. von Horst Günther, Übersetzungen von F.L. Meyer, G.E. Lessing, J.W. von Goethe, H. Günther, K. Scheinfuß, K. Spazier, J.H. Meister, Th. Lücke, W.Chr.S. Mylius, Frankfurt a.M. 1983, darin: *Philosophische Gedanken; Der Spaziergang des Skeptikers oder die Alleen; Die Verräter; Brief über die Blinden; Brief über die Taubstummen; Encyclopédie; Der Hausvater; Salon von 1763; Über Terenz; Versuch über die Malerei; Rameaus Neffe;* Auszüge aus *Briefen; D'Alemberts Traum; Paradox über den Schauspieler; Klagen über den Verlust meines alten Schlafrocks; Die Nonne; Seiten gegen einen Tyrannen; Nachtrag zu »Bougainvilles Reise«; Grundsätze der Politik der Souveräne; Jakob und sein Herr.* (Meist handelt es sich dabei um Auszüge aus den genannten Werken.)

Editorische Nachbemerkung

Texte Diderots und anderer AutorInnen, die in deutscher Übersetzung vorliegen, erscheinen im fließenden Text mit ihrem deutschen Titel; Texte, die bisher (zum Zeitpunkt der Drucklegung) nicht ins Deutsche übersetzt sind, erscheinen bei der ersten Erwähnung mit dem Originaltitel und der deutschen Übersetzung in Klammern, im folgenden dann nur noch mit dem Originaltitel.

Für die Übersetzung von Zitaten wurde, soweit die Herkunft identifizierbar war, möglichst auf autorisierte Übersetzungen zurückgegriffen; anderenfalls wurde aus dem Original übersetzt.

Bildnachweis

Abbildungen im Bildteil; Photos: Roger Viollet, Paris.

ANMERKUNGEN

Kapitel 1

1 Paul Bonnefon, »Diderot prisonnier à Vincennes«, in: *Revue d'histoire littéraire de la France,* Juli-Sept. 1899.
2 Bibliothèque nationale, mss N. à fr. 1311, fol. 4.
3 Bibliothèque nationale, mss N. à fr. 1311, fol. 6.
4 Madame de Vandeul, »Mémoires pour servir à l'histoire de la vie et des ouvrages de Diderot«, in: *Œuvres complètes de Diderot,* Bd. 1. Dieses Werk, das hier sehr häufig zitiert wird, erscheint im Text mit dem Titel *Les Mémoires de Madame de Vandeul.*
5 Voltaire, *Correspondance générale,* 9. Juni 1749, Ausgabe Théodore Besterman, Genf 1953-1965.

Kapitel 2

1 Jean-Jacques Rousseau, *Bekenntnisse.* Aus dem Franz. von Ernst Hardt, Frankfurt a.M. 1985, Siebentes Buch, S. 488.

Kapitel 3

1 Franco Venturi, *Jeunesse de Diderot (de 1713 à 1753),* Turin 1939.
2 Parlamentserlaß vom 7. Juli 1746 (Bibliothèque nationale, ms. fr. 22176, fol. 210-211).
3 Bibliothèque nationale, mss. N. à fr. 1311, fol. 6.
4 Rousseau, *Bekenntnisse,* Siebentes Buch, S. 407.
5 Jean-Philippe Rameau, zit. nach ebd., Siebentes Buch, S. 404.

Kapitel 4

1 *Journal de Trévoux*, Mai 1745, S. 934-939.
2 *Mémoire pour André François Le Breton... contre le Sieur Jean Mills, se disant Gentilhomme anglais*, Paris 1745.
3 Madame de Puiseux, *Les Caractères*, Zweiter Teil, London 1751.
4 Jacques André Naigeon, *Mémoires historiques et philosophiques sur la vie et les ouvrages de Diderot*, Paris 1821 (Neudruck Genf 1970).
5 *Journal de Trévoux*, April 1749.

Kapitel 5

1 Michelet, *Histoire de France*, Band XVI, zit. nach Arlette Farge und Jacques Revel, *Logiques de la foule*, Paris 1988.
2 D'Argenson, *Journal*, Band VI, zit. nach Farge und Revel, *Logiques de la foule*.
3 Rousseau, *Bekenntnisse*, Achtes Buch, S. 493 f.
4 Jean-Jacques Rousseau, Brief an Malesherbes vom 12. Januar 1762, in: ders., *Schriften*, hg. von Henning Ritter, Bd. 1, München 1978, S. 483.

Kapitel 6

1 Du Marsais, Artikel »Education« der *Enzyklopädie*.
2 Denis Diderot, Artikel »Autorität« der *Enzyklopädie*, in: ders., *Philosophische Schriften*, 2 Bde. Aus dem Franz. von Theodor Lücke, Frankfurt a.M. 1967, Bd. 1, S. 256 ff.
3 *La Bigarrure, ou mélange curieux, instructif et amusant de nouvelles*, Den Haag, 3. Dezember 1751.
4 Polizeibericht, zit. nach E. Campardon, *Les Prodigalités d'un fermier général*.

Kapitel 7

1 *Journal de Trévoux*, 1. Februar 1751.
2 »Censure de la Faculté de Théologie de Paris portant condamnation d'une thèse soutenue en Sorbonne«, Paris 1752.
3 »Mandement de Mgr l'Évêque de Montauban, portant condamnation d'une

thèse...«, Montauban 1752 (Bibliothèque nationale, ms. fr. 22092, fol. 526-529).

4 Zit. nach Venturi, *Jeunesse de Diderot.*

5 »Mandement de Mgr l'Archevêque de Paris portant condamnation de la thèse de l'Abbé de Prades«, Paris 1752.

6 »Malesherbes à Morellet«, Brief vom 23. Januar 1758, zit. nach Brunetière, »La direction de la librairie sous Monsieur Malesherbes«, in: *Revue des deux mondes,* Februar 1882.

7 Voltaire, *Correspondance générale,* 5. September 1752.

8 D'Alembert, »Brief an Formey«, 1. März 1752, in: ebd.

9 D'Alembert, »Brief an Voltaire«, Brief 10709, in: ebd.

10 La Harpe, *Le Lycée, ou Cours de littérature ancienne et moderne,* Band XV, Paris 1816.

Kapitel 8

1 Malesherbes, »Brief an Diderot vom 11. Juli 1754«, in: Diderot, *Correspondance générale,* Bd. 1.

2 Rousseau, »Brief vom 20. Februar 1755 an Pastor Perdriau«, in: Rousseau, *Correspondance générale, Paris 1924-1934,* Bd. 2.

3 In Foisset, *Le Président de Brosses, Histoire des lettres et des parlements au XVIIIe siècle,* Paris 1842.

4 Grimm, *Correspondance,* »Lettre à Sophie ou reproches adressés à une femme philosophe à Paris le 15 août 1763«.

Kapitel 9

1 Réaumur, in: Jean Henri Samuel Formey, *Souvenirs d'un citoyen,* 2 Bde., Berlin 1789.

2 Madame d'Épinay, in: Rousseau, *Correspondance générale,* Bd. 2.

3 Rousseau, ebd., Bd. 2.

4 Ebd.

5 Ebd.

6 Rousseau, *Bekenntnisse,* Neuntes Buch.

7 Ebd.

8 Marmontel, *Mémoires,* Bd. 2.

9 Rousseau, *Correspondance générale,* Bd. 3.

10 Grimm, in: Rousseau, *Correspondance générale,* Bd. 3.

11 Rousseau, ebd.

12 Ebd.
13 Ebd.
14 Madame d'Houdetot, ebd.
15 Chamfort, *Maximes et Pensées*, GF, 1982.
16 Voltaire, *Correspondance générale*, Brief vom 29. Dezember 1757.
17 Ebd., Brief vom 6. Januar 1758.
18 Ebd., Brief vom 10. Januar 1758.
19 Rousseau, *Correspondance générale*, Bd. 3.
20 Voltaire, *Correspondance générale*, Brief vom 26. Februar 1758.
21 Ebd.
22 Ebd.
23 Ebd.
24 D'Alembert, *Essai sur la société de gens de lettres et des grands*, Amsterdam 1759.

Kapitel 10

1 Grimm, *Correspondance littéraire*, hg. 1877-1882, Brief vom 15. Februar 1759.
2 *Mémoire des libraires associés à l'Encyclopédie sur les motifs de la suspension actuelle de cet ouvrage*, Paris 1758, Bibliothèque nationale, Zp 158.
3 Prinzessin von Nassau, Brief an Grimm vom 13. Juni 1758, Bibliothèque nationale, mss N. à fr. 1182, fol. 10-11.
4 Ebd.
5 F.A. Paradis de Moncrif, Brief an Malesherbes vom 25. Oktober 1758, in: Diderot, *Correspondance générale*, Bd. 2.
6 Malesherbes, zit. nach Sainte-Beuve, in: »Monsieur de Malesherbes«, *Causeries du lundi*, Bd. 2.
7 Voltaire, *Correspondance générale*, Brief an Madame du Deffand vom 27. Dezember 1758.
8 Goldoni, *Mémoires pour servir à l'histoire de sa vie et à celle de son théâtre*, Paris 1822 (Neudruck 1965).
9 Malesherbes an Madame de La Marck, Bibliothèque nationale, mss N. à fr. 3344, fol. 274.
10 Malesherbes an Deleyre, Brief vom 23. November 1758, Bibliothèque nationale, mss. N. à dr. 3344, fol. 276.
11 Malesherbes an Madame de La Marck, Bibliothèque nationale, mss N. à fr. 3344, fol. 274.
12 Zit. nach André Billy, *Vie de Diderot*, Paris 1932.
13 Bibliothèque nationale, ms. fr. 22177, fol. 128.
14 Bibliothèque nationale, ms. N. à fr. 3348, fol. 170.
15 Bibliothèque nationale, R. 2858, fol. 170.

16 Voltaire, *Correspondance générale,* Brief an d'Alembert vom 14. April 1760.
17 Rousseau, *Discours sur les sciences et les arts.*
18 Bibliothèque nationale, ms. N. à fr. 3348, fol. 170.

Kapitel 11

1 Pierre Patte, in: *L'Année littéraire,* Bd. VII, 1759.

Kapitel 12

1 »Brief von M☆☆☆ an M☆☆☆ über den Père de famille von Diderot«, 1758.
2 *Supplément d'un important ouvrage. Scène dernière du Fils naturel,* avec une lettre à Dorval, 1758, Palissot oder Fréron zugeschrieben.
3 Brief d'Alemberts an Voltaire vom 16. Juni 1760, in: Voltaire, *Correspondance générale,* Bd. 9.
4 Brief Voltaires an d'Argental vom 9. Juli 1760, in: ebd.
5 Brief Voltaires an Grimm vom 11. Juli 1760, in: ebd.
6 Brief d'Alemberts an Voltaire vom 2. September 1761, in: ebd.

Kapitel 13

1 Goethe, zit. nach Jean Fabre in seiner bemerkenswerten Ausgabe des *Neveu de Rameau,* Genf 1963.
2 Voltaire, *Correspondance générale,* Brief an d'Argental, Juni 1747.
3 Rousseau, *Die Bekenntnisse,* Elftes Buch.
4 Michel Foucault, *Wahnsinn und Gesellschaft. Eine Geschichte des Wahns im Zeitalter der Vernunft.* Aus dem Franz. von Ulrich Köppen, Frankfurt a.M. 1969, S. 354 f.
5 Barbey d'Aurevilly, *Les Prophètes du passé,* Paris 1851. Neu herausgegeben unter dem Titel *Contre Diderot,* 1986.
6 Naigeon, *Mémoires historiques et philosophiques.*
7 Nummer 8 der Zeitschrift *Dix-huitième siècle,* die den Jesuiten gewidmet ist, 1976.

Kapitel 14

1 Voltaire, *Correspondance générale*, Brief an Diderot vom 25. September 1762.
2 Zit. nach Maurice Tourneux, *Diderot et Cathérine II*, 1899.
3 Ebd.
4 Ebd.
5 Voltaire, *Correspondance générale*, Brief Damilavilles an Voltaire vom 18. April 1765.
6 Voltaire, *Correspondance générale*, Katharina II. an Voltaire, 1768.
7 Voltaire, Brief an Madame du Deffand vom 18. Mai 1767.
8 Voltaire, *Précis du siècle de Louis XV*, 1768.
9 Grimm, *Correspondance littéraire*, Bd. 9.
10 D'Alembert, *Sur la tombe de mademoiselle de Lespinasse*, nachgelassene Werke, 1893.
11 D'Alembert, *Aux mânes de mademoiselle de Lespinasse*, nachgelassene Werke, 1893.
12 Rousseau, *Correspondance générale*, Bd. 13, Brief François-Louis d'Eschernys an Jean-Jacques Rousseau vom 23. März 1765.
13 Rousseau, *Correspondance générale*, Bd. 13, Brief vom 6. April 1765.
14 Voltaire, *Correspondance générale*, Brief an Damilaville vom 12. Mai 1766.
15 Denis-Louis Pasquier, *Correspondance littéraire du 15 juillet 1766*, Bd. 7.
16 Voltaire, *Correspondance générale*, Brief an Damilaville vom 23. Juli 1766.
17 Ebd., Brief an Diderot vom 23. Juli 1766.
18 L. Réau, *Correspondance de Falconet avec Cathérine II*, Paris 1921, Katharina II. an Falconet.

Kapitel 15

1 Diderot, *Correspondance générale*, Brief von Denise Diderot an Denis zu Beginn des Jahres 1768.
2 Brief Turgots an Condorcet vom 16. Juli 1771, Heidelberg 1892.

Kapitel 16

1 Panckoucke, Brief an Marc Michel Rey vom 26. Oktober 1770, zit. nach Robert Darnton, *Glänzende Geschäfte. Die Verbreitung von Diderots ENCYCLOPEDIE oder: Wie verkauft man Wissen mit Gewinn?* Aus dem Engl. und Franz. von Horst Günther, Berlin 1993, S. 35.

2 Julie de Lespinasse an Suard, zit. nach Tourneux, *Diderot et Cathérine II*.
3 Grimm, *Correspondance littéraire*, 1. März 1771.
4 Didier Pierre Diderot an seine Nichte, 27. August 1772, in: *Recherches sur Diderot et sur l'Encyclopédie*, Nr. 9, Oktober 1990.
5 Diderot, *Correspondance générale*, Didier Pierre Diderot an seinen Bruder Denis, Oktober 1772.

Kapitel 17

1 *Correspondance de Mademoiselle de Lespinasse*, Paris 1906, Brief Julie de Lespinasses an den Grafen Guibert vom 24. Juni 1773.
2 *Mémoires et correspondance de Madame d'Épinay*, Bd. 3, Paris 1818, Brief Madame d'Épinays an Abbé Galiani vom 26. Juni 1773.
3 Diderot, *Correspondance générale*, Brief Grimms an den Grafen von Nesselrode vom 2. November 1773.
4 Ebd.
5 Crawfurd, *Essais sur la littérature française à l'usage des étrangers*, Paris 1811.
6 Escherny, *Mélanges de littérature, d'histoire et de philosophie*, Paris 1811.
7 Durand de Distroff an den Herzog von Aiguillon, 6. November 1773, zit. nach Tourneux, *Diderot et Cathérine II*.
8. Ebd., Herzog von Aiguillon an Durand de Distroff, 7. November 1773.
9 Ebd., Katharina II., *Mémoires du comte de Ségur*.
10 Ebd., Katharina II. an Diderot.
11 Voltaire, *Correspondance générale*, Brief Katharinas II. an Voltaire vom 18. Januar 1774.
12 Diderot, *Correspondance générale*, Brief Friedrichs II. von Preußen an d'Alembert vom 7. Januar 1774.
13 Brief Nolckens an Beylon vom 20. Februar 1774, zit. nach Tourneux, *Diderot et Cathérine II*.
14 Ebd., Brief Nolckens an Beylon vom 29. November 1773.
15 Louis Philippe de Ségur, *Mémoires*, Paris 1826.
16 Brief des Grafen de Crillon an d'Alembert vom 25. Januar 1774, zit. nach Tourneux, *Diderot et Cathérine II*.
17 Ebd., Brief Katharinas II. an Grimm vom 1. September 1776.
18 *Lettres de Galiani*, Edition Assezat, Bd. 2, Brief Galianis an Necker vom 18. Mai 1776.

Kapitel 18

1 Zit. nach Mortier, *Diderot en Allemagne*, Paris 1954.
2 François Métra, *Correspondance secrète, politique et littéraire*, 18 Bde., London 1787-1790, Bd. 6.
3 Dominique Joseph Garat, Brief an die Autoren des *Journal de Paris* über die kurze Darstellung des »Leben des Seneca«, in: *Mercure de France*, 15. Februar 1779.

Kapitel 19

1 Zit. nach Jean Fabre, *Diderot Studies*, Bd. 3.
2 Ebd.
3 Veröffentlicht bei Pierre Chevallier, *Les philosophes et le lieutenant de police (1775-1785)*, Troyes 1967.
4 *Correspondance littéraire*, Oktober 1781.
5 Bachaumont, *Mémoires secrets* (28. Oktober 1783).
6 Diderot, *Correspondance générale*, Brief Katharinas an Grimm vom 16. April 1784.

PERSONENREGISTER

Abaelard 176

Aguesseau, Henri François d' 12, 71 f., 75 ff., 133

Aiguillon, Emmanuel Armand de Vignerot, Herzog von 374, 380, 391

Aine, Charlotte d' 251, 294 f.

Aine, Geneviève d' 122, 251

Aine, Madame d' 251 f.

Alainville, Monsieur d' 259

Alembert, Jean le Rond d' 12, 42, 66 ff., 73 f., 76, 85 f., 92, 96, 106, 111 f., 118, 129 f., 137 ff., 162, 164, 176, 182, 196 ff., 205, 208 f., 215, 224 f., 264, 266, 268, 293, 302 f., 308, 322 f., 328, 340, 342, 345, 355, 361, 365, 374, 378, 395, 398, 433 f.

Aragon, Louis 169

Argenson, Graf Marc Pierre d' 7, 83, 87, 90, 98

Argental, Graf d' 201, 209, 265

Aristarchos von Samothrake 193

Arnaud, Baculard d' 44

Aumont, Herzog von 256

Auxerre, Bischof von 136

Bach, Carl Philipp Emanuel 399

Bacon, Francis 109, 150

Bala, Athanasius 398 f.

Balzac, Honoré de 284, 305

Barbey d'Aurevilly, Jules 284

Baudeau, Abbé Nicolas 342

Baudouin 321

Bayle, Pierre 126

Beaumarchais, Pierre Augustin Caron de 174, 192

Beaumont, Christophe de (Erzbischof von Paris) 162 f., 179

Belle, Jean-Etienne 436

Benedikt XII. 117

Bernard, Samuel 64

Bernis, Kardinal François Joachim de Pierre de 215

Bernoulli, Jakob 102

Bernoulli, Johann 102

Berquin, Arnaud 421

Berry, Charles Fernand, Herzog von 168

Berryer 7, 9 ff., 90 f., 98

Berthier, Pater 109 f., 128, 139

Bezkoi, General 305

Billy, André 13

Bombarde, Monsieur de 12

Bonnet, Charles 429

Bossuet, Jacques Bénigne 102

Boucher, François 287

Bourdaloue, Louis 102

Bourges, Yvon 264

Boyer, Bischof von Mirepoix 137

Boyle, Robert 102

Brecht, Bertold 260

Briasson 73, 313

Brière 284

Brisson 39

455

André Jardin

Alexis de Tocqueville

Leben und Werk

1991. 522 Seiten, gebunden

Alexis de Tocqueville ist einer der wichtigsten politischen Denker der Moderne. Sein Werk erlebt derzeit eine außergewöhnliche Renaissance. Politiker jedweder Couleur reklamieren es für sich, und Intellektuelle entdecken seine Reichtümer aufs neue.

Hier liegt nun die erste umfassende Biographie über Alexis de Tocqueville in deutscher Sprache vor. André Jardin hat ein umfangreiches Quellenmaterial, die ungeheure, großenteils unveröffentlichte Korrespondenz und handschriftliche Aufzeichnungen, zum Teil aus den privaten Archiven der Familie Tocqueville, zusammengetragen und zu einer aufregenden Lebens- und Zeitgeschichte verarbeitet.

Alexis de Tocqueville, als Sproß eines alten normannischen Adelsgeschlechts 1805 geboren, ging eine Mesalliance mit einer bürgerlichen Engländerin ein und machte eine eher mittelmäßige politische Karriere, die mit dem Staatsstreich Napoléons III. im Jahre 1851 ein abruptes Ende fand. 1856 verfaßte Alexis de Tocqueville, zum unversöhnlichen Gegner der Monarchie geworden, ein Werk über die Französische Revolution: *L'Ancien Régime et la Révolution.* 1859 starb er an Tuberkulose.

Campus Verlag · Frankfurt/New York